Leszek Kolakowski
Die Hauptströmungen des Marxismus

Leszek Kolakowski

Die Hauptströmungen des Marxismus

Entstehung · Entwicklung · Zerfall

Zweiter Band

R. Piper & Co. Verlag
München   Zürich

Autorisierte Übersetzung aus dem polnischen Manuskript
von Friedrich Griese
Die erste Buchausgabe erschien unter dem Titel
›Główne Nurty Marksizmu‹, Paris 1977

ISBN 3-492-02395-9
© Leszek Kolakowski 1977
Deutsche Ausgabe:
© R. Piper & Co. Verlag, München 1978
Gesetzt aus der Aldus-Antiqua
Gesamtherstellung Clausen & Bosse, Leck
Printed in Germany

Inhalt

Erstes Kapitel
Der Marxismus und die Zweite Internationale 11

Zweites Kapitel
Karl Kautsky und die deutsche Orthodoxie 43

1. Kautskys Leben und Schriften 44
2. Natur und Gesellschaft 47
3. Bewußtsein und gesellschaftliche Entwicklung 53
4. Revolution und Sozialismus 56
5. Kritik am Leninismus 63
6. Inkohärenz des Kautskianismus 65
7. Anmerkung über Mehring 71

Drittes Kapitel
Rosa Luxemburg und die revolutionäre Linke 77

1. Biographische Mitteilungen 77
2. Die Akkumulationstheorie und der unvermeidliche Zusammenbruch des Kapitalismus 82
3. Reform und Revolution 92
4. Das Bewußtsein des Proletariats und die politische Organisation 99
5. Die nationale Frage 105

Viertes Kapitel
Bernstein und der Revisionismus 117

1. Der Begriff des Revisionismus 117
2. Biographische Mitteilungen 119
3. Die historischen Gesetze und die Dialektik 122
4. Revolution und »Endziel« 124
5. Der Sinn des Revisionismus 130

Fünftes Kapitel
Jean Jaurès – der Marxismus als Heilslehre   135
1. Jaurès als Versöhner   135
2. Biographische Mitteilungen   138
3. Die Metaphysik der universellen Einheit   141
4. Die lenkenden Kräfte der Geschichte   147
5. Sozialismus und Republik   151
6. Der Jaurèssche Marxismus   161

Sechstes Kapitel
Paul Lafargue – der hedonistische Marxismus   163

Siebtes Kapitel
Georges Sorel – der jansenistische Marxismus   173
1. Die Stellung Sorels   173
2. Biographische Mitteilungen   179
3. Rationalismus gegen Geschichte. Utopie und Mythos. Kritik der Aufklärung   181
4. Ricorsi. Separation der Klassen. Diskontinuität der Kultur ..   187
5. Revolution der Moral. Historische Notwendigkeiten   190
6. Marxismus, Anarchismus, Faschismus   196

Achtes Kapitel
Antonio Labriola – Versuch einer offenen Orthodoxie   203
1. Der Stil Labriolas   203
2. Biographische Mitteilungen   205
3. Labriolas Frühschriften   207
4. Die Geschichtsphilosophie   212

Neuntes Kapitel
Ludwig Krzywicki – der Marxismus als Instrument der Soziologie   223
1. Biographische Mitteilungen   225
2. Kritik des Biologismus   227
3. Die Perspektiven des Sozialismus   229
4. Geist und Produktion. Tradition und Wandel   232

Zehntes Kapitel
Kazimierz Kelles-Krauz – eine Orthodoxie nach polnischer Art   241

Elftes Kapitel
Stanislaw Brzozowski – der Marxismus als historischer Subjektivismus 249

1. Biographische Mitteilungen 251
2. Die philosophische Entwicklung 253
3. Die Philosophie der Arbeit 258
4. Proletariat, Sozialismus, Nation 266
5. Der Marxismus Brzozowskis 272

Zwölftes Kapitel
Die Austromarxisten, die Kantianer in der marxistischen Bewegung, der ethische Sozialismus 275

1. Der Begriff des Austromarxismus 275
2. Die Renaissance des Kantianismus 279
3. Der ethische Sozialismus 280
4. Der Kantianismus im Marxismus 283
5. Die Austromarxisten: Biographische Mitteilungen 291
6. Adler: Die transzendentalen Grundlagen der Sozialwissenschaften 295
7. Adler: Kritik des Materialismus und der Dialektik 306
8. Adler: Bewußtsein und gesellschaftliches Sein 309
9. Sein und Sollen 311
10. Staat, Demokratie, Diktatur 314
11. Die Zukunft der Religion 320
12. Bauer: Theorie der Nation 323
13. Hilferding: Streit um die Werttheorie 329
14. Hilferding: Theorie des Imperialismus 336

Dreizehntes Kapitel
Die Anfänge des russischen Marxismus 343

1. Die geistige Bewegung in der Epoche Nikolaus' I. 343
2. Herzen 349
3. Tschernyschewskij 352
4. Die Volkstümlerbewegung und die Anfänge der Rezeption des Marxismus 355

Vierzehntes Kapitel
Georgij Plechanow und die Kodifizierung des Marxismus 369

1. Die Entstehung der marxistischen Orthodoxie in Rußland 370
2. Der dialektische und historische Materialismus 376
3. Die marxistische Ästhetik 386

    4. Der Kampf gegen den Revisionismus 389
    5. Der Kampf gegen den Leninismus 392

Fünfzehntes Kapitel
Der Marxismus in Rußland bis zur Entstehung des Bolschewismus 397
    1. Lenins frühe Publizistik 399
    2. Struve und der legale Marxismus 405
    3. Die Polemiken Lenins in den Jahren 1895–1901 417

Sechzehntes Kapitel
Die Entstehung des Leninismus 427
    1. Der Streit um den Leninismus 427
    2. Partei und Arbeiterbewegung. Bewußtsein und Spontaneität .. 431
    3. Die nationale Frage 445
    4. Proletariat und Bourgeoisie in der demokratischen Revolution. Trotzki und die Frage der »permanenten Revolution« .. 452

Siebzehntes Kapitel
Philosophie und Politik in der bolschewistischen Bewegung .. 463
    1. Fraktionskämpfe in der Zeit der Revolution von 1905 463
    2. Neue Strömungen im Geistesleben Rußlands 469
    3. Der Empiriokritizismus 475
    4. Bogdanow und die russischen Empiriokritiker 483
    5. Die Philosophie des Proletariats 493
    6. Das Gottbildnertum 498
    7. Lenins philosophischer Feldzug 500
    8. Lenin und die Religion 513
    9. Lenins dialektische Notizen 516

Achtzehntes Kapitel
Das Schicksal des Leninismus: von der Theorie des Staates zur Staatsideologie 523
    1. Die Bolschewiki und der Krieg 523
    2. Zwei Revolutionen 529
    3. Die Anfänge der sozialistischen Wirtschaft 538
    4. Diktatur des Proletariats und Diktatur der Partei 542
    5. Imperialismus- und Revolutionstheorie 548
    6. Sozialismus und Diktatur des Proletariats 554
    7. Trotzki über die Diktatur 566

8. Lenin als Ideologe des Totalitarismus 570
9. Martow über die bolschewistische Ideologie 574
10. Lenin als Polemiker. Das Genie Lenins 577

Anmerkungen 587

Erstes Kapitel

Der Marxismus und die Zweite Internationale

Die Epoche der Zweiten Internationale (1889–1914) kann man ohne Übertreibung als das Goldene Zeitalter des Marxismus bezeichnen. Der Marxismus war bereits eine so deutlich ausgeformte Lehre, daß er den Charakter einer »Schule« annehmen und seine theoretische Gestalt sich klar herauskristallisieren konnte, doch war er nicht dermaßen kodifiziert oder dem Druck einer dogmatischen Orthodoxie ausgesetzt, als daß er in theoretischen und taktischen Fragen nicht vielfältige Lösungen zugelassen oder Diskussionen ausgeschlossen hätte.

Mit Sicherheit kann man die marxistische Bewegung auch in jener Zeit nicht einfach mit der Ideologie der sozialistischen Parteien gleichsetzen, die in der Internationale zusammengeschlossen waren. Der europäische Sozialismus hatte zahlreiche Quellen, die keineswegs versiegten, auch wenn sie schwach erschienen, verglichen mit der – scheinbar – geschlossenen und allumfassenden Theorie von Marx. Nur die Bewegung in Deutschland vermochte trotz einer starken lassalleanischen Tradition eine einheitliche Ideologie zu entwickeln und über längere Zeit zu bewahren, die auf den Grundlagen des Marxismus oder zumindest auf solchen Grundlagen beruhte, die nahezu einhellig als Marxismus galten. In Frankreich kann man die Partei von Guesde insofern als orthodox-marxistisch auffassen, als ihr Programm unter dem Patronat und der Mitwirkung des Meisters selbst verfaßt wurde, doch war die französische sozialistische Bewegung lange zerstritten, und in ihren einzelnen Strömungen war die Tradition des Marxismus in unterschiedlichem Maße lebendig. In Österreich, Rußland, Italien, Polen, Spanien und Belgien – überall, wo sich eine sozialistische Arbeiterbewegung entwickelte, war der Marxismus in deren Ideologie mit unterschiedlicher Intensität vertreten. Die geringste Vitalität zeigte er in jenem Land, in dem die grundlegenden theoretischen Dokumente seiner Lehre entstanden, nämlich in England. Die Ideen des britischen Sozialismus formten sich in nur geringem Maße unter dem Einfluß des Marxismus; zu seiner geistigen Gestalt trugen die Traditionen von Owen, Bentham und Mill sehr viel mehr bei. Sich zur sozialistischen Idee zu bekennen hieß nicht unbedingt, ein Marxist zu sein; gleichwohl war die wesentliche theoretische Arbeit innerhalb der sozialistischen Bewegung (mit Ausnahme von

England) das Werk von Menschen, die sich im allgemeinen zum Marxismus bekannten, auch wenn sie ihn nicht im gleichen Sinne auffaßten. Es gab keine eindeutige Trennung zwischen Vertretern der Partei und Theoretikern; zwar besaß die sozialistische Bewegung eine Vielzahl von Theoretikern, doch waren auch jene Parteiführer, die keine eigenen theoretischen Ambitionen verfolgten und keine Intellektuellen waren (wie etwa Bebel, Guesde, Viktor Adler und Turati), gebildete Menschen, die sich an theoretischen Diskussionen beteiligen konnten. Die durchschnittliche intellektuelle Qualität der Parteiführer hat später nie mehr die damalige Höhe erreicht – weder bei den Sozialdemokraten noch bei den Kommunisten. Der Marxismus schien den Höhepunkt seiner intellektuellen Entfaltung zu erleben; er war nicht die Religion einer isolierten Sekte, sondern die Ideologie einer mächtigen politischen Bewegung, und andererseits hatte er nicht die Mittel, seinen Gegnern den Mund zu stopfen. Er war durch die politischen Umstände und die Notwendigkeit der geistigen Auseinandersetzung zu theoretischen Anstrengungen gezwungen.

Er fand deshalb als eine ernst zu nehmende und auch von den Gegnern respektierte Theorie Eingang in die akademische Welt. Er besaß nicht nur hervorragende Theoretiker (Kautsky, Rosa Luxemburg, Plechanow, Bernstein, Lenin, Jaurès, Max Adler, Bauer, Hilferding, Labriola, Pannekoek, Vandervelde, Cunow), sondern auch hervorragende Kritiker (hier seien nur Croce, Sombart, Masaryk, Simmel, Stammler, Gentile, Böhm-Bawerk und Struve genannt). Zugleich begann er über den engen Kreis seiner Anhänger hinaus auf Soziologen, Historiker und Ökonomen auszustrahlen, die sich zwar nicht zum Marxismus bekannten, aber sich die eine oder andere seiner Ideen und Kategorien zu eigen machten.

Die allgemeinen Merkmale der marxistischen Lehre hängen natürlich mit deren gesellschaftlicher Situation und deren politischer Funktion zusammen. Zwar besaß der Marxismus, weil er die Ideologie der Arbeiterbewegung war, viele Anreize zur Weiterentwicklung, doch war diese Entwicklung, gerade weil sie stark von der jeweiligen politischen Situation geprägt wurde, in gewissen Punkten begrenzt. In dem Vierteljahrhundert der Zweiten Internationale entstand eine ganze Reihe bedeutender theoretischer Arbeiten über allgemeine Probleme des historischen Materialismus, der marxistischen Interpretation einzelner Epochen und historischer Ereignisse sowie über die Ökonomie des Imperialismus. Es entstanden eine marxistische Ästhetik und Kunstkritik (Plechanow, Lafargue, Mehring, Klara Zetkin, Henriette Roland-Holst), marxistische Ansätze auf dem Gebiet der Religionskunde und der Ontologie (Cunow, Krzywicki, Kelles-Krauz). Auf dem Gebiet der Philosophie im engeren Sinne, also der erkenntnistheoretischen oder anthropologischen Reflexion, ist dagegen nicht die gleiche Fülle zu beobachten. Man kann diejenigen, die sich als Marxisten bezeichneten, schematisch in zwei Gruppen einteilen, je nach ihrem Verhältnis zu den philosophischen Grundlagen des Marxismus. Die einen waren der Auffassung, der Marxismus sei eine Theorie der gesellschaftlichen Entwicklung, insbesondere eine Theorie der kapitalistischen Gesellschaft und ihres unvermeidlichen Niedergangs, eine Theorie, die ohne Widerspruch durch philosophische Grundlagen aus anderen Quellen, vor allem aus dem Kantianismus oder dem Positivismus, ergänzt oder bereichert werden könne. In diesem Sinne kam es zu Versuchen, den historischen Materialismus mit der ethischen Lehre Kants (ethischer Sozialismus) oder der Erkenntnistheorie der Empiriokritizisten (russische Machisten, Friedrich Adler) zu verknüpfen. Die Orthodoxen dagegen waren überwiegend der Ansicht, der Marxismus sei eine Lehre, die gleichfalls Antworten auf grundlegende (beziehungsweise alle) philosophischen Fragen enthalte, und insbesondere die Texte von Engels (speziell der »Anti-Dühring« und »Ludwig Feuerbach«) seien eine natürliche Ergänzung der Marxschen Ökonomie und Soziologie. Allerdings trugen diejenigen, die darauf beharrten, den Marxismus als einen einheitlichen und geschlossenen theoretischen Block zu interpretieren (Kautsky, Plechanow, Lenin), nicht viel Neues zur Engelsschen Populärphilosophie bei, und im allgemeinen begnügten sie sich damit, seine summarischen Darlegungen zu wiederholen oder mit ihrer Hilfe neuere idealistische Richtungen zu kritisieren. Zwar wurden nach Engels' Tode zahlreiche, zuvor unbekannte Marxsche Manuskripte von den deutschen Sozialisten veröffentlicht (so die »Theorien über den Mehrwert«, ein Teil der »Deutschen Ideologie«, die Korrespondenz mit Engels und andere Briefe, die Doktordissertation), doch blieben jene Texte, die den größten Reichtum an philosophischer Reflexion enthalten (die »Manuskripte« von 1844, »Zur Kritik der Hegelschen Rechtsphilosophie«, die »Grundrisse«) weiterhin unbekannt. Wohl kam es zu Versuchen, zwischen dem Engelsschen Materialismus und der Marxschen Anthropologie zu differenzieren, doch traten diese Versuche gewissermaßen am Rande der marxistischen Bewegung auf (Sorel, Brzozowski), und eine wesentliche Rolle spielten sie nicht. Insgesamt blieb der Marxismus deshalb – als allgemeine philosophische Theorie – wirkungslos oder eklektisch, trotz einer gewaltigen Literatur zur Interpretation der Grundlagen des historischen Materialismus. Die »Thesen über Feuerbach« waren zwar bekannt und wurden auch zitiert, aber eher als rhetorisches Beiwerk denn als Gegenstand einer ernsthaften Analyse. Heute so populäre Begriffe wie Entfremdung, Verdinglichung und Praxis kamen in der marxistischen Literatur praktisch nicht vor.

Die Zweite Internationale war gewiß kein einheitlicher, zentralisierter Organismus mit einem wohlausgebildeten, von allen anerkannten Korpus an Lehren; sie war eher eine lockere Föderation von Parteien und Gewerkschaften, die wohl durch den gemeinsamen sozialistischen Glauben verbunden waren, aber von denen jede für sich handelte. Gleichwohl schien es, als würde sich in ihr erstmals der Traum von Marx (und von Lassalle) verwirklichen: die Einheit von sozialistischer Theorie und Arbeiterbewegung, die Einheit von wissenschaftlichem Verstehen der gesellschaftlichen Prozesse und praktischem Klassenkampf, die Einheit von zwei unabhängig voneinander entstandenen Phänomenen, die außerhalb dieser Symbiose (wenn nicht gar Identität) zur Ohnmacht verurteilt waren. Und wenn auch die nichtmarxistischen sozialistischen Traditionen (das Lassalleanertum in Deutschland, der Proudhonismus und Blanquismus in Frankreich, der Anarchismus in Italien und Spanien, der Utilitarismus in England) ihre Lebenskraft nicht einbüßten, so wurde doch der Marxismus zweifellos zur dominierenden Form der Arbeiterbewegung, zur tatsächlichen Ideologie des Proletariats. Anders als die Erste Internationale, die für die europäische Arbeiterbewegung mehr ein ideologischer Mittelpunkt als eine organisatorische Form war, stellte die Zweite Internationale ein Sammelbecken von Massenparteien dar.

Was hieß das aber, in dem Vierteljahrhundert vor Ausbruch des Ersten Weltkriegs, »Marxist zu sein«? Unter Rückgriff auf Stereotype von damals kann man den Begriff des Marxismus am einfachsten dadurch charakterisieren, daß man einige klassische Ideen aufzählt, durch welche die »Marxisten« sich wohl hinlänglich von den Anhängern aller Formen des sogenannten utopischen Sozialismus, des Anarchismus und *a fortiori* auch von den Anhängern liberaler und christlicher Lehren unterschieden. Marxist sein, das hieß, davon überzeugt zu sein:

daß die Entwicklungstendenzen der kapitalistischen Gesellschaft, insbesondere die Konzentration des Kapitals, eine »natürliche« Tendenz des historischen Prozesses in Richtung auf den Sozialismus in Gang gebracht haben; der Sozialismus ist entweder die unausweichliche Folge der Akkumulationsprozesse oder zumindest ihr äußerst wahrscheinliches Resultat;

daß der Sozialismus das gesellschaftliche Eigentum an den Produktionsmitteln voraussetzt und damit die Beseitigung der Ausbeutung, die Beseitigung von nicht erarbeitetem Einkommen, die Beseitigung von Privilegien und Ungleichheiten, die aus unterschiedlichem Besitz erwachsen, die Beseitigung der rassischen, nationalen, geschlechtlichen und religiösen Diskriminierung;

daß er den allgemeinen Zugang zur Bildung, demokratische Freiheiten (Freiheit des Wortes, Vereinigungsfreiheit, ein repräsentatives System auf allen Ebenen der gesellschaftlichen Organisation), ein entwikkeltes System der sozialen Fürsorge und die Beseitigung des stehenden Heeres voraussetzt;

daß der Sozialismus im Interesse der gesamten Menschheit ist und allen die Möglichkeit einer unbegrenzten kulturellen Entwicklung und des Wohlstands eröffnet, daß der Kampf um den Sozialismus jedoch von der Arbeiterklasse getragen wird, die als unmittelbare Schöpferin der fundamentalen Wertmasse direkt und am stärksten an der Beseitigung der Institution der Lohnarbeit interessiert ist;

daß die Bewegung zum Sozialismus den ökonomischen und politischen Kampf des Proletariats voraussetzt, also sowohl den Kampf um eine unmittelbare Verbesserung der Verhältnisse innerhalb der kapitalistischen Ordnung wie auch die Ausnutzung sämtlicher, insbesondere parlamentarischer politischer Formen; der Kampf um den Sozialismus erfordert, daß das Proletariat sich zunächst in selbständigen politischen Parteien organisiert;

daß der Kapitalismus nicht durch noch so viele Reformen radikal verändert werden kann und daß die gesellschaftlichen Mängel dieses Systems (Krisen, Arbeitslosigkeit, Not) unkorrigierbar sind: Trotzdem ist der Kampf um Reformen – Arbeitsgesetzgebung, Demokratisierung der politischen Institutionen, bessere Entlohnung – notwendig, da er das Proletariat auf künftige Auseinandersetzungen vorbereitet, es in Klassensolidarität einübt und die bestehenden Verhältnisse erträglicher macht;

daß der Kapitalismus schließlich auf revolutionärem Wege beseitigt wird, wenn sowohl die ökonomischen Verhältnisse des Kapitalismus als auch das Klassenbewußtsein des Proletariats dafür reif sind; die Revolution ist jedoch kein Staatsstreich, sie kann nicht das Werk einer Handvoll von Verschwörern, sondern nur der überwältigenden Mehrheit der werktätigen Bevölkerung sein;

daß die Interessen des Proletariats im Weltmaßstab identisch sind und die sozialistische Revolution eine internationale Aktion sein muß, zumindest im Rahmen der industriell hochentwickelten Gesellschaften;

daß in der Geschichte der Menschheit der technische Fortschritt entscheidend die Veränderungen der Klassenstruktur bestimmt, die wiederum die grundlegenden Merkmale der politischen Institutionen und der herrschenden Ideologien festlegen;

daß der Sozialismus nicht nur ein politisches Programm, sondern eine Weltanschauung ist, derzufolge die Wirklichkeit der wissenschaftlichen Analyse zugänglich ist; daß nur rationale Forschung uns die Natur der Welt und der menschlichen Geschichte enthüllen kann; daß religiöse und spiritualistische Doktrinen Ausdruck eines mystifizierten Bewußtseins sind und mit der Beseitigung der Ausbeutung und der Klassenantagonismen absterben müssen; daß die Welt den Naturgesetzen und nicht der Vorsehung unterworfen ist, daß der Mensch ein Produkt der Natur ist und als ein Teil von ihr erforscht werden muß, als ein Teil jedoch, das besonderen Gesetzen unterliegt, die sich nicht direkt auf die Gesetze der vormenschlichen Natur reduzieren lassen.

Die derart formulierten allgemeinen Determinanten der marxistischen Lehre ließen jedoch wesentliche Interpretationsunterschiede zu, und diese Unterschiede wurden unter gewissen Bedingungen so bedeutsam, daß sie innerhalb des Marxismus politische Bewegungen und theoretische Standpunkte definierten, die einander in unversöhnlicher Feindschaft gegenüberstanden. Im Rahmen eines so verstandenen Marxismus konnte man die Grenzen der Geltung des historischen Materialismus und das Verhältnis von »Basis« und »Überbau« auf die unterschiedlichste Weise deuten. Man konnte den Sozialismus als »Naturnotwendigkeit« auffassen oder auch als eine Möglichkeit, die durch die historische Tendenz der kapitalistischen Wirtschaft eröffnet wurde. Man konnte den Kampf um Reformen »nur« als Training in Erwartung des künftigen Umsturzes sehen oder den Reformen einen selbständigen Wert beimessen. Man konnte die politische Exklusivität der sozialistischen Parteien vertreten oder – mit unterschiedlicher Flexibilität – verschiedene Formen politischer Bündnisse mit nichtsozialistischen Bewegungen zulassen. Man konnte sich die Revolution als Bürgerkrieg vorstellen, aber auch als eine Pression der Mehrheit, die ihr Ziel ohne Gewaltanwendung zu erreichen vermag. Man konnte annehmen, die sozialistische Weltanschauung sei ein erschöpfendes, sich selbst genügendes System, das auf sämtliche Grundfragen der Philosophie eine Antwort besitzt, man konnte aber auch der Ansicht sein, die philosophische Kritik dürfe in Fragen, die durch den Marxismus als solchen nicht entschieden sind, ohne Scheu auf Errungenschaften der vormarxistischen oder nichtmarxistischen Philosophie zurückgreifen. Diese Unterschiede waren für die Bestimmung der Aufgaben und der Politik der Parteien von großer Bedeutung. Die Parteien waren keine Debattierklubs, sondern mußten viele praktische Entscheidungen treffen und gerieten unausweichlich in Situationen, die von der Marxschen Lehre sozusagen nicht vorhergesehen worden waren; sie waren gezwungen, die allgemeinen Regeln der Lehre zu konkretisieren, was nicht immer im einheitlichen Sinne geschah.

Was die Marxsche Lehre betrifft, so lassen sich in der theoretischen Entwicklung der Zweiten Internationale drei wichtige Etappen unterscheiden: der Kampf mit dem Anarchismus in der ersten Phase, der Streit mit dem Revisionismus in der zweiten Phase; schließlich der Konflikt zwischen der Linken und der Orthodoxie nach der russischen Revolution von 1905. Von entscheidender Bedeutung für das Schicksal des Marxismus und der sozialistischen Bewegung war natürlich der

Streit um den Revisionismus einschließlich all seiner Verzweigungen (in diesen einleitenden Bemerkungen übergehen wir Rußland, dessen Situation eine gesonderte, detailliertere Darstellung erfordert).

Die wichtigsten Elemente der europäischen Situation, die für die Entwicklung des sozialistischen Denkens in der Zeit der Zweiten Internationale bedeutsam waren, kann man kurz zusammenfassen: Abkehr vom Liberalismus sowohl in der wirtschaftlichen Praxis wie in den herrschenden Ideologien; Demokratisierung der politischen Institutionen, insbesondere Einführung des Grundsatzes allgemeiner und gleicher Wahlen in vielen europäischen Staaten; industrielle Expansion Westeuropas und Anwachsen der imperialistischen Tendenzen.

Der Niedergang des Liberalismus kommt vor allem in der Aufgabe zweier Prinzipien zum Ausdruck, die einst zu den Grundlagen der liberalen Sozialphilosophie zählten. Das eine dieser Prinzipien besagte, Hauptaufgabe der staatlichen Institutionen sei der Schutz der Sicherheit, der Freiheit und des Eigentums der Individuen, während die Fragen der Produktion und des Austauschs außerhalb ihrer Kompetenzen lägen und der individuellen Initiative überlassen bleiben müßten, die am besten für eine blühende Wirtschaft sorge. Das andere, speziellere Prinzip lautete, die Verbindung zwischen Arbeitgeber und Lohnarbeiter sei ein Sonderfall des freien Vertrages zwischen freien Personen und müsse insofern den Gesetzen des freien Vertrages überlassen bleiben, insbesondere seien jegliche gesetzgeberischen Eingriffe in Arbeitsverträge, aber auch jegliche kollektiven Pressionen der Gewerkschaften mit dem Ziel, den Unternehmern bessere Arbeitsbedingungen aufzuzwingen, der individuellen Freiheit entgegengesetzt. Gegen Ende des 19. Jahrhunderts gab es fast niemanden mehr, der diese beiden Prinzipien, in denen sich das Ideal des Kapitalismus der freien Konkurrenz gewissermaßen »rein« darstellt, vertreten hätte. Das lag zum Teil an der sozialistischen Propaganda, zum Teil an Veränderungen in der Weltwirtschaft, die das Ideal des unbeschränkten Freihandels undurchführbar machten. Die sozialistischen Ideologen trugen wirksam dazu bei, die Fiktion zu widerlegen, daß der Unternehmer und der Arbeiter im Arbeitsvertrag gleichermaßen frei seien, und die Ideologen des Liberalismus gaben diese Fiktion überwiegend auf; damit wurde der Grundsatz anerkannt, daß die gesetzgebenden Körperschaften das Recht und die Pflicht haben, das System der Arbeitsverträge zu regeln und gewisse Formen der Ausbeutung gesetzlich zu beschränken, und gleichfalls, daß es das Recht der Arbeiter ist, sich zum Zwecke der kollektiven Vertretung ihrer Interessen gegenüber den Unternehmern zusammenzuschließen.

Die Anerkennung des Prinzips der staatlichen Intervention in die Beziehungen zwischen Arbeitern und Unternehmern wie auch die Möglichkeit, unter der Bedingung freier Wahlen über die gesetzgebenden

Körperschaften Druck ausüben zu können, stellte die sozialistischen Parteien Westeuropas vor eine Situation, für welche die klassische marxistische Strategie keine eindeutige Antwort besaß. In den Parlamenten des bürgerlichen Staates zu sitzen und Gesetze im Interesse der Arbeiterklasse durchzusetzen – hieß das nicht, an der »Verbesserung des Kapitalismus« mitzuwirken? So lautete die notorische Argumentation der Anarchisten. Da ihr den Kapitalismus verbessert, so sagten sie, unterstellt ihr, daß der Kapitalismus verbessert werden kann, im Gegensatz zur Lehre Marxens. Der Kapitalismus kann nicht in dem Sinne verbessert werden, daß er aufhört, Kapitalismus zu sein, und automatisch in die sozialistische Ordnung hinüberwächst, erwiderten die Orthodoxen; der Kampf um die Verbesserung der Lage der Arbeiter innerhalb des Kapitalismus ist jedoch notwendig, denn er ist für ein erhöhtes Klassenbewußtsein förderlich; Arbeiter, die auf die Gnade der Kapitalisten angewiesen, des Zugangs zur Bildung beraubt und durch eine mörderische Arbeit verdummt sind, werden niemals zu dem Klassenbewußtsein gelangen, das für eine sozialistische Revolution Voraussetzung ist.

Besonders heikel wurde die Situation, wenn es um zeitweilige Bündnisse mit nichtsozialistischen Parteien in den Parlamenten ging. Verzichteten die Sozialisten um des Prinzips willen auf zeitweilige Bündnisse mit Parteien des Zentrums, dann verzichteten sie damit auf das Erkämpfen von Zugeständnissen, die im offensichtlichen Interesse der Arbeiterklasse waren, und unterstützten faktisch die Politik der Rechten und der Konservativen. Waren sie zu solchen Bündnissen bereit, dann waren sie damit zur Zusammenarbeit mit der Bourgeoisie im Sinne eines leistungsfähigeren kapitalistischen Systems bereit, verwischten also gewissermaßen den unversöhnlichen Klassenantagonismus und schwächten die Kampfbereitschaft. In den Ländern, wo es entweder kein parlamentarisches System gab oder wo dieses vom Standpunkt der sozialistischen Politik unwirksam war, trat – wie etwa in Rußland – dieses Problem praktisch nicht auf; das Parlament mochte als Propagandatribüne gelten, doch konnte man ohnehin keine wirksamen gesellschaftlichen Reformen von ihm erwarten. Dort aber, wo – wie sich zeigte – solche Reformen möglich waren, war die Grenze zwischen einem Kampf um Reformen und dem Reformismus im pejorativen Wortsinne unklar. Die Anarchisten meinten, daß jegliches politische, insbesondere parlamentarische Vorgehen die Arbeiterklasse demoralisiere, da es sie eine Wandlung des Kapitalismus zum Besseren erwarten lasse, darüber hinaus es gebiete, zwischen den bürgerlichen Parteien Unterschiede zu machen, und dadurch bewirke, daß die fundamentale Grenze zwischen den feindlichen Klassen in den Augen des Proletariats wankend werde. Darauf erwiderten die orthodoxen Marxisten, es sei nicht gleichgültig für die

Perspektiven des Sozialismus, ob die Arbeiter in einem Kaiserreich, unter einer Tyrannei oder in einer Republik lebten. Es widerspreche nicht dem Prinzip des Klassenkampfes, republikanische Grundsätze und bürgerliche Demokratie gegen Reaktion, Klerikalismus und Militärcliquen zu verteidigen – nicht, weil die bürgerliche Republik selbst das sozialistische Programm erfüllen könne, sondern deshalb, weil sie den Kampf des Proletariats erleichtere.

Die Geschichte der sozialistischen Bewegung ist eine unaufhörliche Debatte über diese Fragen. Beide Seiten konnten sich auf gewisse Texte von Marx stützen. Wenn man den Grundsatz, daß das Proletariat nicht zur bürgerlichen Gesellschaft gehöre und diese Gesellschaft nicht verändern, sondern nur sprengen könne; daß die Naturgesetze der kapitalistischen Produktion sich gegen die Arbeiter kehren und der Versuch, an diesem Sachverhalt etwas zu ändern, beinahe dem Bemühen entspreche, zu erreichen, daß losgelassene Körper aufsteigen, statt zu fallen – wenn man diesen Grundsatz ernst nahm, dann war jeder Kampf um Reformen, waren alle zeitweiligen parlamentarischen Bündnisse, jede Differenzierung zwischen den bürgerlichen Parteien ein Verrat an den Interessen des Proletariats und ein Aufgeben der revolutionären Idee. Doch andererseits: Hatte Marx nicht die Lassallesche Formel, daß alle Klassen außer dem Proletariat eine einzige reaktionäre Masse seien, eindeutig verworfen? Hatte er nicht den Kampf des Proletariats auch dann unterstützt, wenn dieser Kampf nicht die totale Revolution zum Ziel hatte, sondern demokratische Gesetze oder die Fabrikgesetzgebung? Hatte er nicht das absurde Prinzip »je schlimmer desto besser« verworfen?

Die Anarchisten, insbesondere die Anarchosyndikalisten, lehnten prinzipiell jeglichen parlamentarischen Kampf, jegliche Hoffnungen auf eine Besserung des kapitalistischen Systems durch Reformen und jegliche Verständigung mit der bürgerlichen Welt prinzipiell ab. Die Orthodoxen der älteren Generation (wie etwa Guesde) und die junge Linke in Deutschland erkannten die Notwendigkeit des politischen Kampfes an, standen der Idee zeitweiliger Bündnisse jedoch ablehnend gegenüber und faßten den Kampf um Reformen lediglich als Mittel im Hinblick auf das Endziel auf, indem sie ihm eine selbständige Bedeutung absprachen. Die orthodoxen Zentristen lehnten den Gedanken politischer Bündnisse nicht grundsätzlich ab, stellten jedoch die Bedingung, daß die Arbeiterparteien dabei ihre volle Selbständigkeit wahren müßten, und maßen dem Kampf um unmittelbare Ziele eigenständige Bedeutung bei. Die Rechte schließlich (Jaurès, Turati) war nicht nur zu jeder Vereinbarung bereit, die im unmittelbaren Interesse des Proletariats lag, sondern schrieb den Reformen eine sozialistische Bedeutung schon innerhalb der kapitalistischen Gesellschaft zu, nahm also an, daß sich durch Reformen gewisse

Elemente des Sozialismus bereits innerhalb der bürgerlichen Realität faktisch verwirklichen lassen. Die Grenze zwischen den Syndikalisten und allen übrigen Richtungen war ebenso deutlich wie die zwischen dem Sozialismus eines Jaurès und den Orthodoxen. Die Unterschiede der dazwischenliegenden Auffassungen waren fließend und wurden nur aus Anlaß der gelegentlich aufflammenden Kontroversen deutlich.

Solange sie existierte, wurde die Internationale von der deutschen Sozialdemokratie dominiert. Die sozialistische Bewegung in Deutschland war zahlenmäßig die stärkste, die geschlossenste und zugleich die ideologisch am besten gerüstete. Die 1863 gegründete Partei Lassalles errang zwar – auch nach dem Tode ihres Führers – einen recht bedeutenden Anhang unter den Arbeitern, brachte aber keine bedeutenderen politischen Führer oder Theoretiker hervor. Sie hielt dogmatisch an der Theorie ihres Meisters fest, der sich eine Lösung der sozialen Frage davon versprach, daß mit staatlicher Hilfe Produktionsgenossenschaften geschaffen wurden, die nach und nach das System der Lohnarbeit verdrängen würden; Lassalle war zwar der Auffassung, zu diesem Zweck müsse die Arbeiterklasse zuvor die parlamentarische Mehrheit erringen, doch da die Aussicht auf eine solche Mehrheit weit in der Ferne lag, war das gesamte Parteiprogramm gewissermaßen seines praktischen Inhalts beraubt. Auf dem Eisenacher Parteitag von 1869 bildete sich eine neue sozialistische Partei (die Sozialdemokratische Arbeiterpartei Deutschlands), die in erster Linie das Werk von August Bebel und Wilhelm Liebknecht war. Bebel (22. 2. 1840–13. 8. 1913), von Beruf Drechsler, hatte einige Jugendjahre als wandernder Geselle zugebracht, begann jedoch frühzeitig in den Leipziger Arbeitervereinen aktiv zu werden. Dort lernte er 1864 den älteren Liebknecht (29. 3. 1826–7. 8. 1900) kennen, der sein theoretischer Führer wurde und ihn in die Geheimnisse des Marxismus einweihte. Liebknecht hatte nach der Revolution von 1848 eine Reihe von Jahren in der Emigration gelebt, in England Marx und Engels kennengelernt und sich deren Gesellschaftstheorie zu eigen gemacht. Als Abgeordnete des Deutschen Reichstags verurteilten Bebel und Liebknecht den Krieg gegen Frankreich und die Annexion von Elsaß-Lothringen. Bebel war kein Theoretiker. Gleichwohl war sein (von den Lebenserinnerungen abgesehen) wichtigstes Werk, »Die Frau und der Sozialismus« (1883), für Generationen von Sozialisten eine vertraute Lektüre. Die Bedeutung des Buches beruht darauf, daß dank seiner die sozialistische Bewegung die Emanzipation und Gleichberechtigung der Frauen zu ihrer Sache machte. In der deutschen und europäischen sozialistischen Bewegung war Bebel eine anerkannte moralische Autorität und bei den komplizierten innerparteilichen Auseinandersetzungen ein geschickter Taktiker. Ihm lag vor allem daran, die Einheit der Partei zu bewahren, und es ist hauptsächlich seiner Autorität zu verdanken, daß der spätere Streit mit den Revisionisten nicht zum organisatorischen Bruch führte.

Im Jahre 1875 vereinigten sich die beiden sozialistischen Parteien, die »Lassalleaner« und die »Eisenacher«, auf dem Gothaer Parteitag zur Sozialistischen Arbeiterpartei Deutschlands. Das von Marx streng kritisierte Gothaer Programm war ein Kompromiß zwischen der Lassalleschen Strategie und dem Marxismus; die grundlegenden, klassischen Formulierungen Lassalles behielt es bei. Trotzdem errang der Marxismus eine immer stärkere Stellung. Weder Bebel noch Liebknecht dachten doktrinär. Beide erkannten die fundamentalen Grundsätze des Marxschen Sozialismus an, doch lag ihnen nichts an der absoluten Korrektheit von theoretischen Formeln, die sich im praktischen Kampf nicht unmittelbar anwenden ließen. Sie nahmen an, daß der Sozialismus sich letzten Endes auf dem Wege der Revolution durchsetzen würde, doch war dieser Glaube mehr ein allgemeines Vertrauen in die Zukunft als eine Leitlinie ihrer Parteipolitik. Sie verstanden es, die sozialistische Bewegung in Deutschland zu einer mächtigen Kraft zu organisieren, die ein Vorbild für Europa war.

Im Jahre 1878 ließ Bismarck unter dem Vorwand, sie seien für einen Anschlag auf den Kaiser verantwortlich, Ausnahmegesetze gegen die Sozialisten beschließen. Sozialistische Versammlungen wurden untersagt, den örtlichen Parteiorganisationen wurde empfohlen, sich aufzulösen, und Zeitschriften wurden verboten. Viele Parteiaktivisten wurden in die Emigration getrieben. Die Partei resignierte jedoch nicht und konnte, wie sich zeigen sollte, ihren realen Einfluß bewahren und erweitern. Während dieser Zeit gründete Kautsky die (in Stuttgart als privates Organ erscheinende) Monatsschrift »Die Neue Zeit«, die zum Kristallisationskern der gesamten marxistischen Bewegung Europas wurde. In Zürich gab Bernstein die wöchentlich erscheinende Zeitung »Socialdemokrat« heraus, die einen weniger theoretischen Charakter hatte und während der Zeit der Unterdrückung eines der wichtigsten Organe des Parteilebens war. 1890 wurden die Ausnahmegesetze aufgehoben, und im gleichen Jahr errang die Partei mit anderthalb Millionen Stimmen und 35 Sitzen im Parlament einen gewaltigen Wahlerfolg. Im folgenden Jahr beschloß der Erfurter Parteitag ein neues Programm, das von Kautsky und Bernstein entworfen worden war. Dieses von Lassalleschen Elementen völlig gereinigte Programm war der reinste Ausdruck des Marxismus in seiner damaligen, von Engels gebilligten Version. Das Programm sah die unausweichliche Konzentration des Kapitals und den Untergang der Kleinunternehmer und ein dadurch fortschreitendes Anwachsen der Klassengegensätze voraus. Es war darin die Rede von der Ausbeutung des Proletariats, von Krisen und von dem immer schärferen Gegensatz zwischen dem Privateigentum an den Produktionsmitteln und einer zielbewußten Anwendung der bestehenden Technik. Es ging von der Notwendigkeit des Kampfes um Reformen in der Erwartung einer kommenden Revolution aus, die zur Vergesellschaftung des Eigentums führen und sämtliche Produktionsprozesse den gesellschaftlichen Bedürfnissen unterordnen würde. Zugleich ging es von der Einheit der Interessen des Proletariats im Weltmaßstab aus. Die praktischen Forderungen im zweiten Teil des Programms umfaßten die folgenden Punkte: Allgemeine, gleiche, direkte, geheime Verhältniswahlen; Ersetzung des stehenden Heeres durch eine Volksmiliz; Recht auf freie Meinungsäußerung, Vereinigungs- und Versammlungsfreiheit, rechtliche Gleichstellung der Frau; weltliche Schule und Anerkennung der Religion als Privatsache; allgemeine Schulpflicht und kostenloser Unterricht; unentgeltliche Verteidigung vor Gericht; Richterwahl durch das Volk; Aufhebung der Todesstrafe; unentgeltliche ärztliche Fürsorge; progressive Steuern; achtstündiger Arbeitstag; Arbeitsverbot für Kinder unter 14 Jahren; Überwachung der Arbeitsbedingungen.

Bald sollte sich herausstellen, daß das Verhältnis zwischen den beiden Programmteilen, dem theoretischen und dem praktischen, keineswegs klar ist. Der Streit zwischen den Revisionisten und der Orthodoxie ließ sich auf die Frage zurückführen, welcher Teil des Erfurter Programms die tatsächliche Politik und das tatsächliche Bewußtsein der Partei zum Ausdruck bringt.

Die zweite Säule der Internationale war Frankreich. Der französische Sozialismus besaß eine reichere und vielfältigere Tradition als der deutsche, war aus diesem Grunde aber auch in geistiger Hinsicht stärker zerstritten, und die marxistische Lehre erlangte dort keine monopolartige Stellung. Die von Guesde geleitete Gruppierung, der *Parti Ouvrier Français*, stand mit ihren Grundsätzen der deutschen Sozialdemokratie am nächsten. Jules Guesde (eigentlich Jules Bazile, 11. 11. 1845– 28. 7. 1922) erlebte als junger Mensch das Kaiserreich, und er haßte es von Anfang an. Bald wurde er Republikaner und Atheist. Von 1867 an war er als Journalist tätig, arbeitete mit einer Reihe von republikanisch orientierten Zeitschriften zusammen und wirkte 1870 an der Schaffung der Zeitschrift »Les Droits de l'homme« mit, die ein demokratisches, aber kein sozialistisches Programm vertrat. Wegen Unterstützung der Kommunarden zu fünf Jahren Gefängnis verurteilt, gelang es ihm, in die Schweiz zu fliehen, wo er sich den dort bestehenden bakunistischen Gruppen näherte und die französische Emigration im Geiste der anarchistischen Ideale organisierte. In Rom und Mailand, wo er sich von 1872 bis 1876 aufhielt, war er noch Anarchist. Erst nach seiner Rückkehr nach Frankreich wurde er zum Marxisten und wichtigsten Organisator einer Partei, die sich auf die marxistische Lehre stützte. 1877 und 1878 fanden in Frankreich zwei Arbeiterkongresse statt, die von der reformistischen

Tendenz beherrscht waren. Der dritte Kongreß, der im Oktober 1879 in Marseille stattfand, übernahm die Hauptprinzipien des Marxschen Sozialismus und beschloß die Schaffung einer Arbeiterpartei. Im Mai 1880 begab sich Guesde nach London, um mit Marx, Engels und Lafargue das Parteiprogramm zu diskutieren. Dieses Programm, dessen theoretische Einleitung Marx selber verfaßte, ist nicht so ausgebaut wie das spätere Erfurter Programm, enthält aber ähnliche praktische Forderungen. Mit geringfügigen Korrekturen wurde es auf dem Parteitag von Le Havre im November 1880 beschlossen. Bald zeigte sich aber, daß man sich in der Partei keineswegs über seine Auslegung einig war. Ein Teil der Partei vertrat die Ansicht, die Partei dürfe sich nur solche Aufgaben stellen, deren Erfüllung in absehbarer Zukunft möglich sei, und müsse das Programm im Hinblick auf die realen Möglichkeiten beschneiden; von ihren orthodoxen Gegnern wurden die Vertreter dieser Richtung als Possibilisten bezeichnet (die wiederum für die revolutionären Marxisten die Bezeichnung »Impossibilisten« prägten). Die Possibilisten hatten kein Interesse an unmittelbaren Aktionen zugunsten des »Endziels«, sondern empfahlen statt dessen, in lokalen und gemeindebezogenen Aufgaben das hauptsächliche Tätigkeitsgebiet der Partei zu sehen. 1881–82 kam es zum Bruch. Während die marxistische Partei unter Führung von Guesde (*Parti Ouvrier Français*) sich in erster Linie auf die erhoffte künftige Revolution einstellte, die mit der kapitalistischen Ordnung aufräumen würde, konzentrierten sich die Possibilisten (*Parti Socialiste Français*) auf unmittelbare Aufgaben. Während die ersteren den rein proletarischen Charakter der Bewegung betonten und Bündnisse mit den nichtsozialistischen Radikalen prinzipiell ablehnten, versuchten die letzteren, im Kleinbürgertum Einfluß zu gewinnen, und verschmähten taktische Formen und lokale Bündnisse keineswegs. Bald entstand unter den Possibilisten eine neue Gruppierung, die von J. Allemane geführt wurde und in ihrer grundsätzlichen Orientierung revolutionär war, allerdings eher im Sinne der Proudhonschen als der Marxschen Tradition; im Unterschied zu den Guesdisten glaubten die Allemanisten nicht an die Wirksamkeit der politischen Aktion, sondern traten der rein reformistischen Politik der Possibilisten entgegen. In der gleichen Zeit bildete Blanqui eine eigene Gruppe, deren Führung nach seinem Tode (1881) Edouard Vaillant übernahm. Die blanquistische Gruppe schloß sich im Laufe der Zeit mit den Guesdisten zusammen, doch verzichtete Vaillant nie darauf, seine Eigenart gegenüber den Marxisten herauszustellen. Außer diesen vier Gruppen traten später unabhängige Sozialisten wie Jaurès und Millerand auf.

Zu Beginn des 20. Jahrhunderts war der französische Sozialismus in drei Richtungen aufgeteilt. Die erste wurde repräsentiert vom *Parti Socialiste Français*, deren führender Ideologe Jaurès war, die zweite durch den *Parti Socialiste de France*, der die Guesdisten und Blanquisten zusammenfaßte. Die Differenzen zwischen den beiden lassen sich schematisch folgendermaßen darstellen: Die Guesdisten achteten auf die proletarische Reinheit der Bewegung, wollten auf Auseinandersetzungen im bürgerlichen Lager keinen Einfluß nehmen, auch keine taktischen Vereinbarungen mit nichtsozialistischen Parteien treffen und maßen dem reformistischen Vorgehen keinen Wert bei; jedenfalls verwarfen sie entschieden den Gedanken, daß irgendwelche Reformen innerhalb der bestehenden Gesellschaft einen sozialistischen Sinn hätten. Die Anhänger von Jaurès waren dagegen der Auffassung, daß der Übergang zum Sozialismus zwar gleichbedeutend sei mit der Revolution, daß aber gewisse sozialistische Institutionen innerhalb der bürgerlichen Gesellschaft geschaffen und verankert werden könnten, da der Sozialismus kein Gegensatz zur Republik, sondern eine Weiterentwicklung ihrer Grundsätze sei; deshalb ließen sie auch alle möglichen Bündnisse mit nichtsozialistischen Kräften zu, sofern das einer von den Sozialisten gerade verfochtenen Sache dienlich war. Die dritte, unbedeutendste Gruppe waren die Syndikalisten, die prinzipiell jegliche politische Aktivität, vor allem die parlamentarische Aktivität, ablehnten. Organ der Syndikalisten war die Zeitschrift »Mouvement Socialiste«, die von 1899 bis 1914 von Hubert Lagardelle redigiert wurde, und der hervorragendste, wenn auch außerhalb stehende Ideologe der Bewegung war Georges Sorel. Erst im Jahre 1905 schlossen sich zwei Parteien – Guesdisten und Jaurèsisten – zusammen, womit aber die ideologischen Differenzen innerhalb der sozialistischen Bewegung keineswegs beseitigt waren.

Während der Epoche der Zweiten Internationale brachte der Marxismus in Frankreich keine bedeutenden Theoretiker hervor. Guesde war kein Gelehrter, und Lafargue, gewiß der hervorragendste französische Marxist im »klassischen« Sinne des Wortes, war eher ein Popularisator als ein selbständiger Denker. Zwei wirklich originelle Autoren – Jaurès und Sorel – könnte man nur in einem überaus allgemeinen Sinne als Marxisten bezeichnen. Beide haben jedoch – auf gänzlich verschiedene Weise – das geistige Leben Frankreichs auch durch eigene Interpretationen des Marxismus beeinflußt.

Der englische Sozialismus wurde, wie schon gesagt, von Einflüssen der Marxschen Lehre kaum berührt. Die geistigen Grundlagen der Fabier enthalten, um es genau zu sagen, nichts spezifisch Marxistisches. Die »Fabian Essays in Socialism« (1889), die über Generationen hinweg der Hauptströmung des Sozialismus in Großbritannien den geistigen Weg wiesen, stellen ein Reformprogramm dar, das teils eindeutig der marxistischen Theorie widerspricht, teils auf Prinzipien beruht, die ganz allgemein zum Arsenal des Sozialismus im 19. Jahrhundert zählten. Die Fabier interessierten sich übrigens nicht für Sozialphilosophie, sofern sie keine direkte Bedeutung für realisierbare gesellschaftliche Reformen besaß. Ihre wichtigsten Ideale waren Gleichheit und rationale Wirtschaftsplanung, und sie glaubten, diese Ideale könnten im Rahmen der bestehenden, Schritt für Schritt zu verbessernden politischen Institutionen durch demokratischen Druck verwirklicht werden. Sie nahmen an, daß die kapitalistische Konzentration die natürlichen wirtschaftlichen Voraussetzungen des Sozialismus schaffen würde, hielten es jedoch für möglich, diesen Prozessen durch Sozialreformen, welche nach und nach das nicht erarbeitete Einkommen einschränken sollten, ohne revolutionäre Zerstörung des bestehenden Staates einen sozialistischen Sinn zu geben. Im Laufe der Zeit scheint sich die Idee der rationalen, wissenschaftlichen Effektivität in der Ideologie der Fabier auf Kosten der demokratischen Werte durchgesetzt zu haben. Trotz der ungeheuren Bedeutung, welche die englische Bewegung in der Geschichte des Sozialismus besaß, war ihr Beitrag zur Entwicklung der marxistischen Lehre während dieser Zeit unbedeutend – natürlich nur, sofern wir die Bedeutung des britischen Beispiels für die Entwicklung des europäischen Revisionismus außer acht lassen.

Die sozialistische Bewegung Belgiens war in stärkerem Maße marxistisch geprägt als die englische, wenn sie es auch an ideologischer Geschlossenheit nicht mit den Deutschen aufnehmen konnte. 1885 wurde der *Parti Ouvrier Belge* gegründet, und ihr hervorragendster Theoretiker war Émile Vandervelde (25. 1. 1866–27. 12. 1938), der von 1900 bis 1914 Vorsitzender der Internationale war. Er hielt sich für einen Marxisten, legte aber keinen Wert auf unverbrüchliche Treue gegenüber einer Theorie, deren einzelne Elemente er als doktrinär ablehnte (Plechanow z. B. war der Ansicht, Vandervelde sei überhaupt kein Marxist). Er gehörte aber nicht zu jenem Typ des Praktikers, von dem man in der Geschichte der Zweiten Internationale eine ganze Reihe antreffen kann, der sich für die Theorie nur insofern interessiert, als sie sich im politischen, auf Reformen gerichteten Handeln unmittelbar anwenden läßt. Er strebte im Gegenteil eine »ganzheitliche« Weltanschauung an und bedauerte es, daß der Sozialismus – im Gegensatz zum Katholizismus – eine solche Anschauung nicht hervorzubringen vermochte. In seiner Abhandlung »Der Idealismus im Marxismus« (1905) interpretierte er den historischen Materialismus in einem überaus unverbindlichen Sinne und behielt von ihm eigentlich nur die allgemeine Idee des »gegenseitigen Einflusses« sämtlicher – technischer, ökonomischer, politischer und geistiger – in der menschlichen Geschichte wirksamen Umstände bei – also das, was damals eigentlich fast jeder anzuerkennen bereit war und womit der eigentliche Marxsche Monismus nicht zu retten war. Er schrieb auch, in Übereinstimmung mit Croce, daß schon die Bezeichnung »historischer Materialismus« irreführend sei. In Wirklichkeit sei keine Kategorie von Wandlungen, wie wir sie in der Geschichte beobachten, gegenüber den anderen absolut »vorrangig«, und jede könne in bestimmten Situationen den Anstoß zu Veränderungen der anderen geben. Bestimmte Veränderungen des geographischen Milieus, aber auch demographische Prozesse würden selbständig die gesellschaftlichen Prozesse beeinflussen. Es sei auch nicht wahr, daß geistige Phänomene ein »schlichtes Resultat« von Veränderungen in der ökonomischen Struktur seien; sie könnten genausowenig außerhalb dieser Struktur existieren, wie Pflanzen sich außerhalb des Bodens entwickeln können, doch habe es keinen Sinn zu sagen, der Boden sei »Ursache der Pflanze«. Allein schon die Entwicklung der Technik sei von der geistigen Aktivität der Menschen und damit von »geistigen« Phänomenen abhängig. Aber auch den moralischen Werten könne man eine selbständige Funktion bei den historischen Veränderungen nicht absprechen; schließlich beruhe die Kapitalismuskritik von Marx und Engels auch auf moralischen Prämissen. Der historische Materialismus sei eine nützliche Methode, um nach den nicht offenkundigen, verborgenen Sprungfedern zu suchen, die in der Hervorbringung der gesellschaftlichen Ideen und Institutionen wirksam sind, doch wäre es ein krasser Fehler, ihn als eine Theorie der »einen Ursache« aufzufassen, die den gesamten historischen Prozeß erklärt. Im Einklang mit dieser Interpretation verwarf Vandervelde den Determinismus und gab lediglich zu, daß die allgemeine Tendenz der kapitalistischen Wirtschaft in Richtung auf die Sozialisierung der Industrie ziele. Die Anerkennung dieser Tendenz setzt weder die Verelendungstheorie noch die Vorstellung voraus, der Sozialismus bedeute eine pauschale Vergesellschaftung der gesamten Produktion, noch insbesondere die Unvermeidlichkeit der Revolution. Im Gegenteil weist alles darauf hin, daß die Sozialisierung sich schrittweise vollziehen wird, auf unterschiedlichen Wegen und durchaus nicht unbedingt in einer einzigen Form. Dabei bedeutet Sozialisierung nicht Verstaatlichung; eines der wesentlichsten Elemente des Sozialismus ist die Reduktion und schrittweise Aufhebung der im Staat zentralisierten politischen Macht. Für die Entwicklung des Sozialismus muß man sich mehr von den lokalen Bindungen und den lokalen Formen der Selbstverwaltung erwarten, wo eine reale gesellschaftliche Kontrolle über die Produktionsprozesse möglich ist. Vandervelde war kein hervorragender Theoretiker, und in theoretischen Fragen hatte er überwiegend pauschale und vom gesunden Menschenverstand bestimmte Vorstellungen. In seinen politischen Tendenzen stand er wohl Jaurès am nächsten, dem er aber weder an analytischen Fähigkeiten noch an rhetorischer Kraft gleichkam.

Die sozialistische Bewegung Österreichs war neben der deutschen das aktivste Zentrum theoretischer Bemühungen. Als Partei konstituierte sich die österreichische Sozialdemokratie im Jahr 1872, und ihr langjähriger Führer war Viktor Adler (24. 6. 1852–11. 11. 1918), von Beruf Arzt. Er war kein selbständiger theoretischer Kopf und stellte sich in den wichtigsten Angelegenheiten auf die Seite der zentristischen deutschen Orthodoxie. Eine große Errungenschaft der österreichischen Partei war die Einführung des allgemeinen Wahlrechts im Jahre 1907 (wobei allerdings die russische Revolution eine große Rolle spielte). In der viele Völker umfassenden Habsburger Monarchie war die Sozialdemokratie zu unablässigen Bemühungen um die Lösung nationaler Konflikte gezwungen – im Staat wie in der Partei. So befaßten sich denn auch natürlicherweise die Parteiideologen in besonderem Maße mit der theoretischen Bewältigung der nationalen Frage vom marxistischen Standpunkt aus. Die bekanntesten Abhandlungen zu diesem Thema stammen aus der Feder von Otto Bauer und Karl Renner. Beide waren hervorragend an der Entstehung der als Austromarxismus bekannten Bewegung beteiligt, zu der man außer ihnen noch Max Adler, Rudolf Hilferding, Gustav Eckstein und Friedrich Adler (den Sohn von Viktor Adler) zu zählen pflegt. Der Austromarxismus brachte viele theoretische Arbeiten von großer Bedeutung hervor. Bei den Orthodoxen stand die Mehrzahl dieser Arbeiten in einem schlechten Ansehen. Die Austromarxisten sahen im Marxismus nämlich kein allumfassendes System, und sie scheuten nicht davor zurück, ihn mit anderen Quellen in Verbindung zu bringen; sie waren es vor allem (aber nicht ausschließlich), die den Versuch machten, moralische, aber auch erkenntnistheoretische Kategorien des Kantianismus in die marxistische Geschichtsphilosophie einzubauen. Sie gehörten überwiegend der in den siebziger Jahren geborenen Generation an – einer Generation also, der auch Lenin, Trotzki, Rosa Luxemburg und ein großer Teil der sozialistischen Führer Rußlands angehörten. Es gab in dieser Generation fast keine orthodoxen Marxisten vom Schlage eines Kautsky, Plechanow, Lafargue oder Labriola, aber es kam zu einer Polarisierung der Auffassungen, die später zur ideologischen Quelle des Zerfalls der sozialistischen Bewegung in zwei feindliche Lager werden sollte.

In Italien konnte sich die Arbeiterbewegung nach mehreren fehlgeschlagenen Versuchen 1882 in der Auseinandersetzung mit dem Anarchismus als selbständige Partei konstituieren, aber erst 1893, nach zweimaliger Namensänderung, beschloß die Partei ein Programm, das im Marxschen Sinne als sozialistisch bezeichnet werden kann. Ihr hervorragendster Führer war Filippo Turati (27. 1. 1857–29. 3. 1932), der jedoch kein Theoretiker war und innerhalb der Partei notorisch die reformistische (oder – wie man damals sagte – »gradualistische«) Tendenz vertrat. Die einzigen bedeutenden Theoretiker des Marxismus in dieser Epoche des italienischen Sozialismus waren Antonio Labriola und Enrico Ferri.

Der erstere repräsentierte gewissermaßen die Hauptströmung der marxistischen Orthodoxie, während der letztere in noch stärkerem Maße als Kautsky die darwinistische Seite des Marxismus hervorhob.

Auch Polen war ein aktives Zentrum der marxistischen Bewegung. Eigentlich kann man sagen, daß erstmals in Polen die sozialistische Bewegung sich in einem gewissen Sinne nach jenen Prinzipien spaltete, die später für die Aufteilung in Sozialdemokratie und Kommunismus entscheidend wurden; die Sozialdemokratie des Königreichs Polen und Litauen war im Grunde die erste selbständige Partei von kommunistischem Typus, zumindest in dem Sinne, daß sie den rein proletarischen Klassencharakter der sozialistischen Bewegung betonte, daß sie jegliches Engagement in der nationalen Frage ablehnte und ihre Treue zur Marxschen Lehre hervorhob. Allerdings fehlten ihr gewisse wesentliche Merkmale, die später die leninistische Strömung innerhalb der Sozialdemokratie auszeichnen sollten, das heißt, sie vertrat nicht die Theorie von der Avantgarderolle der Partei, und sie war nicht bestrebt, die bäuerlichen Forderungen im revolutionären Kampf auszunutzen. Mitgründerin und hervorragendste Theoretikerin der polnischen Sozialdemokratie (SDKPiL) war Rosa Luxemburg, die jedoch den Löwenanteil ihrer Aktivität dem deutschen Sozialismus widmete. Ein bedeutender Theoretiker dieser Partei war auch Julian Marchlewski, der sich außer mit Untersuchungen über die Geschichte der physiokratischen Lehre vor allem mit Kunsttheorie befaßte. Die Hauptströmung des polnischen Sozialismus konzentrierte sich jedoch in der Polnischen Sozialistischen Partei (PPS), die man insgesamt schwerlich als marxistische Partei bezeichnen kann. Ihr führender marxistischer Theoretiker war Kazimierz Kelles-Krauz. In enger Verbindung zur PPS stand auch Ludwik Krzywicki, der hervorragendste Soziologe und sozialwissenschaftliche Autor, den diese Generation in Polen hervorbrachte, ein unorthodoxer Marxist. Bis zu einem gewissen Grade kann man auch die Schriften Edward Abramowskis zur marxistischen polnischen Literatur zählen, jenes Philosophen und Psychologen, der zum Theoretiker der anarchistisch-genossenschaftlichen Bewegung wurde. Eine ungewöhnliche Stellung in der Geschichte des Marxismus nimmt schließlich Stanisław Brzozowski ein, der sich um eine überaus originelle, weit von der Orthodoxie entfernte Interpretation Marxens im Sinne des Voluntarismus und des kollektiven Subjektivismus bemühte.

In Holland formte sich die sozialistische Bewegung im Kampf »auf zwei Fronten«: gegen die katholische Bewegung, die auf den Grundlagen der Soziallehre Leos XIII. Gewerkschaften organisierte, und gegen eine starke anarchistische Tendenz, deren führender Exponent Domela Nieuwenhuis war. Auch innerhalb der holländischen Sozialdemokratie entstand eine starke linke Gruppe, die im Laufe der Zeit zu einer selbständigen Partei wurde, zum Keim der späteren Kommunistischen Partei. Ihr gewichtigster Ideologe war Anton Pannekoek (1873-1960). Er gehörte zu jenen, die in der unversöhnlichsten Form die »Illusionen des Parlamentarismus« bekämpften, die vor den Fallstricken der reformistischen Politik warnten und unablässig betonten, daß der Sozialismus die gewaltsame Zerstörung des bürgerlichen Staatsapparats erfordere und nicht »teilweise« innerhalb der kapitalistischen Ordnung errichtet werden könne. Während des Krieges stellte sich Pannekoek auf der Zimmerwalder Konferenz auf Lenins Seite, und später gehörte er zum linken, antiparlamentarischen Flügel der holländischen kommunistischen Bewegung.

Obwohl in fast allen europäischen Ländern mehr oder weniger große marxistische Gruppen tätig waren, kann man mit einer gewissen Vereinfachung sagen, daß die marxistische Bewegung ein Phänomen Mittel- und Osteuropas war. Die Zweite Internationale kann man nur in grober Annäherung als einen marxistischen Organismus bezeichnen. Sie stellte übrigens nie – wie später die Kommunistische Internationale – ein zentralistisch organisiertes oder von einem Zentrum her gelenktes Gebäude dar. Die Kriterien der Zugehörigkeit zur Internationale waren ebenso unklar wie in einzelnen Ländern die Unterscheidung zwischen politischen Parteien und Gewerkschaften. Gleichwohl nahm an dem Gründungskongreß der Internationale, der im Juli 1889 in Paris stattfand, die gesamte Elite des europäischen Marxismus einschließlich Engels' teil, der übrigens zuvor in Briefen vor der Schaffung einer internationalen Organisation gewarnt hatte. Genauer gesagt tagten wegen des Kampfes zwischen den Possibilisten und den Guesdisten von Anfang an zwei miteinander konkurrierende Kongresse, wodurch eine allgemeine Verwirrung entstand. Letzten Endes war aber nur der marxistische Kongreß für die spätere Geschichte der sozialistischen Bewegung von Bedeutung. An ihm beteiligten sich Delegierte aus zwanzig Ländern, darunter Deutsche (u. a. Bebel und Liebknecht), Franzosen (Guesde, Vaillant), Russen (Plechanow, Lawrow), Österreicher (Viktor Adler), Engländer (William Morris), Belgier, Polen (Mendelsohn, Daszyński) und Holländer. Die Entschließungen des Kongresses galten dem Kampf um den achtstündigen Arbeitstag, der Beseitigung des stehenden Heeres zugunsten einer allgemeinen Volksbewaffnung, der Feier des Ersten Mai, dem Kampf um Sozialgesetzgebung und dem Kampf um die Macht vermittels allgemeiner Wahlen. Bis 1900 existierte die Internationale eigentlich nur in der Form aufeinander folgender Kongresse; erst auf dem fünften Kongreß wurde ein ständiges Organ berufen – das Internationale Sozialistische Büro, das jedoch nur ein Zentrum des Informationsaustausches und nicht der Machtausübung war.

Bis zum Jahre 1914 fanden die folgenden Kongresse statt: Brüssel

1891, Zürich 1893, London 1896, Paris 1900, Amsterdam 1904, Stuttgart 1907, Kopenhagen 1910 und Basel 1912.

Die dominierende Frage in der ersten Phase der Internationale (bis zum Londoner Kongreß) war die Auseinandersetzung mit den Anarchisten. Die Anarchisten hatten beträchtlich zum Zerfall der Ersten Internationale beigetragen, selber jedoch – was zum Teil mit ihren ideologischen Prinzipien zusammenhing – keine zusammenfassende organisatorische Form geschaffen. Der anarchistische Flügel der Ersten Internationale hörte bald zu bestehen auf. Wohl entstand zu Beginn der achtziger Jahre eine internationale anarchistische Föderation, an der u. a. Kropotkin, Malatesta und Reclus beteiligt waren. Sie besaß jedoch weder eine präzisere gemeinsame Doktrin noch ein Instrument der koordinierten Aktion. Die anarchistische Bewegung definierte sich vor allem negativ; eine Klassifikation der Anarchisten umfaßt zwangsläufig fast ebenso viele Kategorien, wie es Schriftsteller oder Aktivisten gab, die man als Anarchisten bezeichnet. Das hervorstechende gemeinsame Merkmal der anarchistischen Ideologien war der Glaube, daß menschliche Individuen, die man ihren natürlichen Neigungen überläßt, imstande sind, spontan eine konfliktfreie Gemeinschaft hervorzubringen, und daß die hauptsächliche Quelle des Übels in unpersönlichen politischen Institutionen besteht, vor allem im Staat. Die Gegenüberstellung von »konkreten Individuen« auf der einen und der anonymen Macht der Institution auf der anderen Seite entspricht, so könnte es scheinen, der Marxschen Sozialphilosophie. Allerdings hat diese Gegenüberstellung in beiden Fällen eine unterschiedliche Bedeutung. Marx glaubte tatsächlich, der Sozialismus werde dem Menschen wieder die Erfüllung seines individuellen Lebens ermöglichen und die verselbständigten politischen Organismen, die nur scheinbare Formen der Gemeinschaft hervorbringen, durch die Gemeinschaft der unmittelbar assoziierten Individuen ersetzen. Zugleich betonte er aber, daß eine Rückkehr zur »organischen« Gemeinschaft nicht allein auf der Liquidation der bestehenden institutionellen Formen beruhen könne, sondern darüber hinaus die Reorganisation der »bürgerlichen Gesellschaft« auf der Grundlage der in der kapitalistischen Welt entstandenen Technik und Arbeitsorganisation erfordere. Der Staat als Herrschaftsorgan sollte überflüssig werden, nicht aber die zentralisierte Verwaltung der materiellen Ressourcen und der Produktion. So hatte denn auch Guillaume Unrecht, wenn er das Lob Marxens für die Pariser Kommune so verstand, als sei Marx zum anarchistischen Standpunkt übergegangen. Nach Auffassung von Marx sollte die Zerstörung des Staates und der politischen Macht nicht gleichbedeutend sein mit der Zerstörung jeglicher gesellschaftlichen und industriellen Organisation; er hoffte jedoch, daß die Vergesellschaftung des Eigentums die Entartung der gesellschaftlichen Organisationsformen zu einem Herrschaftsapparat und einer Quelle der Ungleichheit verhindern werde. Nach seiner Auffassung mußten jedoch, wenn man nur den Staat zerstörte und zugleich die Produktionsprozesse der unkoordinierten individuellen oder Gruppeninitiative überließ, sämtliche Formen der kapitalistischen Wirtschaft unvermeidlich wiedererstehen. Diese Feststellung setzt die Existenz gewisser Gesetzmäßigkeiten der Warenwirtschaft voraus, die nicht von dem Willen der Individuen abhängen, sondern durch einen naturgegebenen Mechanismus wirken. Die Mehrheit der Anarchisten glaubte dagegen, die Fähigkeit der Menschen zu freundschaftlicher Zusammenarbeit werde jegliche Ungerechtigkeit verhindern, sofern nur die institutionellen Organe der Tyrannei beseitigt würden. Kropotkin versuchte in seiner »Ethik« und in dem Buch »Gegenseitige Hilfe in der Tier- und Menschenwelt« darzulegen, daß – im Gegensatz zur Auffassung der Darwinisten – die Beziehungen innerhalb einer Art nicht von Rivalität und Gewalt, sondern von Kooperation und Hilfe bestimmt sind; daraus leitete er die optimistische Überzeugung ab, daß die »natürlichen« Neigungen menschlicher Individuen ausreichen, um der Gesellschaft eine konfliktfreie Ordnung zu sichern. Zum »absoluten Egoismus« Stirners bekannten sich nur wenige Anarchisten; die Mehrheit glaubte, es gebe keine »prinzipiellen« Gegensätze zwischen den Individuen und die Konflikte würden verschwinden, wenn sich die Menschen nur ihre wirkliche Natur bewußtmachen und vom Druck religiöser und politischer Mystifikationen befreien würden, mit denen die Tyrannei ihnen die Seele vergiftet. Die Anarchisten kritisierten deshalb häufig den marxistischen Sozialismus als einen neuen Versuch der Tyrannei, welche die sozialistischen Politiker anstelle der bürgerlichen Tyrannei errichten wollten. Die Marxisten sagten, sie strebten eine gesellschaftliche Organisation an, in der sämtliche Formen der Demokratie nicht nur erhalten blieben, sondern erst ihren eigentlichen Sinn bekämen, da die rechtliche Demokratie durch die Demokratie der Produktion verstärkt werde, daß jedoch der Staat als System der Organisation von Produktion, Austausch und Kommunikation nicht zerstört werden könne, ohne die Gesellschaft zugrunde zu richten. Dagegen argumentierten die Anarchisten, daß ein demokratischer oder ein freier Staat dem quadratischen Kreis gleichkomme, da jegliche Staatsform unvermeidlich Privilegien, Ungleichheiten und Gewalt hervorbringen werde. Aufgrund dieser Anschauungen waren die Anarchisten auch Gegner der reformistischen Politik (z. B. des Kampfes um den achtstündigen Arbeitstag), da nach ihrer Ansicht jegliche Reformen der Stärkung und Verewigung der bestehenden repressiven Organisation dienten, der die Sozialisten lediglich geringfügige Konzessionen abringen wollten. Aber auch der politische Kampf – im Sinne der Teilnahme der sozialistischen Parteien am bestehenden System der Rivalität, vor allem an parlamentarischer Aktivität und an Wahlen – sei ein Betrug am Klassenbewußtsein der Unterdrückten. Mit dem Stimmzettel zu kämpfen bedeute nämlich, prinzipiell die bestehenden politischen Institutionen zu akzeptieren und ihre Legitimität anzuerkennen. Deshalb sprachen sie sich sowohl gegen den politischen wie gegen den ökonomischen Kampf um unmittelbare Ziele aus. Sie setzten teils auf einen Wandel im moralischen Bewußtsein der Ausgebeuteten, der zum Zusammenbruch der Herrschaftsinstitutionen führen würde, teils auf eine gewaltsame, von einer terroristischen Verschwörung vorbereitete Revolution. Ihr Ideal war völlige Gleichheit und das Verschwinden aller organisatorischen Formen, die über die Möglichkeit unmittelbarer Demokratie hinausgehen, also eine vollständige Dezentralisierung der Zentren des öffentlichen Lebens. Mit größtem Mißtrauen begegneten die Anarchisten und vor allem die Syndikalisten der Beteiligung von Intellektuellen aus der Mittelschicht an der revolutionären Bewegung, denn sie witterten dahinter den Wunsch, über die Bewegung der Arbeiter zu herrschen. Gewisse Fraktionen des Anarchismus waren geradezu erfüllt von Haß auf die Intellektuellen und auf die intellektuelle Arbeit als solche, auf die gesamte bisherige wissenschaftliche Erkenntnis und die Kunst; die Aufgabe der unterdrückten Klasse sahen sie darin, mit der Kontinuität der gesamten bisherigen Kultur absolut zu brechen. Diese letztere Tendenz tritt nur bei einigen Autoren und einigen anarchistischen Gruppierungen zutage, stimmt aber mit der grundsätzlichen Tendenz der Bewegung überein, die gewissermaßen die menschliche Geschichte von vorn beginnen und zur Welt des sechsten Schöpfungstages, zur unverdorbenen paradiesischen Natur des Menschen zurückkehren möchte.

Die Anarchisten hatten in Frankreich, teils dank der Traditionen des Proudhonismus, bedeutenden Einfluß. Noch stärker waren sie in Spanien und Italien; in Belgien und Holland hatten sie ebenfalls aktive Gruppen; relativ am schwächsten waren sie in Deutschland verwurzelt. Die Kongresse in Zürich und London schlossen die anarchistischen Organisationen schließlich aus der Internationale aus; es wurde beschlossen, daß zur Internationale nur solche Parteien gehören können, die die Notwendigkeit der politischen Aktivität anerkennen.

Zwischen dem Londoner und dem Pariser Kongreß kam es zu Ereignissen, durch welche tiefgehende Differenzen innerhalb der sozialistischen Bewegung zutage gefördert oder aufgefrischt wurden: die Dreyfus-Affäre, anschließend die Millerand-Affäre in Frankreich und die Diskussion um den Revisionismus in Deutschland. Der Streit um die Dreyfus-Affäre und um den »Ministerialismus« mochte als eine rein taktische Frage erscheinen, doch war unschwer festzustellen, daß er prinzipielle Gegensätze im Hinblick auf die Interpretation des Klassencharakters der sozialistischen Bewegung aufwarf. Diejenigen unter den französischen Sozialisten, die – mit Jaurès an der Spitze – einen uneingeschränkten Einsatz der Partei bei der Verteidigung Dreyfus' forderten, beriefen sich darauf, daß der Sozialismus als eine allgemein-menschliche Bewegung und als historische Repräsentation sämtlicher von der Menschheit hervorgebrachten moralischen Werte für den Kampf gegen jegliche Formen der Ungerechtigkeit auch dann verantwortlich sein müsse, wenn diese Menschen aus den herrschenden Klassen treffe. Guesde und seine Anhänger behaupteten, ein aktives Engagement in der Verteidigung eines Menschen aus der Militärkaste verwische die Grenze zwischen der proletarischen Partei und den bürgerlichen Radikalen und werde, da es das Klassenbewußtsein schwäche, letzten Endes der Bourgeoisie helfen. Im Grunde läßt sich der Streit als Ergebnis zweier unterschiedlicher Interpretationen des Marxismus begreifen, selbst wenn er faktisch nicht in diesen Kategorien artikuliert wurde. Für Marx war es – besonders seit seiner Polemik gegen den deutschen »wahren Sozialismus« – klar, daß, obgleich der Sozialismus eine allgemein menschliche und nicht die Angelegenheit einer partikularen Klasse ist, die Bewegung zum Sozialismus dennoch eine Angelegenheit der Arbeiterklasse und nicht der gesamten Menschheit ist, daß es also um eine Bewegung geht, die vom partikularen Klasseninteresse und nicht von klassenneutralen moralischen Werten inspiriert ist. Man konnte diesen Gesichtspunkt in dem Sinne interpretieren, daß die Sozialisten sich nicht an Konflikten beteiligen sollten, in denen es nicht um das Interesse des Proletariats geht, daß sie insbesondere sich nicht in Auseinandersetzungen zwischen verschiedenen Fraktionen der Bourgeoisie einmischen sollten, da in diesen Konflikten grundsätzlich keine Seite Träger sozialistischer Werte sein konnte. Kurz, man konnte, wie Guesde es tat, die politische Exklusivität der Arbeiterklasse vertreten und die besitzenden Klassen als ein prinzipiell gleichermaßen feindliches, einheitliches Lager auffassen (ein Teil der Sozialisten berief sich auf unmittelbare Wahlrücksichten – man befürchtete, durch eine übermäßige Unterstützung der »Dreyfusarden« Wähler zu verlieren –, doch Guesde lehnte das als eine unwürdige Argumentation ab). Aber aus der marxistischen Betrachtungsweise ließen sich gleichfalls sowohl strategische als auch theoretische Argumente gegen diese Auffassung ableiten. Marx teilte schließlich nicht die simplifizierende und praktisch verhängnisvolle Ansicht, daß es dem Proletariat gleichgültig sein müsse, in welchem System es lebt, da »bis zur Revolution« alle Systeme einander glichen; im Gegenteil machten sowohl er als auch Engels ungezählte Male innerhalb der politischen Gruppierungen der besitzenden Klassen einen deutlichen Unterschied zwischen Reaktion und Demokratie, zwischen Royalisten und Republikanern, zwischen Klerikalen und Radikalen. Sie waren sich bewußt, daß ein untätiges Zuschauen bei Auseinandersetzungen im bürgerlichen Lager nicht nur die Perspektiven der Revolution nicht näherrücken ließ, sondern die Arbeiterklasse zur Ohnmacht verurteilte (ein in der Grundidee ähnlicher, wenn auch stärker theoretisch artikulierter Streit entbrannte unter den russischen Marxisten über die Rolle und die Beteiligung der Arbeiterklasse in der bürgerlichen Revolution). Die Argumentation von Jaurès hatte aber noch einen anderen, vom marxistischen Standpunkt aus zweifelhaften Hintergrund. Jaurès meinte, die Partei müsse sich aktiv an allen Konflikten beteiligen, bei denen es um allgemein menschliche moralische Werte geht, da er unter anderem der Ansicht war, die Verteidigung dieser Werte sei bereits ein Akt der Errichtung einer sozialistischen Wirklichkeit im Schoße der bürgerlichen Gesellschaft. Sosehr nun der von den Guesdisten vertretene »Ouvrierismus« mit Sicherheit eine falsche und simplifizierende Interpretation des Marxismus darstellte, sowenig entsprachen Jaurès' Argumente, die auf dem Glauben an einen Sozialismus beruhten, der »bereits« im moralischen Engagement entstehe, dem Geist der Marxschen Lehre. Für Marx sollte ja die sozialistische Revolution ein Akt des gewaltsamen Bruchs mit der institutionellen Kontinuität der bürgerlichen Gesellschaft sein und konnte auf keinen Fall teilweise innerhalb dieser Gesellschaft realisiert werden. Man könnte daher meinen, daß eine Beteiligung in der Dreyfus-Affäre sich vom Standpunkt der marxistischen Orthodoxie her mit strategischen und taktischen, nicht aber mit moralischen Rücksichten begründen ließ. Andererseits konnte man jedoch schwerlich Marx den eindeutig formulierten Gedanken zuschreiben, daß die sozialistische Revolution ein Bruch nicht nur mit der institutionellen, sondern auch mit der moralischen Kontinuität der bürgerlichen Gesellschaft sein müsse. Das hätte bedeutet, daß Marx den Grundsatz der völligen moralischen Freiheit der Sozialisten im Kampf mit der bürgerlichen Gesellschaft anerkannt hätte. Aber hatte nicht Engels gerade unter diesem Gesichtspunkt Bakunin verurteilt, der sämtliche moralischen Regeln als Kampfinstrumente betrachtete, alle Mittel, die der Sache der Revolution förderlich waren, für gut und zulässig hielt und in solchen Grundsätzen wie etwa der Einhaltung von Verträgen bürgerliche Vorurteile sah? Auch in dieser Frage konnte man sich also, um zu einer eindeutigen Antwort zu gelangen, schwerlich auf die Autorität der Väter des wissenschaftlichen Sozialismus berufen.

Allerdings war die Dreyfus-Affäre für die Sozialisten insofern nicht so schwerwiegend, als sich die Frage des Für oder Wider für keinen von ihnen überhaupt stellte und nicht einmal Guesde vorschlug, die Partei solle zu dieser Angelegenheit gar nicht Stellung nehmen; die Antidreyfusarden standen im Lager der schwärzesten militaristischen, chauvinistischen und antisemitischen Reaktion, und unter den Sozialisten gab es in der Beurteilung dieses Lagers keine Meinungsverschiedenheiten. Die

Affäre Millerand war für die sozialistische Politik von größerer Bedeutung. Es ging darum, ob und unter welchen Bedingungen ein Sozialist berechtigt ist, sich an einer bürgerlichen Regierung zu beteiligen; die Sache war insofern heikler, als dem Kabinett, in das Millerand eingetreten war, auch General Gallifet, der Henker der Pariser Kommune, angehörte. Von denen, die Millerand unterstützten, wurde argumentiert, die Anwesenheit eines einzelnen Sozialisten in der Regierung könne zwar am Klassencharakter der Regierung nichts ändern, aber dazu beitragen, die reaktionärsten Elemente der Regierung zu zügeln und allgemein den Gedanken der Reformen innerhalb der bestehenden Ordnung zu fördern, und grundsätzlich betrachte ja die Partei den Kampf um Reformen als wesentliches Element ihrer Aktivität. Die Gegner Millerands behaupteten, daß die Beteiligung eines Sozialisten an der Regierung den falschen Anschein erwecke, als habe die Partei teil an der Macht, und dadurch das Bewußtsein des Proletariats verwirre; außerdem hätte sie zur Folge, daß die Partei gewissermaßen Verantwortung für Maßnahmen der bürgerlichen Regierung trage.

Die Millerand-Affäre wurde auf dem Pariser Kongreß der Internationale diskutiert. Vandervelde und Jaurès traten dafür ein, daß die Sozialisten mit anderen Parteien Vereinbarungen treffen dürften, wenn es um die Verteidigung der allgemeinen demokratischen Freiheiten (wie im Falle der Ausnahmegesetze in Italien) oder um die Rechte des Individuums, aber auch, wenn es um Wahlen gehe. Schließlich wurde eine von Kautsky eingebrachte Kompromißentschließung angenommen, nach der sich Sozialisten unter außergewöhnlichen Umständen an einer nichtsozialistischen Regierung beteiligen dürften, unter der Voraussetzung, daß die Beteiligung nicht als eine partielle Machtübernahme aufgefaßt wird und die Tätigkeit der Sozialisten in der Regierung unter der Führung der Partei steht.

Der Streit um den Revisionismus ist das bedeutendste Ereignis in der ideologischen Geschichte der Zweiten Internationale und muß gesondert besprochen werden. Die Internationale befaßte sich nicht so sehr mit den theoretischen Ursachen des Antagonismus zwischen Revisionisten und Orthodoxen als vielmehr mit der Frage des Reformismus und des Sinnes von Reformen, die unter theoretischem Gesichtspunkt eine Funktion grundlegenderer Meinungsverschiedenheiten war. Die deutsche Sozialdemokratie hatte auf ihrem Dresdener Parteitag eine Resolution gegen den Revisionismus beschlossen, und Guesde schlug auf dem Amsterdamer Kongreß der Internationale vor, diese Resolution zu übernehmen. Dort hielt Jaurès dann seine berühmte Rede, in der er den deutschen Sozialisten vorwarf, ihre doktrinäre Starre verschleiere nur die tatsächliche politische Ohnmacht der deutschen Partei (es war in der Tat so, daß die sozialistische Bewegung Frankreichs zahlenmäßig sehr viel schwächer, aber sehr viel kämpferischer war als die deutsche). Schließlich wurde mit Stimmenmehrheit eine antirevisionistische Resolution angenommen, was jedoch nicht verhinderte, daß der Revisionismus sich weiter ausbreitete. Die Revisionisten wurden übrigens durchaus nicht aus der deutschen Partei ausgeschlossen; weder Bebel noch Kautsky legten es auf einen Bruch in der Partei an, und die Stärke der revisionistischen Bewegung beruhte nicht auf der Stärke der theoretischen Argumentation Bernsteins, sondern auf der Situation der deutschen Arbeiterklasse. Jene Parteimitglieder, die Bernstein unterstützten, interessierten sich im allgemeinen nicht für seine Kritik der Dialektik oder gar für seine Theorie der Kapitalkonzentration oder seine Werttheorie, sondern drückten eher das Bewußtsein der Arbeiterfunktionäre aus, die zwischen der Steifheit der revolutionären Formeln des Programms und der tatsächlichen Politik der Partei eine Kluft entdeckten und den traditionellen marxistischen Formeln keinen praktischen Sinn mehr zu geben vermochten. Theoretisch brauchte sich natürlich weder durch die wachsende Bedeutung der parlamentarischen Institutionen (die übrigens in Frankreich, England und Belgien sehr viel mehr Gewicht hatten als in Deutschland) noch durch die Resultate der Arbeitsgesetzgebung und überhaupt durch soziale Reformen an der revolutionären Einstellung des Proletariats etwas zu ändern. Alles, was die Arbeiterklasse in den Grenzen der kapitalistischen Gesellschaft an sozialen Reformen und demokratischen Freiheiten erreichen konnte, mußte, folgte man der Lehre, der Weckung des revolutionären Bewußtseins dienen, und keiner von den Orthodoxen gab zu, daß es anders sein könnte. Die revisionistische Krise ließ jedoch das Problem der gesellschaftlichen Bedeutung der Reformen voll zutage treten und sorgte dafür, daß man sich mit den theoretischen Voraussetzungen des Marxismus befaßte, die mit der Frage der Reformen zusammenhingen; rasch wurde deutlich, daß der Streit direkt oder indirekt viele grundlegende Kategorien des Marxismus betraf: die Begriffe der Revolution, des Klassenkampfes und der Klasse, die Frage der Kontinuität und Diskontinuität der Kultur, die Frage des Staates, die Frage der historischen Unvermeidlichkeit, den eigentlichen Sinn des Begriffes »Sozialismus« und den Sinn des historischen Materialismus. Alles war in Frage gestellt. Von dem Streit um den Revisionismus blieb der orthodoxe Marxismus nicht unberührt. Ein Teil der früheren Anhänger der Orthodoxie änderte sich zwar nicht, doch tauchten neue Versionen der Orthodoxie auf, die den »klassischen« Marxismus, den Marxismus Kautskys, Bebels und Labriolas, an die Seite drängten. Die letzten Jahre des Bestehens der Zweiten Internationale standen im Schatten des heraufziehenden europäischen Krieges. Die Frage des Krieges und der sozialistischen Politik angesichts des Konflikts wurde viele Male diskutiert, besonders auf dem Stuttgarter Kongreß. Sie war eng mit der nationalen Frage und dem Selbstbestimmungsrecht verknüpft. Bestimmte allgemeine Prinzipien waren allen Sozialisten gemeinsam. Alle (abgesehen von einer Gruppe deutscher Sozialdemokraten) waren »im Prinzip« Gegner des Militarismus und Kolonialismus und Gegner der nationalen Unterdrückung. Diese vage Gemeinsamkeit reichte jedoch nicht aus, wenn es um die Festlegung bestimmter Handlungsregeln für den Fall eines Krieges oder um die Stellungnahme zu bestimmten internationalen Konflikten ging. Schon auf dem Brüsseler Kongreß verurteilte die Internationale allgemein den Militarismus, während sie auf dem Londoner Kongreß eine Resolution annahm, in der die Beseitigung des stehenden Heeres zugunsten einer Volksmiliz gefordert wurde. Weil die Parteien aber nationale Organisationen waren und jede sich im Falle des Krieges zur Politik der eigenen Regierung verhalten mußte, hatten solche Resolutionen für die einzelnen Parteien keine angebbaren Konsequenzen. Ganz allgemein lassen sich die folgenden Gesichtspunkte aufzählen, die für die sozialistischen Diskussionen in der Frage von Krieg und Frieden bedeutsam waren:

Guesde, der seinem dogmatischen Marxismus unveränderlich treu blieb, wollte von speziellen Aktionen im Zusammenhang mit dem Krieg nichts wissen, weil er annahm, daß Kriege ohnehin ein unausweichliches Resultat des Systems seien; man müsse bestrebt sein, die kapitalistische Gesellschaft zu stürzen, und dadurch würde die Ursache der Kriege automatisch beseitigt. Diese Auffassung war im Grunde eine Wiederholung im internationalen Maßstab des Standpunktes, den Guesde in der Dreyfus-Affäre einnahm: die Sozialisten sollten sich nicht in die Kämpfe zwischen den besitzenden Klassen einmischen; der imperialistische Krieg sei ein Beispiel eines solchen Kampfes innerhalb der Klasse und könne als solcher das Proletariat nicht engagieren.

Dieser auch von einem Teil der deutschen Sozialdemokraten unterstützte Standpunkt würde jedoch bedeuten, daß die Sozialisten auf jegliche Einflußnahme auf den Gang der Ereignisse verzichten. Da im Kriegsfall ein beträchtlicher Teil des Proletariats unausweichlich mobilisiert wird und an dem allgemeinen Massaker teilnehmen muß, würde ein um der Reinheit der Lehre willen von den Sozialisten vertretenes Prinzip der »Nichtintervention« effektiv bedeuten, daß sie den Maßnahmen der Regierung zustimmen. Deshalb forderte ein beträchtlicher Teil der sozialistischen Führer eine entschiedene Politik der Internationale gegen den Krieg. Sowohl Jaurès als auch Vaillant vertraten die Notwendigkeit eines aktiven Widerstandes gegen den Krieg, einschließlich des Aufstands, falls das notwendig sei. Gleichzeitig verkündeten sie jedoch, daß ein Land, das Opfer einer Aggression wird, das Recht habe, sich zu verteidigen, und an der nationalen Verteidigung müßten die Sozialisten sich beteiligen. Auf dem Stuttgarter Kongreß brachte Gustave Hervé eine Resolution ein, die für den Fall eines Krieges zum Generalstreik und zum Aufstand aufrief. Die Deutschen widersetzten sich jedoch der Annahme eines solchen Appells, vor allem, weil sie Repressionen und ein mögliches Parteiverbot befürchteten. Dabei sprengte der Aufruf zum Generalstreik und zum Aufstand noch nicht einmal den Rahmen der »reformistischen« Politik. Die Linke innerhalb der Internationale (Lenin, Rosa Luxemburg, Karl Liebknecht) schlug eine radikalere Politik vor: Im Kriegsfalle sollten die Sozialisten nicht versuchen, den Krieg mit völkerrechtlichen Mitteln oder durch Streiks zu verhindern, sondern den Krieg ausnutzen, um die herrschende Ordnung zu stürzen. In der in Stuttgart beschlossenen Resolution war zwar allgemein von Aktionen gegen den Krieg die Rede und von der Ausnutzung des Krieges, um den Sturz des Kapitalismus zu beschleunigen, doch war das eine rein ideologische Äußerung, die keinen bestimmten politischen Aktionsplan enthielt. Die »Ausnutzung des Krieges« für sozialistische Ziele konnte man so auffassen, wie Lenin das später tat: Umwandlung des imperialistischen Krieges in den Bürgerkrieg; eine ansehnliche Mehrheit der sozialistischen Führer hatte jedoch keineswegs eine solche Politik im Sinne. Auf dem Baseler Kongreß, der schon nach Ausbruch des Balkankrieges stattfand, herrschte eine Stimmung der Eintracht und des Optimismus; es wurde eine weitere Resolution gegen den Krieg beschlossen, es wurde die Parole »Krieg dem Kriege« ausgegeben, und die Delegierten trennten sich in der Überzeugung, daß die Macht der sozialistischen Bewegung das von den imperialistischen Regierungen vorbereitete Völkermorden verhindern könne.

Auch in der nationalen Frage und in der Frage des Selbstbestimmungsrechts hatte die Internationale keine einhellige Auffassung, wenn auch die Trennungslinien hier anders verliefen als in den übrigen strittigen Fragen. Selbstverständlich verurteilten alle die nationale Unterdrückung, doch beinhaltete eine solche Verurteilung allein noch keine bestimmte Politik hinsichtlich der komplizierten nationalen Probleme Mittel- und Osteuropas. Bei den Einzelproblemen war der Marxismus theoretisch keine große Hilfe. Es schien allgemein klar zu sein, daß nationale Unterdrückung und Chauvinismus zwar in absolutem Widerspruch zu den sozialistischen Ideen stehen, daß die nationale Unterdrückung aber »nur eine Funktion« der sozialen Unterdrückung ist und mit ihr verschwindet, während die Idee des Nationalstaats eng mit der Entwicklung des Kapitalismus zusammenhängt und es für Marxisten keinen Anlaß gibt, sich an dieser Idee zu orientieren. Die österreichischen Marxisten trugen die Idee der kulturellen Autonomie innerhalb des Vielvölkerstaates vor, weil sie meinten, der Staat müsse durchaus nicht nach dem nationalen Prinzip organisiert sein und jede ethnische Gemeinschaft habe das Recht, ungehindert die eigenen kulturellen Traditionen und die eigene Sprache zu pflegen. Rosa Luxemburg bekämpfte energisch jeden Gedanken an die nationale Selbstbestimmung, denn sie ging von der Annahme aus, daß der Sozialismus jeglichen nationalen Hader beseitigen werde, und solange der Kampf noch nicht beendet sei, werde das Aufwerfen der nationalen Frage als eines selbständigen Problems die Kräfte des Proletariats von seinen eigentlichen Aufgaben ablenken und die bürgerliche Politik der nationalen Einheit fördern. Dagegen deuteten Lenin und die Linke in der russischen Sozialdemokratie das nationale Selbstbestimmungsrecht in dem Sinne, daß jede Nation das Recht auf einen eigenen Staat habe. Rosa Luxemburgs Standpunkt in dieser Frage entsprach in seinem Dogmatismus dem Standpunkt, den Guesde in anderen Konflikten einnahm, und beruhte auf der gleichen rigiden Interpretation der marxistischen Lehre: Da alle historischen Prozesse, die vom sozialistischen Standpunkt aus bedeutsam sind, vom Klassenkampf bestimmt werden, gibt es überhaupt keine besondere nationale Frage, aber auf jeden Fall kann sie nicht beanspruchen, daß die Arbeiterbewegung sich mit ihr befaßt. In diesem Sinne argumentierte Guesde, wenn er sich gegen ein Eingreifen der Sozialisten in die Kämpfe zwischen den besitzenden Klassen aussprach. Lenin dagegen stand keineswegs auf dem Standpunkt, daß der Nationalstaat ein absolutes Prinzip sei, sah aber in den nationalen Spannungen und in der nationalen Unterdrückung eine Quelle enormer Macht, die sich von der sozialistischen Bewegung ausnutzen und für den sozialen Kampf einsetzen ließ.

Die ideologische Niederlage der Zweiten Internationale im Jahre 1914 war um so unerwarteter und bedrückender, je optimistischer die sozialistische Bewegung ihre eigene Stärke beurteilte. Daß sie auch für die Linke unerwartet kam, davon zeugt Lenins Reaktion, der im ersten Augenblick nicht glauben konnte, daß die deutsche Sozialdemokratie sich sofort auf den Standpunkt der Vaterlandsverteidigung gestellt hatte. In allen Ländern nahm eine beträchtliche Mehrheit die gleiche reflexartige Haltung ein. Selbst unter der bolschewistischen Emigration im Westen gingen viele schlagartig zu einem russisch-patriotischen Standpunkt über. Der Vater des russischen Marxismus, Plechanow, hatte keine Zweifel bezüglich der Notwendigkeit, das Vaterland gegen den Angriff zu verteidigen, genauso wie praktisch die gesamte menschewistische Fraktion. Anfang August stimmte die starke sozialdemokratische Reichstagsfraktion geschlossen für die Kriegskredite (die Minderheit, die sich bei der Fraktionssitzung gegen diesen Antrag ausgesprochen hatte, unterwarf sich anschließend der Parteidisziplin). Bei der folgenden Abstimmung im Dezember war Karl Liebknecht der einzige, der aus der Parteisolidarität ausbrach. Während der beiden anschließenden Jahre nahm die Zahl der aktiven Oppositionellen allmählich zu, bis es zur Spaltung der Partei kam. Die Dissidenten gründeten nach ihrem Parteiausschluß im April 1917 die Unabhängige Sozialdemokratische Partei Deutschlands (USPD), der sich Angehörige aller früheren innerparteilichen Fraktionen anschlossen – der rechten, der linken und des Zentrums. Der Krieg schuf neue politische Trennungslinien: In der neuen Partei befanden sich orthodoxe Zentristen wie Kautsky und Haase (der Vorsitzende der Partei nach Bebels Tod), Revisionisten wie Bernstein und schließlich die Linke, die sich Anfang 1916 im Spartakusbund organisiert hatte und geschlossen zur USPD überging. In Frankreich war die antipatriotische Opposition wohl noch schwächer als in Deutschland. Die Ermordung Jaurès' bewahrte ihn vor Unschlüssigkeit. Guesde und Sembat traten während des Krieges in die Regierung ein, genau wie Vandervelde in Belgien. Gustave Hervé, der radikalste unter den französischen Antikriegsagitatoren, wurde fast von einem Tag zum anderen zu einem glühenden Patrioten. Die Internationale hörte auf zu existieren.

Im Sommer 1914 erlitt die sozialistische Bewegung die größte Niederlage ihrer Geschichte. Es zeigte sich, daß ihr geistiges Fundament – die internationale Solidarität des Proletariats – auf dem Sand von Phrasen errichtet war und den Augenblick der Prüfung nicht zu überdauern vermochte. Es fehlte übrigens sowohl auf seiten der Entente wie auf seiten der Mittelmächte nicht an Versuchen, den plötzlich erwachten Patriotismus mit Argumenten zu rechtfertigen, die aus der marxistischen Phraseologie geschöpft waren. Schließlich hatte Marx Rußland viele Male als Hort der Barbarei und Hauptstütze der europäischen Reaktion hingestellt; man konnte also bedenkenlos den Krieg gegen Rußland als Verteidigung der europäischen Demokratie gegen den zaristischen Despotismus auffassen. Auf der anderen Seite waren der preußische Militarismus und die Stärke der feudalen Überreste in den deutschen Ländern traditionelle Angriffsziele der sozialistischen Bewegung, und zwar ebenfalls schon seit Marx. Folglich war nichts leichter, als den deutschfeindlichen Patriotismus in Frankreich als Kampf der Republik gegen die reaktionäre Monarchie darzustellen.

Für Lenin und die spätere Zimmerwalder Linke war der Zusammenbruch der Internationale erklärbar durch den Verrat und den Opportunismus der sozialdemokratischen Führer. Keiner der Marxisten stellte sich die Frage, ob der Zerfall der sozialistischen Bewegung angesichts nationaler Konflikte nicht für die marxistische Lehre selbst irgendeine Bedeutung haben könnte.

Im Sommer 1914 setzte ein Prozeß ein, dessen Folgen bis heute andauern und dessen endgültiges Resultat noch keineswegs bekannt ist. Zugleich äußerte sich im Zerfall der Internationale unübersehbar die Divergenz zweier grundsätzlich verschiedener Interpretationen des Sozialismus, die sich schon jahrelang bei den verschiedensten Anlässen innerhalb der sozialistischen Bewegung bemerkbar gemacht hatten und sich erst jetzt in einer plötzlichen Explosion gegenüberstanden. Die Frage, in welchem Sinne und in welchem Maße der Sozialismus eine Fortsetzung der bisherigen Menschheitsgeschichte ist und in welchem Maße er einen Bruch der Kontinuität darstellt, wurde von den Marxisten jener Zeit nicht eindeutig gestellt und nicht beantwortet; ein anderer Aspekt dieses Problems war die Frage, in welchem Maße und in welchem Sinne das Proletariat zur bürgerlichen Gesellschaft gehört oder auch nicht gehört. Unterschiedliche Antworten auf diese Fragen waren, wie man sagen könnte, der verborgene philosophische Hintergrund der Konflikte innerhalb der sozialistischen Bewegung. Die Marxsche Lehre war in dieser Hinsicht keineswegs eindeutig. Wesentliche Elemente dieser Lehre wandten sich an Revolutionäre, die sich nicht mit der bestehenden Gesellschaft verständigen und sie verbessern wollten, sondern mit einer gewaltigen historischen Apokalypse rechneten, die mit einem Schlage jegliche Unterdrückung, Ausbeutung und Ungerechtigkeit beseitigen und auf den Trümmern des Kapitalismus die Geschichte der Menschheit gewissermaßen von vorn beginnen lassen würde. Andererseits stellte Marx sich den Sozialismus sicherlich nicht so vor, daß er in einer Wüste errichtet würde, und er glaubte an die Kontinuität der Zivilisation – nicht nur im technologischen, sondern auch im kulturellen Sinne. Deshalb berufen sich auch diejenigen auf ihn, für die Sozialismus bedeutete, daß nach und nach mehr Gerechtigkeit, mehr Gleichheit, mehr Freiheit und mehr Vergesellschaftung in die gesellschaftlichen Verhältnisse eingeführt würde. So lieferte die Arbeiterbewegung, die in Parteien organisiert war, welche mehr oder weniger doktrinär eine marxistische Ideologie verkündeten und im Kampf um Arbeitsgesetzgebung und Bürgerrechte reale Erfolge erzielten, gewissermaßen den Beweis, daß die bestehende Gesellschaft – im Gegensatz zu dem, was die Lehre behauptete – reformierbar war, und höhlte dadurch gleichsam die praktische Bedeutung der revolutionären Programme aus. Die Vorstellung vom Sozialismus als einem radikalen historischen Bruch fand natürlicherweise eher dort Verständnis, wo aufgrund der gesellschaftlichen Situation reale, durch allmählichen Druck und graduelle Reformen erreichbare Veränderungen nicht abzusehen waren, also in Rußland, in den Balkanländern, in Lateinamerika. In den Ländern Westeuropas fiel es schwer, konsequent die Ansicht aufrechtzuerhalten, daß das Proletariat nur eine Klasse von ausgestoßenen Parias sei, die weder zur Gesellschaft noch zur nationalen Gemeinschaft gehöre und von der bestehenden Ordnung nichts zu erwarten habe. Letzten Endes trug also der Marxismus selbst als eine die Arbeiterbewegung organisierende geistige Kraft beträchtlich zu seiner eigenen Zersetzung bei, weil er dazu beitrug, eine Arbeiterbewegung zu schaffen, die imstande war, innerhalb der kapitalistischen Ordnung Erfolge zu erzielen, und dadurch bis zu einem gewissen Grade die »Unreformierbarkeit« dieser Ordnung widerlegte.

Das ist natürlich ein vereinfachtes Schema, das der Komplexität der Veränderungen, die sich nach dem Niedergang der Zweiten Internationale in der sozialistischen Bewegung vollzogen, nicht Rechnung trägt. Es erleichtert jedoch das Verständnis der späteren Polarisierung des Sozialismus, die schließlich zu der bis heute anhaltenden Situation führte: auf der einen Seite ein reformistischer Sozialismus, der zum Marxismus eine geringe, irrelevante Beziehung hat, und auf der anderen Seite die Monopolisierung des Marxismus durch die leninistische Strömung und ihre Ableger, das heißt durch eine Strömung, die – wiederum im Gegensatz zur überlieferten Lehre – ihre größte Stärke in jenen Teilen der Welt beweist, die sowohl hinsichtlich der technologischen Entwicklung als auch im Hinblick auf die demokratischen Institutionen und das allgemeine kulturelle Niveau zurückgeblieben sind, in Ländern, die erst am Anfang der Industrialisierung stehen und sich mit gewaltigen Forderungen auseinanderzusetzen haben, die nicht proletarischen, sondern vor allem bäuerlichen und nationalen Charakters sind. Diese Polarisierung hat gewissermaßen gezeigt, daß die klassische, bis zum Ersten Weltkrieg dominierende Version des Marxismus sich als praktische geistige Kraft nicht aufrechterhalten läßt. Insofern ist die Situation, in der wir uns heute befinden, trotz aller Wandlungen noch immer von dem Drama geprägt, das sich im Sommer 1914 abspielte.

Zweites Kapitel

Karl Kautsky und die deutsche Orthodoxie

Karl Kautsky ist die dominierende Gestalt eines ganzen Vierteljahrhunderts theoretischer Entwicklung des Marxismus während des Bestehens der Zweiten Internationale. Er war sicher kein hervorragender Philosoph, aber er war der wesentliche Schöpfer und gleichsam die Verkörperung der marxistischen Orthodoxie, die er gegen fremde Einflüsse aller Art verteidigte, die er geschickt und intelligent popularisierte, die er schließlich sowohl in der Interpretation der vergangenen Geschichte wie auch im Begreifen neuer Erscheinungen, die im Zusammenhang mit der Entwicklung des imperialistischen Kapitalismus entstanden, mit Erfolg anwandte. Kautsky trug wesentlich zur Herausbildung eines gewissen Stereotyps des Marxismus bei, das insbesondere in Mittel- und Osteuropa jahrzehntelang dominierte und erst im Laufe der letzten zehn bis zwanzig Jahre anderen Stereotypen zu weichen begann. Generationen von Marxisten bildeten sich anhand seiner Bücher, die schließlich zu Standardwerken der marxistischen Literatur wurden und auch innerhalb der kommunistischen Bewegung dann noch Standardwerke blieben, nachdem Lenin ihren Verfasser wegen seiner Kritik an der Oktoberrevolution als Renegaten bezeichnet hatte (wohl der einzige Fall dieser Art). Kautsky war kein Orthodoxer in dem Sinne, daß er sich verpflichtet gefühlt hätte, jeden einzelnen von Marx oder Engels geäußerten Gedanken zu verteidigen, oder daß er Argumente durch Zitate aus ihren Werken ersetzt hätte (von den Theoretikern seiner Generation war übrigens keiner ein Orthodoxer in diesem Sinne); er übte im Gegenteil in einigen zwar nicht erstrangigen, aber auch nicht gänzlich belanglosen Punkten Kritik an Engels (so zeigte er im Widerspruch zu Engels, daß die hauptsächliche Form der Entstehung des Staates äußere Gewalteinwirkung ist). Allerdings war er ein pedantischer Orthodoxer in dem Sinne, daß der Marxismus als Theorie und als historische Untersuchungsmethode für ihn der einzige Bezugsrahmen bei der Analyse sozialer Erscheinungen war und daß er sich allen Versuchen widersetzte, die marxistische Theorie durch Elemente zu ergänzen oder zu bereichern, die aus anderen Quellen stammten (vom Darwinismus abgesehen). Während ihm also ein rigoroser Dogmatismus im Hinblick auf jeden einzelnen Gedanken von Marx oder Engels fernlag, war er ein rigoroser Verteidiger der Reinheit der Lehre. Grundlegende Elemente jenes Stereotyps, das sich wissenschaftlicher Sozialismus nennt – die evolutionistische, szientistische und deterministische Marxismusauffassung –, fanden durch seine interpretatorische Tätigkeit Ausbreitung.

1. Kautskys Leben und Schriften

Karl Kautsky (16. 10. 1854–17. 10. 1938) wurde in Prag als Sohn eines Tschechen und einer Deutschen geboren. Als junger Bursche kam er in Wien zunächst durch die Romane von Georges Sand und die historischen Werke von Louis Blanc mit sozialistischen Ideen in Berührung. Von 1874 an studierte er in Wien, und 1875 trat er der sozialdemokratischen Partei bei. Er studierte Geschichte, politische Ökonomie und Philosophie und stürzte sich bald mit Begeisterung auf den Darwinismus, in dem er die allgemeinen Prinzipien zu entdecken hoffte, welche die Geschichte der Menschheit bestimmten. Sein erstes Buch (»Der Einfluß der Volksvermehrung, auf den Fortschritt der Gesellschaft untersucht«, 1880) galt der Kritik der Malthusschen Theorie, nach der das Elend ein Resultat der Überbevölkerung ist.

Als Student begann Kautsky mit der Wiener und der deutschen sozialistischen Presse zusammenzuarbeiten, lernte er Liebknecht und Bebel kennen. Im Jahre 1880 übersiedelte er nach Zürich, wo er sich mit Bernstein befreundete. Er wurde Mitarbeiter des »Socialdemokrat« und des »Jahrbuchs der Sozialwissenschaft und Sozialpolitik«, die beide in Zürich erschienen. 1881 hielt er sich einige Monate in London auf, wo er Marx und Engels kennenlernte. Im folgenden Jahr war er wieder in Wien, und Anfang 1883 rief er die (später in ein Wochenblatt umgewandelte) Monatsschrift »Die Neue Zeit« ins Leben, die er bis 1917 leitete und die während dieser ganzen Zeit das wichtigste marxistische Organ Europas (und damit der Welt) war. Keine Zeitschrift hat im gleichen Maße zur Verbreitung der marxistischen Lehre als der ideologischen Form der deutschen und europäischen Arbeiterbewegung beigetragen. Dort wurden zahlreiche Abhandlungen sozialistischer Theoretiker veröffentlicht, die später zum klassischen Kanon der marxistischen Literatur gehören sollten. »Die Neue Zeit« erschien zunächst in Stuttgart, wurde dann aber wegen der mit den Sozialistengesetzen zusammenhängenden Repressionsmaßnahmen von Kautsky in der Londoner Emigration herausgegeben. Nach Aufhebung der Sondergesetze kehrte Kautsky Ende 1890 nach Stuttgart zurück, von wo er sieben Jahre später nach Berlin übersiedelte.

Das berühmte, im Oktober 1891 auf dem Parteitag der deutschen Sozialdemokratie beschlossene Erfurter Programm, das erste Parteiprogramm, das strikt auf marxistischen Grundlagen beruhte, war das Werk Kautskys und Bernsteins, wobei Kautsky für den theoretischen Teil verantwortlich war. Kautsky nahm an sämtlichen Kongressen der deutschen Partei und der Internationale teil und verteidigte die Orthodoxie, wie er sie verstand, gegen die Anarchisten, gegen Bernstein und die Revisionisten sowie gegen die Linke. In Fragen der politischen Strategie war er der hervorragendste Verfechter eines Standpunktes, den man im Hinblick auf die damalige Zeit als Zentrismus zu bezeichnen pflegt: Er war ein Gegner des Reformismus, das heißt der Theorie, daß der Sozialismus durch schrittweise Reformen, gestützt auf die Zusammenarbeit des Proletariats mit dem Kleinbürgertum und die Bauernschaft, aus der kapitalistischen Gesellschaft entstehen könne; zugleich war er ein Gegner der Revolutionäre, nach denen es Aufgabe der Partei war, den gewaltsamen, schlagartigen Umsturz vorzubereiten, für dessen Gelingen vor allem eine günstige politische Situation ausschlaggebend war. Auch während des Krieges und des Zusammenbruchs der Internationale nahm Kautsky einen mittleren Standpunkt zwischen dem nationalistischen Standpunkt eines beträchtlichen Teils der Partei und dem revolutionären Defätismus der linken Minderheit ein. Aufgrund seiner scharfen Kritik an der Oktoberrevolution galt er innerhalb des leninistischen Flügels unwiderruflich als Verräter. In den zwanziger Jahren kehrte Kautsky wieder ins politische Leben der deutschen Sozialdemokratie zurück und hatte bedeutenden Anteil an der Formulierung des neuen, 1925 in Heidelberg beschlossenen Parteiprogramms. Er lebte in Wien, von wo er kurz vor dem Einfall Hitlers emigrierte. Er starb in Amsterdam.

Kautskys Schriften umfassen alle wesentlichen Probleme, die für den Marxismus und die sozialistische Bewegung seiner Zeit bedeutsam waren. Aus der gewaltigen Zahl seiner Artikel und Bücher haben sich die historischen und ökonomischen Werke den beständigsten Rang erworben. 1887 veröffentlichte Kautsky »Karl Marx' ökonomische Lehren«, dabei handelt es sich eigentlich um eine leicht verständliche Zusammenfassung des ersten Bandes des »Kapital«, die jahrzehntelang als grundlegendes Lehrbuch der marxistischen Wirtschaftstheorie für Anfänger diente. Wohl den bedeutsamsten Teil seiner theoretischen Leistungen bilden vier historische Werke, in denen Kautsky die marxistische Methode der Klassenanalyse anwandte, um Ideologien und politische Kämpfe zu untersuchen. Es handelt sich um »Thomas More und seine Utopie« (1888), »Die Klassengegensätze von 1789« (1889), »Die Vorläufer des neueren Sozialismus« (2 Bände, 1895) und »Der Ursprung des Christentums« (1908). Die erstgenannte Abhandlung untersucht England zur Zeit Heinrichs VIII. und schildert die Tätigkeit sowie das berühmteste Werk von Thomas More auf dem Hintergrund der Klassengegensätze zur Zeit der ursprünglichen Akkumulation. Die dritte gibt einen historischen Überblick über die sozialistischen Ideen von Platons »Staat« bis zur Französischen Revolution, mit besonderer Berücksichtigung der Geschichte des revolutionären Wiedertäufertums. Die letztgenannte Arbeit versucht schließlich, den historischen Sinn der frühchristlichen Ideen zu entdecken.

Kautskys wichtigstes Werk allgemeiner theoretischer Natur aus der Zeit vor dem Ersten Weltkrieg ist »Ethik und materialistische Geschichtsauffassung« (1906). Darin wird, auf dem Hintergrund einer Geschichte der ethischen Lehren, die darwinistische und marxistische Auffassung von der biologischen und sozialen Bedeutung moralischer Ideen und Verhaltensweisen dargelegt. Unter den Arbeiten, die sich unmittelbar auf die politische Theorie und die Strategie der Sozialdemokratie beziehen, ist an erster Stelle der umfangreiche Kommentar zum Erfurter Programm zu nennen (»Das Erfurter Programm in seinem grundsätzlichen Teil erläutert«, 1892), ferner die Auseinandersetzungen mit Bernstein und der Linken im Zusammenhang mit der Frage von Revolution und Reform (»Bernstein und das sozialdemokratische Programm«, 1899; »Die soziale Revolution«, 1907; »Der politische Massenstreik«, 1914; »Der Weg zur Macht«, 1909). Eine Kritik der russischen Revolution findet sich vor allem in den Büchern »Die Diktatur des Proletariats« (1918), »Terrorismus und Kommunismus« (1919) und »Von der Demokratie zur Staatssklaverei« (1921). 1927 veröffentlichte Kautsky schließlich die Summe seiner theoretischen Überlegungen: »Die materialistische Geschichtsauffassung«. Dieses gewaltige Werk hatte aber schon nicht mehr auch nur den Bruchteil der Bedeutung seiner früheren Arbeiten und wurde kaum gelesen, nicht nur wegen seines Umfanges, sondern vor allem deshalb, weil der Sinn der schriftstellerischen Tätigkeit sich in der neuen Situation gewissermaßen verlor. Von der höchsten Autorität der kommunistischen Bewegung offiziell ausgestoßen, konnte Kautsky dort nicht mehr mit der Anerkennung seiner Werke rechnen. Und die Sozialdemokratie interessierte sich nach dem endgültigen Bruch mit den Kommunisten immer weniger für eine geschichtsphilosophische Begründung der sozialistischen Ideen und maß ihrer Verbindung zur Tradition des Marxismus immer geringere Bedeutung bei. Die marxistische Lehre wurde nahezu vollständig von der leninistischen und stalinistischen Spielart des Sozialismus monopolisiert, in der für den späten Kautsky kein Platz mehr war. So kam es, daß die solideste orthodoxe Darstellung des historischen Materialismus, die jemals geschrieben wurde, im Grunde keinen Adressaten mehr hatte und keine wesentliche Rolle spielte.

2. Natur und Gesellschaft

Was am literarischen Schaffen Kautskys auffällt, ist die Beständigkeit seiner Anschauungen. Nachdem er sich in jungen Jahren die Darwinsche Theorie und eine allgemeine naturalistische Weltanschauung angeeignet hatte, entdeckte er bald den historischen Materialismus, und nachdem er aus diesen beiden Elementen ein kohärentes Ganzes zurechtgeschnitten hatte, ließ Kautsky sein Leben lang nicht mehr von dieser Theorie ab. Hatte er 1892 den Kommentar zum Erfurter Programm verfaßt, so konnte er sich nicht nur 1904, sondern auch 1922, im Vorwort zur 17. Auflage, von dessen Gültigkeit überzeugen – nach dem Krieg, nach der Oktoverrevolution und dem Zerfall der sozialistischen Bewegung. Das letzte, monumentale Werk enthält fast nichts, was als Änderung oder Korrektur seiner früheren Anschauung gelten könnte, die er im Laufe von beinahe 50 Jahren geäußert hatte. Diese frühe geistige Erstarrung, dieses Sichbegnügen mit der einmal errungenen Wahrheit machte ihn unempfänglich für neue philosophische und politische Ideen. Andererseits verließen ihn aber auch nicht sein Erkenntnisdrang und das Bemühen um Aufrichtigkeit, und das bewahrte Kautsky vor Blindheit in der Auseinandersetzung mit seinen Gegnern; nie griff er zu der Ausflucht, Argumente durch eine Flut von Beschimpfungen zu ersetzen, stets mied er die Demagogie, und er verstand es, sein ungeheures historisches Wissen einer überzeugenden Argumentation nutzbar zu machen. Zugleich zeichnen sich seine Schriften durch eine besondere Pedanterie und durch ein Streben nach einer vollkommen systematischen Darstellung aus; will er die marxistische Auffassung zur Ethik erläutern, so nutzt er die Gelegenheit zu dem Versuch, sowohl die gesamte Geschichte der ethischen Lehren wie auch die gesamte Sittengeschichte zusammenzufassen – mit erbärmlichen Resultaten. Attackiert er den Terrorismus der Oktoberrevolution, so ergreift er die Gelegenheit, um die Geschichte der Französischen Revolution und der Pariser Kommune zu schildern. Stets will er in seiner Darstellung vom Ursprung ausgehen, er ist ganz von der didaktischen Zielsetzung seiner Schriften durchdrungen, und er mißt der korrekten Formulierung der theoretischen Grundlagen der sozialistischen Bewegung ungeheures Gewicht bei (worin er Lenin verwandt ist). Gleichzeitig fällt an Kautskys Werken ein totaler Mangel an Verständnis für philosophische Probleme auf. In strikt philosophischen Fragen gehen seine Darlegungen nicht über das hinaus, was man in den summarischen Darstellungen von Engels finden kann; seine Kritik an Kant zeigt, daß Kautsky den eigentlichen Sinn der von ihm kritisierten Philosophie überhaupt nicht begreift. Im Grunde sind ihm metaphysische und erkenntnistheoretische Probleme (darunter auch die Frage der erkenntnistheoretischen Grundlagen der Ethik) fremd. Seine stärksten intellektuellen Fähigkeiten zeigen sich dort, wo Kautsky historische Ereignisse und soziale Kämpfe der Vergangenheit anhand der marxistischen Methode analysiert.

Die Eigenart von Kautskys Denken erfaßt man am leichtesten, wenn man ihn mit einem Autor wie Jaurès vergleicht. Für Jaurès war der Sozialismus, aber auch der Marxismus als die zeitgenössische theoretische Artikulation des Sozialismus vor allem eine moralische Idee; er war der vollkommenste Ausdruck uralter menschlicher Sehnsüchte nach Gerechtigkeit und Freiheit; er war, mit einem Wort, ein Wert. Für Kautsky war der Marxismus vor allem die wissenschaftliche, deterministische, ganzheitliche Erfassung sozialer Phänomene. Kautsky war vom Marxismus als einem kohärenten theoretischen System fasziniert, das den gesamten historischen Prozeß in einem einheitlichen Interpretationsraster zu erfassen und alle historischen Veränderungen durch die Reduktion auf ein Schema zu erklären vermag. Er war ein typisches Kind des szientistischen Zeitgeistes, der durch das Werk Darwins, die Philosophie Spencers und die Fortschritte von Physik und Chemie geweckt worden war und während seiner Jugendjahre vorherrschte. Er glaubte an die unbegrenzte Fähigkeit der Wissenschaft, die Erkenntnis zu einem immer umfassenderen und immer stärker konzentrierten einheitlichen Erklärungssystem zu synthetisieren. Die in den Arbeiten des späten Engels entwickelte szientistische und positivistische Version des Marxismus ging unverändert in das Denken Kautskys ein. Von Wertungen und Gefühl freie wissenschaftliche Strenge, strikt kausale und »objektive« Interpretationen der sozialen Phänomene, Glaube an die Einheit der wissenschaftlichen Methode, die menschliche Welt als eine Fortsetzung der organischen Natur, die Wissenschaft von der Gesellschaft als eine Fortsetzung der Biologie – das sind charakteristische Merkmale seiner Weltanschauung. Es war deshalb verständlich, daß Kautsky in der Herkunft des Marxismus von Hegel einen unbedeutenden historischen Zufall sah – und wenn sich das, was Hegel nach seiner Ansicht in die marxistische Tradition einbrachte, ähnlich wie bei Engels auf eine Reihe von banalen Allgemeinplätzen über die allseitige Abhängigkeit der Phänomene, über die Entwicklung und die Veränderlichkeit der Welt etc. reduzierte.

Die Grundlage der wissenschaftlichen Weltanschauung ist für Kautsky also ein strenger Determinismus, ein Glaube an allgemeine Gesetzmäßigkeiten, die unveränderlich den Gang der Ereignisse festlegen. Mit noch stärkerem Nachdruck als Engels unterstreicht er die »Naturnotwendigkeit« aller gesellschaftlichen Prozesse. Er ist kein Sozialdarwinist in dem Sinne, daß er der menschlichen Gesellschaft alles Spezifische abspricht oder sämtliche sozialen Konflikte und Klassenkämpfe auf den Kampf ums Dasein im Darwinschen Sinne zurückführt. Sehr viel wesentlicher als seine Vorbehalte gegen diese »Reduktion« der menschlichen Gesellschaft auf Tiergemeinschaften sind jedoch die Punkte der Übereinstimmung. Sämtliche Gattungsmerkmale des Menschen, das heißt diejenigen Merkmale, die sich durch die Geschichte unverändert erhalten, teilt die Menschheit mit anderen Tieren; das ist ein in den Werken Kautskys vielfach wiederkehrendes Motiv – von der »Ethik« bis zur »Materialistischen Geschichtsauffassung«. Kautsky übernahm ohne Abstriche die Darwinsche Auffassung von der Evolution als einem Prozeß, der sich infolge zufälliger Mutationen vollzieht, dank derer die am besten an die Umwelt angepaßten Individuen überleben können. Dementsprechend gibt es in der Natur nichts Zielgerichtetes, und das nicht nur im Sinne einer bewußten Absicht, welche die Evolution steuern würde, sondern auch im Sinne einer bestimmten gerichteten Tendenz. Organismen, denen günstige Mutationen widerfahren, geben ihre Anpassungsfähigkeit an die Nachkommenschaft weiter, und durch diesen Mechanismus erklärt sich der gesamte Verlauf der Evolution. Sämtliche Funktionen, welche spezifisch die menschliche Gattung charakterisieren, lassen sich in der Tierwelt finden: die Intelligenz, die Fähigkeit zum sozialen Leben und die sozialen Instinkte, mit ihnen aber auch die moralischen Empfindungen. Die Intelligenz ist eine Waffe im Kampf ums Dasein, und die menschlichen Erkenntnisfähigkeiten haben keinen anderen Sinn als den, der Sicherung der Art zu dienen. Die Kenntnis von Naturgesetzen und konstanten Kausalbeziehungen tritt schon bei Tieren auf, und die menschliche Erkenntnis ist eine Weiterentwicklung und Systematisierung dieser Fähigkeit. Kautsky stellt sich nicht die Frage, auf welcher Grundlage die rein biologische Fähigkeit, Verknüpfungen herzustellen, die sich anschließend sprachlich als Wissen von »Naturgesetzen« artikuliert, für sich beanspruchen kann, die »Wahrheit« über die Welt zu entdecken, und in welcher Weise die Bedeutung der Erkenntnis als »Wahrheit« aus ihrer Bedeutung als Anpassungswerkzeug abgeleitet werden kann. Zwei elementare Instinkte – der Selbsterhaltungstrieb des Individuums und der Selbsterhaltungstrieb der Gattung – reichen ihm als Erklärung für die ganze Vielfalt tierischer und menschlicher erkenntnismäßiger wie moralischer Verhaltensweisen aus. Der intraspezifische Kooperationstrieb ist nichts anderes als das, was wir bei der menschlichen Gattung als moralisches Gesetz oder Stimme des Gewissens bezeichnen. Er befindet sich wie bei den Menschen so auch bei den Tieren häufig im Konflikt mit dem Selbsterhaltungstrieb. Es ist also nicht wahr, daß der Mensch »von Natur aus« egoistisch oder altruistisch wäre, da beide Tendenzen, auch wenn sie in Einzelfällen gelegentlich in Konflikt miteinander geraten, in ihm wie bei allen höheren Lebewesen nebeneinander existieren. Desgleichen beobachten wir bei den Tieren Keimformen der Arbeitsteilung und rudimentäre Fähigkeiten der Werkzeugbenutzung. Nicht einmal die Produktion im Sinne der Umgestaltung der natürlichen Umwelt zum eigenen Nutzen kennzeichnet den Menschen. Kurz, als erkennende, moralisch empfindende und produzierende Geschöpfe unterscheiden sich die Menschen nicht von den Tieren. Überhaupt gibt es in der menschlichen Gattungsnatur nichts, was sich nicht in der außermenschlichen Natur finden ließe. Spezifische Fähigkeiten oder vielmehr die spezifische Entwicklung animalischer Fähigkeiten, wie sie beim Menschen eingetreten ist, können mit der Anpassung und der wechselseitigen Beeinflussung von Organismus und Umwelt erklärt werden. Zu diesen spezifischen Fähigkeiten gehören die Werkzeugherstellung und die Sprache – zwei Eigenschaften, die sich in der Entwicklung gegenseitig förderten und eine Kumulation von Gedanken, Erfahrungen und Begabungen ermöglichten. Aber auch sie sind eine Fortsetzung animalischer Fähigkeiten. Der gesamte weitere Fortschritt der Zivilisation ist mit dem Wirken derselben Gesetzmäßigkeiten der Anpassung zu erklären. Die Urmenschen wurden durch den Übergang vom Wald zum offenen Gelände gezwungen, Kleider, Häuser, Feuer und Pflanzenanbau zu erfinden. Die Sprache verstärkte gewaltig die soziale Bindung und die Fähigkeit zur Zusammenarbeit innerhalb des Stammes, grenzte aber zugleich Gemeinschaften, die sich unterschiedlicher Sprachen bedienten, voneinander ab und ermöglichte so eine spezifisch menschliche Erfindung, nämlich die intraspezifischen Kriege.

Die Arbeitsteilung, in der sich ein Prozeß fortsetzt, der in tierischen Gemeinschaften beginnt, ermöglichte die Erzeugung von Überschüssen, die über den unerläßlichen Bedarf hinausgehen, rief damit den Kampf um die Aneignung der Überschüsse hervor und führte im Laufe der Zeit zu einer Klassenteilung, die auf dem Besitz der Produktionsmittel beruhte. Die Entwicklung der Technik bestimmt die veränderlichen Formen dieser Teilung, bestimmt sie jedoch nicht eindeutig, sondern in Verbindung mit dem Wirken anderer Umstände, vor allem der natürlichen Umwelt (unter Bedingungen, die zentralisierte Bewässerungsarbeiten erfordern wie etwa im Nildelta, sind die Formen der Klassenteilung andere als dort, wo man sich vor allem der Überfälle benachbarter Stämme zu erwehren hat, bei Bergstämmen herrschen andere Formen als in Zentren an der Küste). Stets bestimmt jedoch das Prinzip der Anpassung an die Umwelt die spezifischen Formen menschlicher Verhaltensweisen, die unabänderlich von den gleichen Selbsterhaltungs- und Kooperationsinstinkten angetrieben werden.

Die Illusion, als gäbe es irgendwelche ewigen und absoluten Werte, welche die Menschheit entweder fertig vorfindet oder doch im Laufe der Geschichte unverändert bewahrt, rührt daher, daß die gesellschaftliche Entwicklung sich jahrtausendelang unerhört langsam vollzog, so daß bestimmte Gebote und Verbote sich überaus lange unter unveränderten

Bedingungen erhielten und sich in den Köpfen der Menschen als absolute Wahrheiten festsetzten. Unveränderlich sind in Wirklichkeit nur die allgemeinen biologischen Instinkte, während alle spezifisch menschlichen moralischen Normen und Werte von der Produktionsweise abhängig sind. Tatsache ist, daß im Kampf der unterdrückten Klassen während der ganzen Geschichte bestimmte ähnliche Umstände auftreten, weshalb auch die von diesen Klassen hervorgebrachten Werte eine gewisse Ähnlichkeit aufweisen. Es handelt sich dabei aber mehr um eine wörtliche als um eine wirkliche Übereinstimmung: Gleichheit bedeutete im Urchristentum gleiches Teilen und Freiheit Müßiggang; zur Zeit der Französischen Revolution bezeichnete man als Gleichheit das gleiche Recht auf Eigentum, als Freiheit dagegen die ungehinderte Benutzung der Güter, die man besaß; für die Sozialisten haben die beiden Parolen wiederum einen völlig anderen Sinn: Gleichheit heißt gleiches Recht auf den Genuß der Produkte der gesellschaftlichen Arbeit, und Freiheit besteht in der Reduktion der notwendigen Arbeit, also in der allmählichen Beschneidung der täglichen Arbeitszeit.

Es kommt zwar vor, daß gewisse Ansichten oder Werte die Bedingungen, für die und unter denen sie entstanden, überleben, doch nehmen sie dann unvermeidlich einen konservativen Charakter an und halten die gesellschaftliche Entwicklung auf. Normalerweise sind es jedoch nicht die Ideale, welche die menschlichen Verhaltensweisen im gesellschaftlichen Leben bestimmen, sondern die Notwendigkeiten des materiellen Lebens. Das moralische Ideal »ist kein Zweck, sondern eine Waffe im gesellschaftlichen Lebenskampf«. Überhaupt ist es unmöglich, die Ideale der wissenschaftlichen Untersuchung zu bestimmen, da diese grundsätzlich moralisch neutral ist und ausschließlich notwendige Zusammenhänge in der Natur und der menschlichen Geschichte erforscht. Der wissenschaftliche Sozialismus enthüllt die unausweichliche Notwendigkeit der klassenlosen Gesellschaft als Ergebnis ökonomischer Gesetzmäßigkeiten, kann aber aus dieser Notwendigkeit keineswegs ein moralisches Ziel machen. Das nimmt jedoch der Vision der künftigen sozialistischen Welt, um welche die Arbeiterklasse, von einer unwiderstehlichen ökonomischen Notwendigkeit getrieben, kämpft, nicht ihre Größe und Erhabenheit.

Es scheint, als wäre Kautsky nicht imstande zu erfassen, worin das erkenntnistheoretische Problem der moralischen Wertung besteht, als machte er sich nicht bewußt, daß, wenn man einen gewissen historischen Prozeß als unausweichlich annimmt, die Frage nach dem *Wert* seiner unausweichlichen Folgen weiterhin offenbleibt. Deshalb geht auch seine Kritik an Kant und am ethischen Sozialismus vollkommen am eigentlichen Gegenstand der Diskussion vorbei. Daraus, daß etwas *notwendig* ist, folgt – wie Cohen, Vorländer und Bauer darlegten – nicht, daß es *wünschenswert* ist oder einen Wert darstellt; es bedarf daher eines besonderen Erkenntnisvermögens, welches festzustellen gestattet, daß der Sozialismus nicht nur historisch unvermeidlich ist, sondern daß man ihn auch gutzuheißen hat; die Marxsche Theorie zeigte das erstere, die Kantsche moralische Lehre ist imstande, das letztere zu begründen. Die Wissenschaft könne überhaupt keine Werte festlegen, erwiderte Kautsky. Er stimmte den Neukantianern darin zu, daß die marxistische Theorie die historische Notwendigkeit des Sozialismus beweist, doch mehr war nach seiner Ansicht nicht nötig. Die Arbeiterklasse werde unausweichlich eine Bewußtseinsform hervorbringen, die ihr den Sozialismus als Ideal darstelle, dieser Glaube an das Ideal sei aber selbst eine unvermeidliche Folge des gesellschaftlichen Prozesses und könne nur als solche erforscht werden. Die Frage, was für Grundlagen das Individuum finden könne, um das, von dessen Notwendigkeit es überzeugt ist, als Wert anzuerkennen, hat Kautsky anscheinend zurückgewiesen, obwohl er nicht anzugeben vermochte, warum er sie nicht zur Kenntnis nimmt. Er erklärte, der Kantsche kategorische Imperativ beruhe erstens auf einer Täuschung, da er angeblich von der Erfahrung unabhängig sein solle, während er die Existenz anderer Personen voraussetze, und deren Existenz könne Kant nur aus der Erfahrung bekannt gewesen sein (tatsächlich ist der kategorische Imperativ in dem Sinne von der Erfahrung unabhängig, daß er sich nicht logisch aus empirischen Daten ableiten läßt, nicht aber in dem Sinne, als ließe er sich tatsächlich ohne jegliche Empirie formulieren). Zweitens sei der kategorische Imperativ in einer von Gegensätzen zerrissenen und Loyalitätskonflikte hervorbringenden Gesellschaft unmöglich zu verwirklichen (in Wirklichkeit ist der kategorische Imperativ eine formale Norm, welche die notwendige Bedingung jeder konkreten Regel festlegt, nicht aber eine empirische Behauptung, welche die faktische Existenz einer harmonischen Gesellschaft voraussetzt oder moralische Konflikte ausschließt; er ist auch keine hinreichende Bedingung für den Aufbau eines Sittenkodex). Wie weit das Unverständnis Kautskys für Kant geht, davon zeugt eine Bemerkung, die er in der »Ethik« äußert: Gerade bei den Tieren, so sagt er, sei das Kantsche Prinzip, andere Wesen als Zweck und nicht als Mittel zu behandeln, faktisch realisiert, mit der Einschränkung jedoch, daß die Gemeinschaft nur jene Wesen verteidige, deren Überleben für die Gattung von Vorteil sei. Kautsky bemerkt nicht, daß dieser Zusatz (»deren Überleben für die Gattung von Vorteil ist«) das vermeintliche Prinzip des Eigenwerts der Individuen als Zweck in sein Gegenteil verkehrt, denn daraus folgt ja, daß die Individuen gerade als Mittel zur Erhaltung der Art und nicht als Selbstzweck aufgefaßt werden.

3. Bewußtsein und gesellschaftliche Entwicklung

Der Grundsatz des strengen Determinismus und die Überzeugung, daß die menschliche Geschichte eine Fortsetzung der Naturgeschichte sei und sich durch die gleichen Gesetzmäßigkeiten erklären lasse, bringt Kautsky zu einer rein naturalistischen Interpretation des menschlichen Bewußtseins. Kautsky hält das Bewußtsein keineswegs für ein »Epiphänomen« (ein häufig und fälschlich von Kritikern des Marxismus vorgebrachter Einwand), das heißt für eine Erscheinung, die selbst nicht an den »objektiven« historischen Abläufen beteiligt ist, sondern lediglich auf deren zutreffender oder unzutreffender Wahrnehmung beruht. Nach Kautsky ist das Bewußtsein nämlich ein unerläßliches Element von Prozessen, die der unverbrüchlichen Notwendigkeit unterliegen. Im Grunde gibt es jedoch kein spezifisch menschliches Bewußtsein, das sich vom tierischen Bewußtsein prinzipiell unterscheidet. Das menschliche Bewußtsein besteht in Intelligenz, Wissen und moralischer Empfindsamkeit – in Merkmalen also, welche die Evolution auf der vormenschlichen Stufe als Anpassungsorgane ausbildete. Es hat deshalb keinen Sinn zu sagen, die bewußten Prozesse seien ein unwesentlicher »Zusatz«, ohne den die menschliche Geschichte sich genauso abspielen würde, wie sie sich faktisch abspielt. Das kann man jedoch auch von der vormenschlichen Geschichte sagen; auch ihr Verlauf ist bei den höheren Lebewesen unverzichtbar mit Bewußtseinsprozessen verknüpft, die es den Tieren gestatten, sich in einer feindlichen Umgebung am Leben zu erhalten. In dieser Hinsicht unterscheidet sich also die menschliche Gattung nicht von anderen, mit Intelligenz begabten Wesen, trotz all ihrer Eigentümlichkeiten, das heißt trotz ihrer Fähigkeit, Werkzeuge herzustellen, und trotz der artikulierten Sprache. Insbesondere – und das ist ein Punkt, in dem Kautsky sich hinsichtlich seiner Treue gegenüber den Ideen von Marx zu täuschen scheint – unterscheidet sich die »Notwendigkeit« des Sturzes des Kapitalismus und die »Notwendigkeit« des Übergangs zur sozialistischen Gesellschaft nicht von jener Notwendigkeit, aufgrund derer frühere sozioökonomische Formationen einander infolge technologischer Fortschritte ablösten. Selbstverständlich bleibt der Marxsche Gedanke, daß der Sozialismus das bewußte Werk der organisierten Arbeiterklasse sein werde, die über das *Wissen* von den gesellschaftlichen Prozessen verfügt, weiterhin gültig. Weder Kautsky noch seine neukantianischen Gegner haben sich Rechenschaft davon gegeben, was der Marxsche Versuch, über die Alternative von Notwendigkeit und Freiheit sowie über die Alternative von Beschreibung und Norm hinauszugelangen, eigentlich bedeutet. Weder die Kantianer noch die Deterministen haben sich die Marxsche Eschatologie, die Idee der Identifikation von Subjekt und Objekt der Geschichte, zu eigen gemacht. Sie haben sich nämlich nicht die Idee der »Rückkehr des Menschen zum Gattungswesen« und die mit ihr untrennbar verknüpfte Theorie der Entfremdung zu eigen gemacht.

Marx faßte, wie schon ausgeführt wurde, den Sozialismus nicht einfach als eine neue Formation auf, welche Ungleichheit, Ausbeutung und gesellschaftliche Antagonismen beseitigen würde. Für ihn bedeutete der Sozialismus, daß der Mensch seine verlorene Menschlichkeit wiedergewann, das heißt, daß sein Gattungswesen mit seiner empirischen Existenz übereinstimmte, daß der Mensch zu seinem »entfremdeten Wesen« zurückfand. Die ganze bisherige Geschichte verlief unter Beteiligung der Menschen und ihrer bewußten Absichten, war jedoch eigenen Gesetzen unterworfen, die unabhängig davon herrschten, ob sie den Menschen bewußt waren oder nicht (faktisch konnten sie den Menschen nicht bewußt werden, jedenfalls nicht vollständig). Wir haben es beim Bewußtsein der Arbeiterklasse nicht einfach mit einer erweiterten Erkenntnis der gesellschaftlichen Prozesse zu tun, einer Erkenntnis, die wie jede andere Art von Erkenntnis in der gleichen Weise, wie das bei allen anderen technischen Eingriffen geschieht, sich bei der Umgestaltung der Gesellschaft anwenden ließe. Das Bewußtsein der Arbeiterklasse ist *gleichzeitig* der Prozeß der revolutionären Umwandlung der bestehenden Gesellschaft; es ist nicht eine Sammlung von *Informationen,* die man zunächst zusammenträgt, um sie anschließend praktisch anzuwenden, sondern es ist das *Selbstbewußtsein* der neuen Gesellschaft, in der der historische Prozeß und das Bewußtsein dieses Prozesses eins werden. Der Sozialismus ist zwar notwendig insofern, als das kapitalistische System wie alle früheren Systeme unvermeidlich die Fähigkeit einbüßt, die von ihm geschaffenen technologischen Bedingungen zu beherrschen, doch vollzieht sich die Notwendigkeit des Sozialismus als die freie und bewußte Tätigkeit der Arbeiterklasse. Da das Bewußtsein des Proletariats das Selbstbewußtsein einer Menschheit ist, die zu ihrer verlorengegangenen (realen, nicht als normatives Ideal erdachten) Natur zurückkehrt, gibt es in diesem Bewußtsein keine Spaltung in »deskriptive« bzw. »informative » Elemente auf der einen und »normative » oder »präskriptive » auf der anderen Seite. Der Akt der Selbsterkenntnis des »Menschseins« oder auch der Rückkehr zum eigenen Wesen ist ein Akt der Selbstaffirmation der menschlichen Natur und läßt sich als solcher weder auf die Erkenntnis natürlicher Unvermeidlichkeiten des »objektiven« historischen Prozesses noch auf die Festlegung eines normativen Ideals oder etwas aus diesen beiden Elementen Zusammengesetztes reduzieren. Dieser spezifisch hegelianische Glaube an ein »Wesen«, das nicht ein ausgedachtes Ideal, sondern zugleich wirklicher ist als die empirische Wirklichkeit, wurde von der Diskussion zwischen den Deterministen und den Kantianern nicht berührt. Die Kantianer sagten: Marx bewies, daß der Sozialismus eine »objektive« Notwendigkeit ist; wir müssen diese *Erkenntnis* durch eine Norm *ergänzen*, die den Sozialismus als *Wert* festlegt. Kautsky sagte: Marx bewies, daß der Sozialismus eine objektive Notwendigkeit ist, und eines der Elemente, die zu jenem notwendigen Prozeß gehören, ist die Erkenntnis des Proletariats von dieser Notwendigkeit und deren Billigung, die beide gleichermaßen unvermeidlich sind; mehr ist nicht nötig. Marx' Idee war dagegen folgende: Das Bewußtsein des Proletariats als Bewußtsein der Menschheit, die zu ihrem Wesen zurückkehrt, fällt mit dem »objektiven« Prozeß dieser Rückkehr zusammen; in der revolutionären Tätigkeit des Proletariats endet der Gegensatz von Notwendigkeit und Freiheit.

Mit anderen Worten: Kautsky bleibt nach Engels bei der naturalistischen und positivistischen Auffassung des Bewußtseins als einer Erkenntnis, die, selbst Resultat der notwendigen gesellschaftlichen Entwicklung, an dieser Entwicklung dadurch teilhat, daß sie die unerläßlichen Voraussetzungen einer erfolgreichen Sozialtechnologie liefert. So sind denn auch die gesellschaftliche Erkenntnis und ihre praktische Anwendung in der gleichen Weise voneinander getrennt wie bei jeder anderen Technologie. Von daher bekommt der Begriff des »wissenschaftlichen Sozialismus« eine spezifische Bedeutung: der Sozialismus ist eine Theorie, die nur durch wissenschaftliche Untersuchungen entstehen konnte, nicht dagegen als Resultat der spontanen Entwicklung des Proletariats. Die sozialistische Theorie war notwendig das Werk von Gelehrten und nicht von Arbeitern und konnte erst danach *von außen* in die Arbeiterbewegung *hineingetragen* werden, um als Waffe ihres Befreiungskampfes zu dienen. Diese Theorie des sozialistischen Bewußtseins, das von außen in die spontane Arbeiterbewegung hineingetragen wird – eine Theorie, die Lenin dann übernimmt –, ist eine unmittelbare Konsequenz der naturalistischen Interpretation des Bewußtseins und überhaupt der darwinistischen Interpretation gesellschaftlicher Prozesse. Sie war zugleich ein politisches Instrument, nämlich die theoretische Grundlage für die neue Idee der proletarischen Partei, einer Partei, die geführt werden muß von Intellektuellen, welche ein theoretisches Bewußtsein haben, und die Trägerin des »authentischen« proletarischen Bewußtseins ist – des wissenschaftlichen Bewußtseins nämlich, das die Arbeiterklasse aus eigenen Kräften nicht hervorzubringen vermag. Die Konsequenzen, welche Kautsky aus seiner Theorie zieht, sind keineswegs dieselben wie bei Lenin. Doch auch in seinem Falle war die so verstandene Theorie des »wissenschaftlichen Sozialismus« (das Klassenbewußtsein des Proletariats kann nur außerhalb des Proletariats in den Köpfen von Intellektuellen entstehen) Ausdruck und Begründung einer sozialistischen Partei, die zu einer Partei von Manipulatoren wird, einer Partei als professioneller Apparat.

4. Revolution und Sozialismus

Der Glaube an die historische Notwendigkeit und vor allem an die »objektive« Notwendigkeit der sozialistischen Gesellschaft ist für Kautsky der Grundstein des Marxismus und dasjenige, was den wissenschaftlichen Sozialismus von der utopischen Tradition scheidet. (In Wirklichkeit ist der Glaube, daß der Sozialismus aufgrund objektiver Notwendigkeiten kommen *müsse*, nicht spezifisch marxistisch, und man kann ihn bei einigen sogenannten Utopisten, insbesondere bei den Saint-Simonisten antreffen.) Kautsky war überaus besorgt, in diesem Punkte der Marxschen Lehre nicht untreu zu werden. Vor allem betonte er unablässig, daß die ökonomischen Notwendigkeiten sich nicht durch Akte politischer Phantasie aufheben ließen, daß der Sozialismus nur das Ergebnis der ökonomischen Reife des Kapitalismus und der damit verbundenen Polarisierung der Klassen sein könne. Sein politischer Standpunkt ist in grundlegenden Punkten von jenem Prinzip der »Reife« bestimmt, das im übrigen unter den Theoretikern der Zweiten Internationale, vom leninistischen Flügel abgesehen, allgemein anerkannt war und sich evident aus der Marxschen Lehre, ihrer zugleich anti-utopischen und antiblanquistischen Orientierung zu ergeben schien.

Kautsky hebt in seiner Kritik am utopischen Sozialismus wie am Revisionismus immer wieder den Unterschied zwischen der Klassenteilung der Gesellschaft und ihrer Teilung nach Konsumkriterien hervor, das heißt nach dem Anteil am Nationaleinkommen (worin er völlig mit Marx übereinstimmt). Der Kampf des Proletariats ist eine Folge nicht der Not, sondern der Klassengegensätze, und die Bedingung für den Sieg des Sozialismus ist nicht die absolute Verelendung der Arbeiterklasse, sondern – was keineswegs dasselbe ist – die Verschärfung des Klassenantagonismus. In seinen historischen Analysen weist Kautsky bei verschiedenen Gelegenheiten darauf hin, daß der Klassenkampf sich in einer Situation, in der die Lage der ausgebeuteten Klassen sich bessert, verschärfen kann, daß also die Schärfe der Klassengegensätze nicht eine Funktion der Armut ist. Auf diese Weise kann er alle Argumente der Revisionisten zurückweisen, die unter Hinweis auf ein relatives Ansteigen der Arbeitereinkommen ein Nachlassen der Klassengegensätze vorhersagen. Die Theorie von der absoluten Verelendung des Proletariats ist also für Kautsky kein unerläßlicher Bestandteil der marxistischen Lehre, der, würde er sich als falsch erweisen, zu ihrer Ablehnung zwingen würde. Ein absolut notwendiger Bestandteil der Theorie ist dagegen nach seiner Ansicht die Vorhersage der wachsenden Polarisierung der Klassen und des Verschwindens der Mittelklassen aufgrund der Konzentration des Kapitals. In diesem Punkt ist Kautsky unnachgiebig, und er versucht, die Unbegründetheit von Bernsteins Argumentation aufzuzeigen, der beweist, daß die Mittelklassen, vor allem die kleinen Eigentümer, trotz der Konzentrationsprozesse keineswegs zahlenmäßig zurückgehen. Sowohl in den Auseinandersetzungen mit dem Revisionismus als auch in der Erläuterung des Erfurter Programms erklärt Kautsky, daß die Entwicklung der bürgerlichen Gesellschaft unvermeidlich die Vernichtung des kleinen Eigentums an Produktionsmitteln bewirke; wenn seine Gegner darauf hinweisen, daß die Statistik einen absoluten Rückgang der kleinen Unternehmen nicht bestätige, so erwidert Kautsky, daß neue kleine Produktionsbetriebe, die in der kapitalistischen Gesellschaft entstehen, nicht die Überlebensfähigkeit des Kleinbürgertums bewiesen, da es sich um einen anderen Betriebstyp handle, der gerade das Ergebnis der Konzentration des Kapitals sei: das seien Arbeitslose, die, vom Kapitalismus aus dem Produktionsprozeß herausgeworfen, einen Ausweg in der Gründung kleiner Werkstätten oder Genossenschaften suchen. Kautsky räumt ein, daß der Rückgang des Kleineigentums in der Landwirtschaft nicht so rasch voranschreite, wie man das früher vorhergesagt hatte, meint jedoch, daß diese Tendenz sich auch in diesem Produktionsbereich, wenn auch langsamer, durchsetzen müsse.

Der Untergang des Kapitalismus werde auch nicht infolge des Sinkens der Profitrate eintreten, vor allem, da dieser Rückgang mit einem Zuwachs der absoluten Profitmasse Hand in Hand gehen könne. Der Kapitalismus werde deshalb zusammenbrechen, weil das Privateigentum an den Produktionsmitteln unvereinbar sei mit einer zielgerichteten Anwendung und Entwicklung der von der Menschheit geschaffenen Technik; weil der Kapitalismus Anarchie, periodische Überproduktionskrisen und Massenarbeitslosigkeit nicht verhindern könne; ebensowenig könne er umhin, das Bewußtsein der Arbeiterklasse zu entwickeln, die ihren Kampf schon nicht mehr allein um eine unmittelbare Verbesserung ihrer Lage organisiere, sondern um die Übernahme der politischen Macht und die Umgestaltung der Produktionsmittel in gesellschaftliches Eigentum, das der Gesellschaft diene.

Zu den beiden grundlegenden Fragen des Verhältnisses zwischen politischem und ökonomischem Kampf und des Verhältnisses zwischen dem Kampf um Reformen und der Erwartung der Revolution nimmt Kautsky eine Stellung ein, die praktisch dem orthodox-marxistischen Standpunkt entspricht.

In der ersten Frage läßt sich, wie er ausführt, der marxistische Standpunkt als Gegensatz zu zwei falschen, jeweils im umgekehrten Sinne einseitigen Auffassungen darstellen, den Lehren Proudhons und Blanquis. Die Proudhonisten interessierten sich nicht für den politischen Kampf, weil sie meinten, die Eroberung der politischen Macht durch das Proletariat beseitige nicht die Ausbeutung; sie glaubten deshalb, daß, solange der Kapitalismus existiere, das Proletariat mit der Demokratie nichts gewinne, da die politische Demokratie es der ökonomischen Befreiung nicht näher bringe. Das Proletariat müsse deshalb die Beteiligung an politischen und parlamentarischen Auseinandersetzungen ablehnen und sich der Selbstbefreiung durch die Organisierung einer von den Kapitalisten unabhängigen Produktion widmen. Die Blanquisten waren umgekehrt ausschließlich an der Eroberung der politischen Macht interessiert, gleichgültig unter welchen ökonomischen Verhältnissen. Kautsky erklärt, Marx habe diese beiden Einseitigkeiten vermieden. Er habe – und das sei der einzige, mit der wissenschaftlichen Methode zu vereinbarende Standpunkt – verkündet, daß die Übernahme der *politischen* Macht durch das Proletariat die unerläßliche Bedingung und das Instrument der *ökonomischen* Befreiung sei, daß jedoch das Proletariat seine politische Macht erst dann benutzen könne, um den Kapitalismus zu beseitigen, wenn der Kapitalismus selbst die Bedingungen seines Untergangs herbeigeführt habe. Die Übernahme der Macht in einer ökonomisch noch nicht reifen Situation könne nicht zum Sturz der kapitalistischen Verhältnisse führen, da sich die objektiven ökonomischen Gesetze weder durch Dekrete noch durch Gewalt beseitigen ließen. Als Beispiel nennt er die Zeit der jakobinischen Diktatur, die nach Kautskys Ansicht im Grunde eine Diktatur des Proletariats war. Der jakobinische Terror sollte dazu dienen, die Spekulation zu brechen und die revolutionäre Begeisterung in den Massen aufrechtzuerhalten, brachte aber nur allgemeine Angst und Enttäuschung; als es im Thermidor zum Umsturz kam, fanden die Jakobiner keine Unterstützung mehr: die Revolution kehrte zu ihrer durch die ökonomischen Verhältnisse festgelegten Basis zurück, d. h. zur Herrschaft der Bourgeoisie. Genauso unvermeidlich war der Fall der Pariser Kommune.

Kautsky vermochte allerdings nicht und bemühte sich auch nicht, näher zu bestimmen, worin jene Reife des Kapitalismus für die politische Revolution besteht. Er betonte – im Gegensatz zu den Revisionisten –, daß der Sozialismus sich nicht einfach durch Teilreformen und Teilkonzessionen der besitzenden Klasse aus dem Kapitalismus als dessen natürliche Fortsetzung entwickeln könne. Die Revolution, anders gesagt, der bewußte Akt der Übernahme der politischen Macht durch das organisierte Proletariat, sei die unerläßliche und unvermeidliche Bedingung des Sozialismus. Die Sozialdemokratie könne sich jedoch nicht durch eine detaillierte Beschreibung des Charakters und der Dauer des revolutionären Prozesses die Hände binden. Insbesondere brauche die »Revolution« durchaus nicht einen einmaligen Gewaltakt, einen bewaffneten Aufstand oder einen blutigen Bürgerkrieg zu bedeuten. Im Gegenteil: Je mehr das Proletariat zu organisiertem Handeln fähig sei, je mehr es über die historischen Prozesse wisse, je besser es auf die Teilnahme an demokratischen Institutionen vorbereitet sei, um so wahrscheinlicher sei es, daß die Revolution sich friedlich vollzieht. Einzelheiten seien jedoch schwerlich vorherzusagen. Da die Sozialdemokratische Partei aber nicht selbst die ökonomische Situation schaffen könne, welche die Revolution ermöglicht, sei sie, nach der bekannten Formel Kautskys, eine revolutionäre Partei, aber nicht eine Partei, welche die Revolution macht oder vorbereitet. Denn es sei nicht möglich, nach Belieben oder indem man nur über politische Mittel verfügt, eine Revolution zu »machen«. Deshalb verwerfe die Sozialdemokratie auch die sinnlose Taktik »je schlimmer, desto besser«. Im Gegenteil liege der Kampf um soziale wie politische Reformen innerhalb des kapitalistischen Systems im höchsten Interesse des Proletariats und seines künftigen Sieges, denn dadurch könne es sich in die Wirtschaftsverwaltung und die Beteiligung am politischen Leben einüben und ein Klassenbewußtsein entwickeln. Reformen könnten nicht die Revolution ersetzen, seien aber deren unerläßliche vorbereitende Bedingung. Der marxistischen Strategie sei eine »Katastrophenhaltung« ebenso fremd wie eine Ausrichtung auf die Zusammenarbeit der Klassen in der Hoffnung auf einen Sozialismus, der durch stetige Übergänge aus dem Kapitalismus entstehen soll.

Gewiß war Kautsky Marx treu, wenn er unermüdlich wiederholte, daß man die Revolution nicht dekretieren könne und daß allein die Übernahme der politischen Macht nicht zur ökonomischen Befreiung des Proletariats führe, wenn nicht die Bedingungen dafür in der technologischen und wirtschaftlichen Entwicklung des Kapitalismus herangereift seien. Er schien jedoch überhaupt nicht zu bemerken, daß die Strategie, Taktik und Organisation der Arbeiterbewegung völlig verschieden sein müssen, je nachdem, ob diese Bewegung sich auf die Vorbereitung des politischen Umsturzes einstellt oder auf die Erwartung, daß der Kapitalismus die – unklar umschriebenen – Bedingungen seines ökonomischen Zusammenbruchs schaffen werde. Daß Kautsky den Charakter und die Dauer der künftigen Revolution nicht vorwegbestimmen möchte, erscheint durchaus rational bei der Annahme, daß das Proletariat das Heranreifen des Kapitalismus abzuwarten hat. Aber eine Partei, die sich revolutionär nennt, *ist nicht imstande, rational zu handeln, wenn sie aus rationalen Motiven die Bedeutung des Wortes »Revolution« nicht vorweg bestimmen möchte.* Wenn Revolution einen langwierigen, vielleicht sich über Jahrzehnte erstreckenden Prozeß der friedlichen Eroberung der politischen Institutionen durch das Proletariat bedeuten kann, muß die erzieherische und organisatorische Tätigkeit der Partei eine ganz andere sein als in dem Falle, daß »Revolution« einen plötzlichen, einmaligen Gewaltakt bedeutet. Deshalb kann sich die Partei praktisch nicht der Entscheidung zwischen diesen Möglichkeiten entziehen, indem sie sich auf die Unmöglichkeit einer genauen Vorhersage historischer Prozesse beruft. Wenn sie sich nicht in ihrem Programm entscheidet, so doch unausweichlich in ihrer praktischen politischen Tätigkeit. Eine Vorwegbestimmung der Bedeutung des Wortes »Revolution« ist nicht zu umgehen. Deshalb bedeutete Kautskys zentristische Haltung – motiviert durch seine wissenschaftliche Einstellung und seine Abneigung, Entscheidungen zu treffen, für die es keine rationalen Begründungen gibt – im Grunde ein Akzeptieren des reformistischen Standpunkts. Wenn Kautsky die Theorie vertrat, daß der Kapitalismus – und nicht das Proletariat – die Revolution vorzubereiten habe, so drückte sich darin die tatsächliche Situation einer Partei aus, die in ihrem Programm eine revolutionäre Phraseologie aufrechterhielt, aber nichts unternahm, was darauf hinwies, daß sie diese Phraseologie ernst nahm. Als Bernstein aufzeigte, daß die deutsche Sozialdemokratie faktisch eine reformistische Organisation *ist* und daß die revolutionären Elemente ihres Programms zu ihrer tatsächlichen politischen Aktivität, ja sogar zu jenem Teil des Programms selbst, der die praktischen Forderungen enthielt, im Widerspruch stehen, hatte er gewiß recht. Die Niederlage, die der Zentrismus später – tatsächlich, wenn auch nicht in seinen Phrasen – hinnehmen mußte, und das Auseinanderbrechen der Sozialdemokratie in einen revolutionären und einen reformistischen Flügel hatten ihre Ursache darin, daß der Zentrismus, der sich den Anschein wissenschaftlicher Zurückhaltung gab, in Wirklichkeit eine Philosophie der Unentschiedenheit war und sich in Fragen, die entschieden werden mußten und faktisch, wenn nicht im Programm, so doch in der politischen Arbeit entschieden wurden, zu keinem klaren Standpunkt durchringen konnte. In den Jahren der friedlichen Aufwärtsentwicklung der Partei fiel diese Unentschiedenheit nicht auf, weshalb auch die marxistische Orthodoxie Kautskys sich auf den Parteitagen gegenüber dem reformistischen Programm durchsetzen konnte, ohne daß sich auch nur im geringsten etwas an der reformistischen Orientierung der Partei änderte; deutlich wurde diese Unentschiedenheit jedoch im Augenblick der Krise, die denn auch dem Kautskianismus den politischen Boden entzog.

Die Idee einer Revolution, welcher die ökonomische Reife vorhergehen muß, erschien Kautsky als eine ganz natürliche Konsequenz der marxistischen Theorie der historischen Prozesse. Kautsky war durchaus nicht der Ansicht, daß im Verhältnis von »Basis« und »Überbau« allein die erstere wirksam sei, während der letztere nur instrumentelle Funktionen erfülle. Er hob im Gegenteil – übereinstimmend mit Engels – hervor, daß diese Einteilung nicht identisch sei mit der Einteilung in »materielle« und »geistige« Elemente des historischen Prozesses. Die Basis, zu der nach seinem Verständnis auch Produktionsmittel und Werkzeuge gehören, entwickelt sich unter dem Einfluß des Fortschritts der Erkenntnis und umfaßt die Gesamtheit der menschlichen produktiven Fähigkeiten, also auch die »geistigen« Ressourcen des Menschen. Andererseits hat der »Überbau«, das heißt die rechtlichen und politischen Verhältnisse, aber auch die gesellschaftlich geformten Anschauungen, einen gewaltigen Einfluß auf die wirtschaftlichen Verhältnisse. Wir haben es also mit einer unablässigen gegenseitigen Beeinflussung zu tun, wobei der »Primat« der Basis gegenüber dem Überbau nur »in letzter Instanz« gilt. Was diese Wendung bedeutet, erläutert Kautsky – genau wie Engels – nicht näher. Er fügt lediglich hinzu, daß der technische Fortschritt und die mit ihm verbundenen Wandlungen der Eigentumsverhältnisse die Veränderungen des »Überbaus« nicht in allen Einzelheiten erklären, aber das Auftreten von neuen Ideen, gesellschaftlichen Bewegungen und Institutionen erklären. Doch auch bei einer derart eingeschränkten Interpretation des »Primats der Basis gegenüber dem Überbau« erklärt Kautsky nicht, wie sich das Neue vom Alten unterscheiden läßt oder wie man feststellt, daß bestimmte Ideen oder Institutionen, die zuweilen mit einer gewaltigen Verspätung gegenüber den ihnen gewissermaßen entsprechenden Veränderungen in der Technik und den Eigentumsverhältnissen auftreten, ein Resultat eben dieser Veränderungen sind. Bei der Interpretation einzelner Ereignisse aus der Geschichte der revolutionären Bewegung trägt Kautsky eine ganze Reihe überzeugender Erklärungen vor, aber dort, wo es um umfassendere Prozesse geht, sind seine Erklärungen häufig auffallend willkürlich. So drückt z. B. das Kantsche Prinzip, menschliche Personen stets als Selbstzweck und nicht als Mittel zu behandeln, nach Kautskys Ansicht den bürgerlichen Protest gegen die persönliche Abhängigkeit der Menschen in der feudalen Gesellschaft aus. Aber auch die völlig entgegengesetzte Ethik der Utilitaristen der Aufklärung ist ein charakteristisches Produkt der aufsteigenden Bourgeoisie, die ihren Epikureismus gegen die asketische Moral des Christentums behauptet. Andererseits ist der Epikureismus aber auch charakteristisch für die verfallende Aristokratie. Im übrigen geht das Kantsche Prinzip auch noch auf christliche Ursprünge zurück. Auch die liberale Doktrin des »Überlebens der am besten Angepaßten« ist ein Produkt des Bürgertums. Man wird unschwer bemerken, daß sich bei einem derart willkürlichen Umgang mit der Bedeutung sämtlicher geistiger Phänomene jede klassenmäßige oder ökonomische Interpretation verteidigen läßt, daß sich aber auch gerade darin die Schwäche der Theorie verrät. Wenn die christliche Ethik, wie Kautsky ausführt, eine Widerspiegelung sowohl der hoffnungslosen Lage der unterdrückten Klassen des antiken Roms wie auch der Lage der im Niedergang befindlichen antiken Aristokratie war und wenn sie zugleich ein Werkzeug der herrschenden Klassen der Feudalgesellschaft sein und anschließend zur Inspiration des Protests gegen diese Gesellschaft werden konnte, wenn das bürgerliche Bewußtsein sich ebensogut im Personalismus Kants wie im Utilitarismus Benthams und im Asketismus Calvins ausdrücken kann, dann ist die Theorie im Grunde fähig, sämtliche historischen Phänomene aufzunehmen und sich gegen jegliche Falsifikation zu verteidigen – sie kann das aber auch nur aufgrund ihrer Beliebigkeit und des völligen Mangels an exakten Kriterien für die Zuordnung von geistigen Phänomenen zu materiellen Ursachen.

In der evolutionistischen Lehre Kautskys ist natürlich kein Platz für eine Eschatologie und den Glauben an irgendeinen allgemeinen »Sinn« der menschlichen Geschichte. Kautsky sieht wie Marx im Sozialismus eine Errungenschaft der gesamten Menschheit und nicht einer partikularen Klasse, hält aber – ebenfalls wie Marx – streng am Klassencharakter der zum Sozialismus führenden Bewegung fest. Das kann nur die Bewegung der Arbeiterklasse sein, die sich zwar im Kampf um bestimmte Ziele, bestimmte politische oder soziale Reformen jeweils mit dem Kleinbürgertum oder der Bourgeoisie verbünden muß, die aber verloren wäre, wenn sie bei diesen Bündnissen nicht auf ihre Selbständigkeit und Besonderheit achten würde (besonders ablehnend verhielt sich Kautsky zu allen Bündnissen mit der Bauernschaft, die er – inbesondere in Deutschland – für eine überaus konservative Kraft hielt). Kurz, *der Sozialismus liegt zwar im Interesse aller, aber der Kampf um den Sozialismus liegt allein im Interesse der Arbeiterklasse*; dieser Gedanke (der von Kautsky nicht mit diesen Worten formuliert wurde, aber mit seiner Auffassung und der von Marx übereinstimmt) enthält keinen Widerspruch, wenn man davon ausgeht, daß nur das Proletariat sich in einer solchen historisch privilegierten Situation befindet, *daß seine unmittelbaren Ziele und seine »letzten« Ziele einander nicht widersprechen*, während die unmittelbaren Ziele des Kleinbürgertums und der Bauernschaft, von der Bourgeoisie ganz zu schweigen, dem Interesse der gesamten Menschheit, das sich in der Idee der sozialistischen Gesellschaft verkörpert, widersprechen. Der Widerspruch liegt somit nicht in der Lehre, sondern in den Interessen der besitzenden Klassen.

Daß dagegen der Sozialismus die Emanzipation aller Menschen bedeutet, folgt vor allem daraus, daß die Vergesellschaftung der Produktionsmittel und des Produktionsprozesses selbst, also die Unterordnung der materiellen Produktion unter die gesellschaftlichen Bedürfnisse, eine beträchtliche Verkürzung der Arbeitszeit und eine Ausdehnung der freien Zeit nach sich ziehen wird, welche den Menschen für die Entfaltung ihrer persönlichen Begabungen, Talente und Bestrebungen zur Verfügung stehen wird. Der Sozialismus bedeutet – anders als die Anarchisten meinen – nicht die Beseitigung des Staates noch die Rückkehr zu selbstgenügsamen kleinen Gemeinschaften, bei denen unausweichlich alle Konsequenzen der anarchischen Warenproduktion und Konkurrenz wieder auftreten würden. Der in ein Organ der gesellschaftlichen Verwaltung von Sachen umgestaltete Staat muß den Charakter einer zentralisierten Organisation haben, welche die Gesamtheit der materiellen Produktionsprozesse zu umfassen vermag. Dagegen wird sich die geistige Produktion unter Bedingungen völliger Freiheit entfalten. Nach Kautsky gibt es zwischen der zentralistischen Organisation der Produktion und der kulturellen Freiheit keinen Konflikt. In dieser Hinsicht teilte er übrigens die Einstellung der bedeutenden Mehrheit der damaligen Marxisten. Die Auffassung, daß Demokratie, Meinungs- und Pressefreiheit, Vereinigungsfreiheit und die Freiheit des kulturellen Schaffens selbstverständliche Bestandteile der sozialistischen Organisation seien, war unter Marxisten nahezu uneingeschränkt anerkannt. Kautsky hat sich in dieser Sache viele Male und stets in derselben Weise geäußert. Die demokratischen Freiheiten gehören, auch wenn sie sich historisch im Kampf der Bourgeoisie gegen feudale Unterdrückung entwickelten, zu den dauerhaften Errungenschaften des Fortschritts, und ein Sozialismus ohne Demokratie wäre eine Parodie auf die eigenen Grundsätze. Das ist unter anderem ein Grund, weshalb der Sozialismus niemals von einer revolutionären Minderheit erzwungen werden kann, denn dadurch würde er mit sich selbst in Widerspruch geraten. Der Sozialismus kann nur als unbezweifelbares Werk der Mehrheit entstehen, die jedoch bereit ist, alle Rechte der Minderheit auf die Äußerung und Propagierung abweichender Meinungen zu garantieren.

5. Kritik am Leninismus

Die grundsätzliche Überzeugung Kautskys, daß der Sozialismus nicht siegen könne, bevor nicht seine ökonomischen Bedingungen herangereift seien, und der Glaube, daß der Sozialismus notwendig die Demokratie voraussetze, bestimmten sein entschieden negatives Verhältnis zur Oktoberrevolution und zur Leninschen Auffassung von der Diktatur des Proletariats.

Wie die Mehrheit der sozialistischen Kritiker Lenins wies auch Kautsky darauf hin, daß Lenin sich bei dem Versuch, seine Auffassung von der Diktatur des Proletariats als einer bestimmten, demokratischen Formen entgegengesetzten *Herrschaftsform* zu rechtfertigen, völlig zu Unrecht auf Marx berief; für Marx und Engels bezeichnet die Diktatur des Proletariats nicht eine *Form der Herrschaft*, sondern deren *gesellschaftlichen Inhalt*. Das ist schon daraus zu ersehen, daß Marx und Engels die Pariser Kommune als Diktatur des Proletariats bezeichneten, also eine Form der Herrschaft, die auf demokratischen Grundsätzen, einem pluralistischen Parteiensystem, freien Wahlen und der Freiheit des Wortes beruhte. Im Gegensatz zu Marx und Engels (der z. B. den Versuch eines kommunistischen Aufstands, den die Bakunisten 1873 im zurückgebliebenen Spanien anzetteln wollten, scharf kritisierte), im Gegensatz auch zu den russischen Marxisten, die – wie etwa Plechanow und Axelrod – darauf hinwiesen, daß die Revolution in Rußland, selbst wenn das Proletariat in ihr eine entscheidende Rolle spielen sollte, nur einen bürgerlichen Charakter haben könne, hatten die Bolschewisten vor, in einem dafür noch nicht ausgereiften Land den Sozialismus mit Hilfe von Terror und Unterdrückung zu errichten. Die schreiende Not und die mit ihr wie gewöhnlich einhergehenden chiliastischen Hoffnungen des Volkes, die Verrohung durch den Krieg und die allgemeine Zurückgebliebenheit des russischen Proletariats stellten soziale Bedingungen dar, unter denen der Sozialismus sich in sein Gegenteil verkehren mußte. Statt das Proletariat für erreichbare Ziele zu organisieren und sein Niveau zu heben, stachelten die Bolschewisten sein Bedürfnis nach Rache an einzelnen Kapitalisten an, zerstörten sie alle Elemente der Demokratie und verbreiteten sie die auf der Roheit der unerfahrenen Bewegung beruhenden banditenhaften Sitten. Erfolglos versuchten sie, wie einst die Jakobiner, den wirtschaftlichen Schwierigkeiten durch Massenterror und Zwangsarbeit beizukommen, welche sie als Diktatur des Proletariats bezeichneten. Auf diese Weise entstünde, schrieb Kautsky 1919, unter den Bedingungen des Despotismus eine neue Klasse von bürokratischen Ausbeutern, die nicht besser seien als die zaristischen Staatsbeamten, und für den künftigen Kampf der Arbeiter gegen die Tyrannei würden die Bedingungen sogar noch schlechter sein als im traditionellen Kapitalismus, wo sie die Interessengegensätze zwischen der Staatsbürokratie und den Kapitalisten ausnutzen könnten, während im russischen System diese beiden Schichten zu einer einzigen zusammengeflossen seien. Dieser Kasernensozialismus könne sich nur durch die Preisgabe seiner Grundsätze behaupten, was im übrigen durchaus wahrscheinlich sei, wenn man den notorischen Opportunismus der Bolschewiki und die Leichtigkeit, mit der sie gestern noch vertretene Ideen von einem Augenblick zum anderen aufgeben, in Rechnung stelle. Am wahrscheinlichsten sei eine Art von thermidorianischem Umsturz, den die russische Arbeiterklasse als Befreiung aufnehmen werde, in der gleichen Weise, wie das französische Volk den Thermidor aufnahm. Die Ursünde des Bolschewismus bestehe in der Unterdrückung der Demokratie, der Ausschaltung von Wahlen, Pressefreiheit und Vereinigungsfreiheit sowie in der Überzeugung, der Sozialismus könne durch die der Nation gewaltsam aufgezwungene despotische Herrschaft einer Minderheit errichtet werden. Der Despotismus besitze jedoch eine eigene Logik, die ihn unwiderstehlich zur Verstärkung seiner terroristischen Formen treibe. Die Bürokratisierung und Militarisierung der Gesellschaft und am Ende die Herrschaft eines einzigen Autokraten seien das unfehlbare Resultat der bolschewistischen Herrschaft, wenn es den Leninisten gelinge, ihren tatarischen Sozialismus über längere Zeit zu behaupten.

6. Inkohärenz des Kautskianismus

Kautsky war gewiß nach Engels der hervorragendste Befürworter einer naturalistischen, evolutionistischen, deterministischen, darwinistischen Auffassung des Marxismus. Seine Philosophie, die auf den ersten Blick kohärent zu sein scheint, läßt sich in einigen leitenden Prinzipien resümieren, welche die Gesamtheit der Naturgeschichte und der menschlichen Geschichte erfassen: Jegliche Entwicklung ist das Resultat der wechselseitigen Beeinflussung von Organismen und Umwelt; die am besten angepaßten Organismen bleiben am Leben und geben ihre Merkmale an die Nachkommenschaft weiter; der interspezifische Kampf ums Dasein bildet die allgemein wirksamen Instinkte der Aggression und der intraspezifischen Solidarität heraus; die menschliche Gattung erlangte eine besondere Stellung in der Natur dank der Fähigkeit, Werkzeuge herzustellen, und dank der artikulierten Sprache; die Entwicklung der Werkzeuge führte zur Entstehung des Privateigentums und von Klassen, die um die Aneignung des Mehrprodukts kämpfen; das Resultat dieses Prozesses ist die Konzentration des Kapitals und die Polarisierung der Klassen; das Privateigentum wird für den weiteren technischen Fortschritt zur Fessel und verschärft die Gegensätze zwischen der ausgebeuteten Mehrheit und der ausbeutenden Minderheit; dieser Prozeß muß unausweichlich mit der Vergesellschaftung des Eigentums und der Entstehung einer neuen Gesellschaft enden, welche die technischen, aber auch die gesellschaftlichen Errungenschaften der kapitalistischen Epoche (insbesondere die demokratischen Lebensformen) bewahrt, aber den antagonistischen Charakter des Vergesellschaftungsprozesses beseitigt, den Menschen eine sich auf die gesamte Gattung erstreckende Solidarität zurückgibt, die elementaren gesellschaftlichen Konflikte beseitigt und allen eine ungehinderte individuelle Entfaltung ermöglicht.

Bei näherer Betrachtung zeigt sich indessen, daß diese ganze Lehre eine große Zahl von Lücken und Unstimmigkeiten aufweist, die zum Teil gerade für diese evolutionistische Variante des Marxismus charakteristisch sind, welche sich von dessen ursprünglicher, in den Frühschriften Marxens entwickelter Version unterscheidet, und zum Teil in beiden Versionen, der naturalistischen und der anthropozentrischen, anzutreffen sind.

Für Kautsky ist die gesamte Entwicklung der organischen Welt und die menschliche Geschichte als ein Sonderfall der Naturgeschichte mit der gegenseitigen Beeinflussung von Organismen und Umwelt erklärbar. Eben diese Theorie der gegenseitigen Beeinflussung hält Kautsky für den eigentlichen, rationalen Inhalt der Dialektik; er kritisiert deshalb auch die Auffassung, nach der die Dialektik eine Lehre von der Entzweiung des Daseins aufgrund innerer, in ihm verborgener Widersprüche ist; die Theorie der Selbstnegation, welche die Entwicklung erklären soll, ist in seinen Augen ein Relikt des Hegelschen Idealismus. Nicht die selbsttätige Bewegung der Widersprüche, sondern die Wechselwirkung zwischen einzelnen Bestandteilen der Welt erklärt die Wandlungen in Natur und Geschichte. Es gibt deshalb nicht so etwas wie ein Paradigma des menschlichen Wesens, das nach Jahrhunderten der inneren Zerrissenheit zu sich zurückkehrt und die verlorene Einheit von Objekt und Subjekt der Geschichte wiederfindet. Was wir beobachten, ist ein notwendiger Prozeß der Veränderungen, die an sich keinen »Sinn« haben und bei denen auch die wissenschaftliche Untersuchung keinen Sinn entdecken kann, da diese ihrem Wesen nach wertneutral ist und lediglich Notwendigkeiten oder »Gesetze« der Natur aufdeckt.

Gerade aus diesem naturalistischen Determinismus, der philosophisch nicht zu Ende gedacht ist, entstehen innerhalb des ganzen Denksystems bemerkenswerte Inkonsequenzen und Zufälligkeiten. Man weiß nicht genau, wie weit die »historische Notwendigkeit« reicht, ob sie sämtliche Einzelheiten historischer Ereignisse umfaßt oder nur die allgemeinste Richtung der Entwicklung. Sollte das erstere der Fall sein, so muß ein derart verstandener Determinismus, von seiner totalen Beliebigkeit einmal abgesehen, zu dem Schluß führen, daß jede einzelne historische Tatsache oder jeder einzelne historische Prozeß gleichermaßen unvermeidlich und gleichermaßen exakt durch die Bedingungen vorherbestimmt ist. Dann aber hat z. B. Kautskys Kritik an der russischen Revolution keinen Sinn, da diese Revolution mit der gleichen Notwendigkeit ausbrach, mit der die Warenwirtschaft sich zum Kapitalismus wandelte. Der bewußte menschliche Wille kann in dieser Auffassung zwar ein unerläßliches Glied historischer Prozesse sein, doch sind sein Inhalt und sein Einfluß ebenso vorherbestimmt wie alles übrige, und er unterscheidet sich hinsichtlich seiner Funktion nicht von irgendwelchen anderen »Faktoren«, die in den historischen Veränderungen wirksam sind. Die Kritik an einer revolutionären Bewegung, welche nicht die »Reife« der Situation berücksichtigt, ist sinnlos, weil eine Bewegung, die erfolgreich ist, dadurch die Reife der Situation beweist. Wenn jedoch die historische Notwendigkeit lediglich die allgemeine Tendenz der Entwicklung bestimmt, die tatsächlichen Formen dieser Tendenz aber vom menschlichen Willen, der nicht durch die Bedingungen festgelegt ist, abhängen, hat diese Kritik ebenfalls keinen Sinn, aber aus einem anderen Grunde. Da wir nicht genau bestimmen können, worin die »Reife« der Situation für die sozialistische Umwälzung besteht, und da die bewußte menschliche Tätigkeit ihrerseits diese Reife beschleunigen kann, ist niemand imstande, zu beurteilen, in welchem Moment eine solche Beschleunigung wirkungsvoll ist oder nicht. Die Kritik am Blanquismus und am Leninismus bei Kautsky läßt sich also nicht gut mit seinem historischen Determinismus begründen, auch wenn er versucht, sie gerade auf diese Grundlage zu stützen.

Mehr noch: da das wissenschaftliche Bewußtsein unabhängig von der zum Sozialismus führenden gesellschaftlichen Bewegung entsteht und von außen in sie hineingetragen werden muß, gibt es keinen Grund, aus dieser Tatsache nicht dieselben Konsequenzen zu ziehen wie Lenin. Das authentische, d. h. eben das wissenschaftliche proletarische Bewußtsein kann sich unabhängig vom wirklichen Proletariat entwickeln, und der politische Organismus, der dieses Bewußtsein besitzt, darf sich ohne Rücksicht auf das Bewußtsein in der wirklichen Arbeiterklasse als Repräsentation des »historischen Willens« betrachten. Schließlich wurde ja die leninistische Version der Theorie von der Partei als Avantgarde mit der von Kautsky formulierten Lehre begründet, und es besteht kein Anlaß, ihr mangelnde Konsequenz vorzuwerfen. Bei Marx entsteht dieses Problem nicht, da Marx keine Trennung macht zwischen der wissenschaftlichen Lehre, die nach Art naturwissenschaftlicher Theorien in den Köpfen von Gelehrten entsteht, und der Bewegung, welche sich diese Lehre, die von außen an sie herangetragen wird, zu eigen macht. Für Marx ist das wissenschaftliche Bewußtsein eine Artikulation des spontanen Bewußtseins; es ist nicht bloß »Erkenntnis« eines Prozesses, der sich außerhalb seiner vollzieht, sondern es ist mit diesem Prozeß identisch – und zwar deshalb, weil im Bewußtsein des Proletariats Objekt und Subjekt der Geschichte zusammenfallen und das Proletariat, das zum Selbstbewußtsein gelangt und dadurch nicht nur sich selbst, sondern den gesamten historischen Prozeß erkennt, damit die historische Situation verändert. Kenntnis der (gesellschaftlichen) Welt und politische Aktivität sind im Falle des proletarischen Bewußtseins nicht in der Weise getrennt, wie die Kenntnis gewisser Zusammenhänge in der Natur und die Anwendung dieser Zusammenhänge bei technologischen Maßnahmen. Sie sind nämlich ein und dasselbe.

Aus dem schon erwähnten Grunde existiert bei Marx auch nicht das Problem, das mit der Dichotomie von Tatsachen und Werten oder von Erkenntnis und Pflicht zusammenhängt. Da der Akt der Erkenntnis der Welt in diesem besonderen Falle dasselbe ist wie der Akt ihrer Veränderung oder der Akt praktischer Beteiligung am erkannten Prozeß, gibt es keinen Ort, an dem diese Dichotomie auftauchen könnte, denn es gibt keine gesonderte Wahrnehmung, der man anschließend Akte der Bewertung hinzufügen müßte. Da jedoch für Kautsky – wie für seine

Gegner neukantianischer Orientierung – die Erkenntnis unabhängig von ihrer Anwendung und frei von wertenden Elementen ist, wird er mit den Einwänden seiner Kritiker im Grund nicht fertig, sondern speist sie mit allgemeinen Erklärungen ab, ohne sich der Natur des Problems bewußt zu sein. Es geht um folgendes: Wenn Menschen aufgrund wissenschaftlicher Erkenntnis zu der Überzeugung gelangen, daß der Sozialismus eine historische Notwendigkeit ist, müssen sie sich erst die Frage stellen, weshalb sie an der Verwirklichung dieser Notwendigkeit mitwirken sollen – die bloße Erkenntnis, daß etwas notwendig ist, kann kein Motiv zum Tätigwerden sein. In der Lehre von Marx gibt es keine Notwendigkeit, diesen Dualismus zu überwinden, da die im Proletariat verkörperte Menschheit sich die Notwendigkeit der Revolution im Akt ihrer Durchführung selbst bewußt macht und sie sich nicht anders bewußt machen kann – das theoretische Bewußtsein der revolutionären Bewegung ist die Bewegung selbst. Gerade die deterministische Philosophie Kautskys führt aber zu der Notwendigkeit, sich mit dieser Schwierigkeit auseinanderzusetzen, welche die Kantianer formulierten und welche Kautsky nicht erkannte. Auch bemerkte er nicht, daß zahlreiche wertende Wendungen, die er selbst häufig benutzte (z. B. »Befreiung«, »Größe« oder »Erhabenheit« des sozialistischen Ideals, »Humanismus«) vom Standpunkt seiner eigenen Grundsätze aus nicht zulässig sind.

Kautsky war ein Mensch, der sehr an den demokratischen Werten hing; er haßte Gewalt und Krieg, und er hatte – auch wenn er versicherte, man könne unmöglich die künftigen Formen des Klassenkampfes vorhersehen – die Hoffnung, daß es der Menschheit gelingen werde, die Schwelle zum sozialistischen Reich der Freiheit ohne Gewalt und blutige Kämpfe durch friedliche Pressionen zu überschreiten. Er versuchte, seine Hoffnungen theoretisch zu begründen, doch auch in diesem Punkte ist seine Lehre nicht frei von bemerkenswerten Schwächen. Die Notwendigkeit der Demokratie begründete Kautsky mit der unvermeidlichen Begrenztheit des menschlichen Wissens: keine Partei oder Gruppe könne, so sagte er, ein Monopol auf die Wahrheit für sich beanspruchen, da das menschliche Wissen notwendig fragmentarisch und stets vorläufig sei, und deshalb müsse es den Erkenntnisfortschritt hemmen, wenn eine Partei für sich dauernd das Privileg beanspruche, die eigenen Ansichten zu verkünden, und Kritik und Diskussion liquidiere. Das sind Einwände des gesunden Menschenverstandes, die sich aber mit den Annahmen, die Kautsky andererseits zum Thema der gesellschaftlichen Bedingtheit der Erkenntnis macht, zurückweisen lassen. Sagte er doch, daß es – zumindest im Bereich der gesellschaftlichen Erkenntnis – keine klassenlose Wissenschaft gebe, und darüber hinaus, daß ein wirkliches Begreifen der gesellschaftlichen Prozesse nur möglich sei, wenn man sich auf den Standpunkt des Proletariats stelle. Durch solche Annahmen entstehen erkenntnistheoretische Schwierigkeiten, mit denen Kautsky sich nie auseinandersetzte: Wenn jegliche gesellschaftliche Erkenntnis klassenbedingt ist, entsteht die Frage, ob eine vom partikularen Standpunkt des Proletariats aus gewonnene Erkenntnis gleichwohl den Anspruch auf allgemeine Geltung erheben kann. Wenn nicht, dann sind alle Ansprüche des Marxismus auf Wissenschaftlichkeit gegenstandslos, und auf alle Fälle kann der Marxismus höchstens die Artikulation eines bestimmten Interesses sein – und sei es auch das Interesse der Menschheit –, er kann aber nicht *außerdem* versichern, er sei anderen Theorien als »objektive« Wahrheit überlegen. Wenn dagegen der »Standpunkt des Proletariats« zugleich eine rein erkenntnismäßige Überlegenheit verleiht, d. h., wenn nur er die allseitige Anwendung *universaler* Erkenntniskriterien ermöglicht, während alle übrigen Standpunkte nicht nur mit einer klassenbedingten Betrachtungsweise verbunden sind, sondern überdies unvermeidlich zur Deformation der Wirklichkeit führen, dann sind Forderungen nach Freiheit der Kritik, Pluralismus, Demokratie usw. unbegründet, da die Partei des Proletariats im Gegensatz zu allen übrigen politischen Organismen per definitionem das Wahrheitsmonopol *besitzt* und alle Privilegien, die sie sich zuerkennt, einschließlich des Despotismus, den sie der Gesellschaft aufzwingt, allein durch das Interesse an der Wahrheit vollkommen legitimiert sind. Aber Kautsky war sich auch in diesem Punkte der Inkohärenz des eigenen Standpunkts nicht bewußt.

Ebensowenig ist klar, weshalb Despotismus und Gewalt vom Standpunkt der Kautskyschen Geschichtsphilosophie verurteilt werden sollten, wenn auch klar ist, daß er persönlich ein Gegner von Despotismus und Gewalt war. Wenn die Menschheit im Unterschied zu anderen Arten – gerade dank dessen, was ihre Vorherrschaft ausmacht – verschiedene Formen der intraspezifischen Aggression hervorbrachte, wenn der Mensch von Natur aus neben dem Solidaritätsinstinkt mit einem Aggressionsinstinkt versehen ist und sich im Laufe seiner Geschichte überreichlich dieses Instinkts bediente, weshalb sollte dann dieser Sachverhalt irgendwann aufhören? Weshalb sollten wir glauben, daß es ein historisches »Gesetz« gibt, nach dem der Anteil der Gewaltmittel an der Regelung der zwischenmenschlichen Beziehungen zurückgeht? Selbst wenn wir annehmen, daß die kapitalistischen Formen der Aneignung und Aufteilung der Produktionsüberschüsse notwendig dem vergesellschafteten Eigentum weichen müssen, so folgt daraus durchaus nicht, daß sich nicht auf der Grundlage des vergesellschafteten Eigentums derselbe Kampf in anderen Formen wiederholt, da die natürlichen Instinkte, die bisher diesen Kampf hervorriefen, keineswegs erlöschen. Kautskys Glaube an eine allmählich zurückgehende Bedeutung der Gewalt und an eine wachsende intraspezifische Solidarität ist somit nur ein

Glaube und läßt sich mit seinen theoretischen Annahmen nicht rechtfertigen.

In der Frage von Reform und Revolution ist Kautskys Standpunkt ebenfalls nicht eindeutig. Seine allgemeinen Formeln scheinen auf den ersten Blick eine Wiederholung des Marxschen Standpunkts zu sein: Es besteht kein Widerspruch zwischen dem Kampf um Reformen und der revolutionären Perspektive, da der soziale Fortschritt, die Verkürzung des Arbeitstages, die Verbesserung der materiellen Lage der Arbeiter und demokratische Rechte ihnen ermöglichen, sich zur Verteidigung ihrer Interessen zusammenzuschließen – das alles sind Mittel, die der Entwicklung des Klassenbewußtseins und der Vorbereitung der Arbeiter auf die künftige Herrschaft im Staat förderlich sind. Dieser Standpunkt ist allerdings nur scheinbar kohärent. Es geht darum, ob der *einzige* Sinn der Reformen in ihrer Bedeutung für die künftige Revolution besteht oder ob Reformen *auch* einen selbständigen Sinn haben, insofern sie unmittelbar das Los des Proletariats verbessern. Kautsky stand zweifellos auf dem letzteren Standpunkt, denn er meinte, es sei völlig miteinander zu vereinbaren, wenn man den Reformen einen selbständigen Wert zuerkenne und in ihnen zugleich Instrumente des künftigen revolutionären Kampfes sehe. Das praktische politische Leben sollte indessen zeigen, daß diese Kohärenz seiner Lehre auf einer Täuschung beruhte. Eine Partei, die den Kampf um Reformen ernst nimmt und die darüber hinaus in diesem Kampf erfolgreich ist, wird natürlicherweise zu einer Reformpartei, und die revolutionäre Phraseologie besteht nur noch als doktrinäres Dekorum fort. Kautsky konnte darauf hinweisen, daß in der Geschichte Fälle vorkamen, in denen sich der Klassenkampf verschärfte, während sich zugleich das Los der ausgebeuteten Klassen besserte. Er täuschte sich aber, wenn er glaubte, daß deshalb die sichtbaren Fortschritte, welche die Arbeiterklasse durch wirtschaftlichen Druck erreichen kann, für die Heftigkeit der Klassenkonflikte und den revolutionären Eifer überhaupt keine Bedeutung haben. Gewiß sind revolutionäre Situationen stets ein Ergebnis des unverhofften Zusammentreffens zahlreicher Umstände, und die bloße Hebung des Lebensstandards der werktätigen Klassen schließt a priori die Möglichkeit einer revolutionären Situation nicht aus. Darin besteht jedoch nicht die Schwierigkeit eines zugleich reformistischen und revolutionären Standpunkts. Sie besteht darin, daß eine Partei, die faktisch auf Reformen und nicht auf die Revolution hinarbeitet und die Reformen ernst nimmt – wozu sie berechtigt ist, da der reformistische Kampf erfolgreich ist –, sich faktisch dazu verurteilt, daß ihre revolutionäre Theorie erstarrt und daß sie für den Fall, daß tatsächlich eine revolutionäre Situation entsteht, nicht imstande ist, sie auszunutzen. Die Versöhnung von reformistischer und revolutionärer Orientierung kann nur in den allgemeinen Formeln einer

Lehre gelingen, nicht aber in der gesellschaftlichen und psychologischen Wirklichkeit. Deshalb hat eine sozialistische Bewegung, die im ökonomischen Kampf und bei Reformvorhaben faktische Erfolge erzielt, unvermeidlich die Tendenz, sich in eine reformistische Bewegung zu verwandeln. Die Erfolge der deutschen Sozialdemokratie bedeuteten zugleich – was Bernstein sah und Kautsky nicht bemerkte – ihren faktischen Verzicht auf das revolutionäre Programm.

Der Angelpunkt der Philosophie Kautskys und der ihm geistig verwandten Marxisten ist die *Naturalisierung des menschlichen Bewußtseins*, d. h. die restlose Einbeziehung des Bewußtseins in den naturgesetzlichen Determinismus als eines der Elemente der organischen Evolution. Die hervorstechendsten Merkmale der politischen Theorie und der Geschichtsphilosophie Kautskys sind von dieser Darwinisierung des Marxismus bestimmt: der Glaube an das allmähliche und stetige Heranreifen des Kapitalismus bis zur Selbstaufhebung; das Vertrauen auf eine historische Unvermeidlichkeit, welche das theoretische Bewußtsein von außen beobachtet; die Trennung zwischen theoretischem Bewußtsein und gesellschaftlichem Prozeß, der das Objekt des ersteren ist; von daher abgeleitet die Theorie vom importierten Bewußtsein des Proletariats; schließlich die Ablehnung einer sozialistischen Eschatologie. Kautskys Standpunkt läßt sich letzten Endes auf die Formel reduzieren: Verbessern wir einstweilen den Kapitalismus, der Sozialismus ist uns ohnehin durch die historischen Gesetze garantiert. Daß sich die moralische Überlegenheit des Sozialismus nicht gesondert beweisen läßt, braucht uns nicht zu kümmern, es hat sich historisch einfach so ergeben, daß das, was notwendig ist, zugleich das ist, was mir gut erscheint, und nicht nur mir, sondern auch dem gesunden Menschenverstand. Nachdem er den Glauben der Aufklärung an einen stetigen Fortschritt und die Darwinsche Theorie vom Bewußtsein als einem biologischen Organ in den Marxismus eingebracht hatte, war Kautsky nicht mehr für die dramatischen Widersprüche des Fortschritts empfänglich, und er konnte nicht glauben, daß das Bewußtsein selbst in der Geschichte Punkte der Diskontinuität schafft, die aus späterer Sicht stets leicht zu erklären, die aber niemals vorherzusehen sind.

7. Anmerkung über Mehring

Franz Mehring (1846–1919) war neben Kautsky die zweite Säule der deutschen marxistischen Orthodoxie. Er wurde erst im höheren Alter, zu Beginn der neunziger Jahre, Sozialdemokrat, nachdem er in der liberalen Presse als Publizist und Schriftsteller Bedeutendes geleistet hatte. Von diesem Zeitpunkt an stellte er sein ungeheures historisches

Wissen und seine glänzende Feder (an literarischem Talent kam ihm sicher keiner der Orthodoxen gleich) in den Dienst des Sozialismus. Er veröffentlichte u. a. eine eindrucksvolle, klassisch gewordene »Geschichte der Deutschen Sozialdemokratie« (1897–1898), eine ebenso klassische, wenn auch ein wenig hagiographische Biographie von Marx (»Karl Marx. Geschichte seines Lebens«, 1918), außerdem eine »Deutsche Geschichte vom Ausgange des Mittelalters« (1910–1911) sowie – vielleicht die glänzendste Arbeit marxistischer Geschichtsschreibung jener Jahre – »Die Lessinglegende« (1893). Außerdem hinterließ er eine Unmenge von Untersuchungen zur Literaturgeschichte und zur literarischen Kritik und wurde zum Mitschöpfer einer marxistischen Literaturtheorie (Abhandlungen über Schiller, Heine, Tolstoj, Ibsen). Bei verschiedenen Gelegenheiten (so im Anhang zur »Lessinglegende« und in verschiedenen Partien seiner Geschichte der deutschen Sozialdemokratie sowie in der Marx-Biographie, aber auch in kritischen Artikeln gegen die Neukantianer) erläuterte er die allgemeinen Grundsätze des historischen Materialismus und zeigte dabei eine bemerkenswerte Neigung zu stark vereinfachten oder – wie man manchmal zu sagen pflegt – »reduktionistischen« Formeln. Diesem Umstand verdanken wir den bekannten Brief von Engels aus dem Jahre 1893, in dem der Patriarch des wissenschaftlichen Sozialismus die »einseitigen« Interpretationen des historischen Materialismus richtigstellte und sich für die allzu groben Formeln, welche er und Marx sich zuweilen für polemische Zwecke erlaubten, entschuldigte. Auch in den historisch-literarischen Analysen greift Mehring, wenn er die Grundsätze der historischen Interpretation erläutert, gelegentlich zu unerhörten Vereinfachungen; so sagt er z. B., daß sich in der »Orestie« des Aischylos nichts anderes »widerspiegele« als der Sieg des Patriarchats über das Matriarchat und daß die ganze klassische deutsche Literatur – Klopstock und Lessing, Goethe und Schiller – »nichts anderes als« der Emanzipationskampf des deutschen Bürgertums sei. Im Lichte solcher Formeln ist es unverständlich, wie Aischylos von Menschen, die der Konflikt zwischen Matriarchat und Patriarchat in Griechenland nicht im geringsten berühren kann, gelesen, verstanden und geschätzt werden kann, und wie Goethe und Schiller im geistigen Leben einer Gesellschaft, welche die politischen Kämpfe vergangener Jahrhunderte längst vergessen hat, noch immer gegenwärtig sind. Es wäre jedoch überaus ungerecht, die Leistung Mehrings aufgrund solcher Formeln zu beurteilen. Trug er auch als Theoretiker des historischen Materialismus im Grunde nichts zur Weiterentwicklung des Marxismus bei, so leistete er doch einen gewaltigen Beitrag als historischer Schriftsteller und literarischer Kritiker, der in Einzelanalysen die Rigidität seiner doktrinären Verallgemeinerungen vergaß. Die »Lessinglegende« ist nicht nur ein Werk über Lessing. Sie ist eine

Revision sämtlicher in der deutschen Geschichtsschreibung verbreiteten Anschauungen über die Aufklärung und ein Angriff auf die Verherrlicher Friedrichs des Großen und diejenigen, die Lessing als einen Schriftsteller der preußischen Monarchie bezeichneten. Mehring möchte zeigen, daß Lessing am vollkommensten und am radikalsten sämtliche Tugenden und sämtliche fortschrittlichen Bestrebungen des deutschen Bürgertums in seiner schöpferischsten, weil kämpferischsten Epoche verkörperte. Das Werk verfolgt zugleich eine ideologische Absicht: Es kommt am Ende zu der Feststellung, daß das Erbe Lessings »dem Proletariat gehört«, da die Bourgeoisie all ihre Ideale aus der Aufklärung verloren habe.

In einem Punkt brachte Mehring seine Einwände gegenüber Marx zum Ausdruck, nämlich in der Beurteilung Lassalles. Er räumte ein, daß Marx Lassalle als Gelehrter, Revolutionär und Schriftsteller weit überragte, ging über die Mängel Lassalles als Historiker und Politiker nicht hinweg, meinte aber, daß Marxens Urteil in diesem Falle ungerecht und weitgehend durch persönliche Vorurteile bestimmt gewesen sei; daß das Werk Lassalles – sowohl seine theoretischen Abhandlungen wie seine Tätigkeit als Schöpfer der Arbeiterpartei – eine bleibende Errungenschaft des deutschen Sozialismus darstelle.

In seinen Abhandlungen über Literatur betrieb Mehring in erster Linie eine klassen- und geschichtsbezogene Interpretation; er bemühte sich zu zeigen, daß die Größe eines Schriftstellers in der Vollkommenheit besteht, mit der er die Bestrebungen und Ideale der Klasse, welche er »repräsentiert«, darzustellen vermag. Er setzte indessen den künstlerischen Wert nicht mit dem Klassenstandpunkt gleich: Er behauptete nicht, der Wert sei *dasselbe* wie die gesellschaftliche Funktion, mit der man ihn erklären könne. Er wollte aufzeigen, daß künstlerischer Wert und Geschmack nicht von übergeschichtlicher Dauer, sondern auf gesellschaftliche Situationen bezogen sind; allerdings war er der Ansicht, daß alle »aufsteigenden Klassen«, also Klassen, die noch darum kämpfen, sich Rechte innerhalb der Gesellschaft zu sichern, ähnliche Tendenzen in Literatur und Kunst äußern; es handelt sich dabei ganz allgemein um realistische Tendenzen, die als Forderungen nach »Wahrheit« in der Kunst auftreten. Der Naturalismus, der einmal eine Waffe der fortschrittlichen Bourgeoisie gewesen sei, sei jedoch mit der Zeit zum Prinzip der sklavischen Nachahmung einer zufälligen Realität heruntergekommen und habe die Literatur jener Größe beraubt, welche die historische Perspektive verleiht. Der Naturalismus schildere zuweilen sehr überzeugend die Greuel des Kapitalismus, sei dabei aber – aufgrund seiner klassenmäßigen Herkunft – unfähig, einen Ausweg aus der bürgerlichen Ordnung zu weisen. Er habe deshalb der neoromantischen Literatur Platz gemacht, die nur eine Flucht vor der gefühllosen Welt in das Reich eines kapriziösen Subjektivismus sei, eine Kunst der Kapitulation vor den sozialen Problemen. Die Bourgeoisie habe mit den historischen Perspektiven zugleich die Fähigkeit zum geistigen Schaffen eingebüßt und aufgehört, große Werke hervorzubringen. Dem Proletariat seien die moderne Kunst und Literatur fremd; es wende sich lieber den großen Klassikern zu, bei denen es jene Glut der großen Kämpfe und der großen Leidenschaften entdecke, jenen Kampfgeist, der seinen eigenen Kampfgeist entflamme. Eine Kunst, welche spezifisch proletarische Ideale und Bestrebungen zum Ausdruck bringt, sei erst im Entstehen begriffen. Mehring glaubt jedoch nicht, daß allein der gute Wille eines Schriftstellers und seine Sympathie für die Sache der Arbeiter ausreichen, um wertvolle Literatur hervorzubringen; er setzt den künstlerischen Wert keineswegs mit der politischen Tendenz oder der propagandistischen Absicht gleich; er verwahrt sich im Gegenteil mehr als einmal gegen eine solche »Reduktion«. Künstlerische Ausdruckskraft sei nie durch löbliche soziale Absichten zu ersetzen. So verhielt sich Mehring, auch wenn er den Wert einer Kunst betonte, die den spezifischen Standpunkt des Proletariats zum Ausdruck bringt (die Gedichte Freiligraths, Hauptmanns »Weber«), denn auch skeptisch gegenüber einer proletarischen Literatur, die für unmittelbar politische oder propagandistische Ziele und losgelöst von der klassischen Literaturtradition produziert wurde.

Auf der anderen Seite ist durchaus nicht klar, wie eine – mit Mehring zu sprechen – »wissenschaftliche Ästhetik«, um die es ihm ging, überhaupt existieren kann, da er sowohl dagegen ist, die Kunst allein aufgrund ihrer Genese und ihrer sozialen Intentionen zu beurteilen, als auch bestreitet, es könne unhistorische, rein ästhetische Urteilskriterien geben. Mehring war ein Kritiker, der sich in der Literaturgeschichte hervorragend auskannte und keine Schwierigkeiten hatte, zwischen großer Kunst und Mittelmaß zu unterscheiden. Die Größe der Kunst charakterisierte er durch die Vollkommenheit, mit der sie die Konflikte ihrer Zeit »widerspiegelt«, doch zugleich zog er die Möglichkeit anderer als genetischer Kriterien der Vollkommenheit in Zweifel. In diesem grundlegenden Punkt bleibt in seinen Werken eine schwer zu beseitigende Unstimmigkeit bestehen. Da nämlich alle Werke der Literatur ihre Genese in Klassenkonflikten haben, gestattet uns allein der Hinweis auf eine solche Genese nicht, zwischen guten und schlechten Werken zu unterscheiden. Auch die bloße Tatsache, daß ein Werk die Tendenzen einer »fortschrittlichen Klasse« »ausdrückt«, reicht, wie sich zeigt, nicht aus. Es besteht also weiterhin ein Bedürfnis nach Instrumenten der Beurteilung, die sich nicht mit genetischen Erklärungen decken. Doch nach Auffassung von Mehring kann es gerade solche Instrumente nicht geben, denn ihre Möglichkeit anzuerkennen, hieße anerkennen, daß es ungeschichtliche Normen des Schönen gibt, und das hieße, in den Kantianismus oder eine noch schlimmere Philosophie zu verfallen.

Aber auch in dieser Frage sollte man Mehring nicht allzu hartnäckig seine Unzulänglichkeiten vorhalten, die er im übrigen mit allen Marxisten teilte, die sich damals zu diesen Themen äußerten. Der Wert von Mehrings Werk, um es noch einmal zu sagen, beruht nicht auf seinen theoretischen Verallgemeinerungen, sondern auf den Einzelanalysen, in denen er geschickt und überzeugend den gesellschaftlichen Hintergrund des literarischen Schaffens verdeutlichte. Die genetische Erklärung bleibt auch dann ein legitimer Untersuchungsbereich, wenn man nicht genau angeben kann, wie sie mit der künstlerischen Wertung in Einklang zu bringen ist.

Kautsky, Mehring und Cunow waren die hervorragendsten Theoretiker der marxistischen Orthodoxie, wie man sie damals verstand. Ihr politisches Schicksal während des Krieges und später nahm jedoch einen unterschiedlichen Verlauf. Kautsky blieb bei seiner »zentristischen« Position, während Mehring sich für den revolutionären Spartakus entschied und Cunow zur Rechten überging. Zwischen der theoretischen Orthodoxie und den politischen Standpunkten gab es keinen eindeutigen Zusammenhang.

Drittes Kapitel

Rosa Luxemburg und die revolutionäre Linke

Die Stellung Rosa Luxemburgs innerhalb der Tradition des sozialistischen Denkens ist seit eh und je zweifelhaft. Sie war die bedeutendste Theoretikerin einer nicht besonders großen politischen Formation, die von revolutionären Positionen aus sowohl den Revisionismus als auch den Zentrismus der sogenannten Orthodoxen bekämpfte, sich aber andererseits in einigen wesentlichen Punkten vom leninistischen Flügel unterschied. Diese Formation, die Linke der deutschen Sozialdemokratie, hat in der späteren Geschichte der sozialistischen Bewegung, in der Zeit der Polarisierung nach dem Weltkrieg, im Grunde keine Fortsetzung gefunden. Die unnachgiebige revolutionäre Haltung und die heftige Kritik Rosa Luxemburgs an dem Verrat, den die Mehrheit der sozialistischen Führer im Jahre 1914 beging, trennte sie ein für allemal von der reformistischen Sozialdemokratie. Die scharfe Kritik an den Leninisten, und zwar sowohl an ihren programmatischen Grundlagen wie an ihrer Taktik, bewirkte, daß Rosa Luxemburg es trotz ihres Märtyrertodes nicht ganz schaffte, ins Pantheon der kommunistischen Tradition einzuziehen. Verbal wurde sie im Rahmen dieser Tradition zwar als Revolutionärin und Kritikerin des Revisionismus geehrt, doch praktisch kommt sie in ihr überhaupt nicht vor.

Das schriftstellerische Werk Rosa Luxemburgs umfaßt keine spezifisch philosophischen Gegenstände. Sie war eine Theoretikerin der sozialistischen Strategie und Taktik und der politischen Ökonomie. Gleichwohl darf man im »Luxemburgismus« eine besondere Spielart des Marxismus sehen, die, obwohl es ihr an einer eindeutigen philosophischen Grundlage fehlte, in der Geschichte der marxistischen Doktrin auch im Bereich der allgemeinen theoretischen Grundlagen eine originelle Stellung erlangte.

1. Biographische Mitteilungen

Rosa Luxemburg wurde am 5. 3. 1870 in einer Familie polnischer Juden in Zamość geboren. Sie hat sich während ihres Erwachsenenlebens nicht sehr viel in Polen aufgehalten, war aber dennoch während der ganzen

Zeit eng mit der revolutionären Bewegung Polens verbunden, eine Säule der Sozialdemokratie des Königreichs Polen und Litauen (SDKPiL) und zugleich eine indirekte Mitschöpferin der Kommunistischen Partei Polens. Mit der sozialistischen Bewegung verband sie sich schon in früher Jugend. Nachdem sie 1887 das Gymnasium in Warschau abgeschlossen hatte, beteiligte sie sich an einem illegalen Zirkel der sozialistischen Jugend, und 1889 entzog sie sich der drohenden Verhaftung durch Flucht in die Schweiz. Sie studierte an der Universität in Zürich und lebte dort bis 1898, als sie nach Berlin übersiedelte und zu einer der aktivsten, theoretisch und politisch führenden Gestalten der deutschen Sozialdemokratie wurde. In Zürich nahm sie Kontakt mit polnischen Sozialisten, mit Warski, Marchlewski und Tyszka-Jogiches auf, und sie arbeitete mit der Zeitschrift »Sprawa Robotnicza« zusammen, die in Paris erschien und 1894 zum Organ der bereits gegründeten SDKPiL wurde. Von 1893 an nahm sie an allen Kongressen der Zweiten Internationale (außer dem letzten in Basel) und anschließend an allen Parteitagen der deutschen Sozialdemokratie teil. Von Anfang an verschlang die Polemik mit der Polnischen Sozialistischen Partei und ihrem Unabhängigkeitsprogramm einen beträchtlichen Teil ihrer Aktivität. Die 1897 in Zürich vorgelegte Doktorarbeit Rosa Luxemburgs (»Die industrielle Entwicklung Polens«, Leipzig 1898) war ebenfalls eine historische Untermauerung ihrer späteren Taktik, die unerschütterlich und kompromißlos jeden Kampf um den Wiederaufbau eines unabhängigen polnischen Staates ablehnte. Diese Arbeit soll nämlich zeigen, daß die Entwicklung des Kapitalismus im Königreich Polen in erster Linie das Ergebnis der Politik der Teilungsmächte ist, die das Schicksal der polnischen Bourgeoisie erfolgreich an das zaristische Reich und seine wirtschaftliche Expansion im Osten knüpfte; deshalb seien Pläne zur Wiedererrichtung eines unabhängigen Polen, so führte Rosa Luxemburg in späteren Aufsätzen aus, gegen die »objektive ökonomische Tendenz«, welche den polnischen Kapitalismus unwiderruflich in den russischen Machtbereich einbezogen habe. Die unabhängigkeitsfeindliche Auffassung Rosa Luxemburgs war die ideologische Hauptleitlinie, um die sich die SDKPiL im Gegensatz zur PPS konstituierte.

Seit sie sich in Berlin niedergelassen hatte, war Rosa Luxemburg vor allem in der deutschen sozialistischen Bewegung tätig, doch war sie ständig in den Parteiorganen der SDKPiL aktiv, besuchte sie den preußisch besetzten Teil Polens, um dort politisch zu agitieren, und schrieb sie in den polnischen Zeitschriften (im legal in Krakau erscheinenden »Przeglad Socjaldemokratyczny« und im illegalen Warschauer »Czerwony Sztandar«. Seit 1895 erschienen Artikel von ihr in der »Neuen Zeit«, in der »Leipziger Volkszeitung« und in anderen sozialistischen Zeitschriften Deutschlands. Seit 1898, d. h. seit dem Augenblick, da die

Auseinandersetzung über den Bernsteinschen Revisionismus das geistige Leben der deutschen Sozialdemokratie zu beherrschen begann, widmete Rosa Luxemburg einen beträchtlichen Teil ihrer Aufsätze und Reden dem Kampf gegen die revisionistischen Lehren Bernsteins und anderer Reformisten. Der theoretisch bedeutendste Text aus diesem Bereich ist die im Jahre 1899 erschienene Broschüre »Sozialreform oder Revolution?« (zweite Auflage 1908). Dort finden wir die vollständigste Formulierung der Theorie, der zufolge Luxemburg nicht an die Möglichkeit einer Reform des Kapitalismus glaubte und von der rein politischen Bedeutung aller Kämpfe um wirtschaftliche Reformen überzeugt war.

Bis 1906 war der Revisionismus Angriffsziel aller Orthodoxen in der deutschen Sozialdemokratie. Die erste russische Revolution rief jedoch innerhalb der orthodoxen Gruppen Meinungsverschiedenheiten hervor oder machte diese vielmehr deutlich und führte zur Bildung einer linken Fraktion, deren wichtigste Theoretikerin Rosa Luxemburg war (dazu gehörten Karl Liebknecht, Klara Zetkin und Franz Mehring). Doch erst 1910 verschärften sich die Meinungsverschiedenheiten zwischen den Radikalen und den Zentristen derart, daß es zu einer neuen politischen Kräfteverteilung innerhalb der Partei kam, da die Zentristen (Bebel, Kautsky) den Rechten im allgemeinen näher standen als den Revolutionären.

Die Revolution in Rußland gab Rosa Luxemburg den Anstoß, eine neue Idee der Revolution zu entwickeln, einer Revolution, die nach ihrer Ansicht spontan von den Arbeitern des zaristischen Reiches ausging. Anfang 1905 begab sie sich illegal nach Warschau, um sich an der revolutionären Bewegung zu beteiligen. Nach zweimonatigem Aufenthalt verhaftet, wurde sie im Juli 1906 gegen Kaution aus dem Gefängnis entlassen und gelangte über Finnland wieder nach Berlin. Die 1906 veröffentlichte Broschüre »Massenstreik, Partei und Gewerkschaften« ist ein Versuch, die Ereignisse des vorhergegangenen Jahres zu verallgemeinern. Allerdings hat sich Rosa Luxemburg sowohl vor als auch nach der Revolution des öfteren zur Lage der sozialistischen Bewegung in Rußland geäußert. In Artikeln, die 1903 und 1904 in der »Neuen Zeit« erschienen, kritisierte sie den nach ihrer Ansicht opportunistischen Ultrazentralismus Lenins und seinen mangelnden Glauben an die Arbeiterbewegung. Dabei nahm sie aber die Bolschewisten gegen den von Plechanow und den Menschewisten geäußerten Vorwurf des Blanquismus in Schutz und lehnte wie Lenin eine Taktik ab, nach der die Sozialisten wegen des bürgerlichen Charakters der künftigen russischen Revolution die Liberalen nicht angreifen, sondern ihnen einen ungehinderten Zugang zur Macht gestatten sollten (u. a. auf dem Londoner Parteitag der SDAPR im Mai 1907). Rosa Luxemburg war überzeugt, daß die russische Revolution eine augenblickliche Niederlage erlitten hatte, daß der revolutionäre Prozeß vorübergehend unterdrückt sei, aber weitergehe und daß das Beispiel Rußlands auch der deutschen Arbeiterklasse als Vorbild dienen könne – was sowohl Bebel als auch Kautsky bestritten. In ihrem Verhältnis zum Militarismus und zur Gefahr des heraufziehenden Krieges waren sich dagegen Zentristen und Radikale einig (solange der Krieg noch nicht ausgebrochen war). Auf dem Stuttgarter Kongreß der Internationale ergänzte Rosa Luxemburg die Antikriegsresolution durch einen Änderungsantrag, in dem gefordert wurde, den eventuellen Krieg – sollte er trotz der Anstrengungen der Arbeiterklasse ausbrechen – in die antikapitalistische Revolution umzuwandeln.

1912 schrieb Rosa Luxemburg ihre im folgenden Jahr veröffentlichte wichtigste theoretische Arbeit, »Die Akkumulation des Kapitals«, eine Analyse des kapitalistischen Reproduktionsprozesses, welche die ökonomische Unvermeidlichkeit des Sturzes des Kapitalismus nachweist. 1913 begründete sie zusammen mit Marchlewski und Mehring die »Sozialdemokratische Korrespondenz«, welche die Ideen der revolutionären deutschen Linken propagierte. Im folgenden Jahr wurde sie wegen einer Antikriegsrede zu einem Jahr Gefängnis verurteilt, die Strafe aber erst später vollstreckt. Der Ausbruch des Krieges, die Zustimmung der sozialistischen Parlamentsfraktionen zu den Kriegskrediten und der Zerfall der Internationale brachten die internationalistische Linke in die Lage einer machtlosen Minderheit. Rosa Luxemburg gab den Kampf jedoch nicht auf, überzeugt, daß es dem revolutionären Potential des Weltproletariats noch gelingen werde, den Krieg in die gesellschaftliche Umwälzung umzukehren. Seit dem Februar 1915 für ein Jahr im Gefängnis sitzend, schrieb sie dort eine Broschüre, die eine allgemeine Analyse der Kriegsursachen und eine Verurteilung der sozialdemokratischen Führer enthält, die durch ihr Akzeptieren des Klassenfriedens und ihre Unterstützung des imperialistischen Krieges die sozialistische Bewegung zerstört hätten; zugleich wurden dort die Grundsätze entwickelt, auf denen die Arbeiterbewegung wieder neu erstehen könnte; Kriege, Imperialismus und Militarismus seien, wie Rosa Luxemburg schrieb, nicht aus der Welt zu schaffen, solange es den Kapitalismus gebe, sondern könnten nur durch die sozialistische Revolution verhindert werden; die wichtigste Aufgabe sei es zur Zeit, das Proletariat aus der geistigen Abhängigkeit von der Bourgeoisie zu befreien, einer Abhängigkeit, in welche es durch versöhnlerische Führer hineingeraten sei. Diese Broschüre, die im folgenden Jahr unter dem Titel »Die Krise der Sozialdemokratie« erschien (und allgemein »Juniusbroschüre« benannt wird), wurde zur ideologischen Grundlage einer neuen politischen Formation, des Spartakusbundes, der Anfang 1916 entstand und aus dem später die Kommunistische Partei Deutschlands wurde. Der Spartakus verband sich, ohne aber seine Eigenständigkeit einzubüßen, mit der sozialdemokratischen

Linken, die sich als Unabhängige Sozialdemokratische Partei Deutschlands (USPD) formierte (nach dem Kriege löste sich diese Partei auf, wobei ein Teil zur KPD überging, während ein anderer Teil zu der wiedererstarkten Sozialdemokratie zurückkehrte).

Nach der Entlassung aus dem Gefängnis im Februar 1916 erfreute sich Rosa Luxemburg knappe vier Monate der Freiheit, da sie wegen Beteiligung an einer Antikriegsdemonstration erneut verhaftet wurde und bis Kriegsende, bis zum 8. 11. 1918, hinter Gittern saß. Im Gefängnis verfaßte sie eine Erwiderung auf die Kritiken, die gegen ihre »Akkumulation des Kapitals« erschienen (»Antikritik«), sowie eine kritische Analyse der Oktoberrevolution. Diesen letzteren Text, der übrigens keine endgültige Fassung darstellte, veröffentlichte Rosa Luxemburg nicht; er erschien 1922 unter dem Titel »Die Russische Revolution«, herausgegeben von ihrem Freund Paul Levi, einem früheren Spartakuskämpfer und ehemaligen KPD-Führer, der jedoch aus der Partei ausgestoßen wurde und später zur Sozialdemokratie zurückkehrte. Diese Broschüre enthält, auch wenn sie die Revolution in Rußland als Ankündigung einer baldigen internationalen Umwälzung begrüßt, eine scharfe Kritik an der Politik der Bolschewiki in der Bauernfrage, der nationalen Frage und vor allem in der Frage der despotischen Formen der Machtausübung und der Liquidation aller demokratischen Freiheiten. Sie wurde später zum Hauptanlaß der Angriffe auf Rosa Luxemburg von seiten der Stalinisten (die sie im übrigen nie zitiert haben). Vor dem Zweiten Weltkrieg wurde dieser Text allerdings kaum bekannt, und erst später wurde er in andere Sprachen übersetzt.

Die Revolution in Deutschland brachte Rosa Luxemburg die Freiheit wieder, von der sie jedoch nicht lange Gebrauch machen sollte. Sie gab sich der Illusion hin, daß mit der nächsten, sozialistischen Etappe der Umwälzung gerechnet werden könne, doch der Versuch des schwachen und kaum in den Arbeitermassen verankerten Spartakus, in Deutschland einen Aufstand anzuzetteln, endete mit einer Niederlage. Während des Aufstands bildete sich der Spartakus zur Kommunistischen Partei Deutschlands um. Aus den deutschen Arbeiter- und Soldatenräten ging eine sozialdemokratische Regierung hervor. In der Nacht vom 15. auf den 16. Januar 1919 wurden die beiden bedeutendsten kommunistischen Führer, Rosa Luxemburg und Karl Liebknecht, von Soldaten, die im Dienst der Regierung standen, ermordet. Zwei Monate später fiel Leon Tyszka-Jogiches einem ähnlichen Mordanschlag zum Opfer. Postum erschienen die Vorlesungen zur politischen Ökonomie, die Rosa Luxemburg an der Parteischule gehalten und im Gefängnis überarbeitet hatte (»Einführung in die Nationalökonomie«, Berlin 1925).

2. Die Akkumulationstheorie und der unvermeidliche Zusammenbruch des Kapitalismus

Obwohl das theoretische Hauptwerk Rosa Luxemburgs erst 1913 erschien, lassen sich doch seine Hauptgedanken in vielen früheren Texten finden (u. a. in »Sozialreform oder Revolution?«), und die spezifischen Merkmale der theoretischen und politischen Schriften der Autorin sind überwiegend von ihrer Akkumulationstheorie logisch abhängig. Deshalb ist es angebracht, in der Darstellung des »Luxemburgismus« mit dieser Theorie zu beginnen.

Im allgemeinen wird die in der »Akkumulation des Kapitals« dargelegte Doktrin stereotyp als Theorie vom »automatischen Zusammenbruch des Kapitalismus« bezeichnet. Diese Bezeichnung, die von den in der Hauptsache leninistisch-stalinistischen Gegnern Rosa Luxemburgs geprägt wurde, kommt nicht nur nirgendwo in ihren Schriften vor, sondern ist auch irreführend, denn sie suggeriert, daß der Kapitalismus dieser Doktrin zufolge von selbst untergehen wird, aufgrund eigener Widersprüche und unabhängig vom politischen Kampf des Proletariats. Das hat Rosa Luxemburg jedoch nie behauptet. Sie war im Gegenteil zutiefst davon überzeugt, daß der Kapitalismus lange vor der Erschöpfung seiner ökonomischen Möglichkeiten infolge der siegreichen Arbeiterrevolution untergehen werde. Sie versuchte hingegen zu beweisen, daß das kapitalistische System aufgrund seiner eigenen Natur nur so lange funktionieren könne, wie es über einen (inneren oder äußeren) nichtkapitalistischen Markt verfüge, daß es aber, weil es aufgrund einer ebenso naturgesetzlichen Notwendigkeit die nichtkapitalistische Umwelt ruiniere, selbst die Bedingungen seines ökonomisch unausweichlichen Untergangs schaffe; ein hypothetischer »reiner Kapitalismus« im Weltmaßstab sei unmöglich; würde die Entwicklung der kapitalistischen Wirtschaft dieses Stadium erreichen, so würde der Kapitalismus zu bestehen aufhören.

Nun glaubte Marx zwar, daß der Kapitalismus sich aufgrund seiner Widersprüche, die vor allem mit der Konzentration des Kapitals und der Verelendung der Arbeiterklasse zusammenhängen, selbst zugrunde richten werde, beschrieb aber nirgendwo die exakten Bedingungen, die erfüllt sein müßten, damit der Kapitalismus *ökonomisch unmöglich* würde. Rosa Luxemburg wollte eben diese Bedingungen präzisieren, indem sie die Ausführungen von Marx teils ergänzte, teils kritisierte.

Ausgangspunkt der Akkumulationstheorie sind die im zweiten Band des »Kapital« erläuterten Schemata der kapitalistischen Reproduktion. Es handelt sich dabei um den Text von Marx, der am wenigsten gelesen wird und dessen Lektüre die größte Mühe bereitet; für Rosa Luxemburg war seine Problematik jedoch von grundlegender Bedeutung für die

Klärung der Frage, die nach ihrer Ansicht über den Wert des wissenschaftlichen Sozialismus insgesamt entscheidet: Warum ist der Kapitalismus aus ökonomischen Gründen zum Untergang verurteilt? Oder anders: Kann sich die erweiterte Reproduktion in der kapitalistischen Wirtschaft (theoretisch) unbegrenzt entfalten? Sie stellte dazu die folgende Überlegung an:

Nach Marx enthält der Wert jeder Ware drei Bestandteile, ausgedrückt durch die Formel c + v + m. In dieser Formel bedeutet »c« (konstantes Kapital) den Wert der im Produktionsprozeß verbrauchten und auf die Ware übertragenen Produktionsmittel (Rohstoffe und Maschinen); »v« bezeichnet das variable Kapital, d. h. die Arbeitslöhne; »m« ist der Mehrwert, anders gesagt, der aus dem unbezahlten Teil der Lohnarbeit stammende Wertzuwachs. Im Unterschied zu früheren Gesellschaftsformationen, in denen die Reproduktion von den gesellschaftlichen Bedürfnissen bestimmt war, geht es dem Kapitalismus ausschließlich um die maximale Steigerung des Mehrwerts, und deshalb tendiert er zu einer unaufhörlichen, von dem Ausmaß der Bedürfnisse unabhängigen Erweiterung der Produktion. Die Akkumulation, also die Umwandlung des erzeugten Mehrwerts in neues tätiges Kapital, liegt im Wesen der kapitalistischen Produktionsweise begründet. Bedingung der erweiterten Reproduktion ist jedoch die Realisierung der produzierten Waren in Geldform; die zusätzlichen Massen von Waren müssen somit einen Platz auf dem Markt finden, worauf wiederum der einzelne Kapitalist keinen großen Einfluß hat. Nehmen wir an, die jährliche Produktion äußere sich in den folgenden Proportionen:

$$40c + 10v + 10m = 60$$

In diesem Fall ist das konstante Kapital viermal so groß wie das variable, und die Mehrwertrate oder Ausbeutungsrate beträgt 100 Prozent. Der Wert der Warenmenge beträgt 60 Einheiten. Wenn der Kapitalist 5 m, die Hälfte des gewonnenen Mehrwerts, zur Erweiterung der Produktion bestimmt, also dem Kapital hinzufügt, läßt sich die folgende Produktionsperiode durch die Formel ausdrücken:

$$44c + 11v + 11m = 66$$

Dieser Prozeß kann sich so lange fortsetzen, wie der Kapitalist nicht nur Produktionsmittel und Arbeitskraft im Überfluß findet, sondern auch Absatzmöglichkeiten für seine Waren. Deshalb ist das Geld, das unter Bedingungen der einfachen Reproduktion nur die Rolle des Vermittlers im Warentausch spielt, im Kapitalismus selbst ein Element der Zirkulation des Kapitals: Damit die Akkumulation möglich ist, *muß* der Mehrwert Geldform annehmen. Zudem hat der Kapitalismus die naturwüchsige Tendenz, den Arbeitslohn zum Existenzminimum hinabzudrücken, und deshalb zeigt m die Tendenz, auf Kosten von v zu wachsen. Wenn wir nach Marx die gesamte gesellschaftliche Produktion in zwei

Abteilungen einteilen: I – Produktion der Produktionsmittel, und II – Produktion der Konsumtionsmittel, so bemerken wir, daß sie voneinander abhängen, also bestimmte Proportionen erfüllen müssen, damit der Produktionsprozeß sich harmonisch vollzieht. Abteilung I erzeugt die Produktionsmittel für die beiden Abteilungen I und II, Abteilung II dagegen die Lebensmittel für die Arbeiter und die Kapitalisten beider Abteilungen. Die Notwendigkeit entsprechender Proportionen macht das folgende Schema deutlich:

$$\text{Abteilung I } 4000c + 1000v + 1000m = 6000$$
$$\text{Abteilung II } 2000c + 500v + 500m = 3000$$

Damit die einfache Reproduktion erfolgen kann, muß der Wert der Produkte von Abteilung I, also 6000, dem zusammengefaßten Wert von I 4000c + II 2000c (konstante Kapitale beider Abteilungen) gleichen, während der Wert der Produktion von Abteilung II, also 3000, dem zusammengefaßten Einkommen der Arbeiter und Kapitalisten beider Abteilungen gleichen muß, d. h. I 1000v + I 1000m + II 500v + II 500m, wie es in dem angeführten Schema der Fall ist. Dieses Schema entspricht aber nicht der kapitalistischen Wirklichkeit, in der die erweiterte Reproduktion die Regel ist, d. h. die Kapitalisierung eines Teiles von m beider Abteilungen. Bei dem folgenden Schema

$$\text{Abteilung I } 4000c + 1000v + 1000m = 6000$$
$$\text{Abteilung II } 1500c + 750v + 750m = 3000$$

sehen wir, daß der Wert der erzeugten Produktionsmittel (6000) den Wert jener Produktionsmittel, die in der vorliegenden Produktionsperiode verbraucht wurden (I 4000c + II 1500c) um 500 übersteigt, während der Wert der Konsumtionsmittel (3000) um 500 kleiner ist als die zusammengenommene Masse der Einkommen von Kapitalisten und Arbeitern in beiden Abteilungen (I 1000v + I 1000m + II 750v + II 750m). Die Anwendung dieses nichtkonsumierten Teils in einer neuen Produktionsperiode (unter Wahrung der bisherigen Proportionen zwischen I und II) bewirkt eine entsprechende Zunahme aller Werteelemente der Warenmasse. Das setzt jedoch die vorherige Umwandlung der Waren in Geldform voraus. Die Bedingung der Akkumulation ist eine sich erweiternde Nachfrage nach den produzierten Waren, und die Frage ist eben die: Woher kommt diese Nachfrage? Die Industrie kann sich nicht unbegrenzt einen eigenen Markt schaffen, am Ende muß die Produktion konsumiert werden. Auch durch eine Bevölkerungszunahme wird das Nachfrageproblem nicht gelöst, denn eine zahlenmäßige Zunahme der Kapitalistenklasse ist bereits in der absoluten Größe des konsumierten Teils des Mehrwerts enthalten, während der Konsum der Arbeiterklasse auf alle Fälle in den Arbeitslöhnen enthalten ist. Die unproduktiven Schichten wiederum – etwa die Grundeigentümer, der Beamtenapparat, das Militär, die freien Berufe – werden entweder aus dem Mehrwert oder aus Arbeitslöhnen unterhalten. Der Außenhandel bietet ebenfalls keine Lösung, denn die Analyse der erweiterten Reproduktion bezieht sich auf den kapitalistischen Weltmarkt, für den alle Länder ein innerer Markt sind. Mit anderen Worten: Damit der Mehrwert beider Produktionsabteilungen sich in Geldform realisiert, *muß es einen Absatzmarkt außerhalb beider Abteilungen geben*, und dieser Absatz muß entsprechend der Akkumulationsrate wachsen.

Marx ist nach Ansicht Rosa Luxemburgs mit diesem Problem nicht fertig geworden. Er glaubte, die Kapitalisten schüfen sich einen eigenen Markt, indem sie einander die Produktionsmittel verkaufen. Sie können jedoch nicht endlos einen wachsenden Mehrwert realisieren, wenn sich nicht der Zuwachs des Konsums erhöht; auch die Arbeiterklasse kann für diese Realisierung nicht sorgen, da sie nicht mehr zur Verfügung hat als die in der Gleichung schon berücksichtigten Arbeitslöhne. Gewiß behauptete Marx nie, daß die Akkumulation unbegrenzt möglich sei, seine Schemata sollen nur die Proportionen zwischen der Akkumulation beider Abteilungen und ihre wechselseitige Abhängigkeit deutlich machen. Weil er aber auf die grundlegende Frage: Für wen erfolgt die erweiterte Reproduktion? keine Antwort gab, lassen sich seine Schemata so interpretieren, als könne allein die Produktion den gesamten Mehrwertzuwachs absorbieren (die Industrie von Abteilung I erweitert sich, um die wachsende Arbeiterarmee beider Abteilungen zu unterhalten). So kommen die russischen Marxisten Struve, Bulgakow und Tugan-Baranowski gerade aufgrund der Marxschen Reproduktionsschemata zu dem Schluß, die kapitalistische Akkumulation ließe sich unbegrenzt ausdehnen. Wenn man das jedoch anerkennt, gibt man damit die Idee des wissenschaftlichen Sozialismus auf. Denn wenn die Akkumulation innerhalb der kapitalistischen Produktionsweise keine Grenzen hat, heißt das, daß der Kapitalismus ökonomisch unbesiegbar ist, daß er unbegrenzt den wirtschaftlichen und technischen Fortschritt vorantreiben kann, anders gesagt, daß der Sozialismus keine historische Notwendigkeit ist und der Sturz des Kapitalismus sich nicht ökonomisch begründen läßt. (Der Gedanke, daß der Kapitalismus aufgrund des Sinkens der Profitrate zusammenbrechen werde, erscheint Rosa Luxemburg geradezu lächerlich – sie kann sich nicht vorstellen, durch welchen Mechanismus er zusammenbrechen sollte – um so mehr, als die sinkende Tendenz der Profitrate ohne weiteres mit einem Anwachsen der absoluten Profitmasse einhergehen kann; es ist kaum anzunehmen, daß die Kapitalisten eines Tages die Produktion aufgeben könnten, weil sie die Profitrate für unzureichend halten, obwohl die tatsächliche Profitmasse wächst.)

Nach Rosa Luxemburg hat Marx also im Grunde bei seiner Analyse die Frage übersehen, die über Sein oder Nichtsein des wissenschaftlichen Sozialismus entscheidet – die Frage, aufgrund welcher Mechanismen der

Kapitalismus ökonomisch zum Untergang verurteilt ist. Er schrieb zwar, das Anwachsen der Produktivkräfte werde immer stärker in Widerspruch zu den begrenzten Konsumtionsmöglichkeiten geraten, doch machen seine Schemata der erweiterten Reproduktion die Widersprüche zwischen der Erzeugung des Mehrwerts und seiner Realisierung überhaupt nicht deutlich. Dabei nehmen diese Schemata an, daß die Kapitalisten und die Arbeiter die einzigen Konsumenten sind, sie setzen also – für theoretische Zwecke – eine fiktive Gesellschaft voraus, die ausschließlich aus Kapitalisten und Arbeitern besteht, also gerade einen »reinen« Kapitalismus. Nun ist diese theoretische Fiktion in der Analyse des Einzelkapitals zulässig, nicht aber, wie Rosa Luxemburg meint, beim Gesamtkapital, weil sich dann nicht mehr die grundlegende Tatsache verdeutlichen läßt, daß die erweiterte Reproduktion sich noch immer unter Bedingungen eines vorhandenen nichtkapitalistischen Marktes vollzieht und daß gerade die gesellschaftlichen Klassen und Länder, die außerhalb der kapitalistischen Produktion leben, für den Kapitalismus notwendige Abnehmer seiner Produktionsüberschüsse sind, und zwar sowohl aus Abteilung I wie aus Abteilung II. Der Mehrwert muß sich außerhalb des Bereichs der kapitalistischen Produktion realisieren, im vorkapitalistischen Milieu (in unterentwickelten Ländern, unter Bauern und Handwerkern); der reife Kapitalismus ist auf die Existenz von nichtkapitalistischen Schichten und Völkern angewiesen. Doch die Expansion des Kapitalismus beseitigt allmählich und unaufhaltsam die vorkapitalistischen Wirtschaftsformen, die sie sich einverleibt, indem sie die kleinen Produzenten in Handwerk und Landwirtschaft vernichtet. Deshalb bereitet der Kapitalismus ungewollt seinen eigenen Untergang vor: Er verdrängt die nichtkapitalistischen Produktionsformen, von denen seine Existenz abhängt. Falls der Kapitalismus sein Ziel – die völlige Umwandlung der Produktion nach seinem eigenen Muster – erreicht, wird die Akkumulation unmöglich, der Kapitalismus stößt an seine Grenze, er ist eine ökonomische Unmöglichkeit. Ein »reiner Kapitalismus« ist nicht lebensfähig. Noch gibt es in der Welt weite Gebiete, die auf nichtkapitalistische Weise produzieren, und der Kampf um die Annexion dieser Gebiete als Rohstoffquellen, als Reservoir billiger Arbeitskraft und vor allem als Absatzmärkte äußert sich politisch als Imperialismus. Noch gibt es Expansionsmöglichkeiten, die aber sehr rasch schrumpfen. Durch die Kriege, die er um Absatzmärkte führt, verdrängt der Kapitalismus allmählich sämtliche Überreste einer vorkapitalistischen Welt, die die Bedingung seiner Existenz sind.

Bemerkenswert ist, daß Rosa Luxemburg, auch wenn es ihre Absicht war, definitiv die ökonomische Unvermeidlichkeit des Sturzes des Kapitalismus zu begründen, mit ihrer Theorie völlig allein stand und daß im Grunde keiner der marxistischen Theoretiker, die wie sie an die historische Notwendigkeit des Sozialismus glaubten, sich ihre Überlegungen zu eigen machte, ja, daß die bedeutendsten darunter sich gegen sie stellten (Hilferding, Kautsky, Gustav Eckstein, Otto Bauer, Anton Pannekoek, Tugan-Baranowski, Lenin). Tugan-Baranowski meint, gerade der menschenfeindliche Charakter der kapitalistischen Produktion, nämlich die Tatsache, daß die Produktionssteigerung in diesem System ein Selbstzweck ist und nicht ein Mittel zur Befriedigung gesellschaftlicher Bedürfnisse, gerade diese Tatsache bewirke, daß die Akkumulation sich unbegrenzt fortsetzen könne, da die Industrie imstande sei, sich einen Absatzmarkt zu sichern, indem sie die Produktion endlos erweitere und zu diesem Zweck immer größere Mengen von Produktionsmitteln absorbiere, was wiederum die Beschäftigung von immer größeren Massen von Arbeitern erfordere usw. Natürlich bestritt niemand die offensichtlichen Absatzschwierigkeiten, auf welche die kapitalistische Produktion unablässig stößt und die sich in Überproduktionskrisen, in räuberischer Konkurrenz, im Kampf um Märkte, in imperialistischen Kriegen und im Anwachsen des Militarismus äußern; dabei erfüllt der letztere eine doppelte Funktion: Er ist nicht nur ein Mittel der Kriegführung, mit der sich die einzelnen nationalen Kapitalismen Absatzmärkte zu sichern suchen, sondern zugleich ein bedeutender Akkumulationsbereich. Dennoch waren die marxistischen Kritiker überwiegend der Ansicht, daß man, auch wenn der Kapitalismus letzten Endes an seinen sich häufenden Widersprüchen zerbrechen werde, unmöglich genau die ökonomische Situation angeben könne, in der das geschehen muß. Sie sahen in der Kapitalkonzentration, der Verelendung der Arbeiterklasse und dem Verschwinden der Mittelklasse wesentlichere Elemente der selbstzerstörerischen Tendenz der kapitalistischen Wirtschaft als in der unzureichenden Nachfrage, mit welcher der Kapitalismus trotz aller Schwierigkeiten und Krisen durch verschiedene Mittel fertig werde. Die leninistischen Kritiker Rosa Luxemburgs hielten die Akkumulationstheorie gerade deshalb für verdächtig, weil sie in ihr den Ausdruck der Hoffnung auf den automatischen Zusammenbruch des Kapitalismus sahen, also eine Lehre, die eine abwartende Haltung rechtfertigt (unabhängig von der politischen Aktivität des Proletariats ist der Untergang des Kapitalismus allein schon durch seine Expansion »so oder so« entschieden) und die Partei eher demobilisiert, statt sie zu revolutionärer Tätigkeit zu bewegen. Eine solche Konsequenz hat Rosa Luxemburg jedoch nie aus ihrer Theorie gezogen. Außerdem wurde ihr vorgeworfen, sie unterschätze die Möglichkeit einer auf Rüstungsindustrie und militärische Expansion gestützten erweiterten Reproduktion, und die weitere Entwicklung des Kapitalismus hat in der Tat bestätigt, wie richtig diese Kritik war.

Überhaupt scheint die Akkumulationstheorie gewisse Annahmen

über die kapitalistische Wirtschaft zu enthalten, die entweder durch den weiteren Gang der Ereignisse überholt wurden oder sich auf irreale Situationen beziehen.

Rosa Luxemburg weist wiederholt darauf hin, daß sie den Kapitalismus in ihrer Analyse als globales System betrachtet, als einen einzigen, die ganze Welt umspannenden Markt; gerade deshalb lehnt sie alle Korrekturen am Bild des Kapitalismus ab, die durch Berücksichtigung des äußeren Marktes eventuell möglich wären: Der Kapitalismus in einem Land kann sich retten, solange er über ein Expansionsgebiet in Gestalt nichtkapitalistischer Länder verfügt, aber wenn die ganze Welt von einem einzigen System beherrscht ist, gibt es keine äußeren Märkte mehr. Es reicht bei dieser Überlegung – wenn sich die Vision eines »reinen Kapitalismus« erfüllen soll – allerdings nicht aus, daß die kapitalistische Produktionsweise alle Länder erfaßt. Außerdem muß die gesamte Weltproduktion die gleiche Profitrate aufweisen, denn nach den Schemata von Rosa Luxemburg kann die kapitalistische Expansion der entwickelten Länder sich nur in Gebieten vollziehen, die, auch wenn sie schon von der kapitalistischen Produktion erfaßt wurden, dennoch wegen ihrer Zurückgebliebenheit eine bedeutend höhere Profitrate aufweisen als die führenden Länder. Das Schema Rosa Luxemburgs setzt mit anderen Worten eine Welt voraus, in der es hinsichtlich des wirtschaftlichen Entwicklungsstandes zwischen dem Kongo und den Vereinigten Staaten keinen Unterschied mehr gibt. Mit einiger Phantasie kann man Betrachtungen über eine derart vollkommen vereinheitlichte Welt anstellen, man kann aber kaum sagen, daß die Vision einer solchen Welt Grundlagen für reale Vorhersagen bietet. Diese Perspektive weicht von der Realität in einem Maße ab und ist mit dem tatsächlichen Entwicklungsprozeß derart unvereinbar (gegenwärtig vergrößert sich der Abstand zwischen den hochentwickelten und den unterentwickelten Ländern, statt kleiner zu werden), daß die Behauptung, der Kapitalismus werde verschwinden, wenn diese Perspektive sich erfülle, nicht weniger willkürlich ist als beispielsweise die Vermutung, der Kapitalismus könne sich mit einfacher Reproduktion begnügen und sich am Leben erhalten, falls tatsächlich eine mangelnde Nachfrage die erweiterte Reproduktion unmöglich machen sollte. Rosa Luxemburg macht sich lustig über diejenigen, die der Ansicht sind, das Sinken der Profitrate werde zum Zusammenbruch des Kapitalismus führen, denn der Mechanismus eines solchen Zusammenbruchs sei, wie sie schreibt, unvorstellbar: ob sich die Kapitalisten, durch die niedrige Profitrate entmutigt, vielleicht eines Tages aufhängen würden? Sie bemerkt allerdings nicht, daß der gleiche Vorwurf auch ihrer Theorie gemacht werden kann und daß ein Kritiker genauso fragen könnte, ob die Kapitalisten in dem Falle, daß sie die Produktion nicht mehr erweitern können, sich nicht lieber aufhängen werden, statt sich mit den Profiten aus der einfachen Reproduktion zu begnügen. Es gibt darauf selbstverständlich eine Antwort, die mit der Marxschen Lehre im Einklang ist: Das Streben nach erweiterter Reproduktion liegt »im Wesen« des Kapitalismus. Nun kann man aber, sofern das »Wesen« keine rein metaphysische Größe ist, fragen, ob nicht der Kapitalismus fähig ist, in diesem Punkte sein Wesen zu verändern, wenn er andernfalls untergehen müßte. Eine solche Vermutung ist nicht weniger phantastisch als die Vorstellung einer Welt, in der alle technischen, industriellen und zivilisatorischen Unterschiede zwischen sämtlichen Ländern verschwunden sind – und gerade eine solche Welt ist Gegenstand der Überlegungen von Rosa Luxemburg.

Aus heutiger Sicht erkennt man, wie sehr sich die Akkumulationstheorie Rosa Luxemburgs auf falsche Prognosen über die Entwicklung des Kapitalismus stützte, allerdings waren diese Prognosen – im Unterschied zu ihrer Theorie vom Sturz des Kapitalismus – nicht ausschließlich ihr Eigentum, sondern sie teilte sie mit der Mehrheit der damaligen Marxisten. Die Akkumulationstheorie ging von einer wachsenden Polarisierung der Klassen im Kapitalismus und vom allmählichen Heranrücken eines Zustands aus, in dem die Gesellschaft nur noch aus Kapitalisten und Arbeitern bestehen würde. In Wirklichkeit hat sich die Entwicklung bekanntlich anders vollzogen, nicht nur in dem Sinne, daß die kleinen Unternehmer nicht untergegangen sind, sondern vor allem in dem Sinne, daß der Anteil der Arbeiterklasse an der Gesamtbevölkerung in den am höchsten entwickelten Ländern eine sinkende Tendenz hat, während der Bevölkerungsanteil jener, die Marx zu den »unproduktiven« Beschäftigungen zählte (Dienstleistungen, Handel, Verwaltung, Bildung), gewaltig zunahm. Das Problem des unproduktiven Bevölkerungsteils tut Rosa Luxemburg mit der Bemerkung ab, diese Schichten würden entweder aus dem nichtkapitalisierten Teil des Mehrwerts oder aus Arbeitslöhnen bezahlt; es würde aber stets ein Teil des Mehrwerts übrigbleiben, der in Kapital verwandelt wird und so für eine Produktionssteigerung im folgenden Zyklus sorgt. Nun ist aber nicht ersichtlich, weshalb der wachsende Konsum dieser Schichten für die Realisierung des Mehrwerts ohne Bedeutung sein sollte, selbst wenn man die (immer zweifelhaftere) Unterscheidung Marxens in produktive und unproduktive Tätigkeiten übernimmt und unterstellt, die letzteren würden »letzten Endes« aus dem von der Arbeiterklasse produzierten Mehrwert bezahlt.

Die dritte falsche Annahme der Akkumulationstheorie ist die Prognose, die Arbeitslöhne in der kapitalistischen Gesellschaft würden stets nahe beim Existenzminimum liegen, weil die alles beherrschenden Gesetze zwar vorübergehend in ihren Auswirkungen gemildert werden könnten, sich aber »letzten Endes« stets als stärker erweisen würden als der Widerstand der Arbeiterklasse, weshalb eine wesentliche Steigerung des Konsums der arbeitenden Bevölkerung unwahrscheinlich sei.

Viertens hält Rosa Luxemburg es schließlich für ausgeschlossen, daß der Staat unter bürgerlicher Herrschaft in nennenswertem Umfang die Akkumulationsprozesse regeln könne. Die Entwicklung des Kapitalismus zeigte jedoch etwas anderes. Selbst wenn man im Einklang mit der Marxschen Theorie den Staat insgesamt als politische Repräsentation des Gesamtkapitals auffaßt, ist, wie sich gezeigt hat, der kapitalistische Staat fähig, als Organisator aufzutreten, der mit wirtschaftlichen und gesetzlichen Mitteln die Aufteilung der Investitionsmittel beeinflußt und – sei es auch nur auf politischen Druck hin – den inneren Markt zu erweitern vermag und so in einem gewissen Umfang einen sozialistischen Grundsatz verwirklicht, indem er die Reproduktionsprozesse in einer dem gesellschaftlichen Bedarf entsprechenden Richtung beeinflußt, und nicht nur in dem Sinne, daß der »Heißhunger nach Mehrwert«, der einzige Motor der kapitalistischen Produktion, befriedigt wird.

Aus den genannten Gründen kann die beim Wort genommene Akkumulationstheorie Rosa Luxemburgs weder als Erklärung noch als Prognose der wirtschaftlichen Entwicklung des Kapitalismus dienen.

Das heißt nicht, daß ihr Werk keine Spuren hinterlassen hätte. Beim Vergleich zwischen zwei entgegengesetzten Reproduktionstheorien – der von Rosa Luxemburg und der Tugan-Baranowskis – stellt Michał Kalecki (in dem Sammelband »Wokół ekonomicznych teorii Kapitału«, Warschau 1967) fest, daß beide Theorien falsch gewesen seien, jede aber dazu beigetragen habe, gewisse Eigentümlichkeiten der Dynamik des Wirtschaftswachstums im Kapitalismus ins rechte Licht zu rücken. Nach Tugan-Baranowski hat der Kapitalismus keine bestimmten Schranken in Gestalt begrenzter Absatzmärkte, und er kann sein Produkt bei jedem beliebigen Konsumniveau realisieren, wenn nur die Proportionen zwischen Konsumtion und Investitionen gewahrt bleiben; im Kapitalismus ist eine Produktion, die allein auf einen weiteren Anstieg der Produktion abzielt, keineswegs Unsinn, im Gegenteil, die Absurdität des Kapitalismus – eine von den Bedürfnissen unabhängige Produktion – ist seine Stärke. Kalecki zufolge bemerkt Tugan-Baranowski jedoch nicht, daß ein völlig vom Konsumniveau unabhängiges System überaus instabil wäre, weil jeder Investitionsrückgang in ihm zu einer sinkenden Ausnutzung des bestehenden Produktionsapparats führen würde, dadurch zu einem weiteren Rückgang der Investitionen, so daß ein sich selbst antreibender Zerfallsmechanismus in Gang käme. Andererseits ist die Theorie Rosa Luxemburgs, welche die erweiterte Reproduktion ganz von nichtkapitalistischen Märkten abhängig macht, im Lichte heutiger Erfahrungen falsch, denn es hat sich gezeigt, daß der Staat in Gestalt der Rüstungsproduktion einen gewaltigen, zuweilen für die wirtschaftliche Dynamik entscheidenden Markt schaffen kann. Außerdem war Rosa Luxemburg irrtümlich der Ansicht, daß der gesamte Export auf nichtkapitalistische Märkte die Realisierung der Produktionsüberschüsse beeinflusse, während in Wirklichkeit nur der Überschuß des Exports gegenüber dem Import zählt (auch importierte Güter verschlingen Kaufkraft); zudem trägt in erster Linie nicht der Warenexport, sondern der Kapitalexport zur Realisierung des Produkts bei. In einem eingeschränkten Sinne ergänzen aber die beiden Theorien einander: Die eine macht die Absurdität eines Systems deutlich, das sein Überleben allein dadurch sichert, daß es nicht für menschliche Bedürfnisse, sondern für Profit produziert, die andere enthüllt die Bedeutung der äußeren Märkte in der Dynamik des kapitalistischen Wachstums. Keine von ihnen kann aber als hinreichende Erklärung des Prozesses der erweiterten Reproduktion gelten.

Für Rosa Luxemburg war aber die Akkumulationstheorie von grundlegender Bedeutung nicht nur als einzig mögliche wissenschaftliche Legitimation der Marxschen Theorie, die den unvermeidlichen Untergang des Kapitalismus vorhersagt, sondern auch als ideologische Waffe. Sie begründete die Überzeugung, daß die Kapitalisten, was immer sie auch tun mögen, die endgültige Niederlage ihrer Klasse nicht abzuwenden vermögen, daß alle menschlichen Kräfte nicht imstande sind, den Sturz des Kapitalismus und damit, wie sie im Einklang mit allen Marxisten glaubte, den Sieg der sozialistischen Gesellschaftsform zu verhindern.

Die Grundlage dieses in der Akkumulationstheorie rationalisierten Glaubens war, wie es scheint, ein allgemeinerer Glaube, der das gesamte Denken Rosa Luxemburgs beherrscht. Gemeint ist die unverbrüchliche, doktrinäre Überzeugung von ehernen Gesetzen der Geschichte, die keine menschliche Kraft zu ändern oder abzuwenden vermag. Gewiß gehört der Glaube an historische Gesetze zu den klassischen Themen des Marxismus, und alle damaligen Marxisten bekannten sich zu ihm, wenn auch nicht alle im gleichen Maße. Die meisten milderten die entschiedene und wortwörtliche Geltung des historischen Determinismus durch verschiedene Einschränkungen ab, sei es, daß sie sich auf Formeln von Engels über die »relative Unabhängigkeit des Überbaus« beriefen, sei es, daß sie – wie Lenin – besonders die Funktion »subjektiver« Umstände, also des organisierten Willens bei der Beschleunigung gesellschaftlicher Veränderungen hervorhoben, sei es schließlich, daß sie – dem gesunden Menschenverstand entsprechend – auf zahlreiche gesellschaftliche Konflikte hinwiesen, die sich mit der allgemeinen Formel von »Widersprüchen des Kapitalismus« nicht fassen lassen, aber die historischen Prozesse wesentlich beeinflussen. Rosa Luxemburgs Wunsch war es dagegen, einen einzigen Schlüssel zu besitzen, mit dem alle Rätsel der Geschichte sich lösen lassen, und sie glaubte, daß die Marxsche Analyse der kapitalistischen Dynamik diesen Schlüssel enthalte, zumindest dann, wenn man sie durch eine exakte Analyse der Reproduktionsbedingungen ergänzte. Frappierend ist, daß sie individuellen und selbst kollektiven menschlichen Handlungen, die nicht von vornherein durch »historische Gesetze« festgelegt sind, nicht die geringste Kraft zutraut; diese Ungläubigkeit wird in allen wichtigen Fragen deutlich, in denen sie ihren unter den Anhängern des Marxismus abweichenden Standpunkt hervorhob. So wie keine Anstrengungen der Kapitalisten das blinde Treiben der anarchischen Akkumulation aufhalten können, unter deren Last das ganze System zerbricht, so können auch keine Anstrengungen der organisierten Bewegung künstlich eine Revolution hervorrufen; die Menschen sind Werkzeuge des historischen Prozesses, und ihre Aufgabe besteht darin, diesen Prozeß zu verstehen und bewußt an ihm teilzunehmen. Rein ideologische Phänomene können nicht selbständig den Gang der Geschichte beeinflussen, insbesondere sind nationale Ideologien ohnmächtig in ihren Versuchen, den unverbrüchlichen Gang der Geschichte aufzuhalten, der zur größten Veränderung in der Geschichte führt, zur sozialistischen Weltrevolution.

Aufgrund dieses doktrinären Glaubens war Rosa Luxemburg in vielen Fällen gänzlich blind für die empirischen Realitäten des gesellschaftlichen Lebens, und oft ließ ihre Beurteilung der politischen Situation einen erstaunlichen Mangel an Unterscheidungsvermögen erkennen – sowohl in der nationalen Frage als auch in der Frage der Revolution. Ihr Werk erhält dadurch eine theoretische Geschlossenheit, eine Geschlossenheit jedoch, die sich nur durch extremen Dogmatismus und völliges Verschließen gegen die Tatsachen erreichen läßt.

3. Reform und Revolution

Hätte Rosa Luxemburg tatsächlich an die Theorie des »automatischen Zusammenbruchs des Kapitalismus« in dem Sinne, wie man es ihr fälschlich unterstellt, geglaubt, dann stünde ihr Standpunkt in der Auseinandersetzung um Reform oder Revolution zu jener Hoffnung auf einen »automatischen Zusammenbruch« in krassem Widerspruch. Nach dem Verständnis von Rosa Luxemburg soll jedoch die Akkumulationstheorie die – in dieser Formulierung mit der Marxschen Lehre übereinstimmende – Behauptung begründen, daß der Kapitalismus ökonomisch zum Untergang verurteilt ist, das heißt, daß er in einem gewissen Stadium zur Fessel des technischen Fortschritts und des wirtschaftlichen Wachstums wird. Daraus folgt jedoch nicht, daß der Kapitalismus ohne revolutionäre Aktivität zusammenbrechen wird, sondern vielmehr, daß die Entwicklung des Imperialismus eine Situation schafft, in der als unerläßliche Bedingung für die Niederlage des Kapitalismus im Proletariat ein revolutionäres Bewußtsein entstehen muß. Der Ruin des Kapitalismus ist eine historische Notwendigkeit, aber eine historische Notwendigkeit ist ebenfalls die revolutionäre Bewegung, die ihn bewirkt. In dieser Hinsicht unterschied sich Rosa Luxemburg nicht von den anderen Orthodoxen ihrer Zeit.

Die Frage nach dem Sinn und den Perspektiven des »reformistischen« Vorgehens – also des ökonomischen Kampfes der Arbeiter um eine Verbesserung der Arbeitsbedingungen und außerdem des Kampfes um demokratische Verfassungsreformen innerhalb der bürgerlichen Gesellschaft – ist nach ihrer Auffassung entscheidend für die Existenz der sozialistischen Bewegung. Im Grunde wiederholt Rosa Luxemburg, was Marx in diesem Zusammenhang sagte: Der Sinn von Reformen beruht nicht darauf, daß sie der Arbeiterklasse eine unmittelbare Verbesserung ihrer Lage bringen, sondern darauf, daß der Kampf um Reformen für das Proletariat ein Exerzierplatz ist, den es braucht, um sich auf die entscheidende Auseinandersetzung vorzubereiten. Deshalb werden diejenigen, die in den Ergebnissen der Reformen einen eigenständigen Wert, ein Ziel an sich sehen, unvermeidlich die sozialistische Perspektive, das Endziel, aufgeben.

Der Standpunkt, den ein beträchtlicher Teil der Orthodoxen in dieser Frage einnahm, läßt sich folgendermaßen formulieren: Die sozialistische Revolution wird erfolgen, wenn die ökonomischen Bedingungen dafür herangereift sind, einstweilen hat die Bewegung die Aufgabe, um eine Verbesserung der Lage des Proletariats und um demokratische Formen des öffentlichen Lebens zu kämpfen. Was die Reformisten betrifft, so verschoben sie, wenn sie nicht ganz auf die Revolution verzichteten, zumindest verbal die Angelegenheit auf unbestimmte Zeit und auf unbestimmte Gelegenheiten. Es ist wesentlich für den Standpunkt Rosa Luxemburgs (und im übrigen der ganzen Linken der Internationale einschließlich Lenins), daß sie *beide* Standpunkte bekämpfte, auch wenn ihre Opposition gegen die Orthodoxen sich später äußerte und artikulierte. Im Kampf mit Bernstein und jenen Partei- und Gewerkschaftsführern, die ohne entwickelte theoretische Begründung seine praktischen Empfehlungen unterstützten (Georg von Vollmar, Heine, Max Schippel), griff Rosa Luxemburg praktisch nicht nur den »revisionistischen« Reformismus, sondern auch den Reformismus der Orthodoxen an. Tatsache ist nämlich, daß die Reformen *sinnlos* sind, wenn sie nicht *Mittel* zur Eroberung der Macht sind, wenn sie als ein selbständiges, *und sei es auch nur partielles* Ziel aufgefaßt werden, auch wenn man dabei die revolutionäre Perspektive nicht aufgibt. Mehr noch, der »reformistische« Kampf, der sich nicht der Vorbereitung der Revolution unterordnet, ist für das sozialistische Handeln eher ein Hindernis als eine Hilfe, und zwar *unabhängig* von den Resultaten. Der Kampf der Gewerkschaften um bessere Bedingungen für den Verkauf der Arbeitskraft, das Eintreten für soziale Reformen und das Drängen auf demokratische Formen des öffentlichen Lebens sind Aktivitäten, die über das kapitalistische System nicht hinausgehen und als solche keinen eigentlich sozialistischen Sinn haben, sagte Rosa Luxemburg 1898 auf dem Stuttgarter Parteitag. Einen sozialistischen Sinn bekommen sie erst dadurch, daß sie Elemente des Kampfes um das Endziel, also um die Erringung der politischen Macht sind. Deshalb stellt sie der Bernsteinschen Formel »Das Ziel ist nichts, die Bewegung alles« die umgekehrte Formel entgegen: »Die Bewegung als solche ohne Beziehung auf das Endziel, die Bewegung als Selbstzweck ist mir nichts, das Endziel ist uns alles.«[1] Die Orientierung auf sofortige Effekte bringt Reformisten wie Schippel dazu, den Militarismus zu unterstützen, da eine Verstärkung des Heeres und der Rüstungsproduktion die Arbeitslosigkeit verringern und durch eine Vermehrung der Konsumfähigkeit der Gesellschaft Krisen verhindern soll. Eine absurde Theorie, wie Rosa Luxemburg meint. Ökonomisch absurd, weil Krisen nicht durch ein absolut fehlendes Gleichgewicht zwischen Konsumtion und Produktion entstehen, sondern durch die innere Tendenz der Produktion, die Möglichkeiten des Marktes zu überschreiten, und die Kosten der Militarisierung trägt ohnehin die Arbeiterklasse; aber auch eine politisch gefährliche Theorie, weil sie annimmt, daß die Arbeiterklasse auf ihre Hauptziele verzichten könne oder müsse um augenblicklicher Vorteile willen, die sich am Ende gegen sie wenden (Artikel »Miliz und Militarismus« in »Leipziger Volkszeitung«, Februar 1899).

Ganz allgemein wird dieses Problem in der Broschüre »Sozialreform oder Revolution?« dargestellt. Zwischen dem Kampf um Reformen und dem Kampf um die politische Macht gibt es keinen Gegensatz, denn der erstere ist ein Mittel, der letztere das Ziel. Nur das Bewußtsein des Endziels unterscheidet die Sozialdemokratie vom bürgerlichen Reformismus; die Auffassung, daß Reformen ein Selbstzweck seien, bedeutet nicht nur Einverständnis mit dem unbegrenzten Fortbestehen des Kapitalismus, sondern ist auch ein Mittel, den Kapitalismus um den Preis partieller Veränderungen vor dem Untergang zu bewahren. So rechnet z. B. Conrad Schmidt damit, daß der politische und wirtschaftliche Kampf der Arbeiter im Laufe der Zeit zur gesellschaftlichen Kontrolle über die Produktion führen und die Funktionen der Kapitalisten einschränken werde. In Wirklichkeit kann ein Einfluß der Arbeiter auf die Produktion innerhalb der kapitalistischen Wirtschaft nur reaktionären Charakter haben: Entweder richtet er sich gegen den technischen Fortschritt oder gemeinsam mit den Kapitalisten gegen die Konsumenten.

»... im großen und ganzen«, schrieb Rosa Luxemburg im Jahre 1899, »gehen wir nicht Zeiten eines starken Aufschwunges, sondern des Niederganges der gewerkschaftlichen Bewegung entgegen ... Hat die Entwicklung der Industrie ihren Höhepunkt erreicht und beginnt für das Kapital auf dem Weltmarkt der ›absteigende Ast‹, dann wird der gewerkschaftliche Kampf doppelt schwierig: Erstens verschlimmern sich die objektiven Konjunkturen des Marktes für die Arbeitskraft, indem die Nachfrage langsamer, das Angebot aber rascher steigt, als es jetzt der Fall ist; zweitens greift das Kapital selbst, um sich für die Verluste auf dem Weltmarkt zu entschädigen, auf die dem Arbeiter zukommende Portion des Produktes zurück.«[2] Der Staat kann in diese Prozesse nicht anders als im Interesse der Kapitalisten eingreifen, da der Staat eine Organisation dieser Klasse ist und allgemeine Aufgaben nur insofern erfüllt, als sie mit den Interessen der herrschenden Klasse vereinbar sind. Das gilt auch für demokratische politische Institutionen, welche die Bourgeoisie in dem Umfang und so lange aufrechterhält, wie es ihren Interessen dient. Deshalb können Reformen nicht den Kapitalismus stürzen oder schrittweise die Aufgaben der Revolution erfüllen. Sowohl der ökonomische als auch der politische Kampf des Proletariats bereiten nur die *subjektiven* Bedingungen der Revolution vor, während sie im Verständnis Bernsteins *objektiv* zum Sozialismus führen und die Ausbeutung einschränken sollen. Der Sinn dieses Kampfes besteht in der Veränderung des *Bewußtseins* des Proletariats und nicht in der sozialistischen Umgestaltung der Gesellschaft. Unmittelbare Erfolge, die als Selbstzweck aufgefaßt werden, stehen im Widerspruch zum Klassenstandpunkt und erzeugen nur Illusionen, denn »in der kapitalistischen Welt ist und bleibt die Sozialreform stets eine taube Nuß«. Im Gegensatz zur Behauptung Bernsteins gehen die Marxschen Vorhersagen über die Entwicklung des Kapitalismus restlos in Erfüllung. Der Umstand, daß es bislang keine Überproduktionskrisen gibt, spricht keineswegs gegen diese Prognosen und ist kein Zeichen für einen Wandel des Kapitalismus oder seine Anpassungsfähigkeit, da die Krisen, welche Marx unmittelbar kannte, noch nicht die waren, die er vorhersagte – dabei ging es um Krisen des sich entfaltenden Kapitalismus, die Resultate seiner Expansion und nicht seiner Erschöpfung waren; die eigentlichen Überproduktionskrisen stehen erst bevor. Das System des Aktienkapitals ist keineswegs, wie Bernstein meint, eine Erscheinung der Zersplitterung des Kapitals, sondern im Gegenteil eine Form der Kapitalkonzentration und verschärft insofern die Widersprüche des Systems, statt sie zu mildern. Das Proletariat kann die Gesetze der kapitalistischen Wirtschaft nicht ändern oder aufheben, es führt einen defensiven Kampf um den Verkauf der Arbeitskraft unter »normalen Bedingungen«, dieser Kampf ist eine Sysiphusarbeit, obschon er notwendig ist, um einem Absinken des Preises der

Arbeitskraft entgegenzuwirken. Doch ungeachtet aller Anstrengungen muß der Anteil der Arbeiterklasse am gesellschaftlichen Reichtum »mit der Fatalität eines Naturprozesses infolge des Ansteigens der Arbeitsproduktivität« sinken.

Revolution und Reform unterscheiden sich also qualitativ und nicht quantitativ: Die Reform ist nicht eine in die Länge gezogene Revolution, noch ist die Revolution eine zusammengedrängte Reform. Das zu bestreiten hieße zu glauben, daß der Kapitalismus verbessert und nicht gestürzt werden muß und daß der Sturz des Kapitalismus überflüssig ist.

Weil Rosa Luxemburg sich grundsätzlich sträubte, den Reformen einen eigenständigen Sinn zuzuschreiben, und sich vor allzu eindeutigen Erfolgen im ökonomischen Kampf des Proletariats sichtlich fürchtete, neigte sie zu pessimistischen Prognosen und zur Geringschätzung der erreichten Resultate. Für die von ihr bekämpften Revisionisten, ob Bernstein oder David, war England das Musterland eines erfolgreichen Kampfes der Arbeiter. Für Rosa Luxemburg ist die englische Arbeiterbewegung nur das negative Beispiel eines durch seinen zeitweiligen Erfolg korrumpierten Proletariats. In einem Artikel über die englischen Trade Unions (in der »Leipziger Volkszeitung«, Mai 1899) behauptet sie, die englische Gewerkschaftsbewegung habe Erfolge erzielt, weil sie den Klassenstandpunkt aufgegeben und sich aufs Feilschen im Rahmen der kapitalistischen Wirtschaft eingelassen habe. Das britische Proletariat habe den bürgerlichen Standpunkt übernommen und seine klassenmäßigen Ziele um unmittelbarer Vorteile willen geopfert. Dieser Zeitabschnitt gehe aber bereits zu Ende, und der Klassenkampf im eigentlichen, nicht reformistischen Sinne setze erneut ein.

Diese ganze Doktrin stimmt völlig mit der Marxschen Theorie überein, nicht dagegen mit dem berühmten Engelsschen Text, auf den sich die Reformisten beriefen. Auf dem ersten Parteitag der Kommunistischen Partei Deutschlands am 30. 12. 1918 versucht Rosa Luxemburg nicht, Engels im Sinne ihrer eigenen Theorie zu interpretieren, sondern weist seinen reformistischen Standpunkt eindeutig zurück, den er im Vorwort zu den »Klassenkämpfen in Frankreich« dargelegt und, wie sie sagt, auf Drängen Bebels und der sozialdemokratischen Reichstagsfraktion verfaßt habe. Dieser Text habe der sozialistischen Bewegung geschadet, da er all jenen, die sich auf rein parlamentarische Aktionen einstellten und praktisch jede revolutionäre Perspektive aufgaben, als ständiges Alibi gedient habe.

Rosa Luxemburg hat sich nicht im einzelnen überlegt, welches eigentlich die Grundlage der Marxschen Theorie war, derzufolge die Arbeiterklasse aufgrund ihrer Lage ein revolutionäres Bewußtsein hervorbringen *muß* und die revolutionäre Tendenz gewissermaßen virtuell in ihrer gesellschaftlichen Lage enthalten ist. Marx selbst hat diesen Schluß 1843 aus einer rein philosophischen Spekulation gezogen und später nie mehr aufgegeben. Die einzige Grundlage dieses Glaubens war somit die allgemein gehaltene Versicherung, daß sich in der Lage der Arbeiterklasse ein Maximum an Entmenschlichung konzentriere, daß diese Klasse sich *folglich* nicht als partikulare Klasse, sondern nur als universale Bewegung befreien könne, welche der gesamten Menschheit ihre verlorene Menschlichkeit zurückgebe. Diese Schlußfolgerung war jedoch ganz und gar unüberzeugend. Allein aus der Situation der »Entmenschlichung«, der Situation der Unterdrückung und Ausbeutung, in der sich eine Klasse befindet, läßt sich nicht *a priori* folgern, daß sie den Wunsch nach einer allgemeinmenschlichen Revolution hervorbringen *muß* und daß darüber hinaus dieser Wunsch sich erfüllen *muß*, und im Hinblick auf die »Entmenschlichung« unterscheidet sich die Arbeiterklasse nicht von den Sklaven. In späteren Schriften führt Marx andere Begründungen an, die scheinbar empirischer sind: Das kapitalistische System büße rasch seine Fähigkeit ein, den technischen Fortschritt zu fördern, während die Arbeiterklasse die Bewegung auf eine Gesellschaft hin darstelle, die imstande sei, alle gesellschaftlichen Hindernisse, die der technischen Entwicklung im Wege stehen, zu beseitigen und die Produktion den menschlichen Bedürfnissen und nicht der Mehrung des als Selbstzweck aufgefaßten Wertes unterzuordnen. Bei dieser Überlegung werden jedoch gewisse Voraussetzungen gemacht, die keineswegs auf der Hand liegen. Erstens muß angenommen werden, daß die Tendenz zur unaufhörlichen Entwicklung »im Wesen« der Technik selbst liegt, und das heißt, da die technische Entwicklung eine menschliche Tätigkeit ist und Äxte, um mit Lévi-Strauss zu sprechen, keine Äxte hervorbringen, daß die Tendenz zur technischen Vervollkommnung gewissermaßen im menschlichen Wesen liegt. Das hat Marx jedoch nie behauptet, im Gegenteil, er war der Ansicht, daß der Zwang zur technischen Aufwärtsentwicklung im Wesen der kapitalistischen Wirtschaft liegt, während frühere ökonomische Formationen ihn nicht aufwiesen. Geht man nun davon aus, daß seine Analysen des unvermeidlichen Niedergangs der technologischen Effizienz des Kapitalismus zutreffen, dann muß daraus gefolgert werden, daß der Kapitalismus in seiner gegenwärtigen Form, also der technologisch produktive Kapitalismus, irgendwann nicht mehr existieren wird. Daraus folgt nicht, daß sein Erbe die Arbeiterklasse sein muß, und vor allem folgt daraus nicht, daß die Arbeiterklasse vom Kapitalismus die Fähigkeit erbt, den technischen Fortschritt zu fördern, und daß ihr diese Fähigkeit den politischen Sieg garantiert. Ebensogut könnte man annehmen, daß der Kapitalismus unbegrenzt in einer Stagnationsform weiterbestehen oder durch eine andere Gesellschaft ersetzt werden wird, die nicht unbedingt auf einen ständigen Fortschritt der Produktivkräfte ausgerichtet ist, eine Gesellschaft, bei der es sich durchaus nicht um einen Sozialismus im Marxschen Sinne handeln muß.

Allerdings hat Marx es nicht bei dieser Begründung bewenden lassen. Er glaubte darüber hinaus, daß eine wachsende Polarisierung der Klassen, das Verschwinden der Mittelklassen, eine Zunahme der Reservearmee, ein zahlenmäßiges Anwachsen des Proletariats und der Fortschritt seines Klassenbewußtseins historische Voraussetzungen der proletarischen Revolution seien. Diese Voraussetzungen sind jedoch, auch von den Annahmen aus, die Marx selber macht, keineswegs hinreichend, um den Glauben an die Unvermeidlichkeit der proletarischen Revolution zu rechtfertigen. Allein das Elend ist schließlich keine hinreichende Bedingung für eine revolutionäre Tendenz, ebensowenig wie die zahlenmäßige Stärke der ausgebeuteten Klasse, und noch weniger die Tatsache, daß die Gerechtigkeitsidee auf ihrer Seite ist. Ein Anwachsen des revolutionären Bewußtseins wiederum setzt entsprechend der Marxschen Lehre voraus, daß die »objektiven« gesellschaftlichen Verhältnisse selbst auf die Revolution »hinauslaufen«, da das revolutionäre Bewußtsein nicht eine spontan entstehende geistige Erscheinung ist, sondern nur die »Widerspiegelung« einer realen geschichtlichen Tendenz sein kann. Um ein Anwachsen des revolutionären Bewußtseins vorhersagen zu können, müßten wir zunächst nachweisen, daß die sozialistische Umwälzung im Wesen des historischen Prozesses enthalten ist. Gerade das bleibt jedoch nachzuweisen, da eine proletarische Revolution in dem von Marx vorhergesagten Sinne bislang nirgendwo erfolgt ist und es keinen Grund gibt, sie bald oder überhaupt zu erwarten.

Sowohl in den Texten von Marx wie in denen Rosa Luxemburgs ist nicht klar, welche der beiden Behauptungen: »Der Kapitalismus läßt sich nicht reformieren« und »die Arbeiterklasse muß den Kapitalismus auf revolutionärem Wege beseitigen« logischen Vorrang hat. Klar ist, daß sie nicht dasselbe bedeuten, daß sie also entweder unabhängig voneinander begründet werden müssen oder eine von ihnen aus der anderen folgen muß. In den meisten Fällen scheint Rosa Luxemburg, wenn sie die reformistischen Hoffnungen bekämpft, sich auf die »Unreformierbarkeit« des Kapitalismus zu berufen. Die Akkumulationstheorie soll als Beweis dienen, daß der Kapitalismus aus rein ökonomischen Gründen nicht unbegrenzt weiterexistieren kann (was zu beweisen Marx nach ihrer Ansicht nicht gelang). Doch selbst wenn man vermutungshalber annimmt, daß die in der »Akkumulation des Kapitals« dargelegte Theorie richtig ist, ist noch unklar, wie sich aus ihr der Schluß auf die Notwendigkeit der proletarischen Revolution ableiten läßt. Wenn wir annehmen, daß die kapitalistische Formation stürzen wird, weil das Privateigentum an den Produktionsmitteln zu Überproduktion und Kriegen führt, so folgt daraus durchaus nicht, daß die Veränderung der bestehenden Eigentumsform sich gerade auf diesem Wege vollziehen muß. Um genau zu sein: Wahrscheinlich, wenn auch durchaus nicht sicher, ist das nur unter zusätzlichen Prämissen: daß die Gesellschaft sich immer stärker auf eine Situation zubewegt, in der sie nur noch aus der Bourgeoisie und Proletariern besteht; daß die Lage des Proletariats sich nicht wesentlich verbessern läßt; und daß die Bourgeoisie sich naturgemäß allen Anschlägen auf ihre monopolitische Kontrolle über die Produktionsmittel widersetzen muß. Von diesen drei zusätzlichen Prämissen ist jedoch nur die letzte wahrscheinlich.

Nun war aber die naturwüchsige Revolutionsneigung der Arbeiterklasse für Rosa Luxemburg ein unerschütterliches Dogma, und so war ihre Darstellung der gesellschaftlichen Wirklichkeit zuweilen eher aus allgemeinen theoretischen Voraussetzungen als aus der Beobachtung abgeleitet. Sie rechnete unerschütterlich mit einem fortschreitenden Anwachsen des revolutionären Bewußtseins, und als diese Hoffnungen sich nicht erfüllten, war sie geneigt, das eher dem Opportunismus der Führer als den »objektiven« Umständen zuzuschreiben. Weil sie aber theoretisch davon überzeugt war, daß die Arbeiterklasse »von ihrem Wesen her« revolutionär sei, versuchte sie, mehr auf spontane Explosionen der Arbeiter als auf die organisierte Aktion der Partei zu vertrauen.

4. Das Bewußtsein des Proletariats und die politische Organisation

Der heikelste Punkt im Streit zwischen Rosa Luxemburg und dem Bolschewismus war die Frage von »Spontaneität« und Parteiorganisation. Bei allen Richtungen innerhalb der Sozialdemokratie sah sie jedoch die gleiche Gefahr. Geringschätzung der spontanen Massenbewegung und eine Tendenz, diese durch das Führungssystem zu unterdrücken, warf sie Lenin genauso wie Kautsky, aber auch Jaurès und Turati vor. Auch in dieser Hinsicht nahm sie innerhalb der Sozialdemokratie einen isolierten Standpunkt ein.

Nach dem Verständnis von Rosa Luxemburg bedeutet »spontane Bewegung« allerdings nicht eine »Bewegung, der es an theoretischem Selbstbewußtsein fehlt«. Im Gegenteil, die proletarische Revolution wird nicht nur im Werk von Marx *angekündigt, sondern das Werk selbst muß zum Element des Bewußtseins des Proletariats werden*, damit die Revolution sich vollziehen kann. »Die von der Marxschen Theorie formulierte historische Umwälzung hat zur Voraussetzung, daß die Theorie von Marx zur Bewußtseinsform der Arbeiterklasse und als solche zum Element der Geschichte selbst wird« (Artikel über Marx im »Vorwärts«, 14. 3. 1903).[3]

Mit anderen Worten: Die theoretische Artikulation des künftigen oder sich gerade bildenden revolutionären Bewußtseins liegt bereits vor. Es sind schon alle Voraussetzungen dafür erfüllt, daß die Arbeiterklasse sich die Selbsterkenntnis ihrer Bestimmung aneignen kann. Es bedarf deshalb keiner Führer, welche die Massen erziehen und über ihr Bewußtsein wachen müßten. Der Ultrazentralismus der Leninschen Richtung sei ein Ausdruck des Opportunismus der Intelligenz, behauptete Rosa Luxemburg in der Abhandlung »Organisationsfragen der Russischen Sozialdemokratie« (»Die Neue Zeit«, Nr. 42–43, 1903/04). Nach der Leninschen Theorie könne das Zentralkomitee alle Macht über die Parteiorganisationen an sich reißen und werde auf diese Weise die ganze Partei zu einem passiven Werkzeug machen. »Die Aufrichtung der Zentralisation in der Sozialdemokratie auf diesen zwei Grundsätzen – auf der blinden Unterordnung aller Parteiorganisationen mit ihrer Tätigkeit bis ins kleinste Detail unter eine Zentralgewalt, die allein für alle denkt, schafft und entscheidet, sowie auf der schroffen Abgrenzung des organisierten Kernes der Partei von dem ihn umgebenden revolutionären Milieu, wie sie von Lenin verfochten wird – erscheint uns deshalb als eine mechanische Übertragung der Organisationsprinzipien der blanquistischen Bewegung von Verschwörerzirkeln auf die sozialdemokratische Bewegung der Arbeitermassen. Und Lenin hat seinen Standpunkt vielleicht scharfsinniger gekennzeichnet, als es irgendeiner seiner Opponenten tun könnte, indem er seinen revolutionären Sozialdemokraten als den ›mit der Organisation der klassenbewußten Arbeiter *verbundenen* Jakobiner‹ definierte. Tatsächlich ist die Sozialdemokratie aber nicht mit der Organisation der Arbeiterklasse *verbunden*, sondern sie ist die *eigene Bewegung* der Arbeiterklasse.« Lenin unterscheide nicht zwischen gedankenloser Kasernendisziplin und bewußter Klassenaktion, und sein Zentralismus sei durchdrungen vom »unfruchtbaren Geist des Nachtwächters«. In Wirklichkeit könne die revolutionäre Taktik nicht von Führern konzipiert werden, sie entstehe nur spontan, und der historische Prozeß müsse dem Bewußtsein der Führer vorauseilen. Der bolschewistischen Richtung gehe es darum, die freie Entfaltung des Proletariats zu lähmen und aus ihm ein Organ der bürgerlichen Intelligenz zu machen, es seiner Verantwortung zu berauben. Subjekt der Revolution könne nur das kollektive Bewußtsein der Arbeiter und nicht das Bewußtsein selbsternannter Führer sein. Die Irrtümer der wirklichen Arbeiterbewegung seien fruchtbarer als die Unfehlbarkeit des Zentralkomitees.

Die wichtigste Form der revolutionären Aktion sind, wie Rosa Luxemburg nach der russischen Revolution von 1905 meinte, die Massenstreiks. Für sie war diese Revolution das Vorbild für andere europäische Länder: Es war eben eine spontane Explosion, von niemandem geleitet, nicht durch die Initiative einer Partei hervorgerufen, ohne Plan, ohne einheitliches Programm. Kautsky, der sich 1914 mit Rosa Luxemburgs Broschüre über den Massenstreik befaßte, sah in ihrer Doktrin eine Verirrung: Glaubte Rosa Luxemburg tatsächlich, daß die Arbeiter aus einigen Monaten chaotischer und zufälliger Streiks ohne einigenden Gedanken und Plan mehr lernen könnten als aus dreißig Jahren zielgerichteter politischer und gewerkschaftlicher Arbeit? (»Der politische Massenstreik«, Berlin 1914). Das glaubte Rosa Luxemburg in der Tat. Das revolutionäre Potential der Arbeitermassen könne nicht verlorengehen, auch wenn es zeitweilig durch die Arroganz der Führer unterdrückt werde. Das bedeute nicht, daß die Partei überflüssig ist. Der Begriff einer Vorhut des Proletariats sei sinnvoll. »Vorhut« bedeute jedoch nicht Führungsorgan, sondern bewußtes Aktiv. So richtig es sei, daß die Aufgabe der Partei nicht ist, auf eine revolutionäre Situation zu warten, sondern den Gang der Geschichte zu beschleunigen, so bedeute »beschleunigen« doch andererseits nicht, sich auf konspirative Umstürze und Staatsstreiche auszurichten, sondern die Verbreitung des revolutionären Bewußtseins in den Massen, die letzten Endes ohne Hilfe der Führer über das Schicksal des Sozialismus entscheiden.

Obwohl Rosa Luxemburg die kasernenmäßige Parteiauffassung Lenins und seine manipulatorische Vorstellung von der sozialistischen Bewegung kritisierte, zog sie nicht direkt gegen Kautskys Theorie zu Felde, die Lenin übernahm und zur Grundlage seines Parteiverständnisses machte, die Theorie nämlich vom Bewußtsein, das von außen in die Arbeiterklasse hineingetragen werden muß. In dem Artikel »Rosa Luxemburg als Marxist«, der in »Geschichte und Klassenbewußtsein« aufgenommen wurde, schreibt Lukács jedoch, sie habe gerade diese Theorie vertreten. Er behauptet, auch nach ihrem Verständnis sei die Partei Trägerin des Klassenbewußtseins des Proletariats und trage *seine* immanente Wahrheit in die spontane Bewegung hinein, wodurch sie die Theorie in praktische Bewegung umsetze. Wahrscheinlich hätte Rosa Luxemburg einer solchen Formel zugestimmt, sie hätte sie jedoch weder durch die Äußerung ergänzt, daß die Intelligenz der Initiator des proletarischen Bewußtseins ist, noch durch die Annahme, daß die Partei in ihrer Rolle als »Trägerin« praktisch durch die Führungsgruppe ersetzt werden kann. Für sie ist die Partei das sich organisierende und nicht das durch revolutionäre Berufsfunktionäre organisierte Proletariat. Aus ihren Überlegungen und kritischen Äußerungen geht hervor, daß der Marxismus nicht nur eine den historischen Prozeß beschreibende Theorie, sondern die Artikulation des tatsächlichen, wenn auch einstweilen nur potentiellen Bewußtseins der realen Arbeiterbewegung ist, daß also von dem Augenblick an, da dieses Bewußtsein sich aktualisiert, d. h., sobald die spontane Bewegung zum theoretischen Selbstbewußtsein gelangt, die Unterscheidung von Theorie und Bewegung nicht mehr existiert und die Theorie zur »materiellen Gewalt« wird, aber nicht in dem Sinne, daß sie »als Kampfinstrument dient«, sondern insofern, als sie selbst ein organischer Bestandteil dieses Kampfes ist. Es besteht also gewissermaßen eine prästabilierte Harmonie zwischen dem Werk von Marx und der Arbeiterbewegung, die sich seine Lehre in der Folgezeit zu eigen machen sollte; Marx hat sich keine Geschichtsphilosophie »ausgedacht«, sondern den Inhalt des noch schlafenden Selbstbewußtseins des Proletariats ausgesprochen, er war, wie man sagen könnte, das Organ, durch welches sich dieses Selbstbewußtsein zum ersten Mal äußerte.

Dieser Gedanke stimmt mit dem Sinn überein, den Marx der eigenen Theorie zuschreibt, und auch mit der leitenden Vorstellung Rosa Luxemburgs, wurde aber von ihr nicht in dieser oder ähnlicher Form geäußert. Man wird unschwer bemerken, daß, wenn man diese Interpretationsweise übernimmt, die Divergenz zwischen der Parteiphilosophie Lenins und Rosa Luxemburgs nicht aufgelöst wird und sich jede dieser politischen Doktrinen widerspruchslos mit diesem allgemeinen Schema vereinbaren läßt. Die Behauptung, daß die Partei in die spontane Bewegung deren immanente Wahrheit hineintrage, läßt sich sowohl mit der Leninschen Theorie der Partei als Manipulator wie mit der Auffassung Rosa Luxemburgs vereinbaren, für welche die eigentliche Arbeiterbewegung stets ein spontaner Prozeß ist, während die Partei nur ein Mittel ist, um den Arbeitern ihre eigentlichen historisch festgelegten Ziele zu erläutern.

Hingegen war die Überzeugung Rosa Luxemburgs, daß die spontane Bewegung der Arbeiter nicht manipuliert oder in die von den Führern konzipierten taktischen Formen gepreßt werden dürfe, eine der Grundlagen der Kritik, welche sie gegen die Bolschewiki vortrug, nachdem diese ein Jahr lang die politische Macht in Rußland ausgeübt hatten. Bei dieser Kritik geht es um drei Hauptpunkte: die Politik gegenüber den Bauern, die Nationalitätenpolitik und das Problem der Demokratie in Staat und Partei.

Rosa Luxemburg übt an den tyrannischen Formen der bolschewistischen Herrschaft eine ähnliche Kritik wie Kautsky, aber nicht aus den gleichen Gründen. Kautsky verteidigt die Demokratie, gestützt auf allgemeine Common-sense-Voraussetzungen, die nicht spezifisch marxistisch sind und auch von Liberalen anerkannt werden können. Grundlage der von Rosa Luxemburg formulierten Kritik ist dagegen der spezifisch marxistische Glaube an den unvergleichlichen Wert der spontanen politischen Schöpfungen des Volkes. Sie verwirft sämtliche Einwände der Menschewiki und Kautskys bezüglich der ökonomischen Unreife Rußlands und die daraus abgeleitete Empfehlung, mit den bürgerlichen Liberalen zu koalieren. So zu reden heißt, sich von der Sache der russischen Revolution distanzieren. In Wirklichkeit sind die Bolschewiki richtig vorgegangen, als sie die Revolution in der Erwartung einer Weltrevolution begannen. In dieser Hinsicht unterstützt Rosa Luxemburg die Doktrin Trotzkis und Lenins: Man muß die Macht ergreifen, wo das politisch möglich ist, und auf doktrinäre Einwände bezüglich der ökonomischen Reife keine Rücksicht nehmen – natürlich unter der allgemein anerkannten Annahme, daß die sozialistische Revolution in Rußland nur unter der Bedingung siegen kann, daß sie zum Beginn eines gesamteuropäischen revolutionären Prozesses wird. Auch verwirft Rosa Luxemburg den sozialdemokratischen Grundsatz, daß die Partei zuerst die Mehrheit erlangen müsse und dann erst an die Übernahme der Macht denken könne; das ist nach ihrer Ansicht parlamentarischer Kretinismus – *nicht durch Mehrheit zur revolutionären Taktik, sondern durch revolutionäre Taktik zur Mehrheit geht der Weg.*

Das heißt jedoch nicht, daß die Partei einfach eine günstige Situation ausnützen darf, um im Gegensatz zur Mehrheit die Herrschaft zu ergreifen und sie mit terroristischen Mitteln zu behaupten, unter Ablehnung aller normalen Repräsentationsformen und politischen Freiheiten. Der Wendepunkt in der Oktoberrevolution war das Auseinandertreiben der Konstituierenden Versammlung gleich nach dem Umsturz. Lenin und Trotzki liquidierten überhaupt die Institution allgemeiner Wahlen, um sich auf die Sowjets zu stützen. Trotzki behauptet, die vor dem November gewählte Versammlung sei reaktionär, und folgert daraus, daß man auf allgemeine Wahlen überhaupt verzichten kann, da diese nicht die Veränderungen in der Einstellung der Massen widerspiegeln. Die Massen üben jedoch auch nach den Wahlen einen Druck auf die gewählten Vertreter aus und zwingen sie zu Änderungen; je demokratischer das Vertretungssystem ist, um so mehr ist dieser Druck möglich. Die demokratischen Institutionen sind nicht vollkommen, aber ihre Beseitigung ist noch viel schlimmer, da sie das politische Leben in den Massen lähmt. Schon das Prinzip, daß nur diejenigen, die von eigener Arbeit leben, ein Stimmrecht haben, ist bei dem allgemeinen Chaos, der Zerrüttung der Industrie und den ungezählten Menschen, die keine Arbeit finden, eine Absurdität. Die Beseitigung der Presse- und Versammlungsfreiheit bedeutet die Abtötung des politischen Lebens; ohne diese Freiheit ist die Herrschaft der Volksmassen eine Fiktion. »Freiheit nur für die Anhänger der Regierung, nur für Mitglieder einer Partei – mögen sie noch so zahlreich sein – ist keine Freiheit. Freiheit ist immer nur Freiheit des anders Denkenden.«[4] Der Sozialismus ist eine lebendige historische Bewegung, die man nicht durch administrative Dekrete ersetzen kann. Wo es keine öffentliche Kontrolle gibt, beschränkt sich der Austausch von Erfahrungen auf den Kreis der Beamten, und die Korruption wird unvermeidlich. Der Sozialismus erfordert eine geistige Umwälzung in den Massen, die sich jedoch nicht durch Terror erreichen läßt; nötig sind uneingeschränkte Demokratie und Freiheit der öffentlichen Meinungsäußerung, freie Wahlen, Presse-, Versammlungs- und Vereinigungsfreiheit. Sonst bleibt als einziger tätiger Teil der Gesellschaft die Bürokratie übrig; es herrscht eine Clique von Führern, und die Arbeiter haben die Aufgabe, ihnen Beifall zu klatschen. Statt der Diktatur des Proletariats haben wir die Diktatur einer Clique.

Für Lenin und Trotzki, so schreibt Rosa Luxemburg, ist die Demokratie, genau wie für Kautsky, das Gegenteil der Diktatur. Im Hinblick auf diesen Gegensatz möchte Kautsky, daß das Proletariat wegen der Unreife der Lage die schon eroberte Macht aufgibt, während Lenin und Trotzki, ebenfalls im Hinblick auf diesen Gegensatz, meinen, man könne die Herrschaft nur mit gewaltsamen Mitteln ausüben. Das Proletariat soll aber eine Diktatur der Klasse ausüben, nicht die Diktatur einer Partei oder einer Clique, und es soll sie offen ausüben unter demokratischen Bedingungen. »Wir enthüllten stets den herben Kern der sozialen Ungleichheit und Unfreiheit unter der süßen Schale der formalen Gleichheit und Freiheit – nicht um diese zu verwerfen, sondern um die Arbeiterklasse dazu anzustacheln, sich nicht mit der Schale zu begnügen, vielmehr die politische Macht zu erobern, um sie mit neuem sozialen Inhalt zu füllen«. »Aber diese Diktatur besteht in der Art der Verwendung der Demokratie, nicht in ihrer Abschaffung...«[5] Gewiß haben die Bolschewiki die Macht unter Umständen erobert, unter denen es nicht möglich war, für eine uneingeschränkte Demokratie zu sorgen. Sie machen jedoch aus der Not eine Tugend und möchten der ganzen Arbeiterbewegung ihre Taktik als verpflichtendes Muster aufzwingen. Sie wollen die durch die Ausnahmesituation erzwungene Entartung als allgemeinen Grundsatz verewigen. Es ist das Verdienst der Bolschewiki, daß sie es gewagt haben, die Macht zu ergreifen, aber das Problem des Sozialismus kann nicht in Rußland, sondern nur im internationalen Maßstab gelöst werden.

In ihrer Kritik der bolschewistischen Diktatur bleibt Rosa Luxemburg ihren früheren kritischen Äußerungen gegenüber dem Leninismus treu. Schrieb sie doch im Jahre 1906, daß »schon die Idee des Sozialismus die Herrschaft einer Minderheit ausschließt« (Artikel »Blankizm i socjaldemokracja« in: »Czerwony Sztandar«, 27. 6. 1906). Sie schrieb damals aber auch, daß nach dem Sturz der Zarenherrschaft die Macht in Rußland an das Proletariat übergehen werde, das sie dann einer von der Bevölkerungsmehrheit frei gewählten Regierung überlassen werde, in der es aber keine sozialdemokratische Mehrheit geben könne, da das Proletariat in der Gesellschaft eine Minderheit sei. Es ist nicht klar, wie Rosa Luxemburg sich vorstellte, daß die Bolschewiki 1918 die Macht im

Staat hätten behaupten und gleichzeitig freie Wahlen zulassen können, da das Proletariat weiterhin eine Minderheit der Gesellschaft war – selbst wenn man gegen allen Augenschein unterstellte, daß das gesamte Proletariat für eine Partei stimmen würde. Martow und Kautsky brauchten sich in ihrer Kritik an der bolschewistischen Diktatur mit dieser Schwierigkeit nicht auseinanderzusetzen, da sie eindeutig auf dem Standpunkt standen, die Herrschaft müsse von allgemeinen Vertretungskörperschaften ausgehen, und deshalb ist eine Herrschaft des Proletariats in ihrem Verständnis nur unter der Bedingung möglich, daß das Proletariat tatsächlich eine beträchtliche Mehrheit der Gesellschaft darstellt. Rosa Luxemburg schien dagegen unfaßlicherweise zu glauben, die Bolschewiki könnten sich mit demokratischen Mitteln und gestützt auf ein repräsentatives System an der Macht halten. Grundlage dieses Glaubens war allein ihr unerschütterlicher und geradezu mythischer Glaube an eine von Natur aus revolutionäre Haltung der Massen, die, sich selbst überlassen, unvermeidlich sozialistische Formen des öffentlichen Lebens hervorbringen müsse. Lenin und Trotzki waren mit ihrer Taktik bedeutend nüchterner.

5. Die nationale Frage

Die nationale Frage war eine ständige, nie bewältigte theoretische Schwierigkeit für den Marxismus und eine praktische Schwierigkeit für die sozialistischen Bewegungen. Es war nicht leicht, eine Formel zu finden, die es ermöglicht hätte, auf der einen Seite das Prinzip, daß die Klassenteilung der entscheidende Maßstab der Gesellschaftsanalyse und die Grundlage sowohl für Prognosen wie für die praktische Tätigkeit der Bewegung ist, und zugleich die historische Realität, daß es verschiedene Nationen gibt, anzuerkennen. Da die Einteilung der Menschheit in ethnische Einheiten nach ganz anderen Kriterien verläuft als die Klassenteilung und schon der Begriff der Nation eine die Klassen übergreifende historische Einheit festlegt – wie ist es da möglich, einen ausschließlich an den Klassen orientierten Standpunkt mit der traditionellen Anerkennung des Rechtes der Nationen auf Unabhängigkeit in Einklang zu bringen? Brüderliche Eintracht der Völker gegen die Ausbeuter – dieses zur Zeit des Völkerfrühlings populäre Schlagwort drückte gewiß die naturwüchsige Einstellung der revolutionären Demokratie aus, doch zeigte sich bei näherem Zusehen unfehlbar, daß es uralte Grenzstreitigkeiten und Probleme nationaler Minderheiten oder der kolonialen Ausbeutung keineswegs löste. Im Zeitalter der intensiven Ausbeutung der Kolonien ließ sich sehr schwer belegen, daß die Interessen der Völker der Metropole und die der kolonisierten Völker »im

Grunde« identisch sind, wo doch der empirische Augenschein das Gegenteil bewies.

Marx und Engels hinterließen eigentlich nichts, was man als Theorie der nationalen Frage bezeichnen könnte, und sie bezogen diese Frage nicht in ihre Überlegungen zur revolutionären Strategie ein. Ihr Verhältnis zu nationalen Problemen war ein Gemisch aus hegelianischen Reminiszenzen, Parolen des Völkerfrühlings und persönlichen Vorlieben und Abneigungen, die sie, vor allem in den Briefen, zuweilen recht drastisch äußerten. In ihren Bemerkungen über nationale Konflikte tritt dominierend ein deutlicher Eurozentrismus und Verachtung für die kleinen, ungeschichtlichen Nationen zutage, die ohnehin als Nationen zum Untergang verurteilt und gegenwärtig nur eine Stütze der schwärzesten Reaktion sowie ein Werkzeug von Großmachtintrigen seien. Kennzeichnend für Marx ist seine systematische Feindseligkeit gegen Rußland und die Überzeugung, daß das unveränderliche Ziel Rußlands – die Weltherrschaft – die konstante Grundlage seiner Politik sei; ständig verdächtigte er die Engländer, die russischen Expansionspläne zu unterstützen, und er begrüßte die gegen Rußland gerichteten Maßnahmen Englands während des Krimkrieges als ein Ergebnis des Drucks des britischen Proletariats. Außer der hellenischen Zivilisation interessierten ihn alle übrigen Zivilisationen des Altertums nicht besonders, er sah in ihnen die Kindheitsepoche der Menschheit, Horte der Ohnmacht des Geistes und der Bestialität; auch das alte Indien und das alte China verfallen diesem Urteil. In einem Brief schrieb er, der Osten habe uns nur die Religion und die Pest gegeben. Für ihn stand außer Zweifel, daß der Sozialismus eine Aufgabe der herrschenden und technisch fortgeschrittenen Nationen ist. Die Bourgeoisie schafft dadurch, daß sie den Weltmarkt herstellt, die Bedingungen der Revolution, und die Revolution in den entwickelten Ländern wird die übrigen Völker mit sich reißen. Engels begrüßte mit Genugtuung die amerikanischen Annexionen in Mexiko und die Kolonisierung Algeriens durch die Franzosen (Die Beduinen sind ohnehin ein Volk von Banditen). Marx hob die revolutionäre Rolle Englands in Indien hervor, das erst durch die Kolonisatoren aus tausendjährigem Schlaf gerissen worden sei. Engels wirft in einem Brief an Bernstein vom 9. 8. 1882 diesem wegen seiner Sympathien für den ägyptischen Nationalismus offenkundige Sentimentalität vor. Bei ihm ist auch die Verachtung für die Balkanvölker von peinlicher Eindeutigkeit: Die Bulgaren sind ein Volk von Schweinehirten, die am besten unter türkischer Herrschaft auf die europäische Revolution warten. All diese kleinen Nationen sind Feinde des entwickelten Westens und Verbündete des Zaren. Die geschichtlichen Nationen – Polen, Deutsche, Ungarn – sollen über den Rest der Slawen (mit Ausnahme von Rußland) herrschen; Polen soll seine Grenzen von vor der Teilung (vor

1772) zurückerhalten, es soll also Litauen, Weißrußland und einen beträchtlichen Teil der Ukraine umfassen, den Ungarn soll die Herrschaft über die Slowaken und Kroaten und den Österreichern die über die Tschechen und Mähren zufallen. All diese kleinen Völker hatten keine eigene Geschichte, haben an der allgemeinen Geschichte nicht teilgenommen und werden auch nie unabhängig sein. Frankreich hat das Recht, Belgien, Elsaß und Lothringen zu annektieren, und Deutschland hat ein Anrecht auf Schleswig. Überhaupt gilt das Gesetz der höheren Zivilisation gegen die niedere, das Gesetz des Fortschritts gegen Barbarei und Stagnation. Polen, Deutsche und Ungarn sollten die kleinen, reaktionären slawischen Völker untergehen lassen. Sowohl Marx als auch Engels interessierten sich besonders für die Sache Polens; Engels meinte, die Polen seien ein äußerst revolutionäres Volk und täten mehr für die Sache der Revolution als Deutsche, Italiener und Ungarn zusammen. Besonders in der Teilung Polens sahen sie einen grundlegenden historischen Akt, der die Herrschaft der Reaktion in Europa festigte, und in der Befreiung Polens die erste Bedingung für die Zerstörung der Zarenherrschaft, die der mächtigste Pfeiler der Weltreaktion sei.

Die Einteilung in geschichtliche (Polen, Ungarn, Deutschland) und ungeschichtliche Nationen ist bei Engels eher ein Ausdruck der Situation zur Zeit des Völkerfrühlings als eine ausgearbeitete geschichtsphilosophische Theorie. Auch die ausgesprochene Sympathie für Polen und die Überzeugung von der besonderen, zentralen Bedeutung der polnischen Frage für die Revolution in Europa hat ihre Wurzeln in jener Zeit. In seinem letzten Lebensabschnitt begann Marx sich allerdings ernsthaft für die Perspektiven der Revolution in Rußland zu interessieren; auch wies er auf die irische Frage hin und meinte, die nationale Frage in diesem Lande könne dazu beitragen, die Revolution in England zu beschleunigen. Im ganzen gesehen hat er jedoch die nationale Frage eigentlich nicht in seine Theorie der revolutionären Strategie einbezogen.

Die Sozialisten der Zweiten Internationale, vor allem die aus den Vielvölkerstaaten wie dem zaristischen Rußland und Österreich, konnten sich in einer Situation, in der sie die Unterstützung des Proletariats der unterdrückten Nationen zu gewinnen suchten, nicht mit allgemeinen Formeln und summarischen Einteilungen der Nationen in »fortschrittliche« und »reaktionäre« begnügen. Es ergab sich von selbst, daß Russen, Polen und Österreicher diejenigen waren, die sozialistische Regeln zur Lösung der nationalen Frage zu formulieren versuchten. Lenin, Bauer, Renner, Stalin, Rosa Luxemburg – alle wollten auf ihre Art das Problem der Nation in den Korpus der marxistischen Doktrin integrieren.

Für Rosa Luxemburg ist die nationale Frage naturgemäß ein Thema, das in ihren Schriften immer wieder auftaucht. Die Partei, deren Mitbegründerin und wichtigste Theoretikerin sie war, definierte sich vor allem im Gegensatz zur Polnischen Sozialistischen Partei als eine Partei, die gegen die Unabhängigkeit Polens war. Das heißt natürlich nicht, daß die nationale Unterdrückung für Rosa Luxemburg etwas Gleichgültiges war. Ihre Hauptideen in dieser Sache lassen sich kurz zusammenfassen: Die nationale Unterdrückung ist ein Resultat und eine Funktion der Herrschaft des Kapitals. Nach der sozialistischen Revolution löst sich das nationale Problem ganz von selbst, da der Sozialismus seinem Wesen nach jegliche Unterdrückung und damit auch die nationale Unterdrückung beseitigt. Bis dahin ist der Kampf um die Unabhängigkeit nicht nur wirkungslos, sondern äußerst schädlich für die Sache der Revolution, da er zur nationalen Zersplitterung der sozialistischen Bewegung führt, die internationale Solidarität des Proletariats zerstört und sein Interesse auf das Problem der Wiedererrichtung des Staates lenkt – ein Problem, dessen Subjekt die gesamte Nation sein sollte und nicht die unterdrückten Klassen. Überhaupt ist das Aufwerfen der nationalen Frage als eines selbständigen Problems Ausdruck der bürgerlichen Infiltration in der sozialdemokratischen Bewegung und untergräbt den Klassenstandpunkt, auf dem die Daseinsberechtigung dieser Bewegung beruht. Marxens Haltung zu Polen, obwohl durch damalige taktische Gegebenheiten erklärbar, ist entweder überholt oder falsch und im Widerspruch zur marxistischen Theorie, die es nicht zuläßt, daß man Polen und Rußland ungeachtet der Klassenteilung als einheitliche Ganzheiten (Polen – Land des Fortschritts, Rußland – Hort der Reaktion) analysiert. Hauptsächlich von Limanowski ausgehende und von der PPS fortgesetzte Versuche, den Sozialismus mit einem Programm der Wiedererrichtung eines unabhängigen Polens zu verknüpfen, sind in höchstem Grade reaktionär. Die Vertreter der PPS möchten die polnischen Unabhängigkeitstraditionen des Adels der internationalen Arbeiterbewegung verkaufen und ihr ein Interesse an der Frage der Errichtung eines polnischen Staates aufnötigen. Schon 1896 protestierte Rosa Luxemburg dagegen, daß eine Resolution zur polnischen Frage vor das Forum des Londoner Kongresses der Internationale gebracht wurde. Es sei nämlich nicht wahr, daß die Stärke des Zarismus auf der Unterjochung Polens beruhe und daß der Zarismus zusammenbrechen könnte, wenn Polen sich aus seiner Umklammerung losrisse. Die Stärke des Zarismus bestehe in den inneren Verhältnissen Rußlands, und sein Untergang werde durch die normale Entwicklung kapitalistischer Verhältnisse kommen.

Die Idee der Wiedererrichtung eines polnischen Staates ist nicht nur reaktionär insofern, als sie darauf hinausläuft, die Klassensolidarität des Proletariats innerhalb des Zarenreichs zu sprengen, sondern auch eine hoffnungslose Utopie. Mit unermüdlicher Hartnäckigkeit wiederholt Rosa Luxemburg in ihrem ganzen schriftstellerischen Schaffen dieselben Darlegungen: Der Kapitalismus in Polen ist ein integraler Bestandteil des russischen Kapitalismus, zwei Drittel des polnischen Exports gehen nach Osten, wir haben es mit einem objektiven, irreversiblen Prozeß der wirtschaftlichen Integration zu tun, den die kindischen Träumereien der Patrioten niemals umkehren werden. Keine Gesellschaftsklasse in Polen ist an der Unabhängigkeit interessiert – weder die Bourgeoisie, deren Schicksal von den russischen Märkten abhängig ist, noch der Adel, der verzweifelt darum kämpft, das, was von ihm übrig geblieben ist, fortzusetzen, noch das Proletariat, dem im Gegenteil daran gelegen ist, gemeinsam den gleichen Klassenfeind zu bekämpfen, noch die Mehrheit des Kleinbürgertums oder die Bauern. Im Höchstfalle sind es winzige Gruppen von Intellektuellen, die mit dem sozialen Aufstieg Schwierigkeiten haben, und ein Teil des reaktionären Kleinbürgertums, das von der Entwicklung des Kapitalismus bedroht wird, die an ein unabhängiges Polen denken; das sind jedoch ohnmächtige Hirngespinste. Nationale Fragen haben keine eigenständige Bedeutung, nationale Bewegungen waren stets Bewegungen im Interesse bestimmter gesellschaftlicher Klassen; wenn keine Klasse sich aufgrund machtvoller und unwiderstehlicher ökonomischer Gesetze zum Fürsprecher der nationalen Sache machen kann, ist die Frage schon entschieden: Es kann und wird kein unabhängiges Polen geben. Für den preußischen und österreichischen Landesteil gilt dasselbe wie für den russischen: Die polnischen Kapitalisten möchten die Arbeiter für die Unabhängigkeitsfrage interessieren, um so ihr Bewußtsein zu trüben und ihnen einzureden, daß nicht der Kapitalismus, sondern die Deutschen und der Ostmarkenverein ihre Hauptfeinde sind.

Unter diesen Voraussetzungen ist es verständlich, daß Rosa Luxemburg von Anfang an das im Programm der russischen Sozialdemokratie enthaltene Prinzip der nationalen Selbstbestimmung bekämpfte und stattdessen zu der Auffassung der Austromarxisten neigte, die nationale Frage nach der Revolution durch die kulturelle Autonomie zu lösen. Am eingehendsten werden diese Probleme in dem Artikel »Kwestia narodowościowa i autonomia« (»Przegląd Socjaldemokratyczny«, Nr. 6, August 1908) und in der Broschüre über die russische Revolution behandelt. Das Selbstbestimmungsrecht ist, wie Rosa Luxemburg in der erstgenannten Abhandlung versichert, eine Parole des bürgerlichen Nationalismus. Danach sei jede Nation berechtigt, nach Belieben über sich zu entscheiden. Tatsächlich könne man je nach der historischen Situation die nationalen Bewegungen als fortschrittlich oder reaktionär betrachten, wie das übrigens auch Marx und Engels taten, wenn sie den rückschrittlichen Charakter der nationalistischen Bestrebungen von Südslawen und Tschechen, des Aufstands der Schweizer gegen die Habsburger im 14. Jahrhundert und des Separatismus der Schotten, Bretonen und

Basken hervorhoben, die reaktionären Monarchien gegen die Republikaner Unterstützung gewährten. Es sei aber eine natürliche Tendenz der Geschichte, daß die kleinen Nationen von den größeren verschluckt werden; die Menschheit werde unausweichlich zu einer Kultur- und Sprachgemeinschaft. Die Vielzahl der kleineren Nationen sei also ohnehin durch den Gang der Geschichte zum Untergang verurteilt, und Versuche, diese Tendenz umzukehren, seien rückständig und utopisch. »Kann man bei den formal unabhängigen Montenegrinern, Bulgaren, Rumänen, Serben, Griechen, in einem gewissen Grade selbst bei den Schweizern ernsthaft von ›Selbstbestimmung‹ reden?« Überhaupt sei die »Nation« nichts Einheitliches, keine homogene soziale Einheit, da sie sich aus feindlichen Klassen zusammensetze, die in allen Fragen entgegengesetzte Standpunkte einnehmen.

Die Anerkennung des Selbstbestimmungsrechts der Nationen hielt Rosa Luxemburg für einen der schwerwiegendsten Fehler der Bolschewiki. Mit diesem Recht, das »nichts als hohle kleinbürgerliche Phraseologie und Humbug ist«, wollten die Bolschewiki die Unterstützung der nichtrussischen Nationen gewinnen, erreichten aber in der Tat das Gegenteil, da Polen, Finnland, die Ukraine, Litauen und die Kaukasusländer ihre Freiheit benutzten, um sich gegen die Revolution zu wenden, obwohl sie sich zuvor aktiv an ihr beteiligt hatten. Statt die Integrität des russischen Staates zu verteidigen, der zum Herd der Revolution geworden war, und »separatistische Bestrebungen mit eiserner Faust zu unterdrücken«, gaben die Bolschewiki der Bourgeoisie der nichtrussischen Nationen das Recht, über das Schicksal dieser Nationen zu bestimmen, und fachten selbst bei den Völkern, die wie die Ukrainer nie eine Nation gewesen waren, den Nationalismus an.

Die Verbitterung und der Haß, mit dem Rosa Luxemburg jeden Gedanken an Unabhängigkeit, vor allem die polnische, verfolgte, brachte sie in entschieden Gegensatz zu den Leninisten, doch ging es dabei – und das muß betont werden – um unterschiedliche strategische Auffassungen und nicht um eine Differenz bezüglich der Anerkennung der Nation oder der nationalen Kultur als ein eigenständiger Wert. In diesem Punkte nahm Lenin nämlich den gleichen Standpunkt ein. Er erkannte das Selbstbestimmungsrecht an, forderte aber zugleich, daß die Sozialisten gegen den Separatismus ihrer eigenen Nation kämpfen sollten; auch stand für ihn außer Zweifel, daß das Interesse der Revolution, das heißt das Interesse der Aufrechterhaltung der bolschewistischen Herrschaft in Rußland, höher steht als das Recht auf Selbstbestimmung. In der Frage »Lostrennung oder Integration« könne ohnehin nur das Proletariat der Fürsprecher der Nation sein und Fürsprecher des Proletariats seine Partei, in der schließlich die fortschrittlichsten Tendenzen der jeweiligen nationalen Gemeinschaft zum Ausdruck kämen. Was Lenin später gegen die Brutalitäten vorbrachte, die beim Einmarsch in Georgien begangen worden waren, hatte keine praktische Bedeutung mehr, und die Politik der Annexionen und Invasionen, durch die der russische Staat die meisten seiner früheren Besitzungen zurückerhielt, ließ sich mit dem Parteiprogramm uneingeschränkt rechtfertigen. Dagegen war die Auseinandersetzung mit der PPS in der Tat grundsätzlicher Natur. Aus heutiger Sicht wird man es kaum für möglich halten, wie sehr Rosa Luxemburg blind gegen die Realitäten des gesellschaftlichen Lebens war. Diese Blindheit trat aber keineswegs nur in diesem Falle zutage. Es handelte sich dabei im wahrsten Sinne des Wortes um ein doktrinäres Denken. Ihre Beschreibungen der gesellschaftlichen Wirklichkeit sind weitgehend aus dem theoretischen marxistischen Schema abgeleitet und nur geringfügig durch die Beobachtungen der tatsächlichen Prozesse korrigiert. Da die kapitalistische Gesellschaft naturgemäß in feindliche Klassen zerfällt und die Interessen jeder dieser Klassen (zumindest was ihr Verhältnis zum Klassengegner betrifft) im Weltmaßstab identisch sind, ist es *theoretisch unmöglich*, daß eine Nation »als ganze« eine unabhängige Existenz anstrebt, weil es Bestrebungen einer solchen Ganzheit einfach nicht geben kann. Angesichts der Explosion des Nationalismus im Jahre 1914 und des Zerfalls der Internationale infolge nationaler Konflikte hat Rosa Luxemburg ihre Auffassungen keineswegs korrigiert. Sie erklärte einfach, die »Schuld« liege beim Verrat der sozialdemokratischen Führer, die den Idealen des Internationalismus nicht die Treue gehalten hätten. Wie viele marxistische Doktrinäre ließ sie die gesellschaftliche Betrachtungsweise ganz und gar fallen, wenn diese eine Korrektur der theoretischen Prämissen verlangte: Wenn die Wirklichkeit in krassem Widerspruch zum theoretischen Schema steht, dann muß man, statt die Situation in gesellschaftlichen Kategorien zu prüfen, einen »Schuldigen« suchen und den Mißerfolg letzten Endes auf subjektive Umstände schieben. Da es Nationen als homogene Einheiten überhaupt nicht gibt, kann es auch eine nationale Bewegung im eigentlichen Wortsinne nicht geben; wenn sie so tut, als sei sie existent, so ist das ein »Betrug der Bourgeoisie« oder »Verrat der Revisionisten«, und mit einer solchen Erklärung braucht man an seinem Schema nichts zu revidieren. Da die Arbeiterklasse ihrem Wesen nach revolutionär ist, muß man, wenn die empirischen Realitäten dieser Doktrin zu widersprechen scheinen, einen Schuldigen in Gestalt korrumpierter Führer finden, die die Arbeiter im Geist des Reformismus erzogen haben; wenn es um das »Wesen der Sache« geht, behält der revolutionäre Charakter der Arbeiterklasse seine Gültigkeit, und sollte die oberflächliche Erfahrung vorübergehend nicht mit dem Wesen der Sache übereinstimmen, so kann man das übergehen, mit dem bösen Willen einzelner Personen erklären oder als »dialektischen Widerspruch« bezeichnen. Aufgrund dieser Denkweise vermochte Rosa Luxemburg nie etwas an ihren Anschauungen zu ändern, obwohl sie sich in ihren Prognosen, wie rasch deutlich wurde, fast ständig irrte.

Mit ihrer Haltung zur nationalen Frage stieß Rosa Luxemburg auf die Kritik Lenins, der ihr vorwarf, durch die einseitige Bekämpfung des polnischen Nationalismus fördere sie den großrussischen Nationalismus, der gefährlicher sei. Kritik an ihr übten auch die Theoretiker der PPS – Feliks Perl und Kazimierz Kelles-Krauz. Der letztere schrieb im Jahre 1905, die »ökonomischen Verhältnisse«, die nach Auffassung Rosa Luxemburgs der Unabhängigkeit Polens angeblich im Wege stünden, reduzierten sich auf den Handel zwischen Provinzen, und sie empfehle dem Proletariat, seine Aktivität den Augenblickserfordernissen der Bourgeoisie anzupassen. Tatsächlich aber lägen Nationalstaaten im natürlichen Interesse des Kapitalismus, und auch für die Arbeiterklasse sei die Unabhängigkeit erforderlich, da sie eine unerläßliche Bedingung der Demokratie sei.

Dagegen machte sich die kommunistische Bewegung Polens zunächst unverändert die unabhängigkeitsfeindliche Doktrin Rosa Luxemburgs zu eigen. Die im übrigen summarisch und allgemein gehaltene Kritik, welche die Kommunisten später am »Luxemburgismus« übten, reduzierte sich überwiegend auf den Vorwurf, diese Doktrin habe das Interesse der Bourgeoisie am inneren Markt und das Interesse anderer Klassen an der Frage der nationalen Unabhängigkeit »unterschätzt«. Niemals hat diese Kritik jedoch innerhalb der kommunistischen Bewegung zur Revision des traditionellen Grundsatzes geführt, daß »letzten Endes« der Klassenkampf der einzig entscheidende Konflikt in der Geschichte sei, während das nationale Problem entweder eine nicht der Beachtung werte vorübergehende Zufälligkeit oder ein verschleierter Ausdruck der »wirklichen«, d. h. klassenmäßigen Interessen oder schließlich ein mögliches Potential von revolutionärer Energie sei, welches auszunutzen taktische Überlegungen gebieten, das aber »in historischer Perspektive« kaum ernst zu nehmen sei. Mit einem Wort: Die marxistische Theorie in ihrer kommunistischen Version hat sich mit der Realität der Nation niemals abgefunden.

Rosa Luxemburg ist ein hervorragendes Beispiel jener Denkweise, die man in der Geschichte des Marxismus häufig antreffen kann und für die der Marxismus eine besondere Anziehungskraft zu haben scheint – einer Denkweise, die einer zwingenden Autorität und zugleich des Glaubens bedarf, daß mit der Anerkennung dieser Autorität auch die Werte des wissenschaftlichen Denkens gewahrt würden. Keine Doktrin war so wie der Marxismus geeignet, diesem doppelten Bedürfnis Genüge zu tun, und keine war imstande, eine derart starke Mystifikation zu erzeugen, daß es möglich wurde, seine Befriedigung mit einem extremen Dogmatismus zu verbergen und zugleich einen Kult mit der »Wissenschaftlichkeit« zu treiben. Insofern hatte der Marxismus tatsächlich die Funktion einer Religion der Intellektuellen, was keineswegs im Widerspruch dazu stand, daß einige von ihnen – wie gerade Rosa Luxemburg – auf eigene Faust versuchten, den Inhalt dieser Religion aus deren Prämissen heraus zu vervollkommnen, wodurch sich ihr Gefühl, von jeglichen Dogmen unabhängig zu sein, verstärkte.

Die zentrale Frage im Denken Rosa Luxemburgs ist natürlich die Akkumulationstheorie, die eng mit ihrer Überzeugung zusammenhängt, daß der Kapitalismus sich in Richtung auf eine wachsende Polarisierung der Klassen entwickeln müsse (eine Annahme, die im übrigen alle Orthodoxen teilten und ohne die der Marxismus für Kautsky zusammengebrochen wäre). Sie wollte den Marxismus endlich in eine kohärente Form bringen, indem sie theoretisch die exakten Bedingungen formulierte, unter denen der Kapitalismus ökonomisch unmöglich würde. Für sie war der Marxismus ein Universalschlüssel, der die gesamte Geschichte transparent machte, weil er es erlaubte, alle ihren Verlauf »störenden« Zusätze als zufällige Bagatellen zu übergehen. Auf diese Weise brauchte man die unerhörte Verarmung des Geschichtsprozesses, die in der Theorie des historischen Materialismus enthalten war, keineswegs als eine Verarmung aufzufassen, sondern man konnte in ihr eine wissenschaftliche Abstraktion sehen, in der das »Wesentliche« bewahrt bleibt, während die Zufälligkeiten eliminiert werden. Niemand schien zu bemerken, daß bei dieser Denkweise der ganze tatsächliche Geschichtsprozeß auf unwesentliche Zufälligkeiten reduziert wird und von der Geschichte nur noch allgemeine Rahmenbedingungen übrig bleiben, die für den Übergang von einer ökonomischen Formation zur anderen gelten. Der ganze Rest – Kriege, nationale und rassische Konflikte, bestimmte Verfassungs- und Rechtsformen, Religionen, intellektuelle und künstlerische Bemühungen des Menschen – das alles versank im Abfallhaufen der »Zufälle«, die nicht den Theoretiker interessieren, der geistig die gigantischen Wellenbewegungen der »großen« Geschichte beherrscht. Auf diese Weise bekam die Armut der simplifizierenden Schemata zusätzlich das Pathos der Größe.

Am Schicksal dessen, was Rosa Luxemburg als Schriftstellerin hinterließ, wird die Tragödie dieser Marxismusversion deutlich, die zwei einander ausschließende Forderungen erfüllen wollte: Sie wollte die Unantastbarkeit der marxistischen Lehre bewahren und zugleich die Bedingung ablehnen, unter der eine solche Unantastbarkeit überhaupt möglich ist, die Bedingung nämlich einer institutionalisierten Organisation, die das Recht hat, unwiderruflich über Wahrheit und Falschheit zu entscheiden. Rosa Luxemburg wollte um die Orthodoxie kämpfen, stellte aber gleichzeitig die Idee in Frage, daß die Partei die unfehlbare Trägerin der Orthodoxie sei, weil sie an die revolutionäre Sendung der Massen glaubte, welche spontan die Wahrheit aus sich hervorbringen. Lenin beging nicht diese Inkonsequenz, und deshalb bewies sein Marxismus praktische Wirksamkeit, da der Inhalt dieses Marxismus von vornherein monopolistisch der Organisation der Berufsrevolutionäre vorbehalten war. Im Falle Rosa Luxemburgs führte der absolute Glaube an die »von Natur aus« revolutionären Massen in Verbindung mit dem absoluten Glauben an eine ein für allemal entschiedene Ordnung der Geschichte zu verblüffenden Resultaten. In der Broschüre über die russische Revolution rät sie Lenin, in Rußland eine unbeschränkte Demokratie anzuwenden, und gleichzeitig, jegliche Unabhängigkeitsbestrebungen mit eiserner Faust zu unterdrücken, und sie bemerkt überhaupt nicht, daß man diese beiden Postulate der Inkohärenz verdächtigen könnte.

Von den Prämissen ihrer Akkumulationstheorie ausgehend sagte Rosa Luxemburg wachsende Absatzschwierigkeiten und im Zusammenhang damit einen wachsenden Druck des Kapitals auf die Löhne, eine Radikalisierung der Arbeitermassen und eine unvermeidliche Polarisierung der Klassen in der kapitalistischen Gesellschaft voraus. Das war einer der Gründe, weshalb sie den bäuerlichen und nationalen Bewegungen praktisch keinerlei Gewicht beimaß, denn sie meinte, diese müßten mit der Expansion des Kapitalismus notwendig eine immer geringere Rolle spielen; auch die Probleme der kolonialen Länder, die als Reservoir der Revolution in Frage kamen, unterschätzte sie völlig. Sie stand, mit einem Wort, auf dem Standpunkt der proletarischen Revolution im klassischen Marxschen Sinne, im Unterschied zu Lenin, der sich bewußt war, daß es eine »rein« proletarische Revolution überhaupt nicht geben kann und daß ein Kapitalismus, der sich dem »idealen« Modell einer Zweiklassengesellschaft nähert, die sozialistische Revolution immer unwahrscheinlicher und nicht immer wahrscheinlicher werden läßt. Im Endeffekt befand sich Rosa Luxemburg in drei grundlegenden Punkten der Strategie in Gegensatz zu Lenin, Punkten, von denen jeder für sich eine unerläßliche Voraussetzung für den Erfolg der Bolschewiki im Jahre 1917 war: der Agrarpolitik, dem Nationalitätenprogramm und der Militärtheorie der Partei.

In einem Artikel aus dem Jahre 1922, der postum im Jahre 1924 veröffentlicht wurde, zeichnet Lenin ein Stereotyp von Rosa Luxemburg, das später in der kommunistischen Bewegung zum verpflichtenden Kanon wurde: Rosa war ein »Adler der Revolution«, auch wenn sie sich in der Akkumulationstheorie, in der nationalen Frage, in der Beurteilung des Menschewismus, des Bolschewismus und der Oktoberrevolution irrte (die Frage von »Spontaneität« und Partei taucht in dieser Liste der Irrtümer nicht auf). Nach fehlgeschlagenen Aufstandsversuchen in den Jahren 1920 und 1923 begannen die deutschen Kommunisten, den »Luxemburgismus« als jene Ideologie zu attackieren, die angeblich für die falsche Politik jener Jahre verantwortlich war. Diese Arbeit nahmen vor allem Ruth Fischer und Maslow auf sich (die erstere verglich Rosa Luxemburg mit einem Syphiliserreger). Die ganze Tradition des Spartakus wurde als eine Kette von theoretischen und taktischen Fehlern bezeichnet. Als im Zuge der ständigen Fraktions- und personellen Kämpfe innerhalb der sowjetischen Parteiführung 1926 die sogenannte »recht« Gruppe die Macht übernahm, kam es für einen kurzen Augenblick zur »Rehabilitierung« Rosa Luxemburgs, verbunden mit dem Sturz Ruth Fischers und Maslows in der deutschen Kommunistischen Partei. Bald jedoch wurden die alten Schemata nicht nur wiederhergestellt, sondern noch verschärft. Stalin beendete die Diskussion mit einem Artikel aus dem Jahre 1931, in dem er erklärte, Rosa Luxemburg sei für die Theorie der »permanenten Revolution« verantwortlich, die Trotzki dann übernommen habe, um die Idee des Aufbaus des Sozialismus in einem Lande zu bekämpfen.

Am Ende blieb alles, was an ihren theoretischen und politischen Überlegungen für Rosa Luxemburg spezifisch war, folgenlos, abgesehen von den verbalen Huldigungen polnischer und deutscher Kommunisten, die gelegentlich ihrem Andenken als Märtyrerin der revolutionären Sache gewidmet werden. Ihre Kritik am revolutionären Despotismus begann erst lange nach dem Zweiten Weltkrieg Interesse zu wecken, als diese Art von Kritik bereits banal geworden war und eher als eine historische Kuriosität entdeckt denn als ein Anstoß für Veränderungen verstanden wurde. In den sechziger Jahren wurde allerdings wieder ein gewisses Interesse für ihr Erbe in den Kreisen der sogenannten Neuen Linken wach, die nach einer Alternative zum rein leninistischen Modell der marxistischen Orthodoxie suchte, einem Modell, das unter Ablehnung der Leninschen Parteitheorie dennoch den Glauben an das unversiegliche revolutionäre Potential des Proletariats aufrechterhält und sich der reformistischen Taktik widersetzt.

Viertes Kapitel

Bernstein und der Revisionismus

1. Der Begriff des Revisionismus

Die Bedeutung des Begriffs »Revisionismus« wurde nie eindeutig geklärt, und so hat man das Wort je nach den Umständen im weiteren oder engeren Sinne benützt. Während aber heute der Ausdruck »Revisionismus« in der kommunistischen Bewegung überhaupt keinen bestimmten Inhalt mehr hat und beliebig als Schimpfwort auf die verschiedensten Menschen und Gruppen angewandt wird, die in irgendwelchen Punkten die Politik, das Programm oder die Doktrin der Partei in Frage stellen, so kann man den »Revisionismus« an der Wende vom 19. zum 20. Jahrhundert als ein deutliches Phänomen in der sozialistischen Bewegung Mittel- und Osteuropas charakterisieren, auch wenn seine Grenzen fließend waren. Als Revisionisten bezeichnete man jene sozialistischen Schriftsteller und Politiker, die, von marxistischen Grundlagen ausgehend, nach und nach verschiedene Elemente der Doktrin, vor allem die Prognosen Marxens zur Entwicklung des Kapitalismus und die Notwendigkeit der sozialistischen Revolution, in Zweifel zogen. Diejenigen, die den Marxismus gänzlich aufgaben oder nie Marxisten waren, bezeichnete man nicht als Revisionisten, wohl aber diejenigen, die sich bemühten, die überkommene Doktrin umzugestalten, oder die darauf hinwiesen, daß einige für sie wesentliche Elemente auf die gegenwärtige Gesellschaft nicht mehr anwendbar seien. Jaurès z. B. bezeichnete man selten als Revisionisten, da er sich nie als ein Orthodoxer im deutschen Sinne ausgab. Später faßte man auch diejenigen unter dieser Bezeichnung, die sich bemühten, den Marxismus durch kantianische Grundsätze zu ergänzen. Im allgemeinen war der Revisionismus jedoch ein Phänomen, das charakteristisch war für jene Parteien, die ihre Treue zur Marxschen Theorie stark betonten, so vor allem für die deutsche, österreichische und russische Partei.

Im engeren Sinne galt der Revisionismus als ein theoretischer Standpunkt, doch gab es, bevor dieser Standpunkt in der zweiten Hälfte der neunziger Jahre von Bernstein eindeutig artikuliert wurde, politische Tendenzen, die, ohne ideologisch untermauert zu sein, in die gleiche Richtung zielten. Das erste Anzeichen einer revisionistischen Krise in der deutschen Partei war die Diskussion über die Agrarfrage in den frühen neunziger Jahren. Auf dem Frankfurter Parteitag von 1894 forderte Georg von Vollmar (1850–1922), ein führender Sozialdemokrat aus Bayern, die Partei solle für die Interessen nicht nur der Arbeiter, sondern auch der Bauern eintreten. Scheinbar war diese Frage von rein taktischer Bedeutung, doch in Wirklichkeit berührte sie ein wesentliches Element der Theorie. Nach der Ansicht von Engels und Marx, die von den Orthodoxen aufrechterhalten wurde, muß die Entwicklung der Landwirtschaft im Kapitalismus in ihrer grundsätzlichen Tendenz genauso verlaufen wie in der Industrie, also zu einer immer stärkeren Konzentration des Bodens in den Händen einer immer geringeren Anzahl von Besitzern führen und das kleinbäuerliche Eigentum unausweichlich ruinieren. Deshalb waren Orthodoxe wie Kautsky gegen eine Politik, die für die Bauern eintrat, weil diese ohnehin eine zum Untergang verurteilte und damit im historischen Sinne »reaktionäre« Klasse seien. Infolgedessen konnten die Sozialisten aber nie die Unterstützung der Bauern gewinnen, was ihre Wahlkampfmöglichkeiten gewaltig beeinträchtigte, um so mehr, als die Mehrheit der Bauern in Preußen sich mit den Junkern zu einer antibürgerlichen Opposition verbündete, also die reaktionärste politische Formation unterstützte. Es ging aber nicht nur um eine taktische Frage, sondern darum, ob es den vorhergesagten Konzentrationsprozeß in der Landwirtschaft überhaupt gab. Der sozialistische Landwirtschaftsexperte Eduard David (1863–1930) wies nach, daß es in der Landwirtschaft keine Konzentration gebe, und darüber hinaus, daß der Familienbetrieb die geeignetste landwirtschaftliche Produktionsform sei. Kautsky bekämpfte David in beiden Punkten, gab ihm aber nach vielen Jahren im ersten Punkte recht: Es gibt keinen »notwendigen« Konzentrationsprozeß des Grundbesitzes.

Bald zeigte sich jedoch, daß man die Zweifel an der Richtigkeit der Marxschen Prognosen von der Landwirtschaft auf die gesamte kapitalistische Wirtschaft übertragen kann. Die traditionelle Lehre Marxens ging davon aus, daß der Kapitalismus auf eine wachsende Polarisierung der Klassen, eine Konzentration des Kapitals, den Ruin der Kleinunternehmen und eine Proletarisierung der Massen hinauslaufen müsse und daß dieser Prozeß unabwendbar sei; sie ging also davon aus, daß sämtliche Reformen im Rahmen des Kapitalismus irrelevant und nicht von Dauer seien und daß es infolgedessen die Hauptaufgabe der Sozialisten sei, ihre Kräfte im Hinblick auf die letzte revolutionäre Auseinandersetzung zu organisieren. Mit der Entfaltung sozialistischer Massenparteien, den parlamentarischen Erfolgen und den sozialen Reformen wuchs aber die Zahl der Parteipolitiker, die ihre Aufgabe in der unmittelbaren Vertretung der Arbeiterinteressen sahen und für welche die Idee einer großen und alles entscheidenden letzten Schlacht keine praktische Bedeutung hatte. Die reformistische Mentalität breitete sich also in der sozialistischen Bewegung sehr viel früher aus, als Bernstein sie theoretisch begründete. Nicht ohne Bedeutung war auch das Beispiel des englischen Sozialismus, der sich während der ganzen Zeit ohne jede revolutionäre Doktrin entwickelte und unzweifelhafte Erfolge errang. Somit fand der als Theorie formulierte Revisionismus von Anfang an einen günstigen Boden unter den Partei- und Gewerkschaftsaktivisten. Der erwähnte praktische Revisionismus hatte unterschiedliche Motive und unterschiedliche Orientierungen. Eine für die Parlamentspolitiker wichtige Frage war die der Bündnisse mit nichtsozialistischen Kräften, um Wahlen zu gewinnen und Reformen durchzusetzen, doch waren alle derartigen Bündnisse vom Standpunkt der Lehre aus stets verdächtig. Lokale Partei- und Gewerkschaftsvertreter interessierten sich weniger für Wahlauseinandersetzungen, doch waren ihnen die Frage der »Endziele« des Sozialismus und der ganze theoretische Teil des Parteiprogramms im allgemeinen gleichgültig. Ignaz Auer (1846–1907), einer der Führer der Partei, drückte das Bewußtsein dieser Gruppe aus. Einige schließlich (besonders Schippel und Heine) stellten das antimilitaristische und antikoloniale Programm der Partei in Frage, wobei sie von nationalistischen Grundsätzen und von der Überzeugung ausgingen, daß sowohl der Militarismus als auch der Kampf um Kolonien und Märkte im Interesse des deutschen Proletariats sei. Allgemein ging jedoch dieser kaum artikulierte praktische Revisionismus davon aus, daß es die Aufgabe der Sozialisten sei, »stückweise« die neue Gesellschaft aufzubauen, nicht aber auf die Revolution zu warten, und daß man alle Anstrengungen auf die allmähliche Verbesserung des bestehenden Systems konzentrieren müsse. Das Werk Bernsteins hätte nie zum Auslöser eines solchen Erdbebens werden können, wäre es nicht eine Manifestation und Systematisierung von Ideen gewesen, die gewissermaßen in der Luft lagen.

2. Biographische Mitteilungen

Eduard Bernstein (6. 1. 1850–18. 12. 1932) wurde in Berlin in einer Arbeiterfamilie jüdischer Herkunft, aber nichtjüdischen Glaubens geboren. Sein Vater war Lokomotivführer. Bernstein mußte früh das Gymnasium verlassen und arbeitete in den Jahren 1869–1878 als Bankangestellter. 1872 trat er der Partei der Eisenacher bei und nahm am Gothaer Vereinigungsparteitag teil. Eine Zeitlang hing er der Philosophie Dührings an, doch stießen ihn das Apodiktische, die Intoleranz und der Antisemitismus des Berliner Philosophen ab. Die Lektüre von Engels' »Anti-Dühring« (1878) bekehrte ihn völlig zum Marxismus; von da an war er ein leidenschaftlicher Befürworter der marxistischen Orthodoxie in der damals geltenden Version. Nach der Verkündigung der Sozialistengesetze reiste er nach Lugano und anschließend nach Zürich als Sekretär Karl Höchbergs, eines reichen deutschen Privatmannes, der mit der Sozialdemokratie sympathisierte und sie finanziell unterstützte, obschon er selbst kein Marxist war. In Zürich wurde er Mitarbeiter und später (von 1880 bis 1890) Chefredakteur des »Socialdemokrat«. Dort befreundete er sich auch mit Kautsky, den Höchberg bald darauf aus Wien herbeigeholt hatte, dort lernte er auch die sozialistische russische Emigration kennen. Der »Socialdemokrat« war ein überaus wichtiges Instrument, um die Kontinuität der Partei unter den Bedingungen der Illegalität oder Halblegalität aufrechtzuerhalten, und wurde im Sinne der revolutionären Orthodoxie redigiert. Im Jahre 1880 reiste Bernstein als Begleiter Bebels nach London, wo er Marx und Engels kennenlernte. 1884 besuchte er Engels ein weiteres Mal, und er führte mit ihm eine rege Korrespondenz, die er erst 1925 veröffentlichte. Gleichfalls in Zürich gab Bernstein seine Studien über die Geschichte der Chartisten heraus (»Die Chartistenbewegung in England«, 1887). Mitte des Jahres 1888 wurde er aus der Schweiz ausgewiesen. Er siedelte nach London über, wo er während der letzten Lebensjahre von Engels zu dessen engsten Freunden gehörte (Engels ernannte ihn denn auch zu einem seiner Testamentsvollstrecker).

Bis Anfang 1901 lebte Bernstein in England. Dieser Aufenthalt veränderte grundsätzlich sein Verhältnis zum Marxismus und zur sozialistischen Philosophie; beträchtlichen Einfluß übten die Fabier auf ihn aus, mit denen er während der ganzen Zeit in engem Kontakt stand. Die Beobachtung der englischen Verhältnisse ließ ihn zu der Überzeugung gelangen, daß die Theorie vom einmaligen, gewaltigen Zusammenstoß, der den Kapitalismus beseitigt, eine doktrinäre Illusion sei und daß die reale Hoffnung des Sozialismus in schrittweisen gesellschaftlichen Reformen und einer schrittweisen Sozialisierung mit den Mitteln demokratischen Drucks bestehe. Aus diesen Beobachtungen wurde bald ein ganzes System, das zahlreiche philosophische und politische Grundprinzipien des Marxismus revidierte. In vielen Punkten stand diese Kritik dem sogenannten Kathedersozialismus (Brentano, Schulze-Gävernitz, Sombart) nahe, der im Grunde ein Versuch war, den Sozialismus mit liberalen Doktrinen zu verknüpfen, und der auf eine allmähliche Verbesserung der Gesellschaft durch soziale Gesetzgebung hoffte, also eine grundsätzliche, »qualitative« Zäsur zwischen Kapitalismus und Sozialismus verwarf. Bernstein legte seine Ideen in einer Reihe von Artikeln unter dem Titel »Probleme des Sozialismus« dar, die ab Ende 1896 in der »Neuen Zeit« erschienen und anschließend in dem Buch »Die Voraussetzungen des Sozialismus und die Aufgaben der Sozialdemokratie«

(1899) veröffentlicht wurden, das zum grundlegenden Dokument der revisionistischen Bewegung und zum Gegenstand ungezählter Polemiken wurde. Die ersten Angriffe beantwortete Bernstein mit einem Brief an den Parteitag in Stuttgart, zu dem er noch nicht fahren konnte, da er von der deutschen Justiz verfolgt wurde. Auf diesem Parteitag griffen ihn die Orthodoxen (Kautsky, Klara Zetkin, Rosa Luxemburg) an, und bald wurde die ganze europäische Sozialdemokratie in die Auseinandersetzung hineingezogen, die letzten Endes entscheidend zur Kristallisierung zweier entgegengesetzter Tendenzen innerhalb der sozialistischen Bewegung beitrug. Trotz wiederholter antirevisionistischer Resolutionen und Verurteilungen, trotz der Tatsache, daß die Mehrheit der Parteitheoretiker sich gegen Bernstein aussprach, war es offenkundig, daß sein Einfluß in der Partei, aber auch in den Gewerkschaften wuchs und sich verstärkte.

Anfang 1901 kehrte Bernstein nach Deutschland zurück, und im folgenden Jahr wurde er in Breslau zum Reichstagsabgeordneten gewählt. Er gab die Mitarbeit bei der »Neuen Zeit« auf und schrieb häufig in den »Sozialistischen Monatsheften«, die (seit 1897) Julius Bloch redigierte und die zum wichtigsten theoretischen Organ des Reformismus wurden. Aus der Partei wurde er allerdings nicht ausgeschlossen (nur eine geringfügige radikale Minderheit forderte den Ausschluß der Revisionisten, was jedoch die zentristische Führung nicht zuließ), und mit der Zeit eroberten seine Anhänger immer stärkere Positionen in der Parteiorganisation.

Von nun an war das Leben Bernsteins teils durch seine Tätigkeit als Abgeordneter (er gehörte dem Reichstag von 1902 bis 1918 und von 1920 bis 1928 an), teils durch die Arbeit als Schriftsteller und Herausgeber ausgefüllt. Nachdem er noch in London die Werke Lassalles herausgegeben hatte, bereitete er später die vollständige Ausgabe vor, die in 12 Bänden in Berlin erschien. Nachdem er sich 1905 den Anhängern des politischen Massenstreiks angeschlossen hatte (»Der politische Massenstreik und die politische Lage der Sozialdemokratie in Deutschland«, 1905), verfaßte er eine umfangreiche Geschichte der Berliner Arbeiterbewegung (»Die Geschichte der Berliner Arbeiterbewegung«, 3 Bde., 1907–1910), gab er zusammen mit Bebel die Korrespondenz von Marx und Engels in vier Bänden heraus, gründete und redigierte er die Zeitschrift »Documente des Socialismus« (1902–1905). In seiner Kritik am Marxismus, die er weiterhin betrieb, wurde er sich immer sicherer. In den letzten Jahren vor dem Ersten Weltkrieg stand er bereits den reformistischen Liberalen näher als den Marxisten. Während des Krieges gehörte er zu dem Minderheitsflügel der Kriegsgegner, und so trat er der Unabhängigen Sozialdemokratischen Partei Deutschlands bei, in der sich die Dissidenten versammelten und wo er mit Kautsky und Haase zusammenarbeitete. Nach dem Kriege kehrte er zur sozialdemokratischen Partei zurück und beteiligte sich an den Vorarbeiten zu ihrem ersten Programm. Er war der eigentliche Schöpfer der Ideologie der Sozialdemokratie, wobei man Sozialdemokratie in dem Sinne zu verstehen hat, wie er sich nach dem Ersten Weltkrieg als Gegensatz zum Kommunismus allgemein durchsetzte. Er starb in Berlin.

3. Die historischen Gesetze und die Dialektik

Nach Ansicht Bernsteins besteht das theoretische Unglück des Marxismus in seiner Herkunft von Hegel. Marx hat sich nach seiner Ansicht nie ganz von den hegelianischen Tendenzen befreien können, die es ihm gestatteten, unter Mißachtung der Tatsachen die gesellschaftliche Entwicklung aus den abstrakten und apriorischen Schemata der Dialektik abzuleiten. Das hat ihn u. a. dazu gebracht, an den historischen Determinismus und an das Vorhandensein eines einzigen »bestimmenden Faktors« der Geschichte zu glauben, von dem die menschlichen Individuen gewissermaßen nur Organe sind. Aber schon Engels hat die ursprünglichen Formulierungen des historischen Materialismus beträchtlich entschärft; spricht er doch von »letzten Ursachen«, woraus zu entnehmen ist, daß er auch mittlere Ursachen in der historischen Entwicklung unterstellt. Je zahlreicher und heterogener aber jene mittleren Ursachen sind, um so mehr müssen sie das Übergewicht der »letzten« Ursachen einschränken. So verhält es sich denn auch tatsächlich: Die Heterogenität der in der Gesellschaft wirkenden Kräfte schränkt die Herrschaft der »Notwendigkeit« ein und erlaubt den Menschen, die gesellschaftlichen Prozesse immer wirksamer zu beeinflussen. Erkennt man das an, dann kann der Marxismus nicht mehr als eine rein materialistische Lehre gelten und noch weniger als eine Theorie des »ökonomischen Faktors«, der die Geschichte in überwältigender Weise bestimmt. Das nimmt Marx nichts von dem gewaltigen Verdienst, auf die Bedeutung der Veränderungen in Technik und Produktion für das Verständnis der Geschichte hingewiesen zu haben.

Ebenfalls aus dem Hegelianismus stammt das »blanquistische« Element im Marxismus, der Glaube an die totale Revolution und an die schöpferische Rolle der politischen Gewalt. Im »Kommunistischen Manifest« kommt unter der kritisierten sozialistischen Literatur Babeuf überhaupt nicht vor. Das Rundschreiben des Bundes der Kommunisten vom März 1850 ist von blanquistischem Geist; es scheint davon auszugehen, daß allein der revolutionäre Wille und die terroristische Organisation Motor der sozialistischen Umwälzung sein können. Im allgemeinen aber bemühte sich Marx, einen Kompromiß zwischen den beiden

Traditionen der sozialistischen Bewegung zu finden. Die eine Strömung – die konstruktive, evolutionistische – entwickelte sich in der utopischen Literatur, in den sozialistischen Sekten und den Arbeiterverbänden des 19. Jahrhunderts und zielte auf die Emanzipation der Gesellschaft durch eine neue ökonomische Organisation. Die andere Strömung – die destruktive, verschwörerische, terroristische – wollte die Gesellschaft durch politische Expropriation der herrschenden Klassen verändern. Der Marxismus war allerdings eher ein Kompromiß als eine Synthese zwischen diesen beiden Orientierungen; deshalb schwankt auch das Denken von Marx zwischen beiden und zeigt immer wieder ein anderes Gesicht.

Man sollte beachten, daß Bernstein einen Plechanow genau entgegengesetzten Standpunkt bezieht, wenn er Hegel für die »blanquistischen Elemente« im Marxismus verantwortlich macht. Plechanow versuchte nämlich zu zeigen, daß gerade die Hegelsche Tradition mit ihrer utopiefeindlichen Einstellung und ihrem Glauben an eine natürliche »Logik« der Geschichte die wirksamste Waffe der sozialistischen Bewegung sei gegen politisches Abenteuertum, gegen blanquistischen Verschwörergeist und gegen Hoffnungen, man könne blitzartig, ohne daß die kapitalistischen Produktionsverhältnisse herangereift wären, in den Sozialismus »springen«.

Ein weiterer philosophischer Irrtum von Marx, so behauptet Bernstein, war die Wertlehre in dem Sinne, den Marx ihr gibt, wenn er sagt, der durch die Arbeitszeit bestimmte Wert sei eine reale, das Austauschverhältnis bestimmende Erscheinung und nicht eine gedankliche Konstruktion, die lediglich das Verständnis erleichtert. Der Wert im Marxschen Sinne sei nicht meßbar und ein äußerst abstraktes begriffliches Instrument, aber keine ökonomische Realität. Engels habe zwar geglaubt, daß noch im Mittelalter die Waren entsprechend ihrem Wert ausgetauscht worden seien, doch habe Parvus gezeigt, daß schon damals verschiedene Faktoren wirksam waren, die den Einfluß des Werts auf den Preis begrenzten. Nur in primitiven Gesellschaften sei das Wertgesetz tatsächlich gültig gewesen. Die Richtigkeit oder Unrichtigkeit der Werttheorie sei im übrigen für die Analyse des Mehrwerts nicht wesentlich. Aber auch in diesem Punkt sei die Lehre von Marx irreführend: Da Marx die Mehrwertrate mit der Ausbeutungsrate gleichsetzte, habe er den Eindruck erzeugt, als sei die Mehrwertrate ein Maßstab der sozialen Ungerechtigkeit. Das sei falsch, da der Lebensstandard der Arbeiterklasse nicht notwendig mit der Mehrwertrate korreliere (krasses Elend der Arbeiter sei möglich bei einer niedrigen Mehrwertrate, und relativer Wohlstand bei einer hohen), und überdies könne der Sozialismus ohnehin nicht mit der Tatsache begründet werden, daß der Arbeitslohn nicht dem vollen Wert des Produkts entspreche, da das überhaupt nicht möglich sei.

In seinen späteren Artikeln hat Bernstein sein negatives Verhältnis zur Werttheorie des »Kapital« noch deutlicher gemacht. Der Gedanke, daß der Marxsche Wertbegriff nur ein konventionelles Hilfsmittel der Selbstverständigung und nicht eine reale gesellschaftliche Erscheinung sei, wurde schon früher von Schmidt und Sombart formuliert und in dieser Version von Bernstein in seiner wichtigsten Abhandlung übernommen. Später äußerte er sich noch deutlicher: Den Wert im Sinne von Marx gibt es nicht, nur der Preis ist eine ökonomische Realität, und die Waren haben einen Wert, weil sie einen Preis haben. Marx habe überhaupt den Gebrauchswert der Waren unterschätzt, und sein Wertbegriff sei nutzlos, da nicht-quantitativ (unter anderem deshalb, weil nur die Zeit, nicht aber die Intensität der Arbeit meßbar ist).

In seiner Kritik an den philosophischen Grundlagen des Marxismus und dessen Herkunft von Hegel verfährt Bernstein unerhört pauschal und vereinfachend. Er scheint die Werke Hegels überhaupt nicht gekannt oder nicht mehr über sie gewußt zu haben, als er den karikaturhaft vereinfachten Zusammenfassungen Engels' entnehmen konnte. In dieser Hinsicht war er damals übrigens keine Ausnahme: Bei den Marxisten war Hegel nahezu unbekannt, und seine Bedeutung für die Herausbildung der Marxschen Weltanschauung wurde gewöhnlich auf vage Allgemeinplätze reduziert oder ganz übergangen (Labriola und Plechanow gehörten zu den wenigen, die auf die hegelianische Genealogie des Marxismus hinwiesen; doch auch der Hegel Plechanows war bis zur Unkenntlichkeit vereinfacht). Trotzdem ist klar, worauf Bernstein mit seiner Kritik an Marx im großen und ganzen hinaus will: Er will alle spekulativen geschichtsphilosophischen Schemata, die den Anspruch erheben, mit einem einzigen abstrakten Schlüssel die historischen Prozesse zu erklären, und darüber hinaus die »philosophische« Denkweise kritisieren, die, statt empirisch die ökonomischen Tendenzen zu erforschen, den Sinn der Ereignisse von der Erwartung einer einzigen gigantischen, »qualitativen« Veränderung von allerlösender Kraft abhängig machen.

Bernstein versuchte also nicht zu zeigen, daß er Marx die Treue hält; im Gegenteil, er kritisierte ihn ungehemmt, doch kritisierte er das, was nach seiner Ansicht lediglich eine negative »Seite« am Marxismus war: den Glauben an spekulative historische Schemata und die Erwartung, daß der Sozialismus ein gewaltiger Bruch in der menschlichen Geschichte sein werde.

4. Revolution und »Endziel«

Die Kritik an den hegelianischen Verunreinigungen im Marxismus war an sich für die Ideologie der Partei nicht besonders gefährlich. Doch im

Grunde zielte die Attacke Bernsteins ja auf etwas anderes. Er versuchte nämlich zu zeigen, daß die Prognosen der Marxisten über die Konzentration des Kapitals falsch seien, daß deshalb auch die Vorhersagen über die Polarisierung der Klassen und einen einmaligen revolutionären Akt, der mit einem Schlage die bestehende Ordnung beseitigt, illusorisch seien, daß es die Aufgabe der Sozialdemokratie sei, die politischen Institutionen und das Eigentum allmählich zu sozialisieren, und daß sich darüber hinaus die Partei diese Einstellung praktisch schon zu eigen gemacht habe, es aber nicht wage, die durch die Tradition geheiligte revolutionäre Doktrin aufzugeben. Das war die eigentliche »Substanz« der revisionistischen Theorie, die mit Geist und Buchstaben des Marxismus sowie mit dem theoretischen Teil des Parteiprogramms offenkundig nicht in Einklang zu bringen war.

Was Marx zum Fall der Profitrate, zur Überproduktion, zu den Krisen, der periodischen Kapitalvernichtung und der Konzentration bemerkt hat, beruhe zweifellos auf Tatsachen, sagt Bernstein. Marx habe jedoch das Vorhandensein entgegengesetzter Tendenzen, die im Kapitalismus auftreten, unterschätzt oder ganz außer acht gelassen. So müsse man zwischen einer Konzentration der Unternehmen und einer Konzentration der Vermögen unterscheiden: die erstere sei der Fall, die letztere nicht. Infolge des Systems der Aktiengesellschaften sei der Ausbau industrieller Großunternehmen nicht gleichbedeutend mit einem entsprechenden Anwachsen der individuellen Vermögen. Im Gegenteil wachse die Zahl der Besitzer sowohl absolut als auch relativ. Würden die Aussichten des Sozialismus von der Konzentration des Reichtums abhängen, dann hätte die Sozialdemokratie also einen objektiven ökonomischen Prozeß gegen sich. In Wirklichkeit seien die Chancen des Sozialismus nicht von der Richtigkeit der Konzentrationstheorie abhängig. Aus der Feststellung, daß die Anzahl der Besitzer zunimmt, folge nicht, so hebt Bernstein in seinem Brief an den Stuttgarter Parteitag hervor, daß er das gegenwärtige System rechtfertigen wolle. Das entscheidende für den Sozialismus sei die Produktivität der Arbeit; wenn die Zunahme der Zahl der Besitzer die Produktivkräfte hemme, habe sie keinen sozialistischen Sinn, doch müsse man die bloße Tatsache, daß eine solche Zunahme stattfindet, unabhängig von ihrer gesellschaftlichen Bedeutung feststellen.

Damit seien auch die Prophezeiungen über eine wachsende Polarisierung der Klassen falsch. Das entgegengesetzte Phänomen trete ein: die soziale Schichtung kompliziere sich, statt sich zu vereinfachen. Technologie und gesellschaftliche Organisation führten zu einem Anwachsen der Mittelschicht. Deshalb sei es eine hoffnungslose Utopie, auf einen Sozialismus zu warten, der infolge der Enteignung der Mittelklassen durch das Kapital eintreten solle. Da die Schicht der Techniker und

Angestellten rasch zunehme, habe der relative Anteil des Proletariats an der Gesamtbevölkerung eine sinkende Tendenz. Eine Konzentration des landwirtschaftlichen Eigentums finde gleichfalls nicht statt.

Auch könne man die Perspektiven des Sozialismus nicht von der Erwartung gewaltiger Krisen abhängig machen, die zum ökonomischen Zusammenbruch der kapitalistischen Wirtschaft führen würden. Solche Krisen seien im Gegenteil immer weniger wahrscheinlich, und der Kapitalismus erlange eine immer größere Geschicklichkeit, sich an Absatzschwierigkeiten anzupassen. Die unter den Sozialisten verbreitete Anschauung, daß man die Krisen mit einem niedrigen Konsum der Massen erklären könne, sei falsch und stehe im übrigen im Widerspruch zur Theorie von Marx und Engels. Das sei ein Gedanke Sismondis, den Rodbertus übernommen habe; Marx selbst habe auf den Umstand hingewiesen, daß die Krisen gewöhnlich in Zeiten steigender Löhne ausbrechen. Allerdings faßt der dritte Band des »Kapital« die Krisen als Resultat eines Konflikts zwischen der Konsumfähigkeit der Massen und dem natürlichen Trieb des Kapitalismus zum Fortschritt der Produktivkräfte auf. Nun hat aber die Entwicklung des Welthandels die Handlungsmöglichkeiten, über die das Kapital verfügt, um durch eine kurzfristige Inanspruchnahme von Kreditmitteln wirksam auf lokale Krisenerscheinungen zu reagieren, gewaltig erweitert. Dabei wachsen die Auslandsmärkte vor allem intensiv, nicht extensiv, und es gibt keinen Grund, diesem Wachstum eine unüberschreitbare Grenze zu setzen. Rosa Luxemburg behauptet, die Marxsche Theorie beschreibe Krisen des Niedergangs, die erst noch eintreten sollen, während die bisherigen Krisen solche des Wachstums gewesen seien; wäre das jedoch richtig, so würde es bedeuten, daß die Krisentheorie von Marx einen anderen Sinn hat, als er selbst ihr zuschrieb, und darüber hinaus, daß die ganze Theorie eine unüberprüfte spekulative Deduktion ist. In Wirklichkeit schafft das entwickelte System des Kredits, der Kartelle und Schutzzölle, obwohl es der Aufrechterhaltung der Ausbeutung dient, zugleich wirksame Instrumente gegen Krisen und läßt die Hoffnungen auf eine »große Katastrophe« schwinden.

Nach Marx sind die beiden Hauptvoraussetzungen des Sozialismus eine hochgradige Vergesellschaftung der Produktionsprozesse in der kapitalistischen Wirtschaft und die politische Herrschaft des Proletariats. Nun ist die erste Voraussetzung noch keineswegs erfüllt. Was dagegen die zweite Voraussetzung betrifft, so muß man deutlich sagen, ob die Partei auf die Erringung der Macht im Rahmen demokratischer, gewählter Institutionen oder auf revolutionäre Gewalt setzt. Die grundlegenden gesellschaftlichen Entwicklungstendenzen kommen der revolutionären Hoffnung nicht entgegen. Im Gegensatz zu den traditionellen Prognosen differenzieren sich die gesellschaftlichen Funktionen immer stärker, und auch innerhalb der Arbeiterklasse selbst nimmt die Differenzierung zu. Ebenso wurde die Theorie widerlegt, daß die Lage der Arbeiter im kapitalistischen System hoffnungslos sei und sich nicht wesentlich bessern könne. Marx war in dieser Frage nicht ganz konsequent; er räumte ein, daß es Tendenzen gibt, welche die Ausbeutung begrenzen und das Los der Lohnarbeiter verbessern können, zuweilen hielt er sich aber auch an seine apriorische Konstruktion, die ihn die Bedeutung von Tatsachen, die zu ihr in Widerspruch standen, nicht erkennen ließ. Gegenwärtig besteht zweifellos kein Anlaß, eine Verschärfung der Klassengegensätze infolge von wachsender Ausbeutung und Not zu erwarten. Aber die Aussichten des Sozialismus sind auch durchaus nicht an diese Prognosen gebunden. Sie sind abhängig vom Wachstum der gesellschaftlichen Arbeitsproduktivität, die mit dem allgemeinen Fortschritt verknüpft ist, und von der geistigen und moralischen Reife der Arbeiterklasse. Der Sozialismus ist eine allmähliche Bewegung, die auf der wachsenden Sozialisierung unter Ausnutzung der demokratischen Institutionen und der Kraft des organisierten Proletariats beruht. Dabei ist die Demokratie nicht nur ein Mittel des politischen Kampfes, sondern auch ein selbständiger Zweck und ein Wert an sich, eine Form, in der sich der Sozialismus verwirklicht. Die Demokratie bedeutet nicht, daß alle sozialen Probleme automatisch gelöst werden, sie ist aber ein mächtiger und unverzichtbarer Hebel des Fortschritts. Da die Sozialdemokratie auf dem Boden des Parlamentarismus steht, haben Phrasen von der »Diktatur des Proletariats« keinen Sinn. Im übrigen ist ein Sozialismus, den die Arbeiterklasse mit Hilfe von Gewalt gegen die ganze übrige Welt errichten müßte, unmöglich; die Sozialisten müssen sich im Gegenteil bemühen, das Kleinbürgertum und die Bauern für ihr Programm zu interessieren. Das kann dadurch geschehen, daß die Sozialdemokratie dank ihres wachsenden Einflusses auf die staatlichen Institutionen die wirtschaftliche Organisation reformiert, Hindernisse für Erzeugergenossenschaften beseitigt, den Gewerkschaften eine Kontrolle über die Produktion zusichert und Sicherungen gegen Monopole sowie Garantien für die Arbeit errichtet; wo derartige Bedingungen herrschen, ist es unwichtig, ob neben einer vergesellschafteten eine nichtvergesellschaftete Produktion besteht; die privaten Unternehmen werden sich selbst nach und nach sozialisieren – eine massive einmalige Vergesellschaftung würde unausweichlich eine ebenso massive Vergeudung und Terror bedeuten. Es geht dabei, wie Bernstein unterstreicht, nicht um ein »Verbot« der Revolution; Revolutionen sind spontane Prozesse, die man nicht verbieten kann. Aber in dieser Hinsicht wird sich durch eine Politik der Reformen nichts ändern. Worum es geht, ist, daß die Partei eindeutig die offenkundige Tatsache anerkennt, daß sie sozialistische Veränderungen der Gesellschaft durch demokratische und wirtschaftliche Reformen anstrebt. So ist die Partei tatsächlich, und es geht darum, daß sie »den Mut hat, zu scheinen, was sie ist«, um mit Schiller zu sprechen. Was das betrifft, so weist Bebel die Beschuldigung zurück, die Partei strebe eine Politik der Gewalt an; Kautsky hat ein reformistisches Agrarprogramm verfaßt, und im Reichstag hat die Partei die Errichtung von Schiedsgerichten gefordert. Es stimmt nicht einmal, daß die Drohung mit Gewalt und Terror das wirksamste ist; die englischen Arbeiter haben sich das Wahlrecht nicht in den revolutionären Zeiten des Chartismus erkämpft, sondern dann, als sie sich mit dem radikalen Bürgertum verbündeten.

Die bündige Formel, in der Bernstein seinen Standpunkt zusammenfaßte und die als Hauptzielscheibe von Angriffen seitens der Orthodoxie Karriere machte, lautet: »Das, was man gemeinhin unter ›Endziel des Sozialismus‹ versteht, ist mir gar nichts, die Bewegung alles.« In seinem Brief an den Parteitag erläutert Bernstein den Sinn dieser Äußerung folgendermaßen: In der gegenwärtigen Situation muß der Partei nicht an einer großen Katastrophe gelegen sein, sondern an der allmählichen Erweiterung der politischen Rechte der Arbeiter und an ihrer Teilnahme an den wirtschaftlichen und kommunalen Einrichtungen; die Eroberung der Macht und die Vergesellschaftung des Eigentums sind an sich keine Ziele, sondern Mittel. In seinem Hauptwerk gibt er jedoch eine etwas andere Erklärung. Marx habe schließlich geschrieben, daß die Arbeiterklasse keine fertige Utopie besitze, die sie per Dekret einführen könnte; sie besitze keine willkürlich erdachten Ideale; sie wisse, daß ihre Befreiung lange Kämpfe und verschiedene historische Prozesse erfordere, welche sowohl die Menschen wie auch die Verhältnisse verändern würden; man müsse die Elemente der neuen Gesellschaft, die sich schon im Schoße des Kapitalismus entwickelt hätten, vorantreiben. An den überlieferten Utopien festzuhalten, sei ein Hindernis für den sozialen Fortschritt, weil es die Aufmerksamkeit von möglichen und durchführbaren Reformen ablenke, die es zu erkämpfen gelte.

Wie man sieht, ist die Formel »Die Bewegung ist alles, das Ziel nichts« nicht ganz eindeutig und stützt sich darüber hinaus auf einen Gedanken von Marx, den sie vollkommen verdreht. Tatsächlich hat Marx sowohl im »Bürgerkrieg in Frankreich« wie in der (Bernstein noch unbekannten) »Deutschen Ideologie« und in anderen Schriften unterstrichen, daß der wissenschaftliche Sozialismus die Menschen nicht durch willkürlich ersonnene Modelle einer vollkommenen Ordnung verlocken, sondern die bestehenden Entwicklungstendenzen von Wirtschaft und Gesellschaft erforschen wolle, um die realen Kräfte, welche die Gesellschaft verändern, zu mobilisieren oder zu stimulieren; deshalb gelte es, die Keimformen der »natürlichen« Bewegung der Geschichte zu erforschen oder auch, wie er noch 1843 schrieb, die versteinerten gesellschaftlichen

Verhältnisse dadurch zum Tanzen zu zwingen, daß man ihnen ihre eigene Melodie vorspielt. Dieser Gedanke richtet sich gegen alle sentimentalen und moralisierenden Utopien, keineswegs aber gegen die Hoffnung auf eine gewaltsame, einmalige Revolution; aus ihm folgt auch durchaus nicht, daß die Sozialisten ihren Horizont auf unmittelbar sich aufdrängende oder sofort durchführbare Ziele beschränken sollten, sondern lediglich, daß die Ziele der Sozialisten – insbesondere das »Endziel« und die politische Revolution – gewissermaßen aus der Beobachtung der wirklichen Tendenzen der Geschichte und nicht aus willkürlichen Vorstellungen von einer vollkommenen Welt abgeleitet sein sollten. Vor allem aber hat Marx deutlich erklärt, inwiefern der Kapitalismus nach seiner Ansicht die »Voraussetzungen« der künftigen Ordnung schafft (Vergesellschaftung der Produktionsprozesse, Polarisierung der Klassen, revolutionäre Erziehung des Proletariats allein schon durch die Lebensverhältnisse); diese Voraussetzungen machen den Sozialismus möglich, ja selbst notwendig, doch haben vor dem politischen Triumph des Proletariats Veränderungen des Kapitalismus keine sozialistische Bedeutung.

In diesem Sinne berief sich Bernstein also grundlos auf Marx, wenn auch nicht ganz grundlos auf Engels. Im Kern ging der Streit nicht um Anerkennung oder Ablehnung der revolutionären Gewalt, sondern um die Frage, ob die Sozialisierungsprozesse innerhalb der kapitalistischen Wirtschaft »bereits« partielle Akte des sozialistischen Aufbaus sind. Wenn sich der Sozialismus »stückweise« innerhalb des Kapitalismus realisieren läßt, gibt es keinen Grund, zu glauben, daß aus diesen Stücken nicht mit der Zeit etwas Ganzes entstehen könnte. Dadurch wird die Zäsur, die beide Gesellschaftsformationen trennt, beseitigt, die Bewegung zum Sozialismus ist nicht eine Vorbereitung auf die große Expropriation, sondern bedeutet mehr Vergesellschaftung, mehr Demokratie, mehr Gleichheit, mehr Wohlstand, und diese allmähliche Zunahme hat keine von vornherein definierbare Grenze, d. h. eben: kein »Endziel«.

Daß »die Bewegung alles, das Ziel nichts ist«, ist somit im Sinne Bernsteins nicht als die triviale Empfehlung zu verstehen, die Partei solle sich realisierbare Aufgaben stellen. Diese Formel beinhaltet erstens, daß das »Endziel«, wie es die Tradition des Marxismus verstand (ökonomische Befreiung des Proletariats durch Eroberung der politischen Macht) keinen bestimmten Inhalt hat, daß die sozialistische Bewegung imstande ist, zahlreiche Veränderungen zu erkämpfen, durch welche nach und nach immer mehr sozialistische Werte verwirklicht werden, und daß eine Partei, die alles von einer einmaligen gewaltigen Katastrophe erwartete, gegen die Interessen des Proletariats handeln würde.

Doch nach Ansicht Bernsteins ist die deutsche Sozialdemokratie in einem beträchtlichen Teil ihres politischen Verhaltens praktisch schon eine Partei der Reformen. Die revolutionären Formeln des Programms stehen im Widerspruch zur tatsächlichen Politik und können dieser nur hinderlich sein. Die Partei muß deshalb nicht ihre Politik vollkommen ändern, sondern sich vielmehr bewußt machen, was die Politik, die sie schon betreibt, tatsächlich bedeutet. Sie muß die überkommenen Ideen dem realen politischen Verhalten anpassen.

Bernstein verwarf ebenfalls die Formel des Kommunistischen Manifests von den Arbeitern, die kein Vaterland hätten. Diese Formel war vielleicht in den vierziger Jahren im Hinblick auf das politisch rechtlose und nicht am öffentlichen Leben teilnehmende Proletariat begründet; in bezug auf die gegenwärtige Arbeiterklasse, die sich Bürgerrechte erkämpft hat und auf das Schicksal ihres Landes Einfluß nehmen kann, ist sie jedoch ein Anachronismus. Auch der Kolonialismus ist für Bernstein nicht eine Erscheinung, welche die Sozialisten grundsätzlich ohne Rücksicht auf Umstände und Formen verurteilen müssen. Er beruft sich auf die Auffassung von Marx, der geschrieben hatte, die menschlichen Gesellschaften seien nicht Eigentümer, sondern lediglich Nutznießer der Erde, auf der sie leben, und sie hätten diese in einem verbesserten, nicht in einem verwüsteten Zustand an die folgenden Generationen zu übergeben. Das Recht auf bestimmte Gebiete, behauptet Bernstein, stütze sich somit nicht auf die Tatsache der Eroberung dieser Gebiete durch die aktuell in ihnen lebende Bevölkerung, sondern auf die Fähigkeit, sie rationell zu bewirtschaften. Höhere Kulturen, welche die Erde zu bewirtschaften verstünden, hätten deshalb ein größeres Anrecht auf sie als die Wilden – unter der Bedingung, daß sich die Kolonialisierung nicht zum Nachteil der Eingeborenen und nicht in brutalen Formen vollziehe.

5. Der Sinn des Revisionismus

Das schriftstellerische Wirken Bernsteins löste auf seiten der Orthodoxie aller Schattierungen eine unerhörte Welle von Angriffen aus. Es gab wohl keine bedeutendere Feder im sozialistischen Lager, die sich nicht in Bewegung setzte. Kautsky, Rosa Luxemburg, Plechanow, Bebel, Labriola, Jaurès, Adler, Mehring, Parvus, Zetkin – alle fühlten sich verpflichtet, das Wort zu ergreifen, was allein schon bewies, daß Bernsteins Kritik keine zufällige Laune, sondern die Artikulation einer tatsächlich in der sozialistischen Bewegung vorhandenen Tendenz war.

Die geringste Rolle spielte in diesen Polemiken die philosophische Kritik Bernsteins an Marx, die übrigens nichtssagend und stümperhaft war. Die größte Empörung löste Bernstein damit aus, daß er die Theorie von der Konzentration des Kapitals anzweifelte und die Möglichkeit vertrat, die bestehende Ordnung könne durch ein Bündnis des Proletariats mit der Bauernschaft und dem Kleinbürgertum allmählich im Sinne des Sozialismus verbessert werden. Plechanow schrieb, mit der Aufgabe des marxistischen Grundsatzes, daß die Lage der Arbeiter in der kapitalistischen Wirtschaft hoffnungslos sei, höre der Sozialismus auf, eine Begründung der Revolution zu sein, und werde zu einem Programm legislativer Reformen; Kautsky wies darauf hin, daß der Sozialismus seine Daseinsberechtigung verlieren würde, wenn Bernstein Recht hätte. Labriola wies nach, daß Bernstein vollkommen zum Standpunkt des liberalen Bürgertums zurückgekehrt sei, und Rosa Luxemburg, daß der Sozialismus ganz offensichtlich überflüssig sei, wenn die kapitalistische Wirtschaft über Anpassungsmöglichkeiten verfüge, mit denen sie Überproduktionskrisen vermeiden könne. Diese Art der Kritik war rein ideologisch und drückte nur die – sehr wohl gerechtfertigte – Befürchtung aus, daß es mit dem klassischen revolutionären Marxismus vorbei sein würde, falls Bernstein Recht hätte. Die Mehrheit der Kritiker wies jedoch darauf hin, daß Bernsteins Überlegungen auf falschen Voraussetzungen beruhten. Sowohl Kautsky als auch Bebel und Rosa Luxemburg beharrten auf der traditionellen Konzentrationstheorie, wobei deutlich wurde, daß man den Begriff »Konzentration« unterschiedlich verstehen kann. Bernstein bestritt ja nicht, daß es zu einer Vereinigung der Kapitale kommt, wodurch die Anzahl der industriellen Großunternehmen und ihr Anteil an der Produktion wächst. Dagegen bestritt er, daß es eine Tendenz zur Konzentration der Kapitalmassen in den Händen einer immer geringeren Zahl von Besitzern gebe, welche die kleinen Eigentümer enteignen, er bestritt also, daß die Zahl der Kapitalisten abnimmt, nicht aber, daß die zusammenwirkenden Kapitalmassen wachsen. Rosa Luxemburg behauptete, das Aktiensystem sei ein Mittel der Konzentration und nicht der Dekonzentration des Kapitals, was zweifellos richtig war, aber die Gültigkeit von Bernsteins Darlegung nicht berührte. Darüber hinaus bemerkten jedoch alle Orthodoxen, daß die These von der Polarisierung der Klassen und vom Verschwinden der Mittelklassen nicht in Frage gestellt werden konnte, ohne daß die ganze Doktrin zusammenbrach. Mit dem sich verbreitenden System des Verkaufs von Kleinaktien, so behaupteten sie, wolle das Großkapital nur nach den kleinen Ersparnissen greifen, und für die Klassenteilung habe es nicht die geringste Bedeutung. Sogar Jaurès bezweifelte Bernsteins These, daß die Klassenteilung immer undeutlicher werde; trotz aller Differenzierungen bleibe, so sagte er, die prinzipielle Grenze zwischen den Besitzenden und den Nichtbesitzenden gültig. Auch befürchtete er, die sozialistische Bewegung werde mit der Übernahme der Bernsteinschen Theorie ihr Gesicht als Klassenbewegung verlieren und zu einer allgemein-radikalen Tendenz zerfließen. Er erklärte deshalb, wenn auch in vagen Formulierungen, seine Unterstützung für Kautsky, obwohl er in der

Frage der Bündnisse, welche die Sozialdemokratie überall dort, wo unmittelbare Ziele das erfordern, mit nichtsozialistischen Kräften schließen kann und soll, sowie in der Frage der sozialistischen Bedeutung sozialer Reformen Bernstein gewiß näher stand.

Rosa Luxemburg formulierte am deutlichsten, worum es im Kern ging: Wenn man davon ausgeht, daß Reformen den Kapitalismus verbessern können, wenn der Kapitalismus überhaupt verbesserungsfähig ist – sei es im Sinne der allmählichen Beseitigung der Folgen der Anarchie in der Produktion, sei es im Sinne einer Besserung in der Lage der Arbeiter –, dann hat die Orientierung auf die Revolution keinen Sinn. Doch eine solche Verbesserung ist unmöglich, da Anarchie und Krisen zum Wesen des Kapitalismus gehören und die Unterdrückung des Arbeiters allein schon aus der Tatsache entspringt, daß er seine Arbeitskraft verkauft, also auch nicht beseitigt oder auch nur gemildert werden kann ohne Enteignung der Kapitalisten, die wiederum nur denkbar ist als Ergebnis der revolutionären Übernahme der Macht. Zwischen allen Reformen und der Revolution besteht ein qualitativer Unterschied.

Auf die Ausbreitung revisionistischer Ideen in der deutschen Sozialdemokratie hatte diese Kritik keinen großen Einfluß, da der Reformismus schon vor Bernstein die heimliche Ideologie einer beträchtlichen Mehrheit der Arbeiterbewegung in Deutschland gewesen war. Es stimmte wohl, daß viele Partei- und Gewerkschaftsaktivisten sich für die theoretische Seite des Streits nicht interessierten und daß ihnen nicht besonders an der Revision einer Parteidoktrin gelegen war, die sie in ihrer alltäglichen Praxis der Kämpfe, Verhandlungen und Reformen nicht störte – aber auch nicht unterstützte –, die also als rhetorisches Beiwerk auf unbegrenzte Zeit weiterbestehen konnte. Gleichwohl nahmen sie die neue Formel, nachdem sie nun schon einmal ausgesprochen war, ohne zu zögern, auf. Die Idee der Revolution war viel eher bei den Parteiintellektuellen als bei den Arbeitermassen zu Haus. Die spätere Linke hatte sich in den ersten Jahren des Streits noch nicht als eine besondere Strömung innerhalb der Partei herausgebildet, und im übrigen bestand sie auch später bis zum Kriege hin nur in Gestalt einiger Theoretiker und Journalisten, die auf die praktische Arbeit der Partei keinen Einfluß hatten, keine organisatorische Arbeit leisteten und nicht einmal untereinander in ständiger Verbindung waren. Für die Orthodoxen, die – wie Bebel – die Partei organisatorisch leiteten oder ihr – wie Kautsky – die Doktrin lieferten, war das Auftreten Bernsteins natürlich eine Herausforderung an den revolutionären Glauben, dem sie mit ganzer Überzeugung anhingen; für sie war die Partei die reale Verkörperung ihres Programms nicht nur in seinem praktischen, sondern auch in seinem theoretischen Teil. Es gelang ihnen, für antirevisionistische Formeln die Unterstützung der Mehrheit zu gewinnen, doch was ihnen diese Unterstützung sicherte, war nicht der revolutionäre Geist der Partei, sondern die Gleichgültigkeit der Mitglieder gegenüber einer revolutionären Theorie, die durch die Tradition geheiligt, aber im übrigen ohne größere Bedeutung war.

Lenin behauptete – und dieser Gedanke wurde und wird immer noch in der kommunistischen Bewegung als verpflichtendes Dogma wiederholt –, daß der Revisionismus sich als eine Ideologie entwickelt habe, die speziell die Interessen der Arbeiteraristokratie widerspiegele, welche die Bourgeoisie an den »Brocken« ihrer Konjunktur teilhaben lasse. Daraus müßte man schließen, daß nach Lenins Ansicht nur ein privilegierter Teil der deutschen Arbeiterklasse geneigt war, dem Reformismus Gehör zu schenken, während die überwältigende Mehrheit von revolutionärem Enthusiasmus erfüllt war. In Wirklichkeit war das, was die Kritiker später als »praktischen« Revisionismus bezeichneten, vor allem das Werk der Gewerkschaften, also der unmittelbarsten Klassenorganisation des Proletariats; dabei hatten diese Gewerkschaften damals keine ausgebaute Bürokratie, wie sie später entstand und der man dann die Schuld am Opportunismus und Revisionismus in die Schuhe schob. Träfe Lenins Erklärung jedoch zu, so hätte sie für die marxistische Theorie eine überaus mißliche Bedeutung, unterscheidet sich doch die sogenannte Arbeiteraristokratie vom Rest des Proletariats nicht durch ihre Klassenlage als Lohnarbeiter, sondern nur durch ein höheres Einkommen. Man müßte dann zugeben, daß ein wachsender Lebensstandard sich auf die Ideologie der Arbeiter dahingehend auswirkt, daß sie von der revolutionären zur reformistischen Ideologie überwechseln. Das widerspricht aber genau den traditionellen Annahmen der marxistischen Lehre, nach der nicht die Armut die Quelle des Klassenkampfes und des revolutionären Bewußtseins ist und eine unmittelbare Verbesserung der Lage der Arbeiter ihre naturwüchsige revolutionäre Tendenz nicht nennenswert beeinflussen wird.

Als Bernstein sich zu Wort meldete, waren die Reallöhne der deutschen Arbeiterklasse über lange Zeit hinweg gestiegen, hatte sie zahlreiche soziale Sicherungen und eine kürzere Arbeitszeit erkämpft. Daneben besaß sie eine machtvolle politische Organisation, deren parlamentarische Stärke ständig wuchs; gewiß war der Deutsche Reichstag ein Organ von geringer Bedeutung, und in Preußen gab es noch kein allgemeines Wahlrecht, doch boten die Wahlen und die mit ihnen verbundene politische Mobilisierung sowie der »Kräftevergleich« Aussicht auf einen erfolgreichen Kampf um die Republik und sogar auf die Übernahme der Macht. Die reale Erfahrung der Arbeiterklasse stützte keineswegs die Theorie, nach der ihre Lage in den Grenzen des Kapitalismus grundsätzlich hoffnungslos und nicht zu verbessern ist. Auch in Rußland zeigte sich eine revisionistische Tendenz, als die Sozialdemokratie aufhörte, aus einer Handvoll von Intellektuellen zu bestehen, und sich Ansätze einer authentischen Arbeiterbewegung bildeten. Die Geschichte des Revisionismus spricht nicht für die Behauptung, es gebe in der Arbeiterklasse eine naturwüchsige revolutionäre Haltung, die allein schon aus ihrer Lage als Verkäufer von Arbeitskraft und unheilbares Opfer in diesem System der Entfremdung resultieren würde. Anders gesagt: Der überkommene Glaube an die revolutionäre Sendung des Proletariats wurde nicht nur von der revisionistischen Doktrin mit einem Fragezeichen versehen, sondern auch und vielleicht in noch stärkerem Maße von dem Erfolg, den der Revisionismus als gesellschaftliches Phänomen hatte. Der Revisionismus nahm der sozialistischen Doktrin das edle Pathos der »letzten Schlacht« und der totalen Befreiung. Aus dem Sozialismus, der in der blendenden Explosion eines neuen (und nun sicherlich letzten) 14. Juli entstehen sollte, um die »Vorgeschichte« der Menschheit abzuschließen, machte der Revisionismus ein Programm mühseliger und uneffektvoller, weil immer nur fragmentarischer Reparaturen.

Auf diese Weise wurden die ideellen Fundamente einer neuen Sozialdemokratie gelegt, deren weitere Entwicklung nur noch in geringem Maße mit der Geschichte der marxistischen Lehre zusammenhing. Gewiß leitet sich auch diese Version des Sozialismus genetisch aus dem Marxismus her, zumindest teilweise, doch wurde diese Genese rasch irrelevant. Die neue Sozialdemokratie sollte zu einem Kompromiß zwischen Liberalismus und Marxschem Sozialismus oder zu einer sozialistischen Rekonstruktion des Liberalismus werden. Sie war auf andere gesellschaftliche Situationen eingestellt als die, um welche es dem »klassischen« Marxismus gegangen war, und sie sprach andere psychologische Motive an. Die allmähliche Durchsetzung des Revisionismus in der deutschen Sozialdemokratie kündigt das Ende jenes Marxismus an, der das Denken der Sozialisten vor dem Ersten Weltkrieg beherrschte. Bald darauf sollte sich der Impetus der revolutionären Doktrin nach Osten verlagern und dort neue Formen annehmen.

Fünftes Kapitel

Jean Jaurès – der Marxismus als Heilslehre

1. Jaurès als Versöhner

Unter den orthodoxen Vertretern des Marxismus nimmt Jaurès als Theoretiker eine kümmerliche Stellung ein. Natürlich bestreitet niemand, daß er eine der hervorragendsten Gestalten des französischen Sozialismus war, doch überwiegt die Meinung, daß sein Sozialismus entweder eine »Synthese« (so möchten es die Freunde des sozialistischen Propheten lieber ausgedrückt sehen) oder ein »Konglomerat« (so nennen es eher die Orthodoxen) oder geradezu eine »Klitterung« verschiedener Traditionen war, unter denen der Marxismus gleichberechtigt mit anderen, insbesondere französischen Quellen koexistierte. Im Grunde hat Jaurès den Marxismus nie als ein selbstgenügsames und allumfassendes »System« aufgefaßt, aus dem sich eine Interpretation sämtlicher sozialer Erscheinungen oder gar eine metaphysische Erkenntnis ableiten ließe, als ein System, das einen Schlüssel zum Verständnis sämtlicher Einzelheiten der Welt und daneben moralische und praktische Hinweise zu ihrer Veränderung liefern könnte. Er unternahm im Gegenteil bewußte Anstrengungen, um die verschiedensten philosophischen und politischen Traditionen zu einer Weltanschauung zu integrieren, und er hob die Konvergenz der unterschiedlichsten intellektuellen und moralischen Bemühungen hervor, die sich in vielen Strömungen der Geschichte entdecken lassen und sich nur scheinbar widersprechen. Tatsächlich war er und wollte er ein Allesversöhner sein, was ihm denn auch seine politischen und philosophischen Gegner zum Vorwurf machten, indem sie sagten, daß er soziale und ideologische Gegensätze verschleiere, Unterschiede trüben wolle, mit allen Versöhnung anstrebe, sich an alle wenden wolle, den Klassenkampf durch naives Moralisieren schwäche usw. Vom Standpunkt der Orthodoxie aus konnte ein Schriftsteller und Politiker, der sich auf Proudhon und Blanqui, auf Michelet und Saint-Simon, auf Kant und Fichte, auf Lassalle und Comte, auf Rousseau und Kropotkin berief, statt sie entweder als Feinde oder als naive »Vorläufer« zu behandeln, natürlich nicht als Marxist gelten, vor allem wenn man bedenkt, daß es von diesem Standpunkt aus gänzlich unmöglich war, »teilweise« Marxist zu sein, sondern daß man nur ganz oder gar nicht

Marxist sein konnte. Nun hängt aber die Entscheidung darüber, ob man Jaurès für einen Marxisten hält, davon ab, welche der Gedanken von Marx man in welcher Interpretation als ausschlaggebend für die Interpretation des Ganzen ansieht, und in dieser Frage wurde bekanntlich niemals Einhelligkeit erzielt, auch unter jenen nicht, die den Ehrgeiz hatten, dem Geist und dem Buchstaben der Doktrin die Treue zu halten.

Im Unterschied zu den ganz typischen Marxisten seiner Zeit war Jaurès nie der Ansicht, daß sich die Idee des Sozialismus als eine wissenschaftliche Theorie nach dem Vorbild der Evolutionstheorie oder als eine Fortführung dieser Theorie vollkommen objektivieren lasse. Auch war der Marxismus für ihn nicht nur eine Theorie der gesellschaftlichen Entwicklung, sondern zugleich ein Appell, der einen intensiven moralischen Gehalt aufwies, eine neue und vollkommenere Artikulation uralter menschlicher Wünsche und Sehnsüchte nach Gerechtigkeit, Einheit, Brüderlichkeit. Ihm ging es um die Verringerung und nicht um die bewußte Verschärfung von Konflikten, Gegensätzen und Feindschaften, denn er glaubte, daß gewisse fundamentale Ideen, die im Marxismus enthalten sind, keineswegs aus einem außergewöhnlichen Bruch in der Geschichte der Kultur erwachsen, sondern eine Fortsetzung von moralischen Impulsen darstellen, die seit den Anfängen der Menschheit lebendig sind. Weil er also glaubte, daß es eine gewisse fundamentale Gemeinsamkeit der Empfindungen, Bedürfnisse und Denkweisen gibt, an der alle Menschen, einfach weil sie Menschen sind, teilhaben, und weil er den Sozialismus vor allem in moralischen Kategorien verstand, war er sich selber treu, wenn er sich mit seinen Appellen und Erläuterungen an alle gesellschaftlichen Klassen wandte, insbesondere auch an die Bourgeoisie; nicht weil er erwartet hätte, daß sich alle sozialen Probleme durch den guten Willen der privilegierten Klassen oder durch Philanthropie lösen lassen, daß in der Entwicklung zum Sozialismus Pressionen und Kämpfe durch moralische Wandlungen verdrängt werden könnten, sondern weil er niemandem die grundsätzliche Fähigkeit absprach, an allgemeinmenschlichen, nicht spezifisch klassenbedingten Werten teilzuhaben. Dabei hielt er es für *ausreichend,* wenn man ernsthaft an diese Werte glaubte und praktische Konsequenzen aus ihnen zog, um zu erkennen, daß sie sich allein durch den Sozialismus verwirklichen lassen. Deshalb sollten auch die Sozialisten nach seiner Ansicht auf keine Möglichkeit verzichten, Unterstützung für ihre Sache auch außerhalb der Arbeiterklasse bei Menschen zu suchen, die aufgrund rein moralischer Überlegungen und nicht wegen ihrer persönlichen Zugehörigkeit zum Proletariat zum Sozialismus tendieren.

Weil sich der Sozialismus nach Jaurès' Auffassung vor allem durch seine menschlichen Werte definiert, weil er eine moralische Angelegenheit ist, weil in seiner Idee alles enthalten ist, wonach die Menschen, mehr oder weniger bewußt, mehr oder weniger hilflos ihre Bedürfnisse äußernd, seit Jahrhunderten strebten, ist es verständlich, wenn Jaurès von allen Interpretationen abgestoßen wurde, die von einer Diskontinuität der Kultur ausgehen und die sozialistische Zukunft der Welt als einen Bruch mit den bisherigen Errungenschaften des Geistes auffassen. Jaurès glaubte an einen tatsächlichen Zuwachs geistiger Werte im Laufe der Geschichte, an Kumulation und Kontinuität. Er glaubte sogar, daß sich in der künftigen Synthese alle Werte und alle menschlichen Errungenschaften letzten Endes als Beiträge zu einer gemeinsamen Menschheitskultur erweisen würden, auch wenn sie aus dem Kampf, dem Widerstreit und Haß hervorgehen sollten. Verschiedene, einander widersprechende oder einander gleichgültige Strömungen sollten in seiner Vision dereinst zu einem gewaltigen Strom zusammenfließen. Deshalb darf man nichts, was der menschliche Geist geschaffen hat, untergehen lassen und nichts absolut verwerfen. Dieser Glaube an eine letztendliche Synthese des Geistes ist das charakteristischste Merkmal des Jaurèsschen Denkens, und an ihm liegt es, wenn Jaurès zuweilen im Taumel der Begeisterung wie ein Pangloß des Sozialismus erscheint; er glaubt, daß Wissenschaft und Religion, Idealismus und Materialismus, nationale und klassenbedingte Werte, Individuum und Gesellschaft, Geist und Materie, Mensch und Natur – daß dies alles letzten Endes einer Synthese fähig sei; so ist es möglich, auf dem Wege zu dieser Synthese die Ideen von Revolution und Evolution miteinander zu versöhnen, durch politischen Kampf und moralische Erziehung auf diese Synthese hinzuwirken, sich auf besondere Interessen des Proletariats und auf allgemeine Werte der Menschheit zu berufen, auf die Gefühle und den Verstand der Menschen einzuwirken.

Darüber hinaus wird die Kontinuität des Fortschritts sich aber erst in jener letzten Synthese offenbaren; untersucht man die allmähliche Durchsetzung dieser Idee, die im Sozialismus ihre Erfüllung finden wird, so kann man sie auch jetzt schon aufspüren. Der bisherige Fortschritt beschränkt sich, anders gesagt, nicht nur auf die ganz offenkundigen technologischen Veränderungen der Gesellschaft. Wir können die menschliche Geschichte als einen unaufhörlichen, wirkungsvollen Druck von fundamentalen menschlichen Werten auffassen, die für sich immer vollkommenere – doch bisher nie ganz vollkommene – Formen finden. Wenn man demnach sagen kann, daß Jaurès mit Marx den Glauben teilte, in der künftigen sozialistischen Welt würden die menschlichen Dinge letzten Endes miteinander versöhnt werden, und auch den Glauben, daß sowohl die verflossene Geschichte wie auch die aktuellen gesellschaftlichen Auseinandersetzungen erst durch den Bezug auf diese Perspektive einen Sinn bekommen, so hat er doch insofern die Marxsche Lehre entstellt, als er von der Kontinuität und der *Kumulation* der Werte in der ganzen bisherigen Geschichte ausging und jene, für Hegel und Marx charakteristische Anschauung nicht zur Kenntnis zu nehmen schien, nach der die Geschichte zwar die künftige Synthese vorbereitet, aber den Fortschritt auf dem Weg über dessen »schlechte Seite« verwirklicht. Kurz, Jaurès glaubte an eine ununterbrochene Kapitalisierung der geistigen und gesellschaftlichen Werte, an eine Geschichte, die unaufhörlich voranschreitet, und nicht an eine Geschichte, die rasch auf einen Abgrund zutreibt, aus dem heraus dann im Scheine einer gewaltigen Apokalypse die große Wiedergeburt erfolgt.

2. Biographische Mitteilungen

Jaurès' gesamtes politisches Leben vollzieht sich in der Epoche der Zweiten Internationale und endet genau im Augenblick ihres Zusammenbruchs. Jean Jaurès wurde am 3. September 1859 in der provençalischen Stadt Castres geboren, wo er am Städtischen Gymnasium die Hochschulreife erlangte. Anschließend studierte er in Paris und bezog 1878 die École Normale, die er 1881 als Drittbester mit der Agrégation abschloß; der Zweitbeste war sein Altersgenosse Henri Bergson, während der Beste ein Mensch war, dessen Name nie mehr im Leben Frankreichs auftauchte. Im selben Jahre nahm er eine Lehrtätigkeit als Philosophieprofessor am Gymnasium von Albi auf, und zwei Jahre später war er Dozent an der Universität von Toulouse. 1885 wurde er erstmals zum Abgeordneten gewählt, als Kandidat der Republikaner, also als Verteidiger der Republik gegen ihre klerikalen und politischen Feinde. Von diesem Zeitpunkt an begann Jaurès, auch dank seiner politischen Tätigkeit im Parlament, sich nach und nach sozialistische Ideen zu eigen zu machen, die er – von Anfang an und unerschütterlich – als eine konsequente Weiterentwicklung der im Feuer der Großen Revolution artikulierten republikanischen Ideen auffaßte. Bei der nächsten Wahl im Jahre 1889 wurde er von seinem konservativen Gegner geschlagen, kehrte deshalb an die Universität von Toulouse zurück und bereitete während der beiden folgenden Jahre seine beiden Doktorthesen vor. Die Hauptthese, »De la réalité du monde sensible« (1891, 2. Aufl. 1902), war eine philosophische Abhandlung im engeren, fachlichen Sinne des Wortes und ist von Belang als Ausdruck der fundamentalen metaphysischen Tendenzen im Denken von Jaurès, die für ein Verständnis seiner gesellschaftlichen Einstellungen wichtig sind. Die zweite, lateinisch geschriebene These (»De primis socialismi germanici lineamentis apud Lutherum, Kant, Fichte et Hegel«, 1891; die erste französische Übersetzung erschien 1892 unter dem Titel »Les origines du socialisme allemand« in der »Revue socialiste«) steht mit den sozialistischen Interessen des Autors in einem unmittelbareren Zusammenhang, denn sie stellt seine Interpretation der philosophischen Quellen dar, aus denen die Gesellschaftstheorie von Marx und Lassalle erwuchs. In dieser Zeit begann Jaurès auch als sozialistischer Publizist tätig zu werden, hauptsächlich in den Spalten der »Dépêche de Toulouse«. Als er 1893 erneut und diesmal erfolgreich bei den Wahlen zur Kammer kandidiert, tritt er schon als Sozialist auf – nicht nur in dem Sinne, daß er Grundwerte der sozialistischen Gesellschaft anerkennt, sondern auch insofern, als er überzeugt ist, daß es vom Kampf der Arbeiterklasse abhängt, was aus diesen Werten wird. In dieser Legislaturperiode wird Jaurès zu einem der anerkannten parlamentarischen Führer der französischen sozialistischen Bewegung. Von nun an ist sein Leben bis zum Ausbruch des Krieges ein integraler Bestandteil der Geschichte Frankreichs. In den grundlegenden Streitigkeiten dieser Zeit – in der Dreyfus-Affäre, der Millerand-Affäre, den Fragen von Krieg und Frieden, in der Marokkanischen Frage, der kolonialen Frage und der Frage nach der Aufgabe und dem Sinn der Internationale – war die Stimme von Jaurès stets vernehmbar, und zuweilen war sie entscheidend. Bei den meisten Fragen läßt sich sein Standpunkt mit allgemeinphilosophischen Prämissen in Zusammenhang bringen, die, wie es schien, in seinem Denken stets gegenwärtig waren. Wenn er sich in der Dreyfus-Affäre so vollkommen und frei von taktischen Rücksichten engagierte, dann deshalb, weil er im Gegensatz zu Guesde der Ansicht war, die sozialistische Bewegung müsse sich aller Fälle annehmen, in denen die Menschenrechte vergewaltigt werden, unabhängig davon, wer im Namen welcher Interessen zum Opfer der Gewalt wird. Dieser Standpunkt war wiederum durch seinen Glauben an den Sozialismus als Träger aller menschlichen Werte diktiert – wobei ihm diese Rolle nicht erst »nach der Revolution«, sondern schon jetzt zufällt. Wenn er, zur Erbitterung der ganzen sozialistischen Linken, nach langem Zögern die Beteiligung Millerands an der Regierung unterstützte, so auch deshalb, weil es ihm schien, daß man auf keine Form der Einflußnahme auf die bestehenden Formen des gesellschaftlichen Lebens verzichten dürfe und daß man nicht um des Prinzips der strategischen Exklusivität willen die Zusammenarbeit mit Klassengegnern ablehnen dürfe, wenn das in bestimmten Angelegenheiten vorteilhaft sein konnte. Seine sozialistischen Gegner machten ihm systematisch den Vorwurf, er gebe den Klassenstandpunkt auf und sei zu allen, auch den zweifelhaftesten Bündnissen bereit, wenn diese kurzfristige Erfolge verhießen. Sie warfen ihm Reformismus und Opportunismus vor. Jaurès war sicher kein Reformist im Sinne eines Reformismus, der das »Endziel« aufgibt und sich nur noch mit den aktuellen Partialinteressen der Arbeiterklasse befaßt. Es gab im Gegenteil kaum jemanden, der so unermüdlich wie er bei jeder Gelegenheit die fundamentalen Prämissen und Endziele der sozialistischen Bewegung wiederholte. Natürlich sah er in Reformen – im Unterschied zu den revolutionären Syndikalisten und zur extremen Linken der Internationale, aber im Einklang mit der Mehrheit der zentristischen Führer – nicht nur vorbereitende Maßnahmen in der Erwartung der entscheidenden Schlacht, sondern schrieb ihnen eine selbständige Bedeutung für das Leben der Arbeiter hier und jetzt zu. Im übrigen war er aber nicht der Ansicht, daß das Proletariat in seiner Lage alle Werte verkörpere, welche die Gesellschaft hervorbringen kann, da die allgemein-menschlichen Werte per definitionem nicht das Privilig einer Klasse sein können, auch wenn diese dank ihrer privilegierten historischen Stellung deren vollkommene Verwirklichung verspreche. Seine versöhnliche Haltung, seine Neigung zu Kompromissen, seine Bereitschaft zu partiellen Vereinbarungen sollten nach seinem Verständnis kein taktischer, mit dem Verzicht auf »Grundsätze« erkaufter Opportunismus sein, sondern ein Ausdruck des Glaubens an die Kraft der sozialistischen Idee, die selbst ihre Gegner zwinge, ihr in vielen Dingen recht zu geben und somit fähig sei, außerhalb ihres Hauptaktionsbereiches, d. h. der Arbeiterklasse, Unterstützung zu finden.

Bei den Wahlen von 1898 – mitten in der Dreyfus-Affäre – fiel Jaurès, wie übrigens auch Guesde, durch. Vier Jahre darauf kehrte er jedoch ins Parlament zurück. Er wirkte vor allem als Parlaments- und Versammlungsredner sowie als Autor unzähliger Abhandlungen und Artikel über alle Themen, die mit der sozialistischen Bewegung und der aktuellen Politik zusammenhingen. Er hatte keine Zeit mehr, größere Werke zu schreiben, und was später von ihm erschien, sind überwiegend Sammelbände mit seinen Artikeln und polemische Broschüren. Dazu gehören: »Les Preuves«, (1898), eine Sammlung von Schriften zur Dreyfus-Affäre; »Etudes socialistes« (1901, 2. Aufl. 1902), die am stärksten auf theoretische Fragen ausgerichtete Auswahl; »Action socialiste« (1897); eine Abhandlung über das Volksheer (»L'Organisation socialiste de la France. L'Armée nouvelle«, o. J.); eine kollektiv unter der Redaktion von Jaurès vorbereitete und teilweise von ihm verfaßte »Histoire Socialiste (1789–1900)« (erschienen in Einzelbänden in den Jahren 1900–1908; die von Jaurès verfaßten Teile gab A. Mathiez gesondert unter dem Titel »Histoire Socialiste de la Révolution Française« 1922–24 heraus). Zahlreiche Artikel, die über viele Zeitschriften (u. a. »Revue socialiste«, »Mouvement socialiste«, »Humanité«, »Petite République«, »Matin«, »Revue de Paris«) verstreut sind, wurden bisher nicht in einer vollständigen Ausgabe zusammengefaßt. Eine 1931 unter der Leitung von M. Bonnafous begonnene Ausgabe seiner gesammelten Werke umfaßt neun Bände, blieb aber unvollendet.

Die letzten Lebensjahre Jaurès' standen im Zeichen des heraufziehenden Krieges, der die Aufmerksamkeit aller sozialistischen Politiker Europas fesselte. Jaurès fiel am 31. Juli 1914, also am letzten Tage des neunzehnten Jahrhunderts, in einem Pariser Café einem nationalistischen Anschlag zum Opfer. Mit Sicherheit war er einer der vielseitigsten und regsamsten Geister der sozialistischen Bewegung; er bemühte sich, an allem teilzuhaben und sich mit allem vertraut zu machen, was das gesellschaftliche Leben und die Geisteskultur betraf. Er war das Objekt unzähliger Angriffe sowohl innerhalb wie außerhalb der sozialistischen Bewegung; nach einer Vielzahl von Zeugnissen weckte er jedoch bei allen, die ihn persönlich kennenlernten, spontane Sympathie.

3. Die Metaphysik der universellen Einheit

Anders als die Mehrheit der sozialistischen Führer war Jaurès (wie vor ihm Lassalle) seiner geistigen Bildung nach Philosoph im »fachlichen« Sinne des Wortes. Sein erstes und einziges philosophisches Werk »Von der Wirklichkeit der sinnlichen Welt« verrät jedoch nicht die geringsten Spuren einer Berührung mit der marxistischen Tradition, sondern ist von der Fragestellung des Neukantianismus, vor allem von dem Werk J. Lacheliers, inspiriert. Das heißt nicht, daß die dort dargelegte Philosophie keine Beziehung zu der späteren schriftstellerischen und politischen Tätigkeit des Autors hätte; im Gegenteil kann sie als eine Art metaphysischer Grundlage dieser Tätigkeit gelten. Aber auch in diesem Zusammenhang stellt sich das Verhältnis Jaurès' zum Marxismus ganz anders dar als im Falle der Orthodoxen. Jaurès wurde nicht durch Studien über den Marxismus zum Sozialisten, sondern durch moralische Impulse, die ihn sehr viel früher bewegten, als er vom Marxismus noch nichts gehört hatte. Der Marxismus war für ihn nicht eine Philosophie oder Metaphysik, sondern die theoretische Artikulation der sozialistischen Bewegung, doch kam es ihm nie in den Sinn, aus dieser Theorie ein Erkenntniswerkzeug zur Lösung sämtlicher Probleme zu machen. In diesem Sinne war er nie ein Marxist.

Das philosophische opus magnum von Jaurès, in einem weitschweifigen, für die Zöglinge der École Normale typischen rhetorischen Stil gehalten, ist das Manifest eines metaphysischen Versöhnungswillens, der für nahezu alle wichtigen, einander widerstreitenden philosophischen Standpunkte Gründe finden und die Unvollständigkeit dieser Gründe in einer universellen Seinslehre aufzeigen möchte. Eigentlich handelt es sich dabei um eine Art von evolutionistischem Pantheismus, der jedoch das persönliche Sein nicht dem Absoluten opfern möchte, sondern auf die Rechte der individuellen Subjektivität innerhalb der allgemeinen Bewegung der Welt zur letztendlichen Einheit pocht. Wo Jaurès versucht, den klassischen Streit um den »Primat« der sinnlichen Wahrnehmung oder der intellektuellen Anschauung zu entscheiden, scheint sein Standpunkt eine Art von populärem Kantianismus zu sein:

Da die sinnlichen Qualitäten in dauerhaften Verbindungen auftreten, ist der Intellekt genötigt, die Gegenstände als Substanzen aufzufassen, ist die Idee der Substanz in jedem Intellekt gegenwärtig – auch bei jenen Philosophen, welche diese Idee ihrer Rechtfertigung berauben. Gewiß hätte der Intellekt die Idee der substantiellen Einheit des Dinges nicht hervorgebracht, wenn sie ihm nicht von der sinnlichen Wahrnehmung nahegelegt worden wäre. Die Wahrnehmung allein kann aber die Idee der Substanz nicht hervorbringen; ohne die Tätigkeit des Intellekts als des Schöpfers der Ideen könnten die Gegenstände nicht als Substanzen erscheinen. In diesem Sinne ist das Reale und das dem Intellekt Zugängliche, *le réel* und *l'intelligible*, ein und dasselbe.

Jaurès gelangt jedoch über diesen erkenntnistheoretischen Standpunkt hinaus zu einer positiven Metaphysik, die im Kantschen Kritizismus keinen Platz hat. Der Geist ist nicht Schöpfer der Organisation der Welt, spiegelt sie aber andererseits auch nicht einfach dank der Wahrnehmung wider. Die Wahrnehmung einer das ganze Sein verbindenden Ordnung ist deshalb möglich, weil der Intellekt selbst ein Teil, ein Geschöpf und Miturheber dieser Ordnung ist. Die verschiedenen Formen und unterschiedlichen Ebenen der universellen Organisation bilden zusammen eine Einheit, die in eine bestimmte Richtung zielt: Sternensystem, chemische Verbindungen, organische Welt und die spezifisch menschliche Welt – das alles bildet eine evolutionäre, vernünftige Einheit, die in ihrer Bewegung dem göttlichen Ziel universeller Harmonie entgegenstrebt. Auf der höchsten Seinsebene sind Wirklichkeit und Gedanke ein und dasselbe, konvergieren Welt und Geist zur Einheit. Diese Einheit ist die *Bedingung* des Sinnes jedes einzelnen Fragments der Welt, verleiht aber auch diesen Sinn *jedem* Fragment. In Wirklichkeit gibt es keinen Zufall – der Zufall ist nur ein Ausdruck der Hilflosigkeit des Intellekts angesichts von Ereignissen, bei denen viele verschiedene Gesetze zusammenwirken. Die bloße Ablehnung der Zufälligkeit reicht jedoch nicht aus, um den Sinn der Existenz zu entdecken. Mehr noch: Auch die Anerkennung der Zielgerichtetheit der Veränderungen reicht nicht aus – und darin unterscheidet sich Jaurès von Lachelier. Außerdem muß die Kategorie des Fortschritts zugrunde gelegt werden, an dem alle Ereignisse auf ihre Weise teilhaben, und diese Kategorie ist in der bloßen Idee der Zielgerichtetheit nicht enthalten. Auch gilt es die Unterscheidung von Potentialität und Aktualität anzuerkennen, welche eine Bedingung der Fortschrittsidee ist. Die Realität jedes einzelnen Ereignisses wird also nicht allein durch seinen kausalen Zusammenhang – ja nicht einmal allein durch seinen zielgerichteten Zusammenhang – mit anderen Ereignissen bestimmt, sondern ebenfalls dadurch, daß das Ereignis an der fortschreitenden Realisierung des Absoluten teilnimmt, an der vernünftigen Bewegung zur letztendlichen Harmonie.

Die Wirklichkeit ist eben dieses – das lebende und wachsende Absolute. Die menschliche Vernunft, die den Sinn des Werdens erfaßt, ist selbst ein Faktor dieses Werdens, und ein solcher Faktor ist der Akt des Begreifens, der den Sinn enthüllt. Es gibt deshalb genaugenommen keinen Primat der Wahrheit oder der Vernunft gegenüber dem Sein, denn »letzten Endes« sind sie ein und dasselbe, das Sein affirmiert sich nur dadurch, daß es die Gestalt des Intellekts annimmt.

Indem er dann die verschiedenen elementaren Formen des Geisteslebens und der physischen Welt untersucht, versucht Jaurès die Sinnhaftigkeit alles dessen zu enthüllen, was uns durch Erfahrung und Vernunft zugänglich ist, doch kann diese Sinnhaftigkeit stets durch den Bezug zur eschatologischen Sinnhaftigkeit begriffen werden. Hier ein Beispiel: Jaurès fragt sich, warum der Raum drei und nicht mehr oder weniger Dimensionen hat, und er antwortet, daß es sich so verhält, damit das Postulat der Freiheit in der Welt erfüllt werde. Denn wäre der Raum eindimensional, dann könnte jede Veränderung nur die Form einer Bewegung nach hinten oder nach vorn haben, und im Hinblick auf die Ziele wäre nur eine absolute Annäherung oder eine absolute Entfernung vom Endziel möglich, also ein sklavisches Wohl oder ein absolutes Übel. Die Freiheit setzt dagegen voraus, daß die Bewegung von der Gradlinigkeit abweichen kann, diese Abweichung aber muß derart sein, daß sie sich in der am »wenigsten freundlichen« Richtung, also auf der Senkrechten zu der gegebenen Linie, vollziehen kann. Die Freiheit verlangt jedoch außerdem, daß es unendlich viele dieser Senkrechten gibt. Nun setzt aber eine Menge von unendlich vielen Senkrechten zu einer gegebenen Geraden eine dreidimensionale Ordnung voraus. ». . . und diese drei Dimensionen sind zugleich notwendig und hinreichend, denn sie drücken im Medium der extensiven Größe die unendliche Freiheit der unendlichen Tätigkeit aus« (»De la réalité . . .«, S. 32).[1]

Ausgangspunkt der Metaphysik ist für Jaurès das selbstidentische Sein (und nicht die Idee des Seins, wie er betont), also das Sein im Sinne von Parmenides und Hegel. Alle Formen einer teilhaften Existenz sind in einer nicht näher bestimmten Weise auf das Sein bezogen, doch ist in dieser Relativierung kein Platz mehr für die Unterscheidung zwischen scheinbarer und realer Existenz: Alles, was Schein oder Täuschung zu sein scheint, hat eine eigene Existenzweise, vor allem die menschliche Subjektivität. Selbst Träume sind nicht einfach eine Täuschung; da sie perzipiert werden, haben sie eine gewisse Realität. Das Bewußtsein reduziert nicht das Sein auf eine Täuschung und ist selbst nicht eine Täuschung oder nur eine flüchtige Manifestation des Seins. Im Gegenteil: Da das Bewußtsein, bei sich selbst beginnend, mit der Kartesianischen Methode zum Sein gelangen kann, da es in sich selbst das Sein entdecken kann, bezeugt es zugleich, daß seine eigene Existenz nicht nur

Tatsache, sondern Notwendigkeit ist. Die Empfindungen sind nicht weniger – wenn auch auf andere Weise – real als die physischen Bewegungen, welche in ihnen eine subjektive Form annehmen. Die Evolution des Seins umfaßt alles, verleiht allem Bedeutung und rechtfertigt gewissermaßen alles. Sie zielt auf die vollkommene Einheit, in der jedoch die Fülle der Differenzierungen, welche das Sein in der Entwicklung hervorgebracht hat, nicht verlorengeht. Diese Einheit ist Gott, und über Gott kann man sagen, daß er über der Welt gegenwärtig ist, aber auch in einem gewissen Sinne die Welt *ist*: Er ist das »Ich« aller »Ichs«, die Wahrheit aller Wahrheiten, das Bewußtsein aller Bewußtseine. Das menschliche Bewußtsein bedarf Gottes und findet ihn, den Sophisten zum Trotz, genauso wie es der Gerechtigkeit bedarf und sie findet, den Skeptikern zum Trotz. Der Glaube ist nicht Ausdruck von Schwäche oder Ignoranz; im Gegenteil: Menschen ohne Glauben oder ohne Glaubensbedürfnis sind armselige Wesen.

Die Arbeit von Jaurès ist anscheinend nicht unter dem Einfluß der Hegelschen Philosophie entstanden, obwohl sie in gewisser Hinsicht eine entsprechende Tendenz erkennen läßt; hegelisch ist vor allem der Gedanke, daß der Akt des Begreifens des Seins als ein »Moment« der Entwicklung des Seins selbst aufgefaßt werden muß, das heißt, daß der Gedanke weder das Sein auf eine Illusion reduziert noch selbst nur eine »Widerspiegelung« seiner Wanderung ist, sondern dadurch, daß er diese Wanderung zu begreifen vermag, selbst – als ein notwendiger Faktor – an ihr teilnimmt. Es scheint aber nicht, daß Jaurès, als er sein Werk schrieb, die Hegelsche »Phänomenologie« kannte; in der zweiten, gleichzeitig entstandenen Abhandlung widmet er zwar der Hegelschen Lehre eine Bemerkung, doch befaßt er sich nur mit der Philosophie des Staates. Vermutlich hat sich die allgemeine Idee der fundamentalen Einheit des Seins in seinem Denken unter dem gemeinsamen Einfluß Spinozas und des französischen Neukantianismus artikuliert. Die evolutionäre Auffassung des Absoluten, die so auffallend an Gedanken erinnert, die man im Pantheismus christlicher Neuplatoniker finden kann, ist dagegen wohl eher selbständig erarbeitet als aus der Tradition übernommen worden. Liest man es heute, so erinnert das Werk von Jaurès an die Kosmologie und Kosmogonie eines Teilhard de Chardin. Wenn es Beachtung verdient, so nicht deshalb, weil es in der Geschichte des Marxismus eine Rolle gespielt hätte, denn es hat keine gespielt, sondern deshalb, weil für Jaurès selbst seine pantheistische Metaphysik eine Voraussetzung seines Zugangs zum Sozialismus war und in seinem späteren Schaffen keineswegs vergessen wurde. Viele Male kehrt Jaurès in mehr oder weniger populärer Form zu denselben Ideen zurück, die er in seiner Dissertation dargelegt hatte. In derselben Zeit, in der er diese verfaßte, äußerte er in einem populären Artikel in der »Dépêche de

Toulouse« (15. 10. 1890) einen Gedanken, der gewissermaßen seine ganzen sozialen und religiösen Hoffnungen zusammenfaßt. Wenn erst der Sozialismus triumphiert, so sagt er, wenn allgemeine Eintracht, Freude und menschliche Würde sich entfalten, dann werden die Menschen »besser den tiefen Sinn des Lebens erfassen, dessen verborgener Zweck die Übereinstimmung aller Bewußtseine, die Harmonie aller Kräfte und aller Freiheiten ist. Sie werden die Geschichte besser verstehen und lieben, weil es ihre Geschichte sein wird, da sie zu Erben des ganzen Menschengeschlechts werden. Schließlich werden sie auch das Universum besser verstehen; denn wenn sie in der Menschheit Bewußtsein und Geist triumphieren sehen, werden sie rasch empfinden, daß dieses Universum, aus dem die Menschheit hervorgegangen ist, in seinem Wesen nicht brutal und blind sein kann, daß überall Geist und überall Seele ist, und daß das Universum selbst nur ein unermeßliches und unklares Verlangen nach Ordnung, Schönheit, Freiheit und Güte ist.« In der Parlamentsrede vom 11. 2. 1895, in der er für die weltliche Schule eintrat, versicherte er, daß er die neue Generation verstehe, die mit Hilfe von Spinoza und Hegel nach Wegen suche, Naturalismus und Idealismus miteinander in Einklang zu bringen, denn er selbst vertrete keineswegs eine Doktrin, die versucht, die Welt mit der Materie – »*cette suprême inconnue*« – zu erklären, auch halte er keineswegs die großen Religionen für ein Werk der Berechnung oder des Betruges; denn obwohl sie für die Zwecke bestimmter Klassen ausgebeutet wurden, entstanden sie doch aus der Natur des Menschen und enthalten gewissermaßen einen Appell für die Zukunft, der vielleicht Gehör finden wird. In der Abhandlung »Sozialismus und Freiheit« aus dem Jahre 1898 kehrt er erneut zu diesem Gedanken zurück. Die künftige Ordnung, so sagt er, wird die höchste Affirmation der individuellen Rechte sein und insofern mit dem Christentum brechen, als sie Gott nicht als einen über den Menschen herrschenden, transzendenten Machthaber auffassen wird. Trotzdem wird sich der menschliche Geist sicher nicht mit der bloßen Negation zufriedengeben. Viele Sozialisten, so bemerkt er, entwickeln sich auf einen idealistischen Monismus hin; sie fassen die Welt als eine umfassende Bewegung zur Harmonie auf, in der die menschliche Entwicklung und die Entwicklung der Natur sich im gemeinsamen Ziel treffen. Der Sozialismus wird nicht nur die Einheit zwischen den Menschen, sondern auch die Einheit der Menschen mit dem Universum bringen. »Die Heraufkunft des Sozialismus wird gewissermaßen zu einer großen religiösen Offenbarung werden. Wird es nicht an ein Wunder grenzen, daß eine aus den brutalen Verhältnissen unseres Planeten hervorgegangene Menschheit Gerechtigkeit und Weisheit zu erreichen vermag, daß der Mensch durch die Evolution innerhalb der Natur sich über die Natur erhebt, das heißt über Gewalt und Kampf, daß sich aus dem Konflikt der Kräfte und Instinkte die Harmonie der Strebungen erhebt? Und wie sollte sich der Mensch nicht die Frage stellen, ob diesen Dingen nicht ein Geheimnis der Einheit und Güte zugrunde liegt und ob die Welt nicht einen verborgenen Sinn hat? . . . Die Revolution, durchgeführt im Namen der Gerechtigkeit und Güte von jenem Teil der Natur, der gestern die Menschheit war, wird gleichsam zu einer Herausforderung und einem Signal für die Natur selbst. Warum sollte sie nicht als ganze danach streben, Unbewußtheit und Unordnung zu überwinden, wenn sie schon im Rahmen der Menschheit Bewußtsein, Erkenntnis und Frieden zu erlangen vermochte? So wird die Menschheit von den Höhen ihres Sieges das Wort der Hoffnung in die Natur hinabschleudern und darauf lauschen, ob sich nicht mit einem ahnungsvollen Echo die Stimme der universellen Sehnsucht melden wird.«[2]

Ähnliche Überlegungen finden wir in dem Vortrag »Kunst und Sozialismus« vom 13. 4. 1900 und in anderen Schriften. Ihre philosophische Tendenz ist deutlich. Für Jaurès ist die sozialistische Idee Teil einer sinnhaften Ordnung des Seins, das zur universellen Harmonie strebt und durch dieses Streben allen Kämpfen und allen Leiden der menschlichen Geschichte Bedeutung verleiht. Es ist dies eine religiöse Perspektive – und Jaurès selbst hat ihr diese Bezeichnung nicht verweigert –, wenn auch keine christliche, sondern eher eine pantheistische Perspektive. Gleichsam unbewußt hat Jaurès in seiner geistigen Entwicklung den verwickelten Weg nachvollzogen, der vom neuplatonischen Pantheismus zur Marxschen Heilslehre führt, wenn auch für Marx selbst von der ihm voraufgegangenen Entwicklung nur das letzte Teilstück, die Hegelsche Stufe, wirklich wichtig war. Die Heilslehre von Jaurès kehrt zu jenen früheren Stufen zurück, die bei Marx fehlen. Die Idee der Rückkehr zur Einheit von Mensch und Natur kommt zwar in den Marxschen Frühschriften zu Wort, aber ihr Sinn ist ein anderer: Die Natur hat keinen Sinn, der schon vor dem Menschen da wäre; der Mensch ist nicht jemand, der durch seine geistige Entwicklung die Geistigkeit der Natur, ihre verborgenen Bestrebungen oder ihre unbewußte Güte und Weisheit *offenbart*, sondern durch seine eigene Weisheit stattet er die Natur gleichsam mit menschlichem Sinn aus. Wenn der Geist ein Werk der Natur ist, so wird er dadurch dennoch nicht zu einer Manifestation der Natur als Geist. Auch ist der Sozialismus kein Werk des Gefühls, und um so weniger eines Gefühls, das unbewußt die Bewegung des Universums beseelte. Daß die sozialistische Revolution sich »im Namen von Gerechtigkeit und Güte« vollziehe, hätte Marx nie sagen können, da weder die Güte noch gar die Gerechtigkeit an der Schaffung des Sinnes der Geschichte mitwirken und auch nicht selbst an der Geschichte teilhaben. Der Glaube an eine zielgerichtete Ordnung der Welt ist dem Marxismus natürlich fremd; dennoch hat gerade dieser Glaube Jaurès veranlaßt, sich dem Marxismus zuzuwenden. Jaurès glaubt deshalb auch, daß aus einer ganz fernen Perspektive deutlich würde, daß zwischen der wissenschaftlichen Erkenntnis der Welt und der pantheistischen Religiosität kein Konflikt besteht. Es ging dabei nicht um jene Art von Religiosität, die bei den Saint-Simonisten vorherrschte und eigentlich den grundlegenden Korpus der christlichen Glaubensvorstellungen übernahm. Jaurès schien aber der Ansicht zu sein, daß eine historische Heilslehre müßig sei, wenn sie nicht Bestandteil einer universalen Heilslehre des Seins ist. Wie die meisten Pantheisten glaubte er an eine allgemeine Erlösung der Welt und an die vollständige Versöhnung aller Dinge, und folglich glaubte er nicht an die Realität des Bösen.

4. Die lenkenden Kräfte der Geschichte

Ähnlich wie in seinen allgemein-metaphysischen Reflexionen sah Jaurès auch in der Geschichtsphilosophie einen Weg, scheinbar entgegengesetzte Interpretationen – den historischen Idealismus und den Marxismus – miteinander zu versöhnen. Im Vorwort zur »Sozialistischen Geschichte . . .« führte er aus, daß die Geschichte ökonomische »Grundlagen« habe, daß aber die ökonomischen Kräfte auf Menschen einwirken und die Menschen ihre unterschiedlichen Leidenschaften und Ideen in den Gang der Geschichte hineintragen, dabei aber nicht nur in einer sozialen, sondern auch in einer kosmischen Umgebung leben. Gewiß bestehe eine Abhängigkeit zwischen der Evolution der ökonomischen Formen und der Entwicklung der Ideen, aber diese Abhängigkeit erkläre nicht alles. Marx habe ja geglaubt, daß die künftige Menschheit ihre Entwicklung nach eigenem Willen bestimmen werde; heute sei es nicht so, aber auch heute würden sich überlegene Geister zur Freiheit erheben, und die Würde des Geistes offenbare sich immer stärker in der Geschichte. Er gab zu, daß sein Geschichtsverständnis »materialistisch mit Marx und mystisch mit Michelet« sei. Michelet als der Historiker Frankreichs, aber vor allem als Historiker der Großen Revolution war für seine Geschichtsauffassung wichtig, da er die Macht der kollektiven Inspiration in den großen Ereignissen deutlich machte.

In seiner Kritik äußert sich Jaurès häufig im gleichen Sinne wie viele Marxisten seiner Zeit. Er kritisiert deshalb eine Interpretation des historischen Materialismus, derzufolge alle Einzelheiten des historischen Prozesses restlos durch die Wirkung der Technologie erklärbar sein sollen, einer Technologie, die, vermittelt über Veränderungen im System des Eigentums, der Produktion und des Austauschs, auch die Beziehungen zwischen den Klassen und den gesamten ideologischen »Überbau« verändert. Er sagt deshalb (in dem Vortrag »Bernstein und die Evolution der sozialistischen Methode« vom 10. 2. 1900), einzelne Bereiche der menschlichen geistigen Aktivität hätten ihre eigene Logik und seien bis zu einem gewissen Maß unabhängig von den ökonomischen Prozessen. In der kurzen Abhandlung »Sozialismus und Freiheit« schreibt er: »Ähnlich wie der Weber, der gezwungen ist, sich der Struktur seines Webstuhls anzupassen, dennoch Gewebe von unterschiedlichen Mustern und Farben schafft, kann auch die Geschichte unter Verwendung desselben Webstuhls der ökonomischen Kräfte das Schicksal der Menschen in unterschiedlicher Weise weben. Die ökonomische Form bedingt alle Arten der menschlichen Tätigkeit; das heißt jedoch nicht, daß man die letzteren aus ihr ableiten könnte.«[3] Aus vielen weiteren Passagen seiner Werke wird indessen deutlich, daß es ihm um mehr als die »relative Unabhängigkeit des Überbaus« geht, von der Engels schrieb. Es geht ihm außerdem darum, daß man die menschliche Geschichte als ein *stetiges Anwachsen* idealer Werte und ein stetiges Anwachsen des *Einflusses* zu verstehen hat, den die Werte auf die Ereignisse ausüben. Diese letztere Idee paßt nicht mehr in die Geschichtsphilosophie von Marx hinein, auch nicht in ihrer von Engels abgemilderten Form. Im Vorwort zu einem Buch von Benoît Malon legt Jaurès dar, daß allen Konflikten zum Trotz bei den Menschen ein Instinkt der Sympathie vorhanden sei, der sich im religiösen und philosophischen Schaffen äußere und in der Arbeiterbewegung zu seinem vollen Ausdruck gelange. In einem Vortrag über die idealistische und die materialistische Geschichtsauffassung vom Dezember 1894 sagt er, die Bewegung der Geschichte ergebe sich aus dem Widerspruch zwischen dem Menschen und dem Gebrauch, der vom Menschen gemacht werde, und die Grenze dieser Bewegung sei ein Zustand, in dem der Mensch gebraucht werde entsprechend dem, was er ist. »Es handelt sich dabei um eine Menschheit, die sich selbst durch ökonomische Formen verwirklicht, welche immer weniger im Widerspruch zu ihrer Idee stehen. In der menschlichen Geschichte hat aber nicht nur eine notwendige Entwicklung Platz, sondern auch eine sinnhafte Richtung und ein idealer Sinn.«[4] Durch alle moralischen Wandlungen hindurch, die unter dem Druck ökonomischer Kräfte auftreten, bewahre sich die Menschheit einen unveränderlichen Impuls und eine ständige Hoffnung darauf, sich selbst wiederzufinden. Zwischen dem Materialismus und dem historischen Idealismus bestehe kein Widerspruch: die Geschichte unterliege dem Druck mechanischer Gesetze, sei aber auch ein moralisches Streben, das dem idealen Gesetz unterliege. Jaurès erinnert an die Kritik, die Marx an Bentham geübt hat, und folgert, daß der Marxismus selbst keinen Sinn hätte, wenn er nur eine Beschreibung von indifferenten historischen »Notwendigkeiten« und nicht auch eine Affirmation menschlicher Werte wäre, die der Sozialismus verheißt. Es würde dem gesunden Menschenverstand Hohn sprechen, zu glauben, daß sich das sozialistische Ideal gleichsam von selbst realisieren könne ohne den enthusiastischen Glauben der Menschen an dieses Ideal. Der Kapitalismus bereitet zwar die sozialistischen Lebensformen vor und zeichnet gleichsam die Konturen der Zukunft, doch kann man der geschichtlichen Entwicklung nicht die Merkmale der Naturnotwendigkeit zuschreiben. Ohne jene Kräfte, die der Kapitalismus in der Technik, der Arbeitsorganisation und den Eigentumsformen in Gang gesetzt hat, würde es keinen Sozialismus geben; es würde ihn aber auch nicht geben ohne den bewußten menschlichen Willen, der von der großen Sehnsucht nach Freiheit und Gerechtigkeit beseelt ist und aus diesen Sehnsüchten genügend Energie schöpft, um die Möglichkeiten, die der Kapitalismus eröffnet hat, zur Wirklichkeit zu machen.

Bei der Abwägung des Problems »der Sozialismus als historische Notwendigkeit« und »der Sozialismus als Wert« vermeidet es Jaurès, zu den für den sogenannten ethischen Sozialismus typischen Kategorien seine Zuflucht zu nehmen; er stellt nicht die Frage: Woher wissen wir, daß wir die Werte des Sozialismus zu billigen haben, vorausgesetzt wir wissen, daß der Sozialismus das unausweichliche Resultat historischer Gesetze ist? Er braucht die Frage nicht, weil er im Gegensatz zu den Neukantianern den Dualismus von Sein und Sollen ablehnt und glaubt, es sei ihm gelungen, diesen Dualismus in seiner pantheistischen Entwicklungstheorie zu überwinden. Da sich die Welt insgesamt nach idealen Gesetzen entwickelt, die »letzten Endes« durch die künftige Harmonie bestimmt sind; da das Gute, das Schöne und die Liebe nicht der menschlichen Geschichte immanent, sondern im schöpferischen Elan der Natur selbst verborgen sind, die Menschheit aber die göttlichen Potenzen des Seins vollkommen verwirklicht, ist die Vorhersage der Bestimmung der Welt kein rein intellektueller Akt, dem man anschließend den Akt der moralischen Zustimmung »hinzufügen« müßte. Das, wonach die Menschen – mehr oder weniger bewußtlos – in der Geschichte strebten und weiterhin streben, ist nicht ihr beliebiger Einfall, sondern die Artikulation der universellen Bestrebungen des Seins. Sie sind Bestandteile der Natur nicht nur als Organismen, sondern auch als fühlende, denkende und begehrende Wesen; wenn sie ihr Einssein mit dem Kosmos erkennen, wenn sie sich selbst begreifen, akzeptieren sie zugleich die Natur und deren – unausweichlich wohltätige – Notwendigkeiten. Es gibt keinen Gegensatz zwischen einem gleichgültigen Lauf der Natur, die mechanischen Gesetzen unterliegt, und moralischen Regeln, die aus anderen Quellen als der theoretischen Erkenntnis stammen müssen; damit hört der Dualismus und die Unabhängigkeit zwischen dem, was ist, und dem, was sein soll, zu bestehen auf.

Auch Marx hat den Kantschen Dualismus nicht akzeptiert. Das heißt jedoch nicht, daß Jaurès in diesem Punkt Marx treu ist. Marx glaubte zwar, daß in der letzten Phase der »Vorgeschichte«, also in der Bewegung des Proletariats, das die allgemein-menschliche Revolution vorbereitet, der Dualismus von Notwendigkeit und Freiheit verschwindet, und daß dasjenige, was historische Unvermeidlichkeit ist, sich durch die freie revolutionäre Tätigkeit verwirklicht. Insofern hob er den Kantschen Dualismus auf oder glaubte, ihn aufzuheben. Was er damit jedoch nicht aufhob, war die Zufälligkeit des »Guten« in der »Notwendigkeit«. Anders gesagt, kann die Frage, warum das, was historisch notwendig ist, gleichzeitig ein menschliches Gut sein soll, in der Marxschen Perspektive nicht beantwortet, ja sicher nicht einmal gestellt werden. Und zwar deshalb, weil die Tatsache, daß jene »Notwendigkeit« zugleich ein »Gut« ist, zufällig ist. Das bedeutet, daß weder die historische Notwendigkeit des Sozialismus in der Tatsache begründet ist, daß der Sozialismus für die Menschen ein Wert ist, noch bedeutet es umgekehrt, daß der Wert des Sozialismus mit der Tatsache seiner quasi-natürlichen Notwendigkeit begründet werden kann. Beide Tatsachen sind logisch und historisch voneinander unabhängig, das heißt, daß jede von ihnen im Hinblick auf die andere zufällig ist; es gibt schließlich kein »Gesetz« des Seins, kraft dessen der Mensch die Befreiung oder die Versöhnung mit sich und der Natur erreichen »muß«; in der bloßen Tatsache der historischen »Notwendigkeit« steckt a priori nichts, was der Idee widerspräche, daß es das Schicksal des Menschen sei, Sklaverei, Not und Unglück ewig zu ertragen. Auch der Umstand, daß die Menschen sich aus Sklaverei und Not zu befreien wünschen, gibt durchaus keine Gewißheit, daß ihnen das gelingt, denn der reale Gang der Geschichte hängt nicht von unseren Wünschen ab. Obwohl also in seiner letzten Phase der Gang der Veränderungen nicht mehr das Werk anonymer »Gesetze« ist, sondern das Werk des revolutionären Willens, hängt noch immer der Erfolg dieses Willens nicht davon ab, daß es ein Wille nach Gerechtigkeit und Freiheit ist, sondern von den »objektiven« Umständen. In diesem Sinne kann man es als eine zufällige Tatsache bezeichnen, daß die Notwendigkeit sich am Ende als segensreich erweist; es hat sich einfach so ergeben, daß die Gesetze der Geschichte im Sinne dessen wirken, was die Menschen für ihr subjektives Ziel halten oder zumindest halten werden und was zugleich, unabhängig von ihren Ansichten, die tatsächliche Realisierung des Menschseins sein wird. Jaurès möchte dagegen diese Zufälligkeit beseitigen, weil in seiner Vision eines sich zielgerichtet entfaltenden Seins kein Platz ist für eine *gleichgültige* Notwendigkeit, sondern die vernünftige Absicht und eine das Gute herbeiführende übermächtige Kraft die Entwicklungsrichtung des *gesamten* Universums bestimmen. Somit ist das Universum an keinem Punkt seiner Entwicklung eine blinde Kraft, welche die Menschen lediglich zum eigenen Nutzen zu zähmen oder auszubeuten brauchen. Kurz, Jaurès glaubt, daß das Sein will, was auch wir wollen, und diese Konvergenz ist kein Zufall, sondern folgt aus der Stellung des Menschen in der Ordnung des Seins und insbesondere daraus, daß die menschlichen Sehnsüchte und Wünsche in artikulierter Weise ausdrücken, was die unartikulierte Bestrebung des ganzen Universums ist.

5. Sozialismus und Republik

Der enge Zusammenhang zwischen den politischen Reaktionen Jaurès' und seiner Philosophie ist unschwer zu bemerken. Weil er eine Stetigkeit des Fortschritts auf allen Gebieten des menschlichen Lebens annimmt und glaubt, man könne der gesamten Geschichte einen gemeinsamen Sinn geben, glaubt er auch, daß die verheißene künftige Gesellschaft der Freien nicht eine radikale Negation bestehender Formen sein wird, sondern deren Fortführung und gleichsam eine Weiterentwicklung von Werten, die – wenn auch unvollkommen – schon in der heutigen Welt knospen. Er drückt das in dem unablässig in verschiedenen Varianten wiederholten Gedanken aus, daß der Sozialismus die volle Verwirklichung von Grundsätzen sei, welche die Geschichte schon erarbeitet habe und welche insbesondere die ideelle Grundlage der Großen Revolution gewesen seien. In der Erklärung der Menschenrechte und in der Verfassung von 1793 seien im Keim alle sozialistischen Ideale enthalten, die es jedoch zur letzten Vollendung zu bringen gelte. Freiheit, Gleichheit und Gerechtigkeit müßten jetzt aus dem Bereich der politischen Institutionen auf den Bereich der Eigentumsverhältnisse und der Produktion übertragen werden, und gerade das sei der eigentliche Inhalt des Sozialismus. Die Freiheiten, welche die Revolution den einzelnen sicherte, erstrecke sich nicht auf den Bereich der Wirtschaft, und mit der Beseitigung der politischen Privilegien seien die aus dem Besitz fließenden Privilegien nicht aufgehoben worden. Jede menschliche Person habe aber das gleiche Recht zur Nutzung aller Mittel, welche die Menschheit im Laufe der Jahrhunderte zusammengetragen hat. Nach der Auffassung von Marx solle die akkumulierte Arbeit im Sozialismus der Bereicherung des Lebens der arbeitenden Menschen dienen; im System des Privateigentums diene im Gegenteil die lebendige Arbeit nur der Mehrung der im Kapital akkumulierten Arbeit. Ziel des Sozialismus sei es, die Errungenschaften der Vergangenheit dem Leben der Gegenwart unterzuordnen. »Das Leben verdrängt nicht die Vergangenheit, sondern unterwirft sie sich«, schrieb Jaurès in dem Artikel »Sozialismus und Leben« vom 7. 9. 1901. »Die Revolution bedeutet nicht Bruch, sondern Unterwerfung.«[5] Die Erklärung der Menschenrechte blieb jedoch leeres

Wort, solange nicht das Proletariat die politische Szene betrat, und deshalb mußten auch die Pläne von Saint-Simon und Fourier mißlingen. Nach 1848 wurde deutlich, daß eine sozialistische Organisation der Gesellschaft nicht allein aus den Träumen von Gerechtigkeit entstehen kann, sondern nur das Werk der organisierten Arbeiterklasse sein kann, die den Widerspruch zwischen der politischen Souveränität des Volkes und seiner ökonomischen Unfreiheit beseitigt. Die »politische Republik« muß, anders gesagt, zur »sozialen Republik« führen, d. h. zu einer Demokratie, die sich auf das gesamte Wirtschaftsleben erstreckt.

Wenn Jaurès so häufig unterstreicht, daß seine Interpretation des Sozialismus eine Fortsetzung und nicht eine Negation der Republik sei, so liegt das nicht nur daran, daß er die antisozialistische Kritik abwehren wollte, die in der Idee des »Kollektivismus« einen Widerspruch zu den individuellen Freiheiten sah, sondern auch daran, daß in der sozialistischen Bewegung selbst, zumindest in Frankreich, diese Dinge keineswegs klar waren. Jedenfalls konnte die Idee eines Sozialismus als »radikaler Gegensatz« zur bestehenden Gesellschaft den Verdacht erwecken, daß die Sozialisten mit der bürgerlichen Republik auch deren demokratische Institutionen »abschaffen« wollten oder daß sie die Herrschaft der Bankiers und Kapitalisten durch die Herrschaft der Bürokraten der verstaatlichten Industrie ersetzen wollten. Dieser letztere Einwand wurde schon damals häufig erhoben, insbesondere von den Anarchisten. Deshalb betonte Jaurès nachdrücklich, daß die mit dem menschlichen Individuum verknüpften Werte der einzige Wertmaßstab der gesellschaftlichen Institutionen seien. ». . . für die Sozialisten ist der Wert jeder Institution auf das menschliche Individuum bezogen. Das Individuum, das seine Entschlossenheit zu einem befreiten Leben und einer freien Entwicklung bekräftigt, wird den Institutionen und Ideen Kraft und Leben verleihen. Es ist das Maß aller Dinge: des Vaterlandes, der Familie, des Eigentums, der Menschheit, Gottes. Das ist die Logik des revolutionären Gedankens. Das ist der Sozialismus« (»Sozialismus und Freiheit«).[6] Die Vergesellschaftung des Eigentums wäre ein Hohn auf die sozialistischen Ideale, wenn sie darin bestehen sollte, daß die politischen Machthaber zusätzlich die Berechtigung erhalten, die Wirtschaft zu lenken. »Den Staatsmännern und Regierungsmitgliedern, die ohnehin schon Herren der nationalen Streitkräfte und der nationalen Diplomatie sind, die effektive Leitung der Arbeit im ganzen Lande zu übertragen, ihnen das Recht zu verleihen, alle führenden Funktionen zu besetzen, ähnlich dem Recht, die militärischen Positionen auf allen Stufen zu besetzen, würde doch bedeuten, einer Handvoll von Leuten eine Macht zu verleihen, angesichts derer die Macht asiatischer Despoten nichts wäre – denn diese machte an der Oberfläche des gesellschaftlichen Lebens Halt und regelte nicht das Wirtschaftsleben selbst« (»Sozialistische Organisation«).⁷ Der Sozialismus will keineswegs die Funktionen des Staates als Zwangsorgan verstärken, sondern im Gegenteil sowohl die staatlichen Institutionen wie auch die Produktion der Herrschaft der assoziierten Individuen unterwerfen. Die Beseitigung der Klassen bedeutet zugleich die Beseitigung jener partikularen Interessen, die um die Vorherrschaft im Verwaltungsapparat kämpfen, und folglich die Beseitigung der Korruption dieses Apparats und seiner repressiven Funktionen. Alle werden im gleichen Sinne gesellschaftliche Arbeiter sein, es wird deshalb keine besondere Kaste oder Gruppe von staatlichen Angestellten geben, die sich über die Gesellschaft erheben. Freiheit der Arbeit und Freiheit des Konsums, Freiheit des Wortes und der Presse, Freiheit der Vereinigung, Freiheit von Wissenschaft und Kunst – das alles kann der Sozialismus unvergleichlich viel besser verwirklichen, als es in einem System möglich ist, wo all diese Freiheiten durch Eigentumsprivilegien beschränkt sind. Auch ist nicht zu befürchten, so sagt Jaurès, daß sich in diesem System niemand finden wird, der zu ekelerregenden oder beschwerlichen Arbeiten bereit ist; man kann diese auch unter dem Gesichtspunkt ihrer Unannehmlichkeiten entlohnen, und im übrigen spricht nichts gegen den Gedanken, daß es Müllkutscher aus Berufung gibt. Auch ist nicht zu befürchten, daß die vergesellschaftete Produktion den Produzenten die Initiative entreißt oder den Individuen materielle Anreize zur Erhöhung und Verbesserung der Produktion nimmt, denn es ist nicht schwer, ein System zu planen, in dem die Steigerung der Produktivität oder Erfindungen entsprechend belohnt werden. Die Zentralisierung der Produktion kann auch nicht vollständig sein; sowohl nach Produktionszweigen organisierte Korporationen als auch kommunale und regionale Institutionen werden erweiterte Möglichkeiten ökonomischer Tätigkeit finden. Sowohl auf der nationalen Ebene wie auch auf der Ebene kleinerer, nach geographischen oder industriellen Prinzipien unterteilter Einheiten wird ein Repräsentativsystem allen die Möglichkeit der Kontrolle über das gesamte Wirtschaftsleben sichern. Die Freiheit wird somit nicht beseitigt, sondern im Gegenteil unerhört erweitert, da die fundamentalen gesellschaftlichen Funktionen – Erzeugung und Verteilung – sich unter gesellschaftlicher Kontrolle befinden. Der Staat als Organisation jener öffentlichen Dienste, die eine zentralisierte Verwaltung erfordern, wird zwar nicht verschwinden, aber einen anderen Charakter annehmen. Gegenwärtig erfüllt zwar der Staat zahlreiche gesamtgesellschaftliche Aufgaben, doch dank ihrer Privilegien können die Besitzenden ihn für ihre eigenen Zwecke benutzen; der sozialistische Staat wird ausschließlich solche Aufgaben erfüllen, die für die gesamte Gesellschaft erforderlich sind, und den Charakter der politischen Herrschaft über die Individuen verlieren – gemäß der traditionellen Doktrin, die von den Sozialisten allgemein anerkannt wird. Es ist nicht Ziel des Sozialismus, den einzelnen irgendeine allgemeine Glücksidee aufzuzwingen, sondern, im Gegenteil, solche Bedingungen zu schaffen, unter denen jeder seine eigenen Vorstellungen vom Glück realisieren kann.

Der Sozialismus übernimmt und bewahrt alle Werte, welche die Menschheit in ihrer Geschichte durch gemeinsame Anstrengungen hervorgebracht hat, und möchte nichts untergehen lassen, was die Würde des Menschen, seine Freiheit, seine Energie und sein Streben nach Harmonie stärkt. Vor allem wird der Sozialismus – im Gegensatz zu verbreiteten Kritiken – die nationale Idee keineswegs abschaffen oder herabsetzen, er wird den Menschen nicht das Vaterland nehmen und die patriotischen Gefühle nicht ihrer Bedeutung berauben. Der berühmte Satz aus dem »Kommunistischen Manifest« von den Arbeitern, die kein Vaterland hätten, ist nichts als eine Boutade. Wer sagt, daß ein Proletariat, welches das allgemeine Stimmrecht erkämpfte, den Zugang zum Schulwesen eroberte und sich als politische Macht organisierte, nicht zum gegenwärtigen Staat und zur Nation gehöre, daß es nichts sein müsse bis zu dem Tag, wo es alles wird, bestreitet unleugbare Tatsachen und macht die Errungenschaften des Proletariats zunichte, schreibt Jaurès in »L'Armée nouvelle« (10. Kap.). Die Behauptung, daß das Proletariat aus dem Vaterland ausgeschlossen sei, ist konterrevolutionär, weil sie den täglichen Kampf und die Teilerrungenschaften entwertet und es ohne diese alltäglichen und graduellen Errungenschaften nie zu der endgültigen Befreiung kommen wird. Seit der Revolution sind die nationale Idee und die demokratische Idee untrennbar miteinander verknüpft, und das Fundament einer Einheit, wie sie das Vaterland darstellt, war keineswegs, wie einige behaupten, das Grundeigentum, sondern das natürliche, beinahe körperliche Verlangen der Menschen, in einer über die Familie hinausgehenden größeren Gemeinschaft zu leben, und die gesamte Menschheit ist zu groß, um dieses Bedürfnis zu befriedigen. Der Sozialismus beseitigt nicht das Vaterland, sondern möchte es erweitern. Ein abstrakter Internationalismus, der die nationalen Besonderheiten geringschätzt, ist ein Hirngespinst. Nur durch eine Föderation freier Nationen kann die Menschheit zur Einigung gelangen. Daher ist es natürlich, daß die Sozialisten für das Recht aller Nationen auf Unabhängigkeit eintreten, und der internationale Charakter der Arbeiterbewegung steht durchaus nicht im Widerspruch zu patriotischen Gefühlen und zur Bereitschaft, die eigene Nation gegen Bedrohungen und Aggression zu verteidigen. Zwar ist das Vaterland nicht ein Endziel des Sozialismus, denn das ist die Freiheit der Individuen, aber es ist eine unverzichtbare Lebensform, ohne welche die sozialistische Bewegung verkümmern müßte. So ist es auch unmöglich, sich die soziale Befreiung unter Bedingungen der nationalen Versklavung oder eine sozialistische Bewegung vorzustellen, die nicht im Rahmen nationaler Gemeinschaften entstehen und wirken würde, bevor sie zur internationalen Bewegung wird. Chauvinismus, Haß, Kriege, Aggressionen sind nicht nur keine Konsequenz der nationalen Idee, sondern widersprechen ihr. Der Sozialismus setzt die Republik voraus, und er setzt Frankreich voraus, denn er setzt alle Werte voraus, welche die Menschheit hervorgebracht hat.

Da also der Begriff des Sozialismus alles absorbiert, was nur immer ein menschlicher Wert ist, kann man sagen, daß vom Jaurès'schen Standpunkt aus alles, was irgendwann entstanden ist und als Wert anerkannt wurde, automatisch ein Beitrag zum Sozialismus ist. Er formuliert diesen Gedanken vielleicht nicht in diesen Worten, doch scheint er allen einreden zu wollen, daß sie »eigentlich«, in ihrer tiefsten Seele, Sozialisten seien, und wenn sie den Sozialismus angreifen, so deshalb, weil sie nicht imstande sind, die eigenen Grundsätze bis zu Ende zu denken. Alle – Republikaner, Anarchisten, Christen, Intellektuelle, Patrioten – würden zu Sozialisten, wenn sie sich überlegen würden, unter welchen Bedingungen die Werte, die ihnen besonders wichtig sind, sich am besten entfalten können. Auch in der Vergangenheit versucht Jaurès überall mehr oder weniger bewußte sozialistische Bestrebungen aufzuspüren, die durch Unwissenheit oder Inkonsequenz begrenzt waren. Er findet sie in der Französischen Revolution ebensogut bei den Babouvisten wie bei den Jakobinern und Girondisten. In seiner Abhandlung über die Ursprünge des deutschen Sozialismus entdeckt er Keime sozialistischer Ideen in der gesamten Geschichte des deutschen Idealismus, angefangen von Luther. Die Idee der christlichen Gleichheit bahnte der Idee der bürgerlichen Gleichheit den Weg; durch den Kampf gegen die Tyrannei Roms lehrte Luther das Volk den Kampf gegen die Tyrannei überhaupt. Der Luthersche Begriff einer durch das göttliche Gesetz gebundenen Freiheit war ein Beitrag zur Kritik an der falschen Freiheit auch im Bereich der wirtschaftlichen Beziehungen. Ebenso trugen Kant und Fichte zur sozialistischen Idee bei, da sie es verstanden, in ihren Theorien die Freiheit des Individuums mit den Befugnissen des Staates und dem Recht des Staates zur Regelung der wirtschaftlichen Angelegenheiten in Einklang zu bringen. Selbst die Idee Kants, daß das Eigentum eine Bedingung der Staatsbürgerschaft sei, ist insofern mit dem Sozialismus vereinbar, als die modernen Lohnarbeiter, des Eigentums beraubt, keine Vollbürger sind. Der geschlossene Handelsstaat Fichtes ist ebenfalls eine Art von moralischem Sozialismus, denn er setzt eine gesamtgesellschaftliche, nur durch das Gemeinwohl bestimmte Regelung der Produktion voraus. Eine Quelle der sozialistischen Theorie ist auch die Hegelsche Philosophie, insbesondere die Unterscheidung zwischen der abstrakten Freiheit, die als willkürliche individuelle Laune begriffen wird, und der durch Vernunft und allgemeines Gesetz gebundenen Freiheit. Die volle Freiheit ist nicht in der liberalen Doktrin zu finden (Freiheit des einzelnen, soweit er nicht anderen schadet), sondern gerade dort, wo die Freiheit des Individuums universelle Bestrebungen in sich enthält. Mit dem Eintreten für eine organische Einheit der Gesellschaft, in der die individuellen Werte, dem Gesetz der Vernunft unterworfen, bewahrt sind, gelangte Hegel beinahe zur Idee des Sozialismus. Lassalle und Marx versöhnten schließlich den Widerspruch zwischen dem moralischen und dem historischen Verständnis des Sozialismus, sie versöhnten also die Standpunkte Fichtes und Hegels miteinander, als sie – insbesondere Lassalle – in der dialektischen Bewegung der Dinge eine ewige Gerechtigkeit entdeckten.

Der Sozialismus konnte nicht zu einer lebendigen Bewegung werden, solange es keine aktive und selbstbewußte Arbeiterklasse gab, die die Trägerin seiner Werte ist. Der Sozialismus ist aber nach der Marxschen Philosophie im Interesse der Menschheit und nicht nur der Arbeiterklasse. Der Sozialismus ist für alle, auch für die heutigen Ausbeuter, die gewissermaßen Kranke sind, denen nichts an der Heilung liegt, denn sie sind selbst Opfer des Systems, trotz ihrer Privilegien. Im Kommunismus werden die Kinder der heutigen Bourgeoisie nicht nur die Negation des Werkes ihrer Väter sehen, sondern auch erkennen, daß die Bourgeoisie selbst unbewußt durch ihre mutige und energische Tätigkeit zugunsten des technischen Fortschritts das Werk der Befreiung vorbereitete, in dem ihre Bemühungen mit den revolutionären Bestrebungen des Proletariats zusammenfallen.

Da also gewissermaßen in jedem Menschen eine *anima naturaliter socialista* steckt, ist es notwendig und richtig, daß sich die Sozialisten in ihrem Kampf auf allgemein-menschliche Werte berufen und nicht unbedingt nur auf jene, die spezifisch mit der gegenwärtigen Lage des Proletariats zusammenhängen. Natürlich kann die sozialistische Revolution nicht, ohne sich selbst zu widersprechen, das Werk einer Minderheit oder das Ergebnis eines Putsches sein, selbst wenn das technisch durchführbar wäre. Die von ihr einzuführenden Änderungen reichen viel tiefer als jene, welche die bürgerliche Revolution bewirkte. Ihre Durchführung ist schlicht unmöglich, wenn die Revolution nicht die deutliche und unzweifelhafte Unterstützung der überwältigenden Mehrheit der Nation hinter sich hat. Allgemeine Wahlen lassen im übrigen das wirkliche Kräfteverhältnis in der Gesellschaft erkennen und machen das Gelingen eines Staatsstreichs immer weniger wahrscheinlich. Aber unabhängig von technischen Überlegungen verlangt der Sozialismus die volle und freiwillige Beteiligung der Gesellschaft, da er sich nicht damit begnügen kann, die alte Ordnung zu stürzen, um anschließend den Ablauf des Wirtschaftslebens dem freien Spiel der individuellen Kräfte zu überlassen, sondern vielmehr darauf angewiesen ist, daß die Organisationsformen der künftigen Gesellschaft im voraus entwickelt und die gesamten Produktions- und Verteilungsprozesse in seine Anstrengungen einbezogen sind. Deshalb müssen moralische Wandlungen, die ein sozialistisches Bewußtsein und Verständnis für die Werte der neuen Ordnung wecken, der Revolution voraufgehen.

Daher ist es auch notwendig, daß die sozialistische Partei Unterstützung bei anderen Klassen, vor allem bei den Bauern und dem Kleinbürgertum, sucht. Jaurès beruft sich auf den Vorschlag Liebknechts, zur Arbeiterklasse alle zu zählen, die ausschließlich oder vorwiegend von der eigenen Arbeit leben, also neben dem Industrieproletariat gerade die Kleinbürger und Bauern. Außerdem muß die sozialistische Partei sich mehr dafür interessieren, ob ihre Mitglieder sozialistische Ideen vertreten, als dafür, ob sie Lohnarbeiter sind. Eine ausschließlich auf das Industrieproletariat gestützte sozialistische Bewegung kann nicht zur Mehrheit werden, kann also ihr Ziel nicht erreichen. Sie muß eine Bewegung des ganzen Volkes sein, unter Ausschluß des Adels, der Bourgeoisie und des Klerus, die einen geringen Prozentsatz der Gesellschaft darstellen. Diese Idee Liebknechts findet Jaurès' grundsätzliche Zustimmung. Er glaubt, daß der Sozialismus dank seiner Universalität nahezu die gesamte Gesellschaft für sich gewinnen und auf diese Weise erreichen könne, daß sich die sozialistische Revolution im Unterschied zur bürgerlichen ohne Blutvergießen und Bürgerkriege, ja überhaupt ohne Gewaltanwendung vollziehen kann. Auch die Zusammenarbeit mit der Bourgeoisie und den bürgerlichen Parteien in einzelnen Angelegenheiten ist möglich und geboten, nicht nur aus taktischen Gründen, sondern auch deshalb, weil das allgemein den Geist der Kooperation fördert, der ein leitendes Prinzip des Sozialismus sein wird. »Wir wollen die Revolution«, sagt Jaurès in seiner Abhandlung über die Theorie Bernsteins, »aber wir wollen keinen ewigen Haß. Und wenn es bei einer bedeutenden Frage – ob sie nun die Gewerkschaften oder die Genossenschaften, die Kunst oder die Justiz, und sei es die bürgerliche, betrifft – geschehen sollte, daß wir die Bourgeoisie dazu bewegen können, mit uns zu gehen, dann werden wir eine gewisse Stärke empfinden, wenn wir ihr sagen: ach, welch eine Freude für Menschen, die durch Haß und Abscheu getrennt waren, wenn sie sich in solchen zeitweiligen Vereinbarungen, in der Zusammenarbeit eines Tages treffen. Aber welch eine erhabene, ewige, allgemeine Freude wird erst an dem Tage entstehen, wenn es zu einem endgültigen Zusammentreffen aller Menschen kommt! ... Ich möchte, wir möchten, daß die sozialistische Partei der geometrische Ort aller großen Angelegenheiten, aller großen Ideen ist, aber wir geben damit keineswegs den Kampf um die soziale Revolution auf, sondern wir wappnen uns im Gegenteil mit Kraft, Würde, Stolz, um die Stunde der Revolution zu beschleunigen« (»Bernstein et l'évolution de la méthode socialiste«, Vortrag vom 10. 2. 1900).[8]

Dies ist sowohl die theoretische Grundlage, auf der Jaurès in der Dreyfus-Affäre tätig wurde, wie auch sein Standpunkt in dem sogenannten Streit um den Ministerialismus. Unter den französischen Sozialisten mit ouvrieristischer Einstellung traf man häufig den folgenden Standpunkt an: Die Dreyfus-Affäre ist ein Zwist im bürgerlichen Lager, sie betrifft einen Menschen aus der höheren Militärkaste und kann deshalb die sozialistische Bewegung nicht angehen. Guesde nahm diesen Standpunkt nicht ein und unterschied sich von Jaurès zunächst nicht in seiner Unterstützung für die Sache, erklärte jedoch später, daß die Partei sich nicht aktiv für die Verteidigung eines einzigen benachteiligten Menschen aus dem gegnerischen Lager engagieren dürfe, daß sie für das Wohlergehen der ganzen unterdrückten Arbeiterklasse eintreten müsse; die Sozialisten dürften sich nicht so verhalten, als würden sie den Klassenkampf aufgeben, um einen höheren Offizier zu verteidigen, der zum Opfer der Intrigen seiner eigenen Klasse wurde. In dem berühmten öffentlichen Disput mit Jaurès, der anschließend in der Broschüre »Zwei Methoden« (1900) abgedruckt wurde, legte Guesde die allgemeinen Grundlagen seiner Haltung dar, die sich auf die folgenden Prinzipien reduzieren: Das Proletariat »muß sich ausschließlich nach seinem Klassenegoismus richten, da seine eigenen Interessen sich mit den allgemeinen und endgültigen Interessen des gesamten Menschengeschlechts decken«; »in der gegenwärtigen Gesellschaft hat sich nichts geändert und kann sich nichts ändern, solange nicht das kapitalistische Eigentum beseitigt wird«; »wir sind nicht für Verhandlungen; der Klassenkampf schließt Verträge zwischen den Klassen aus«; »die Revolution, die ihr durchführen wollt, ist nur möglich, wenn ihr ihr selbst bleibt, eine Klasse gegen eine andere Klasse, eine Klasse, die von den Teilungen, die in der kapitalistischen Welt bestehen, nichts weiß und nichts wissen will.«[9]

Die Haltung von Jaurès leitet sich aus genau entgegengesetzten Voraussetzungen ab. Nach seiner Auffassung zeigt sich der allgemeinmenschliche Charakter des Kampfes des Proletariats nicht erst nach der Revolution, sondern er muß, damit die Revolution erfolgen kann, sich schon jetzt und in allen Dingen zeigen. Schon jetzt beweist das Proletariat, die unterdrückte Klasse, daß es Sachwalter der allgemeinmenschlichen Gerechtigkeit und Verbündeter aller ist, welche die Gerechtigkeit auf ihrer Seite haben, auch wenn sie in anderen Angelegenheiten durchaus nicht seine Verbündeten sind. Das Proletariat muß sich mit jenen Fraktionen der Bourgeoisie verbünden, die in einer vorliegenden Einzelfrage das Interesse des Fortschritts gegen die Reaktion vertreten; es muß den laizistischen Staat gegen den Klerikalismus verteidigen, auch wenn das im Interesse nicht nur des Proletariats, sondern zugleich der bürgerlichen Radikalen ist; es muß die Republik gegen die Monarchisten verteidigen, und es muß die Gerechtigkeit verteidigen, wenn Personen aus dem gegnerischen Lager Unrecht geschieht.

Die Affäre Millerand war ein sehr viel zweifelhafteres Beispiel dieser Taktik als die Dreyfus-Affäre. Die Gegner Millerands behaupteten, die Beteiligung eines Sozialisten an einer bürgerlichen Regierung sei ein Betrug an der Arbeiterklasse, da sie den Eindruck erwecke, als habe die sozialistische Partei – also das Proletariat – bereits Teil an der politischen Macht, und überdies die sozialistische Bewegung in eine zweideutige Situation bringe, weil einer ihrer Vertreter Verantwortung für Maßnahmen der bürgerlichen Regierung trage, die er auf keinen Fall verhindern könne und die naturgemäß im Interesse der Ausbeuterklassen ergriffen würden. Dagegen erklärte Jaurès, daß der Eintritt eines Sozialisten in die Regierung zwar nicht bewirke, daß diese Regierung radikal ihre Politik ändern könne, aber an sich ein Beweis der Stärke der sozialistischen Bewegung sei und außerdem den Sozialisten erlaube, in zeitweiligen Bündnissen mit fortschrittlicheren Kräften wirksamer gegen die reaktionärsten Kräfte der Bourgeoisie und des Militarismus zu kämpfen.

Bei diesem ganzen Streit wurden nicht nur zwei grundsätzlich verschiedene Einstellungen zur Idee der politischen Selbständigkeit des Proletariats deutlich, sondern auch die Zweideutigkeit, der diese Idee durch die parlamentarische Aktivität der sozialistischen Bewegung ausgesetzt wurde. Einerseits gab es in der sozialistischen Tradition eine starke Tendenz, die sich leicht durch Zitate von Marx stützen läßt, das Proletariat als eine fremde Enklave innerhalb der bürgerlichen Gesellschaft aufzufassen, als eine Klasse, die sich grundsätzlich nicht »teilweise« befreien kann, sondern bestrebt ist, die gesamten bestehenden politischen Institutionen zu sprengen, also auch kein Bündnis mit Fraktionen der feindlichen Klassen anstreben kann. Andererseits läßt sich unter Verhältnissen, in denen sozialistische Parteien sich an parlamentarischen Institutionen beteiligen und über die Gesetzgebung Vorteile für die Arbeiterklasse erringen, jene Exklusivität nicht konsequent aufrechterhalten. Jeder Kampf um Reformen ist bis zu einem gewissen Grade eine »Verbesserung des Kapitalismus«, und wäre Guesde konsequent bei seinem eigenen Grundsatz geblieben, daß nur die Kapitalisten den Kapitalismus verbessern dürfen, dann hätte er nicht die sozialistische Partei in parlamentarische Aktionen oder in den Kampf um unmittelbare ökonomische und rechtliche Vorteile hineinziehen dürfen. In dieser Hinsicht war der Standpunkt der revolutionären Syndikalisten konsequenter, aber – gerade aufgrund seiner Konsequenz – auch praktisch fruchtlos und unter den französischen Verhältnissen hoffnungslos. Andererseits war es unmöglich, in genereller Weise die Grenzen festzulegen, innerhalb derer der Kampf um eine »Verbesserung des Kapitalismus« geführt werden durfte, sofern man diesen Kampf schon im Prinzip akzeptierte; es ließ sich also nicht bestimmen, an welcher Stelle die zulässige taktische Zusammenarbeit mit anderen Parteien endete und das opportunistische »Hineinwachsen« des Sozialismus in die bestehende Gesellschaftsordnung begann.

Jaurès hielt die Frage der politischen Absonderung des Proletariats keineswegs für unwesentlich. In der Polemik mit Bernstein, in der er Kautsky allgemein Recht gibt, wirft er Bernstein vor, er löse das Proletariat in den anderen Klassen auf, wenn er sich auf die Inhomogenität sowohl der Arbeiterklasse wie auch der Bourgeoisie berufe; nach Jaurès eine falsche Schlußfolgerung, da trotz dieser Inhomogenität die prinzipielle Grenze zwischen Besitzenden und Nichtbesitzenden nicht unklar sei. Zwischen den beiden grundlegenden Klassen besteht ein radikaler Antagonismus, daraus folgt aber nicht, daß die sozialistische Bewegung sich vor Kontakten und befristeten Bündnissen fürchten müsse, wenn sie sich dabei stets bewußt bleibt, daß ihr Endziel nicht Verbesserungen des bestehenden Systems sind, sondern dessen radikale Veränderung. Der Sozialismus ist nur als Werk der Arbeiterklasse denkbar, und die Hoffnungen der Frühsozialisten – Fourier, Blanc oder Owen – mußten eitle Träume bleiben. Dennoch schafft die Arbeiterklasse – und hier sind wir vielleicht beim Kern des Streits zwischen Jaurès und jenen, die die politische Exklusivität des Proletariats vertraten – die Voraussetzungen des Sozialismus bereits innerhalb des kapitalistischen Systems. Die endgültige Umgestaltung der Gesellschaft kann sich zwar nicht ohne Revolution vollziehen – in dieser Hinsicht scheint Jaurès eine eindeutige Haltung einzunehmen. Nach seiner Auffassung definiert sich die Revolution jedoch nicht durch einen Gewaltakt oder einen Bürgerkrieg. Die Revolution besteht eben in der radikalen Umgestaltung der Eigentumsverhältnisse im sozialistischen Sinne. Damit wird die Aussage, daß der Sozialismus nicht ohne Revolution kommen könne, zur Tautologie, was Jaurès nicht bemerkt, da er das Problem, in welcher Form sich die Revolution vollzieht, als müßige Spekulation über eine unvorhersehbare Zukunft abtut. Dann aber ist nicht einzusehen, warum eine so verstandene Revolution sich nicht auf dem Wege eines langsamen und allmählichen Hinüberwachsens des Kapitalismus in den Sozialismus vollziehen kann – was Jaurès allerdings abzulehnen scheint. Der Aufbau des Sozialismus im Schoße des Kapitalismus vollzieht sich nach seiner Ansicht auf vielen Wegen. Vor allem sind daran die Fähigkeit der Arbeiterklasse, sich zu organisieren, und ihr wachsendes historisches Bewußtsein beteiligt, daneben aber auch ein ganzer Komplex von Reformen, welche die bestehende Gesellschaft in einem Sinne verbessern, der eher mit der Demokratie und den Interessen der Arbeiterklasse in Einklang steht: die Verbesserung der allgemeinen Bildung, Fortschritte in der Arbeitsgesetzgebung, Erhöhung des Lebensstandards, Laizisierung der öffentlichen Institutionen, Begrenzung der Ausbeutung durch die Gewerkschafts- und Genossenschaftsbewegung. Alles in allem ist das »Endziel« des Sozialismus zwar etwas anderes als die Reformen, aber diese sind nicht nur ein Übungsfeld vor der entscheidenden Schlacht, sondern sie verankern auch objektiv gewisse Voraussetzungen der sozialistischen Gesellschaft, und es ist deshalb nicht klar, weshalb ihre Steigerung nicht in allmählicher und stetiger Weise zum Endziel führen könnte.

6. Der Jaurèssche Marxismus

Jaurès hielt sich nicht für einen Revisionisten, auch wenn er häufig hervorhob, daß er den spezifisch französischen, vom Marxismus unabhängigen Ursprüngen des Sozialismus verbunden sei. Er vertrat gegen Bernstein die Idee der politischen Eigenständigkeit des Proletariats, und er hob den Wert der Marxschen Dialektik hervor, die er als eine Theorie der natürlichen Entwicklung auffaßte, nach der die gesellschaftlichen Formationen einander infolge innerer Widersprüche ablösten. Die unterdrückte Klasse muß, wie Jaurès meint, von dieser naturwüchsigen Entwicklung der Geschichte überzeugt sein, da ihr das den Glauben an den Erfolg ihrer Anstrengungen schenkt. Auch vertritt er die Marxsche Theorie, nach der Ausbeutung darauf beruht, daß der Kapitalist sich einen unbezahlten Teil der Arbeit aneignet. Er vertritt ebenfalls die Werttheorie, sofern man darunter nicht eine Theorie der Preise, sondern eine »soziale Metaphysik« versteht. Die allgemeine Idee, daß der Sozialismus nicht die partikulare Angelegenheit der Arbeiterklasse, sondern das Interesse der gesamten Menschheit ist, daß jedoch die Arbeiterklasse berufen ist, dieses allgemeine Interesse zu verkörpern, gehört natürlich zum traditionellen Kanon der marxistischen Lehre. Mit diesem Kanon stimmt, auch wenn wohl niemand das in der Weise hervorhebt, der Gedanke überein, daß letzten Endes der Wert des Sozialismus durch seinen Wert für die geistige Entwicklung der menschlichen Individuen bestimmt ist.

Was Jaurès tatsächlich vom Marxismus trennt, ist seine Überzeugung von der Kontinuität und Universalität des Fortschritts. Wenn wir die pantheistische Metaphysik außer acht lassen, die aus dem Fortschritt der menschlichen Geschichte einen Bestandteil der universellen Heilslehre des Seins macht, erstreckt sich der Fortschritt, dem Jaurès vertraut, auf alle historischen Epochen und alle Bereiche der Kultur. Die künftige Erlösung und die absolute Einheit der Welt sind nach seiner Deutung nicht das Resultat eines gewaltsamen Bruchs im historischen Prozeß, sondern bereiten sich in der Geschichte nach und nach vor und wachsen in allen Bereichen der Kultur heran, vor allem auch in den politischen und juridischen Institutionen. Gewiß beschränkte Marx den Fortschritt nicht auf technologische Veränderungen, weil er glaubte, daß das siegreiche Proletariat von der bürgerlichen Gesellschaft auch dessen wissenschaftliche und zumindest teilweise dessen künstlerische Errungenschaften übernehmen werde. Auch glaubte er, daß die vergangene Geschichte eine Vorbereitung auf den Sozialismus sei, namentlich in der Technik und der Organisation der Arbeit. Dagegen glaubte er nicht, daß der Sozialismus gewissermaßen Schritt für Schritt über die Jahrhunderte hinweg im *positiven* Wortsinne entsteht, daß die gesellschaftlichen und rechtlichen Ideen und Institutionen sich Schritt für Schritt der Vollkommenheit nähern, welche sie nach der letzten Umwälzung erreichen. Gerade das schien Jaurès aber anzunehmen, und dieser Gedanke war für ihn eine Rechtfertigung seiner nahezu grenzenlosen Bündnispolitik, seines Glaubens an Appelle an sämtliche gesellschaftlichen Klassen, seines allgemeinen Versöhnlertums. Jaurès machte sich nicht die Marxsche Auffassung von einem Fortschritt zu eigen, der das Böse als unverzichtbares Instrument benützt. Die Hegelsche Tragödie der Geschichte war ihm völlig fremd. Jaurès' Geschichtsphilosophie war insofern kohärent, als sie einen als Erlösung der Welt verstandenen und einen als Resultat der naturwüchsigen historischen Tendenz verstandenen Sozialismus zu einem einheitlichen Erklärungssystem verband, während für Marx die Beziehung zwischen diesen beiden Auffassungen von Sozialismus etwas Zufälliges war. Jaurès erkauft diese Kohärenz allerdings mit einem prophetischen Optimismus, der ihn glauben läßt, daß in der künftigen Welt der universellen Einheit schließlich die ganze bisherige Geschichte aufgehen wird und daß sich am Ende herausstellt, daß keine menschliche Tat umsonst war, keine Anstrengung des Geistes in der Gleichgültigkeit der Natur verlorenging. Sein Sozialismus und seine Metaphysik der Erlösung erwuchsen aus seiner Liebe zu den Menschen und zur Welt. Wenn dieser letztere Satz ein Urteil ist, so doch nur ein Urteil über den Charakter von Jaurès, nicht aber über seine analytische Nüchternheit.

Sechstes Kapitel

Paul Lafargue – der hedonistische Marxismus

Lafargue gebührt sicher einer der ersten Plätze unter den *scriptores minores* der marxistischen Orthodoxie. Die Orthodoxen seiner Zeit wiesen ihm eine bescheidene, aber würdige Stellung zu. Als Mitbegründer (neben Guesde) der französischen sozialistischen Partei, als Kritiker der Anarchisten, der Christen und Jaurès', als Propagator des Marxismus und schließlich als Schwiegersohn von Marx erwarb sich Lafargue eine Stellung in der zweiten Reihe des marxistischen Pantheons. Denn es ist kaum zu verbergen, daß sein Marxismus überaus simplifiziert war und daß man in seinen Schriften schwerlich etwas findet, was als eine »Weiterentwicklung« der Doktrin gelten könnte. In Frankreich war er jedoch derjenige Autor, welcher der deutschen Orthodoxie am nächsten stand – und sie lieferte damals die Standards der marxistischen Korrektheit.

Paul Lafargue (16. 6. 1842–26. 11. 1911) war ein Kreole aus Westindien, und seine Vorfahren waren auf mütterlicher Seite Indianer, auf väterlicher Seite Neger. Schon in der Kindheit aus dem heimatlichen Kuba nach Frankreich übersiedelt, erhielt er dort seine Ausbildung. In Paris begann er ein Medizinstudium, das er (1868) in London abschloß, wohin er sich begab, weil man ihn wegen sozialistischer Aktivitäten von der Universität entfernt hatte. Dort befreundete er sich auch mit Marx und nahm dessen Tochter Laura zur Frau. Gegen Ende 1868 nach Frankreich zurückgekehrt, betätigte er sich als Journalist und Arzt. Als aktiver Teilnehmer an der Pariser Kommune flüchtete er nach deren Niederlage nach Spanien, wo er sich in der kleinen sozialistischen Partei betätigte, die unter der Führung von Pablo Iglesia stand. Gegen Ende 1872 übersiedelte er erneut nach London und verbrachte dort die nächsten zehn Jahre. Seinen Lebensunterhalt verdiente er als Fotograf, schrieb aber gleichzeitig Artikel und Pamphlete; zusammen mit Marx und Guesde arbeitete er das Programm der französischen Partei aus. Nach der Amnestie für die Kommunarden kehrte er im Frühjahr 1882 nach Frankreich zurück. Er arbeitete als Angestellter und war gleichzeitig der aktivste Propagandist der marxistischen Lehre in Frankreich; er schrieb viel, hielt überall in Frankreich Vorträge und arbeitete mit Guesde in der Parteiführung zusammen. Einmal, im Jahre 1891, wurde er zum Abgeordneten gewählt. Zusammen mit Laura beging er Selbstmord, nicht aus Verzweiflung, sondern um rechtzeitig den Gebrechen des Alters zu entgehen.

Als Schriftsteller und Theoretiker war Lafargue ein Muster jenes talentierten und vielseitigen Dilettanten, den man in der Geschichte des Marxismus häufig antrifft. Durch seine Schriften – überwiegend Artikel und Pamphlete – verbreitete er einen bestimmten Stil, der dazu beitrug, die intellektuellen Werte des Marxismus zu schwächen (in dieser Hinsicht war Plechanow ihm ähnlich). Lafargue verfaßte Abhandlungen zu beinahe allen gesellschaftlichen Erkenntnisbereichen: Philosophie, Geschichte, Ethnologie, Linguistik, Religionswissenschaft, literarische Kritik, Ökonomie – alles wurde in seinen Schriften behandelt. In keinem dieser Wissensbereiche besaß er Fachkenntnisse, aber über alle wußte er etwas aus zweiter Hand. Wie die meisten Marxisten war er überzeugt, den von Marx entdeckten Universalschlüssel der Forschung zu besitzen und ihn – unabhängig davon, in welchem Maße er den Stoff der jeweiligen Wissenschaft beherrsche – mit Erfolg in jedem beliebigen Erkenntnisbereich anwenden zu können. Auch glaubte er, es trage zum Triumph der marxistischen Lehre bei, wenn man in den Werken von Nichtmarxisten irgendwelche Elemente aufspürt, die den historischen Materialismus zu bestätigen scheinen, daß also der Marxismus bestätigt wird, wenn man Beispiele für die Abhängigkeit gewisser politischer, literarischer oder sittlicher Phänomene von den Produktionsformen finden kann. Er machte sich nicht klar, daß es ungeheuer leicht ist, Beispiele derartiger Abhängigkeiten zu finden, daß aber daraus nicht auf die Wahrheit der allgemeinen Theorie von Marx geschlossen werden kann – genausowenig wie aus der Anhäufung von Beispielen für die Ähnlichkeit zwischen Eltern und Kindern eine Theorie der Genetik entstehen kann.

Alles in allem kann man nicht sagen, daß Lafargue dazu beigetragen hätte, der marxistischen Lehre eine neue oder vollkommenere Gestalt zu geben. In einer Geschichte dieser Doktrin kann man ihn jedoch nicht ganz übergehen, nicht nur, weil er mehr als irgendein anderer für die Einführung des Marxismus in Frankreich getan hat, sondern auch, weil seine Schriften – unter anderem wegen ihrer Vereinfachungen – eine bestimmte »Seite« des Marxismus offenbaren, die bei Autoren von bedeutenderem Kaliber nicht so deutlich ist. Er war auch einer der ersten, die sich der literarischen Kritik im Geiste des Marxismus widmeten, und sein boshaftes und amüsantes Pamphlet gegen Victor Hugo ist auch heute noch durchaus lesenswert.

Am bedeutsamsten unter den Schriften Lafargues, die bislang nicht in einer vollständigen Ausgabe vorliegen, sind Abhandlungen über die allgemeine Theorie des historischen Materialismus (»Le déterminisme économique: La méthode historique de Karl Marx«, 1907), eine populäre

Broschüre unter dem Titel »Das Recht auf Faulheit« (»Le droit à la paresse«, 1883), ein Kommentar zum Parteiprogramm, den er gemeinsam mit Guesde verfaßte (»Le Programme du Parti Ouvrier«, 1883), und eine Diskussion mit Jaurès über den historischen Materialismus aus dem Jahre 1895.

Die philosophischen Überlegungen Lafargues gehen über einen populären Sensualismus und den Materialismus der Aufklärung nicht hinaus. Mit großem Nachdruck weist er auf die Herkunft aller abstrakten Begriffe aus der sinnlichen Wahrnehmung hin, wobei er Argumente von Locke, Diderot und Condillac wiederholt. Nach seiner Ansicht sind Lehren, die dem Sensualismus widersprechen und folglich nach der Art Platons von der Möglichkeit der direkten, von der Wahrnehmung unabhängigen Schau der Abstrakta ausgehen, nicht nur falsch, sondern in gesellschaftlicher Hinsicht reaktionär, da sie den Menschen als ein nicht nur körperliches Wesen auffassen und somit die religiöse Mystifikation fördern; die Bourgeoisie, die unter der Fahne des Materialismus und des Sensualismus gegen das Christentum kämpfte, gab deshalb nach der Erlangung der Herrschaft unverzüglich die alten bilderstürmerischen Theorien auf, begann erneut das Bündnis mit der Kirche zu suchen und brachte den platonisch-christlichen Glauben an eine übersinnliche Erkenntnis wieder zu Ehren. Maine de Biran und Cabanis schworen ihrem früheren revolutionären Sensualismus ab. Die ganze romantische Bewegung, angefangen mit Chateaubriand, ist nichts anderes als ein Versuch, die Bourgeoisie mit dem katholischen Glauben zu versöhnen. Die Bourgeoisie braucht die Fiktionen ewiger Wahrheiten und übersinnlicher Erkenntnis, weil sie bestrebt ist, der Gesellschaftsordnung, die ihr dienlich ist, die Weihe ewiger Dauer und Autorität zu verleihen. Der Materialismus der Aufklärung wurde jedoch vom Proletariat übernommen, das ihn im Kampf gegen die asketische Moral einsetzt, die von der Kirche propagiert wird, um Klassenteilung und Ausbeutung zu verewigen. Lafargue trägt seinen Materialismus in ungehobelten Formeln vor, wie man sie ähnlich bei De la Mettrie, Cabanis und Moleschott finden kann, und die folglich dem näher stehen, was die marxistische Tradition als »Vulgärmaterialismus« zu brandmarken pflegt. So sagt er etwa: »Das Gehirn besitzt die Eigentümlichkeit zu denken, wie der Magen die zu verdauen« (»Vom Ursprung der Ideen«)[1], oder: »Das Gehirn setzt die Empfindungen in Ideen um, wie die Dynamomaschine die auf sie übertragene Bewegung in Elektrizität umsetzt« (Diskussion mit Jaurès).[2] Das erkenntnistheoretische Problem einer selbständigen Abstraktionsfunktion taucht in seinen Überlegungen überhaupt nicht auf. Der einzige Einwand, den man nach seiner Meinung gegen die Sensualisten der Aufklärung vortragen kann, beruht darauf, daß das menschliche Gehirn dank der Vererbung erworbener Erfahrungen »Dispositionen« besitzt, sich abstrakte Begriffe anzueignen, und insofern keine völlig »unbeschriebene Tafel« ist. Einer der Beweise für den Sensualismus, den Lafargue vielfach wiederholt, ist die Tatsache, daß die etymologische Forschung die Herkunft abstrakter Begriffe aus Bezeichnungen, die sich auf empirische Objekte beziehen, enthüllte; alle Termini, die Abstrakta bezeichnen (z. B. den Begriff der Gerechtigkeit, des Guten oder anderer Werte, aber auch Zahlbegriffe und überhaupt alle verallgemeinernden Bezeichnungen), leiten sich aus Wörtern ab, die auf unmittelbar sinnlich erfaßbare Gegenstände oder Eigenschaften hinweisen.

In all seinen philosophischen Ausführungen ist Lafargue Feuerbach näher als Marx (allerdings dem späten, von allen Hegelschen »Belastungen« befreiten Feuerbach). Die ganze idealistische Philosophie und auch die ganze Geschichte der Religion ist für ihn nichts anderes als ein Haufen von Irrtümern und ein Werkzeug zur Verewigung der Klassenteilung. Im Unterschied zu Marx sieht er in der Geschichte des Idealismus keine wertvollen Erkenntnisse, und die Geschichte der Kontroverse zwischen dem Sensualismus und dem Spiritualismus, angefangen mit dem Gegensatz zwischen Zenon dem Jüngeren und Platon, ist einfach eine Geschichte des Kampfes zwischen Wahrheit und Irrtum. Die Religion ist eine Projektion von menschlichen Leidenschaften, Gebräuchen und gesellschaftlichen Verhältnissen in eine Welt übernatürlicher Wesen. Vorstellungen von einer im Körper wohnenden Seele rühren daher, daß die Wilden sich die Entstehung ihrer nächtlichen Träume nicht erklären konnten; die im Traum auftretenden Bilder von Personen führten mit der Zeit zu Vorstellungen von Unsterblichkeit und schufen schließlich eine ganze Welt von übernatürlichen Wesen und Gottheiten. Der Glaube an eine immaterielle Seele war charakteristisch für die matriarchalische Gesellschaft und verschwand mit der Ausbreitung des Patriarchats, um bei dessen Verfall, der dem Christentum ideologisch den Boden bereitete, erneut aufzuleben. An anderer Stelle – im Kommentar zum Parteiprogramm – erklärt Lafargue die Religion als ein Ergebnis der Angst vor den nichtunterjochten Kräften der Natur. Danach ist die Religion das Produkt eines noch halb tierischen Zustands der Menschheit und spiegelt deren Ohnmacht gegenüber der Macht der Elemente wider. In dem Maße, wie es den Menschen gelingt, ihre Herrschaft über die Natur auszuweiten, verschwindet die Religion, und sie wird ganz verschwinden, wenn die sozialistische Revolution dem Menschen die volle Herrschaft über die eigenen Lebensbedingungen gibt.

Auch in seinen Überlegungen zum »ökonomischen Determinismus« präsentiert Lafargue einen bis zur Unkenntlichkeit vereinfachten Marxismus. Unter dem historischen Materialismus ist nach seiner Auffassung erstens die Behauptung zu verstehen, daß es in der gesellschaftlichen Entwicklung kein von vornherein feststehendes Ziel oder eine solche Absicht gibt, sondern daß alles sich kraft der natürlichen, unwiderstehlichen Kausalität vollzieht, der sämtliche menschlichen Verhaltensweisen unterworfen sind; die Freiheit des Verhaltens ist eine Täuschung, in Wirklichkeit handeln die Menschen gemäß der Notwendigkeit, welche ihnen die natürliche und die künstliche, d. h. von ihnen selbst geschaffene Umwelt aufzwingt. Am schnellsten verändert sich innerhalb dieser künstlichen Umwelt die Produktionsweise (Lafargue scheint den Begriff der Produktionsweise mit den Produktivkräften gleichzusetzen, genauer gesagt, der Gesamtheit der Produktionswerkzeuge). Diese Veränderungen rufen mit eherner Notwendigkeit Veränderungen in den gesellschaftlichen Institutionen und Ideologien hervor, wobei die Tatsache, daß die Ideen und Institutionen bei verschiedenen Gesellschaften, die auf dem gleichen technischen Entwicklungsstand sind, nicht völlig identisch sind, auf Unterschieden in der natürlichen Umwelt beruht. Im allgemeinen macht Lafargue sich jedoch die Theorie Vicos zu eigen, nach der alle menschlichen Gesellschaften die gleichen Entwicklungsphasen durchlaufen. Matriarchat, Patriarchat, Sklaverei, Feudalismus und Kapitalismus – das alles sind in der Tat unvermeidliche Stadien, welche jede menschliche Gemeinschaft durchlaufen muß, bevor sie die kommunistische Form erreicht. Diese letztere ist ebenso notwendig wie alle vorhergehenden.

Ausgangspunkt der gesellschaftlichen Entwicklung ist die ursprüngliche kommunistische Gleichheit, bei welcher die Begriffe der Gerechtigkeit und des Eigentums und überhaupt moralische Restriktionen unbekannt und unnötig sind. In einem gewissen Maße frischt Lafargue neben anderen Stereotypen der Aufklärung den Mythos des glücklichen Wilden wieder auf, was auf dem Boden des damaligen Marxismus eine ungewöhnliche Erscheinung war (allerdings sind bei Engels Spuren dieses Stereotyps der Aufklärung zu finden). Es zeigt sich, daß die primitiven Völker in nahezu jeder Hinsicht – bezüglich der körperlichen Entwicklung wie der geistigen Reinheit wie auch der allgemeinen Lebenszufriedenheit – unvergleichlich höher standen als wir. »Es ist über allen Zweifel erwiesen, daß der Mensch Eifersucht und Vaterliebe nicht kennt, solange er in einer kommunistischen Gesellschaft lebt. Männer und Frauen leben da in der Vielehe: die Frau nimmt soviel Gatten, als ihr beliebt, und der Mann soviel Frauen, als er kann. Trotzdem erzählen uns die Reisenden, daß diese braven Leute zufriedener und einträchtiger leben als die Mitglieder der langweiligen und egoistischen monogamischen Familie«[3], sagt er in der Diskussion mit Jaurès. Und im »Recht auf Faulheit« schreibt er: »Man betrachte den stolzen Wilden, wenn ihn die Missionäre des Handels und die Handlungsreisenden in Glaubensartikeln noch nicht durch Christentum, Syphilis und das Dogma von der

Arbeit korrumpiert haben, und dann vergleiche man mit ihnen unsere abgerackerten Maschinensklaven!... Oft sind die europäischen Forscher ganz betroffen von der körperlichen Schönheit und der stolzen Haltung der Angehörigen primitiver Völkerschaften, welche noch nicht von dem ›vergifteten Hauch der Zivilisation‹, um mit dem Dichter zu reden, befleckt sind.«[4] Und er zitiert Le Play: »Der Hang der Baschkiren zur Faulheit.., die mit dem Nomadenleben verbundene Muße sowie die Gewohnheit des Nachdenkens... haben bei diesen Leuten oft eine Feinheit der Manier, eine Schärfung von Intelligenz und Urteil zur Folge, wie man sie in einer höheren Zivilisation auf dem gleichen sozialen Niveau selten findet.«[5]

Die Idylle des glücklichen Wilden war bei Lafargue ähnlich wie bei allen seinen Vorgängern eher als Kritik an der industriellen Zivilisation gemeint denn als der reale Vorschlag »Zurück zur Natur«. In seine Vorstellungen vom kommunistischen Paradies ist jedoch mehr als eines solcher arkadischen Klischees eingegangen. Diese Ordnung wird nämlich keineswegs eine Realisierung der Gerechtigkeitsidee sein, sondern im Gegenteil dem Gerechtigkeitsbegriff jede Bedeutung nehmen. Der Gerechtigkeitsbegriff entstand durch das Privateigentum als ein Mittel zur Regulierung der Eigentumsbeziehungen. Im Urkommunismus war das gesellschaftliche Leben dem Racheinstinkt unterworfen, der biologische Ursachen hat; dieser Instinkt wurde dann zu einem gesellschaftlich regulierten System der Vergeltung umgewandelt, mit dem das Chaos der privaten Abrechnung verkürzt werden sollte; weil es (das System der Vergeltung) diesen jedoch nicht völlig verdrängte, entstand die Institution des Privateigentums; ihr Ziel war gerade die Regelung der gegenseitigen Rechte und Ansprüche zwischen den Individuen und die Ausschaltung des Faustrechts. Mit ihr entstand die Idee der Gerechtigkeit. Ursprünglich sollte die Gerechtigkeit die bestehende gesellschaftliche Gleichheit sanktionieren, doch im Laufe der Zeit begann sie unter dem Einfluß des Privateigentums die Privilegien zu verteidigen und kehrte sich so gegen den Menschen.

Wie man sieht, wiederholt Lafargue im Grunde das spekulative Schema des Gesellschaftsvertrages von Hobbes, in der Überzeugung, er konstruiere eine spezifisch marxistische Theorie der Zivilisationsentstehung. Im Unterschied zu Hobbes glaubt er jedoch, daß die Vergesellschaftung des Eigentums, zu der die Entwicklung des Kapitalismus unvermeidlich führt, den Menschen wieder in jenen gesegneten Zustand der Unschuld versetzen wird, die von Gesetzen, Verpflichtungen und Ansprüchen nichts weiß. Am deutlichsten kommt dieser Gedanke wohl in seiner Diskussion mit Jaurès zu Wort. Jaurès versuchte zu zeigen, daß der Materialismus und der Idealismus in der Interpretation der Geschichte zur Übereinstimmung gelangen könnten, ja sogar müßten. Es sei nämlich ebenso wahr, daß die Verwirklichung der menschlichen Ideale ökonomische Veränderungen erfordert, wie auch, daß wir Ideale brauchen, um die historischen Notwendigkeiten nicht nur vorherzusehen, sondern auch als wohltätig zu beurteilen. Es sei ebenso wahr, daß wir Vernunftideen nur als in der Welt verkörpert kennen, wie auch, daß alles, was in der Welt geschieht, eine Verkörperung der Vernunftidee ist. Es sei ebenso wahr, daß das Geistesleben ökonomische Phänomene widerspiegelt, wie auch, daß die ökonomische Entwicklung unter Beteiligung moralischer Kräfte zustande kommt, die schon gleichsam fertig im Geiste des Menschen vorhanden sind, daß also die Befürfnisse nach Einheit, Schönheit und Gerechtigkeit als *idées-forces* in allen historischen Veränderungen wirksam sind. Kurz, man müsse sowohl die Theorie einer kausal erklärbaren Evolution wie auch die Idee anerkennen, die dieser Evolution einen Sinn gibt und in ihr die Verwirklichung eines Wertes sieht; folglich sei der Idealismus sowohl als eine Methode, die historischen Veränderungen zu verstehen, wie auch als eine Theorie, welche diese Veränderungen beschreibt, eine Ergänzung und nicht ein Rivale des Marxschen Materialismus.

Die Antwort Lafargues verdeutlicht in charakteristischer Weise den unversöhnlichen Konflikt zweier prinzipiell verschiedener Denkweisen (oder gar Mentalitäten): der naturalistischen und der moralistischen. Es gebe in der geschichtlichen Entwicklung keine Zielgerichtetheit und keinen als Ursache wirksamen Drang zu den Idealen; die Evolution sei schließlich keine spezifisch menschliche Erscheinung. Der Mensch sei nicht aufgrund bewußter Absicht entstanden, sondern aufgrund der Entwicklung seiner Hand. Alle abstrakten Ideen, insbesondere auch die moralischen Werte und die Idee der Gerechtigkeit, entstammten sinnlichen Wahrnehmungen, die gemäß den herrschenden ökonomischen Verhältnissen interpretiert würden. »Die Ideen der Gerechtigkeit, die das Hirn der zivilisierten Menschen erfüllen und die sich auf das mein und dein gründen, werden wie ein böser Spuk verschwinden, sobald das gesellschaftliche Eigentum anstelle des Privatbesitzers tritt.«[6] Ein wahrhaft lebendiges Ideal sei nicht die Gerechtigkeit, sondern Frieden und Glück, eine Gesellschaft, in der alles allen gehört. In späteren Zeiten sei dieses Ideal eine Reminiszenz an die paradiesischen Verhältnisse der Urgemeinschaft gewesen, aber erst jetzt würden jene Sehnsüchte zum Ausdruck einer realen Bewegung ökonomischer Veränderungen.

Wie sich Lafargue das Glück in der künftigen Ordnung vorstellt, hat er sehr deutlich im »Recht auf Faulheit« geschildert. Um es kurz zu sagen, handelt es sich darum, daß wir im Kommunismus glücklich sein werden, weil wir nicht arbeiten werden. Die Arbeiter haben sich von der klerikal-bourgeoisen Propaganda verdummen lassen, die ihnen einredete, die Arbeit als solche sei eines besonderen Kultes würdig. Doch die

Arbeit ist ein Fluch, und ein Fluch ist die Liebe zur Arbeit. »Alles individuelle und soziale Elend entstammt seiner (des Proletariats) Leidenschaft für die Arbeit.« »Aber damit sich das Proletariat seiner Kraft bewußt werde, muß es sich von den Vorurteilen der christlichen, ökonomischen und freidenkerischen Moral befreien. Es muß seine natürlichen Instinkte wiedergewinnen, muß verkünden, daß das *Recht auf Faulheit* tausend Mal edler und heiliger ist als die bisherigen *Menschenrechte*, die von metaphysischen Advokaten der bürgerlichen Revolution ersonnen wurden. Es muß sich in den Kopf setzen, nicht länger als drei Stunden täglich zu arbeiten und den übrigen Tag und die Nacht zu faulenzen und zu prassen.«[7] Die moderne Technik gestattet es, die Arbeit auf ein Minimum zu beschränken und alle menschlichen Bedürfnisse zu befriedigen; auch der internationale Handel wird im Kommunismus nicht mehr nötig sein; »von dem Augenblick an, wo die europäischen Produkte nicht mehr in alle Welt hinaus verschickt werden, werden auch die Seeleute, die Lastträger und Fuhrleute anfangen, den Daumen drehen zu lernen.«[8] »Die Arbeiterklasse (wird) ihrem Hang zur Enthaltsamkeit gleich der Bourgeoisie Gewalt antun und ihre Fähigkeit, zu konsumieren, möglichst zu steigern suchen müssen. Anstatt täglich zwanzig oder dreißig Gramm zähes Fleisch zu essen, wenn sie überhaupt welches ißt, wird sie saftige Beafsteaks von ein oder zwei Pfund essen; statt bescheiden einen Wein zu trinken, der katholischer (d. h. getaufter) ist als der Papst, wird sie aus vollen Gläsern Bordeaux und Burgunder trinken, der keiner industriellen Taufe unterzogen ist, und das Wasser dem Vieh überlassen.«[9]

Wie man sieht, beschreibt Lafargue den Kommunismus ausschließlich in Konsumkatogorien – im Gegensatz zu Marx. Marx sah zwar eine allmähliche Verkürzung des Arbeitstages als eine fundamentale Errungenschaft der künftigen Gesellschaft voraus, doch ging es ihm darum, die notwendige Arbeit einzuschränken, damit die Menschen über möglichst viel freie Zeit zur ungehinderten Entfaltung verfügen könnten. Er charakterisierte den Kommunismus vor allem als einen Ort des ungehinderten Schöpfertums und nicht als eine Gelegenheit zum sorglosen Konsum. Für Lafargue ähnelt der Kommunismus dagegen der Abtei Thélème, an die er übrigens in seinem Kommentar zum Parteiprogramm erinnert (»Rabelais war ein Hellseher. Er sah die kommunistische Gesellschaft voraus, der wir entgegengehen und in der ein Überfluß an Produkten gestattet, nach Herzenswunsch zu konsumieren«). Er besteht schlicht in der ungehinderten Ausnutzung der natürlichen Instinkte, deren Gebrauch die auf das Privateigentum gestützte Zivilisation unterdrückte. In diesem Sinne ist der Kommunismus in der Tat eine Rückkehr zur Natur, nämlich eine Rückkehr zu einem Leben, das den natürlichen Neigungen gehorcht, zur Freiheit von allen moralischen Restriktionen.

Aus dieser Darstellung wird man ersehen, wie trivial und naiv Lafargue den historischen Materialismus, die marxistische Erkenntnistheorie und schließlich die Idee des Sozialismus interpretierte. Seine Schriften stellen indessen eine mögliche Version jenes simplifizierten Naturalismus dar, der damals unter der Bezeichnung Marxismus nicht ungewöhnlich war. Wenn man davon ausging, daß das Dasein des Menschen von gewissen »natürlichen« Neigungen bestimmt ist, die zu seiner biologischen Ausstattung gehören, und daß die im eigentlichen Sinne menschliche Geschichte eher der Verstümmelung als der Befriedigung dieser ursprünglichen Natur diente, dann war es durchaus keine fernliegende Mutmaßung, daß die endgültige gesellschaftliche Befreiung in der Befreiung der »Natur« im Sinne der Befreiung der Instinkte besteht; nicht anders stellte sich Fourier den Sozialismus vor. Von der unreduzierbaren Eigenart der menschlichen Existenz, die im Denken von Marx eine so große Rolle spielt, ist in diesen Schemata nichts zu spüren. Sie läßt sich allerdings auch kaum aufrechterhalten, wenn man annimmt, daß der Mensch durch die allgemeinen Gesetze der Evolution erklärbar ist, welche die gesamte organische Natur beherrschen; diese Annahme aber war keine Eigentümlichkeit Lafargues, sondern für die Marxisten, die in der nachdarwinschen Epoche groß wurden, ein allgemeiner Glaubensgrundsatz. Man darf insofern sagen, daß Lafargue in seinem naiven Optimismus und in seinem Konsumkommunismus – wenn auch in vereinfachter Form – eine mögliche Konsequenz der naturalistischen Philosophie ausspricht. Seine Ideen sind letzten Endes ein häufig anzutreffendes Konglomerat aus dem Sensualismus des 18. Jahrhunderts (einschließlich des dazugehörigen Mythos vom glücklichen Wilden), dem nachdarwinschen Evolutionismus und dem Marxismus, wobei der Marxismus eher eine Vermittlung der Ideale der Aufklärung darstellt als deren Modifikation. Darauf beruht die Originalität des Lafargueschen Marxismus, sofern dieses Wort in diesem Falle überhaupt angebracht ist.

Siebtes Kapitel

Georges Sorel – der jansenistische Marxismus

1. Die Stellung Sorels

In welchem Sinne kann man die Schriften Sorels zur Geschichte des Marxismus rechnen? Sorel nahm an keiner politischen Bewegung teil, die Anspruch auf das geistige Erbe von Marx erhob. Wohl mischte er sich in alle großen theoretischen Auseinandersetzungen seiner Zeit ein, aber er mischte sich gewissermaßen von außen ein, und die Hüter der Orthodoxie widmeten ihm nur wenige polemische Bemerkungen. Er stand abseits der politischen Zwistigkeiten und Parteistreitigkeiten. Er hielt sich auch nicht für einen Orthodoxen, und er sparte nicht mit kritischen Bemerkungen – nicht nur an den Marxisten, sondern auch an Marx selbst, wenn ihm das wichtig erschien. Traktate über den historischen Materialismus hat er nicht verfaßt. Eine unklare Verbindung hatte er zum italienischen Faschismus, der ihn – in Äußerungen Mussolinis und anderer Ideologen dieser Bewegung – eine Zeitlang als seinen Propheten hinstellte. Innerhalb der Entwicklungsgeschichte der marxistischen Lehre könnte man ihn für eine zufällige Extravaganz halten. Als seine Literatenlaufbahn begann, hatte er mit dem Marxismus nichts gemeinsam. Und in der späteren Geschichte der Lehre taucht sein Name auch kaum auf.

In den Jahren allerdings, in denen seine wichtigsten Schriften entstanden, hielt sich Sorel nicht nur für einen Marxisten; er glaubte, den eigentlichen Kern – die Idee des Klassenkrieges und die Idee der Unabhängigkeit des Proletariats – aus der Marxschen Philosophie zutage fördern zu können, und er versuchte, der gesamten damaligen Orthodoxie, der revolutionären wie der reformistischen, einen eigenen Marx entgegenzustellen. Er wollte – ohne Erfolg – ein Luther der marxistischen Bewegung sein, die, wie einst in den Augen des deutschen Reformators Rom, die Hure Babylon, verstrickt war in Korruption und Kämpfe um Macht und Privilegien. Er träumte von einem moralisch und theoretisch reinen Marxismus. Er schuf eine eigene Variante des Marxismus, eine durch Ergänzungen aus den verschiedensten Quellen bereicherte, aber keineswegs eklektische, sondern innerlich überaus kohärente Variante. Auf die ersten Ideologen des italienischen Kommunismus, etwa Antonio Gramsci, aber auch Angelo Tosca und Palmiro Togliatti, hat er unzweifelhaft Einfluß gehabt.

Von den übrigen Marxisten seiner Zeit unterschied sich Sorel jedoch nicht nur dadurch, daß er Marx anders interpretierte, und nicht nur dadurch, daß er ihn zuweilen kritisierte, denn das kam selbst bei so fanatischen Anhängern der Orthodoxie wie Rosa Luxemburg vor. Der Unterschied liegt vor allem darin, daß sämtliche Orthodoxen die Marxsche Lehre für eine wissenschaftliche Wahrheit in dem Sinne hielten, in dem die Quantentheorie oder die Evolutionstheorie eine Wahrheit ist oder sein kann. Für Sorel dagegen war die Wahrheit des Marxismus eine Wahrheit im pragmatischen Sinne. Der Marxismus ist eine Wahrheit, das heißt, daß er die ideologische Artikulation einer Bewegung ist, welche das Menschengeschlecht befreien und ihm die Verjüngung bringen kann. Er ist eine Wahrheit, das heißt, er ist das einzige und unersetzliche Instrument, welches die Geschichte dem Proletariat gab, damit es sich seiner bediene, wenn es das kann – aber ob es das kann, garantiert die Geschichte nicht. Der Marxismus ist die Wahrheit seiner Zeit in demselben Sinne, in dem das Frühchristentum die Wahrheit der seinen war. Er ist die Hoffnung auf eine neue Jugend der Menschheit und nicht eine »wissenschaftliche« Erklärung der Geschichte, nicht ein Instrument der erfolgreichen Prognose, nicht eine Sammlung von glaubhaften Informationen über die Welt. Mit anderen Worten: Sorel sah im Marxismus ein Instrument, das in der gegebenen historischen Epoche am wirksamsten zur Verwirklichung der höchsten Werte der Menschheit beitragen kann; diese Werte selbst sind jedoch genetisch und inhaltlich vom Marxismus unabhängig. Deshalb konnte sich das Verhältnis Sorels zum Marxismus ändern, ohne daß er sich im Hinblick auf jene höchsten Werte zu ändern brauchte. Er konnte Marxist oder Nationalist sein und der leitenden Idee treu bleiben, für die der Marxismus lediglich ein historisch relatives Instrument war. Insofern war er – selbst in der Zeit seiner eifrigsten Ergebenheit gegenüber der Marxschen Philosophie – sicher kein Marxist in dem Sinne, in dem Kautsky und Labriola Marxisten waren – nicht weil er den Inhalt der Lehre anders auffaßte, sondern weil er ihre historische Bedeutung anders faßte und sich nicht scheute, Marx im Lichte von Prinzipien zu interpretieren, die er aus ganz anderen Quellen geschöpft hatte – sei es Proudhon oder Tocqueville, Bergson oder Nietzsche. Auch war er einer der wenigen, die versuchten, den Marxismus entsprechend dem philosophischen Stil der neuromantischen Epoche zu formen, ihn also pragmatisch und aktivistisch aufzufassen, unter Betonung psychologischer Gegebenheiten, unter Anerkennung der eigenständigen Rolle der Tradition, in einem radikal antipositivistischen und antirationalistischen Geiste.

Sein gesellschaftliches Denken ist beherrscht von den Ideen der Größe, der Würde, des Heroismus und der Authentizität, und die Revolution, das Proletariat und der Klassenkrieg sind gewissermaßen historische Verkörperungen jener höchsten Werte. Eine radikale und unversöhnliche Haltung ist für ihn wichtiger als der Inhalt, auf den sich die Radikalität oder die Unversöhnlichkeit bezieht. Sorel scheint in der menschlichen Geschichte alles das gutzuheißen, was aus authentischem heftigem Verlangen, aus selbstlosem Eifer, aus großartigen Antrieben und großen Hoffnungen erwächst. Deshalb verneigt er sich auch vor dem religiösen Glauben, sofern dieser Leidenschaft ist, verachtet aber eine Religion, die Scholastik oder Politik oder die durch Berechnung, Versöhnlertum und Rationalisierungsversuche verdorben ist. Er ist ein enthusiastischer Anhänger der Arbeiterbewegung, sofern er in ihr eine Bewegung der Revolte im Namen des großen Mythos der Erneuerung sieht, aber er verachtet die parlamentarischen Methoden und die Kläglichkeit der reformistischen Bemühungen. Er verwirft den traditionellen Antiklerikalismus der Sozialisten, insofern dieser eine Plattform der Zusammenarbeit zwischen Sozialisten und bürgerlichen Radikalen ist, aber auch insofern, als dieser aus der Tradition des Rationalismus des 18. Jahrhunderts, aus dem optimistischen Glauben an Kontinuität und Unvermeidlichkeit des Fortschritts erwächst. Er bekämpft den Nationalismus, weil dieser ein Versuch ist, dem Proletariat seine absolute Besonderheit in der Welt zu nehmen; wenn er jedoch, vom Syndikalismus angewidert, seinen Blick dem nationalistischen Radikalismus zuwendet, läßt er sich von den gleichen Motiven leiten, die ihn zum Marxisten machten – er erwartet, dort könne sich vielleicht eine Hoffnung ergeben, der Welt ihre Jugend wiederzuschenken. An allen Kämpfen interessierte ihn mehr der Heroismus der Kämpfer als die »Richtigkeit« der Sache oder der Sieg. Ihm geht es mehr um den Eroberungsgeist des Proletariats als um die Aussichten des Triumphs des Sozialismus. Sein Verhältnis zur proletarischen Bewegung ist nicht zu verstehen als ein Bündnis mit den Unterdrückten, um deren Lage zu bessern, sondern als Zugang zu einer geschichtlichen Welle, die eine Wiedergeburt der Größe verspricht. Er fordert eine totale geistige Trennung des Proletariats von der gesamten bürgerlichen Kultur.

Die geistige Gestalt Sorels formte sich unter dem Einfluß überraschend unterschiedlicher Quellen, die jedoch in seinen Schriften zu einem kohärenten Ganzen werden. Die Abneigung gegen den optimistischen Glauben an die angeborene Güte des menschlichen Wesens, an einen leichten Triumph über das Böse, an die Möglichkeit, große Werte durch geringe Anstrengungen zu erreichen, hat ihm vermutlich seine jansenistische Erziehung eingepflanzt; daher stammt auch seine Verachtung für das jesuitische Versöhnlertum, eine allgemeine unversöhnliche Haltung, das Streben nach radikaler Trennung der Sekte der Auserwählten von der ganzen übrigen Welt, die Ablehnung von Kompromissen, ein Denken nach dem Prinzip »alles oder nichts«. Daher auch sein Hang zur Tradition des *radikalen* Christentums, das heißt eines Christentums der Märtyrer, daher sein Unglaube an einen automatischen Fortschritt.

Seine technische Ausbildung und die Tätigkeit als Ingenieur verankerten in ihm wiederum einen Kult des Spezialistentums, eine Abneigung gegen Dilettantentum und leere Rhetorik, die Überzeugung von der fundamentalen Rolle der Produktion (im Gegensatz zur Distribution) im gesellschaftlichen Leben und Bewunderung für die erobererhaften, primitiven, rücksichtslosen, kraftvollen und expansiven, nicht von Philantrophie und Versöhnlerei verdorbenen Züge des Kapitalismus.

Marx wies Sorel den gesellschaftlichen Ort, an dem die neue und erneuernde Revolution erfolgen wird. Er enthüllte ihm im Proletariat eine deutlich herausgehobene Klasse von unmittelbaren *Produzenten*, die zum Verkauf ihrer Arbeitskraft gezwungen sind und Hoffnung auf eine totale Revolution, welche die Menschheit befreien wird, in sich tragen. Die Idee einer totalen Revolution, welche das Proletariat *allein*, mit eigenen Kräften und aus eigener Initiative durchführt, im vollständigen Bruch mit der übrigen Gesellschaft, die Idee des Klassen*krieges*, die wörtlich verstandene Idee der Beseitigung des Staates, die Verachtung des utopischen Denkens – das sind grundlegende Motive des Sorelschen Marxismus.

Giambattista Vico lieferte Sorel den Begriff, der die künftige Revolution inhaltlich ausfüllen sollte – den Begriff des *ricorso*, der periodischen Rückkehr der Menschheit zu den vergessenen eigenen Ursprüngen. Die proletarische Revolution sollte eine solche Rückkehr zu den Anfängen sein, sollte der Menschheit die ursprünglichen, in der Stammesmoral lebendigen Werte wiedergeben.

Desgleichen wurde Sorel von Proudhon beeinflußt. Ihm ist es zuzuschreiben, wenn Sorel den Sozialismus vor allem als eine moralische Sache auffaßte, das heißt als eine Frage der Erziehung eines neuen Menschentypus (Ethik der Produzenten). Proudhonistisch ist die Auffassung des Proletariats als einer Art von primitivem Stamm, der gezwungenermaßen die Welt als geteilt in ihn selbst und den ganzen übrigen Rest sieht. Das Gewicht, welches Sorel der Familien- und Sexualmoral im gesellschaftlichen Leben beimißt, ist ebenfalls auf Proudhon zurückzuführen. Wie Proudhon hat Sorel den Sozialismus nie in Kategorien des *Wohlstands*, sondern immer nur in Kategorien der *Würde* und *Gerechtigkeit* verstanden.

Bergson war für Sorel der vollkommenste philosophische Exponent jenes Denkstils, der in seinen Schriften dominiert. Aus der Philosophie Bergsons leitet sich die Gegenüberstellung von intuitiver, »globaler«

Wahrnehmung und analytischem Denken her, die bei Sorel u. a. in der Gegenüberstellung von »Mythos« und »Utopie« spezifiziert wird. Bergson lieferte ihm auch die begrifflichen Werkzeuge, um dem wissenschaftlichen Determinismus, der mit dem Glauben an die Vorhersehbarkeit gesellschaftlicher Prozesse verbunden ist, die Idee der unerwarteten Spontaneität entgegenzustellen. Von Bergson übernahm er ebenfalls die Überzeugung von der *Unausdrückbarkeit des Konkreten*, die es ihm gestattete, seine Idee des »Mythos« vor einer rationalen Argumentation zu schützen.

Eine deutlich nietzscheanische Tradition verrät schließlich bei Sorel der Kult der Größe, der Haß auf jegliches Mittelmaß, der Haß auf das von Parteienhandel dominierte politische Leben.

Die großen Autoren des liberalen Konservatismus – Tocqueville, Taine, Renan – hatten Sorel in der ersten Zeit seiner schriftstellerischen Aktivitäten sehr stark beeinflußt, und in gewisser Hinsicht hat sich dieser Einfluß auch in seiner marxistischen Phase erhalten. Von ihnen lernte er, politisch nüchtern zu denken, hinter der humanistischen Rhetorik nach den Interessen zu suchen; sie enthüllten ihm als erste die Korruption der demokratischen Institutionen, sie verschafften ihm schließlich Kenntnisse über das Urchristentum, die Revolution und das Ancien Régime.

Aus diesen vielfältigen Inspirationen schuf Sorel ein eigentümliches ideologisches Gebilde, in dem er die traditionellen Wertzusammenhänge zerschlug und die Ideen in einer völlig anderen Weise miteinander verband, als es irgend jemand zuvor getan hatte. Als Marxist verteidigt Sorel gewisse Werte, die traditionell mit konservativen und rechten Ideologien verbunden waren: die Würde von Familie und Ehe, die instinkthafte Stammessolidarität, die Ehre, die Größe der Tradition, die Größe der religiösen Erfahrung, die Heiligkeit des spontan als Brauchtum entstandenen Rechts.

Als Schriftsteller gehörte Sorel eher zu den Aposteln als zu den Räsonneuren. An innerer Folgerichtigkeit und gelungenem Aufbau seiner Werke lag ihm nichts; zwar scheint sich sein Denken ohne vorher festgelegten Plan, gewissermaßen tastend zu entwickeln, doch bleiben dabei die leitenden Ideen und die obersten Werte unverändert erhalten. Die Lektüre seiner Schriften ist zuweilen mühsam, nicht weil sie unklar wären, sondern weil es ihnen an literarischer Geschlossenheit fehlt. Manchmal stellt er an den Anfang einer Abhandlung die Frage, um die es ihm geht, entwickelt anschließend den Gedanken in verschiedene Richtungen und scheint im Laufe zahlreicher Abschweifungen, umfangreicher Zitate, aggressiver Polemiken und eindrucksvoller Appelle den eigentlichen Gegenstand zu vergessen. Gewiß war er ein ausgezeichneter Schriftsteller, so wie es keiner von den marxistischen Orthodoxen war, doch hatte er sein Talent nicht im Griff; wegen des Mangels an logischer Disziplin und der polemischen Leidenschaft fällt es ungewöhnlich schwer, seine Schriften »zusammenzufassen«; allerdings lassen sich einige hartnäckig wiederkehrende Hauptideen herausfischen. Brzozowski sah in dieser stilistischen Ungezwungenheit und im Fehlen einer vorwegbestimmten Konstruktion einen eminenten Vorzug des schriftstellerischen Schaffens von Sorel; er war ihm in dieser Hinsicht ähnlich. Es handelt sich dabei um einen Stil, der gleichsam die schöpferische Entwicklung im Sinne Bergsons nachahmt: Er entwickelt sich, angetrieben von einer gewissen gerichteten Tendenz, aber ohne ein vorher ausgearbeitetes Ziel.

Sofern nun ein unschematisches Denken einer gewissen Schematisierung bedarf, läßt sich diese im Falle Sorels am angemessensten in der Weise durchführen, daß man einfach die am häufigsten anzutreffenden Gegensatzpaare, an denen er seine Ausführungen entwickelte, zusammenstellt. Hier folgt eine solche Zusammenstellung, bei der auf der einen Seite die Ideen, Worte und Werte stehen, die Sorel brandmarkte oder kritisierte, und auf der anderen Seite jene, zu denen er sich bekannte:

utopisches Denken	Moral von Konsumenten
	Religion der Scholastiker
erkenntnistheoretischer Rationalismus	Dekadenz
Rationalismus im gesellschaftlichen Denken	Sozialwissenschaften
Determinismus	Staat
Glück als Wert	historischer Realismus des Marxismus
politischer Sozialismus	
Dilettantismus	Bergsonsche Idee der Intuition und »ganzheitliches« Denken
Kult der Großen Revolution	
Reformismus	Denken, das die Tradition ernst nimmt
Glaube an den Fortschritt	
	Spontaneität
Politik der Bündnisse	Würde und Größe als Werte
Politik und Macht	Syndikalismus
	Fachkenntnis
Optimismus	Kult des Frühchristentums
Intellektuelle und Politiker	Revolution
politische Parteien	Voluntarismus, Idee der individuellen Verantwortung
politische Revolution	
Utopie	völlige Separation des Proletariats
Demokratie	Produktion und Organisation der

Produktion	Moral von Produzenten
Pessimismus	Religion der Mystiker
Proletariat	und Märtyrer
reine Arbeitersyndikate	Ricorso, Rückkehr zu den
Generalstreik	Ursprüngen
Mythos	aktivistischer Mythos
Freiheit	Vereinigung der Produzenten.

Eine solche Zusammenstellung mag all denen merkwürdig erscheinen, die sich der von den »klassischen« Marxisten gebildeten Stereotype und Begriffsblöcke erinnern. Bei Sorel selbst hat jedoch sein »Block« eine ganz deutliche polemische Spitze. Sie richtet sich vor allem gegen die sozialistischen Politiker seiner Zeit, gegen die Führer der Internationale, gegen diejenigen, die in seinen Augen nur eine Bande von Karrieristen sind, die sich bemühen, der Bourgeoisie die privilegierten Positionen im Staat abzunehmen, um sich selbst darin einzurichten. Besonders Jaurès ist für Sorel ein Feind, den er unbarmherzig in nahezu allen Schriften verfolgt; er ist das Symbol eines bürgerlichen Sozialismus, welcher der Bourgeoisie zu schmeicheln versucht, um dadurch dem Proletariat zu schmeicheln, die Idee des Klassenkampfes zu zerstören und im Namen der allgemeinen Versöhnung ein neues System der Privilegien einzuführen.

2. Biographische Mitteilungen

Georges Sorel wurde 1847 als Sohn einer bürgerlichen Familie in Cherbourg geboren. Er studierte an der Ecole Polytechnique und arbeitete bis 1892 als Ingenieur in der Straßen- und Brückenbauverwaltung. Seine ersten Schriften erschienen kurz bevor er in den Ruhestand trat (»Le Procès de Socrate«, 1889; »Contribution à l'étude profane de la Bible«, 1889) und 1894: »La ruine du monde antique«.[1] Doch erst um das Jahr 1893 begann er sich für das Werk von Marx zu interessieren und anschließend für die antipolitische Bewegung des Syndikalismus, die teilweise aus proudhonistischen und anarchistischen Traditionen hervorging und deren aktivster Organisator Fernand Pelloutier war. Die Abhandlung »L'avenir socialiste des syndicats« aus dem Jahr 1898 (später aufgenommen in die Sammlung »Matériaux d'une théorie du prolétariat«, 1. Auflage 1919) war der erste Versuch einer theoretischen Verallgemeinerung der Erfahrungen der syndikalistischen Bewegung, die sich unabhängig, ja sogar im Gegensatz zu den sozialistischen Parteien entwickelte. In den neunziger Jahren arbeitete Sorel mit den Zeitschriften »L'Ère Nouvelle« und »Devenir Social« (wo er unter anderem 1895 und 1896 Studien über

Durkheim und Vico veröffentlichte) zusammen. Er trat aktiv für Dreyfus ein, empfand aber nach dem Ende der Affäre einen üblen Nachgeschmack, als er sah, daß die sozialistischen ›Dreyfusarden‹ die Sache für rein parteiliche Ziele ausnutzten. Das Werk Bernsteins regte ihn bis zu einem gewissen Grade zur Kritik an der Orthodoxie an, doch bald ging seine eigene Kritik in eine ganz andere Richtung (trotz der prinzipiellen Feindschaft gegen den Reformismus bewahrte er jedoch für Bernstein Respekt und Anerkennung; er hielt ihn für einen aufrichtigen Kritiker, der vor allem den deutschen Sozialisten deutlich machen wollte, daß ihre revolutionären Programme mit ihrer tatsächlichen Politik nichts gemein hatten – worin Sorel ihm uneingeschränkt zustimmte). Mit der Zeit begann er, die parteimäßige sozialistische Bewegung, die parlamentarische Demokratie und das, was er im Unterschied zum Syndikalismus als politischen Sozialismus bezeichnete, immer heftiger anzugreifen. Die wichtigsten marxistischen Schriften Sorels sind in den Büchern enthalten: »Réflexions sur la violence« (1908 und spätere, erweiterte Auflagen), »Les illusions du progrès« (1908), »Matériaux d'une théorie du proletariat« (1919, eine Sammlung von Abhandlungen aus verschiedenen Jahren, beginnend ab 1898), »La Décomposition du marxisme« (1908). Die beiden erstgenannten Werke wurden zunächst teilweise in der von Hubert Lagardelle geleiteten Zeitschrift »Le Mouvement Socialiste« abgedruckt (1906). Die vierte Auflage der »Réflexions sur la violence« aus dem Jahre 1919 enthält einen Nachtrag mit einer enthusiastischen Verteidigung Lenins und des bolschewistischen Umsturzes in Rußland (Lenin selbst hatte an Sorel kein Interesse; er erwähnt ihn einmal flüchtig und verachtungsvoll).

Im Laufe der Zeit verlor Sorel jedoch die Hoffnungen, die er mit dem französischen Syndikalismus verband; allerdings rechnete er damit, daß eine ähnliche Bewegung sich in Italien entwickeln und durchsetzen könnte. Mit diesem Land verbanden ihn seit langem enge Kontakte; seit 1898 schrieb er für eine ganze Reihe sozialistischer Zeitschriften in Italien, er interessierte sich für die geistige Kultur Italiens (Artikel über Vico, Lombroso), seine Bücher erschienen in italienischer Übersetzung und wurden von hervorragenden italienischen Theoretikern (Croce, Pareto) mit Sympathie kommentiert oder auch attackiert (Labriola). Im Jahre 1910 kam Sorel jedoch zu dem Schluß, daß der Syndikalismus über alle Maßen durch reformistische Einflüsse korrumpiert sei; er richtete deshalb seine Hoffnungen auf die nationalistisch-radikalen Bewegungen Frankreichs und Italiens und arbeitete eine Zeitlang mit der Action Française zusammen. Nationalistisch-syndikalistische Gruppen Italiens, aus denen teilweise die faschistische Bewegung hervorging, standen unter seinem Einfluß. Sowohl in den Anfängen der faschistischen Bewegung im Jahre 1912 wie auch später nach dem Krieg, im Jahre 1919, bekundete Sorel seine Sympathien für den Faschismus, der nach seiner (Sorels) Überzeugung imstande war, in der Form der nationalen Mythologie die gesellschaftliche Erneuerung zu verkünden; von dem gleichen Gesichtspunkt aus begrüßte er enthusiastisch die bolschewistische Revolution in Rußland, in der er ebenfalls eine Abkehr vom »Westlertum« und eine Rückkehr zu den nationalen Ursprüngen des Moskowitertums sah. Gleich nach ihrem Sieg ehrten die italienischen Faschisten Sorel wiederholt als ihren geistigen Patron, doch waren das rein verbale Huldigungen; die wirkliche faschistische Ideologie entwickelte sich in einer anderen Richtung und sollte vor allem die brutale Gewalt einer autoritären Herrschaft rechtfertigen – also gerade das, was Sorel besonders haßte. Dagegen hielt die erste kommunistische Zeitschrift Italiens, »Ordine Nuovo«, die seit 1919 in Turin von Gramsci geleitet wurde, Sorel für einen Ideologen des Proletariats.

Sorel starb 1922 in Boulogne-sur-Seine, wo er seit Jahren lebte. Vom Ende der zwanziger Jahre an hatten seine Ideen in keiner der Fraktionen der sozialistischen Bewegung oder in der Kommunistischen Internationale noch irgendeine Bedeutung.

3. Rationalismus gegen Geschichte. Utopie und Mythos. Kritik der Aufklärung

Was Sorel unter der Bezeichnung Rationalismus bekämpft, ist nicht eine bestimmte philosophische These, sondern eine geistige Haltung, die sich nach seiner Auffassung durch die Lehre Descartes' verbreitete, in den Salons der Aufklärung florierte und auch auf die zeitgenössischen Interpretationen des Marxismus einen verderblichen Einfluß ausübte. Der Rationalismus besteht darin, gewisse vereinfachte spekulative Modelle aufzustellen, die dann im Denken an die Stelle der verwickelten Realitäten der Welt treten. Beispiele rationalistischer Konstruktionen sind alle simplizistischen Theorien über die menschliche Natur, welche den Menschen als eine Ansammlung gewisser Konstanten, allgemeiner Eigenschaften und typischer Verhaltensweisen auffassen und dabei alle historischen Umstände völlig außer acht lassen, die das tatsächliche Verhalten der Menschen beeinflussen. Die Rationalisten pflegten die Gesellschaft auf einen spekulativen Allgemeinbegriff des »Menschen« zu reduzieren, was es ihnen unerhört leicht macht, beliebige Vorstellungen über eine vollkommene Gesellschaft zu entwickeln und utopische Fiktionen einer von Konflikten, Zufälligkeiten und widersprüchlichen Bestrebungen freien Zukunft zu errichten. Auch Engels war gegen dieses Denken nicht gefeit, denn auch bei ihm »reduziert sich die Welt auf einen Menschen«. Außerdem stellen sich die Rationalisten vor, daß sämtliche Handlungen von rationalen Motiven bestimmt sind, und deshalb sind sie unfähig, die psychologischen Komplexitäten, die Mannigfaltigkeit der im Leben zusammenwirkenden widerstreitenden Motive und die ungeheure Bedeutung von Tradition und Brauchtum sowie von biologischen und vor allem sexuellen Tatbeständen in der gesellschaftlichen Entwicklung zu bemerken. So ist etwa die Große Revolution für die Rationalisten ein Triumph der Idee über die historische Wirklichkeit, weil sie nicht die Mannigfaltigkeit der Kräfte, insbesondere auch der plebejischen Kräfte zu erfassen vermögen, welche das Ancien Régime untergruben. Der Rationalismus ist die Formel eines bequemen Denkens, eine Reduktion der Welt auf die allereinfachsten Schemata, die aus rechtlichen Überlegungen geschöpft sind, welche die Menschen ganz selbstverständlich auf juristische Einheiten reduzieren. Die Geschichte der kommunistischen Utopien ist voll von rationalistischen Vorurteilen, und so wurden denn auch diese Utopien praktisch nie für die herrschenden Machtsysteme gefährlich. Dabei bedeutet Rationalismus keineswegs dasselbe wie wissenschaftliches Denken – gerade diese Verwechslung, welche Pascal zu Recht bekämpfte, entstand unter dem Einfluß des Kartesianismus. Der Kartesianismus war eine Methode, die Wissenschaft der Salonkonversation zugänglich zu machen, und darauf beruhte sein Erfolg. Ähnlich wie die Scholastiker errichtete Descartes zwischen dem Menschen und der Wirklichkeit sinnreich erdachte, vereinfachte Schemata, die einen richtigen Gebrauch der Intelligenz unmöglich machen. Er gab den ungebildeten Angehörigen der vornehmen Welt bequeme Mittel an die Hand, die es ihnen erlaubten, sich ohne jegliche fachliche Vorbereitung in den Salons über die Wissenschaft zu unterhalten, nach dem Prinzip, daß ein »natürliches Licht« jeden befähige, über alles zu urteilen. Die Schriftsteller der Aufklärung übernahmen diesen Stil, denn für Condorcet wie für Fontenelle war es nicht das Ziel, Fachleute heranzubilden, die auf eine Tätigkeit in der Landwirtschaft oder in der Industrie vorbereitet waren, sondern die in den Salons verkehrenden Dilettanten. Die ganze herrschende Ideologie des 18. Jahrhunderts war eine Ideologie von Menschen, die im Dienste der Monarchie standen; die Philosophen spielten die Rolle von Narren an den königlichen Höfen (»Plauderer, Verkäufer von Satiren oder Lobreden, und vor allem Narren der degenerierten Aristokratie«[1a] lautet die allgemeine Charakterisierung der Ideologen der Aufklärung bei Sorel). Diderot erklärte, in der Natur gebe es nur einen Selbsterhaltungs- und Fortpflanzungstrieb, um auf diese Weise die zügellosen Sitten der Salons zu rechtfertigen; denselben Zweck erfüllt gegenwärtig der Darwinismus. Die Enzyklopädie hat zur Entwicklung der Wissenschaften nichts beigetragen, sie war nichts anderes als eine Ansammlung von dilettantischen Kenntnissen, die für die mondäne Konversation bestimmt waren. Die kommunistischen Phantasien der

Autoren der Aufklärung haben niemandem geschadet; gefährlich war es, die Mißstände im Bergbau zu kritisieren, aber den Kommunismus zu preisen, Naturrechtstheorien zu verkünden, republikanische Tugenden zu rühmen oder die Tradition im Namen paradiesischer Utopien zu bekämpfen – das alles konnte die Monarchie ohne Gefahr verdauen.

Im Grunde ist die ganze utopische Literatur, angefangen mit Platon, ein typisches steriles Produkt rationalistischer Illusionen. ». . . Beginnend mit der Renaissance wurden die Utopien zu einer literarischen Gattung, die mit ihrer extremen Vereinfachung ökonomischer, politischer und psychologischer Fragen auf die geistige Bildung der Revolutionäre einen verhängnisvollen Einfluß ausübte« (»Matériaux«, 3. Auflage, S. 26).[2] Die Sterilität der Utopien beruht darauf, daß sie von einem undifferenzierten Begriff eines abstrakten menschlichen Individuums ausgehen, das frei ist vom Einfluß der ganzen historischen Tradition, von der Religion, von den überkommenen Gebräuchen, von nationalen, biologischen und psychologischen Besonderheiten, und daß sie aus solchen Individuen bestehende imaginäre Staaten errichten; die Schädlichkeit der Utopien beruht wiederum darauf, daß sie sich mit Appellen an die privilegierten Klassen wenden, auf deren Vernunft, Aufgeklärtheit oder Philanthropie sie rechnen, und auf diese Weise das Verständnis für den Klassenkampf im Proletariat beeinträchtigen. Der Marxismus steht der bürgerlichen Manchester-Ökonomie näher als der utopischen Literatur, denn er stellt eine reale Betrachtungsweise einer Gesellschaft dar, die von einem Klassenkampf zerrissen ist, der sich weder mildern noch vermeiden läßt. Gewisse utopische Naivitäten, die bei Marx vorkommen – z. B. in der »Kritik des Gothaer Programms« –, passen nicht zum Geiste des Marxismus, der sich nicht auf allgemeine Gerechtigkeitsgefühle beruft, nicht versucht, die Gesellschaft zu einem logisch geordneten Schema zu machen, sondern alle Kräfte, die tatsächlich in der Geschichte wirksam sind, in ihrer ganzen Komplexität berücksichtigt. Dank des Marxismus bricht der Sozialismus mit dem utopischen Denken. Er will nicht mehr ein »wissenschaftlicher« Plan einer künftigen Gesellschaft sein, er will nicht die Bourgeoisie beim Nachdenken über die Organisation der Produktion ersetzen, da die Bourgeoisie das besser erledigt; er will die Ideologie des radikalen Klassenkrieges sein.

Statt also abstrakte Projekte einer perfekten Ordnung zu errichten, sollte eher überlegt werden, wie sich in der Geschichte spontan gesellschaftliche Institutionen bildeten und wie man ihren Sinn durch die Gesamtheit der Produktions- und psychologischen Bedingungen erläutern kann. Gerade so verfuhr Savigny, der der rationalistischen Doktrin vom Gesellschaftsvertrag die historische Untersuchung entgegensetzte, nach der das Recht zunächst als lokales Brauchtum entsteht, dessen verschiedene Anpassungen sich im Laufe der Zeit überlagern. Die Utopisten ersannen mühelos Verfassungen für alle Völker der Welt, weil die wirkliche Geschichte sie nicht sonderlich interessierte; der Marxismus dagegen ist gerade eine Analyse der wirklichen, nicht rationalisierten historischen Prozesse.

In den »Réflexions sur la violence« widmet Sorel seine besondere Aufmerksamkeit jenen Seiten des gesellschaftlichen Lebens, die sich am stärksten einer Rationalisierung widersetzen und gewissermaßen eine undurchdringliche Schicht in der ganzen gesellschaftlichen Entwicklung bilden, zugleich aber für diese Entwicklung entscheidender sind als andere, die sich rationalisieren lassen. In der *Ethik* beziehen sich die durchsichtigen und rationalen Schichten auf die *gegenseitigen Beziehungen*, wie sie etwa beim Tauschhandel vorliegen, während das *Sexualleben* ein dunkler Bereich ist und sich nur sehr schwer auf einfache Formeln reduzieren läßt. Leicht zu rationalisieren ist in der *Gesetzgebung* alles, was sich auf Verträge und Schulden bezieht, äußerst schwer dagegen Fragen der *Familie*, die das gesamte gesellschaftliche Leben beeinflussen. Ein klarer Bereich in der *Ökonomie* ist der *Handelsaustausch*, ein dunkler dagegen die *Produktion*, die letzten Endes entscheidend ist und in der verschiedene lokale, historisch-verwurzelte Traditionen wirksam sind. Die Rationalisten erleiden Schiffbruch, sooft sie versuchen, jene dunklen, qualitativ differenzierten und durch historische Zufälle geformten Seiten des Lebens auf einfache juristische Formeln zu reduzieren. Das wirkliche Leben der Geschichte erinnert eher an ein Kunstwerk als an eine durchsichtige logische Konstruktion.

Die Gegenüberstellung von rationalistischer und historisch orientierter Denkweise ist beinahe dasselbe wie die Gegenüberstellung von *Optimismus* und *Pessimismus*. Diese beiden Wörter haben einen vom Gewöhnlichen abweichenden Sinn. Optimisten sind Sokrates, die Jesuiten, die Philosophen der Aufklärung, die Ideologen der Französischen Revolution, die Utopisten, die Anhänger des Fortschrittsglaubens, die sozialistischen Politiker und Jaurès; Pessimisten sind die Frühchristen, die Protestanten, die Jansenisten und die Marxisten. Die ersteren glauben, das Übel der Welt entstehe aus Unzulänglichkeiten der Gesetzgebung und der Aufklärung, aus einem Mangel an humanistischen Empfindungen; sie sind überzeugt, daß gesetzliche Reformen mühelos zum Paradies auf Erden führen werden, und wenn es auf der Grundlage dieser Illusionen zu praktischen Handlungen kommt, greifen sie zum Terror, der die Kenntnis der realen gesellschaftlichen Zusammenhänge ersetzen muß – genau das taten die Führer der Revolution. Die Pessimisten denken nicht an eine alles erklärende Theorie der Welt, welche eine rationale Ordnung in diese hineinbrächte; sie sind sich der engen Grenzen bewußt, in denen sich unsere gesellschaftlichen Projekte bewegen, Grenzen, die durch den Druck der Tradition, die menschliche Schwäche, die Hinfälligkeit der Erkenntnis gezogen sind. Sie sehen auch, daß alle Seiten des Lebens umfassend voneinander abhängig sind, und fassen deshalb die gesellschaftlichen Verhältnisse als zusammenhängende Ganzheiten auf, die sich nicht partiell verbessern lassen, sondern die man nur in einer einmaligen, katastrophenartigen Explosion zu beseitigen versuchen kann. In Griechenland war der Pessimismus die Ideologie der armen, stolzen, unnachgiebigen, an der Tradition hängenden kriegerischen Bergstämme, der Optimismus dagegen der Glaube der prosperierenden Handelsstädte. Das Urchristentum war von Pessimismus durchdrungen, denn es glaubte nicht, daß sich die diesseitige Welt durch menschliche Anstrengungen verbessern lasse, und wartete in unnachgiebiger Geschlossenheit auf die Katastrophe der erneuten Wiederkehr. Der Protestantismus war ein Versuch, den christlichen Pessimismus zu erneuern, doch ging es mit ihm abwärts, als er dem Humanismus der Renaissance nachzueifern begann und sich mit dessen Werten am Ende abfand. Der Pessimismus des authentischen Marxismus äußert sich darin, daß dieser nicht glaubt, es gebe ein automatisch wirkendes Gesetz des Fortschritts, der Welt ließen sich willkürlich erdachte Konstruktionen eines allgemeinen Glücks mühelos aufzwingen oder die Welt lasse sich durch allmähliche Reformen verbessern. Der Marxismus ist ein katastrophenhafter Aufruf, der das Bewußtsein des Proletariats nicht in utopischen Programmen, sondern im *Mythos* organisiert.

Der Mythos ist nicht eine Art von Utopie, sondern deren genaues Gegenteil. Er ist keine Beschreibung einer künftigen perfekten Realität; er enthält lediglich die Perspektive eines letzten Kampfes. Er hat keinen Erkenntniswert im anerkannten Sinne, da der Mythos keine wissenschaftliche Prognose ist; er ist eine Kraft, die das Kampfbewußtsein einer geschlossenen Gruppe organisiert. Mythos des Proletariats ist der *Generalstreik*. Der Mythos ist das einzige Mittel, das einer kämpfenden Gruppe ermöglicht, Solidarität, Heroismus und Opfersinn zu bewahren. Er ist ein Bewußtseinszustand, der den schlagartigen, gewaltsamen Untergang der bestehenden Welt erwartet und vorbereitet, allerdings nicht in der Weise, daß er ihr eine fertige Konstruktion des künftigen Paradieses entgegensetzt. Im Unterschied zur Utopie hat der Mythos vor allem negative Funktionen. Ebenfalls im Unterschied zur Utopie faßt der Mythos die bestehende Welt als eine in sich zusammenhängende Einheit auf, die nur als Ganzes vernichtet werden kann; er ist deshalb der Geist der totalen Opposition und eben deshalb nicht in dem Sinne kritisierbar, in dem man Reformprojekte oder Pläne für eine künftige Gesellschaft kritisieren kann. Er muß total akzeptiert oder total abgelehnt werden, und wer an den Mythos glaubt, ist unempfänglich für Argumente, die angeblich gegen dessen Realisierbarkeit sprechen. Utopien sind *Projekte der Zukunft*, und die sogenannten Sozialwissenschaften versuchen –

irrtümlich –, die Zukunft *vorherzusagen*, während der Mythos ein Akt der *Schöpfung* ohne Vorhersage ist. Im Mythos des Generalstreiks ist die ganze sozialistische Idee enthalten, d. h. das ganze Selbstbewußtsein des Proletariats, das die bestehende Gesellschaft radikal hinter sich läßt, mit niemandem Bündnisse sucht, von niemandem Hilfe erwartet, seine totale Fremdheit gegenüber der heutigen Welt mit der größten Schärfe verdeutlichen will. »Die Sprache reicht unmöglich aus, um derartige Ergebnisse in gesicherter Weise hervorzubringen; man muß Gesamtheiten von Bildern aufrufen, die imstande sind, *als Ganzes und durch die bloße Intuition* vor jeder bedachten Analyse die Masse der Gesinnungen hervorzurufen, welche den verschiedenen Kundgebungen des vom Sozialismus gegen die moderne Gesellschaft begonnenen Krieges entsprechen. Die Syndikalisten lösen dieses Problem vollkommen, indem sie den ganzen Sozialismus in dem Drama des Generalstreiks konzentrieren: derart gibt es keinerlei Platz mehr für die Versöhnung der Gegensätze im Geschwätz der ›offiziellen Wissenschaft‹« (»Reflexionen«, S. 138).[3] Der Mythos ist weder ein »Denken« über die Zukunft, noch deren Planung, er lebt in der Gegenwart, aber er formt sie: »Man muß also die Mythen als Mittel einer Wirkung auf die Gegenwart beurteilen; jede Auseinandersetzung über die Art und Weise, wie man sie inhaltlich auf den Verlauf der Geschichte anzuwenden vermöchte, ist ohne Sinn. *Die Ganzheit des Mythos ist allein von Bedeutung*; seine Teile bieten nur insofern Interesse, als sie die in dem Gefüge enthaltene Idee hervortreten lassen« (ebd., S. 143 f.).

Wie man sieht, stellt Sorel, solange er den Rationalismus kartesianischer oder aufklärerischer Provenienz kritisiert, diesem nicht einen eindeutig irrationalistischen Standpunkt gegenüber, denn er verfolgt in den rationalistischen Illusionen eine Äußerung des historischen Dilettantismus und einen Versuch, um spekulativer und kohärenter Modelle willen die gesellschaftlichen Konkreta zu umgehen. Sobald er jedoch dem gesellschaftlichen Projektemachen den mythenschöpferischen Akt gegenüberstellt, ist seine Kritik nicht mehr ein Angriff der historischen Vernunft gegen apriorische Abstrakta, sondern ein Angriff des Sentiments gegen die analytische Vernunft überhaupt. Der Mythos ist eine unanalysierbare und nicht einmal ausdrückbare Ganzheit und kann nur in einem einmaligen Akt intuitiver Wahrnehmung, wie sie Bergson beschrieb, erfaßt werden. Der Zugang zum Mythos ist kein Akt des *Verstehens*, sondern lediglich Ausdruck der *Bereitschaft zum zerstörerischen Handeln*. Als solcher widersetzt sich der Mythos der Argumentation, der Diskussion und dem Kompromißversuch. Er ist radikal *antiintellektuell*. Hierzu ist zu bemerken, daß dieser Antiintellektualismus radikaler ist als der Bergsons. Denn Bergson brandmarkte die analytische Vernunft keineswegs als Ursache der Dekadenz; er zeigte ihr nur die Grenzen ihrer Anwendbarkeit als Instrument der technischen Manipulation – sowohl in der Beschreibung der physischen wie der gesellschaftlichen Wirklichkeit. Deshalb ist aus der Sicht Bergsons das rationale und analytische Denken über gesellschaftliche Tatbestände keineswegs wertlos, auch wenn es die aus dem spontanen Schöpfertum hervorgehenden historischen Diskontinuitäten nicht zu erfassen und zu begreifen vermag. Im Sinne Sorels soll dagegen der mythische Glaube völlig das gesellschaftliche Wissen *ersetzen,* und alle praktischen Handlungen sollen der Erwartung einer unbestimmten und prinzipiell nicht beschreibbaren Apokalypse untergeordnet sein. Indem er die Mythologien gegen jegliche rationale Kritik immun machte, lieferte Sorel gewissermaßen im voraus eine Rechtfertigung für gesellschaftliche Bewegungen, die sich programmatisch auf irrationale »Instinkte« beriefen, und während insofern seine Rezeption durch den Faschismus durchaus nicht auf einem Irrtum beruht, muß seine Verbindung zum Marxismus als zufällig erscheinen.

4. Ricorsi. Separation der Klassen. Diskontinuität der Kultur

Sosehr der Sorelsche Mythos ein Mittel der Negation der bestehenden Welt um einer künftigen Katastrophe willen ist, besitzt er doch auch eine gewisse Verwurzelung in der Vergangenheit – aber anders als die religiösen Mythen. Er ist ebenfalls eine *Wiederholung* von etwas, das schon da war, nämlich eine Verjüngung der Welt, indem er die Bindungen zum gesamten Bestand der herrschenden Kultur zerreißt. Er ist ein *Ricorso* in dem Sinne, wie Vico ihn verstand. Es kommt zu Ricorsi, wenn die Seele des Volkes in den Urzustand zurückkehrt, wo alles an der Gesellschaft instinkthaft, schöpferisch und poetisch ist, wie zur Zeit des Urchristentums oder am Ende des Mittelalters. Der revolutionäre Syndikalismus bringt der Welt gerade eine solche universale Renaissance, ausgehend vom Proletariat als einer Enklave, die vom Rest der Gesellschaft vollkommen separiert ist.

Auf den letzteren Punkt legt Sorel besonderes Gewicht. Bei ihm hat allerdings diese Separation und Unabhängigkeit des Proletariats einen anderen Sinn als bei den Orthodoxen. Die revolutionäre Orthodoxie der Zweiten Internationale hob stets die Notwendigkeit einer deutlichen Sonderstellung des Proletariats hervor. Dabei ging es jedoch um eine politische Sonderstellung, um die Selbständigkeit der Arbeiter*parteien,* darum, daß die Arbeiterbewegung sich gemäß den eigenen Interessen entwickeln und von eigenen Zielen leiten lassen muß. Weder für Kautsky noch für Rosa Luxemburg noch gar für Lenin und Trotzki schloß eine solche Sonderstellung unter bestimmten Umständen Bündnisse mit nichtproletarischen Parteien aus, und sie bedeutete nicht einen Bruch mit der bestehenden Kultur, d. h., sie setzte implizit voraus, daß der kulturelle Besitz der bestehenden Gesellschaft allgemein-menschliche Güter enthält, die der Sozialismus sich nicht nur anzueignen vermag, sondern deren einziger rechtmäßiger Erbe er ist.

Nach Auffassung Sorels bedeutet die Separation dagegen nicht eine politische Sonderstellung der Arbeiterparteien, denn er war ein Feind der Parteien als solcher und betrachtete sie als einen spezifischen Ausdruck der bürgerlichen Gesellschaft. Die Partei bedeutete selbstverständlich und unausweichlich die Unterordnung des Proletariats unter Berufspolitiker, und zur Befreiung des Proletariats konnte sie nicht nur nicht beitragen, sondern sie konnte sie nur wirksam vereiteln oder höchstens die eine Tyrannei durch eine andere ersetzen, die von Parteifunktionären, parlamentarischen Rednern und Journalistenklubs ausgeübt werden würde. Die Hoffnung des Proletariats sind nicht Parteien und auch nicht Gewerkschaften, die um eine unmittelbare Verbesserung der Lebensbedingungen des Proletariats kämpfen, sondern *revolutionäre Syndikate*, die programmatisch unpolitisch sind, denen alle parlamentarischen Auseinandersetzungen gleichgültig sind, die eine Beteiligung am Spiel der Bourgeoisie ablehnen und vor allem um die Festigung des Bewußtseins und der Solidarität der Arbeiter *im Namen der totalen Umwälzung* kämpfen. Die syndikalistische (oder, wie man meist sagte, anarcho-syndikalistische) Bewegung entstand in den neunziger Jahren in Frankreich, etwas später in Italien und Spanien und nur in geringem Umfang in Deutschland. Ihr charakteristisches Merkmal war – gemäß der Tradition der Proudhonschen Ideologie – die vollkommene Verneinung der politischen Tätigkeit, die Ablehnung der Teilnahme an irgendwelchen Institutionen der bürgerlichen Gesellschaft und die Unterordnung des ökonomischen Kampfes des Proletariats unter die künftige Revolution, die jedoch die bestehenden politischen und staatlichen Institutionen nicht durch andere ersetzen, sondern vollkommen beseitigen soll zugunsten von Vereinigungen der Produzenten, die ausschließlich von den werktätigen Arbeitern geleitet und zu einer lockeren Föderation zusammengefaßt werden sollen. Marx hielt derartige Einfälle für kleinbürgerliche Utopien und erklärte, die Selbstverwaltung der Arbeiter sei allein nicht imstande, die Gesetze der Konkurrenz und der Anarchie der Produktion zu beseitigen, und mit dem Proudhonschen Ideal würden, falls es sich verwirklichen ließe, alle Plagen des Kapitalismus, die mit der Akkumulation und Anarchie verbunden sind, sich unverzüglich wieder einstellen. Sorel sah jedoch in der syndikalistischen Bewegung die einzige Hoffnung auf einen realen Sieg des Proletariats. Er selbst war kein Teilnehmer dieser Bewegung (was übrigens mit seinem Prinzip übereinstimmte, daß Intellektuelle aus den Mittelschichten den Arbeiterorganisationen nur hinderlich sein können), sondern ihr außerhalb stehender Ideologe.

Das Bestreben der syndikalistischen Bewegung soll es sein, in der Arbeiterklasse ein Bewußtsein der totalen Fremdheit gegenüber der bürgerlichen Gesellschaft zu befestigen, jede moralische und intellektuelle Bindung an die bürgerliche Kultur zu zerreißen, sich an Partei- und Parlamentsstreitigkeiten nicht zu beteiligen, keine Ideologen und Parlamentsredner an die Spitze zu lassen und die proletarische Reinheit zu bewahren. Das Proletariat wird sich nie befreien, wenn es versuchen sollte, sich nach dem Vorbild der Bourgeoisie zu konstituieren; seine oberste Regel ist, »darauf zu achten, daß es ausschließlich aus Arbeitern besteht, das heißt, Intellektuelle auszuschließen, deren Führung am Ende zum Wiedererstehen einer Hierarchie und zur Schwächung der Werktätigen beitragen würde« (»Matériaux«, S. 132). Doch kommt es nicht nur auf die organisatorische, sondern mehr noch auf die geistige Reinheit an. »Daher sind auch meine Freunde und ich unablässig bemüht, die Arbeiterklasse dazu zu bewegen, sich nicht in die Gleise der bürgerlichen Wissenschaft oder Philosophie hineinziehen zu lassen. Die große Veränderung in der Welt erfolgt an dem Tage, da das Proletariat, wie es die Bourgeoisie nach der Revolution tat, sich das Gefühl zu eigen macht, daß es imstande ist, gemäß seinen eigenen Lebensbedingungen zu denken« (»Illusions«, S. 135).[4] Das Fundament der neuen proletarischen Kultur wird die Arbeit sein. ». . . Die Arbeit kann das Fundament einer Kultur sein, die derart beschaffen ist, daß man der bürgerlichen Kultur nicht nachzutrauern braucht. Der Krieg, den das Proletariat gegen seine Herren führen muß, kann, wie man weiß, in ihm ein Gefühl der Erhabenheit wecken, an dem es der Bourgeoisie heute völlig ermangelt . . . All unsere Bemühungen müssen darauf gerichtet sein, nicht zuzulassen, daß die aufsteigende Klasse durch bürgerliche Ideen vergiftet wird; deshalb wird man nie genug tun können, um alle Bindungen zwischen dem Volk und der Literatur des 18. Jahrhunderts zu zerstören« (ebd. S. 285–286). Die Philosophie der neuen Richtung sei, wie Sorel schrieb, »eine Philosophie der Arme, nicht eine Philosophie der Köpfe« (»Décomposition«, S. 60)[5], denn sie möchte, daß die Arbeiterklasse begreift, daß ihre ganze Zukunft im Klassenkrieg liegt. Diese Philosophie bildet sich spontan, und die revolutionäre syndikalistische Bewegung entsteht durch die Bemühungen von Menschen, die eine sehr geringe Kenntnis des Marxismus besitzen. Sie drückt jedoch das authentischste Bedürfnis der Klasse der Produzenten aus, denn ohne sie droht dem Proletariat das gleiche Schicksal wie den Germanen des Altertums, die, nachdem sie das Römische Reich erobert hatten, sich ihrer Barbarei schämten und nach und nach die dekadente Kultur der lateinischen Rhetoren übernahmen, oder auch das Schicksal der Reformation, die sich selbst zum Tode verurteilte, als sie sich bereit fand, bei den Humanisten in die Schule zu gehen, und deren Werte übernahm. Im Klassenkrieg muß sich das Proletariat bewußt sein, daß *ausnahmslos alle* übrigen gesellschaftlichen Klassen gegen seine Befreiung sind. Die künftige Gesellschaft ererbt die Technologie des Kapitalismus, doch von seiner geistigen Kultur darf sie nichts übernehmen. Alle ideologischen oder politischen Schlachten, die sich ansonsten rechtfertigen ließen, bringen stets mehr Schaden als Nutzen, wenn die Arbeiterklasse in ihnen mit den bürgerlichen Radikalen zusammenarbeitet (Kampf gegen Klerikalismus und Kirche – von patriotischen Ideologien ganz zu schweigen), da sie das Gefühl der absoluten Separation der Klassen stören und die fatale Täuschung hervorrufen, das Proletariat könne als Bündnispartner der Liberalen an gesellschaftlichen Veränderungen mitwirken. Die künftige Revolution wird »eine absolute Scheidung zwischen zwei Abschnitten der Geschichte« sein (»Reflexionen«, S. 160), und deshalb darf das Proletariat, das berufen ist, sie durchzuführen, keine moralischen Rücksichten gegen fremde Klassen kennen. »Denn Leute, die ihr ganzes Leben einer Sache gewidmet haben, die für sie mit der Erneuerung der Welt gleichbedeutend ist, konnten doch kein Bedenken tragen, *alle Waffen* zur Anwendung zu bringen, um . . . den Klassenkampfgeist . . . desto stärker zu entwickeln . . .« (ebd., S. 222).

5. Revolution der Moral. Historische Notwendigkeiten

Das heißt jedoch nicht, daß das Proletariat als Klasse moralisch gleichgültig sein darf. Im Gegenteil: Eine grundlegende Aufgabe der Revolution und eine Vorbereitung auf die Revolution besteht in der *moralischen Wandlung* der Arbeiterklasse in einem Geiste, der ihr ihre volle Würde, das Selbstbewußtsein ihrer außergewöhnlichen Stellung in der Welt, Stolz und Unabhängigkeit zurückgibt. Und wenn das bekannteste Werk Sorels auch weitgehend eine Apologie der Gewalt ist, so ist doch die Gewalt insofern moralisch bedeutsam, als sie diejenigen, welche sie anwenden, moralisch erzieht. Anders gesagt: Es geht um eine Moral kriegerischer und nicht polizeilicher Art, eine Gewalt ohne Grausamkeiten, eine Gewalt, deren Motiv niemals der *Neid* der Armen auf die Reichen ist – ein Gefühl, welches das Proletariat moralisch ruiniert und degradiert. Im Unterschied zu einer Kraft, welche die bestehenden Herrschaftsverhältnisse durch eine autoritäre Herrschaft anderer Art ersetzen möchte, will die proletarische Gewalt nicht eine *Herrschaft* neuer Art errichten, sondern im Gegenteil jegliche Herrschaft beseitigen. Beispiele einer moralisch achtenswerten Gewalt sind Akte spontaner Volksjustiz wie bei den norwegischen Bergbauern, bei der korsischen Vendetta oder der Lynchjustiz. Dagegen sind die Anhänger der *politischen Revolution*, also die heutigen Sozialisten, die den Platz der gegenwärtig privilegierten Minderheit einnehmen möchten, zu Grausamkeiten und inquisitorischen Methoden bereit, was sich am vollkommensten im Terror der Großen Revolution äußerte; dieser von vornherein absurde Terror (die Führer der Revolution versuchten, wirtschaftlichen Schwierigkeiten durch blutige Repressionen beizukommen, wodurch sie sich natürlich zum Scheitern verurteilten) wurde mit Rousseaus Lehre vom Gesellschaftsvertrag begründet, denn sobald die Jakobiner sich selbst für die Verkörperung des allgemeinen Willens hielten, hatten sie keine Skrupel mehr. Moralisch waren sie jedoch nicht auf die Herrschaft vorbereitet, und sie konnten nichts anderes als das Ancien Régime nachahmen. Der gleiche Despotismus droht der Gesellschaft, falls sie die Herrschaft Menschen vom Schlage Jaurès' überlassen würde, die mit Hilfe einer humanistischen Phraseologie das Proletariat mit dem bürgerlichen Verlangen nach politischer Macht für die Partei des Proletariats vergiften, statt es im Geiste des Kampfes um die Zerschlagung der Institutionen gesellschaftlicher Autorität zu erziehen.

Das ist der Grund, weshalb der Syndikalismus die *Demokratie bekämpft*, die für das Proletariat eine Verlockung ist, sich an den bürgerlichen, vor allem den parlamentarischen Institutionen zu beteiligen, und eine Quelle der Demoralisierung, der Korruption und des Solidarismus zwischen den Klassen.

Der *Generalstreik* als eigentliches Ziel des proletarischen Kampfes muß sich deshalb von der *politischen Revolution* unterscheiden. Der Generalstreik im Sinne Sorels läßt sich in dem stereotypen Gegensatz von »ökonomischem« und »politischem« Streik nicht unterbringen. Er ist natürlich kein ökonomischer Streik insofern, als dieser ein Druckmittel ist, um die Lebensbedingungen der Arbeiterklasse innerhalb der kapitalistischen Gesellschaft zu verbessern. Er ist aber auch keine politische Revolution, ja sogar deren genaues Gegenteil. Die politische Revolution zielt auf die Eroberung der Macht und ist daher allen Gesetzen des Machtkampfes unterworfen, das heißt, sie muß von taktischen Bündnissen ausgehen, nicht aber von einer Teilung der Gesellschaft in zwei und nur zwei Armeen; sie setzt neben den Syndikaten andere Organisationsformen, Komitees oder Parteien voraus, sie setzt bereits fertige Formen der künftigen Organisation voraus, sie muß geplant werden, sie kann daher in Einzelheiten kritisiert werden. Außerdem stützt sich die politische Revolution nicht auf die Marxsche Lehre von der Klassenteilung, sondern auf die antimarxistische Gegenüberstellung von arm und reich, und sie appelliert an die erbärmlichen Gefühle des Neids und des Racheverlangens, nicht aber an die erhabenen Gefühle des Heldentums, welche die Kämpfer des Volkes beseelen. Der Generalstreik bedeutete die Zerstörung der bestehenden Gesellschaft ohne jeden Gedanken an Herrschaft, denn er zielt darauf ab, die Produktivkräfte freien Menschen zu übergeben, die die Produktion leiten können, ohne der Herren zu bedürfen. Der Generalstreik ist eine ganzheitliche Idee, die sich nicht in Stadien aufspalten oder in Form eines strategischen Plans denken läßt. Diese Idee zeigt, »daß *die Zeit der politischen Revolutionen vorbei ist* und daß das Proletariat es ablehnt, sich neue Hierarchien zu schaffen. Diese Formel kennt keine Menschenrechte, keine absolute Gerechtigkeit, keine politischen Verfassungen und keine Parlamente; sie negiert nicht nur die Herrschaft der kapitalistischen Bourgeoisie, sondern jegliche Hierarchie, die mehr oder weniger der bourgeoisen ähnelt« (»Matériaux«, S. 58). Der Syndikalismus kümmert sich nicht um Doktrinen und um eine »wissenschaftliche« Vorbereitung. ». . . Er schreitet je nach den Zufällen und Umständen voran, kümmert sich nicht um Dogmen und lenkt nicht selten seine Kräfte auf einen Sieg, den die Klugen verdammen. Eine entmutigende Vorstellung für die erhabenen Seelen, welche an die führende Rolle der Wissenschaft in der modernen Ordnung glauben, die Revolution von einer gewaltigen Anstrengung des Denkens erwarten und sich vorstellen, die Idee beherrsche die Welt, seit diese sich vom klerikalen Obskurantismus befreite.« Aber »die Revolution besitzt nicht das Geheimnis der Zukunft, und sie schreitet voran wie der Kapitalismus, indem sie sich auf alle sich öffnenden Spalten stürzt« (ebd., S. 64).

Der revolutionäre Syndikalismus bekämpft folglich sowohl den Geist der Utopie wie den Geist des Blanquismus, also jene Doktrin, nach der eine Verschwörergruppe, die sich als Bevollmächtigte des Proletariats ausgibt, nachdem sie unter günstigen Umständen die Macht ergriffen hat, die Gesellschaft durch Gewalt und Repression umgestalten kann. Der Blanquismus und der Jakobinismus haben die Vorstellung von einer Revolution der Armen gegen die Reichen, nicht aber die Marxsche Vorstellung von einer Revolution der *Produzenten*, die ausschließlich von diesen selbst durchgeführt wird. Eine solche Revolution zielt keineswegs auf die Diktatur einer Partei; Bernstein hat Recht, wenn er sagt, daß die Machtergreifung der Sozialdemokratie keineswegs dem Volk die Souveränität gibt, sondern es von Berufspolitikern und Zeitungsbesitzern abhängig macht. Solange die Arbeiterklasse nicht eine starke ökonomische Organisation und einen sehr hohen Stand der moralischen Unabhängigkeit besitzt, ist die Diktatur des Proletariats gleichbedeutend mit der Diktatur von Klubrednern und Literaten (»Décomposition«, S. 33).

Die syndikalistische Revolution kann gleichfalls nicht das Ergebnis des ökonomischen Niedergangs des Kapitalismus sein. Revolutionen, die sich unter den Bedingungen der Ohnmacht und des Verfalls des alten Regimes vollziehen, bessern nichts, sondern lassen nur den bisherigen Niedergang versteinern. Die syndikalistische Revolution setzt einen expansiven Kapitalismus voraus, der an seiner eigenen Energie und nicht an Kraftlosigkeit erstickt. Deshalb liegt es auch nicht im Interesse der Arbeiterklasse, den Kapitalismus dadurch zu schwächen, daß sie ihn zu legislatorischen Konzessionen und zu Reformen zwingt; am besten, wenn die Kapitalisten von einem rücksichtslosen und räuberischen Expansionsgeist beherrscht wären, wie die amerikanischen Konquistadoren des Kapitalismus. Unter solchen Bedingungen formt sich am ehesten das unerschütterliche Bewußtsein der absoluten Klassentrennung, des Heldentums im Kampfe und der Solidarität der Unterdrückten, ein Gefühl der Größe und des Ernstes der geschichtlichen Aufgabe – alles das, was die sozialistischen Politiker abtöten, indem sie den Ausbeutern erbärmliche Konzessionen ablisten, um den Preis der Demoralisierung der Arbeiter.

Auch darf man sich nicht über die vermeintlichen historischen Notwendigkeiten täuschen, die angeblich den Sieg garantieren sollen, wie es der »sogenannte« wissenschaftliche Sozialismus verspricht. Die Geschichte entwickelt sich, wie Bergson es beschrieb – durch eine unvorhersehbare Schöpfung. Die Illusionen der Deterministen entstanden aus den aufgebauschten Hoffnungen, die von der Entwicklung der Naturwissenschaft im 19. Jahrhundert geweckt wurden; die Utopisten begannen sich naiverweise vorzustellen, die Zukunft der Gesellschaft ließe sich nach Art der astronomischen Prognosen vorausberechnen. Das freie Schöpfertum läßt jedoch entsprechend der Bergsonschen Theorie der Persönlichkeit und der Evolution unablässig die Zukunft *beginnen*. Die revolutionäre Bewegung ist zwar der Zukunft zugewandt, kann sie aber nur nach Maßgabe ihres spontanen Handelns voraussehen, und sie läßt sich nur von einer einzigen, unauflösbaren, nicht der Analyse unterworfenen großen Idee leiten – dem Mythos der totalen Transformation der Welt in einem letzten, apokalyptischen Zusammenstoß. Von solchem Geiste war das Frühchristentum beseelt, wenn es Kompromisse mit der Welt ablehnte, wenn es programmatisch seine Zugehörigkeit zur bestehenden Gesellschaft verwarf und sein gesamtes Leben im Mythos der Parusie zusammenfaßte. Aber auch die spätere Geschichte der Kirche bezeugt, in welchem Maße ihre Entwicklung allen Voraussagen spottete: Von den Gelehrten zu einem raschen Niedergang verurteilt, verjüngte sich die Kirche immer wieder in einer gewaltigen Expansion, ausgehend von einer unerwarteten Bewegung, die aus der spontanen Initiative der großen Reformatoren, der Begründer neuer Orden ausgelöst wurde. Die syndikalistische Bewegung ist ein solches spontanes Werk der großen Erneuerung, sie kann die von den Politikern und der Gesetzgebung korrumpierte Arbeiterklasse verjüngen und im Laufe der Zeit der Menschheit das Heil bringen.

Ziel der neuen Revolution ist nicht *Wohlstand* und Überfluß und auch nicht ein bequemes Leben. Sorel spottet über Destrée und Vandervelde, die sich den Sozialismus nach dem Vorbild der Abtei Thélème von Rabelais als ein Schlaraffenland vorstellen. So wie die revolutionäre Bewegung nicht von der Not, sondern vom Klassengegensatz angetrieben wird und die Arbeiterbewegung nicht eine Bewegung der Armen, welche den Reichen ihren Besitz abnehmen wollen, sondern eine Bewegung der unmittelbaren Produzenten ist, die als solche Organisatoren der Produktion sein wollen, so liegen auch die höchsten Werte des Sozialismus im moralischen Bereich und nicht im Wohlstand. Im übrigen ist offensichtlich, daß die ärmsten Teile des Proletariats durchaus nicht am stärksten von revolutionärem Geist beseelt sind, im Gegenteil. Eine gerechte Gesellschaft muß, nach den Worten Proudhons, das »Gesetz der Armut« annehmen, und ein bescheidenes Leben ist ein anständiges und glückliches Leben. Proudhon auch stellte sich die künftige Ordnung als eine lockere Föderation von agrarisch-industriellen Vereinigungen vor; das öffentliche Leben sollte sich vor allem auf der kommunalen und provinziellen Ebene abspielen, die Vereinigungs- und Pressefreiheit sollten gewahrt sein, und es sollte kein stehendes Heer geben. Sorel, der sich bei seiner Geringschätzung für alle Zukunftsplanungen zwar keine Gedanken über Einzelheiten einer »vollkommenen Ordnung« machte, stellte sie sich gewiß ähnlich vor wie Proudhon, dessen Lehre er vertritt. In der »Sozialistischen Zukunft der Syndikate« sagt er, der Sozialismus werde eine »allein nach dem Plan der Produktion organisierte Gesellschaft« sein, und diese Ordnung wolle »das Regime der Produktionsstätte auf die Gesellschaft übertragen« (»Matériaux«, S. 70), während alle gesellschaftlichen Angelegenheiten in ihr auf die Ebene der Produktionseinheiten übergehen würden.

Das Ideal Sorels sowohl in moralischer wie in organisatorischer Hinsicht scheinen isolierte Bergstämme oder die Dörfer der Urschweiz zu sein, die nach den Grundsätzen der direkten Demokratie organisiert sind, sich nahezu selbst versorgen können und auf jeden Fall nur in unbedeutendem Maße den sittlichen und kulturellen Einflüssen ausgesetzt sind, die vom Handel ausgehen. Die Moral des Proletariats ist eine Moral der Produzenten – im Gegensatz zur Moral der Händler; die zeitgenössische Demokratie erinnert allzusehr an die Börse, während die Demokratie der Zukunft etwas sein sollte, das einer genossenschaftlichen Manufaktur ähnelt.

Solche Vergleiche sind übrigens nicht aus der Luft gegriffen. Ganz sicher hängt die Geschichte der demokratischen Ideen und Institutionen mit der Geschichte des Handels zusammen, und die ganze Mittelmeerkultur entstand und entwickelte sich als ein Werk der Hafen- und Handelsstädte; im Handelsverkehr entwickelten sich natürlicherweise Gebräuche, bei denen die Fähigkeit, Verhandlungen zu führen und Kompromisse zu schließen, eine hervorragende Rolle spielte, daneben aber auch die Fähigkeit zur Heuchelei und zum Betrug, rhetorisches Geschick und Demagogie, der Geist der Konkurrenz und der Vorsicht, ein Hang zu Reichtum und Komfort, Geringschätzung der Tradition, rationalistische Neigungen, große Fähigkeiten im Prognostizieren, Kalkulieren und logischem Denken und eine Vorherrschaft des Erfolgsideals. Eine Eigentümlichkeit, in der nach Ansicht von Marx gleichsam der ganze Kapitalismus zusammengefaßt werden kann – nämlich die Unterordnung der Produktion unter den Tauschwert –, ist ganz und gar ein Ergebnis dieser Zivilisationsrichtung. Gerade diese Gesellschaft, in der »alles käuflich ist«, in der deshalb alle traditionellen – familiären, stammesmäßigen und lokalen – Bande der Solidarität zerfallen, die sich nicht auf das Tauschverhältnis reduzieren lassen, war Gegenstand der Kritik der gesamten romantischen Philosophie einschließlich des jungen Marx. Sorel ist neben Nietzsche der leidenschaftlichste Feind dieser Gesellschaft und insofern ein Erbe der romantischen Philosophie. Was sich jedoch letzten Endes aus seiner Kritik ergibt, weicht stark von Marx ab. Ihn verlocken Vorstellungen von räuberischen Stämmen, die sich nicht von der Zivilisation zähmen lassen, von abgeschiedenen Gemeinschaften, die mehr um das Überleben als für Annehmlichkeiten und Komfort kämpfen, die im Kampf rücksichtslos sind, aber nicht vom Geist der Grausamkeit vergiftet, die sich in ihrer Armut einen aristokratischen Stolz bewahren, an die Heiligkeit der Stammestraditionen glauben, an ihrer Freiheit hängen und bereit sind, bis zum Ende gegen fremde Herrschaft zu kämpfen. In der Erneuerung dieser Moral – im Gegensatz zur Händlermoral – liegt für ihn der eigentliche Sinn der sozialistischen Idee. »*Der Sozialismus ist eine Frage der Moral*«, sagt er im Vorwort zur französischen Übersetzung eines Buches von Saverio Merlino, »insofern er die Welt alle menschlichen Taten auf neue Weise beurteilen läßt, oder auch, nach dem berühmten Ausdruck Nietzsches, eine Umwertung aller Werte« (*ebd.*, S. 170). Die neue Moral entwickelt sich in der Arbeiterklasse unter den Bedingungen des Kapitalismus, und ihre Verankerung unter den Arbeitern ist die absolute *Vor*bedingung der Revolution; Sorel zufolge hat Vandervelde in diesem Punkte recht, wenn er sagt, daß ein Sieg der Arbeiter ohne einen radikalen moralischen Wandel die Welt in Leiden, Grausamkeiten und Ungerechtigkeiten versinken lassen würde, die hinter den heutigen nicht zurückstehen. Die ökonomischen Veränderungen setzen voraus, daß zuvor die neue Moral gesiegt hat. Ursprung und Anwendungsfeld dieser Moral sind die *Familie*, der *Krieg* und die *Produktion*. In allen diesen Bereichen nehmen Würde, Großmut,

Heroismus, Solidarität und individuelle Verantwortung zu. Sorel mißt unter anderem der sexuellen Disziplin und den familiären Tugenden ein bedeutendes Gewicht bei, und er sieht in der sexuellen Zügellosigkeit und der Schwächung der familären Bindungen, die für ihn eine grundlegende Quelle der Moral sind, natürliche Verbündete der bürgerlichen Gesellschaft (»die Welt wird nur in dem Maße gerechter, in dem sie reiner wird; ich kenne keine unbestreitbarere Wahrheit« – *ebd.*, S. 189). Er ist vernarrt in die Helden Homers, die er mit den Augen Nietzsches sieht.

6. Marxismus, Anarchismus, Faschismus

Das Auffallende an den Schriften Sorels ist, wie schon gesagt, daß er Werte und Ideen in einer völlig anderen Weise miteinander verknüpft als irgendeiner der orthodoxen Marxisten oder irgendeiner der Kritiker des Marxismus. Insofern ist er einmalig. Seine Kritik am Reformismus erinnert zuweilen stark an kritische Äußerungen, die man bei der orthodoxen sozialdemokratischen Linken antreffen kann. In seiner Kritik an den Orthodoxen steht er dagegen in vielen Punkten der anarchistischen Argumentation nahe. Den Anarchismus wiederum attackiert Sorel unter Berufung auf Marx, während er Marx in gewissen Punkten ähnlich wie Bakunin oder vom Standpunkt Proudhons aus kritisiert. Mit den Klassifikationen, die gemeinhin auf diese Epoche des sozialistischen Denkens angewandt werden, ist er nicht zu fassen.

Gewiß versteht Sorel – ähnlich wie Marx – unter dem Sozialismus nicht einfach eine »Verbesserung der gesellschaftlichen Organisation«, sondern eine völlige Umwälzung, die alle Lebensbereiche erfaßt, einschließlich der Moral, des Denkens und der Philosophie. Der Sozialismus ist nicht eine abzählbare Menge von Reformen, sondern eine Art von Neuinterpretation des ganzen menschlichen Lebens. Den Sozialisten wirft Sorel vor, sie hätten sich nicht ernsthaft mit den höchsten Zielen des Menschen und der menschlichen Natur befaßt, sie hätten die platte Metaphysik der Freidenker des 18. Jahrhunderts übernommen, sie hätten die gewaltige Rolle, welche das *Böse* in der Marxschen Geschichtsphilosophie spielt, nicht beachtet, sie könnten sich wegen ihres rationalistischen Optimismus an Verständnis für die menschliche Natur nicht mit der Kirche vergleichen; er behauptet, der Sozialismus müsse, wenn er gewinnen wolle, den Menschen alle Werte geben, die ihnen die Lehre der Kirche gab. Er scheut sich nicht, wie ähnlich Gustave Le Bon, dem Sozialismus einen religiösen und charismatischen Charakter zuzuerkennen, worin er sich gewiß von Marx unterscheidet, zumindest vom Marx des »Kapital«.

Für Sorel war der Marxismus vor allem eine Poesie der Großen Apokalypse, mit welcher er die gesellschaftliche Revolution gleichsetzte. Den Reformismus bekämpfte er nicht, weil dieser erfolglos gewesen wäre – er sah ja, daß er erfolgreich war –, sondern weil es ihm an Größe fehlte, weil er prosaisch und unheldisch war. Er glaubte an den Klassencharakter der sozialistischen Bewegung und unterstrich nachdrücklich die absolute Sonderstellung der Klasse der Produzenten als der Trägerin der Revolution. Er faßte jedoch das Proletariat als eine kämpferische Sekte auf, die vor allem ihre Nichtzugehörigkeit zur bestehenden Gesellschaft zu bewahren hatte. Er träumte von einer freien Gesellschaft, das heißt von einer Vereinigung der Produzenten, die keine Herren über sich haben. Die grundlegenden Werte dieser Gesellschaft sah er jedoch darin, daß sie ausschließlich von der materiellen Produktion absorbiert sein würde, während Marx glaubte, die größte Errungenschaft des Sozialismus werde die *freie Zeit* sein, welche die Menschen dem kulturellen Schaffen würden widmen können, und der Anteil der für die Erzeugung materieller Güter aufgewandten Zeit werde sich unbegrenzt verringern. Während Marx erwartete, daß die technische Entwicklung die Menschen von der unablässigen Beschäftigung mit den materiellen Problemen des Daseins befreien werde, dachte Sorel im Gegenteil, daß die ganze Würde des Menschen in seinem Verhältnis zu den produktiven Tätigkeiten liege, und im Bedürfnis nach Freiheit von der Produktion sah er ein Sympton des bürgerlichen Hedonismus. Marx war ein Rationalist, zumindest in dem Sinne, daß er an den wissenschaftlichen Sozialismus glaubte, daran also, daß eine rationale Analyse der kapitalistischen Wirtschaft ihren notwendigen Untergang und die Ersetzung durch gesellschaftliche Wirtschaftsformen zeigen könne; zugleich glaubte er an die Kontinuität der geistigen Kultur der Menschheit. Sorel sah in der Idee der historischen Notwendigkeit des Sozialismus ein Relikt der Hegelschen Lehre vom Weltgeist, er vertrat die Bergsonsche Theorie der Spontaneität, und er rief zur totalen Zerstörung der kulturellen Kontinuität auf, während er zugleich die Heiligkeit der Tradition verkündete – allerdings nur jener Tradition, die sich um die Werte der Familie und der Stammessolidarität rankt. Wie willkürlich Sorel mit dem Marxschen Erbe umging, davon wird man sich leicht überzeugen, wenn man seine Definition der Klasse liest, die er als einen Gedanken Marxens ausgibt: Die Klasse ist »eine Gemeinschaft von Familien, die durch Traditionen, Interessen und politische Anschauungen geeint sind, von Familien, die einen solchen Grad der Solidarität erreicht haben, daß man ihrer Gesamtheit eine Persönlichkeit zuschreibt und sie als ein aus eigenen Gründen denkendes und handelndes Wesen auffassen kann« (»Matériaux«, S. 184).

Sorel bekannte sich nicht zum Anarchismus, weil der Anarchismus seiner Zeit keine bestimmte klassenmäßige Prägung hatte und sich traditionell aus dem Lumpenproletariat und der deklassierten Intelligenz rekrutierte; eine Bewegung, deren Anführer Studenten, Journalisten und Advokaten waren, hatte natürlich nichts gemeinsam mit dem revolutionären Syndikalismus, wie er ihn verstand; desgleichen stießen ihn jene anarchistischen Gruppen Bakuninscher Provenienz ab, die eine konspirative Politik nach autoritären Grundsätzen betrieben. Die Betonung der vollständigen Zerstörung der staatlichen Institutionen, die Ablehnung der Teilnahme am parlamentarischen Spiel und die damit zusammenhängenden Angriffe auf den »politischen Sozialismus«, also die grundlegenden Merkmale anarchistischer Ideologien, sind dennoch bei Sorel ungewöhnlich stark. Daß der »politische« oder auch »parteimäßige« Sozialismus nur die Ankündigung einer neuen Tyrannei ist und daß die Ideen der Diktatur das Proletariats als einer *Staats*form die Arbeiterklasse dem Despotismus von Berufspolitikern ausliefert – dieser Gedanke war seit Bakunin ein unveränderlicher Bestandteil der anarchistischen Propaganda (Machajski war deren besonders leidenschaftlicher Befürworter). Auch teilte Sorel die Ansichten jener Anarchisten, die betonten, daß eine »moralische Revolution« als integraler Bestandteil der sozialen Revolution notwendig sei (»die Sozialdemokratie wird heute grausam dafür bestraft, daß sie so hartnäckig die Anarchisten bekämpfte, welche eine Revolution in den Köpfen und Herzen hervorrufen wollten«, schrieb er, einen Brief Proudhons an Michelet kommentierend; »Matériaux«, S. 380). Die bloße Verstaatlichung der Produktionsmittel hat nach seiner Ansicht für die Befreiung der Arbeiterklasse keinen Wert, da sie lediglich die Herrschaftsmittel der politischen Macht gegenüber den Produzenten erweiterte.

Es mag auf den ersten Blick seltsam erscheinen, daß ein Autor, der mit einer so unversöhnlichen Feindseligkeit alle Staatsinstitutionen und Parteien und außerdem alle patriotischen Ideen attackierte, als Ideologe des keimenden Faschismus anerkannt werden und den künftigen Funktionären und Apologeten einer brutalen nationalistischen Tyrannei Argumente liefern konnte, um so mehr, als Sorel sich im Unterschied zu Nietzsche die wesentlichen Elemente des marxistischen Glaubens zu eigen machte. Dennoch beruht seine Beziehung zum Faschismus nicht bloß auf einem Mißverständnis, selbst wenn man den Umstand berücksichtigt, daß es im Jahre 1912 schwerlich möglich war, die Anfänge des italienischen Faschismus mit den Augen von Menschen zu betrachten, die den Zweiten Weltkrieg miterlebt haben. Alles, was sich in den Schriften Sorels auf die Revolution und die nachrevolutionäre freie Gesellschaft bezieht, liegt jedoch im Bereich des »Mythos«, der grundsätzlich nicht diskutierbar ist und keine Erklärungen erfordert, ja nicht einmal erklärt werden kann. Der Faschismus schöpfte seine Kraft aus einem Gefühl der Verzweiflung und dem Verlangen nach einer großen »totalen« Veränderung, aus der Enttäuschung über die Demokratie, aus der fehlenden Aussicht auf Reformen der bestehenden Gesellschaft, aus dem Bedürfnis nach einem nicht näher bestimmten, aber radikalen Bruch mit der überkommenen Ordnung. Die Appelle Sorels paßten gut in diese geistige Situation hinein, die dem Faschismus förderlich war. Denn er war nicht und wollte nicht der Projektemacher einer neuen Ordnung sein, sondern ein Prophet der Großen Katastrophe. Er rief dazu auf, die kulturelle Kontinuität zu zerreißen – im Namen einer vollkommeneren Kultur, die zu den volkstümlichen Ursprüngen der Gesetzgebung und der Moral zurückgehen würde; er lieferte damit ungewollt den Beweis, daß ein Angriff auf die gesamte bestehende Geisteskultur, sofern er sich nicht auf *bereits vorhandene* Werte einer neuen Kultur stützt, sofern man also nicht genau weiß, was er der überkommenen Kultur entgegensetzt, seinem Sinn nach eine Unterstützung der Barbarei ist. In der Kritik Sorels an den rationalistischen Naivitäten kann man eine ganze Reihe treffender Bemerkungen finden. Aber ein Angriff auf den Rationalismus, der sich nicht eindeutig von einem Angriff auf die Vernunft abhebt, der eine »Philosophie der Arme« verkündet (und die Grenzen zwischen einer »Philosophie der Arme« und einer »Philosophie der Fäuste« sind schwer zu ziehen), verwandelt sich in einen Aufruf zur Zerstörung des Denkens im Namen der Gewalt. Die Apologie der Gewalt im Sinne Sorels sollte sich auf eine Gewalt von kriegerischem und nicht polizeilichem Typus beziehen. Diese Unterscheidung ist jedoch keineswegs klar und stützt sich bei Sorel selbst lediglich auf literarische Stereotype, auf idealisierte Vorstellungen von den Helden der Ilias oder vom skandinavischen Wikinger. Eine Moral, in der die Gewalt an sich als Wert gilt, als eine Gelegenheit zu Heldentum und Größe, ist eine Moral, die sich mühelos zu einem Instrument des Despotismus machen läßt. Dasselbe gilt für die Kritik Sorels an der parlamentarischen Demokratie. Diese Kritik hatte viel für sich. Das kann man aber auch von der Kritik an der Demokratie sagen, wie sie in den Schriften Hitlers enthalten ist. Kritik an der Korruption, welche die demokratischen Systeme zerfrißt, Kritik an Mißbräuchen, Heuchelei, kleinlichen Zwistigkeiten und einem Kampf um Posten, der als ein Kampf um Ideen hingestellt wird – das alles sind Motive, die man traditionell bei den Anarchisten, den Kommunisten und den Faschisten in sehr ähnlichen Formen antrifft. Aber eine treffende Kritik an der Demokratie, die nicht zu artikulieren vermag, was sie jener Demokratie entgegensetzt, die ihre eigenen Ideen in den dunklen Bereich des »Mythos« rückt, kann nichts anderes sein als eine Apologie dessen, was schlichtweg das Gegenteil oder die Abwesenheit von Demokratie ist, das heißt, sie muß eine Apologie der Tyrannei sein, zumindest von dem Augenblick an, da sie den Bereich literarischer

Überlegungen verläßt und in den Bereich des politischen Handelns gerät. Als ein Schriftsteller, der sich zum Marxismus bekannte und zugleich eine der Quellen der faschistischen Philosophie wurde, ist Sorel eine insofern besonders bedeutsame Gestalt, als das Schicksal seiner Ideen die *Konvergenz der extremen Formen des rechten und linken Radikalismus* verdeutlicht. Wenn die linksradikale Phraseologie lediglich Kritik an der bürgerlichen Demokratie und keine Idee einer besseren Demokratie enthält, wenn sie lediglich den Rationalismus attackiert und nicht positiv neue kulturelle Werte zu konstatieren versucht, wenn sie eine Apologie der Gewalt ist und keine moralischen Restriktionen gegen die Gewalt enthält, ist sie nichts anderes als das Programm eines neuen Despotismus und unterscheidet sich als solche nicht wesentlich vom rechten Radikalismus. Wenn, wie im Falle Sorels, die Große Katastrophe als ein selbständiger, ja sogar als der höchste Wert gilt, statt ihren Wert aus den erwarteten Folgen zu schöpfen, dann tritt das Proletariat hauptsächlich als der mögliche Träger der katastrophenhaften Veränderungen auf; so konnte Sorel, als er die Hoffnung verloren hatte, daß das Proletariat die Rolle, die er ihm zuwies, übernehmen würde, sich ohne Verzicht auf seine Hauptidee dem Nationalismus zuwenden, als er zu dem Schluß kam, daß die nationalen Ideen verheißungsvollere Sämlinge des großen Mythos seien; doch auch in diesem Falle ging es weniger um die Nation als vielmehr um die »totale Revolution«. Deshalb ist auch seine leidenschaftliche Verteidigung Lenins und der Bolschewiki überaus doppeldeutig. Sorel gesteht seine Liebe zur russischen Revolution, weil sie in seinen Augen die Verkörperung der dramatischen Apokalypse ist, weil sie den Untergang der Intellektuellen ankündigt, weil sie ein Triumph des Willens über die vermeintlichen ökonomischen Notwendigkeiten und ein Protest gegen die Tradition des russischen »Westlertums« im Namen der nationalen moskowitischen Traditionen ist. »Die blutige Lektion der Ereignisse, die in Rußland eingetreten sind«, schrieb er 1918, »macht allen Arbeitern bewußt, daß zwischen der Demokratie und der Mission des Proletariats ein Widerspruch auftaucht; die Idee, eine Herrschaft der Produzenten zu errichten, wird nicht untergehen; der Schrei ›Tod den Intellektuellen‹, den man den Bolschewiki so oft zum Vorwurf macht, wird am Ende vielleicht die Werktätigen der ganzen Welt erfassen. Man muß blind sein, um in der russischen Revolution nicht die Morgenröte einer neuen Epoche zu sehen« (Vorwort zu »Matériaux«, Nachwort von 1918). Und im Nachtrag zu den »Reflexionen über die Gewalt« vom Jahre 1919 lesen wir: »Der Bolschewismus verdankt ein gutes Teil seiner Macht dem Umstand, daß die Massen ihn als Protest gegen die herrschende Oligarchie betrachteten, deren höchste Sorge es war, nicht als russisch zu erscheinen. Am Ende des Jahres 1917 schrieb der ehemalige Fürsprecher der ›Schwarzen Hundert‹, daß die Bolschewiken bewiesen hätten, daß sie russischer sind als die Aufrührer Kaledin, Russky usw., die den Zaren und das Vaterland verraten haben.«[6] »Diesen moskowitischen Charakter des Bolschewismus muß man sich gegenwärtig halten, wenn man von der in Rußland gewählten Methode revolutionärer Unterdrückung als Historiker sprechen will[7] ... Die nationalen Überlieferungen boten den ›Roten Garden‹ zahllose Präzedenzfälle, die sie glaubten zur Verteidigung der Revolution mit gutem Recht nachahmen zu dürfen.«[8] »... wenn wir noch heute den römischen Soldaten dankbar sind, weil sie an die Stelle von verkümmerten, verirrten und ohnmächtigen Zivilisationen diejenige gesetzt haben, aus deren Recht, deren Literatur und deren Denkmälern wir noch heute lernen: Wie sehr wird nicht die Zukunft den russischen Soldaten des Sozialismus dankbar sein!«[9]

Sorel hatte von der Leninschen Doktrin eine überaus schwache Vorstellung; er verehrte in Lenin den Verkünder der Großen Zerstörung, und vom gleichen Standpunkt aus verehrte er Mussolini. Er war bereit, alles zu unterstützen, was ihm heroisch erschien und was zugleich eine Welt mit Vernichtung bedrohte, die er haßte: die Welt der Demokratie, der Parteikämpfe, der Kompromisse, der Verhandlungen und Kalkulationen. Ihn interessierte überhaupt nicht die kleinliche Frage, unter welchen Bedingungen die Menschen besser leben können, sondern ihn interessierte nur, welche Bedingungen bei ihnen mehr explosive Energie freisetzen. Der scharfe Kritiker des Rationalismus wurde am Ende zum Anbeter des Großen Drachens, dem sich zum Lärm des Kriegstanzes ein fanatischer und blinder Pöbel freiwillig zum Fraß vorwirft.

Achtes Kapitel

Antonio Labriola – Versuch einer offenen Orthodoxie

1. Der Stil Labriolas

Antonio Labriola spielte in Italien eine ähnliche Rolle wie Plechanow in Rußland und Lafargue in Frankreich, das heißt, er war der erste in seinem Lande, der den Marxismus als System lehrte, und er hat die nationale Ausprägung dieser Doktrin wesentlich beeinflußt. Nicht ohne Bedeutung war dabei der Umstand, daß Labriola, als er zum Marxisten wurde, bereits eine lange akademische Karriere als Philosoph hinter sich hatte, daß er, obwohl vor allem durch die Schriften Hegels und Herbarts geformt, ungewöhnlich stark an der italienischen Tradition hing und deren Eigentümlichkeiten in seinen Marxismus einbrachte, und außerdem, daß er nie Parteiaktivist, sondern Theoretiker und Publizist war.

Aufgrund der langwährenden Zersplitterung und der relativen wirtschaftlichen Rückständigkeit Italiens entstand hier bedeutend später als im Westen Europas eine Arbeiterbewegung, und wenn es gewisse sozialistische Ideen und Parolen gab, so traten sie zusammen mit Parolen, die von den Marxisten gewöhnlich als typisch für die Bestrebungen der »fortschrittlichen« Bourgeoisie betrachtet wurden, in allgemeinradikalen Ideologien auf. Besonders angesichts des mächtigen Gegners, wie er in der Kirche und im Klerikalismus bestand, befanden sich der bürgerliche Radikalismus und der Sozialismus bedeutend länger als in anderen Ländern »auf der gleichen Seite der Barrikade«, und die Gemeinsamkeit der Werte wurde stärker empfunden. Die Einteilung in ein konservativ-katholisches und ein fortschrittliches Italien war auch dann noch gegenüber anderen Einteilungen dominierend, als die sozialistische Bewegung sich als eine eigenständige politische Kraft zu organisieren begann. Sowohl die Biographie Labriolas als auch die historischen Umstände vermögen also sein starkes Kontinuitätsempfinden gegenüber der radikalen philosophischen und politischen Überlieferung Italiens zu erklären (z. B. den Kult Garibaldis und den Kult Giordano Brunos).

Auch der philosophische Stil Labriolas ist eminent italienisch – sowohl in seinen anziehenden wie in seinen abschreckenden Aspekten. Nirgendwo ist wohl – mit dem 16. Jahrhundert beginnend – der Bruch mit der scholastischen Tradition innerhalb der weltlichen Philosophie so radikal und die Zerstörung der scholastischen Gewohnheiten (einschließlich der logischen Kenntnisse) so gründlich vollzogen worden wie im Vaterland des Thomas von Aquin. Außerhalb des machtvollen, aber intellektuell unfruchtbaren scholastischen Lagers herrschte eine Abneigung gegen die Schematisierung und Systematisierung der Gedanken, eine Tendenz zu einem »globalen« Denken, ein Mangel an analytischen Fähigkeiten, eine Vorliebe für eine lockere Essayistik und zugleich eine auffällige Betonung der pädagogischen und rhetorischen Seite der philosophischen Literatur. Diese Eigentümlichkeiten lassen sich auch im Schaffen Labriolas feststellen. Ihm liegt eindeutig nichts an einer »Professionalisierung« der Philosophie als eines gesonderten, sich selbst genügenden Faches. Die Grenzen zwischen Erkenntnistheorie, Psychologie, Ethik und Pädagogik sind fließend. Dieses Mißtrauen gegen jegliche Spezialisierung im humanistischen Denken – das bis heute an der italienischen Kultur und auch im italienischen System der Hochschulbildung abzulesen ist – wurde im 19. Jahrhundert durch das Eindringen des Hegelianismus verstärkt, der im Hinblick auf die menschliche Kultur zu einem Denken in »globalen« Kategorien ermunterte und empfahl, alle Einzelprobleme auf große, umfassende, historische Visionen zu beziehen. In diesem Falle verstärkte der Hegelianismus, wie es scheint, allerdings intellektuelle Tendenzen, die aus dem Universalismus der Renaissance stammten, aus den Bestrebungen jener *eroici furiosi*, die jede Frage in den Rang einer universellen Frage erheben und in jeder einen auf die fundamentalen Rätsel des Daseins bezogenen Sinn entdecken wollten.

Durch diese Ambitionen eines »globalen« Denkens und das »Literarische« an der italienischen Philosophie und ihre Geringschätzung für starre Klassifikationen, ausgebaute Begriffshierarchien und Spezialisierung erklärt sich vielleicht bis zu einem gewissen Grade die Leichtigkeit, mit der in Italien eine antiszientistische, antipositivistische und historistische Variante des Marxismus Fuß fassen konnte, deren erster Verfechter Labriola war und die in der folgenden Generation von Gramsci fortgesetzt wurde. Das Verdienst eines so verstandenen Marxismus sollte nicht so sehr darin bestehen, daß er der gesellschaftlichen Erkenntnis den Status einer Wissenschaft in dem gleichen ernsten und löblichen Sinne verlieh, wie ihn die Naturerkenntnis genoß, sondern vielmehr darin, daß sich mit seiner Hilfe alle Erscheinungen der materiellen und geistigen Kultur der Menschen als »Ausdruck« oder Manifestation eines einzigen umfassenden Prozesses oder auch einer ganzen historischen Epoche interpretieren ließen. Diese Tendenz, den gesellschaftlichen Erscheinungen einen auf große historische Einheiten bezogenen Sinn zu verleihen, war natürlich nicht spezifisch marxistisch, sondern ließ sich unter zusätzlichen Annahmen als ein natürlicher Bestandteil des historischen Materialismus darstellen. Gleichzeitig förderte sie jedoch die Verstärkung von relativistischen Tendenzen, die ein angeborenes Merkmal der italienischen Philosophie zu sein scheinen.

Derartige Verallgemeinerungen stellen selbstverständlich eine übertriebene Vereinfachung dar. Positivismus und Szientismus sind an Italien keineswegs vorübergegangen, und in der Person Enrico Ferris können wir gleichfalls eine positivistische, darwinistische, szientistische Spielart des Marxismus antreffen. Eine Zeitlang – und diese Eigentümlichkeit ist außer in Italien nirgendwo zu beobachten – hatten Positivismus und Hegelianismus, was ihre gesellschaftliche Funktion betrifft, mehr Gemeinsames als Trennendes. Beide Richtungen traten nämlich im Gegensatz zur klerikalen Reaktion als ein weltliches, radikales und rationalistisches Denken auf, und im Hinblick auf die fundamentale Spaltung der Kultur fielen beide unter eine Kategorie. Es scheint allerdings – zumindest aus heutiger Sicht –, daß die wichtigste und fruchtbarste Strömung der italienischen Kultur über den Historismus und nicht über den Szientismus verlief.

Italien war ein Land, in dem es – ob man Marxist war oder nicht – besonders schwerfiel, an die Theorie eines stetigen und ununterbrochenen historischen Fortschritts zu glauben, da die ganze neuzeitliche Geschichte dieses Landes einer solchen Theorie lebhaft widersprach. Nach den drei Jahrhunderten der Regression und Stagnation, die auf den Sieg der katholischen Gegenreformation folgten, herrschte bei der ganzen radikalen Intelligenz Italiens ein ungewöhnlich starkes Bewußtsein der wirtschaftlichen und kulturellen Rückständigkeit, und auch die Hoffnungen, die in der Zeit des Risorgimento erwachten, förderten nicht die Überzeugung, daß der Fortschritt so etwas wie eine natürliche Notwendigkeit sei und daß man ihn als ein automatisches Ergebnis »historischer Gesetze« erwarten durfte. Deshalb findet man auch bei den italienischen Philosophen einschließlich der Marxisten eine größere Sensibilität für die dramatischen Verwicklungen, die Überraschungen und die Heterogenität des historischen Prozesses. Auch in dieser Hinsicht hat Labriola den italienischen Marxismus im Sinne der Skepsis gegen allumfassende und alles erklärende geschichtsphilosophische Schemata beeinflußt.

2. Biographische Mitteilungen

Antonio Labriola (2. 6. 1843–12. 2. 1904) wurde als Sohn einer Lehrersfamilie in Cassino geboren. Er wuchs mit den Idealen des Jungen Italiens auf und war seit seiner Jugendzeit dem Kampf um die Unabhängigkeit und Einigung des Landes ideell verbunden. 1861 ging er an die Universität von Neapel, wo er unter den Einfluß der Hegelschen Philosophie geriet, die in Italien vor allem von Bertrando Spaventa und Augusto

Vera vertreten wurde. Aus seiner Studentenzeit ist eine kurze, später von Croce herausgegebene Abhandlung erhalten, in der er Zeller und das Schlagwort der Rückkehr zu Kant kritisiert und die in der Überzeugung verfaßt ist, der Hegelianismus sei die endgültige Überwindung des Kantianismus. Nach Beendigung des Studiums nahm Labriola 1865 eine Stellung als Lehrer an einer höheren Schule in Neapel an, wo er bis zum Jahre 1874 lebte. Die erste philosophische Abhandlung, die er 1865/66 verfaßte, ist eine Untersuchung der Theorie der Affekte in der Philosophie Spinozas. Im Jahre 1869 beendete er eine größere Arbeit über die Lehre des Sokrates, für die er in einem Wettbewerb, den die Akademie der moralischen und politischen Wissenschaften in Neapel veranstaltet hatte, ausgezeichnet wurde. Er setzte währenddessen seine philosophischen, historischen und ethnographischen Studien fort und erwarb auf all diesen Gebieten eine beachtliche Gelehrsamkeit. Besonders interessierte ihn die Assoziationspsychologie Herbarts, die er sich weitgehend zu eigen machte. Außerdem studierte er Vico, der sein Denken lebenslang beeinflußte. Vom Beginn der siebziger Jahre an betätigte er sich als politischer Publizist im liberalen und antiklerikalen Sinne. Im Jahre 1873 entstanden zwei bedeutende Abhandlungen Labriolas: »Von der moralischen Freiheit« sowie »Moral und Religion«, die in gewisser Hinsicht erkennen lassen, daß er den hegelianischen Standpunkt aufgegeben hat, auch wenn sie noch keine spezifisch marxistischen Gedanken enthalten. Im folgenden Jahr siedelte Labriola nach Rom über, wo er einen Lehrstuhl an der Universität übernahm. Dort verbrachte er sein weiteres Leben als akademischer Lehrer, Schriftsteller und Publizist, der sich in allen bedeutsamen Kontroversen seiner Zeit engagierte.

Der Übergang Labriolas zu einem marxistischen Standpunkt war keine plötzliche Konversion, sondern vollzog sich allmählich. 1889 sagte er (in dem Vortrag »Vom Sozialismus«) über sich selbst, er habe seit 1873 den Liberalismus kritisiert und seit 1879 den Weg des »neuen intellektuellen Glaubens« beschritten, worin ihn besonders die Studien der letzten drei Jahre bestätigt hätten. Die kurze Abhandlung »Vom Begriff der Freiheit« aus dem Jahre 1887 verrät noch keine eindeutig marxistischen Tendenzen, während die Schriften aus den neunziger Jahren bereits eindeutig vom Standpunkt der »Schule« aus verfaßt sind. Der Vortrag »Vom Sozialismus« ist eine dezidierte politische Erklärung; Labriola kritisiert darin die bürgerliche Demokratie und spricht sich für den internationalistischen Sozialismus aus, der das Werk des Weltproletariats sei. Das bekannteste marxistische Werk Labriolas sind zwei Essays über die materialistische Geschichtsauffassung: eine Abhandlung über das »Kommunistische Manifest« (1895) und eine allgemeine Darstellung des historischen Materialismus (1896 – in der Ausgabe von 1902 ist außerdem ein polemischer Artikel gegen das Buch Masaryks über die Grundlagen des Marxismus enthalten). Die Essays erschienen 1897 in französischer Übersetzung (»Essais sur la conception matérialiste de l'histoire«[1]) und gingen in die klassische Literatur des europäischen Marxismus ein. Labriola hatte vor, weitere Essays zu schreiben. Einer sollte sich auf Vorlesungen der Jahre 1900–1901 stützen und sich mit einer allgemeinen Charakterisierung des 19. Jahrhunderts befassen. Er konnte die Arbeit jedoch nicht mehr beenden; die bereits fertigen Fragmente veröffentlichte sein großer Schüler Benedetto Croce in dem Sammelband »Scritti varii di filosofia e politica« (1906), der verschiedene, bis dahin unveröffentlichte oder wenig bedeutsame Abhandlungen des Philosophen enthielt; weitere Notizen, die Labriola hinterlassen hatte, publizierte dann Luigi Dal Pane (1925), der später eine Monographie über Labriola verfaßte. Eine allgemeine Charakterisierung des Marxismus als eines philosophischen Standpunktes enthält auch eine Sammlung von Briefen an Sorel, die Labriola 1898 unter dem Titel »Discorrendo di socialismo e di filosofia«[2] herausgab. Er weist allerdings auf den Umstand hin, daß von den zahlreichen Artikeln, die er während der letzten fünfzehn Jahre seines Lebens veröffentlicht habe, einige den marxistischen Standpunkt des Verfassers deutlich betonen (Kritik an Bernstein, Kritik an Millerand, der Artikel über den Unterschied zwischen Sozialismus und Radikalismus), während andere diesen Standpunkt inhaltlich eigentlich nicht deutlich werden lassen und von einem radikalen Rationalisten verfaßt sein könnten (Vortrag über die Freiheit der Wissenschaft, Gedenkrede für Giordano Bruno). Auch in dieser Hinsicht unterschied sich Labriola von den deutschen Orthodoxen, die ihre Zugehörigkeit zur marxistischen »Schule« in ausnahmslos jedem Text hervorhoben.

3. Labriolas Frühschriften

Die Abhandlung über Spinozas Theorie der Affekte hat weder für die Spinozaforschung noch von einem allgemeinphilosophischen Standpunkt aus große Bedeutung. Es handelt sich um eine schulmäßige Abhandlung, welche die entsprechenden Stellen der »Ethik« resümiert. Bemerkenswert daran ist nur, daß Labriola die moralische Motivation der Spinozaschen Metaphysik und den allgemein naturalistischen Standpunkt des Philosophen betont, daß er darüber hinaus behauptet, der Wert der Spinozaschen Lehre beruhe darauf, daß sie die edlen Antriebe des Menschen aus dem Egoismus als der einzigen schöpferischen Kraft ableite und metaphysische Grundlagen der Bewertung ablehne, und schließlich, daß sie sich bemühe, der Kategorie der Freiheit innerhalb der Grenzen einer deterministischen Weltanschauung Bedeutung zu verleihen.

Die Abhandlung über Sokrates ist ein sehr viel ernster zu nehmendes Werk. Es handelt sich um eine eminent gelehrsame und zum Teil polemische Analyse, die auf der von Hegel und Zeller übernommenen Annahme beruht, daß der Schlüssel zur Philosophie des Sokrates die Texte Xenophons und nicht Platons sein müßten und daß man sich vor der natürlichen Versuchung zu hüten habe, Sokrates eine platonische Metaphysik zu unterstellen. Labriola faßt Sokrates' gesamtes Denken als pädagogische Aktivität auf und bemüht sich, dessen Eigentümlichkeiten als ein Resultat der inneren Widersprüche der athenischen Kultur zu interpretieren. Ihm geht es darum, bei Sokrates nicht nach einer unausgesprochenen Metaphysik zu suchen, sondern vielmehr zu beschreiben, was bereits in seinem begrifflichen Bewußtsein artikuliert war. Nach Ansicht Labriolas läßt sich Sokrates' Tätigkeit als ein Versuch verstehen, sich aus einem Konflikt zu befreien, aus dem Konflikt nämlich zwischen dem Konservatismus der Tradition und dem Skeptizismus und Relativismus, die sich unter dem Einfluß der Mannigfaltigkeit und Fülle des Lebens in der Kultur Athens entwickelten. Der Humanismus und Relativismus der Sophisten war ein Symptom des Verfalls der traditionellen Gemeinschaften, während Sokrates wünschte, absolute und vom Menschen unabhängige moralische Normen zu entdecken. Sokrates war sich nicht ganz bewußt, wie weit er in seinen Bestrebungen über die traditionellen Werte hinausging, tatsächlich aber suchte er gegen die Sophisten einen Halt in einer neuen Interpretation der Welt zu finden. Die Überzeugung von der Hinfälligkeit und chronischen Unvollkommenheit der menschlichen Erkenntnis ist für Sokrates notwendig, um dadurch seine Suche nach absoluten erkenntnistheoretischen und moralischen Normen zu rechtfertigen, Normen, die ihren Ursprung jenseits der willkürlichen Entscheidungen von Menschen in dem von ihm veränderten Begriff der Gottheit haben. Dadurch wurde er – nach Aischylos, Pindar und Sophokles – zum Sprecher eines neuen religiösen Bewußtseins, das nach und nach die überlieferten Mythologien aufgab und monotheistischen Vorstellungen den Weg ebnete. Die Gottheit hatte bei Sokrates aber ausschließlich moralische Funktionen: In ihr sollten die absoluten Werte aufgehoben sein, die dem relativistischen Subjektivismus widerstehen. Auch die logischen Bemühungen Sokrates', seine Arbeit an der Aufhellung der Begriffe, erwuchsen nicht aus einem selbstlosen, rein wissenschaftlichen Erkenntnisdrang, sondern waren dem gleichen pädagogischen Bestreben untergeordnet (daher seine Geringschätzung gegenüber der Naturforschung). Diese Arbeit wurde in der Tat zum Ausgangspunkt der platonischen Ideenlehre, verfolgte aber bei Sokrates selbst keine metaphysischen Intentionen. So legte

Sokrates, trotz seiner pragmatischen Neigung, den Grund zur platonischen Metaphysik des Guten.

Die Arbeit über Sokrates zeigt gewiß die Abhängigkeit Labriolas von Hegel in einem Punkt, den er dann auf seinen marxistischen Glauben überträgt: in der Überzeugung, daß philosophische Ideen als »Ausdruck« historischer und veränderlicher Bedürfnisse der Kultur zu interpretieren seien und daß diese Bedürfnisse aus inneren Widersprüchen der jeweiligen kulturellen Phase entstehen.

Die hegelianische Bildung des Autors schimmert – neben unzweifelhaft von Kant und Herbart übernommenen Prämissen – auch in seiner Abhandlung über die moralische Freiheit durch. Es ist das eine sowohl in der Argumentation wie in den Schlußfolgerungen überaus unklare Arbeit, was man jedoch von der Mehrheit der Abhandlungen sagen kann, die von Philosophen zu diesem Gegenstand verfaßt wurden. Klar ist allerdings, daß Labriola die Frage nach dem freien Willen im Sinne des liberum arbitrium für falsch gestellt hält, daß er die Frage der Freiheit als Nichtdifferenzierung zu ersetzen sucht durch die Frage der Freiheit als Übereinstimmung von Entscheidung und moralischem Bewußtsein, worin sich seine hegelianische Tendenz verrät. Er möchte ebenfalls zwischen Determinismus und Fatalismus unterscheiden, wobei er sich jedoch allgemeiner und verschwommener Formeln bedient. Labriola hält die Kantsche Regel, daß moralische Urteile von utilitären Rücksichten und der Beurteilung der Resultate menschlicher Handlungen völlig unabhängig seien, für evident. Der Imperativ der Pflicht ist die Grundlage der moralischen Freiheit, die sich in bewußt diesem Imperativ untergeordneten Taten verwirklicht. Weil jedoch der menschliche Wille ein Resultat vieler gesellschaftlicher und psychologischer Umstände ist, unterliegt er dem Druck konfligierender seelischer Bestrebungen, und seine Freiheit besteht nicht in der potentiellen Fähigkeit einer beliebigen Selbstbestimmung, sondern in der faktischen, mit der absoluten Norm übereinstimmenden Entscheidung. Im Unterschied zu den Tieren, bei denen im Konfliktfalle lediglich die Stärke der Gewohnheit und des Triebes entscheidet, ist der Mensch in dem Sinne frei, daß er über ein moralisches Bewußtsein verfügt, welches den Widerstand der natürlichen Impulse zunichte machen kann. Entscheidend für die dem Menschen zugeschriebene Freiheit ist nicht die bloß abstrakte Möglichkeit, sondern der tatsächliche Vollzug einer Selbstbestimmung in diesem Sinne. Labriola widersetzt sich eindeutig und zu wiederholten Malen einer »Naturalisierung« des menschlichen Bewußtseins, und er möchte es nicht auf eine Summe von Antrieben reduzieren, die sich »letzten Endes« aus animalischen Bedürfnissen ableiten. Übereinstimmend mit Herbart nimmt er jedoch weder eine Seele in Gestalt einer metaphysischen Einheit, noch die Existenz von besonderen seelischen »Mächten«

an, sondern begnügt sich mit einer Analyse der Motivationen, die der Freiheit Ausdruck geben oder ihr widersprechen, je nachdem, ob sie mit dem im persönlichen Ego vorhandenen Bewußtsein des moralischen Gebots übereinstimmen oder nicht. Zwischen dem Kausalitätsprinzip und der Idee der moralischen Freiheit gibt es strenggenommen keinen Gegensatz, wenn man das menschliche Handeln – im Unterschied zur »äußerlichen«, »mechanischen«, »natürlichen« Determination – als Selbstdetermination begreift, wie es Leibniz tut, oder auch, nach dem Ausdruck Schopenhauers, als eine »von innen gesehene« Kausalität. Von daher ist leicht zu begreifen, daß die Freiheit das Ziel einer Erziehung sein kann und muß, die das moralische Bewußtsein verankert und zur Gewohnheit macht. Die Freiheit als eine angeborene Eigenschaft des Geistes zu betrachten, ist nicht nur irreführend, sondern hat in der Praxis verhängnisvolle Folgen, da es uns von der Pflicht befreit, die Menschen zur Freiheit zu erziehen, und diese Erziehung ist höchste Aufgabe des Staates, der – in vollkommener Gestalt – vor allem eine pädagogische Einrichtung ist.

Deutlicher im Kantschen und weniger im Hegelschen Sinne ist die im gleichen Jahr entstandene Abhandlung »Moral und Religion« verfaßt. Ihre Prämissen kann man in drei Punkten zusammenfassen. Erstens lassen sich »praktische Urteile« nicht aus theoretischen ableiten und können weder psychologisch (d. h. durch die Inhalte des empirischen moralischen Bewußtseins) noch durch utilitäre Rücksichten begründet werden, sondern nur *a priori*; Grundlage der Moral sind dabei jene praktischen Urteile, in denen sich die größte Distanz zwischen der Bewertung und dem triebhaften Reflex äußert. Die Vielheit moralischer Auffassungen ist eine empirische Tatsache und kann nicht Argument gegen die Behauptung sein, daß es nur eine Moral *par excellence* gibt. Zweitens ist Sitz der moralischen Werte allein der gute Wille, der aber absolut autonom sein muß, auch gegenüber einem hypothetischen göttlichen Willen; moralische Gebote, die mit dem Willen Gottes begründet werden, hören auf, moralische Gebote im eigentlichen Sinne zu sein, da sie die Knechtung eines Willens durch einen anderen voraussetzen.

Drittens ist Moral vollkommen unabhängig vom religiösen Glauben. Die Religion ist ein universeller und unverzichtbarer Bestandteil des geistigen Lebens der Menschen, und es ist ein fruchtloses Unterfangen, wenn die Rationalisten die Kritik an einer historischen Form der Religiosität zum Vorwand nehmen, um die Religion überhaupt zu attackieren. Die Religion möchte nämlich »die Nichtübereinstimmung zwischen unseren ethischen Forderungen und der Natur, in der wir leben, durch eine andere Art von Idealismus kompensieren«; sie kann die moralischen Werte und das moralische Bewußtsein der Menschen stärken und stärkt es tatsächlich, fügt jedoch dem Inhalt der ethischen Normen nichts hinzu, die aus von jeglicher Offenbarung und Mythologie unabhängigen Quellen abgeleitet werden müssen. Der religiöse Glaube hat seinen eigenen Wirkungsbereich, der unter der Bedingung der Aufgabenteilung ohne Konflikt mit anderen Bereichen der geistigen Tätigkeit der Menschen koexistieren kann, und die öffentliche Erziehung darf nicht nur religiöse Empfindungen nicht bekämpfen, sondern muß im Gegenteil zu ihrer Entfaltung beitragen. Das natürliche Bewußtsein des Guten ist jedoch eine ausreichende Grundlage der Moral und hängt nicht von religiösen und metaphysischen Anschauungen ab. Es hängt ebenfalls nicht von der Wissenschaft ab, da Bewertungsakte prinzipiell von Erkenntnisakten verschieden sind und Normen sich nicht aus den Resultaten wissenschaftlicher Forschung ableiten lassen. Das moralische Bewußtsein setzt Ideale voraus, die gewissermaßen dem natürlichen Lauf der Dinge widersprechen und deren Gültigkeit nicht empirisch begründet werden kann, auch wenn sie, den unterschiedlichen gesellschaftlichen und psychologischen Umständen entsprechend, unterschiedlich konkretisiert werden müssen.

Rückblickend darf man sagen, daß Labriolas Weg zum Marxismus und Sozialismus sowohl philosophisch wie auch politisch durch die Bildung, die er erfahren hatte, vorbereitet wurde und eine bereits vorhandene intellektuelle Tendenz verstärkte bzw. spezifizierte. Unter philosophischem Aspekt spielten dabei die größte Rolle die beiden erwähnten Autoren mit ihrer radikal entgegengesetzten Tendenz: Hegel und Herbart. Der erstere war für Labriola vor allem ein Lehrmeister des Denkens in großen historischen Ganzheiten, und er lehrte ihn, alle Werte der Kultur als Äußerungen historisch veränderlicher Ganzheiten zu interpretieren; er schulte ihn im historischen Relativismus und darin, Begriffe eher als historische Instrumente denn als subjektive Realisierung idealer Vorbilder aufzufassen; dank Hegel war Labriola auch imstande, die Kategorie des Fortschritts zu akzeptieren und zugleich den historischen Prozeß als ein tragisches Schauspiel zu begreifen. Herbart wiederum war Labriolas Lehrer in einem Bereich mit direkt entgegengesetzten Tendenzen. Er impfte ihm Mißtrauen gegen jegliche Metaphysik, Geringschätzung für die spekulative Philosophie und außerdem den Glauben ein, daß die empirische Psychologie als Instrument der Interpretation der Kultur unerläßlich sei. Unter politischem Aspekt schließlich war Labriolas Sozialismus eine Weiterentwicklung seines allgemeinen Radikalismus, seines Antiklerikalismus und seiner Identifikation mit der Sache des Volkes. Der Antiklerikalismus koexistierte übrigens bei Labriola – auch in seiner marxistischen Periode – mit Verständnis, ja sogar einer gewissen Sympathie für den religiösen Glauben, sofern man darunter ein Gefühl, nicht aber eine Rechtfertigung der Kirche als Institution und politisches Instrument versteht.

4. Die Geschichtsphilosophie

Kann man begründet vom Marxismus Labriolas als einem eigenen, spezifischen Gebilde sprechen? Kann man sagen, daß der italienische Philosoph abgesehen von seiner Rolle als Propagator auch als Theoretiker bzw. als Urheber einer eigenständigen Variante der marxistischen Lehre Beachtung verdient? Eine böswillige Lektüre seiner Schriften kann die Vermutung wecken, daß er sich von den Orthodoxen seiner Zeit vor allem durch die überaus vage und ausweichende Art unterschied, in der er seinen Marxismus vortrug. Eine wohlwollendere und sorgfältigere Lektüre führt jedoch zu dem Schluß, daß sich selbst in dieser Vagheit nicht so sehr ein Übergewicht der Rhetorik gegenüber dem Wunsch nach Präzision äußert, sondern vielmehr ein spontanes Mißtrauen gegen geschlossene doktrinäre Formeln und die Überzeugung, daß der Marxismus keine »endgültige« und sich selbst genügende Rationalisierung und Schematisierung der Geschichte ist, sondern eine Sammlung von sehr unverbindlichen Hinweisen für die Reflexion über die menschlichen Dinge, und daß diese Hinweise unbestimmt sein müssen, wenn sie nicht entarten sollen zur dogmatischen Geringschätzung der Vielfalt und Mannigfaltigkeit der in der Geschichte wirksamen Kräfte, zur Reduktion der verwickelten gesellschaftlichen Prozesse auf eine Handvoll dürftiger und angeblich allumfassender Kategorien. Das Spezifische von Labriolas Marxismus besteht nicht so sehr in einer Sammlung von Lehrsätzen, die man ihm zuschreiben könnte, um daraus eine eigene interpretative Version des Marxismus zusammenzustellen, als vielmehr in einem Stil der Offenheit, der Elastizität verallgemeinernder Formeln, der Bereitschaft, Ideen unterschiedlicher Provenienz in das marxistische Denken einzuführen. Vielleicht läßt sich sein Denken leichter charakterisieren, wenn man anführt, was darin nicht vorkommt, aber zum eisernen Bestand der Orthodoxie gehörte. Ihm ging es – im Gegensatz zu der Auffassung, die Togliatti ihm unterstellte – durchaus nicht darum, aus dem Marxismus ein allumfassendes und autarkes System zu machen, sondern er bemühte sich gerade, jenen Grad der Ungenauigkeit einzuhalten, der es nicht zuläßt, daß die Doktrin in der Selbstzufriedenheit über die vermeintliche Beherrschung des gesamten möglichen Wissens erstarrt. Er nahm die Formel ernst, daß der wissenschaftliche Sozialismus eine *kritische* Theorie sei – nicht im plumpen Sinne, daß es seine Aufgabe ist, ihm widersprechende Doktrinen zu kritisieren, denn die obskurste Sekte ist »kritisch« in diesem Sinn und um so »kritischer«, je obskurer sie ist – sondern in dem Sinn, daß sie fähig ist, nichts als eine ewige Wahrheit anzunehmen, sich mit der Vorläufigkeit aller anerkannten Grundsätze abzufinden und gegenüber den eigenen Ideen kritisch zu bleiben, ja sie aufzugeben, wenn die Erfahrung es verlangt.

Charakteristisch für den Marxismus, wie Labriola ihn versteht, ist ein historisches und nicht ein soziologisches Vorgehen. Das bedeutet, daß der Marxismus nicht danach strebt, allgemeine, konstante Abhängigkeiten zwischen verschiedenen, abstrakt unterschiedenen Phänomenen des gesellschaftlichen Lebens zu entdecken, sondern daß er versucht, den einen, unwiederholbaren, tatsächlichen Geschichtsprozeß zu beschreiben und dabei die ganze Vielfalt der Kräfte zu berücksichtigen, die an ihm teilhaben. »Der Historiker arbeitet immer über das Heterogene«, sagt er in den Vorlesungen von 1902–1903, »über ein Volk, das ein anderes unterworfen hat, eine Klasse, die eine andere unterdrückt hat, über Priester, welche Laien verfolgt haben, und über Laien, welche den Priestern eine Lehre erteilt haben. Nun ist das alles zwar etwas Soziologisches, aber es ist nicht typisch wie in der schematischen Soziologie, weil man dieses Heterogene empirisch begreifen muß, und dieses Begreifen stellt das Eigentliche und das Schwierige der historischen Forschung dar, denn keine abstrakte Soziologie wird mich je verstehen lassen, warum angesichts des allgemeinen Prozesses der Entstehung der Bourgeoisie nur in Frankreich so etwas geschehen ist, was man die Große Revolution nennt.«[3] Die Ansicht, daß man, über den Klassenbegriff verfügend, die ganze bisherige Geschichte erklären und verstehen und außerdem die künftige Geschichte prophezeien könne, liegt Labriola also völlig fern. Er akzeptiert zwar die marxistische Behauptung, daß die Individuen ihre sozialen Bindungen nicht willkürlich wählen, und er widersetzt sich den rationalistischen Illusionen, man könne die gesellschaftlichen Phänomene rekonstruieren, indem man vom zielbewußten Verhalten der Individuen ausgeht. Nein, die soziale Bindung resultiert nicht aus irgend jemandes Absicht, »die Gesellschaft ist *a priori* vorausgesetzt, da wir von einem Menschen *ferus primaevus* nichts wissen. Die Gesellschaft als ganze ist *prius*, die Klassen und Individuen erscheinen als in diesem Ganzen enthalten und durch das Ganze determiniert« (»An der Wende zweier Jahrhunderte«, VI[4]). Die Objektivität der sozialen Bindung anzuerkennen heißt aber durchaus nicht, daß man diese Bindung auf nur eine Form, nämlich die klassenmäßige, reduzieren kann. Die Kritik an den Schemata, welche der Geschichte Homogenität, Kontinuität und Geschlossenheit zu verleihen versuchen, kann man bei Labriola auf vier Hauptelemente zurückführen: Eigenständigkeit des »nationalen Prinzips«, Nichtreduzierbarkeit der religiösen Gefühle, Diskontinuität des Fortschritts und Offenheit der Zukunft.

Was die erste Frage betrifft, so liegt es auf der Hand, daß die Nation auch für Labriola nicht nur eine gesellschaftliche Realität *sui generis*, sondern auch ein Wert *sui generis* ist, der sich nicht auf andere Bindungen und andere Werte reduzieren läßt. »Die Sprachen sind in Wirklichkeit keine zufälligen Varianten einer universalen Welthilfssprache, im

Gegenteil, sie sind sehr viel mehr als äußerliche Mittel der Verständigung und des Ausdrucks von Geist und Seele«, schreibt er in dem Brief an Sorel vom 14. 5. 1897. »Sie sind die Voraussetzungen und Grenzen unserer inneren Aktivität, die aus diesen und vielen anderen Gründen landesspezifische Arten aufweist und Formen annimmt, die keineswegs reiner Zufall sind. Sollten gewisse *Internationalisten* das ignorieren, dann träfe auf sie eher die Bezeichnung *Konfusionisten* und *Amorphisten* zu; so wie diejenigen, die ihre Weisheit nicht aus den alten Autoren der Apokalypse schöpfen, sondern sie bei dem famosen Bakunin suchen, der ja sogar die *Gleichstellung der Geschlechter* forderte.«[5] In den Vorlesungen von 1903 führt Labriola dagegen die Hegelsche Einteilung in historisch aktive und historisch passive Nationen ein, ohne sich im geringsten zu bemühen, sie durch spezifisch marxistische Schemata zu rechtfertigen. Die Kategorie der Nation taucht bei ihm nicht als eine Größe des taktischen Kalküls auf (obwohl er natürlich das Prinzip der Selbstbestimmung, besonders im Hinblick auf Italien und Polen, vertritt), sondern als ein Begriff, der eine gewisse eigenständige historische Wirklichkeit umfaßt; in dieser Hinsicht unterscheidet er sich von der Mehrheit der Marxisten.

Bezüglich der Nichtreduzierbarkeit des religiösen Phänomens sind die Bemerkungen Labriolas aus der Zeit seines marxistischen Schaffens weniger eindeutig als jene, die wir in der Abhandlung »Moral und Religion« finden. Gleichwohl kann man sagen, daß religiöse Gefühle (im Unterschied zu theologischen Systemen und kirchlichen Institutionen) für Labriola weder schlichte Selbsttäuschung primitiver Geister noch ein Werk des Betruges oder ein Ergebnis von bestimmten, vergänglichen Verhältnissen der Klassengesellschaft sind. In dem Vortrag »Über die Volksschule« (1888) verteidigt Labriola die weltliche Schule, unterstreicht aber zugleich nachdrücklich, daß er keineswegs antireligiöse Elemente in das Schulwesen einführen möchte. »Sicher wollen wir nicht dem historischen Unglück, daß wir den Papst als geistlichen Oberherrn und Prätendenten auf die territoriale Herrschaft direkt im Hause haben, noch das andere Unglück hinzufügen, uns in Gestalt der Lehrer einige Zigtausende von Gegenpäpsten zu schaffen.«[6] Das ist aber keine rein politische Frage. Es geht darum, daß zwischen der Religion und anderen Formen der Kultur *prinzipiell* kein Gegensatz besteht. »Die Kultur ist nicht gegen irgendeine der gesunden und aufrichtigen Manifestationen des Geistes, und vor allem ist sie kein Hindernis für tiefe religiöse Empfindungen, die nichts mit den von der Orthodoxie aufgezwungenen theologischen Systemen und auch nichts mit der Herrschaft des Priestertums zu tun haben. Mehr noch: Jegliche Form des Priestertums, als Orden, Kaste und Privileg konstituiert, ist die genaue Negation dieser Empfindungen.« Ähnlich bemerkte er in dem Vortrag »Vom Sozialismus«, daß die Sozialisten die einzigen Christen des gegenwärtigen Jahrhunderts und die wahren Jünger Jesu seien. Daß dies keine bloß rhetorischen Verzierungen sind, ersieht man aus den Notizen Labriolas zu seinen letzten Vorlesungen, aus denen der letzte Teil seines opus magnum über den historischen Materialismus entstehen sollte. Er schreibt dort: »Ist die Religion eine permanente Tatsache? Ist sie nicht ein Hirngespinst, eine Laune, ein Schwindel? Gewiß, sie ist ein Bedürfnis. Hatten also die Rationalisten des 19. Jahrhunderts nicht recht? Nein. Ist es also nicht wahr, daß das 19. Jahrhundert das Jahrhundert der Wissenschaft war? Auch diese Behauptung hat eine begrenzte Geltung. Läßt sich also die Religion nicht überwinden? Die Tatsache, daß einige sie überwinden, beweist diese These, bestimmt aber nicht den Umfang ihrer Geltung. Wird also der Mensch, gestützt auf sein Denken, seine moralische Autonomie und seine ästhetische Sensibilität, niemals die natürliche und historische Welt beherrschen? Ja und nein.«[7]

Diese Bemerkungen sind nicht klar genug, als daß man aus ihnen gefahrlos eine eindeutige Theorie des religiösen Phänomens ableiten könnte. Sie sind jedoch hinreichend bestimmt, um daraus zu folgern, daß Labriola sich nie jene Religionsauffassung zu eigen machte, die zum normalen Bestand der marxistischen Glaubensvorstellungen gehörte und derzufolge die Religion eine historisch erklärbare Selbsttäuschung sowie ein für die Zwecke bestimmter Klassen benutztes Instrument der Mystifikation ist und mit dem Verschwinden der Klassenantagonismen sowie der Ausdehnung des öffentlichen Bildungswesens absterben wird. Den Klerikalismus und die theologischen Rationalisierungen des Glaubens, die Labriola bekämpfte, unterschied er von dem religiösen Bewußtsein als solchem, dem er einen dauernden Platz in der geistigen Kultur zuzuschreiben schien. Dieser Punkt ist insofern bedeutsam, als er, für sich genommen, unabhängig von anderen, Zweifel an der Zugehörigkeit Labriolas zum marxistischen »Lager« in dem nach damaligen Kriterien bestimmten Sinne wecken kann. Im Brief an Sorel vom 2. 7. 1897 finden wir zwar die Bemerkung, daß die Menschen der Zukunft »höchstwahrscheinlich auf jede transzendente Erklärung der praktischen Alltagsprobleme verzichten werden, denn *primus in orbe deos fecit timor!*«[8], doch auch diese Bemerkung widerspricht nicht der zuvor zitierten, da die religiösen Gefühle, wie Labriola sie verstand, keineswegs eine »transzendente Erklärung der praktischen Alltagsprobleme« sein sollten noch überhaupt eine Erklärung, weil Labriola niemals der Ansicht war, daß die Religion mit der Wissenschaft konkurrieren oder sich deren Aufgaben anmaßen könnte.

Der nächste bemerkenswerte Punkt ist der, daß Labriola, wie er bei vielen Gelegenheiten äußert, nicht an einen stetigen Fortschritt glaubt. Er behauptet, die Kategorie des Fortschritts sei für das Verständnis der

Geschichte nötig, ja sogar unverzichtbar, faßt sie jedoch eindeutig als eine normative Kategorie auf und hebt sie von dem Vorurteil ab, der historische Prozeß sei ein systematischer Fortschritt, vor allem aber, dieses Vorurteil vorausgesetzt, von dem weiteren, die Geschichte kenne keine Rückschritte oder für alle Kulturen seien die gleichen Entwicklungsphasen verbindlich. In der Vorlesung »Probleme der Geschichtsphilosophie« (1887) bemerkt er, daß der Fortschrittsglaube ein Vorurteil sei, das sich an die Stelle der theologischen Vorurteile gesetzt habe und besonders durch die monistische Geschichtsphilosophie Hegels gefördert worden sei. Diese Philosophie habe aber alle historischen Wissenschaften, die bestimmte gesellschaftliche Lebensformen wie das Recht, die Sprache oder die Kunst untersuchen, in ein Prokrustesbett gezwängt. In Wirklichkeit gebe es weder eine Einheit der Geschichte noch die Einheit einer fortschreitenden Bewegung hin »zum Besseren«. »Es gibt eine Vielzahl von ursprünglichen Zentren der Zivilisation, und sie lassen sich durch keinen Kunstgriff reduzieren; das heißt, daß die verschiedenen Anfänge des zivilisierten menschlichen Lebens weder auf eine tatsächliche Identität der Ursachen noch auf eine gewöhnliche Identität der Vorstellung zurückgeführt werden können. Die gleichen Zivilisationen, die durch genau bestimmte Beziehungen miteinander verbunden zu sein scheinen, finden sowohl auf der Grundlage der eigenen Überlieferung wie auch durch den Austausch von Werten ihren Entwicklungsweg, und das zwingt uns anzuerkennen, daß Faktoren, die vor späteren Einflüssen da waren, auf diese modifizierend einwirken ... Die Betrachtung so vieler verschiedener, voneinander unabhängiger Serien von Ereignissen, so vieler Faktoren, die sich nicht reduzieren lassen, so vieler Zufälle, die nicht beabsichtigt waren ... zwingt uns dazu, die Konzeption einer wirklichen Einheit, welche Bezugspunkt, ständiges Subjekt und höchster Sinn aller Arten von Impulsen und Handlungen von den frühesten Zeiten bis in die unseren wäre, für unwahrscheinlich und illusorisch zu halten.«[9] Es gibt also keinen allgemeinen Sinn der Geschichte, der deren tatsächlichen Verlauf rationalisieren könnte. »Die Erforschung der menschlichen Verhältnisse führt uns notwendig zur Anerkennung nicht nur des Fortschritts, sondern auch des Rückschritts; viele Nationen gingen unter, viele Bemühungen schlugen fehl, und ein nicht geringer Teil der menschlichen Arbeit war umsonst.« Wir brauchen den Begriff des Fortschritts, damit wir sagen können, daß sich in den menschlichen Verhältnissen etwas zum besseren verändert hat, zum Beispiel, daß die Sklaverei aufgehoben wurde, daß die Menschen vor dem Gesetz gleich sind usw., nicht aber, um daraus ein Gesetz der Geschichte zu machen. Überhaupt ist es unrichtig, daß irgendein Schema der historischen Abfolge allgemeingültig ist. »Wurde nicht das in Frankreich entwickelte sakramentale Schema: Ökonomie der Sklaven, Ökonomie der Leibeigenen, Ökonomie der Lohnarbeiter auf das ganze Menschengeschlecht ausgedehnt? Wer sich dieser Formel bedient, wird nicht eine Tatsache beispielsweise aus dem Leben Englands im vierzehnten Jahrhundert begreifen; und wo soll er das brave Norwegen unterbringen, das in seiner ganzen Geschichte weder Sklaven noch Leibeigene kannte? Und wie soll er sich die Gebundenheit der Bauern an die Scholle erklären, die sich in Deutschland jenseits der Elbe gleich nach der Reformation festsetzte und entwickelte? Und wie wird er die merkwürdige Tatsache erklären, daß die europäische Bourgeoisie in Amerika eine neue Sklaverei schuf...?« (»An der Wende zweier Jahrhunderte«, IV[10]). Stärker noch als in seiner vormarxistischen Phase war Labriola überzeugt davon, daß die Kategorie des Fortschritts den Prozessen eher einen Sinn gibt, als deren schon vorhandenen Sinn herauszuschälen, daß sie unserer Betrachtung eine wertende Perspektive aufzwingt, sich aber nicht aus der historischen Schilderung allein ergeben kann.

Diese Einschränkung ist vor allem nötig, wenn diese Kategorie sich nicht nur auf die Vergangenheit, sondern ebenfalls auf das künftige Schicksal der Menschheit beziehen soll. Labriola ist zwar überzeugt, daß die Erwartung des Sozialismus begründet ist, er glaubt aber zugleich, daß die Geschichte offen sei. Nicht nur gegen Hegel, sondern ebenfalls gegen die verbreitetsten Marxismusinterpretationen richtet sich eine Bemerkung, die in dem letzten Text von Labriola enthalten ist: »Der klügste und treffendste Einwand, der jemals gegen sämtliche *Systeme* der Geschichtsphilosophie erhoben wurde, ist der Einwand von Wundt: Wir wissen nicht, wo die Geschichte enden wird. Das heißt – wenn ich es recht verstanden habe –, daß wir sie niemals als etwas Abgeschlossenes werden betrachten können...« (»An der Wende zweier Jahrhunderte« I[11]). Und etwas weiter heißt es: »Der Sozialismus ist von nun an eine aktive Realität als Indiz und Merkmal des gegenwärtigen Kampfes; aber jedes Mal, wenn er Vorhersagen über die Zukunft zum Maßstab und Kriterium der Gegenwart nimmt, wird er erneut zur Utopie« (*ebd.*, III[12]).

Natürlich drängt sich die Frage auf, in welchem Sinne Labriola die marxistische Geschichtsphilosophie auffaßt, wenn er die Stetigkeit und Einheit des historischen Prozesses ebenso wie die Einheit der ihn beherrschenden Prinzipien in Frage stellt. Er bekennt sich gleichwohl zum historischen Materialismus, dem er jedoch einen weniger strengen Sinn gibt. Die Abhängigkeit des »Überbaus« von der »Basis« beschreibt er in dehnbaren Wendungen. Er sagt, das Spezifische des historischen Materialismus äußere sich in zwei Behauptungen; die eine besage, daß die Menschen politische und rechtliche Institutionen »entsprechend der jeweiligen ökonomischen Struktur« geschaffen hätten; die zweite, »mehr hypothetische«, besage, daß die religiösen und moralischen Vorstellungen »stets Entsprechungen bestimmter gesellschaftlicher Verhältnisse sind«, woraus er den unerwarteten Schluß zieht, daß »die Geschichte der Religionen und der Ethik eine Psychologie im weiten Sinne des Wortes ist«[13] (Vorlesungen von 1902). In seinem Hauptwerk sagt er dagegen, daß die Geschichte »sich« auf die technische Entwicklung »stützt«, daß die Ideen »nicht vom Himmel fallen«, daß moralische Ideen »in letzter Instanz« den wirtschaftlichen Verhältnissen entsprechen usw. Solche wenig verbindlichen Äußerungen gehörten zwar zur marxistischen Phraseologie, waren aber am Ende des 19. Jahrhunderts nichts *spezifisch* Marxistisches mehr, abgesehen von der berühmten Engelsschen Formel von der Determination »in letzter Instanz«, deren Sinn jedoch überaus unklar war und bleibt. Labriolas Essay über den historischen Materialismus ist zu einem beträchtlichen Teil eine Kritik jener – seiner Ansicht nach vulgären – Interpretationen des Marxismus, die ihn als eine Theorie der »Vorherrschaft« oder der »Domination« des »ökonomischen Faktors« in der Geschichte verstehen. Der Geschichtsprozeß entwickelt sich »organisch«, alle in ihm unterschiedenen »Faktoren« sind lediglich konventionelle Abstraktionen und keine gesellschaftlichen Realitäten. Der Historiker braucht diese »Faktoren« als begriffliche Instrumente, um seinen Forschungsbereich abzugrenzen, doch wäre es falsch, sie zu eigentümlichen historischen Kräften zu hypostasieren, von denen dann einer gegenüber allen anderen der Charakter einer kausalen Ursache zugeschrieben wird. Historische Ereignisse lassen sich nicht in ökonomische Kategorien »übersetzen«, auch wenn es richtig ist, daß sie »in letzter Instanz« durch ökonomische Strukturen erklärt werden können und daß diese Strukturen *à la longue* ihnen »entsprechende« rechtliche und politische Formen finden.

Alles in allem muß man zugeben, daß Labriola durch seine Darlegungen nicht zur Aufhellung der für die allgemeinen Formeln des historischen Materialismus charakteristischen Verschwommenheit beigetragen hat; erkennbar ist nur, daß er ihnen einen möglichst wenig strengen Sinn geben möchte. Da er ähnlich wie Engels eine gegenseitige Beeinflussung aller Bereiche menschlicher Aktivität annimmt und außerdem der geronnenen institutionellen und ideologischen Tradition eine eigene Energie zugesteht, ist nicht klar, welches eigentlich die Grenzen jener Determination durch »die ökonomischen Strukturen« sind und wodurch sich ein so verstandener historischer Materialismus von der Äußerung unterscheidet, daß die Produktionsverhältnisse im allgemeinen einen Einfluß sowohl auf die Institutionen wie auf die Ideen ausüben – eine Äußerung, die am Ende des 19. Jahrhunderts bereits zu den allgemein anerkannten *common places* gehörte.

Charakteristisch, obwohl ebenfalls allgemein formuliert, ist Labriolas Widerstand gegen eine naturalistische Interpretation der menschlichen Geschichte. Die Äußerung, daß die menschliche Geschichte eine Fortsetzung der Naturgeschichte sei, besagt nach seiner Ansicht nichts, da sie allzu abstrakt ist. Die historische Forschung bezieht sich auf das künstliche Milieu, das die Menschen geschaffen haben und das sekundär auf sie einwirkt. Es stimmt, daß die gesellschaftlichen Bindungen unabhängig von den menschlichen Absichten entstehen, es stimmt aber auch, daß die Menschen sich als zugleich passive und aktive Wesen, als Urheber und Produkte der historischen Bedingungen entwickeln.

Auch haben derartige Bemerkungen (»Der Mensch ist zugleich Subjekt und Objekt der Geschichte« und ähnliche) keinen hinreichend bestimmten Inhalt, als daß sie zur Grundlage einer Forschungsmethode dienen könnten; Marxisten, die sich solcher Bemerkungen bedienen, pflegen sie als Dialektik zu bezeichnen, so als bestünde die Dialektik in solchen Formeln, die jeder anerkennen kann und die dem gesunden Menschenverstand entsprechen, wie »nicht nur . . ., sondern auch«, »sowohl . . . als auch«, »einerseits . . . andererseits« und dergleichen mehr. Ein historischer Materialismus, der auf eine derart vage und allgemeine Form reduziert ist, unterscheidet sich zwar von der Geschichtsphilosophie des heiligen Augustin oder einer ähnlichen Doktrin, die den Sinn der Geschichte in den Plänen der Vorsehung sieht, stellt aber keine spezifische Methode dar, die mehr enthielte als das, was jeder Historiker anzuerkennen bereit ist.

Was nun den Sinn der sozialistischen Idee betrifft, so scheint Labriola nicht über das hinauszugehen, was unter den Sozialisten Allgemeingut war (der Sozialismus definiert sich durch das kollektive Eigentum an den Produktionsmitteln, ein Recht auf Arbeit, die Beseitigung der Konkurrenz, das Prinzip »jedem nach seinen Verdiensten«; der Sozialismus bedeutet nicht, daß irgendeine der Errungenschaften, welche die Neuzeit im Bereich der individuellen Rechte und der politischen Freiheiten brachte, aufgegeben wird, er möchte nicht die Freiheit und die Gleichheit vor dem Gesetz beseitigen, sondern sie bereichern, indem er die aus dem Besitzprivileg fließende Unfreiheit und Ungleichheit beseitigt; die allgemeine Tendenz des Sozialismus ist eine Dezentralisierung und nicht eine Zentralisierung der Macht und der Wirtschaftsverwaltung; der Staat verschwindet mit dem Klassenkampf; der Sozialismus beseitigt die Zufälligkeit aus dem menschlichen Leben). Dagegen meidet er die definitiven Formeln über die »historische Notwendigkeit« des Sozialismus und zieht es auch in diesem Punkt vor, sich einen Spielraum der Unbestimmtheit zu bewahren. Er schreibt natürlich davon, daß der Kapitalismus die sozialistische Gesellschaft »vorbereitet«, daß die sozialistischen Ideen keine moralische Verurteilung der kapitalistischen Ausbeutung sind, sondern ein Begreifen der geschichtlichen Tendenz, daß der Sozialismus »nicht eine auf die Dinge übertragene subjektive Kritik ist, sondern die Enthüllung der in den Dingen selbst steckenden Selbstkritik«, aber auch aus diesen Äußerungen läßt sich nicht folgern, daß er an eine historische Unvermeidlichkeit glaubte, die den Menschen eine sozialistische Zukunft garantiert. Auch meint er nicht, daß eine gewaltsame Revolution die unerläßliche Bedingung sozialistischer Veränderungen sei, sondern erwartet vielmehr, daß sich die neuen gesellschaftlichen Formen langsam und Schritt für Schritt »dem gemeinsamen Stamm der liberalen Institutionen« aufpfropfen lassen (Vorlesungen von 1902). Diese Hoffnung scheint dem »Evolutionismus« Bernsteins verwandt zu sein. Gewiß trat Labriola in einem Brief an Hubert Lagardelle, der im »Mouvement socialiste« veröffentlicht wurde, gegen Bernstein auf, doch bleibt seine Kritik eine reine Deklaration, und es ist nicht klar, was der Autor am Revisionismus eigentlich verurteilt, außer daß er Bernstein vorwirft, er schreibe über alles zugleich und drücke die trügerischen Hoffnungen jener aus, die allzu rasche Veränderungen erwarten und, wenn sie diese nicht mehr abwarten können, den Sozialismus aufgeben. Desgleichen sind seine Polemiken mit anderen Autoren, die – wie Masaryk, Croce und Sorel – eine Krise des Marxismus behaupten, sehr allgemein gehalten und betonen eher seine Solidarität mit dem marxistischen Lager, als daß sie diese sachlich untermauern.

Eines der Motive, die, wie Labriola selbst sagt, ihn für den Marxismus empfänglich machten, war seine Abneigung gegen metaphysische Spekulationen und überhaupt gegen den »Geist des Systems«; auch weist er darauf hin, daß der Positivismus eine Philosophie vorbereitet habe, »welche nicht den Dingen vorgreift, sondern ihnen immanent ist« (Briefe an Sorel, 24. 5. 1897).[14] Dieses Motiv – die Philosophie als eine Selbstenthüllung der Wirklichkeit und nicht als intellektuelle Bemühung, zur verborgenen Natur der Dinge vorzudringen – kehrt in seinen Schriften vielfach wieder; nach seiner Ansicht ist es auch entscheidend für die Sonderstellung des Marxismus als Philosophie der *Praxis*. Den Begriff der *Praxis* versteht Labriola anders als die Mehrheit der Orthodoxen, die sich in dieser Frage mit dem begnügten, was Engels über die praktische menschliche Tätigkeit als Instrument der Kontrolle der Erkenntnis und der Auswahl der sich vor der Wissenschaft erhebenden Probleme gesagt hatte. »In der Entwicklung der *Praxis* liegt die Natur, d. h. die geschichtliche Entwicklung des Menschen – und mit der ›Praxis‹ soll unter diesem allumfassenden Gesichtspunkt der übliche Gegensatz zwischen dem Praktischen und dem Theoretischen aufgehoben werden« (*ebd.*, 10. 5. 1897[15]). Der historische Materialismus »geht von der *Praxis* aus, d. h. von der Entwicklung des tätigen Handelns, und so, wie er die Theorie des arbeitenden Menschen ist, so betrachtet er gleichermaßen die Wissenschaft als eine Arbeit« (*ebd.*, 28. 5. 1897[16]). Auch diese Bemerkungen sind ziemlich nichtssagend und verraten eher eine gewisse gedankliche Tendenz, als daß sie einen deutlichen theoretischen

Standpunkt umreißen. Man kann jedoch ganz allgemein sagen, daß die geistige Aktivität der Menschen einschließlich der Wissenschaft und Philosophie nach Ansicht Labriolas verstanden werden muß als ein »Aspekt« der praktischen Anstrengung und nicht als eine Annäherung an eine fertige und auf Entdecker wartende »Wahrheit«, daß also sein Historismus anscheinend keinen anderen als einen (im gesellschaftlichen und historischen, nicht aber im individuellen Wortsinne) pragmatischen Erkenntniswert zuläßt. Labriola meint also mit anderen Worten, daß das menschliche Denken ein Teil des historischen Prozesses sei, nicht aber eine Beschreibung der Welt, welche unabhängig davon, unter welchen Umständen und wann sie geäußert wird, Anspruch auf »objektive« Wahrheit erheben kann. Ein so verstandener Historismus verleiht jeglicher menschlichen Erkenntnis einen funktionalen Status und kommt ohne einen transzendentalen Wahrheitsbegriff aus. In dieser Hinsicht würde Labriola, wenn sich sein Denken so interpretieren läßt, mit der Philosophie des jungen Marx, nicht aber mit dem Engelsschen Positivismus übereinstimmen. Denn wenn die *Praxis* in der »Gesamtheit« der historischen Existenz des Menschen besteht, läßt sich der Wert eines »Aspekts« dieser Gesamtheit, wie er in der intellektuellen Produktion vorliegt, an der Fähigkeit des Denkens messen, veränderliche historische Situationen adäquat »auszudrücken«, nicht aber an seiner Wahrheit, verstanden als das Verhältnis zwischen einer vollkommen »objektiven« Welt und deren Beschreibung. Denselben Weg nahm im Grunde später das Denken Gramscis, wahrscheinlich nicht ohne Anstöße, die er bei Labriola empfangen hatte.

Die gleiche Tendenz bestätigt sich bei Labriola in der Art, wie er den Agnostizismus kritisiert. Er wiederholt in dieser Frage nicht die Naivität von Engels (da wir etwas wissen, was wir zuvor nicht wußten, heißt das, daß das »Ding an sich« zu einem »Ding für uns« wird), sondern hält den agnostizistischen Standpunkt eher für sinnlos als für falsch; er meint nämlich, daß die Kategorie des Unerkennbaren sich nicht einfach in unserem Denken konstruieren läßt, weil jede Formulierung des Agnostizismus Begriffe voraussetzt, mit denen sich nichts Sinnvolles verbinden läßt; »wir können nur über das nachdenken, was wir im weitesten Sinne selbst experimentieren können«, sagt er im Brief an Sorel (24. 5. 1897[17]), und er erläutert seine Auffassung näher in dem folgenden Brief: »Alles Erkennbare kann erkannt werden; alles Erkennbare wird im Unendlichen *realiter* erkannt werden; und jenseits des Erkennbaren interessiert uns im Bereich der Erkenntnis überhaupt nichts weiter ... In den Bereich der Phantasie gehört die Annahme, der Geist erkenne, als effektiv vorhanden, einen absoluten Unterschied zwischen dem begrenzt Erkennbaren und dem, was an sich unerkennbar ist«[18]; daher die Absurdität der Auffassung Spencers, der, wenn er von dem Unerkennbaren als der Grenze des Erkennbaren schreibt, damit unterstellt, daß er über dieses Unerkennbare etwas weiß. Diese Kritik steht im Einklang mit der allgemeinen philosophischen Intention Labriolas, die auf eine funktionale und historische Interpretation der Erkenntnis abzielt, also in den Resultaten der Erkenntnis nicht den entzifferten Code des Seins an sich sieht, sondern eine Artikulation der praktischen Verhaltensweisen menschlicher Gemeinschaften. Von diesem Standpunkt aus läßt sich die Kategorie des Unerkennbaren eigentlich überhaupt nicht konstruieren. Labriola fragt sich jedoch nicht, was die Idee des Unerkennbaren, die doch nach seinem Postulat als ein historisches Phänomen interpretiert werden muß, für eine gesellschaftliche Bedeutung hat; er begnügt sich damit, sie als »feige Resignation« zu brandmarken, weist dabei aber die simple Erklärung zurück, nach der der Agnostizismus eine Erscheinung des Niedergangs der bürgerlichen Kultur sei.

Trotz seiner Abneigung gegen die Metaphysik und trotz der radikalen »Humanisierung« und Historisierung der Erkenntnis vertritt Labriola nicht eine Theorie des »Endes der Philosophie«. Er meint, daß die Konvergenz von Philosophie und Wissenschaft ein Ideal sei, mit dessen Verwirklichung in absehbarer Zukunft kaum zu rechnen sei; inzwischen hat die philosophische Reflexion ihre eigene Funktion, die darin besteht, daß sie Probleme antizipiert, welche von der Wissenschaft noch nicht aufgegriffen wurden, oder auch darin, daß sie, wie Herbart es empfiehlt, versucht, die Resultate der Erfahrung durch die Ausarbeitung von verallgemeinernden Begriffen zu vereinheitlichen.

*

Trotz einer gewissen Verschwommenheit, durch die sich seine Schriften auszeichnen, hat Labriola in der Geschichte des Marxismus eine wesentliche Rolle gespielt. Er hat wohl als erster versucht, den Marxismus als eine Philosophie der historischen Praxis zu rekonstruieren, unter der Annahme, daß diese Kategorie einen allumfassenden Charakter habe, daß man also alle Formen des menschlichen Lebens einschließlich der intellektuellen Arbeit und ihrer Produkte im Hinblick auf sie relativieren müsse. Damit konnte er sich der szientistischen Ideologie erwehren, die zu seiner Zeit das marxistische Denken beherrschte; er umriß die Grundlagen jener Version des Marxismus, die, angeregt durch die Veröffentlichung der Frühschriften von Marx, teils von Gramsci, teils von Lukács, im 20. Jahrhundert wieder aufleben sollte; in dieser Version kam die Idee des Humanismus als eines erkenntnistheoretischen Standpunkts auf, eines Standpunkts, für den die menschliche Geschichte den unüberschreitbaren Horizont der Erkenntnis darstellt und der die relativistische »Seite« der marxistischen Lehre verstärkt.

Neuntes Kapitel

Ludwik Krzywicki – der Marxismus als Instrument der Soziologie

Schematisch kann man die marxistischen Theoretiker in zwei (ideale) Kategorien von Denkern einteilen. Zur ersten gehören diejenigen, für welche der Marxismus selbst Gegenstand ihrer Interessen und Studien ist. Sie beschäftigen sich mit philosophischen, historischen oder soziologischen Problemen in der Absicht, die Richtigkeit des Marxismus zu beweisen. Als Denker sind sie gleichsam berufsmäßige Marxisten, und sie benutzen die verschiedenen Wissensgebiete, denen sie ihre Aufmerksamkeit schenken, zu dem Nachweis, wie sehr der Marxismus recht hat. In der Interpretation des Marxismus weichen sie zuweilen voneinander ab, doch sind sie sich stets einig darin, daß sie beweisen wollen, daß ihre Interpretation dem Geist der als eine präexistierende Einheit zugrunde gelegten Lehre am nächsten kommt. Sie behalten immer die natürliche Mentalität von Orthodoxen, d. h. von Menschen, die, womit sie sich auch beschäftigen mögen, stets daran denken, daß das eigentliche Ziel ihrer Bemühungen das Wohl der Lehre ist. In der Regel halten sie auch den Marxismus für eine sich selbst genügende Theorie, und es kommt überaus selten vor, daß sie auf andere Denkrichtungen zu einem anderen Zweck als dem der Kritik Bezug nehmen (abgesehen natürlich von jenen Autoren vor Marx, die bereits als »Quellen« des Marxismus sanktioniert sind). Hervorragende Beispiele dieser Mentalität in dem hier besprochenen Zeitraum waren Plechanow, Lafargue, Lenin und Rosa Luxemburg.

Zur zweiten Kategorie gehören diejenigen, die sich als Soziologen, Philosophen oder Historiker Fragen aus diesen Gebieten stellen und dabei die Resultate des Marxismus als Instrumente benutzen, die ihnen helfen sollen, die Antwort zu finden. Ihr eigentliches Ziel ist nicht der Nachweis, daß »der Marxismus recht hat«, sondern das Verstehen der jeweils untersuchten gesellschaftlichen Phänomene. Der Marxismus ist für sie ein Mittel und nicht der Selbstzweck ihrer Untersuchungen. Diese Autoren sind niemals in einem Maße Orthodoxe, wie es die Denker der ersten Kategorie befriedigen könnte, und sie werden mit Argwohn oder Geringschätzung behandelt, da man im Grunde nie damit rechnen kann, daß sie mit jedem ihrer Werke notwendig dazu beitragen, die Stellung der Lehre zu stärken. Weil sie aber im Unterschied zu den Orthodoxen nicht stillschweigend voraussetzen, daß der Marxismus *virtualiter* Antworten auf alle wesentlichen Fragen enthält und man nur richtig suchen muß, um sie zu finden, scheuen sie sich nicht, auch die Ergebnisse von Nichtmarxisten heranzuziehen, und an der Reinheit der Theorie liegt ihnen nichts.

Ludwik Krzywicki war ein hervorragender Vertreter dieser zweiten Kategorie von Denkern. Sein umfangreiches Schaffen liegt fast ausschließlich (abgesehen von einigen Übersetzungen ins Russische und unbedeutenden Beiträgen in anderen Sprachen) in polnischer Sprache vor, und so hat er für die Wandlungen des europäischen Marxismus unmittelbar keine Rolle gespielt. In Polen dagegen gehörte er zu jenen Intellektuellen und jenen moralischen Autoritäten, die auf einige Generationen der Intelligenz einen gewaltigen Einfluß ausübten. Auch hatte er an der Verbreitung marxistischer Begriffskategorien in der polnischen Humanistik hervorragenden Anteil.

Krzywicki gehörte zu der letzten Generation, in der es besonders fleißigen und talentierten einzelnen noch möglich war, nahezu das gesamte gesellschaftliche Wissen ihrer Zeit zu beherrschen. So sind denn auch die Probleme, um die sich seine wissenschaftliche und publizistische Tätigkeit, aber auch sein Wirken als Lehrer dreht, ungewöhnlich breit gefächert. Wir finden bei ihm Abhandlungen über slawische Archäologie, über Demographie und Statistik, über Folklore und Volksmärchen, über primitive Gesellschaften, moderne literarische Strömungen, über alle Einzelheiten des aktuellen ökonomischen und politischen Lebens vieler Länder der Welt, über Fragen der Familie, der Religion, der Erziehung, über Parapsychologie und Währungsprobleme, über Landwirtschaft und über die Psychologie des Künstlers. Hauptgegenstand der wissenschaftlichen Untersuchungen Krzywickis war jedoch stets die Sozialanthropologie, insbesondere die Glaubensvorstellungen und Gebräuche primitiver Völker, sowie die Psychologie des gesellschaftlichen Lebens. Starke Beachtung hat er den gesellschaftlich-pathologischen Erscheinungen gewidmet, in denen er die im »normalen« Leben weniger sichtbaren Zusammenhänge zu erkennen hoffte; er befaßte sich mit Erscheinungen massenhafter Verblendung, moralischen Epidemien, kollektiven Halluzinationen, Paniken, Massakern, Ekstasen, religiösen und politischen Wahnvorstellungen, mit der Psychologie von Sadisten, Märtyrern, Kannibalen. Abgesehen von einigen Artikeln seiner Jugendzeit pflegt er einen beschreibenden, nicht aggressiven Stil, in dem jedoch immer ein gewisses ideologisches Anliegen durchschimmert: ein Gefühl der Solidarität mit den Benachteiligten, eine Abscheu gegen die kapitalistische Gesellschaft, in der alle Werte zu Tauschgegenständen wurden, ein Ekel vor der Großstadtkultur und der Traum von einer Gesellschaft, die, wie in den primitiv-kommunistischen Gemeinschaften, auf freiwilliger Solidarität beruht. Parteiaktivist war Krzywicki dagegen nie, und seine unmittelbaren Beziehungen zur politischen Bewegung des Sozialismus waren von kurzer Dauer.

1. Biographische Mitteilungen

Ludwik Krzywicki (21. 8. 1859–10. 6. 1941) wurde in Płock geboren; er stammte, wie die Mehrheit der polnischen Intelligenz seiner Generation, aus dem Milieu des verarmten Landadels. Seine Kindheit und Jugendzeit verbrachte er in einer Atmosphäre, die durch die Niederlage des Januaraufstands gekennzeichnet war – durch Polizeiterror, die gewaltsame Russifizierung des Schulwesens und ein in der Gesellschaft herrschendes Gefühl der Ohnmacht und Apathie. Es waren zugleich Jahre des ökonomischen und kulturellen Niedergangs des polnischen Landadels und einer beschleunigten industriellen Entwicklung. Die kulturelle und politische Wiederbelebung begann im Königreich Polen (sog. Kongreßpolen, seit 1815 in Personalunion mit Rußland verbunden, Anm. d. Ü.) erst gegen Ende der siebziger Jahre. Die industrielle Entwicklung ließ, in Verbindung mit dem Zusammenbruch der Hoffnung auf eine baldige nationale Befreiung, die Ideologie der »organischen Arbeit« entstehen, die dazu aufrief, unter Ablehnung von konspirativen und aufständischen Aktionen innerhalb der kapitalistischen Ordnung das nationale Leben durch industrielle Aktivität, Verbreitung von Bildung, rationalistische Einstellungen und technische Fähigkeiten aufzubauen. Theoretische Grundlage dieser Tendenz war ein vom Westen übernommener evolutionistischer Positivismus, der auf den Theorien Spencers, Darwins und Taines beruhte. Gerade diese Ideologie war der erste Gegenstand publizistischer Attacken des noch jungen Krzywicki. Zugleich begannen sich gegen Ende der siebziger Jahre in der gymnasialen und studentischen Jugend Zirkel zu bilden, die nach neuen ideellen Wegweisern suchten und teils in nationalistische, teils in sozialistische Richtung tendierten.

1878 immatrikulierte sich Krzywicki an der Universität Warschau, wo er Mathematik studierte. Noch in der Schulzeit war er mit sozialistischen Ideen hauptsächlich saint-simonistischer Prägung in Berührung gekommen. Auf der Universität bekehrte ihn die Lektüre des »Kapital« zum Marxismus. Auch war Krzywicki Mitbegründer des ersten marxistischen Kreises in Polen, zu dessen führenden Mitgliedern außer ihm Stanisław Krusiński (1857–1886) und Bronisław Białobłocki (1861–1888) gehörten. Diese drei führten erstmals marxistische Themen in die polnische Publizistik ein, auch wenn keiner von ihnen ein Marxist im strengen orthodoxen Sinne war. Białobłocki veröffentlichte Abhandlungen über Ästhetik und Literaturtheorie, die in ihrer allgemeinen Tendenz den Ideen Tschernyschewskijs verwandt waren; Krusiński war hauptsächlich in der positivistischen und szientistischen Weltanschauung aufgewachsen. Beide erhielten ihre Ausbildung in Rußland, und beide starben sehr jung und vermochten auf die Entwicklung des marxistischen Denkens keinen nennenswerten Einfluß auszuüben. Dieser Kreis stand in lockerem Kontakt mit der ersten sozialistischen Partei Polens, dem »Proletariat«; diese illegale Partei, 1881 vor allem durch die Bemühungen Ludwik Waryńskis entstanden, wurde nach wenigen Jahren durch Repressionsmaßnahmen vernichtet, und ihre Führer, die man 1885 henkte, waren in Polen die ersten aus einer langen Reihe von Märtyrern der sozialistischen Sache im marxistischen Sinne des Wortes (sozialistische Ideen begannen sich im polnischen Geistesleben bereits in den dreißiger Jahren des 19. Jahrhunderts zu regen, vor allem unter den Emigranten nach dem Novemberaufstand).

Die publizistische Aktivität Krzywickis begann 1883 mit einer Kritik an Spencer und seinen polnischen Anhängern. Im gleichen Jahre wurde er wegen Teilnahme an einer politischen Demonstration von der Universität entfernt. Er begab sich nach Leipzig, wo er die Veröffentlichung der polnischen Übersetzung des ersten Bandes des »Kapital« vorbereitete (diese Übersetzung, die gemeinsam im Kreise Krusińskis vorbereitet wurde, erschien in Einzelheften während der Jahre 1884–1890) und seine Universitätsstudien fortsetzte; nunmehr widmete er sich vor allem der Anthropologie, der Soziologie und der politischen Ökonomie. Von Leipzig siedelte er bald in die Schweiz über, wo er mit den Kreisen der deutschen und russischen Emigration bekannt wurde (darunter Kautsky und Bernstein), und von dort begab er sich Anfang 1885 nach Paris. Während dieser Zeit veröffentlichte er in der polnischen Emigrationspresse eine beträchtliche Anzahl von Artikeln, die im Geiste des revolutionären Marxismus gehalten waren. Im Herbst 1885 kehrte er nach Polen zurück, verbrachte jedoch aus Furcht vor einer Verhaftung ein Jahr in (dem seit 1815 österreichischen, Anm. d. Ü.) Galizien; gegen Ende 1886 kehrte er in das Königreich zurück, verbrachte zunächst zwei Jahre in Płock und lebte dann seit Mitte 1888 in Warschau; er schrieb viel und beteiligte sich an zahlreichen legalen und illegalen Bildungsveranstaltungen. Gegen Ende der achtziger Jahre entstanden in Polen erneut sozialistische Organisationen im Untergrund. Krzywicki stand dem Bund polnischer Arbeiter nahe, der im Jahre 1889 entstand und vor allem auf den ökonomischen Kampf eingestellt war. Als sich die Arbeiterbewegung schließlich in zwei gegnerische Parteien – die Polnische Sozialistische Partei (PPS) und die Sozialdemokratie des Königreichs Polen und Litauen (SDKPiL) – ausformte, trat Krzywicki keiner dieser Parteien bei, auch wenn er des öfteren mit der Presse der PPS zusammenarbeitete. Die politische und theoretische Publizistik Krzywickis aus den Jahren zwischen 1890 und 1910 verliert deutlich an Schärfe; es ist offensichtlich, daß sein Denken immer stärker in die Richtung des evolutionären Sozialismus geht. In diesen Jahren veröffentlichte er auch die wichtigsten theoretischen Abhandlungen, in denen die Probleme des historischen Materialismus behandelt werden; heute sind diese Abhandlungen vor allem durch einen Sammelband bekannt, der 1923 unter dem Titel »Studia Socjologiczne« erschien. In dieser Zeit entstanden ebenfalls seine zahlreichen ethnographischen und anthropologischen Arbeiten (»Ludy. Zarys antropologii etnicznej«, 1893; »Kurs systematiczny antropologii. Rasy fizyczne«, 1897; »Rasy psychiczne«, 1902; »Wiedza ludów pierwotnych«, 1907; »Socjologia H. Spencera, Przegląd Filozoficzny«, 1904) und daneben Artikel, die der literarischen Kritik und der Analyse der städtischen Kultur gewidmet waren (versammelt in dem Band »W otchłani«, 1909).

Bis zum Ersten Weltkrieg lebte Krzywicki, abgesehen von einem Aufenthalt in Berlin und in den Vereinigten Staaten während der Jahre 1892–93, in Warschau. Er wurde in dieser Zeit zu einer anerkannten wissenschaftlichen und gesellschaftlichen Autorität. Nach dem Kriege hielt er Vorlesungen an der Universität Warschau und anderen Hochschulen und leitete außerdem das Institut für Sozialwirtschaft (Instytut Gospodarstwa Społecznego), das Untersuchungen über das Wirtschaftsleben und die Sozialstruktur Polens durchführte, um wissenschaftliche Regeln der Wirtschaftsorganisation auszuarbeiten. Dort wurden u. a. unter der Leitung Krzywickis die ersten ernst zu nehmenden Untersuchungen über das wirtschaftliche und soziale Leben der Sowjetunion erarbeitet (1922). In diesen Jahren ging Krzywicki völlig von den revolutionären Vorstellungen ab; in der russischen Revolution sah er – wie ähnlich viele europäische Sozialisten – einen Versuch, die ökonomischen Gesetzmäßigkeiten zu vergewaltigen. Er blieb jedoch bis zum Ende seines Lebens Sozialist, auch wenn er glaubte, daß die sozialistischen Werte sich Schritt für Schritt durch eine Rationalisierung und Demokratisierung der kapitalistischen Wirtschaft realisieren lassen. Ebenfalls bis zum Ende seines Lebens blieb er bei dem Glauben, daß die Hauptleitlinien der marxistischen Methode der Sozialforschung richtig seien. Er starb in Warschau während der deutschen Besatzung.

2. Kritik des Biologismus

Krzywickis Schriften aus den achtziger Jahren hatten auf die Ausbreitung marxistischer Ideen in Polen einen beträchtlichen Einfluß, enthalten jedoch nicht viele originelle Beiträge zur marxistischen Theorie und stellen in grundsätzlichen Fragen eine Wiederholung der Standardversion des historischen Materialismus dar. Zu einem beträchtlichen Teil handelt es sich um Polemiken. In der Kritik an Spencer und am Sozialdarwinismus versuchte Krzywicki zu zeigen, daß die Evolutionisten, indem sie Gesellschaftsmodelle nach dem Vorbild des lebendigen Organismus konstruieren, in Wirklichkeit eine Ideologie der Solidarität zwischen den Klassen befürworten, die den Klassenkampf annullieren möchte und die Augen vor dem Zerfall aller traditionellen Bande der Solidarität in einer von Widersprüchen und Konkurrenz zerrissenen Gesellschaft verschließt. Ebenso irreführend sind die Ideen der Sozialdarwinisten, auf welche die Ideologen des Manchestertum sich stützen. Der soziale Kampf und die Konkurrenz können nicht als ein Sonderfall des biologischen Kampfes ums Überleben aufgefaßt werden, in dem die am besten angepaßten Organismen sich durchsetzen. Ursache der sozialen Konflikte und der Konkurrenz sind nicht biologische Umstände, sondern die Anarchie der Produktion, die eine Entwicklungsphase der Gesellschaft und nicht ein ewiges Naturgesetz ist; es stimmt auch nicht, daß dieser Kampf den Besten das Überleben sichert – nicht die Begabtesten, sondern die am stärksten Privilegierten haben in ihm die größten Chancen. Gegen biologische Interpretationen der Gesellschaft trat Krzywicki auch bei anderen Gelegenheiten auf; er kritisierte die rassistische Geschichtsphilosophie Gobineaus, die anthropologische Auffassung der Nation und die anthropologische Kriminalistik Lombrosos. Was man als »Rassenseele« bezeichnet, ist nach seiner Ansicht keine biologische Kategorie, sondern eine Hinterlassenschaft historischer Verhältnisse; weder die Veränderungen von gesellschaftlichen Institutionen noch die Verschiedenheit dieser Institutionen in rassisch verwandten Gesellschaften noch deren Ähnlichkeiten in rassisch verschiedenen Gesellschaften vermag die rassistische Theorie zu erklären; das alles läßt sich dagegen erklären, wenn man die gesellschaftlichen Einrichtungen und Ideologien in ihrer Abhängigkeit von den Veränderungen in der Art und Weise der Produktion und des Austauschs faßt. Auch die Nation – darin stimmt Krzywicki mit Kautsky überein – ist keine anthropologische, sondern eine kulturelle und folglich historische Kategorie. Die europäische Idee der Nation entstand hauptsächlich als Werk der Händlerschicht, die an der Bildung zentralisierter Nationalstaaten interessiert war, welche für den Handelsverkehr einen günstigen rechtlichen Rahmen schaffen; die ethnische Gemeinschaft war gewiß vor der Entstehung nationaler Märkte da, wurde aber geweckt und nahm eine bewußte Form an dank der Entwicklung der Warenwirtschaft.

Der Klassenstandpunkt im Gegensatz zum wissenschaftlichen Standpunkt dominiert nach Krzywicki auch in den seinerzeit überaus modischen Theorien Lombrosos, der sich bemüht, die Kriminalität mit erblichen oder angeborenen anthropologischen Merkmalen des Verbrechers zu erklären, statt die Ursachen in den gesellschaftlichen Bedingungen der Delinquenz, in Not und Unwissenheit, zu suchen.

Falsche biologische Theorien liegen nach seiner Ansicht auch den anarchistischen Ideologien zugrunde, die Gegenstand seiner Kritik sind. Irrig ist die Auffassung, daß der Anarchismus sich vom Sozialismus durch die »Mittel« des Kampfes unterscheidet, während er mit ihm in den »Zielen« übereinstimme. Die Anarchisten gehen von einem ständigen Konflikt zwischen Individuum und Gesellschaft aus und sehen in der Geschichte einen permanenten Prozeß der Unterjochung der menschlichen Persönlichkeit durch Institutionen, lehnen aus diesem Grund die Teilnahme am gesellschaftlichen Kampf, der die bestehenden (politischen, parlamentarischen) Institutionen ausnutzen müßte, ab und wollen statt dessen den überkommenen Staatsapparat mit allen Mitteln paralysieren, in der Hoffnung, daß die guten Instinkte des Menschen ausreichen, um soziale Unfreiheit und Privilegien zu beseitigen. Dabei verkünden sie die Parole »je schlimmer desto besser« und halten alle Mittel des Kampfes für zulässig, einschließlich des gewöhnlichen Raubes, und sie nehmen das Lumpenproletariat und die deklassierten Elemente in ihre Reihen auf. Die Sozialisten sehen dagegen in der gesellschaftlichen Entwicklung nicht eine Pathologie, sondern eine notwendige Evolution, und die Befreiung der Individuen erwarten sie nicht von den Instinkten oder ewigen moralischen Grundsätzen, sondern von der gemeinschaftlichen Herrschaft der Menschen über die Naturkräfte. Der Anarchismus ist für sie das Produkt eines vergeblichen Aufstands vorkapitalistischer Produktionsformen, die durch die Fortschritte der Kapitalkonzentration ruiniert werden.

3. Die Perspektiven des Sozialismus

Ziel der Angriffe Krzywickis sind schließlich alle solidaristischen Doktrinen und Bewegungen – seien es Ansätze eines christlichen Pseudosozialismus, der den Kapitalismus im Namen feudaler Ordnungen bekämpft und die sozialen Probleme durch ein System der Bevormundung der Arbeiter lösen möchte, seien es allgemeindemokratische Ideologien, die durch einen undifferenzierten Begriff des »Volkes« die Klassenstruktur der Gesellschaft verschleiern. Was die Demokraten allgemein als »Volk« bezeichnen, setzt sich aus verschiedenen Schichten zusammen, deren Interessen keineswegs immer identisch sind (Arbeiter, reiche Bauern, Einzelhändler, Handwerker). Nur dank der Rückständigkeit Polens können sich allgemeindemokratische Ideologien am Leben halten, die sich in höher entwickelten Ländern schon in entgegengesetzte Strömungen geteilt haben. In Wirklichkeit sind nur die Kapitalisten und die Arbeiterklasse Befürworter des Produktionsfortschritts, während die übrigen Klassen – insbesondere die Bauernschaft – Formationen der Vergangenheit darstellen, die durch die unausweichliche Entwicklung der modernen Industrie zum Untergang verurteilt sind.

Bei all diesen Überlegungen ist Krzywicki ein Befürworter des klassischen Marxismus. Er vertritt die Eigenständigkeit des Prolerariats als der einzigen Klasse, welche die Gesellschaft befreien kann, gestützt auf den technischen Fortschritt, nicht aber auf hoffnungslose Versuche, zu vorkapitalistischen Ordnungen zurückzukehren. Er sieht als eine Folge der Kapitalkonzentration den unvermeidlichen Untergang der Mittelklassen voraus. Er akzeptiert die grundlegenden Annahmen des historischen Materialismus, insbesondere die Behauptung, daß man die historische Entwicklung als einen elementaren technischen Fortschritt interpretieren müsse, der in bestimmten Momenten mit der bestehenden politisch-rechtlichen Ordnung in Konflikt gerät und Ideen hervorruft, die auf deren Änderung abzielen. In allen Gesellschaften, angefangen mit der Wildheit und der Barbarei, ist die Aufteilung der Produkte und damit auch die Klassenteilung von der Produktionsweise abhängig. Die ökonomischen Verhältnisse »erklären« die Entstehung von Ideologien beziehungsweise »sind die Grundlage« von politischen Institutionen; moralische und politische Ideen entstehen infolge eines gesellschaftlichen Bedürfnisses als notwendige Formen, in denen sich die Menschen ihre Interessen bewußt machen und dadurch imstande sind, sich zu deren Verteidigung zu organisieren. Die Idee ist also nicht nur ein mächtiger Hebel der gesellschaftlichen Entwicklungen, sondern auch eine unerläßliche Bedingung für Änderungen des Systems; gleichwohl sind Ideen in diesem Sinne »sekundär«, weil sie als eine Artikulation zuvor unbewußter Interessen entstehen und zu Instrumenten des sozialen Zusammenschlusses nur werden können, weil die materiellen Bedingungen des Zusammenschlusses – nämlich die Übereinstimmung und Nichtübereinstimmung der Interessen – bereits vorher existierten. Ideen, die nicht auf diese Weise in gesellschaftlichen Bedürfnissen verwurzelt sind, sind zur Ohnmacht verurteilt, und das ist auch das Schicksal aller Utopien und Träume von einer vollkommenen Gesellschaft. Ideen dagegen, welche den Menschen ihre bestehenden Verhältnisse und Bedürfnisse bewußtmachen und diese organisieren, sind eine unerläßliche Voraussetzung des Zerfalls jeder gesellschaftlichen Ordnung, die zu einer Fessel des technischen Fortschritts wurde und damit zum Feind jener Klassen, welche die Träger dieses Fortschritts sind.

Der Gedanke an die sozialistische Revolution nimmt in den frühen Schriften Krzywickis keinen großen Platz ein, auch nicht in denen, die er in der Emigration, also ungehindert durch den Würgegriff der zaristischen Zensur, veröffentlichte. Trotzdem ist klar, daß er auch in dieser

Frage den Standpunkt der europäischen marxistischen Orthodoxie teilte, das heißt, daß er voraussah, daß auf einer gewissen Entwicklungsstufe der Widerspruch zwischen dem technischen Fortschritt und dem System des Privateigentums zur revolutionären Beseitigung des Kapitalismus führen würde; die Sozialisten können nicht künstlich eine solche Umwälzung hervorrufen, die das Ergebnis des spontanen Reifeprozesses des Kapitalismus sein muß; ihre Aufgabe ist dagegen, das Klassenbewußtsein des Proletariats zu organisieren und den revolutionären Prozeß im geeigneten Moment in ihre Hände zu nehmen. Trotzdem schien Krzywicki auch in dieser frühen Phase nicht an eine Unvermeidlichkeit des Fortschritts oder gar an die Unvermeidlichkeit des Sozialismus zu glauben. In dem Artikel »Zarys ewolucji społecznej« (»Głos«, 1887) schrieb er, daß neue Produktivkräfte, welche die überkommene Gesellschaftsordnung sprengen, nicht immer am Ende triumphieren: ein Beispiel sei Indien, wo sich das Kastensystem gegenüber anderen gesellschaftlichen Umständen als stärker erwies und das Land zu jahrhundertelanger Stagnation verurteilte. Im Vorwort zur polnischen Ausgabe von Kautskys Buch »Karl Marx' ökonomische Lehren« schrieb er dagegen, daß die künftige Ordnung, die aus der Evolution des Kapitalismus und den Prozessen der Klassenpolarisierung hervorgehe, entweder das Werk des Proletariats oder der Bourgeoisie sein könne. Im ersteren Falle werde das Ergebnis die kollektive Herrschaft über die Produktionsmittel sein, im zweiten dagegen würden Privateigentum und Lohnarbeit nicht aufgehoben, sondern der staatlichen Organisation unterworfen. In späteren Artikeln Krzywickis taucht dieser Gedanke mehrfach wieder auf. Sein Ideal ist zwar eine sozialistische Gesellschaft, die sich vor allem durch industrielle Demokratie auszeichnet. Trotzdem hält er es für möglich, daß der Kapitalismus sich als fähig erweist, die Anarchie der Produktion und die Konkurrenz durch eine Verstaatlichung des Kapitals nach dem Vorbild der bestehenden Monopole, aber im Maßstab des gesamten Produktionsapparates, zu beseitigen. Dadurch würde eine Art von Staatskapitalismus entstehen, der in etwa dem Modell von Rodbertus oder Brentano entspricht, in dem die Arbeiter soziale Sicherungen und eine gesicherte Zukunft erlangen würden, während die Wirtschaft der Planung unterworfen würde, in dem aber grundlegende Forderungen des Sozialismus – Aufhebung der Lohnarbeit und Kontrolle aller Werktätigen über die Produktion – keineswegs erfüllt sein würden.

Ein charakteristisches Merkmal der Überlegungen Krzywickis über die Urgesellschaft ist eine spezielle Sympathie für den Urkommunismus, der, wie er schreibt, die demokratischste aller bisher bekannten Ordnungen gewesen sei. In dieser Hinsicht erinnert Krzywicki an Lafargue. Zwar sind seine Arbeiten über primitive Gesellschaften im Unterschied zu den Überlegungen Lafargues das Werk eines Fachethnologen, doch hat sein Interesse an diesen Themen gewiß den Hintergrund in der Sehnsucht nach einer Gemeinschaft gleicher Menschen, die einander achten und nicht die Arbeit von Sklaven ausnutzen. Ausgangspunkt seiner Untersuchungen waren die Theorien Morgans, dessen klassisches Werk Krzywicki in polnischer Übersetzung herausgab. Die Untersuchungen, die er während seines ganzen Lebens fortsetzte, führten ihn jedoch mit der Zeit zu Schlußfolgerungen, die sich mit dem historischen Materialismus nur schwer vereinbaren lassen, auf jeden Fall aber seine Anwendbarkeit einschränken.

4. Geist und Produktion. Tradition und Wandel

Krzywicki hielt sich für einen Anhänger der materialistischen Geschichtsauffassung. Schaut man sich jedoch seine bekanntesten Arbeiten an, in denen er seinen theoretischen Standpunkt darlegt, so fällt darin die Vielzahl der Einschränkungen auf, mit denen er die Regeln der marxistischen Geschichtsphilosophie versieht.

Vor allem ist der historische Materialismus in seinen Augen völlig unabhängig von jeglichem, insbesondere materialistischem Standpunkt in philosophischen Fragen. Krzywicki hat diese Unabhängigkeit mehrfach betont und das Wort »Materialismus« in der Wendung »historischer Materialismus« in Anführungszeichen gesetzt, um den konventionellen und geradezu irreführenden Charakter dieser Bezeichnung hervorzuheben. Erkenntnistheoretische oder metaphysische Probleme berührte er nur ausnahmsweise, aber aus einigen Artikeln (»Zasada najmniejszości w filozofii«, 1886; »Qui pro Quo« in: »Widnokręgi«, 1914) ist zu ersehen, daß er den damals verbreiteten Standpunkt des Phänomenalismus einnahm, der dem der Empiriokritizisten und einiger Kantianern verwandt war. Er sagt, daß wir die Welt auf unsere, menschliche Art auffassen, indem wir Unterscheidungen und Kategorien bilden, die Instrumente der Vorhersage, aber keine Realitäten der Welt sind; aus Eindrücken erzeugen wir »Dinge«, wir unterscheiden die »Kraft« von der »Materie«, und wir zwingen nach dem Vorbild der menschlichen Gesetzgebung der Natur »Gesetze« auf. In Wirklichkeit gibt es in der Natur keine von der menschlichen Wahrnehmung unabhängigen »Gesetze«, innerhalb der Grenzen der Wahrnehmung lassen sich allerdings Beziehungen zwischen den Erscheinungen als konstante Abhängigkeiten fassen und vorhersagen, was man jedoch ohne irgendwelche metaphysischen – insbesondere »materialistischen« – Annahmen anerkennen muß. Die ganze Evolution der Welt ist unsere Konstruktion, die wir nachträglich auf die Welt projizieren, und unsere Tendenz zu einer solchen Projektion rührt daher, daß die Menschen in der heutigen

Gesellschaft nicht die von ihnen geschaffenen Maschinen beherrschen, sondern selbst deren Herrschaft unterworfen sind.

Der »sekundäre« Charakter geistiger Phänomene hat also nichts mit einem metaphysischen Gegensatz von »Geist« und »Materie« zu tun. Es handelt sich um eine »Sekundarität« innerhalb der Grenzen sozialer Phänomene, bei denen die materiellen Bedürfnisse deren bewußter Artikulation vorausgehen. Darin besteht die fundamentale Idee der Marxschen Methode.

Es erhebt sich jedoch die Frage, innerhalb welcher Grenzen wir jene Abhängigkeit der geistigen Phänomene von den »materiellen« Lebensverhältnissen annehmen dürfen. Krzywicki benutzt, wenn er über diese Dinge schreibt, nicht die Marxsche Gegenüberstellung von »Basis« und »Überbau«, sondern erläutert an verschiedenen klassischen und weniger klassischen Beispielen, in welcher Weise die technischen Veränderungen neue Bedürfnisse hervorrufen, die sich im Rahmen der überkommenen rechtlichen Ordnung nicht befriedigen lassen. Neue Probleme ergeben sich spontan, können aber nur in bewußter Tätigkeit gelöst werden, also unter Beteiligung von Ideologien, die in der Organisierung gesellschaftlicher Kräfte, welche durch die bestehenden politischen Verhältnisse gefesselt sind, eine unersetzliche Funktion erfüllen. Zwar entstehen in der Geschichte immer wieder willkürlich konstruierte Utopien oder Ideale, die nicht aus realen ökonomischen Tendenzen erwachsen, doch handelt es sich dabei um »ideelle Hobelspäne« des historischen Prozesses. Ideen, welche die Geschichte befruchten, können das nicht aufgrund einer ihnen innewohnenden Macht, sondern weil sie die anfangs unbewußten Strebungen neuer Schichten ausdrücken, denen es unter den alten Verhältnissen zu eng wird. So deutet Krzywicki – klassischen Vorbildern entsprechend – die Entstehung solcher Werte, wie sie die persönliche Freiheit, die Gleichheit vor dem Gesetz, das Recht auf Ausleihung gegen Zinsen, die Verurteilung des Straßenraubs und der Kult der Erkenntnis darstellen, als eine Folge der Entwicklung des Handels und der wachsenden Bedeutung des Bürgertums in Westeuropa. Er behandelt den Fall Thomas Münzers, der von einer egalitären evangelischen Gemeinschaft träumte, aber, als es an praktische Reformen ging, nichts anderes als jene erreichbaren Veränderungen vorschlagen konnte, die im Interesse der Kaufleute lagen.

Daraus folgt jedoch nicht, daß der Einfluß ideologischer Phänomene sich darauf beschränken würde, bestehende Bedürfnisse »auszudrükken« und bereits vorhandene gesellschaftliche Kräfte zu organisieren. Der historische Materialismus erklärt die Genese von Ideen – oder vielmehr die Genese jener Ideen, die sich als historisch wirksam erwiesen. Sobald eine Idee aber einmal herangereift ist, zirkuliert sie als ein verselbständigtes Gebilde, und sie ist imstande, durch ihren eigenen

Impuls in solchen Ländern, wo die »materiellen« Bedingungen noch nicht reif dafür sind, sie von selbst hervorzubringen, neue gesellschaftliche Kräfte zum Leben zu erwecken. Ein schlagendes Beispiel jener »Beschleunigung« der gesellschaftlichen Evolution durch Ideen, die aus anderen Verhältnissen importiert wurden, ist für Krzywicki die Rezeption des römischen Zivilrechts in Europa am Ende des Mittelalters. Dieses Recht entstand unter Bedingungen eines entfalteten Handelsverkehrs und konnte deshalb in einer Gesellschaft Fuß fassen, in der sich die Warenwirtschaft rasch zu entwickeln begann. Die Rezeption des römischen Rechts übte jedoch von sich aus einen gewaltigen Einfluß auf die Beschleunigung von »materiellen« Prozessen aus, die erst in Keimform vorhanden waren. »Ohne die Denkmäler des römischen Rechts hätte sich die Entwicklung Europas vielleicht um einige Jahrhunderte verzögert und aufgrund dieser Verzögerung vielleicht ein wenig anders abgespielt (»Wędrówka idei«, 1897; in: »Studia Socjologiczne«, S. 47). Eine Rechtslehre kann also – ähnlich wie andere Ideologien –, auch wenn sie zur Zeit ihrer Entstehung »sekundär« ist, später, unter anderen Umständen, als eine »primäre« und schöpferische Kraft auftreten und beeinflußt demnach Veränderungen, die sie zunächst nur *ex post* registrieren konnte. Ähnlich war das Eindringen sozialistischer Ideologien in Rußland nicht das Ergebnis der Reife der dortigen gesellschaftlichen Verhältnisse, sondern wurde in rein ideologischer Form vom Westen übertragen; mit der Zeit begannen sie jedoch ihrerseits die unreifen Verhältnisse zu beeinflussen (nahmen deshalb aber auch eine andere, stärker »subjektivistisch« orientierte Gestalt an).

Ein anderer, besonders wichtiger Umstand, der es nicht gestattet, eine einfache Entsprechung zwischen »materiellen« und geistigen Formen des gesellschaftlichen Lebens anzunehmen, ist die *eigenständige Kraft der Tradition.* So kommt es bekanntlich vor, daß Institutionen, Gebräuche und Glaubensvorstellungen, die zur Zeit ihrer Entstehung »rational« sind, also als Versuche auftreten, tatsächliche, durch das gesellschaftliche Leben gestellte Probleme zu lösen, auch dann noch weiterexistieren und ein Eigenleben führen, wenn die entsprechenden Verhältnisse nicht mehr gegeben sind. Solche Überbleibsel lagern sich im Laufe der ganzen Geschichte ab, jede Generation fügt den bereits bestehenden Ablagerungen von sich etwas hinzu, und das gesamte Sediment oder, wie Krzywicki sagte, die »historische Grundlage« ist eine gewaltige Kraft, die alle menschlichen Handlungen beschränkt. Aus der Vergangenheit überkommene Formen binden uns noch, wenn der Inhalt der Dinge schon längst gestatten würde, diese Formen aufzugeben; so ahmen die Metalläxte in ihrer Form noch sehr lange die Steinäxte nach, obwohl sie bei veränderter Form leistungsfähiger sein könnten; so imitieren Gebäude und Grabmale aus Stein während langer Zeit hölzerne Konstruktionen; so stehen, wie Morgan gezeigt hat, die Bezeichnungen der Verwandtschaftsverhältnisse im Widerspruch zum tatsächlichen Familiensystem in primitiven Gesellschaften, weil sich in ihnen die Erinnerung an bereits nicht mehr bestehende Systeme der familiären Bindung bewahrt. Neue gesellschaftliche Kräfte lehnen sich gegen die Bürde der Tradition auf, stellen dem historischen Recht das Naturrecht, den überkommenen Normen die Logik entgegen. Trotzdem ist die Vergangenheit bei all unseren Tätigkeiten gegenwärtig und hemmt den gesellschaftlichen Fortschritt. Letzten Endes kommt bei jedem historischen Prozeß etwas anderes heraus, als wenn allein die »sachlichen Verhältnisse« über die Veränderungen entscheiden würden; die Ergebnisse hängen weitgehend von jenem traditionellen Faktor ab, der überall einen andern Inhalt hat und zu dem nicht nur die Gebräuche, die Glaubensvorstellungen und Institutionen gehören, sondern sogar die Verteilung der Temperamente innerhalb der Gesellschaft, anders gesagt das, was man als »Rassenseele« bezeichnet und was ebenfalls das Resultat eines langfristigen Einflusses der natürlichen Umwelt auf die menschliche Natur darstellt. Infolgedessen ist die tatsächliche Entwicklung der Gesellschaften mit Notwendigkeit sehr vielfältig, und es lassen sich kaum Entwicklungsschemata finden, die von allgemeiner Gültigkeit wären. Untersuchungen über primitive Gesellschaften ließen Krzywicki zu dem Schluß gelangen, daß es keine die Entwicklung all dieser Gesellschaften bestimmende Gesetzmäßigkeit gibt, daß z. B. die Sklaverei durchaus keine notwendige Entwicklungsphase ist. In späteren Jahren kam Krzywicki dagegen zu dem überraschenden Schluß, daß der Einfluß der bewußten Absichten der Menschen auf die gesellschaftlichen Prozesse in den primitiven Gesellschaften größer ist als in den zivilisierten, weil nämlich die ersteren sehr viel weniger durch die überkommene Masse materieller Einrichtungen gebunden und deshalb die sozialen Beziehungen in ihnen formbarer seien. Diese Bemerkung steht übrigens im Einklang mit der bei Krzywicki häufig wiederkehrenden Kritik an der industriellen Gesellschaft, in der die menschliche Persönlichkeit nahezu völlig der Kraft »dinghafter« Beziehungen unterworfen, von unpersönlichen, institutionalisierten Formen der Kooperation abhängig sei und in der die spontane individuelle Kreativität verkümmere, erdrückt von der Macht des Geldes. Anzeichen dieser Verkümmerung beobachtete Kzrywicki vor allem an den typischen Merkmalen der Großstadtkultur, welche die menschliche Persönlichkeit im eintönigen Mittelmaß und Schund untergehen lasse. Ähnlich wie viele Sozialisten des 19. Jahrhunderts (darunter Engels) erhoffte er als ein besonders wichtiges Ergebnis der künftigen Ordnung eine Entstädterung und eine Rückkehr der Menschen zu »natürlicheren« Lebensverhältnissen im Kontakt mit der Natur. Er beschrieb den Sozialismus nicht in metaphysischen Begriffen, hoffte aber, daß die menschliche Arbeit und Kreativität nicht mehr von Handelsbeziehungen abhängig sein und die zwischenmenschlichen Beziehungen zur spontanen Unmittelbarkeit zurückkehren würden. Unter dem Aspekt dieses Gegensatzes zwischen persönlichen und anonymen gesellschaftlichen Beziehungen analysierte er auch die Literatur seiner Zeit; der Modernismus in der Kunst war in seinen Augen ein typisches Produkt der Großstadtkultur, ein Versuch der Revolte gegen die Allmacht des Tauschwerts und gegen die Herabwürdigung des Menschen zu einem Werkzeug. Diese Revolte ist jedoch fruchtlos, weil sie der von utilitären Werten beherrschten Kultur außer der Flucht in eine angeblich von der Welt unabhängige Subjektivität nichts entgegenzusetzen vermag.

In Krzywickis Überlegungen läßt sich eine gewisse Spannung zwischen zwei Themen entdecken, die in seinen Schriften häufig wiederkehren. Einerseits benutzte er oft die Kategorie des »Fortschritts«, wobei für ihn der Maßstab des Fortschritts der Grad der Herrschaft des Menschen über die Naturkräfte ist. Andererseits betonte er, daß, je mehr die menschliche Naturbeherrschung wachse, die sozialen Bindungen um so tiefer herabgewürdigt würden, die zwischenmenschlichen Beziehungen um so anonymer würden, für individuelles Schöpfertum um so weniger Platz sei, die Abhängigkeit des Geistes von den Dingen um so größer würde. Gewiß erwartete er – ähnlich wie Marx –, daß es durch die Vergesellschaftung der Produktionsprozesse möglich würde, beide Werte – die Naturbeherrschung und das persönliche Leben – zu einer Synthese zu bringen. Er hat dieses Thema allerdings nicht klar entwickelt, und seine Sympathie für die primitiven Völker und das Landleben (obwohl er andererseits dessen Beschränktheit betonte) verrät gewissermaßen eine Sehnsucht nach der verlorenen Unschuld des »natürlichen« Lebens.

Ein weiterer Umstand, der bis zu einem gewissen Grad die Geltung des historischen Primats der Produktivkräfte beschränken muß, besteht in der fortgesetzten Wirkung der Selektion der Temperamente, die – ähnlich wie andere Bestandteile der »historischen Grundlage« – ebenfalls sehr viel länger wirksam ist als die Verhältnisse, unter denen sie sich vollzog. Krzywicki weist darauf hin, daß bestimmte gesellschaftliche Situationen Menschen mit bestimmten Anlagen in den Vordergrund schieben (z. B. die Temperamentsunterschiede zwischen den Girondisten und Jakobinern), und die Resultate dieser Selektionen können anschließend den Verlauf der Geschichte wesentlich beeinflussen. Sogar eine durch biologische Umstände bewirkte Selektion kann einen gewaltigen Einfluß ausüben. Ein Beispiel ist der Kannibalismus, der nach Ansicht Krzywickis (der damit dasselbe sagt wie Krafft-Ebbing) eine ganz gewöhnliche pathologische Form des Sexualtriebes und nicht das Resultat von Vorurteilen oder Nahrungsmangel ist; was auch immer seine Ursachen sein mögen, es kommt vor, daß die natürliche Selektion ganze pathologische Völker entstehen läßt, die von kannbalistischem Wahn beherrscht werden.

Wenn wir zusammenstellen, was Krzywicki bei verschiedenen Gelegenheiten über die Bedeutung der einzelnen Umstände sagt, die zusammen die historischen Prozesse formen, so bemerken wir, daß er die für die Veränderungen bestimmende Rolle der Produktivkräfte und danach der Produktionsverhältnisse am Ende mit so vielen Einschränkungen versieht, daß man seine Auffassung schwerlich mit den seinerzeit gültigen Maßstäben des Marxismus in Einklang bringen kann. Im Grunde läßt sich kein einzelner historischer Prozeß und kein Ereignis mit den Fortschritten der Produktivkräfte oder mit einem Konflikt zwischen den Produktivkräften und den politischen Verhältnissen erklären. Bei jedem *tatsächlichen* Prozeß haben wir es mit einer Koinzidenz von verschiedensten Umständen zu tun, darunter demographische, geographische, psychologische, die Kraft der Tradition (vor allem) und die Kraft von außen kommender Ideen. Somit gibt es auch kein historisches Schema für alle Gesellschaften und keine historische Unvermeidlichkeit. In welchem Sinne läßt sich angesichts dessen die Idee der Abhängigkeit des historischen Prozesses von technischen Veränderungen retten? Krzywicki flüchtet sich nicht in irgendeine nebelhafte Formel von der Art der Engelsschen Determination »in letzter Instanz«. Am besten läßt sich seine Auffassung vielleicht folgendermaßen fassen: Alle tatsächlichen gesellschaftlichen Prozesse sind ein Resultat des Zusammenwirkens von Umständen der unterschiedlichsten Art, unter denen der technische Fortschritt einer von vielen ist. Die herausgehobene Bedeutung des technischen Fortschritts beruht jedoch darauf, daß die Veränderungen in diesem Bereich, zumindest in den »historischen« Gesellschaften, am raschesten erfolgen, d. h., daß die Technik der »aktivste« Faktor von Veränderungen ist. In einer solchen Formulierung ist von einem »Primat« noch nicht die Rede. So etwas wie einen »Primat« muß man jedoch insofern annehmen, als gewisse wichtige (aber keineswegs alle) Merkmale der politischen und rechtlichen Institutionen sich unter dem Einfluß von menschlichen Bedürfnissen bilden, welche ihrerseits aus den Fortschritten der Produktion herrühren. Was nun den »sekundären« Charakter der ideologischen Produktion betrifft, so darf man ihn nicht in dem Sinne auffassen, als würden *sämtliche* gesellschaftlichen, religiösen oder philosophischen Ideen als Antworten auf tatsächliche, durch die materiellen Verhältnisse bestimmte Bedürfnisse entstehen (denn gerade zahlreiche utopische Pläne haben eine solche Bedeutung nicht), noch in dem Sinne, daß die gesellschaftliche Rolle der Ideen notwendig den durch die materiellen Verhältnisse angezeigten Bedürfnissen angemessen ist (denn gerade Ideen können von sich aus gesellschaftliche Prozesse »materieller« Art in Gang setzen und beschleunigen). Das »Sekundäre« besteht wohl schließlich nur darin, daß jene Ideen oder Doktrinen, die sich in der Organisierung menschlicher Leidenschaften, Wünsche und Energien als sehr wirksam erweisen, ihre Kraft der »materiellen« Beziehung verdanken, die sich zuvor herausgebildet hat und in die die menschlichen Individuen unabhängig von ihrem Willen und ihren Absichten verwickelt sind. Das ist natürlich eine sehr lockere Interpretation des historischen Materialismus. Gewiß konnte Krzywicki anhand einer solchen Interpretation die biologischen Geschichtstheorien und die Theorien Tardes und insbesondere Le Bons kritisieren, der die grundlegenden gesellschaftlichen Prozesse aus einem natürlichen Nachahmungstrieb ableitete. Das, was im Denken Krzywickis noch vom Marxismus erhalten ist, sollte jedoch rasch nahezu Allgemeingut werden. Da jeder faktische Prozeß das Ergebnis des Zusammentreffens vieler Umstände ist und da man in diesem Zusammentreffen die relative Stärke der von der Marxschen Lehre hervorgehobenen Umstände unmöglich quantitativ messen kann, ist eine Theorie des »hauptsächlichen« oder »am stärksten bestimmenden« Faktors sinnlos. Da »zufällige« (d. h. nicht aus der »materiellen« Beziehung stammende) Tatsachen – wie im Falle der Rezeption des römischen Rechts – das Schicksal der Menschheit über Jahrhunderte hinweg verändern können, läßt sich das Gewicht der materiellen Determinanten nur in einer überaus allgemeinen Weise verdeutlichen; nur die allgemeinste Entwicklungstendenz einer Gesellschaft läßt sich mit ihrem technischen Stand und der Verteilung der materiellen Interessen kausal in Zusammenhang bringen: der tatsächliche Verlauf der gesellschaftlichen Kämpfe, die Dauer der Entwicklung oder gar deren Endergebnis und die letztendliche Wirksamkeit der »sachlichen Bedingungen« – das alles ist keineswegs durch irgendwelche historischen Gesetze vorwegbestimmt, liegt also im Bereich der »Zufälligkeit«. Ein so verstandener historischer Materialismus ist im Grunde weder eine Theorie der Geschichte noch eine sich selbst genügende Forschungsmethode. Es ist ein sehr allgemeiner Hinweis, außer den Veränderungen der politischen Institutionen und Ideologien nach Möglichkeit auch nach solchen Umständen und Interessen zu forschen, die mit der Produktionsweise zusammenhängen, wobei man aber keineswegs damit rechnen darf, auf diese Weise die Veränderungen völlig zu erklären oder künftige Ereignisse vorhersehen zu können. Es ist zugleich ein negativer Hinweis: Man kann aus ihm folgern, daß historische Prozesse nicht von willkürlichen Entschlüssen menschlicher Individuen abhängen, daß nicht jeder Vorschlag zur Weltverbesserung Erfolgschancen hat, daß nicht alle Ideen akzeptiert werden, daß die gesellschaftliche Wirksamkeit einer Idee weder von ihrem Urheber noch von ihrer Richtigkeit und ihrem Wert abhängt usw. Aber auch diese Hinweise sollten – hauptsächlich durch den Marxismus und die Marxisten – bald allgemein geläufig werden und ihre spezielle Verbindung mit der marxistischen Lehre einbüßen.

Insofern ist auch Krzywickis Rolle in der Verbreitung und Verankerung der marxistischen Theorie zweideutig. Er hat in hohem Maße dazu beigetragen, marxistische Begriffe und Denkregeln in die polnische Geisteskultur einzuführen, doch hat er – gerade dadurch, daß er sie in einer solchen, jeglicher Rigidität entbehrenden und von Ausschließlichkeitsansprüchen freien Form übertrug – ebenfalls dazu beigetragen, daß der polnische Marxismus keine orthodoxen Formen annehmen konnte und sich nach und nach in eine allgemeine, rationalistische oder historistische Tendenz auflöste. In diesem Sinne war Krzywicki in Polen – ähnlich wie Labriola in Italien, wenn auch nicht ganz aus den gleichen Gründen – für den Marxismus vielleicht eher ein Trojanisches Pferd als ein Sturmbock.

Zehntes Kapitel

Kazimierz Kelles-Krauz – eine Orthodoxie nach polnischer Art

Kazimierz Kelles-Krauz war gewiß der herausragende Theoretiker und Ideologe der Hauptströmung der polnischen sozialistischen Bewegung, also der Polnischen Sozialistischen Partei. Von den polnischen Marxisten, die beim Aufbau und der Verbreitung der Lehre eine bedeutende Rolle spielten, stand er ebenso gewiß der damaligen deutschen Orthodoxie am nächsten, obwohl auch er in einigen wichtigen Punkten von ihr abwich. Während seines ganzen nicht sehr langen Erwachsenenlebens war er ein parteilicher Schriftsteller und vertrat er eine Version des Marxismus, die den Bedürfnissen jener sozialistischen Linken entsprach, die auf die nationale Unabhängigkeit Polens ausgerichtet war.

Kazimierz Kelles-Krauz (2. 3. 1872–23. 6. 1905) stammte aus Szczebrzeszyn. Als Gymnasiast in Radom beteiligte er sich an einem der sozialistischen Zirkel, die sich in den achtziger Jahren unter der Jugend ausbreiteten; nachdem er von den Schulen verwiesen und an der Universität Warschau nicht aufgenommen worden war, reiste er 1892 zum Studium nach Paris und begann dort unter den Emigranten des Auslandsbundes polnischer Sozialisten tätig zu werden. In polnischen, französischen und deutschen Zeitschriften veröffentlichte er theoretische und politische Abhandlungen, in denen er den marxistischen Standpunkt gegen Kritiker unterschiedlichster Art, gegen die Nationalisten in der PPS, gegen die Revisionisten und gegen Rosa Luxemburg verteidigte. Er starb in Wien an Tuberkulose. Von seinen zahlreichen Abhandlungen sind als die wichtigsten zu nennen: »Prawo retrospekcji przewrotowej jako wynik materializmu ekonomicznego« (»Ateneum«, 1897), »Klasowość naszego programu« (1894), »O tak zwanym kryzysie marksizmu« (Przegląd Filozoficzny, 1900) sowie die postum erschienenen Werke »Materializm ekonomiczny« (1908, mit einem Vorwort von Ludwik Krzywicki) und »Kilka głównych zasad rozwoju sztuki« (1905).

Wie viele damalige Theoretiker, die sich zum Marxismus bekannten, war Kelles-Krauz der Auffassung, daß der Marxismus nicht den Anspruch erhebe, philosophische oder erkenntnistheoretische Fragen im traditionellen Sinne zu lösen; er beschränkte sich in diesen Dingen darauf, seinen phänomenalistischen Standpunkt hervorzuheben, daß also der historische Materialismus außer seinem Namen nichts mit einem Materialismus gemein habe, der sich als ein dem Spiritualismus entgegengesetzter »substantialistischer« Standpunkt versteht. In diesem Punkt gab er Labriola recht: Der Marxismus erörtert die Zusammenhänge zwischen dem als ein Phänomen aufgefaßten gesellschaftlichen Bewußtsein und der Außenwelt, die ebenfalls als Phänomen aufgefaßt wird, nicht aber zwischen »Geist« und »Materie«. Der Erkenntnisprozeß interessiert den Marxismus also nur als ein historisches und soziales Phänomen, nicht aber als ein Akt des Vordringens zum »Ding an sich«. Damit muß der Marxismus jedoch akzeptieren, daß jeder Erkenntnisstand nur in bezug auf die Gesamtheit der jeweiligen Kultur sinnvoll ist und daß seine Wahrheit auf seiner historischen Funktion beruht; er muß deshalb das allgemeine Prinzip des Relativismus auf sich selbst beziehen. Im Zusammenhang mit der Parole »Zurück zu Kant« schrieb Kelles-Krauz: »Jedenfalls würden wir diese Rückkehr ein wenig anders verstehen: Wir möchten *den kritischen Standpunkt vergesellschaften.* Wir möchten daran erinnern, daß die Gesellschaft, daß jede Gruppe und – was für uns von besonderem Gewicht ist – die Klasse, der das Individuum angehört, seinem Bewußtsein eine gewisse Prägung gibt, ihm *a priori* eine gewisse Auffassung der Gesellschaft und der Welt aufzwingt, von welcher der Mensch genausowenig frei sein kann wie von der Notwendigkeit, die Welt durch seine Netzhaut zu betrachten. Daraus folgt aber, daß auch dem Proletariat unbedingt eine entsprechende *klassenmäßige Apperzeption* eigentümlich sein muß, daß auch sein philosophisches System, genau wie die Systeme aller früheren Klassen, seinem Wesen nach ein relatives und vergängliches ist, daß also auch dieses System aufhört, wahr zu sein bzw. zu erscheinen – in dem Augenblick, aber nicht früher, wo eine neue, von der künftigen klassenlosen Gesellschaft hervorgebrachte Apperzeption die heutige, aus dem Klassenkampf hervorgegangene ersetzt. Die sich aus dem Marxismus entwickelnde Philosophie dieser Gesellschaft der Zukunft wird naturgemäß etwas anderes, dem Marxismus zumindest in einigen Hinsichten entgegengesetztes sein, aber was genau, das können wir heute nicht wissen« (»Materializm ekonomiczny«[1], S. 34).

Kelles-Krauz glaubt also nicht an eine privilegierte historische Situation, in welcher sich der Klassenstandpunkt des Proletariats mit dem universell-wissenschaftlichen oder »objektiven« Standpunkt deckt; in der Anerkennung eines historischen und kollektiven *a priori* steht er Simmel vielleicht näher als den Marxisten. Innerhalb der Grenzen eines solchen Relativismus verteidigt er die marxistische Geschichtsauffassung, die er jedoch durch eigene Betrachtungen ergänzt.

Die grundsätzliche Betrachtungsweise des historischen Materialismus ist nach Kelles-Krauz monistisch, sie geht also davon aus, daß nur eine Art der menschlichen Tätigkeit, nämlich die Erzeugung der Lebensmittel und Werkzeuge, hinreicht, um die Genese aller übrigen Lebensformen – der Arbeitsteilung, der Klassenstruktur, der Aufteilung der Güter und aller Elemente des sogenannten Überbaus – zu erklären. In diesem Punkt übt er – übereinstimmend mit Cunow und Tugan-Baranowski – Kritik an Engels, der neben der materiellen Produktion außerdem die Fortpflanzung und die Formen des Familienlebens als eine zweite fundamentale Art menschlicher Tätigkeit erwähnt, welche die gesellschaftlichen Prozesse mitbestimmt. Mit dieser These hat Engels den monistischen Standpunkt aufgegeben, der die größte Errungenschaft des Marxismus bildet; sein Irrtum beruht darauf, daß er den natürlichen Prozeß der Fortpflanzung mit den gesellschaftlich bedingten Formen der Familie durcheinanderbringt; der erstere ist, weil rein physiologisch, unveränderlich, kann also die gesellschaftliche Entwicklung nicht erklären, während die letzteren von den ökonomischen Verhältnissen abhängig sind. Auch Kautsky gibt die monistische Auffassung auf, wenn er sagt, daß die ökonomischen Verhältnisse nur die Genese der gemeinsamen Merkmale einer Epoche erklären können, nicht aber individuelle Umstände oder individuelle menschliche Verhaltensweisen.

Man könnte meinen, daß Kelles-Krauz eine überaus rigoristische Auffassung des marxistischen »Monismus« vertritt. Tatsächlich ist er aber in diesem entscheidenden Punkt keineswegs konsequent. Er sagt, das menschliche Leben werde allgemein durch drei Umstände bestimmt – die biologischen Gattungsmerkmale, die Eigentümlichkeiten der natürlichen Umwelt und die gesellschaftlichen Beziehungen –, daß jedoch historische Veränderungen mit Veränderungen der Technik zu erklären seien; »Ethik, Recht, Politik, Religion, Kunst, Wissenschaft, Philosophie – alle haben einen ›utilitären‹ Ursprung und ein ›utilitäres‹ Dasein, weshalb sie der Produktionsweise nicht widersprechen können, sondern sich ihr anpassen müssen« (*ebd.*, S. 10). Aber wir beobachten in der Geschichte eine Verselbständigung der Bedürfnisse: Gewisse Formen des menschlichen Handelns, insbesondere das geistige und künstlerische Leben, die anfangs als Werkzeuge fundamentaleren Bedürfnissen dienen, nehmen eine eigenständige Bedeutung an; infolgedessen wirkt der Überbau selbst auf die »Basis« ein und genießt eine gewisse Unabhängigkeit. Trotzdem müssen Formen des gesellschaftlichen Lebens, wenn sie ihrer ökonomischen »Grundlage« beraubt sind, nach einer gewissen Zeit absterben, obwohl sie in der Regel länger leben als die ökonomischen Bedingungen, welche sie hervorgerufen haben.

All diese Überlegungen gehen über die stereotypen Schemata des damaligen Marxismus nicht hinaus. Wie andere Marxisten stellt Kelles-Krauz sich nicht die Frage, in welchem Sinne man von einer »monistischen« Geschichtsinterpretation sprechen kann, da er, dem gesunden Menschenverstand entsprechend, davon ausgeht, daß Veränderungen in der Kunst, der Wissenschaft, der Philosophie und der Religion nicht nur von Veränderungen in den Produktionsverhältnissen, sondern auch von anderen Umständen abhängen, insbesondere von einer eigenständigen »Entwicklungslogik« jedes dieser Bereiche des geistigen Lebens sowie von der Wirkung autonomer Bedürfnisse hinsichtlich jedes einzelnen Bereichs. Wahrscheinlich geht es ihm darum, daß sich alle Formen des gesellschaftlichen Lebens genetisch mit Bedürfnissen der Produktionsverhältnisse erklären lassen; er bemerkt jedoch nicht, daß das Wort »Monismus« bei einer derart eingeschränkten Bedeutung irreführend wird.

Zu der Frage des Verhältnisses zwischen der Philosophie Comtes und dem Marxismus sagte Kelles-Krauz, beide Sozialphilosophien stimmten nicht nur darin überein, daß sie das menschliche Individuum durch zahlreiche, sich überschneidende gesellschaftliche Einflüsse erklären, sondern auch darin, daß sie allen gesellschaftlichen Erscheinungen eine psychische Natur zuschreiben; deshalb kommt es für den Marxismus auch nicht darauf an, ob wir den »Überbau« auf die »Basis« zurückführen oder ob wir ein neu entstandenes ökonomisches Phänomen durch neue Phänomene im Bereich des Überbaus »ausdrücken«. In diesem Punkt ist nicht mehr erkennbar, in welchem Sinne sich eine »Priorität« der Produktionsverhältnisse gegenüber dem »Überbau« aufrechterhalten läßt.

Eines der Phänomene, deren Erklärung unter Anwendung marxistischer Schemata Schwierigkeiten bereitet, ist der Marxismus selbst. Die Frage ist, wie die Ideologie des Proletariats entstehen und beträchtliche Arbeitermassen unter ihren Einfluß bringen konnte, wo es doch in den Produktionsverhältnissen keine »Basis« für die Ideologie gibt; anders als die kapitalistische Wirtschaft, die ja im Rahmen des politisch-rechtlichen Überbaus des Feudalismus eine gewaltige Stärke erlangt, entsteht der Sozialismus nicht spontan unter kapitalistischen Verhältnissen, sondern ist lediglich Zukunftsmusik. Kelles-Krauz erklärt diese Tatsache mit einer allgemeineren Erscheinung, die er – recht prätentiös – als »Gesetz der revolutionären Retrospektion« bezeichnet. Dieses »Gesetz« besagt, daß »die Ideale, durch welche eine Reformbewegung die bestehenden sozialen Normen ersetzen möchte, stets Normen aus einer mehr oder weniger fernen Vergangenheit ähneln« (»Prawo retrospekcji przewrotowej«).[2] Es geht hier offensichtlich um die gewiß zutreffende, aber längst bekannte und keineswegs die Bezeichnung »Gesetz« verdienende Beobachtung, daß neu entstehende Ideologien in der Regel Anlehnung in der Tradition suchen und sich als Erneuerung von geistigen Formationen ausgeben, die es schon einmal gegeben hat. Solche Rückgriffe oder *ricorsi*, von denen Vico schrieb, können wir in der ganzen Geschichte der bürgerlichen Ideologien in Europa beobachten; die Trachten des republikanischen und später des kaiserlichen Roms, in welche sich das revolutionäre Frankreich kleidete, sind ein Beispiel einer solchen Tendenz. Für das Proletariat dagegen ist der Gegenstand einer solchen »Retrospektion« der ursprüngliche Kommunismus. Nach Kelles-Krauz verläuft also die Entwicklung der Menschheit spiralförmig und läßt dabei unablässig alte Formen, die in irgendeiner Hinsicht den neuen Idealen ähneln, wieder aufleben. Dadurch erklärt sich unter anderem der Umstand, daß wir so viele Ähnlichkeiten zwischen den reaktionären und den zukunftsorientierten Ideologen feststellen, da beide, wenn auch aus verschiedenen Gründen, die Verteidiger des Status quo anhand von Wertsystemen kritisieren, die sie aus einer bereits versunkenen Vergangenheit schöpfen. So greifen in Frankreich die Verteidiger der mittelalterlichen Zunftorganisation und die Syndikalisten gemeinsam die Liberalen an. So wurden Ideen, die zur Grundlage des Marxismus werden sollten – der Glaube an die Gesetzmäßigkeit der gesellschaftlichen Entwicklung, die dem naiven Rationalismus der Utopisten entgegengesetzte historische Betrachtungsweise, die antiindividualistische Orientierung –, in den Schriften von Konservativen wie Vico und von französischen Konterrevolutionären wie de Maistre, Bonald und Ballanche geprägt. Der Sozialismus ist eine auf das vorklassische Altertum gerichtete Retrospektion, und deshalb haben die jüngsten Untersuchungen über primitive Gesellschaften von Morgan, Taylor und Bachofen für die Entwicklung des Marxismus immense Bedeutung.

Kelles-Krauz meint, das »Gesetz der revolutionären Retrospektion« lasse sich auf der Grundlage des Marxismus erklären; er scheint nicht zu bemerken, daß es gerade die Anwendbarkeit des historischen Materialismus einschränkt, da es unterstellt, daß eine verselbständigte Kraft der Tradition in der gesellschaftlichen Entwicklung von Bedeutung sei. Auf der »monistischen« Deutung des Marxismus beharrend, hebt Kelles-Krauz in der Auseinandersetzung mit den Kritikern des Marxismus – ähnlich wie andere marxistische Autoren jener Zeit – gleichzeitig hervor, daß jene Einwände falsch seien, die im historischen Materialismus eine Negation jeder selbständigen Kraft des »Überbaus« in der Entwicklung der »Basis« sehen. Ähnlich wie andere wurde er auch nicht mit der Frage fertig, wie sich die relative Unabhängigkeit des geistigen Lebens und der institutionellen Elemente des Überbaus widerspruchslos mit dem Glauben an eine »letzte Ursache« der menschlichen Geschichte vereinbaren lassen und welche Grenzen diese Unabhängigkeit den allgemeinen Formeln des historischen Materialismus zieht.

Die gleichen Zweideutigkeiten lassen sich in den Äußerungen von Kelles-Krauz über die gesellschaftliche Bedeutung der Kunst feststellen – ein Problem, dem er große Aufmerksamkeit schenkte. Einerseits läßt sich die Kunst genetisch aus utilitären Gründen erklären – darunter rein biologische (Elemente künstlerischer Tätigkeit beobachtet man bei Tieren), aber auch mit der Produktion zusammenhängende (Rhythmisierung der Arbeit); auch in all ihren Wandlungen weist die Kunst eine Abhängigkeit von den Produktionsbedingungen auf, indem sie nämlich politischen oder religiösen Zwecken dient, die sich ihrerseits auf Klasseninteressen zurückführen lassen (im dorischen und jonischen Stil drücken sich z. B. die Einfachheit der patriarchalischen gesellschaftlichen Verhältnisse bzw. die Bestrebungen der selbständiger werdenden Handwerkerklasse aus usw.). Andererseits spielt die Kunst seit den Anfängen des menschlichen Daseins selbst eine beträchtliche Rolle in den gesellschaftlichen Veränderungen – zunächst als Mittel der Sozialisation, später als Form, in der sich politische und religiöse Bedürfnisse organisieren. Die Kunst verselbständigt sich schließlich in einem solchen Maße, und die ästhetischen Bedürfnisse werden derart autonom, daß der Zusammenhang zwischen der Entwicklung der Kunst und der Produktionsweise zwar nicht verschwindet, aber sich beträchtlich lockert. Im übrigen neigt Kelles-Krauz zu der Ansicht, daß es seit den Anfängen des gesellschaftlichen Lebens, ja sogar schon bei den Tieren zweckfreie ästhetische Bedürfnisse gibt. All diese Bemerkungen lassen sich nicht auf einen kohärenten Nenner bringen. In dieser wie in anderen Fragen ist Kelles-Krauz eines der zahlreichen Beispiele jener Marxisten, die in der löblichen Absicht, gegen den Schematismus, die Einseitigkeit und den »Reduktionismus« primitiver Marxismusauffassungen zu kämpfen, den historischen Materialismus, ohne es zu bemerken, am Ende auf die banale Feststellung reduzieren, daß die verschiedenen Bereiche des gesellschaftlichen Lebens von den Produktionsweisen und den widerstreitenden Klasseninteressen bis zu einem gewissen Grade abhängig und bis zu einem gewissen Grade unabhängig sind.

Er hielt sich jedoch für einen Marxisten im vollen Sinne des Wortes; er ging auf die Einwände aller bedeutenderen Kritiker des Marxismus – Croce, Sombart, Masaryk, Karejew – ein. Er wandte sich gegen die deutschen Revisionisten, bemerkte indessen, daß die Beschlüsse des Dresdner Parteitags, der den Revisionismus verurteilte, zweideutig seien; die Dresdner Resolution lehnt zwar jedes Entgegenkommen oder alle Anpassungsversuche gegenüber der bestehenden Ordnung ab, doch kann man, wie Kelles-Krauz bemerkt, jedes Eintreten für Reformen als eine Anpassung an die kapitalistische Gesellschaft bezeichnen, und deshalb ist der Standpunkt, den die sozialistische Partei Italiens auf dem Parteitag in Imola bezogen hat, eindeutiger und besser: Die Partei ist reformistisch, weil sie revolutionär ist, und sie ist revolutionär, weil sie reformistisch ist. Kelles-Krauz nahm mit anderen Worten den Standpunkt ein, den die Mehrheit der sozialistischen Theoretiker damals akzeptierte: Der Sinn von Reformen liegt in der Herbeiführung der

Bedingungen für die Revolution; auf die Komplikationen, an denen es einer solchen Synthese des reformistischen und des revolutionären Standpunkts nicht mangelte, ging er nicht ein. Er bekämpfte ebenfalls den Revisionismus Davids in der Agrarfrage und teilte in dieser Hinsicht den Standpunkt der Orthodoxen, die die ökonomische Überlegenheit der vergesellschafteten Wirtschaft auch in der landwirtschaftlichen Produktion unterstrichen. Er bekämpfte schließlich die gegen die polnische Unabhängigkeit gerichtete verbissene Haltung Rosa Luxemburgs und der SDKPiL und sagte, daß die nationale und die soziale Befreiung für die sozialistische Bewegung Polens ein und dasselbe Programm darstellten, daß aber die sozialistische Bewegung ihre klassenmäßige Eigenständigkeit bewahren müsse und sich nicht von der Bourgeoisie für deren ausschließlich auf die Unabhängigkeit gerichtete Ziele ausbeuten lassen dürfe: Die Unabhängigkeit Polens ist die Bedingung der sozialen Befreiung des Proletariats und muß so verstanden werden; ein unabhängiges Polen ist im Sinne des Proletariats, und das Gegenteil ist nicht richtig. Die Argumentation Rosa Luxemburgs, daß die ökonomische Integration Polens in das Zarenreich bereits erfolgt sei und das Wiedererstehen eines unabhängigen Polens deshalb der objektiven ökonomischen Tendenz widerspreche, ist nicht stichhaltig; der Kapitalismus entwickelt sich im Gegenteil am wirksamsten in den Formen des Nationalstaats, und deshalb ist die Bourgeoisie an dem Aufbau eines unabhängigen Staates interessiert, ganz zu schweigen vom Proletariat, dessen Perspektiven sehr viel ungünstiger sind, wenn es seinen Kampf unter der doppelten – sozialen und nationalen – Unterdrückung führen muß. Wichtig ist nur, daß die Sozialisten nicht zulassen, daß das Proletariat zu rein antizaristischen Aktivitäten mißbraucht wird, bei denen sich seine klassenmäßige Besonderheit verwischt.

Kelles-Krauz hat nicht lange genug gelebt, um herausragende Werke zu hinterlassen. Dennoch übertrifft die Bedeutung seiner Schriften ein wenig den Einfluß, den er als Popularisator des Marxismus, als Polemiker und als Ideologe der polnischen sozialistischen Linken hatte. Er trug zur Belebung dessen bei, was man als die konservative Seite des Marxismus bezeichnen könnte. Sein »Gesetz der revolutionären Retrospektion« ist natürlich kein Gesetz und muß in dieser allgemeinen Formulierung trivial klingen, ähnlich wie seine Überlegungen zum Sozialismus als einer »spiralförmigen Rückkehr« zur Urgesellschaft. Seine spezielleren Überlegungen zur historischen Tradition als einer verselbständigten, geschichtsbildenden Kraft und die Betonung des antirationalistischen Historismus der großen Konservativen als einer bedeutsamen Quelle des Marxismus trugen jedoch dazu bei, ein von jener Auffassung, die für die Kautskyanische Orthodoxie typisch war, etwas abweichendes Bild des Marxismus zu festigen. Es handelte sich dabei um einen Marxismus, der nicht nur die Geschichte als Realisierung von »Gesetzen«, sondern auch die Geschichte als Zufälligkeit berücksichtigen will, der also ganz einfach damit rechnet, daß der heutige Stand der menschlichen Gesellschaften und ihre Zukunftsperspektiven nicht nur von allgemeinen »Gesetzen« der Entwicklung abhängen, von dem, was der Lehre zufolge geschehen »mußte«, sondern auch von dem, was tatsächlich geschehen ist. Mit seiner phänomenalistischen Orientierung und seiner Auffassung des Marxismus als einer Gesellschaftstheorie, die nicht beansprucht, erkenntnistheoretische und metaphysische Fragen zu entscheiden, stand Kelles-Krauz gewiß nicht allein; viele damalige Marxisten dachten ähnlich, insbesondere innerhalb der österreichischen Schule. Doch auch in dieser Hinsicht hat Kelles-Krauz dazu beigetragen, ein anderes Bild vom Marxismus zu verbreiten als etwa Plechanow, Kautsky oder Lafargue. Es ist bemerkenswert, daß es in der Epoche der Zweiten Internationale einen als philosophischen Materialismus verstandenen Marxismus in Polen praktisch nicht gegeben hat.

Elftes Kapitel

Stanisław Brzozowski – der Marxismus als historischer Subjektivismus

Stanisław Brzozowski ist außerhalb Polens praktisch unbekannt geblieben. Die geistige Kultur Polens im 20. Jahrhundert ist dagegen unverständlich, wenn man nicht die vieldeutigen und merkwürdigen Spuren versteht, die seine explosive Schaffenskraft in ihr hinterlassen hat. Innerhalb der polnischen Kultur bildet der Philosoph und Schriftsteller, der an Tuberkulose starb, bevor er das 33. Lebensjahr vollendete, und dessen gesamtes Schaffen sich in einen Zeitraum von zehn Jahren zusammendrängt, einen dauernden wunden Punkt – sowohl wegen der unerhört divergierenden Urteile über den Wert seiner Hinterlassenschaft wie auch wegen eines dramatischen Elements seiner Biographie, die bis heute die Historiker beunruhigt. Er war ein irritierender und provozierender Autor, und obwohl er eine Zeitlang als Prophet der jungen Intelligenz galt, die gleichzeitig gegen die positivistischen und die romantischen Traditionen revoltierte, erreichte er es, daß alle damals wirksamen politischen Formationen – die Konservativen, die Sozialisten, die Nationaldemokraten – sich gegen ihn wandten. Sein Stil ist heftig und gleichsam ständig auf Siedetemperatur gehalten; was auch immer ihn beschäftigt, scheint entweder nur der höchsten Faszination oder der grenzenlosen Verachtung würdig zu sein. Einige Kritiker haben behauptet, dieser explosive Stil verberge nur Dilettantismus, Mangel an ausgereiften eigenen Gedanken und Unfähigkeit zu diszipliniertem Denken; dafür spricht auch das allen erkennbare schwindelerregende Tempo, in dem sich bei Brzozowski geistige Wandlungen vollzogen, die ganz offensichtlich von der überaus häufig wechselnden und sicher oberflächlichen Lektüre abhingen, die Hast, die ihn ständig zum Schreiben trieb, und die Leichtigkeit, mit der er sich mit jedem neu entdeckten Philosophen oder Schriftsteller identifizierte. Sorgfältigere Kritiker bemühen sich jedoch, in diesen Wandlungen eine gewisse Logik, zumindest aber eine gewisse hartnäckige und stetige Tendenz zu entdecken, die sich mit den jeweils assimilierten Produkten der westeuropäischen, russischen und polnischen Geisteskultur verband und aus dieser Assimilation etwas Eigenes machte. Im Grunde gab Brzozowski die Fülle seiner Lektüre an seine Leser weiter, doch paraphrasierte er dabei das Denken der jeweils behandelten Autoren in einem Ausmaß und gab ihnen so sehr die Farbe seiner eigenen Stilistik, daß sie zuweilen bis zur Unkenntlichkeit entstellt zu sein schienen: Kant und Spencer, Hegel und Marx, Avenarius und Nietzsche, Proudhon und Sorel, Bergson und Newman, Dostojewski und Loisy und viele andere waren Gegenstand einer solchen Bearbeitung. Die Zweideutigkeiten und Wandlungen Brzozowskis hatten eine entsprechende Zweideutigkeit seiner postumen Einflüsse zur Folge: Die gesamte linke Jugend wurde mit seinen Büchern und Romanen groß (der Roman »Płomienie«, den Helden der Narodnaja Wola gewidmet, gehörte zu den klassischen Lesestoffen sämtlicher revolutionären Generationen), aber in den Vorjahren des Zweiten Weltkriegs und während des Krieges machte sich das radikal-nationalistische Lager Brzozowski erfolgreich zu eigen und stellte ihn als seinen Propheten hin. In dieser Hinsicht ähnelte er Sorel, der übrigens einen gewaltigen Einfluß auf ihn ausübte.

War er Marxist, und wenn ja, in welchem Umfang? Er schrieb über sich, daß er nie ein Orthodoxer gewesen sei und von Anfang an als Dissident zum Marxismus gekommen sei. Er glaubte jedoch, daß seine eigenen Gedanken aus den Jahren 1906–1909, also das, was er Philosophie der Arbeit bezeichnete, eine Weiterentwicklung des Marxschen Erbes sei, und er versuchte, einen auf seine eigene Weise erfahrenen Marxismus dem Evolutionismus der Orthodoxen und vor allem der ganzen auf Engels fußenden Tradition entgegenzusetzen. Er war einer der ersten, die es wagten, Marx und Engels als Vertreter extrem unterschiedlicher Denkweisen einander radikal gegenüberzustellen. Sicher ist, daß der Marxismus eine bestimmte Phase der verwickelten geistigen Biographie Brzozowskis darstellte, eine Phase allerdings, die für die Bedeutung seiner Schriften innerhalb der polnischen Kultur den stärksten Ausschlag gab, und sicherlich auch die Phase seiner größten intellektuellen Selbständigkeit. Man kann den Marxismus nicht als Angelpunkt dieser Biographie bezeichnen, und so ist denn der »Marxismus Brzozowskis« nur ein Ausschnitt aus seinem Bilde; ein Ausschnitt allerdings, der ohne eine und sei es nur flüchtige Bezugnahme auf das Ganze unverständlich wäre. Die unter dem Aspekt der Geschichte des Marxismus grundlegenden Texte sind in einem Band mit verschiedenen Untersuchungen enthalten, der 1910 unter dem Titel »Idee« erschien.

Es ist nahezu unmöglich, Brzozowski »zusammenzufassen«, ohne ihn zu entstellen. Da er glaubte, daß die Philosophie nicht eine Betrachtung über das Leben sei, sondern ein Organ der Steigerung des Lebens, glaubte er ebenfalls, daß der Sinn der Philosophie in ihrer gesellschaftlichen Wirksamkeit liege. Insofern würde man, berichtete man nur über den Inhalt seines Schrifttums, losgelöst von dessen persönlicher und sozialer Genese und Funktion, aus dem Schrifttum unvermeidlich etwas machen, was es gerade nicht sein möchte – eine Doktrin. Andererseits kann sich ein Philosoph, der glaubt, daß das Philosophieren der Geschichte vollkommen immanent sei, nicht darüber beklagen, daß sein Denken durch Kommentatoren »deformiert« würde, da sich das Wort »Deformation« auf diesen Kommentar ebensowenig anwenden läßt wie auf seine eigene Vision der Welt, wenn jeglicher Sinn erst erzeugt und nicht aus dem fertigen Gebilde herausgeschält wird.

Das Denken Brzozowskis läßt sich im Hinblick auf einige Bezugspunkte, die Gegenstand seiner Angriffe waren, negativ einordnen. Das waren vor allem der Positivismus, der Evolutionismus, der Naturalismus und die Theorie des Fortschritts – sämtlich intellektuelle Standpunkte, denen es darum geht, das menschliche Leben als eine Fortsetzung oder eine Funktion des Naturprozesses zu interpretieren, und es auf diese Weise verständlich zu machen glauben. Das ist zweitens die Tradition der Romantik, die das angeblich unabhängige geistige »Innere« des Menschen der ihm fremden und von eigenen Gesetzen beherrschten Natur entgegensetzt. Brzozowski war zwar in Polen der aktivste Verfechter des modernistischen, auch neoromantisch genannten Denkens, aber er bekämpfte entschieden eine gewisse Variante dieses Denkens, in der er eine Fortsetzung der »schlechten Seite« der Romantik sah, jene nämlich, die für die Kunst vollkommene Freiheit vom »realen« Leben fordert und sich durch das Bewußtsein ihrer gesellschaftlichen Funktion nicht binden lassen möchte. Er trat deshalb sowohl dem utilitaristischen Kunstverständnis in den Programmen der Positivisten wie der Parole »l'art pour l'art« entgegen. Ihm ging es darum, die Stellung einer Kunst zu wahren, die nicht durch Gesetze des »Fortschritts« festgelegt ist und nicht durch außermenschliche Kräfte erklärt werden kann, die aber ebenfalls keinen Bruch der historischen Kontinuität darstellt und nicht auf der Freiheit von ihrer gesellschaftlichen Verantwortung beruht.

1. Biographische Mitteilungen

Stanisław Brzozowski (28. 6. 1878–30. 4. 1911) stammte aus dem Milieu des niederen Adels. In dem Dorf Maziarnia in der Gegend von Lublin geboren, bezog er nach Abschluß des Gymnasiums 1896 die naturwissenschaftliche Fakultät der Universität Warschau, von der er nach einem Jahr wegen Beteiligung an der Organisation einer patriotischen Studentendemonstration verwiesen wurde. Im Herbst 1898 wurde er wegen Betätigung in einem konspirativen Bildungsverein verhaftet und nach der Freilassung einige Wochen später unter Polizeiaufsicht gestellt. Im folgenden Jahr erkrankte er an Tuberkulose und lebte von da an bis zum Jahre 1905 teils in Warschau und teils in Otwock, wo er seine kranken

Lungen behandeln ließ. 1901 entfaltete er eine überaus rege schriftstellerische Tätigkeit und veröffentlichte Bücher und populär-philosophische Artikel, Romane, literarische Kritiken, Dramen und Theaterrezensionen. In diesen ersten Jahren erschienen u. a. sein kleines Bändchen über die Philosophie Taines, Abhandlungen über Amiel, Śniadecki, Kremer, Avenarius, Żeromski, Angriffe auf Sienkiewicz und Miriam-Przesmycki. Anfang 1905 begab er sich nach Zakopane, verbrachte das ganze Jahr in Galizien und hielt zahlreiche Vorträge in Zakopane und Krakau. In dieser Zeit schrieb er das Bändchen »Filozofia romantyzmu polskiego« (erschienen 1924), Abhandlungen über Norwid und Dostojewski und einen Abriß der Logik. Anfang 1906 reiste er zur Kur nach Nervi, dann nach Lausanne, nach Deutschland und nach Lwow (Lemberg). In diesem Jahr entstand neben zahlreichen Artikeln das Bändchen »Współczesna powieść polska«. Anfang 1907 kehrte er nach Nervi zurück, von wo er nach einem halben Jahr nach Florenz übersiedelte. In dieser Zeit verfaßte er u. a. eine Studie über Nietzsche, veröffentlichte er die Bücher »Kultura i życie« und »Współczesna krytyka literacka w Polsce« sowie eine Abhandlung über den historischen Materialismus, und er lernte in dieser Zeit in Italien Gorki und Lunatscharski kennen. Außerdem begann er intensiv über den Marxismus zu arbeiten und das Schaffen Sorels kennenzulernen.

Im April 1908 platzte die sogenannte Affäre Brzozowski – ein Skandal, der die gesamte polnische Intelligenz jahrelang leidenschaftlich bewegte und für die letzten Lebensjahre des Autors zum Alptraum wurde. Der ehemalige Agent der zaristischen Ochrana, Michael Bakaj, übergab dem russischen Emigranten Wladimir Burcew, der in Paris eine sozialistische Zeitschrift herausgab, eine Liste mit Spitzeln der Ochrana, auf der sich der Name Brzozowskis befand. Das Organ der SDKPiL, der »Czerwony Sztandar«, druckte diese Nachricht ab, woraufhin die Brzozowski nicht wohlgesonnene Presse, sowohl die sozialistische wie die nationaldemokratische, mit einem wütenden Kesseltreiben gegen den »Spion« begann. Brzozowski reagierte unverzüglich mit einer Erklärung, in der er die Anschuldigungen bestritt, und forderte ein aus Vertretern aller sozialistischen Parteien zusammengesetztes bürgerliches Ehrengericht, das den schändlichen Vorwurf untersuchen sollte. Nach langen Vorbereitungen trat ein solches Gericht im Februar und dann wieder im März 1909 in Krakau zusammen, und damit endete seine Tätigkeit; an der folgenden Sitzung konnte Brzozowski, von der Krankheit niedergeworfen, nicht mehr teilnehmen. Einzige Quelle der Anschuldigungen war die Information Bakajs, der sich in widersprüchliche Aussagen verstrickte. Das Gericht fällte kein Urteil, doch in der Zwischenzeit entbrannte eine heftige Polemik. Viele namhafte Schriftsteller verteidigten den Philosophen gegen die ungeheuerliche Anschuldigung. Der Streit flammte nach Brzozowskis Tod mehrfach wieder auf und führte nicht zu zweifelsfreien Resultaten; die Nachforschungen, die der polnische Kommunist Feliks Kon, ein Mitglied des Krakauer Gerichts, nach der Oktoberrevolution in den Archiven der Ochrana betrieb, brachten keinerlei Hinweise auf einen Verrat Brzozowski zutage. Derzeit herrscht die Ansicht vor, daß die Anschuldigung entweder Ergebnis einer Personenverwechslung oder eine Provokation der russischen Polizei war. Gleichwohl belastete sie verhängnisvoll das persönliche Schicksal Brzozowskis sowie das Schicksal seiner schriftstellerischen Hinterlassenschaft. (Bakajs Machenschaften flogen auf, als – noch während der Verhandlung über Brzozowski – publik wurde, daß Jewno Azef, der Führer einer terroristischen Organisation der Sozialrevolutionäre, ein Agent der Ochrana sei, was gerade Bakaj offenbarte; aber auch die Hintergründe dieser Enthüllung sind nicht hinreichend geklärt.)

Von der Hetze gepeinigt, ohne Mittel zum Unterhalt und schwer erkrankt, unterbrach Brzozowski trotz allem seine Arbeit nicht. Im Jahre 1908 erschien der Roman »Płomienie«, im folgenden Jahr die »Legenda młodej Polski«, wohl die bekannteste seiner philosophisch-kritischen Arbeiten, und ein Jahr darauf erschienen die »Idee«, gewissermaßen die Summe seiner philosophischen Überlegungen. Er starb in Florenz. Postum wurden noch zahlreiche Schriften veröffentlicht, darunter die in den letzten Lebensmonaten verfaßten Erinnerungen (»Pamiętnik«), eine Abhandlung über Newman, die als Einleitung in die polnische Ausgabe der »Zeugnisse des Glaubens« aufgenommen wurde, und ein unvollendeter Roman.

2. Die philosophische Entwicklung

Wie die Mehrzahl seiner Altersgenossen machte Brzozowski eine Zeit durch, in der er sich vom darwinistisch-spenceristischen Positivismus anstecken ließ. Bald gab er jedoch die evolutionistische, deterministische und optimistische Weltanschauung nicht nur auf, sondern machte sie zur Hauptzielscheibe seiner Angriffe. Er machte sich die individualistische Philosophie der »Tat« zu eigen, die auf objektive Kriterien der erkenntnistheoretischen, ästhetischen und moralischen Beurteilung verzichtet, alle Werte auf die Entfaltung des einmaligen Individuums zurückführt und den Gedanken des Schöpferischen retten möchte, den sie als Herausforderung allen Versionen des naturwissenschaftlichen Determinismus entgegenschleudert. Bei der Formulierung dieser Philosophie stützt er sich auf die gleichen Quellen wie die Mehrzahl der Modernisten seiner Zeit: Fichte, Nietzsche, Avenarius. Zusätzliche Anstöße erhielt er von der Tradition der polnischen romantischen Philosophie, in welcher der philosophische Kult der »Tat« einem politisch geknechteten Volk gewissermaßen ideologische Kompensation bot.

Avenarius und Nietzsche sind in dieser Zeit die hauptsächlichen Lehrmeister Brzozowskis. Der erstere gehörte zu jenen, die aus dem evolutionistischen Positivismus unerwartete und für das Verständnis Brzozowskis geradezu tragische Konsequenzen zogen. Die Darwinisten interpretierten die gesamte menschliche Kultur einschließlich der geistigen Tätigkeit als Instrumente des Kampfes, den die menschliche Gattung ums Überleben führt. Sie erleichterten dadurch oder provozierten sogar die pragmatische Interpretation der Erkenntnis: Da kognitive Verhaltensweisen und deren in der Wissenschaft fixierte und kodifizierte Ergebnisse »nichts anderes« sind als Antworten der Gattung auf Situationen, in welche die natürliche Umgebung sie stellt, verliert der transzendental verstandene Begriff der »Wahrheit« (und ebenso die Begriffe des »Guten« oder »Schönen«) seinen Sinn; als kognitiv, ästhetisch oder moralisch wertvoll erachten wir das, was der Verlängerung und Steigerung des Gattungslebens förderlich ist. Somit können die Ergebnisse der Wissenschaft, darunter insbesondere die Evolutionstheorie selbst, nicht als »wahr« im geläufigen, also auch im transzendentalen Sinne gelten, sondern sie erweisen sich sämtlich als Organe des »Lebens«, das an sich weder gut noch böse, weder wahr noch falsch ist, sondern ganz einfach ist und weitergeht. Nun war die Grundlage dieser Überlegung aber gerade eine biologische Theorie, die für sich Wahrheit im geläufigen Sinne des Wortes beanspruchte. Die ganze Konstruktion der »wissenschaftlichen Philosophie« erwies sich als ein Zirkelschluß.

Die Philosophie des Empiriokritizismus wurde mit diesen Schwierigkeiten nicht fertig, und Brzozowski, der ihr eine Zeitlang eine ungewöhnliche kulturelle Bedeutung zuschrieb, meinte, daß in der Erkenntnistheorie ein Zirkelschluß überhaupt nicht zu vermeiden sei, da die allgemeinen Regeln für die Bewertung der Erkenntnis nicht ohne bestimmte Prämissen auskommen könnten. Er akzeptierte die empiriokritizistische Verneinung des Wahrheitsbegriffs, obwohl er der Ansicht war, sie fordere vom Menschen den dramatischen Verzicht auf den Anspruch, im rationalistischen Wortsinne »objektive« Werte entdecken zu können. Bedeutet doch für Avenarius das Prädikat »wahr« – ähnlich wie die Prädikate »gut« und »schön« – lediglich eine gewisse Interpretation, welche die Menschen den Inhalten ihrer Wahrnehmung und Überlegungen zuschreiben, nicht aber eine Qualität, die in der Erfahrung selbst enthalten wäre (die Wahrheit ist ein »Charakteristikum« und nicht ein »Element«). Das erkenntnistheoretische Problem, anders gesagt die Frage nach einer Wahrheit, die ein Merkmal unserer Urteile sein soll, und zwar ohne Rücksicht auf die Situation, in der wir zu diesen Urteilen gelangen, und ohne Rücksicht auf deren biologische Funktionen, kann nicht sinnvoll gestellt werden. Es gibt keine Fragen, die über die empirische Beschreibung hinausgehen, es gibt keine »Vernunft« im Sinne eines Vermögens, das von den organischen Reaktionen prinzipiell verschieden und dazu berufen wäre, ein Bild von der Welt, wie sie »an sich« ist, festzulegen. Aufgabe der Philosophie ist nicht die Suche nach der Qualität des Seins, sondern im Gegenteil die Verallgemeinerung von Erfahrungsgegebenheiten, wobei sie größte Sorge zu tragen hat, ihren Abstrakta keine anderen als rein instrumentale Bedeutungen zuzuschreiben. Die Systematisierung der Erfahrungen in wissenschaftlicher Form ist eine menschliche Tätigkeit, und der Mensch ist nicht ein passiver Empfänger der Inhalte einer fertigen Welt, sondern deren aktiver Organisator.

Brzozowski meinte, wir müßten diese Ergebnisse zur Kenntnis nehmen und damit auf den »Wahrheits«anspruch verzichten. Was an unserer Erkenntnis wertvoll ist, ist es nicht dadurch, daß es uns ein reales Bild der Welt zeigt, sondern dadurch, daß es in unserem Kampf mit der Natur verwertbar ist, und die Frage, »warum« es verwertbar ist, ist selbst ein Ergebnis metaphysischer Gewohnheiten und kann nicht sinnvoll gestellt werden. Die Welt, die wir kennen, ist nach unserem Maßstab zugeschnitten, von uns hervorgebracht; nach einer anderen Welt kann man nicht sinnvoll fragen, man kann sich also nicht einmal, wie Spencer es tut, eine Kategorie des Unerkennbaren konstruieren, denn das Vorhandensein einer solchen Kategorie in unserem Denken setzt voraus, daß wir etwas über etwas wissen, von dem wir prinzipiell nichts wissen können.

Der biologische Relativismus Brzozowskis ist in dieser Zeit allerdings kein gattungsmäßiger, sondern ein rein persönlicher Relativismus, der also letzten Endes Nietzsche mehr verdankt als Avenarius. Alles, was wahr, gut oder schön ist, ist nicht auf den kollektiven Nutzen bezogen, sondern auf die irreduzible Subjektivität jeder menschlichen Person. Jeder ist berufen, auf eigene Faust seine Welt zu schaffen, und jeder ist berechtigt, das, was nach seiner Ansicht seiner persönlichen Lebensentfaltung dient, als wahr oder gut zu bezeichnen. Weder in der Wissenschaft noch in der Kunst oder der Moral gibt es deshalb allgemeinmenschliche Kriterien, sondern es gibt nur das jeweils individuelle Projekt, das gleichsam in einer durch nichts gehinderten Schöpfung die Welt für sich festlegt.

Das Denken Brzozowskis geht in dieser Phase über die stereotypen Schemata der Neoromantik nicht hinaus, sondern verleiht ihnen höchstens durch seine dramatische Rhetorik Farbe. Erst in den Jahren 1906–1907 versucht er, so als wäre er sich über die Ausmaße des eigenen Wandels nicht ganz im klaren, über den Wert-Solipsismus und die nietzscheanische Parole des Schöpfertums hinauszukommen, um einen absolut anthropozentrischen Standpunkt zu umreißen, den er Philosophie der Arbeit nennt. Marx, Sorel und Bergson sind in dieser Phase seine hauptsächlichen Lehrmeister.

Die Gründe dieses Wandels hat Brzozowski nie ausdrücklich dargelegt, doch kann man sie hypothetisch rekonstruieren, wenn man seine späteren Kritiken an der Romantik mit früheren Beurteilungen der romantischen Philosophie vergleicht. Es scheint, als wäre sich Brzozowski bewußt geworden, daß seine Kritik an der modernistischen Kunst, die ihre Unabhängigkeit von der Gesellschaft proklamiert und folglich auch gesellschaftliche Verantwortung ablehnt, nicht auf einen Nenner zu bringen ist mit einer Philosophie, die weiterhin an das durch nichts gebundene Schöpfertum einer freien Subjektivität glaubt, welche ihren Kosmos nach eigenem Willen oder eigener Laune festlegt. Wenn sich das Schöpferische durch den fehlenden Zusammenhang mit der bestehenden Kultur und durch fehlende Verantwortung für diese Kultur definiert, wenn sich das Denken deshalb als schöpferisch behauptet, weil es die Kontinuität mit der Welt zerreißt, dann vollzieht es eine Rückwendung zur romantischen Entzweiung der Welt in das allein wichtige geistige »Innere« und eine Welt objektivierter Natur und Kultur, eine gleichgültige und natürlichen oder soziologischen Determinismus unterworfene Welt. Eine Philosophie, die mit dieser Prämisse arbeitet, ist kein Schaffen innerhalb der Welt, sondern eine Flucht vor deren Imperativen. Wenn uns die vorhandene Welt nach Nietzsches Worten keinen Sinn bietet, dann ist die Freiheit des schöpferischen Subjekts nur ein Zufall, ein eigensinniger Versuch, das Wissen darüber zu verdrängen, welche gesellschaftlichen Bedingungen das Schöpfertum überhaupt möglich machen, zu verdrängen, wodurch und in welchem Ausmaß wir fähig sind, das eigene Schicksal zu bestimmen.

Die Ontologie der Kultur, welche Brzozowski nun zu umreißen versucht, richtet sich gegen zwei scheinbar extrem entgegengesetzte, nach seiner Ansicht in Wirklichkeit aber auf den gleichen Voraussetzungen beruhende Standpunkte: den evolutionistischen Positivismus und die Romantik. Beide stimmen nämlich darin überein, daß die Wirklichkeit selbst keinen Sinn besitzt, sondern eigenen, vom Menschen unabhängigen Gesetzen unterworfen ist; sie ist also entweder Gegenstand einer technisch nützlichen Bearbeitung, oder sie verdient als eine gefühllose Welt der Notwendigkeit Verachtung. In beiden Fällen ist aber die Idee des Menschen als eines schöpferischen Wesens nicht zu retten; im ersten Falle, weil das Schöpfertum nur eine Anpassung an die Erfordernisse der natürlichen Umwelt und genau wie die Veränderungen dieser Umwelt durch allgemeine Gesetze des »Fortschritts« festgelegt ist, im zweiten Falle, weil das Schöpfertum per definitionem keine Spuren im Dasein hinterlassen, sondern dieses lediglich – in der Einbildung – abwehren soll, weil es sich darauf reduziert, eine illusorische Autarkie der menschlichen Monade zu pflegen. Die Philosophie der Arbeit muß deshalb sowohl über den evolutionistischen Fortschrittsglauben wie über die romantische Verkümmerung eines selbstgenügsamen »Ichs« hinausgehen; sie muß die Welt als etwas anerkennen, das nur dank der Bedeutung existiert, welche die kollektive Anstrengung der Menschheit ihr verleiht, und sie soll auf diese Weise die Würde des Menschen retten, der der Urheber der Welt ist, uneingeschränkt für sich und das Dasein verantwortlich, das kollektive Absolutum, dem keine fertigen Gesetze den Sieg im Ringen mit dem Schicksal garantieren. Es handelt sich hier gewissermaßen um eine Bearbeitung des Kantianismus im marxistischen Geiste: Die Natur, wie wir sie kennen und von der wir sinnvoll reden können, erweist sich als eine menschliche Schöpfung, aber ihr menschliches Element stammt nicht aus den transzendentalen Bedingungen der Erfahrung, sondern aus der Arbeit.

Mit der Philosophie der Arbeit war die geistige Entwicklung Brzozowskis noch nicht beendet. Der letzte Abschnitt seines Lebens ist weitgehend von religiösen Betrachtungen und von einer wachsenden Sympathie für die katholische Tradition erfüllt, eine Tradition allerdings, die er mit den Augen Newmans und der Modernisten sieht. Brzozowski war mit Sicherheit nie ein »fortschrittlicher Freidenker« oder ein militanter Atheist im Sinne der damals sowohl bei den Positivisten wie bei den Marxisten verbreiteten stereotypen Einstellungen. Nie setzte er sich den »Kampf gegen das religiöse Vorurteil« zum Ziel, weil er alle Formen des geistigen Lebens der Menschen ernst nahm und im Katholizismus eine immens wichtige und fruchtbare Form sah, kulturelle Werte zu organisieren. Er hielt sich selbst in einem gewissen, nicht näher bestimmten Sinne für einen religiösen Menschen (kurz vor seinem Tode schrieb er in einem Brief, daß er den Glauben an die Unsterblichkeit der Seele nie verloren habe). Lange Zeit hindurch war der Katholizismus für ihn jedoch lediglich ein historisches Gebilde, ein Sammelpunkt lebenswichtiger Werte, von dem Impulse für das literarische, künstlerische und philosophische Schaffen ausgingen; er sah den Katholizismus als etwas Immanentes, das über den Rahmen einer sich selbst genügenden menschlichen Geschichte nicht hinausging. Nie hat er geglaubt, daß sich die Werte der Kultur völlig von ihren historischen Wurzeln, von der Genese und von den Formen, in denen sie entstanden sind, befreien lassen, daß also alles Wertvolle am Christentum unter Abwerfen seiner christlichen »Schale« unvermittelt von einer »weltlichen« Kultur übernommen werden könnte. In seinem letzten Lebensabschnitt nimmt jedoch sein Denken eine andere Wendung. Das Christentum zieht ihn jetzt nicht mehr nur als wichtiges Element der Kultur, als Übermittler von Werten an, sondern auch als eine Form des Umgangs mit dem Übernatürlichen. Von einer plötzlichen Konversion kann man kaum sprechen, und die Notizen und Briefe aus den letzten Lebensmonaten Brzozowskis sind nicht so eindeutig, daß man diesen Wandel genau charakterisieren könnte. Es scheint jedoch, daß es nicht um eine persönliche Konversion und um einen Bruch mit dem bisherigen Denken ging, sondern um eine Fortführung der Fragen, die Brzozowski unablässig beschäftigten: Wie kann der Mensch dem, was er selbst schafft, einen absoluten Sinn verleihen? Es scheint, als sei Brzozowski zu der Überzeugung gelangt, daß dieser absolute Sinn, der zugleich die Voraussetzung des Glaubens an die absolute Würde des Menschen ist, sich nur in dem Glauben erhalten kann, daß wir in unseren Bemühungen zur zeitlosen, göttlichen Grundlage des Seins vorstoßen. Jegliche realistische Metaphysik des Christentums, alle Versuche, den Glauben zu rationalisieren, waren ihm völlig fremd. Wenn er dennoch als Katholik starb, so war dieser Tod selbst eine Fortsetzung seiner philosophischen Anstrengung, nicht aber eine gewaltsame Unterbrechung der Entwicklung.

3. Die Philosophie der Arbeit

Wenn wir nun unsere Aufmerksamkeit der eigentümlichen, von Brzozowski skizzierten Version des Marxismus zuwenden, bemerken wir sofort, daß der Kampf gegen die damals vorherrschende, von Engels und Kautsky verbreitete evolutionistische Version des Marxismus ihren Angelpunkt bildet. Der ganze zeitgenössische Marxismus – mit Ausnahme der Schriften Labriolas und Sorels – war für ihn ein ungewöhnlich wirksames Verfahren, das Denken gegen alle wesentlichen Probleme Marxens immun zu machen. ». . . Es gab nicht einen Begriff, nicht eine Anschauung, nicht eine Methode, die nicht, aus dem Kopfe von Marx in den Kopf von Engels gelangt, zu etwas gänzlich anderem geworden wären, und zwar, soweit es um die philosophische Natur der Begriffe geht, zu etwas diametral Entgegengesetztem . . .« (»Idee«, S. 264).[1] Engels teilte den Glauben der Positivisten an eine natürliche Entwicklung der Welt, in welche die menschliche Geschichte einbezogen ist; er glaubte, daß die menschliche Geschichte durch die Gesetze der bestehenden Natur erklärbar sei und daß es ein von niemandem festgelegtes natürliches Gesetz des Fortschritts gebe, welches den Menschen ein künftiges Reich der Glückseligkeit garantiert. Dieser positivistische Optimismus ist nicht bloß ein haltloser Einfall, sondern trägt dazu bei, den Menschen zu erniedrigen, weil er ihn glauben machen will, er sei in Wahrheit nicht der Schöpfer seines eigenen Schicksals, sondern könne sich auf die Wirkung des »Fortschrittsgesetzes« verlassen, das ihm in einer bereits quasi-existierenden Zukunft ein komfortables Auskommen verheißt; er nimmt dem Menschen dadurch das Bewußtsein, daß er das Subjekt seiner eigenen Existenz ist, und den Willen, wahrhaftig dieses Subjekt zu sein. Wie alle Positivisten mit ihrer konservativen Metaphysik bleibt auch die Theorie Engels' bei der prinzipiellen Fremdheit von Mensch und Welt. »Für Marx war der Sieg der Arbeiterklasse notwendig, weil er sich selbst überzeugt hatte, daß er diesen Sieg herbeiführen, aufbauen kann, und weil er das Gefühl hatte, daß er an dessen Zustandekommen beteiligt ist, daß er die Grundlagen dafür legt. Für Engels war diese ganze Konstruktion einschließlich des sie innerlich beseelenden Marxschen Willens eine Erkenntnis, die sich in seinem Denken als eine seinen Anforderungen genügende, die ihm bekannten Fakten umfassende und alle Einwände zurückweisende Erkenntniseinheit festsetzte; der Sieg der Arbeiterklasse ist für Engels eine Notwendigkeit, weil er sich in seinem Denken als logisches Resultat seiner Erkenntnis abzeichnet . . . Wir sind wieder auf einem Stande des Denkens, als hätte es nie einen Marx gegeben« (*ebd.*, S. 348f). »Engels genügte das Gefühl, logisch und intellektuell eine Lebensweise zu vertreten, welcher der Sieg und die Herrschaft gebührt. Engels betrachtete die Welt wie ein Spiel von Irrtümern, aus dem schließlich naturgemäß und notwendig derjenige hervorgeht, der mit ihrer Erkenntnis umzugehen weiß . . .« (*ebd.*, S. 384). ». . . Im Grunde ist der Mensch für ihn immer ein unwichtiges Wesen; es hat glücklich zu sein, es hat frei zu sein, das heißt, im Denken von Engels keine logischen Störungen zu verursachen . . . Er liebte die Arbeiterklasse als sein unentbehrliches Argument, besaß aber außerdem, von Marx abgesehen, keine geistige Bindung« (*ebd.*, S. 389).

Marx hingegen hatte nach Brzozowskis Ansicht keine Doktrin, nach der es möglich gewesen wäre, auf der Grundlage erkannter »Natur«gesetze, die in der menschlichen Geschichte ebenso wirken wie in der unbelebten Natur, historische Voraussagen zu machen. Das heißt jedoch nicht – und dieser Punkt muß betont werden –, daß Brzozowski den Engelsschen »Determinismus« einem Marxschen »Voluntarismus« entgegensetzt; was er Marx als Negation des Determinismus zuschreibt, ist nicht eine voluntaristische *Doktrin*, sondern eine Philosophie, die sich selbst als historische *Praxis* begreift. Der Marxismus ist mit anderen Worten nicht eine Theorie, welche die *Praxis* zum Gegenstand hat, sondern er ist selbst eine Art von gesellschaftlicher Tätigkeit, welche die Geschichte und darin sich selbst als einen von deren Faktoren begreift, also den historischen Prozeß gewissermaßen »von innen« betrachtet. Insofern ist die Auffassung Brzozowskis radikaler als der kollektive Subjektivismus der russischen, empiriokritizistisch orientierten Marxisten; sie bleibt nicht dabei stehen, die Welt als eine Sammlung von

Sinngehalten aufzufassen, die durch die kollektive menschliche Anstrengung hervorgebracht wurden, sondern relativiert genauso ihren eigenen Sinn. Brzozowski war wohl der erste, der noch vor Lukács und Gramsci den innermarxistischen Streit zwischen Deterministen und Kantianern mit der Begründung verwarf, beide Seiten gingen davon aus, daß die Lehre von Marx ein soziologischer Versuch der Beschreibung gesellschaftlicher Gesetzmäßigkeiten sei; für Brzozowski aber liegt der Sinn des Marxismus nicht in dem, was er beschreibt oder vorhersagt, sondern in dem, was er bewirkt.

Für eine solche Auffassung des Marxismus hatte Brzozowski abgesehen von den »Thesen über Feuerbach« nicht viele Anhaltspunkte; er stützte sich mehr auf die Intuition als auf eine Analyse der schriftlichen Hinterlassenschaft Marxens. Trotzdem hatte er die Gewißheit, den genuinsten Impuls der Marxschen Philosophie darzustellen – jenen, den Marx selbst später gleichsam vergaß, als er seine ganze Aufmerksamkeit auf das Problem der Eroberung der Macht konzentrierte.

Das erste Angriffsziel der so verstandenen Philosophie der *Praxis* ist die Vorstellung von einer »fertigen Welt«, die eigenen, von uns vorgefundenen Gesetzen unterliegt und verlangt, daß wir diese Gesetze erkennen, um sie zum eigenen Nutzen ausbeuten zu können. Eine solche Welt ist ein intellektualistisches Trugbild, das dazu dient, die menschliche Verantwortung für das Schicksal des Menschen zu umgehen. Was wir als Natur kennen, ist immer – in jeder Phase der menschlichen Erkenntnis – eine Stufe unserer Herrschaft über das Sein, nicht aber Sein an sich. Diesen Gedanken wiederholt Brzozowski vielfach in unterschiedlichen Varianten. ». . . vom Standpunkt der Erkenntniskritik ist die Natur im wissenschaftlichen Wortsinne eine durch die Technik der Menschheit erlangte Herrschaft über die außermenschliche Welt« (*ebd.*, S. 7). »Die Natur als die Idee – das ist die Erfahrung, gedacht in Kategorien, die durch unsere reale Herrschaft über die kosmische Umgebung hervorgebracht wurden . . . die Natur als Idee – das ist die Erfahrung, gedacht als unser Werk; die Welt als möglicher Gegenstand unseres technischen Wirkens« (*ebd.*, S. 119). »Der Mensch erkennt nicht eine fertige, vorgefundene Welt, sondern er schafft zunächst unbewußt und heute bewußt verschiedene Formen des Handelns und macht sich diese bewußt« (*ebd.*, S. 154). »Die Wirklichkeit, mit der das menschliche Denken in Berührung kommt, ist immer nur menschliche Tätigkeit, menschliches Leben selbst. Was existiert außer der Menschheit? Etwas, dem gegenüber nur unsere Arbeit bleibt . . . Der Mensch hat nur sich und verfügt über sich und das, was er mit Absicht hervorbringt. Die Wissenschaft ist das Bewußtsein, der Plan, die Methode unseres Handelns, und es gibt in ihr keine Grenzen, weil das Leben der Menschheit und ihre Arbeit weitergehen und sich entwickeln« (*ebd.*, S. 164).

Mit anderen Worten: Der Kontakt des Menschen mit dem Sein ist in erster Linie ein tätiger Kontakt, ist Arbeit; alles übrige ist abgeleitet, insbesondere die Wahrnehmung und das Begreifen der Welt. Wir kennen die Welt von Anfang an und in allen Stadien unserer Erkenntnis als das, worauf unsere Arbeit gerichtet ist, als Objekt des Widerstandes und der Anstrengung. Dieser praktische Dialog mit der Umgebung ist die absolute und unüberschreitbare Realität, es gibt aus ihr keinen Ausweg zu einem Sein, das uns sein »authentisches« Gesicht zeigen oder unverändert in den Bereich des wahrnehmenden Bewußtseins treten und dort sein subjektives Bild hervorrufen würde; ebensowenig gibt es ein reines Selbstbewußtsein, also ein Vordringen zu einem ungetrübten substantiellen Ego, das für sich selbst vollkommen transparent wäre; die Welt ist, wie Brzozowski sagt, »kommensurabel mit der Arbeit«. Somit sind wir nicht imstande, in unseren geistigen Tätigkeiten die Wahrnehmung von der Wertung zu trennen, denn es gibt keine Wahrnehmung und keine theoretische Reflexion, die nicht im parteilichen Sinne menschlich, eben wertend wäre, die nicht innerhalb eines Horizonts operierte, der von Anfang an durch die praktischen Bedürfnisse der menschlichen Herrschaft über die Welt umrissen ist. Die Arbeit ist für den Menschen das Absolute, und zwar in dem Sinne, daß keine theoretische Reflexion die von der Arbeit geschaffenen und von den Erfordernissen der Arbeit organisierten Realitäten überschreiten kann. In einem ganz allgemeinen Sinne ist Kants Auffassung zutreffend: Die Gegenstände richten sich nach unseren Begriffen, weil allein schon das Vorhandensein des Gegenstands das menschliche Vermögen voraussetzt, die Erfahrung zu organisieren; dieses Vermögen ist jedoch keine Ansammlung apriorischer Formen oder ein Werk der transzendentalen Vernunft, sondern ein praktisches Vermögen: die Fähigkeit, die Umwelt entsprechend den eigenen Bedürfnissen zu verändern.

Das menschliche Wesen ist mithin unerklärlich. Wir können den Menschen nicht dadurch deuten, daß wir seine Entstehung, seine Existenz und seine Wahrnehmung auf vormenschliche Existenzbedingungen beziehen (Körper ohne Bewußtsein, Geschichte der Arten), da uns jene vormenschlichen Bedingungen nicht anders bekannt sein können als in derselben praktischen Perspektive, die durch die Gesamtheit der menschlichen Anstrengungen zur Aufrechterhaltung und Steigerung des Lebens hervorgebracht wurden. Das Menschentum ist unerklärlich, es stützt sich auf sich selbst, es kennt das Ding nur als Gegenglied der praktischen Tätigkeit und sich selbst nur in dieser Koppelung; keines der Glieder dieser Koppelung – das menschliche ego bzw. der Gegenstand – ist jemals in Form eines »Bildes« »gegeben«, beide sind unausweichlich aufeinander bezogen, und allein diese Beziehung ist der definitive Anhaltspunkt für jegliche Erkenntnis der menschlichen Geschichte, der

Naturgeschichte, der Naturgesetze der Welt.

Nach Brzozowski ist dieser Standpunkt nicht bloß ein anderer Vorschlag zur Lösung erkenntnistheoretischer Fragen, sondern er soll unser praktisches Verhältnis zur Welt radikal verändern. Zu glauben, daß wir eine »fertige Welt« vorfinden, die sich nach eigenen Gesetzen richtet und uns lediglich die Rolle von Beobachtern oder Ausbeutern läßt, das hieße, die gewonnenen Ergebnisse menschlicher Tätigkeit (nach der Marxschen Terminologie die tote Arbeit) als eine unausweichliche Notwendigkeit zu akzeptieren, sich also gewissermaßen damit abzufinden, daß die menschliche Arbeit auf ewig geknechtet sein muß; an den Menschen als denjenigen zu glauben, der im radikalen Sinne Schöpfer der Welt ist, das heißt, gleichsam einen »futuristischen« Standpunkt einzunehmen, die Verantwortung für die gesamte Zukunft zur Kenntnis zu nehmen, die Herrschaft der Ergebnisse früherer Arbeit über die Welt, die gerade jetzt durch unsere Bemühungen entsteht, abzulehnen; denn die ganze Vergangenheit, die Gesamtheit der uns bekannten natürlichen Notwendigkeiten, die ganze, nach einem bestimmten System von Zusammenhängen zu Objekten organisierte Welt ist nichts anderes als tote Arbeit, Niederschlag früheren menschlichen Schaffens. »Was wir als Sein kennen, ist immer nur das Werk der bisherigen Geschichte. Wenn wir also sagen: Das Sein setzt unserer historischen Tätigkeit die und die Grenzen, müßten wir sagen: Die bisherige Geschichte, die bestehende Wirklichkeit oder auch die Gedanken, die auf dem Hintergrund dieser Wirklichkeit entstanden, sind die ewige Grenze unseres Denkens ... Denn jegliche Geschichtsphilosophie, jegliche Seinsmetaphysik und jegliche von der Geschichte abstrahierende Erkenntnistheorie ist allein aufgrund einer Arbeit möglich, die sich nicht selbst als die einzige menschliche Tätigkeit erkannt hat, welche existenzielle Folgen hervorbringt« (*ebd.*, S. 131).

Man wird unschwer bemerken, daß von diesem Beobachterstandpunkt aus, für den es nichts gibt, was nicht der menschlichen Geschichte immanent wäre, der Streit zwischen Materialismus und Idealismus gegenstandslos ist, da beide Standpunkte etwas voraussetzen, was gerade nicht vorausgesetzt werden darf: »Hier wie dort geht es darum, daß der Inhalt der Psyche für das Wesen der Welt erklärt wird. Der Idealismus zeigt uns, wie dieser Inhalt der Psyche diese Welt erzeugt; der Materialismus, der Naturalismus nimmt das Resultat entgegen und versucht, den ›Prozeß‹ zu vergessen. Bergson weist ganz zu Recht darauf hin, daß der Evolutionismus à la Spencer mit dem Evolutionismus à la Fichte grundsätzlich identisch ist« (*ebd.*, S. 203 f). »Die Geschichte schuf das, was wir unsere Seele nennen, die Geschichte schuf unsere Natur, sie ist der Grund, der uns trägt, der uns über die Tiefe hinaushebt; aus ihr sind wir und nur durch sie berühren wir das Außermenschliche« (*ebd.*, S. 207).

Alle Qualitäten, welche wir nach Maßgabe des trägen, konservativen Denkens, das auf die Vergangenheit gerichtet ist und an die Vergangenheit lediglich glaubt, als Merkmale der vorgefundenen Welt aufzufassen hätten, werden aus der Perspektive der Philosophie der Arbeit zu Sekreten menschlicher Anstrengung, und damit ändert sich schlagartig ihre philosophische Bedeutung. Das gilt insbesondere für die *Zeit,* die weder ein »naturwüchsiger« Behälter von Ereignissen noch eine von uns unabhängige Beziehung zwischen Ereignissen ist. Wir bringen die Kategorie der Zeit hervor, um uns die Möglichkeit bewußtzumachen, unser eigenes Schicksal zu lenken; die bereits zur Geschichte geronnene menschliche Anstrengung stellt sich der ungehemmt planenden Energie entgegen, und diesen Gegensatz nennen wir Zeit; die vergangene Zeit ist das, was wir bereits geleistet haben, die künftige Zeit der unausgefüllte Bereich unserer Hoffnungen und Absichten. Für das konservative Denken, das auch in der evolutionistischen Version des Marxismus vorherrscht, ist die Zeit in Wirklichkeit nicht real: Die Zukunft *ist* bereits auf eine geheimnisvolle Weise fertig, zubereitet und garantiert; Glück und Zufriedenheit der Menschen sind gleichsam auf dem sich abrollenden Band des Fortschritts verzeichnet und warten darauf, daß sie an die Reihe kommen. Diese optimistische Philosophie ist jedoch ein Selbstbetrug und eine Flucht aus der Verantwortung für den, den Bergson gelehrt hat, daß es nämlich eine Zukunft *nicht gibt,* in keiner Form gibt, daß die Dauer das Wirkliche ist, das heißt, daß nichts wirklich ist, was sich nicht in wirklicher Dauer manifestiert hat. Nach Brzozowski ist es absurd, Marx den Glauben an eine Zeit zu unterstellen, die lediglich seit Ewigkeiten fertige »Gesetze« aktualisiert und damit das Schicksal der Menschen höheren Mächten überläßt, welche die Menschen zu willfährigen Vollstreckern machen. »*Teach me to feel myself the tree, And not the withered leaf*« – dieses Zitat von Meredith, das Brzozowski als Motto seinen »Idee« voranstellt, ist zugleich der Angelpunkt seines Marxismusverständnisses. Der Marxismus ist für ihn vor allem ein Mittel, durch das sich die Menschen bewußtmachen können, daß alle Formen der Kultur – einschließlich der Wissenschaft und einschließlich der Natur selbst als eines Produktes der Kultur – von der Arbeit abhängen, die als eine ursprüngliche Situation aufgefaßt wird und sich nicht in voneinander unabhängige Glieder zerlegen läßt; das bedeutet zugleich, daß die Menschen die Verantwortung für ihr eigenes kollektives Schicksal übernehmen.

Die Kultur muß daher genetisch und funktional begriffen werden. Es gibt keine transzendentalen oder vorgefundenen Regeln, die den Wert dessen bestimmen, was wir als Wissen, als religiösen Mythos, als Kunstwerk oder als philosophischen Gedanken hervorzubringen vermögen. Die Kritik an den überkommenen Formen der Kultur kann auf die

Kenntnis von deren Herkunft nicht verzichten. Insbesondere ist auch die Frage nach der Wahrheit nicht eine Frage nach dem von uns unabhängigen Verhältnis zwischen dem Inhalt bestimmter Gedanken und einem selbständigen Gegenstand; Wahrheit ist das, was die Kraft der Gesellschaft verstärkt und sie zu einem wirksameren Kampf ums Überleben befähigt. Das ist natürlich eine Interpretation, die dem Pragmatismus nahekommt. Brzozowski unterscheidet sich jedoch von James – und James repräsentierte für ihn den Pragmatismus – dadurch, daß er den Sinn und die Wahrheit von Kulturprodukten und Erkenntnissen nicht von den jeweils vorgefundenen Situationen oder individuellen Bedürfnissen abhängig macht, sondern sie stets auf das Leben der Gemeinschaft bezieht; nur die arbeitende, sich abmühende Gemeinschaft der Menschen kann das von ihr Geschaffene mit Sinn und mit der Würde der »Wahrheit« ausstatten, und zwar in dem Maße, wie ihre Produkte fähig sind, sich in ihrer gemeinschaftlichen Welt zu behaupten und als Werkzeuge der künftigen Entwicklung zu dienen. Auch akzeptiert Brzozowski seiner Prämisse gemäß nicht die Kategorien des »Nutzens« oder »Lebenswertes« in einem auf vorkulturelle, biologisch gegebene Bedürfnisse oder Instinkte bezogenen Sinne; das menschliche Wesen läßt sich ja nicht durch vormenschliche, seine Entstehung erklärende Umstände definieren, und deshalb kann man es auch und vor allem nicht als eine Summe von animalischen Instinkten oder Bedürfnissen charakterisieren, zu denen dann das Bewußtsein hinzuträte. Schon die Bedürfnisse und das »Leben« sind historische und menschliche Kategorien, und so bezieht sich der pragmatische Sinn der Kultur auf den Menschen als Schöpfer seiner selbst und nicht auf einen Menschen, der, um sein animalisches Dasein zu fristen, zusätzliche Organe in Gestalt kultureller Institutionen errichtet. Was Brzozowski allerdings mit dem Pragmatismus verbindet, ist die fundamentale Überzeugung, daß die Ergebnisse der wissenschaftlichen Erkenntnis, die gesellschaftlichen Institutionen, die moralischen Werte, die Werke der Kunst, die Vorstellungen, Empfindungen und religiösen Gemeinschaften alle den gleichen Beurteilungskriterien unterliegen, denn in allen Fällen stellen wir die gleiche Frage nach dem Wert der jeweiligen Erscheinung für die Menschheit als das kollektive Subjekt seines eigenen Lebens.

Damit verschwinden die traditionellen Dichotomien der Rationalisten, Positivisten, Freidenker: Religion–Wissenschaft, Tatsachen–Werte, Kunst–Wissen, Erkennen–Schaffen. Vom Standpunkt des »Lebens« als der einzigen Beurteilungsgrundlage kann kein Bereich der Kultur besondere Führungsrechte gegenüber den anderen für sich beanspruchen, noch kann er universelle Kriterien festlegen, denn alle Bereiche verdienen es, in der gleichen ernsthaften Weise analysiert zu werden. Alle sind Instrumente des menschlichen Kampfes um das Überleben und die Steigerung des Lebens, und sie sind gut, sofern sie eine gesteigerte Energie in sich speichern können, bzw. schlecht, sofern sie diese Energie in konservativen Illusionen sich verzetteln lassen.

Da das menschliche Wesen keinen »Grund« hat, auf dem es stehen könnte, da es seine letzte Grundlage in sich selbst hat, finden wir nichts, was uns Sicherheit geben könnte, keine Garantien, keine »historischen Notwendigkeiten«, keinen Platz in einer schon vor uns bestehenden Ordnung. »Der heutige Zustand der Menschheit ist das tiefgründigste metaphysische Werk des Menschen, die tiefgründigste Wirklichkeit und vor allem Wirklichkeit. Unsere Städte, unsere Kriege, Fabriken, Kunstwerke, unsere Wissenschaft – das ist nicht ein Traum, jenseits dessen es etwas Tieferes gibt, was uns befreien könnte. Das ist die absolute, nicht zu reduzierende Wirklichkeit« (*ebd.*, S. 215). »Es gibt keine Beziehungen ›zur Welt‹, ›zur Logik‹, sondern nur innergeschichtliche, innergesellschaftliche Beziehungen zwischen verschiedenen Anstrengungen, Intensitäten und Richtungen des Willens. Was wir für die Welt halten, ist eine gewisse Eigentümlichkeit des menschlichen Willens, die wir für die Welt selbst halten, weil wir sie nicht so sehr schaffen als vielmehr vorgefunden haben und vorfinden« (*ebd.*, S. 443). Doch was wir vorfinden, ist ungewiß und vergänglich; wir können uns retten und retten uns täglich dank neuer Anstrengungen, nichts haben wir wirklich im Besitz, keine dauernde Befriedigung, kein unbewegliches Vermögen. Der Sinn und der Wert alles dessen, was Jahrhunderte menschlicher Anstrengungen zu kapitalisieren vermochten, realisiert sich nur dank unablässig erneuerter Anstrengungen. Das Los des Menschen ist deshalb nicht eine Bewegung auf eine endgültige Zufriedenheit, auf das Glück oder auf eine sorglose Existenz hin, die sich auf eine ein für allemal zusammengeraffte Beute stützen könnte; es ist ein unablässiger Kampf, dessen Ausgang in jedem Augenblick ungewiß ist und niemals gewiß sein wird. In diesem Ringen wahren wir unsere eigene Würde, und auf nichts anderes können wir uns verlassen. Wir sind zu nichts berufen außer zu dem, was wir selbst zu unserer Berufung machen.

Wenn es außer dem »Leben« keine Instanz des Erkennens und Wertens gibt, enthüllt sich der Rationalismus als eine konservative Illusion. Denn der Rationalismus besteht für Brzozowski gerade in dem Glauben, daß die real existierenden Formen der Kultur anhand von Kriterien beurteilt werden könnten, die vom Kulturprozeß unabhängig sind, und daß sie durch Umstände erklärt werden könnten, die der Mensch nicht geschaffen hat. Derartige Kriterien und derartige Erklärungsgrundlagen gibt es jedoch nicht. Es gibt kein reines Denken, keine reine ästhetische Sensibilität, die dann auf das Leben angewandt werden; »das konkrete gesellschaftliche Leben ist keine Anwendung des Denkens und der Wahrnehmung, sondern gerade jene Wirklichkeit, die sowohl den Inhalt wie das Organ der Wahrnehmung hervorbringt. Jedes geistige Phänomen ist bloß ein Moment in der Geschichte einer bestimmten gesellschaftlichen Gruppe, und das Leben dieser Gruppe ist sein wesentlicher Inhalt« (*ebd.*, S. 419). Also noch einmal: Der Sinn und der kognitive Wert beliebiger Produkte der Kultur enthüllen sich nur in Beziehung auf ihre Genese und Funktion, nicht aber in Beziehung auf Bewertungsregeln, die außerhalb der historischen Ereignisse entdeckt wurden. Mehr noch: Sobald eine organische Kristallisation der Kultur sich in rationaler Form äußern läßt, bedeutet das, daß sie ihre schöpferische Kraft bereits verloren hat und zu den toten Beständen der Vergangenheit gehört. Die lebendigen Tendenzen innerhalb der Kultur können nie eine vollkommen rationale und völlig überzeugende Form annehmen. Der Rationalismus ist die geistige Haltung jener, die sich auf den im Leben errungenen Positionen niederlassen und anderen einreden wollen, daß diese Positionen nicht in Frage gestellt werden dürfen. Doch das Denken und das künstlerische Schaffen sind, wenn sie sich in der Wachstumsphase befinden, ihrer selbst nicht sicher und ermangeln der logisch befriedigenden Form.

4. Proletariat, Sozialismus, Nation

Die Philosophie der Arbeit ist nach Brzozowskis Auffassung gewissermaßen eine Metaphysik des Sozialismus und die Ratio – oder auch die Rationalisierung – seiner Hinwendung zum Sozialismus. Er war kein Verfechter irgendeiner politischen Partei und wollte es nicht sein, nicht nur, weil ihn der Parteipartikularismus der Sozialisten und die damals verbreiteten Versionen des Marxismus abstießen, sondern auch, weil alle organisch aus dem Leben der Nation hervorgegangenen politischen Formationen ihm in irgendeiner Weise unerläßliche Organe dieses Lebens zu sein schienen und er – insbesondere während seines letzten Lebensabschnittes – keiner die Berechtigung zugestand, ausschließliche Trägerin der Wahrheit zu sein. Er schrieb von sich, er sei ein Sozialist in dem Sinne, daß er glaube, die Arbeiterklasse werde siegen, wenn sie zu zeigen vermöchte, daß die Masse der freien Arbeit gegenüber der Masse der Arbeit, die unter Bedingungen der geknechteten Arbeit möglich ist, überwiegen kann. Es handelte sich also um einen Sozialismus von sehr nebelhaftem Inhalt, der sich bewußt an keine der Regeln hielt, die damals für die Beschreibung der »künftigen Ordnung« geläufig waren. Da die ganze menschliche Kultur als Organ der arbeitenden Gesellschaft begriffen werden muß und nur der Gesichtspunkt der Arbeit den Menschen ermöglichen kann, den Sinn ihrer Bemühungen richtig zu verstehen, ist, wie er meinte, die Klasse der unmittelbaren Produzenten berufen, aus sich sowohl das Selbstverständnis des menschlichen Wesens wie auch den hoffnungsvollen Elan hervorzubringen, der nötig ist, damit die Menschheit ihr Schicksal in vollem Selbstbewußtsein zu gestalten vermag. In diesem vagen Sinne glaubte er also an eine besondere Sendung des Proletariats, und er trug seinen proletarischen Prometheismus in Formeln vor, die dem Syndikalismus Sorels sehr nahekamen.

»Allein die klassenmäßige Absonderung des Proletariats führt zur Festigung einer moralischen Atmosphäre innerhalb der Menschheit, zur Entdeckung des Sinnes des Wortes ›Mensch‹. Das Anwachsen des Klassenbewußtseins des Proletariats ist die einzige große, metaphysisch ehrliche geistige Wirklichkeit unserer Zeit. Hier entscheidet sich das tragische Problem des Menschen. Wir fordern nicht Gerechtigkeit: Niemand weiß, was gerecht ist; wir verheißen und suchen nicht das Glück: Der Mensch wird niemals glücklich sein. Es gibt im Leiden absolute Werte, auf die wir nicht verzichten wollen. Wir glauben aber, daß der Mensch deshalb existieren soll, weil er selbst seine Existenz liebgewonnen, als wertvoll erkannt hat, weil er sich als jene Wirklichkeit schafft, deren Existenz er als seinen absoluten Sinn und als Ziel der Welt herbeisehnt« (*ebd.*, S. 222).

Der Sozialismus definiert sich also nicht in Begriffen des Wohlstands, der Sorglosigkeit, der Zufriedenheit. Er definiert sich durch die Menschenwürde, und der Kampf um die Würde ist ein Kampf um die »freie Arbeit«. Doch was heißt »freie Arbeit«? Sie ist das Gegenteil der »von oben normierten Arbeit«, also irgendwie eine Arbeit, bei der die Produzenten im Arbeitsprozeß nicht von irgendeinem Vorgesetzten abhängig sind. Natürlich läßt sich in einer derart allgemeinen Formulierung Brzozowskis Idee mit der marxistischen Tradition vereinbaren, doch geht Brzozowski – ähnlich wie Sorel – über diese Gemeinplätze nicht hinaus. Im Grunde interessiert ihn weder die Frage der Eroberung der politischen Macht durch das Proletariat noch die Frage der wirtschaftlichen Organisation. Es geht darum, daß das »Denken und Wollen der Arbeiterklasse« ein solches Niveau erreicht, daß die Arbeiter befähigt werden, den Lebensprozeß der Gesellschaft, der von der Produktivität der Arbeit abhängig ist, vollständig zu beherrschen. Politische Veränderungen und Umgestaltungen der Wirtschaftsorganisation, die nicht zu geistigen Wandlungen der Arbeiterklasse führen und nicht deren Bereitschaft und Fähigkeit stärken, den Produktionsprozeß zu lenken, sind ohne Bedeutung. Unter diesem Aspekt macht Brzozowski – genau wie Sorel und der Anarchosyndikalismus – einen Unterschied zwischen dem Sozialismus der Intelligenz und dem Sozialismus des Proletariats. Die Intelligenz ist eine bloß konsumierende Schicht, was ganz einfach heißt, daß sie nichts erzeugt; weil aber ihre Aktivität sich nur in der Sphäre des Bewußtseins abspielt, neigt sie natürlicherweise zu dem Glauben, daß das Bewußtsein verschiedene Lebensformen hervorbringe und nicht umgekehrt. Was sie als Sozialismus bezeichnet, ist nur ein Versuch, sich eine herrschende Stellung in der Gesellschaft zu sichern, und dabei bedient sie sich der Arbeiterklasse als eines Werkzeugs, das die Privilegien der Intelligenz festigen soll. Die Hegemonie der Intellektuellen innerhalb der sozialistischen Bewegung ist die Folge der geistigen Unreife des Proletariats. Brzozowski träumt also von einem geeinten und kämpfenden Proletariat, einem Proletariat, das jedoch nicht unter der Führung von Intellektuellen geeint ist, sondern seinen Kampf allein führen kann.

Die Frage des Sozialismus ist durch keinerlei historische Gesetze vorentschieden. Wenn sich die freie Arbeit als produktiver erweist, ist der Sozialismus möglich, wenn nicht, dann nicht. Die Produktivität der Arbeit soll das entscheidende Kriterium der gesellschaftlichen Entwicklung sein, aber – und das ist eine Eigentümlichkeit der Vorstellungen Brzozowskis – nicht etwa, weil eine erhöhte Arbeitsproduktivität einen reichhaltigeren Konsum ermöglicht. Die Vervollkommnung der Technik und das Anwachsen der Produktivität bedeuten ein Anwachsen der menschlichen Herrschaft über die natürliche Umwelt, und diese Unterwerfung der Natur scheint für Brzozowski ein Selbstzweck und nicht ein Mittel zu einer bequemeren Einrichtung des Lebens zu sein. Seine ganze Auffassung vom Sozialismus ist heroisch und abenteuerlich; die Herrschaft des Menschen über die Natur, die Expansion des menschlichen Wesens in die außermenschliche Welt hinein erfordern keine Begründung durch materielle Vorteile; die Produktion ist nicht ein Mittel zum Konsum, sondern ein Mittel zur Festigung der Stellung des Menschen als des Herren der Schöpfung, zur Steigerung seiner Unabhängigkeit im Dasein. Das Proletariat ist in seinen Augen ein kollektiver Kämpfer mit nietzscheanischen Merkmalen, eine idealisierte Verkörperung des menschlichen Wesens als einer metaphysischen Einheit. Alle Ideale und alle Werte, um welche die Menschheit sich bemüht, sind nur insofern sinnvoll und historisch bedeutsam, als sie die Macht des Menschen im physischen Ringen mit dem Widerstand der Natur fördern, aber der Sinn dieses Ringens selbst ist letzten Endes eine geistige Qualität: er beruht auf der Selbstaffirmation des Willens.

Den im Geiste der marxistischen Orthodoxie groß gewordenen Kritikern erschien dieser ganze metaphysische und prophetische Prometheismus überaus verdächtig. Angesichts des Erfolges, den die Schriften Brzozowskis bei der linken Jugend hatten, hielten es die kommunistischen Intellektuellen in Polen für ihre Aufgabe, das »Brzozowskitum« zu verurteilen, und sie waren gewissermaßen bereit, sein Werk den Ideologen der Rechten zu überlassen. Man warf Brzozowski vor, sein undifferenzierter Kult der Arbeit sei eigentlich die Ideologie des Burgfriedens zwischen den Klassen (Andrzej Stawar). Das war insofern übertrieben, als Brzozowski sehr nachdrücklich die Notwendigkeit der kulturellen Eigenständigkeit des Proletariats und seine herausragende Stellung in der gesellschaftlichen Entwicklung hervorhob. Andererseits war es jedoch richtig, daß er – anders als alle Marxisten – das Proletariat durch die bloße Tatsache der Verausgabung physischer Kraft definierte und nicht durch die Stellung innerhalb der gesellschaftlichen Produktionsverhältnisse, insbesondere auch nicht dadurch, daß es seine Arbeitskraft als Ware verkauft. Die Klassenteilung der Gesellschaft und die gesellschaftlichen Bedingungen der Produktion fanden bei ihm überhaupt nicht Beachtung. Am Ende läßt sich unmöglich genau sagen, was für Brzozowski das Proletariat, die »freie Arbeit«, der Sozialismus bedeuten. Diese Worte treten bei ihm als metaphysische Kategorien auf, mit deren Hilfe er den Menschen als Eroberer der nichtmenschlichen Welt darstellt. Gegenstand des Kultes ist die Arbeit als solche, der Kampf mit der Welt als solcher. »Die Arbeit bewirkt, daß das Ideale zur Tatsache wird. Die Arbeit ist jenes göttliche Element, in dem die Natur – die Arbeit ist eine Naturtatsache – zur Verkörperung des Ideals wird. Die Arbeit ist das Werk des Willens, die Grundlage seiner Herrschaft über die Welt« (Brief an Salomea Perlmutter vom März 1906).[2] Insofern kann man sagen, daß der Vorwurf, den Brzozowski den sozialistischen Parteien macht – daß sie das Proletariat als ein Instrument zur Eroberung der Macht durch intellektuelle Berufspolitiker betrachten – *mutatis mutandis* gegen ihn selbst gewendet werden kann: Das Proletariat ist für ihn ein Instrument des Prometheischen Ideals, das er aus der metaphysischen Reflexion und nicht aus der Beobachtung der tatsächlichen Tendenz der Arbeiterbewegung ableitet. Was Brzozowski interessiert, sind nicht die tatsächlichen Bestrebungen der Arbeiterklasse, sondern wie die Arbeiterklasse werden muß, damit sie seine Vision von einem konquistadorenhaften menschlichen Wesen erfüllen kann.

Ein weiterer Punkt, der die polnischen Marxisten gegen Brzozowski aufbrachte, war seine Art, mit dem Begriff der Nation umzugehen. Man kann eigentlich feststellen, daß in seinen Schriften die Begriffe Nation und Vaterland im Laufe der Zeit an Gewicht gewannen, so wie auch die Bedeutung der kulturellen Tradition wuchs. Überdies bediente er sich biologischer Metaphern, die zwar keinen eindeutigen Inhalt hatten, aber mit der Zeit besonders verdächtig wurden, als radikale nationalistische Bewegungen, die man mit einer gewissen Berechtigung als faschistisch bezeichnen kann, in der Darstellung nationaler Werte gern auf die biologische Phraseologie zurückzugreifen begannen. Aus diesem Grunde hat die kommunistische Orthodoxie Brzozowski geradezu als einen Vorläufer des Faschismus bezeichnet (Paweł Hoffman).

Brzozowski hat sich nie die Frage gestellt, welche Spannungen möglicherweise bei dem Versuch entstehen, den »nationalen« und den »klassenmäßigen« Standpunkt innerhalb der Sozialphilosophie miteinander zu versöhnen. Für ihn war es evident, daß seine Teilnahme an der Sache der Arbeiter nicht im geringsten mit seinem Glauben kollidiert, daß das Vaterland ein Zentrum bestimmter Werte und der Ort sei, der das kulturelle Erbe beherbergt, und so hat er sich darüber keine weiteren Gedanken gemacht. »Man hat versucht, zu begründen,« schrieb er, »warum die Arbeiterbewegung eine nationale Bewegung ist und sein kann. Ich weiß nicht, ob eine Begründung nötig war. Polen – das ist ein Bereich von Motiven, die das polnische Leben und die Mittel, über die es verfügt, in Bewegung setzen. Die Ansicht, daß die Bewegung der Arbeiterklasse vom Schicksal des nationalen Lebens unabhängig sein könne, ist gleichbedeutend mit der Behauptung, daß es gleichgültig ist, über welche Skala von Motiven und Mitteln sie verfügen wird. Solange Polen eine benachteiligte Gesellschaft ist, wird unsere arbeitende Klasse nicht der vierte, sondern ein fünfter, sechster, namenloser, ins Nichts herabgestoßener Stand von Bettlern sein. Ist das redenswert? Auf die nationale Existenz zu verzichten, heißt, auf einen Einfluß auf die Gestaltung der menschlichen Wirklichkeit zu verzichten, das heißt, die eigene Seele zu vernichten, denn diese lebt und wirkt allein durch die Nation. Darum stellt man auch keine Fragen bezüglich der nationalen Existenz, denn sie bedeuten dasselbe wie die Frage, ob wir uns bis auf ein Niveau unterhalb der Menschenwürde erniedrigen lassen wollen. Es gibt keine Gesichtspunkte, keine Interessen, keine Werte, die uns von diesem höchsten Wert entbinden könnten. Ein Mensch ohne Nation ist eine Seele ohne Inhalt, gleichgültig, gefährlich und schädlich. Denn die menschliche Seele ist das Ergebnis eines langen kollektiven Kampfes, einer langen kollektiven Schöpfung, und an ihr ist nur das von Bedeutung, was alt ist. Je schöpferischer unsere Seele ist, um so älter ist sie. Deshalb muß die arbeitende Klasse die Liebe zur polnischen Geschichte und das Andenken an sie bewußt bei sich wecken...« (*ebd.*, S. 225). Würde sich diese Ausführung auf die Behauptung reduzieren, daß die Befreiung der Arbeiterklasse unter den Bedingungen der nationalen Unterdrückung unmöglich ist, so wäre sie völlig banal und im Einklang mit dem allgemeinen Standpunkt der polnischen Sozialisten. Es ist jedoch klar, daß Brzozowski etwas mehr sagen will, und in der Abhandlung über Sorel und Bergson spricht er seinen Gedanken deutlicher aus. Es geht darum, daß es ohne die Vermittlung der nationalen Tradition keinen Zugang zur Kultur geben kann, wobei sich das auf alle Formen der kulturellen Produktion bezieht, selbst auf die wissenschaftliche. Der historische Charakter unsereres Umgangs mit der Welt äußert sich darin, daß wir alles nicht nur in bezug auf die menschliche Geschichte, sondern überdies in bezug auf die nationale Geschichte wahrnehmen, und wir täuschen uns, wenn wir glauben, wir könnten uns von dieser Abhängigkeit befreien. Die Vorstellungen Sorels resümierend, die er offenkundig gutheißt, sagt Brzozowski: »Die Erkenntnis als Kontemplation einer außerhalb des Lebens oder über dem Leben befindlichen Realität ist eine Fiktion; das Denken wird unter keinen Umständen unabhängig vom Leben der menschlichen Gruppe, die es hervorbrachte, es drückt nie etwas anderes aus als eine gewisse Summe der menschlichen Tätigkeit ... Die Metaphysik entstand als Surrogat des Vaterlandes, als dessen Ruin; das Vaterland kommt wieder zu seinem Recht ... Wir kommunizieren mit niemandem ohne die Vermittlung der Nation, kein Weg, der nicht über ihren uns aufrichtenden Geist-Körper führt, führt zum Leben ... Die Wissenschaft ist nur insofern international, als sie auf die allgemeinen Lebensbedingungen der Nationen einwirkt, aber ein oberflächlicher Geist erreicht sie nicht, d. h. niemand, der nicht mit einem gewissen Teil seiner nationalen Wirklichkeit dem harten und tragischen nationalen Leben verbunden wäre ... Polen, unsere Sprache, unsere Seele, ist nicht eine zufällige Gestaltung der leblosen und gleichgültigen Natur, sondern eine große und eigenständige Wirklichkeit, etwas, das als eines der Momente des Seins selbst existiert, aus dessen Tiefe erwächst, solange es polnische Menschen gibt. Es gibt ältere und tiefere Dinge als die Nationen, aber der Mensch erkennt sich nur durch die Nation, da es keine anationalen, internationalen Organe des geistigen Lebens gibt« (*ebd.*, S. 248–251).

Diese Überlegungen gehen eindeutig über alles hinaus, was selbst die am wenigsten orthodoxe Version des Marxismus akzeptieren könnte. Man kann aus ihnen im Grunde schließen, daß sogar die wissenschaftliche Arbeit – von anderen Bereichen der Kultur nicht zu reden – sich durch die nationale Tradition als ein unerläßliches Medium vollzieht. Für Brzozowski waren all diese Reflexionen der schlichte Ausdruck seines Glaubens an den Wert der Nation als einer irreduziblen und stetigen Realität, an der alle teilhaben. Es läßt sich jedoch kaum bestreiten, daß sie ein gefundenes Fressen für den nationalistischen Radikalismus mit all seinen gefährlichen Konsequenzen waren. Versuche der extremen nationalistischen Rechten, sich Brzozowski zu assimilieren, können nicht als ein normaler Irrtum gelten, und es fällt schwer, ihn in dieser Hinsicht ganz von Mitschuld freizusprechen. Niemandem unter den Marxisten ist es jedoch gelungen – weder in theoretischen Überlegungen noch in der praktischen Politik –, die Spannungen und Konflikte zwischen den internationalistischen Prämissen der Arbeiterbewegung und der Anerkennung des selbständigen Wertes der nationalen Gemeinschaft zu beseitigen – es sei denn, daß sie diesen Wert willkürlich für nichtig erklärten, wie es Rosa Luxemburg tat. Keiner von ihnen hat auch den Verdacht ausgeräumt, daß das gesellschaftliche Leben vielleicht verschiedenartige Prinzipien menschlicher Zusammenschlüsse hervorgebracht hat, deren Versöhnung in einer einheitlichen Ordnung durchaus nicht möglich sein muß.

5. Der Marxismus Brzozowskis

Es ist wohl überflüssig, zu erklären, daß der Begriff des Proletariats wie der Begriff des Sozialismus im Sinne Brzozowskis sich keineswegs mit der Bedeutung decken, die Marx ihnen beilegte. Sicher war auch Marxens Intention weit von jener entfernt, die Brzozowski ihm unterstellte, als er schrieb: »Wer nicht spürt, daß Marx sich stets mit gewissen Konstruktionen seines Denkens identifiziert, begreift nicht, was Marx meinte: ›Produktivkräfte‹, ›Konzentration des Kapitalismus‹ etc. etc., das ist immer Marx selber, das sind Erkenntnisbegriffe, das sind Mythen, Mythen, anhand derer Marx sich vor allem die Richtung und den Inhalt seines eigenen Willens bewußt macht, aber daraufhin versucht er bereits, diesen Willen anderen aufzuzwingen, ihn in den anderen aufzubauen und zu festigen« (*ebd.*, S. 347f.).

Doch ungeachtet der späteren Rezeption der Ideen Brzozowskis und ungeachtet der vielen Willkürlichkeiten, die man in seiner Interpretation des Marxismus aufspüren kann, darf man sagen, daß er als erster versuchte, dem marxistischen Denken, das bis dahin eine Richtung genommen hatte, die niemanden beunruhigte, eine andere Wendung zu geben und es dorthin zu lenken, wo Gramsci und Lukács – jeder auf seine Weise – es später hinlenken sollten. Daß die Marxsche Theorie eine Beschreibung der gesellschaftlichen Realität des Kapitalismus und ihrer künftigen Entwicklung sei, eine Beschreibung im gleichen »objektiven« Sinne wie jede andere wissenschaftliche Theorie, war eine Gewißheit, von der sowohl die Evolutionisten wie die Neukantianer innerhalb der marxistischen Bewegung ausgingen. Und es war eine fast genauso einhellig vorherrschende Überzeugung, daß der Marxismus so etwas wie eine realistische Common-sense-Metaphysik voraussetzt und sowohl die menschliche Existenz als auch die menschliche Wahrnehmung in der von den evolutionistischen Theorien allgemein anerkannten Weise interpretiert. Brzozowski zog, auf eine überaus schwache Grundlage gestützt, diese beiden Gewißheiten in Zweifel und versuchte, ihnen seine eigene Interpretation entgegenzusetzen, die auf eine verblüffende Weise mit der philosophischen Intuition übereinstimmt, welche man später in den Marxschen Frühschriften feststellte. Er vertrat nämlich die Auffassung, daß der Marxismus grundsätzlich nicht den gesellschaftlichen Prozeß als eine »natürliche« Realität auffassen könne, die von der Wahrnehmung dieses Prozesses unabhängig ist; der Akt des Verstehens der Welt ist selbst ein Element ihrer Veränderung, und angesichts dessen läßt sich die deterministische Auffassung der sozialen Erscheinungen in dem Sinne, wie sie allgemein verstanden wird, nicht halten; aus marxistischer Sicht sind die gesellschaftliche Welt und die Erkenntnis dieser Welt ein und derselbe Prozeß, es kann daher keine »Vorhersage« der Geschichte in dem Sinne geben, wie es eine Wettervorhersage geben kann.

Zweitens paßt in die marxistische Betrachtungsweise, wie Brzozowski sie versteht, überhaupt nicht die Vorstellung von einer Welt hinein, die vor der menschlichen Wirklichkeit da ist, diese Wirklichkeit hervorbringt und anschließend fähig ist, ihr Abbild einschließlich der menschlichen Existenz selbst im menschlichen Geist zu hinterlassen. Die Wahrnehmung der Welt ist menschlich-parteiisch, und es gibt keinen Standpunkt, von dem aus der Mensch sich selbst als Fragment der Welt unparteiisch beobachten könnte, denn dazu müßte er seine menschliche Haut und seine historische Gebundenheit abwerfen können. Es gibt keine Erkenntnis, die in ihrem Inhalt von der menschlichen Situation ihres Erwerbs unabhängig wäre, wir haben also im Grunde keine Möglichkeit, uns einen Begriff von der Welt »an sich« zu machen. Die historische und gesellschaftliche Gebundenheit der menschlichen Wahrnehmung ist unaufhebbar, der Mensch muß sich also damit abfinden, daß er die absolute Realität ist.

Die »Konversion« Brzozowskis machte es jedoch fraglich, ob diese streng anthropozentrische Betrachtungsweise sich konsequent aufrechterhalten läßt. Es ging dabei, wie schon erwähnt, nicht um eine Konversion im wörtlichen Sinne oder um den banalen Fall, daß ein Mensch im Todeskampf geistig zerbricht. In einem Brief an Witold Klinger vom 2. 5. 1910 schrieb Brzozowski, daß er kein Bedürfnis nach einer Offenbarung empfinde, da ihn der Katholizismus intellektuell befriedige. Einige Tage vor seinem Tode schrieb er dagegen (Brief an Klinger vom 19. 4. 1911): »Aus meinem Marxismus ist vieles, und zwar Wichtiges, in meinem Katholizismus zurückgeblieben, ebenso aus meinem Darwinismus, meinem ›Nietzscheanismus‹ und allen ›Ismen‹«.[3] Brzozowski konnte nicht mehr im einzelnen von dieser letzten Etappe seiner Überlegungen berichten, doch wenn wir seine Konversion als Schlußphase einer philosophischen Entwicklung und nicht als einen psychologischen Zufall auffassen, hat sie die folgenden hypothetischen Gründe:

Das dominierende Motiv im Denken Brzozowskis war der Wunsch, das Menschentum als einen absoluten Wert zu retten und ihm einen absoluten Sinn zu geben. Zunächst äußerte sich dieser Wunsch in der fichteanisch-nietzscheanischen Kategorie des Schöpferischen und der »Tat«, mit deren Hilfe er, wie es schien, die absolute Unabhängigkeit des individuellen schöpferischen Geistes darstellen konnte. Er gab diesen Standpunkt auf, als er zu der Überzeugung gelangte, daß ein Schöpfertum, welches nicht durch ein Pflichtgefühl gegenüber der vorgefundenen Tradition und den historisch entstandenen Zentren gesellschaftlicher Energie gebunden ist, sich selbst widerspricht; die lyrische Selbstgenügsamkeit des persönlichen Innenlebens als absoluten Wert zu pflegen bedeutet, daß wir bereit sind, die Welt gleichgültigen Naturgesetzen zu überlassen, und unser Schöpfertum besteht dann nicht darin, daß wir Spuren unserer Anwesenheit in der Welt hinterlassen, sondern in einer Flucht aus der Welt. Ein Ausweg war die marxistische Vision des Menschen als eines kollektiven Schöpfers, der im Kampf mit der Welt seinen absoluten Sinn behauptet und die gesamte Wirklichkeit als Bestandteil seiner Situation auffaßt; der Sinn der Welt ist vollkommen auf das menschliche Dasein bezogen, das die Rolle eines Atlas übernimmt und nichts wissen oder sehen will – und im übrigen auch nicht kann –, was sich nicht auf seinen parteiischen und gattungsmäßigen Überlebenswillen bezieht. Es zeigte sich jedoch, daß auch in dieser Sicht ein absoluter Sinn der menschlichen Existenz sich nicht retten läßt, und zwar deshalb nicht, weil dieser Sinn willkürlich von einem Wesen für sich selbst dekretiert wird, das sich lediglich in der Betrachtungsweise der Welt, nicht aber im Sein selbst für absolut erklären kann. Da der Mensch zum Kampf um die Naturbeherrschung verurteilt ist, da er seine Würde im Ringen mit der außermenschlichen Welt behauptet, da also seine Existenz weder notwendig noch unabhängig ist, kann sich das Dekret, mit dem er sich selbst einen absoluten Sinn in der Wertordnung zuschreibt, als eine bloße Laune erweisen, und vernunftlose Kräfte können es zunichte machen, wenn sie sich nur in dem Ringen als die Stärkeren erweisen. Damit der Glaube an den absoluten Sinn der menschlichen Existenz sich bewahren läßt, muß er sich auf das nicht zufällige, göttliche Sein stützen. Ein radikaler Anthropozentrismus ist eine Unmöglichkeit, da er uns anzuerkennen zwingt, daß die menschliche Existenz zufällig und zugleich absolut ist, also zu einem Widerspruch führt.

Diese hypothetische Rekonstruktion gestattet uns, den Weg zu ermessen, der Brzozowski von einem aktivistischen Narzißmus über einen kollektiven marxistischen Solipsismus zur Kirche als dem historischen Organ führte, durch welches das Menschentum mit dem unbedingten Sein in Verbindung tritt und auf diese – allein mögliche – Weise seinen eigenen unbedingten Sinn behauptet.

Zwölftes Kapitel

Die Austromarxisten, die Kantianer in der marxistischen Bewegung, der ethische Sozialismus

1. Der Begriff des Austromarxismus

Seit der amerikanische Sozialist Louis Boudin im Jahre 1914 die Bezeichnung »Austromarxismus« prägte, hat sie allgemein Anerkennung gefunden. Auch von den Mitgliedern der solcherart getauften Schule wurde sie akzeptiert. Man kann im Grunde von einer österreichischen »Schule« innerhalb des Marxismus sprechen; es handelt sich indessen nicht um eine Schule im scholastischen oder rabbinischen Sinne, also um eine Gruppe von Gelehrten, die man dadurch charakterisieren könnte, daß man eine bestimmte Menge von Lehrsätzen aufzählt, zu denen die Gruppe sich bekennt oder die in ihr als gültig anerkannt sind. Gewisse gemeinsame Tendenzen und gewisse spezielle Interessen lassen sich gleichwohl feststellen.

Alle bedeutenden Theoretiker der österreichischen Sozialdemokratie – Max Adler, Otto Bauer, Rudolf Hilferding, Karl Renner, Friedrich Adler – hielten sich für Marxisten im vollen Wortsinne, sahen aber zugleich im Marxismus nicht ein sich selbst genügendes, geschlossenes »System«. Im ersten Band der »Marx-Studien«, der 1904 erschien, erklärten die Herausgeber (Adler und Hilferding) in einem einleitenden Artikel, daß sie dem Geist Marxens treu seien, aber nicht den Ehrgeiz hätten, dem Buchstaben die Treue zu halten. Derartige Erklärungen allein besagen natürlich nicht viel, da die Marxisten, selbst die dogmatischsten und frömmsten, solche Parolen ständig im Munde führten (»Der Marxismus ist kein Dogma«, »Man muß das Erbe von Marx schöpferisch weiterentwickeln« usw.). Der Grad der »Offenheit« der verschiedenen marxistischen Richtungen kann daher nicht an solchen Deklarationen gemessen werden, sondern nur an ihrer tatsächlichen Anwendung. In dieser Hinsicht unterschieden sich die Österreicher aber wesentlich von der typischen Orthodoxie. Sie betonten nicht nur die Verbundenheit des Marxismus mit jenen früheren Richtungen, die Marx selbst nicht als »Quellen« der Lehre autorisiert hatte (vor allem Kant), sondern sie sahen auch nichts Unrechtes darin, aus dem Vorrat an Ideen, Begriffen und Fragen zu schöpfen, der sich später in der nichtmarxistischen Philosophie und Soziologie auftat – vor allem bei den Neukantianern. Sie meinten aber, dem Geist der Lehre nicht untreu zu werden, wenn sie diese durch anderswo aufgegriffene Motive zu bereichern versuchten. Sie wollten deutlich machen, daß die marxistische Theorie und auch die sozialistische Idee ganz und gar zum Bestand der kulturellen Tradition Europas gehören, und sie betonten eher die Gemeinsamkeiten, geistigen Zusammenhänge und vielfältigen Kontakte zwischen dem Marxismus und verschiedenen Strömungen der europäischen Philosophie und Gesellschaftstheorie, statt die absolute Neuheit des Marxismus hervorzukehren.

Daneben zeichnete sich die österreichische Schule durch das Bestreben aus, die allgemeinsten theoretischen und erkenntnistheoretischen Grundlagen des Marxismus neu zu überarbeiten, in denen vor allem die Kritik der Kantianer zahlreiche Lücken und Unklarheiten zutage gefördert hatte. Wohl akzeptierten sie sämtliche grundlegenden Prämissen der Doktrin – darunter vor allem die Theorie des Klassenkampfes, die Werttheorie und den historischen Materialismus –, doch meinten sie nicht, daß der Marxismus den philosophischen Materialismus logisch voraussetzt oder daß seine Gültigkeit von bestimmten philosophischen Aussagen von Engels abhängt – Aussagen, an denen ihnen eine mangelnde (im Kantschen Sinne) »kritische« Einstellung unangenehm auffiel. Ihre allgemeine Tendenz war antipositivistisch, antiempiristisch, transzendentalistisch. Sie wollten zeigen, daß der Marxismus eine wissenschaftliche Theorie im vollen Wortsinne ist, daß das jedoch durchaus nicht heißt, daß er von den Kriterien der »Wissenschaftlichkeit« ausgeht, welche die empiristische Philosophie entwickelt hatte; diese Philosophie konstruiert im Gegenteil willkürliche Kriterien der Erkenntnis und vermag für diese keine »absolute« Begründung zu finden, eben weil sie die von Kant aufgeworfenen Fragen nicht zur Kenntnis nimmt.

Alle marxistischen Theoretiker mußten explizit oder implizit die Frage beantworten: Ist der Marxismus eine wissenschaftliche Theorie oder die Ideologie des Proletariats? Für die Orthodoxen war die Antwort einfach: Er ist das eine wie das andere. Bei genauerer Überlegung zeigte sich aber, daß an jener »Einheit des klassenmäßigen und wissenschaftlichen Standpunkts« Zweifel aufkommen konnten. Wenn der Marxismus eine wissenschaftliche Theorie ist, muß man, um ihn als wahr anzuerkennen, lediglich die in der Wissenschaft allgemein anerkannten Denkregeln richtig anwenden, braucht aber nicht zuvor irgendeinen politischen oder Klassenstandpunkt zu beziehen; der Marxismus wäre dann sozusagen allen zugänglich, ähnlich wie die Evolutionstheorie. Man kann zwar hinzufügen, wie das normalerweise auch geschah, daß diese Theorie trotz ihres wissenschaftlichen Charakters auf den Widerstand der besitzenden Klasse stoßen müsse, da sie ihnen den sicheren Untergang verheißt. Trotzdem ist ihre Anerkennung logisch nicht von einem politischen Standpunkt abhängig, sondern lediglich von der einwandfreien Anwendung der Regeln geistiger Arbeit. Die Feststellung, daß diese Theorie außerdem »den Interessen des Proletariats dient«, wäre zwar weiterhin gültig, würde aber den intellektuellen Werten der Doktrin nichts hinzufügen, noch könnte sie ein Beweis sein, um dessentwillen man sie anerkennen müßte. Definiert man dagegen den Marxismus als »Ideologie des Proletariats«, dann ist der Akt der Anerkennung des Marxismus zugleich ein Akt des politischen Engagements und nicht bloß eine theoretische Stellungnahme, und er kann von diesem Engagement nicht unabhängig sein. Diejenigen, die diesen Standpunkt einnehmen (vor allem Lenin), betonten natürlich weiterhin den wissenschaftlichen Charakter der Doktrin, sahen jedoch in der Theorie ein Instrument des politischen Kampfes und wären nicht bereit gewesen, anzuerkennen, und sei es nur theoretisch, daß die Entwicklung der Theorie ebenfalls von einer immanenten, von der politischen Situation unabhängigen Logik bestimmt ist oder daß diese immanente Entwicklung mit den Bedürfnissen des politischen Wirkens in Kollision geraten könnte. Bei der Propagierung der Lehre beriefen sie sich denn auch nicht auf klassenunabhängige Erkenntnisregeln, sondern auf Klasseninteressen. Die österreichischen Marxisten stellten in dieser Hinsicht das genaue Gegenteil des Leninschen Vorgehens dar. Wenn sie die marxistische Theorie vertraten, so wollten sie sich an alle wenden, die rational denken, und nicht nur an jene, denen es darum ging, daß die Theorie aufgrund ihrer klassenmäßigen Stellung richtig sein mußte. Nicht anders war es im Bereich der Ethik. Die Österreicher unterstrichen vor allem den Universalismus des marxistischen Standpunkts sowohl im intellektuellen wie im moralischen Sinne. Nach ihrer Ansicht genügte es, richtig zu denken, um den Marxismus anzuerkennen, und um die sozialistische Idee anzuerkennen, genügte es, die allgemeinmenschlichen, nicht spezifisch klassengebundenen Werte ernst zu nehmen, die der Sozialismus jedoch am vollkommensten zu verwirklichen versprach. In der letzteren Frage nahmen sie einen ähnlichen Standpunkt ein wie Jaurès, auch wenn sie in Fragen der Doktrin sehr viel rigoristischer waren. Sie sahen im Marxismus eine Fortsetzung der »natürlichen« Entwicklung der gesellschaftlichen Erkenntnis und im Sozialismus eine ebenso »natürliche«, an die moderne Gesellschaft angepaßte Interpretation traditioneller allgemein menschlicher Werte.

Der allgemeinmenschliche Sinn des Sozialismus gehörte natürlich zu den einhellig anerkannten Schlagwörtern der Marxisten. In der Praxis wurde dieses Schlagwort jedoch unterschiedlich ausgelegt. Man konnte es als eine unverbindliche Floskel auffassen und angesichts der Tatsache, daß – wie ebenfalls alle Sozialisten annahmen – die Arbeiterklasse der unersetzliche Träger der allgemeinmenschlichen Werte ist, die ganze

Energie auf die Vernichtung des politischen Gegners konzentrieren. Man konnte auch, wie es die Österreicher taten, das Prinzip des Klassenkampfes anerkennen, ohne aber auf den Glauben zu verzichten, daß jeder Mensch, der die traditionellen Ideale der Brüderlichkeit, Freiheit und Gleichheit ernst nimmt und konsequent bleiben will, den sozialistischen Standpunkt akzeptieren muß, und zwar ungeachtet seiner Klasseninteressen.

Für die Austromarxisten war jener allgemeinmenschliche Sinn des Sozialismus ein in der Tat wichtiges Thema und nicht bloß rhetorisches Beiwerk. Sie charakterisierten deshalb die Gesellschaft der Zukunft, wenn von ihr die Rede war, weniger durch Begriffe der Macht und institutionelle Veränderungen als vielmehr durch die freie Selbstverwaltung des arbeitenden Volkes. In der Vergesellschaftung des Eigentums sahen sie ein Instrument sozialistischer Umgestaltungen und nicht eine erschöpfende Definition des Sozialismus, denn dieser setzt vor allem die Vergesellschaftung der Produktionsprozesse selbst voraus, also die Kontrolle der gesamten Gemeinschaft der Produzenten über das gesamte Wirtschaftsleben. Sie glaubten, daß das Kantsche Prinzip, das uns gebietet, das menschliche Individuum stets als Zweck und nie als Mittel zu behandeln, vollkommen mit den Grundsätzen des Sozialismus harmoniere und daß ein Sozialismus, der etwas anderes anstrebte als die freie Entfaltung miteinander vereinter Menschen, eine Parodie auf seine eigenen Grundsätze wäre.

Trotzdem identifizierten sie sich keineswegs mit dem Bernsteinschen Revisionismus und gehörten in politischer Hinsicht zum radikalen Flügel innerhalb der europäischen marxistischen Bewegung bzw. schufen sie eine eigene Variante des Radikalismus, welche die Anerkennung der demokratischen Diktatur des Proletariats einschloß und den Gedanken an einen allmählichen Aufbau sozialistischer Organisationen im Schoße der kapitalistischen Gesellschaft ablehnte. Während des Krieges und später nahm das Schicksal der wichtigsten Theoretiker des Austromarxismus einen unterschiedlichen Verlauf. Hilferding und Renner gingen zu einem sozialdemokratischen Standpunkt im heutigen Sinne über. Adler und Bauer (und auch Friedrich Adler) beharrten auf dem Standpunkt der radikalen sozialistischen Linken, die sich weder mit der Sozialdemokratie noch mit dem leninistischen Kommunismus identifizierte, sondern – erfolglos – versuchte, der Verständigung zwischen beiden feindlichen Lagern zu dienen.

Neben der Monatsschrift »Der Kampf« (ab 1907) gaben die österreichischen Marxisten die bereits erwähnten »Marx-Studien« heraus. Darunter waren Werke, die mit Sicherheit zu den theoretisch bedeutsamsten Errungenschaften der marxistischen Literatur gehören: Adlers »Kausalität und Teleologie im Streite um die Wissenschaft« (1904),

Adlers »Die Staatsauffassung des Marxismus«(1922), Bauers »Die Nationalitätenfrage und die Sozialdemokratie« (1907), Hilferdings Auseinandersetzung mit Böhm-Bawerk um die Marxsche Wertlehre (1904) sowie Hilferdings »Das Finanzkapital« (1910).

2. Die Renaissance des Kantianismus

Man darf jedoch den Austromarxismus nicht mit dem marxistischen Neukantianismus gleichsetzen. Diejenigen unter den Österreichern, die sich mit Fragen der Erkenntnistheorie und der Ethik befaßten (also vor allem Adler, aber bis zu einem gewissen Grade auch Bauer), können zwar als ein Bestandteil der kantianisch-marxistischen Bewegung gelten, doch zeichnet sich die österreichische Schule insgesamt, von ihren kantianischen Neigungen abgesehen, durch andere Merkmale aus, während der Kantianismus innerhalb der marxistischen Bewegung eine ganze Reihe von Leuten umfaßte, die man nicht zur österreichischen Schule rechnen kann.

Der marxistische Neukantianismus (oder, wenn man so will, der kantisierende Marxismus) ist ein eigenartiges Phänomen, das nicht nur in seiner Beziehung zur Geschichte des Marxismus zu sehen ist, sondern auch als ein wesentlicher Bestandteil der gewaltigen Renaissance, die Kant während der zweiten Hälfte des 19. Jahrhunderts innerhalb der deutschen Geisteskultur erlebte.

Die Renaissance Kants, die mit der Zeit zu einem nahezu vollständigen Monopol dieser Philosophie an den deutschen Universitäten führte, geht auf die sechziger Jahre zurück. Frühe Förderer dieser Renaissance waren unter anderem Friedrich Albert Lange und Otto Liebmann. Bald nahm jedoch der Kantianismus unterschiedliche Formen an und spaltete sich in eine Vielzahl von Schulen auf, die sowohl in der Richtung ihrer Interessen als auch in der Interpretation der Kantschen Lehre voneinander abwichen.

Der Kantianismus war mehr als eine philosophische Richtung. Er war vor allem ein Versuch, die Philosophie als solche zu rehabilitieren, im Gegensatz zu der szientistischen Orientierung der Positivisten. Sowohl der Positivismus als auch der deutsche Materialismus waren nicht so sehr philosophische Standpunkte als vielmehr Versuche der Selbstzerstörung der Philosophie. Sie nahmen an, daß die in den Naturwissenschaften praktisch angewandten Methoden die einzigen Mittel zur Erlangung eines glaubwürdigen Wissens seien und daß die Philosophie aus diesem Grunde entweder überhaupt keine Daseinsberechtigung mehr habe oder nur eine Reflexion über die fertigen Resultate der Wissenschaften sein könne. Dagegen lieferte der Kantianismus Denkweisen, innerhalb deren die Philosophie nicht nur eine gerechtfertigte, sondern eine unentbehrliche Form des geistigen Lebens war; gleichzeitig war das jedoch eine in ihren Bestrebungen begrenzte Philosophie; sie sollte keine Metaphysik sein, und sie sollte sich nicht den Vorwürfen aussetzen, die gewöhnlich gegen Hegel, Schelling und deren Nachfolger vorgetragen wurden: daß sie eine eitle und nebelhafte Schwärmerei sei, ein willkürliches Phantasieren, das sich gegen die Anforderungen der Logik taub stellt. Nach dem Kantschen Programm sollte die Philosophie ihre Anstrengungen auf die Kritik der Erkenntnis konzentrieren, sie sollte zeigen, daß die Naturwissenschaften nicht ihre eigene Interpretation enthalten und daß die Legitimität ihrer Resultate und Methoden durch nichts innerhalb dieser Wissenschaften garantiert ist; daß die Einzelwissenschaften die Welt erkennen, doch in ihrer Arbeit die Tatsache der Erkenntnis selbst nicht erfassen, die, um gerechtfertigt zu sein, einer eigenen Reflexion bedarf.

Der Kantianismus teilte also mit den Szientisten die allgemeine antimetaphysische Einstellung, nicht aber deren nihilistisches Verhältnis zur Philosophie überhaupt. Ein anderer wesentlicher Bereich seiner Interessen war die Theorie der ethischen Werte. Eine rein empiristische Orientierung schien auf natürliche Weise zu einem radikalen moralischen Relativismus zu führen: Da die Wissenschaft »Tatsachen« untersucht und verallgemeinert hat, kennt sie die Welt der Werte nur als eine Sammlung von psychologischen oder gesellschaftlichen Tatsachen, hat jedoch keine Mittel, um Werturteile auszusprechen; innerhalb des wissenschaftlichen Denkens ist jedes Wertsystem gleichermaßen berechtigt (oder unberechtigt). Auch auf diesem Felde schien der Kantianismus den Gefahren des Relativismus entgegenzuwirken; er versprach nachzuweisen, daß der Bereich der Tatsachen zwar deutlich von der Welt der Werte abgegrenzt werden muß (und bis hierhin gingen auch die Kantianer mit den Positivisten einig), daß jedoch die menschliche Vernunft imstande ist, wenigstens die formalen Bedingungen zu bestimmen, welche unsere ethischen Urteile erfüllen müssen, also zu zeigen, daß wir auch in diesem Bereich nicht der Willkür menschlicher Launen ausgeliefert sind.

Die Kantianer waren also Gegner von allumfassenden ontologischen Konstruktionen, behaupteten aber, im Gegensatz zu den Szientisten, daß die Erkenntniskritik logisch jeglicher Einzelerkenntnis voraufgehen müsse, wenn diese Anspruch auf Allgemeingeltung erheben wolle.

3. Der ethische Sozialismus

Die erste Variante des Kantianismus war allerdings vornehmlich psychologisch und nicht transzendental orientiert. Das hieß, daß alle apriorischen Bedingungen der Erkenntnis, mit deren Erforschung Kant sich befaßte, ganz einfach allgemeine Eigenschaften der psychischen Struktur des Menschen sind: Die menschliche Psyche ist eben derart beschaffen, daß wir die Dinge nicht anders wahrnehmen können als dadurch, daß wir ihnen unsere Formen überstülpen – die Zeit, den Raum, die Kausalität, die substantielle Einheit usw. Damit war der Relativismus aber nicht ausgeschaltet, sondern nur auf ein höheres Niveau verlagert. Es sollte sich nämlich zeigen, daß das von der Wissenschaft erzeugte Weltbild nur in dem Sinne allgemeingültig ist, als es den Erfordernissen der gattungsmäßigen Struktur des Menschen entspricht, woraus aber durchaus nicht folgt, daß es auch jenseits der Grenzen der menschlichen Gattung »für jedes vernünftige Wesen« gültig sein muß.

So verwarf denn die nächste Generation der Kantianer, darunter vor allem die sogenannte Marburger Schule, also Hermann Cohen und Paul Natorp, die psychologische Interpretation zugunsten der transzendentalen. Die Marburger zeigten, daß nach Kant die apriorischen Formen der Erkenntnis durchaus nicht auf die menschliche Gattung bezogen sind, sondern notwendige Bedingungen jeglicher Erkenntnis darstellen, daß sie also Merkmale der Vernunft als solcher und nicht zufällige Eigentümlichkeiten einer bestimmten zoologischen Gattung sind. Mehr noch: Die Vernunft kann nicht von den empirischen »Tatsachen« als fertigen Gegebenheiten ausgehen. Die philosophische Kritik bezieht sich zwar auf die Wissenschaft, nicht aber – wie es die Positivisten wollten – in dem Sinne, daß sie deren Resultate zu »verallgemeinern« hat, sondern in dem Sinne, daß sie die erkenntnistheoretischen Bedingungen untersucht, welche Wissenschaft möglich machen. Die Marburger bezogen sich hauptsächlich auf die Mathematik und die theoretische Physik, die mit ihrer Existenz die allgemeine rationalistische Orientierung der Marburger bestätigen sollten. Alles, was an unserer Erkenntnis universelle Geltung besitzt, stammt aus der reinen Tätigkeit der Vernunft und nicht aus dem zufälligen empirischen Material. Grundlage der Naturwissenschaften ist die reine Vernunft, und jeder Begriff der Wirklichkeit, wenn er verständlich sein soll, bezieht sich auf die Wirklichkeit als eine erkannte. Das heißt durchaus nicht, daß die Wirklichkeit relativ in bezug auf menschliche Individuen oder die menschliche Gattung ist, sondern, daß sie relativ in bezug auf das reine unpersönliche Denken ist. Das »Ding an sich« ist bei Kant entweder nur ein regulativer Begriff, so etwas wie eine Fiktion, welche die Erkenntnis organisiert, oder man kann es ohne Nachteil ganz aus der Philosophie eliminieren.

Wenn aber die Marburger Schule und ihre Resultate die Aufmerksamkeit eines Teils der deutschen und österreichischen Marxisten auf sich lenkten, dann nicht so sehr durch ihren radikalen Apriorismus als vielmehr durch den Versuch einer ethischen Begründung des Sozialismus anhand der Kantschen Lehre der praktischen Vernunft. Cohen und

Natorp hielten sich nicht für Marxisten, waren jedoch Sozialisten und glaubten, daß der Sozialismus allein auf den Voraussetzungen eines ethischen Idealismus begründet werden könne.

Nach Ansicht von Cohen lieferte Kant die moralischen Fundamente für die sozialistische Idee. Er zeigte erstens, daß sich die Ethik nicht auf anthropologische Grundlagen stützen kann, da die natürlichen menschlichen Triebe in keiner Weise die Idee der Menschheit und die Idee der Person als eines unersetzlichen Wertes hervorbringen. Die Menschheit ist kein anthropologischer, sonder ein moralischer Betriff, und das heißt, daß wir nicht aufgrund rein natürlicher Tendenzen anerkennen können, daß wir Teile einer Gemeinschaft sind, in der jedem Individuum die gleichen Rechte zustehen. Zweitens ist die Ethik im Kantschen Sinne unabhängig von religiösen Dogmen und vom Glauben an Gott: Der Glaube an die Gültigkeit göttlicher Gebote bringt wohl ein Rechtssystem, nicht aber ein spezifisch moralisches System hervor. Allein der Mensch kann sich moralische Gesetze geben, aber seine Gesetzgebung kann Allgemeingültigkeit nur unter der Bedingung beanspruchen, daß sie von der Gleichheit der Menschen als Gegenständen moralischen Verhaltens ausgeht. Die Ethik Kants, welche gebietet, Menschen nur als Zwecke und nicht als Mittel zu betrachten, ist die Grundlage des Sozialismus. Aus diesem Gebot folgt nämlich, daß der Arbeiter nicht als Ware aufgefaßt werden darf – und darin besteht gerade die sozialistische Idee der gesellschaftlichen Befreiung. Das sozialistische Ideal der Brüderlichkeit aller Menschen, das die Gleichheit der Menschen und ihre Freiheit einschließt, aber eine Freiheit, die durch das Gesetz mitbestimmt ist – das ist die logische Konsequenz der Kantschen Lehre.

Cohen war einer der Urheber der Idee, die man als ethischen Sozialismus bezeichnet. Die Mehrheit derjenigen, die die Marxsche Theorie der gesellschaftlichen Entwicklung durch die Kantsche Tradition zu ergänzen suchten, machte sich diese Idee zu eigen. Der ethische Sozialismus läßt sich auf zwei Grundsätze zurückführen. Der erste, allgemeinste lautet, daß selbst dann, wenn die Marxsche Geschichtsphilosophie mit ihrem Glauben an die Unvermeidlichkeit des Sozialismus recht hat, aus dieser Theorie nicht folgt, daß der Sozialismus ein Wert ist, den man akzeptieren muß. Denn aus der Unvermeidlichkeit bestimmter Ereignisse oder geschichtlicher Prozesse folgt nicht, daß sie erstrebenswert sind oder daß wir verpflichtet wären, sie zu unterstützen. Den Sozialismus nicht nur vorherzusagen, sondern auch zu akzeptieren, bedarf es eines Werturteils, das eine andere Begründung haben muß als der historische Materialismus oder überhaupt eine Theorie der Geschichte. Die Kantsche Ethik vor allem kann eine solche Begründung liefern, da sie zeigt, daß die sozialistischen Prinzipien der gesellschaftlichen Organisation, für welche die menschliche Person das einzige Ziel der Gesellschaft ist, tatsächliche Werte sind. Zum anderen ging der ethische Sozialismus davon aus (auch wenn nicht alle diesen Grundsatz aussprachen), das ethische Gebote universelle Geltung haben, d. h., daß sie sich ausnahmslos auf alle menschlichen Individuen beziehen, die sowohl als Subjekte wie als Objekte moralischen Handelns aufgefaßt werden. Der als ethisches Postulat verstandene Sozialismus hat somit keinen Klassencharakter, man kann also zeigen, daß jeder Mensch ganz einfach als Mensch und nicht als ein so oder anders durch das Klasseninteresse gebundener, wenn er seine Menschlichkeit bewahren will, den moralischen Wert des sozialistischen Ideals anerkennen muß. Daraus folgt – im Gegensatz zu den verbreiteten Vorwürfen der Orthodoxen – selbstverständlich nicht, daß der ethische Sozialismus den tatsächlich existierenden Klassenkampf ablehnt oder daß seine Anhänger erwarten, die moralische Propaganda allein genüge, um sozialistische Veränderungen durchzuführen; es folgt daraus jedoch, daß man sozialistische Ideale verbreiten darf und soll, indem man sich auf allgemeinmenschliche Werte und nicht nur auf das partikulare Interesse der Arbeiterklasse beruft.

4. Der Kantianismus im Marxismus

Unter den Neukantianern gab es, wie schon erwähnt, viele, die sich nicht nur für Sozialisten, sondern (im Unterschied zu Cohen) auch für Marxisten hielten und den historischen Materialismus auf verschiedene Weise mit der Ethik oder auch mit der Erkenntnistheorie Kants in Einklang brachten.

Das Entstehen dieser eigentümlichen Symbiose zwischen Kant und Marx läßt sich durch verschiedene Umstände erklären. Das marxistische Denken befand sich noch nicht in einer solchen Isolierung gegenüber der restlichen Welt, wie sie sich später entwickelte, und so war es natürlich, daß philosophische Strömungen, die außerhalb des sozialistischen »Lagers« an Stärke gewannen, das geistige Leben der marxistischen Kreise beeinflußten. Ähnlich ging es schließlich ein halbes Jahrhundert später, als es infolge einer Auflockerung der Orthodoxie in der nachstalinistischen Zeit sofort zu verschiedenen Versuchen kam, den verdorrenden Baum der Doktrin durch fremde Aufpfropfungen (aus der Existenzphilosophie, der Phänomenologie, den strukturalistischen Theorien, ja sogar aus dem Christentum) wiederzubeleben. Von dem äußeren Druck abgesehen hätte jedoch auch die innere Logik der Doktrin in die gleiche Richtung führen können. Der traditionelle Grundsatz, daß der Sozialismus ein allgemeinmenschlicher und nicht partikular klassenbedingter Wert sei, führte von selbst zu der Überlegung, in welcher Weise jene universellen Güter des Sozialismus mit seinem Klasseninhalt koexistieren. Die Frage, worin das partikulare Interesse der Arbeiterklasse besteht, konnte man – zumindest scheinbar – ohne Schwierigkeiten beantworten. Dagegen lag es keineswegs auf der Hand, worin das »allgemeinmenschliche Interesse« besteht, und die kanonischen Texte lieferten diesbezüglich nicht viele Hinweise. Auf jeden Fall schien es unstrittig zu sein, daß, wenn der Marxismus überhaupt von einer Kategorie wie der des allgemeinmenschlichen Interesses ausgeht, er damit von einem Begriff des Menschen überhaupt ausgeht, eines klassenmäßig nicht differenzierten Menschen, denn sonst hätte es keinen Sinn, zu sagen, daß der Sozialismus die universalen Bestrebungen der Menschheit erfüllen soll. Andererseits sollte die Arbeiterklasse, die als historischer Träger jenes Universalismus galt, der Doktrin zufolge ausschließlich für ihre eigenen Interessen kämpfen, die sich erst in einer unbestimmten Zukunft mit dem allgemeinen Interesse des Menschen decken würden. Wenn aber jenes allgemeinmenschliche Interesse überhaupt eine sinnvolle Kategorie ist, muß es auch jetzt erkennbar sein, eine Art von Realität haben und zu Forderungen führen, die sich jetzt formulieren lassen; Menschlichkeit muß auch jetzt Bestandteil aller empirischen menschlichen Individuen sein. Es muß deshalb moralische Gebote geben, die alle Menschen, nicht nur die aktuellen Waffengefährten umfassen. Diese Folgerung war nun kaum akzeptabel für jene Fundamentalisten des Marxismus, die im Namen der revolutionären Unversöhnlichkeit eine völlige Trennung der sozialistischen Bewegung von der »bourgeoisen« Kultur forderten.

Auf der Suche nach Formeln, mit denen sie jenen universalistischen Inhalt des Marxismus ausdrücken könnten, entwickelten die Neukantianer eine bestimmte Seite der Doktrin, die, auch wenn sie verbal anerkannt wurde, im Bewußtsein der Marxisten eher als rhetorisches Beiwerk denn als lebendiger Inhalt fungierte. Dabei mußten sie sich jedoch mit der Frage des Verhältnisses zwischen den allgemeinmenschlichen und den klassenmäßigen Grundsätzen der sozialistischen Bewegung auseinandersetzen, wodurch sie sich wiederum dem von allen Orthodoxen geäußerten Vorwurf aussetzten, sie verträten eine Solidarität zwischen den Klassen, sie »verwischten« die tödlichen Antagonismen und förderten innerhalb der Bewegung eine reformistische Tendenz.

Die stereotypen Angriffe der Orthodoxen auf den marxistischen Neukantianismus waren vage und verworren; gleichwohl war der Vorwurf, daß der Neukantianismus den reformistischen Flügel der Sozialdemokratie fördere, nicht unbegründet, auch wenn keiner der Orthodoxen eindeutig sagen konnte, worin dieser Zusammenhang bestand. Die marxistischen Neukantianer lehnten – zumindest innerhalb der österreichischen Schule – den Gedanken der Revolution keineswegs ab; sie wiesen im Gegenteil häufig darauf hin, daß die Lehre Kants weder im logischen noch im historischen Sinne dem revolutionären Programm widerspreche (das Verhältnis Kants selbst zur Französischen Revolution diente oft als Beispiel). So war es in der Tat; aus der Kantschen Moralphilosophie kann man unmöglich den Schluß ableiten, daß die revolutionäre Beseitigung der bestehenden Herrschaft ungerechtfertigt sei. Allerdings definierten die Kantianer den Sozialismus eher anhand von moralischen als von institutionellen Kategorien, was auch den Grundsätzen des Transzendentalismus entsprach. Dadurch legte aber ihre Theorie sehr stark den Gedanken nahe, daß moralische Wandlungen, welche die Arbeiterklasse »schon jetzt«, innerhalb der kapitalistischen Gesellschaft, bewirken kann, als effektiver Beitrag zum Aufbau des Sozialismus gelten können. Da vom Standpunkt der Orthodoxie aus alles, was die Arbeiterklasse innerhalb der bestehenden Ordnung bewirken kann, sich auf Vorbereitungen der Revolution reduziert, weil von einem »stückweise« errichteten Sozialismus nicht die Rede sein kann, weil der Sozialismus unteilbar ist und sich durch die Übernahme der politischen Macht sowie durch die Enteignung der Kapitalisten definiert, erregte die neukantianische Philosophie nicht grundlos den Zorn der Orthodoxen. Es stimmte, daß vom Standpunkt der moralischen Definition des Sozialismus aus die Vorstellung einer radikalen Zäsur zwischen zwei historischen Epochen unklar war. Insofern stimmte es auch, daß der Neukantianismus – ähnlich wie der Bernsteinsche Revisionismus – innerhalb der sozialistischen Bewegung ein Anzeichen des optimistischen Glaubens an einen »graduellen Sozialismus« war, auch wenn viele, vielleicht sogar die Mehrheit der marxistischen Neukantianer diesen Glauben nicht direkt äußerte.

Ein zusätzliches Motiv der neukantianischen Bewegung war wahrscheinlich der deutsche Nationalstolz, schien es doch, als sei die sozialistische Idee das eigentliche Produkt der deutschen Aufklärung (neben Kant wurden auch Lessing, Fichte, Goethe und Schiller als deren Ahnherren genannt).

Ein typischer Philosoph des marxistischen Neukantianismus war Karl Vorländer (1860–1928), Autor zahlreicher Werke, die sich mit der Konfrontation und Synthese der beiden »Klassiker« befaßten (u. a. »Kant und der Sozialismus«, 1900; »Kant und Marx«, 1911; »Kant, Fichte, Hegel und der Sozialismus«, 1920; »Marx, Engels und Lassalle als Philosophen«, 1920). Seine Argumentation in der angesprochenen Frage läßt sich auf drei Punkte reduzieren.

Erstens hob Vorländer all jene Elemente der Sozialphilosophie Kants hervor, die in die sozialistische Idee Eingang fanden, auch wenn der Sozialismus sie mit der gesamten radikalen Demokratie teilt. So kämpfte Kant gegen jegliche erblichen Privilegien, sprach er sich für die Trennung von Kirche und Staat aus, für ein Repräsentativsystem, gegen das stehende Heer, gegen die nationale Unterdrückung, für eine durch das

Gesetz regulierte Freiheit, für eine weltumspannende staatliche Organisation. Er hielt eine Revolution für gerechtfertigt, wenn deren Ziel die Freiheit ist. Er kritisierte die konservative Idee, daß das Volk zunächst reif werden müsse für die Freiheit, bevor es sie erhält – als könnte ein Volk unter despotischen Verhältnissen jemals lernen, die Freiheit zu gebrauchen.

Diese Gruppe von Argumenten war weniger bedeutsam, da sie Kant als radikalen Demokraten und nicht als Sozialisten zeigte. Zum zweiten wies Vorländer jedoch darauf hin, daß Kant die Marxsche Theorie der Widersprüchlichkeit des Fortschritts antizipiert habe. Die Natur, so stellte er fest, bedient sich der Antagonismen, um sie im Laufe der Zeit aufzuheben. Die Entwicklung der Menschheit vollzieht sich durch das Wechselspiel egoistischer Triebe, die jedoch von sich aus dank verschiedener Mechanismen der wechselseitigen Beschränkung zur wachsenden Vergesellschaftung führen. Auch Kriege dienen in der historischen Entwicklung der Festigung eines dauerhaften Friedens auf Erden. Überhaupt zwingen allein schon die Interessenkonflikte den Menschen die Notwendigkeit einer Rechtsordnung auf, in deren Rahmen sich die politische Freiheit konstituiert. Es gibt zwar bei Kant einen Pessimismus, eine Theorie des radikalen Bösen, das keine Evolution wird beseitigen können; aus einem so krummen Holz wie dem, aus dem der Mensch geschnitzt wurde, läßt sich, wie er schrieb, nicht etwas völlig Gerades machen. Aber auch dieser Pessimismus, aus dem die dauernde Notwendigkeit einer Rechtsordnung folgt, steht nach Ansicht Vorländers nicht im Widerspruch zur Marxschen Geschichtsphilosophie.

Am wichtigsten ist jedoch die dritte Gruppe von Argumenten, welche zeigen sollen, daß man die Kantsche Moralphilosophie in die Theorie des wissenschaftlichen Sozialismus nicht nur hineinnehmen kann, sondern unabdingbar muß. Vorländer räumt ein, daß Kant einen rationalistischen, Hegel und Marx dagegen einen historischen Denkstil hatten. Die beiden Betrachtungsweisen lassen sich jedoch kohärent miteinander verknüpfen. Der Hegelsche Historismus spielte eine bedeutsame Rolle für die Entstehung des Marxismus, da er die evolutionistische Betrachtungsweise der Geschichte begründete. Inzwischen besitzt aber – nach Darwin und Spencer – die Theorie der allgemeinen Evolution bessere, biologische Fundamente, und man braucht zu ihrer Verteidigung nicht auf die Hegelsche Metaphysik zurückzugreifen. Ein negativer Aspekt des Hegelschen Erbes war dagegen die Ablehnung des Unterschieds zwischen Sein und Sollen. Das Sollen äußert sich im Hegelschen Schema stets *post festum*, als Bewußtsein der Ohnmacht. Marx hat, dem Beispiel Hegels folgend, diese Unterscheidung nicht zur Kenntnis genommen, ohne die sich jedoch die sozialistische Idee nicht begründen läßt. Deshalb ist der historische Materialismus eine nicht bis zu Ende durchdachte

Theorie, und es fehlen ihr sowohl die erkenntnistheoretischen wie die moralischen Fundamente. Kritische Äußerungen von Marx und Engels gegenüber Kant sind ohne größere Bedeutung, denn es ist offenkundig, daß die Begründer des wissenschaftlichen Sozialismus von dieser Philosophie sehr geringe Kenntnisse hatten (so beweist etwa die Engelssche Kritik am Begriff des »Dings an sich« totales Unverständnis für das Problem). Wenn nun die Theorie von Marx das Bewußtsein der sozialen Bewegung sein soll, muß sich der Sozialismus im Bewußtsein dieser Bewegung als ein anzustrebendes Ziel darstellen. Der Marxismus rechtfertigt aber den Sozialismus nicht als ein Ziel. Überhaupt ist es unmöglich, ohne teleologische Betrachtungsweise eine Theorie des Fortschritts zu schaffen (der Begriff des Fortschritts beinhaltet eine Wertung). Die Kantsche Sittenlehre bildet daher eine natürliche Ergänzung des Marxismus. Der Kategorische Imperativ geht davon aus, daß all jene Wünsche und Bestrebungen gut sind, die sich in eine einheitliche Ordnung von Zielen einfügen lassen. Das ist natürlich nur eine formale Bestimmung der Bedingungen, welche jede moralische Regel erfüllen muß. Die konkreten Regeln haben keinen kategorischen Charakter mehr, sondern müssen sich mit den historischen Bedingungen ändern. Der Marxismus macht klar, welche Handlungsweisen in der Verfolgung jenes Zieles wirksam sind, das er gemeinsam mit Kant anerkennt. Dieses Ziel ist die Solidarität und die allgemeine Brüderlichkeit unter gleichzeitiger Anerkennung des irreduziblen Wertes jeder menschlichen Persönlichkeit. Darauf beruht die sozialistische Idee. Darauf beruht auch die Ethik Kants. Es gibt hier keinen Widerspruch, und ein Marxismus, der sich die Kantsche Morallehre einverleibt, muß auf keines seiner Wesenselemente verzichten (Vorländer ging, wie übrigens die Mehrheit der damaligen Marxisten, von einer schwachen Interpretation des historischen Materialismus aus: nach Marx »bestimmen« die ökonomischen Verhältnisse das menschliche Bewußtsein, aber sie »produzieren« es nicht; Marx' Geschichtsverständnis setzt den menschlichen Willen und eine »wechselseitige Beeinflussung« von »Basis« und »Überbau« voraus). Es genügt, wenn er seine heimlichen, wertenden Voraussetzungen ausspricht, ohne die er unverständlich und nicht überzeugend wäre.

Diese und ähnliche Argumente wiederholen sich bei allen marxistischen Kantianern: Ludwig Woltmann, Conrad Schmidt, Franz Staudinger und den Österreichern. Der Kern der Argumentation ist immer derselbe: Die wissenschaftliche Interpretation des gesellschaftlichen Lebens und der Geschichte spricht von dem, was ist, oder sagt voraus, was sein wird; was sein soll, können wir aus historischen oder ökonomischen Darstellungen nicht folgern. Wir brauchen jedoch einen Maßstab, der die bestehenden gesellschaftlichen Verhältnisse beurteilt und Ziele aufzeigt. Der Sozialismus ist nicht dadurch gerechtfertigt, daß die Arbeiterklasse ihn verwirklichen soll, und nicht dadurch, daß die Bewegung zu ihm hin sich kausal erklären läßt; die Dinge werden nicht schon dadurch bewundernswert, daß sie nicht anders sein können, als sie sind (auch wenn er nicht anders sein kann, ist ein fauler Apfel doch faul, wie Staudinger schrieb).

Die Kantianer widersprachen insbesondere der darwinistischen oder überhaupt der biologischen Interpretation des Menschen als eines durch eine Summe »natürlicher« Bedürfnisse bestimmten Wesens. Wenn sich der Mensch vollständig innerhalb der Naturordnung beschreiben läßt, gibt es für den Sozialismus keine Rechtfertigung, argumentieren sie; denn die Natur kennt keine Freiheit, und aus ihrer Ordnung kann man nicht folgern, daß dem Menschen die Freiheit »gebührt«. Wenn jedoch (wie derselbe Staudinger schrieb) die Freiheit ein schon in der Idee der Menschheit enthaltenes unveräußerliches Postulat ist, dann muß man ebenfalls eine gesellschaftliche Ordnung postulieren, die jedem den gleichen Anteil an der Freiheit gewährt, was aber unter den Bedingungen des Privateigentums an den Produktionsmitteln unmöglich ist, denn dort hängt es von der Willkür eines Individuums ab, ob ein anderes Individuum zu essen hat. So erweist sich der Sozialismus als eine logische Konsequenz der Forderung, daß der Mensch sein vernünftiges – und daher freies – Wesen verwirklichen sollte.

Die Vertreter des Neukantianismus innerhalb des Marxismus waren sich nicht darüber einig, wie weit die Kantsche Moralphilosophie in die sozialistische Doktrin einbezogen werden kann bzw. soll. Vorländer und Woltmann waren Kantianer im uneingeschränkten Wortsinne und vertraten deshalb die Ansicht, daß eigentlich die gesamte Moralphilosophie und Erkenntnistheorie Kants von der sozialistischen Bewegung als Ergänzung zur Marxschen Gesellschaftstheorie übernommen werden könne. Dagegen behauptete Conrad Schmidt, daß die Kantsche Unterscheidung zwischen der Ordnung des Willens und der Ordnung der Vernunft zwar unverzichtbar sei, daß aber die Ethik letzten Endes auf die Gesamtheit der historisch bestimmten gesellschaftlichen Bedürfnisse zurückgeführt werden müsse und der formale Imperativ Kants ihr nicht genügen könne. Wenn wir uns überlegen, was der Verwirklichung des Menschen als eines vernünftigen und freien Wesens förderlich ist, bemerken wir, daß moralische Gebote keine absolute Geltung haben können, da sich unter verschiedenen Umständen verschiedene Verhaltensweisen als wirksam im Streben nach dem »Endziel« aufdrängen. Die Kantsche Ethik verlangt, daß die moralische Pflicht allein deshalb erfüllt werden muß, weil sie eine Pflicht ist, nicht aber aus irgendwelchen anderen Gründen; für den Sozialisten aber ist der Mensch und sein Nutzen das einzige Gut; die moralische Pflicht läßt sich nicht anders als in bezug auf die gesellschaftlichen Bedürfnisse definieren. Diese Auffassung stellt bereits einen Übergang zum ethischen Utilitarismus dar, also ein Aufgeben der Kantschen Lehre in ihrem entscheidenden Punkt.

Das Verhältnis des Sozialismus zu Kant wurde jahrelang in allen deutschsprachigen sozialdemokratischen Zeitschriften diskutiert (»Die Neue Zeit«, »Sozialistische Monatshefte«, »Vorwärts«, »Der Kampf«). Der hundertste Jahrestag von Kants Tod (1904) wurde in der ganzen Arbeiterpresse Deutschlands und Österreichs feierlich begangen. Die Orthodoxen – vor allem Kautsky, Mehring und Plechanow – sahen in dieser Tendenz einen einschneidenden Bruch mit der marxistischen Tradition. Sowohl Mehring als auch Kautsky waren damit einverstanden, daß beschreibende und wertende Urteile etwas Verschiedenes sind. Für sie waren jedoch keine Schwierigkeiten ersichtlich, welche die Marxisten zwingen würden, Anlehnung bei der Philosophie Kants zu suchen. Die sozialen Postulate Kants, so argumentierten sie, gehen in den Idealen der bürgerlichen Demokratie vollkommen auf und enthalten nichts spezifisch Sozialistisches. Daß die sozialistische Bewegung ihre eigene ethische Grundlage hat, liegt zwar auf der Hand, doch verstärkt dieser Umstand durchaus nicht die Argumente der Kantianer. Die Ethik ist nämlich jeweils durch die historischen Bedingungen bestimmt und enthält keine unveränderlichen Regeln. Die Ideale der Arbeiterklasse lassen sich historisch erklären, und man kann beweisen, daß sie keine leere Utopie sind, sondern sich mit der allgemeinen Tendenz der gesellschaftlichen Entwicklung decken. Wenn wir das wissen, brauchen wir weiter nichts, insbesondere ist nicht ersichtlich, wozu den Marxisten der ahistorische Imperativ Kants oder die absurde Annahme von der Willensfreiheit dienen sollte.

Es ist an dieser Stelle angebracht, eine über die polemischen Äußerungen Kautskys gemachte Bemerkung zu wiederholen. Die Orthodoxen nahmen überhaupt nicht zur Kenntnis, daß sich die folgende Frage erheben kann: Wenn innerhalb der Gesellschaft bestimmte Ideale und Werte als »natürliche« Produkte der Interessen entstehen – welche Gründe außer dem eigenen Interesse können das Individuum bewegen, sich diese Ideale und Werte zu eigen zu machen? Aus welchem Grunde sollten wir annehmen, daß das sozialistische Ideal, abgesehen davon, daß es ein Produkt der Klassensituation des Proletariats ist, außerdem unterstützungswürdig ist? Wenn die sozialistische Idee, wie Marx meint, nicht nur die partikulare Sache der Arbeiterklasse ist, sondern außerdem die Verwirklichung des menschlichen Wesens und die Eröffnung einer Entwicklungsperspektive für alle spezifisch menschlichen (und nicht spezifisch klassengebundenen) Möglichkeiten bedeutet – wie können wir dann ohne den Glauben an allgemeinmenschliche Werte auskommen? Wie können wir, ohne in Widerspruch zu geraten, den Gedanken ablehnen, daß in unseren moralischen Postulaten ungeschichtliche, nicht zeitgebundene Elemente enthalten sind, die zur bleibenden und unveränderlichen Idee der Menschlichkeit gehören?

Aber widerspricht nicht auf der anderen Seite die Behauptung, daß irgendwelche Werte universelle und historisch nicht relative Geltung besitzen, sowohl dem Geist der Marxschen Lehre wie auch den eindeutigen Worten von Marx?

Diese Auseinandersetzung war, wie schon gesagt, in dem ideologischen Kontext, in dem sie sich abspielte, hoffnungslos. Hinter den Kantianern stand die Stärke der traditionellen Unterscheidung zwischen Tatsachen und Werten – einer Unterscheidung, welche die Orthodoxen anerkannten, aus der sie aber nicht die logisch zwingenden Konsequenzen zogen. Hinter den Orthodoxen standen nicht nur Zitate von Marx, die den Glauben an unhistorische Werte zum Gespött machten, sondern auch die gerechtfertigte Angst vor den gesellschaftlichen Folgen einer Doktrin, die über den Klassen stehende Normen und moralische Urteile für notwendig erklärte und damit Anlaß gab, sich im Kampf um den Sozialismus eher auf jene universellen Werte als auf das Klasseninteresse zu berufen. Die Kantianer wußten zwar, daß Marx die Unterscheidung zwischen Tatsachen und Werten, zwischen Sein und Sollen nicht anerkannte, hielten das aber schlicht für ein Relikt des Hegelianismus, das sich ohne Schaden für den wesentlichen Inhalt der Doktrin überwinden läßt. Sie erkannten nicht, daß das Fehlen dieser Unterscheidung zu den grundlegenden Eigentümlichkeiten des Marxismus gehört und daß aus diesem Grunde die ganze Diskussion auf beiden Seiten in nichtmarxistischen Begriffen geführt wurde (historischer Determinismus gegen Moralismus). Einige Marxisten ahnten verschwommen, daß die Fragen, um die es dabei ging, vom Standpunkt des Marxismus aus schlecht formuliert waren, doch vermochte keiner von ihnen die Angelegenheit aufzuhellen. Erst Lukács gelang das viele Jahre später mit der Erklärung, daß die Arbeiterklasse nach Marx die gesellschaftlichen Erscheinungen nur im Akt der revolutionären Umgestaltung der Welt selbst begreift, daß überhaupt die gesellschaftliche Erkenntnis die Selbsterkenntnis dieser Gesellschaft ist und daß aus diesem Grunde das Verstehen und das Umgestalten der Welt keine Gegensätze sind (wie im Verhältnis zwischen der naturwissenschaftlichen Erkenntnis und ihrer technologischen Anwendung), sondern zu einem Akt zusammenfallen, während die Unterscheidung zwischen Verstehen und Bewerten lediglich eine untergeordnete, verzerrende Abstraktion ist.

5. Die Austromarxisten: Biographische Mitteilungen

Max Adler (15. 1. 1873–28. 6. 1937) war seiner Ausbildung nach und von Beruf Jurist. Sein Leben verbrachte er in Wien als Anwalt, Gelehrter und sozialdemokratischer Politiker. In der Organisation hatte er nie eine führende Stellung, er wollte kein Parlamentsabgeordneter sein (wurde es jedoch nach dem Kriege für kurze Zeit) und besaß unter den Sozialisten den Ruf eines »Theoretikers« in einem etwas pejorativen Sinne, d. h., er galt als ein Gelehrter, der theoretische Überlegungen allein um des Vergnügens an der Erkenntnis willen anstellt. Dennoch war Adler neben seiner ungewöhnlich vielseitigen schriftstellerischen Tätigkeit einer der Hauptinitiatoren des parteilichen Bildungswesens in Österreich; zusammen mit Renner und Hilferding gründete er in Wien eine Arbeiterschule, an der er Vorlesungen hielt. Seine Bücher und Artikel umfassen sämtliche Probleme, mit denen die damalige Sozialdemokratie sich beschäftigte, doch galt die Hauptsorge Adlers der Vertiefung der philosophischen Grundlagen des Marxismus, die nach seiner Ansicht bis dahin in der sozialistischen Literatur viel zu kurz gekommen waren. Die philosophischen Werke Adlers zeichnen sich durch einen schwerfälligen und äußerst umständlichen Stil aus. Von Anfang bis Ende wiederholen sich in ihnen hartnäckig bestimmte Themen, insbesondere die Frage des »sozialen *a priori*« und der transzendentalen Grundlagen der Sozialwissenschaften. Diese Sachverhalte werden dargelegt in dem ersten Buch Adlers »Kausalität und Teleologie im Streite um die Wissenschaft« (1904), sie kehren wieder in »Marxistische Probleme« (1913), in »Das Soziologische in Kants Erkenntniskritik« (1924), im »Lehrbuch der Materialistischen Geschichtsauffassung«, Teil I (1930), und schließlich in der letzten zu Lebzeiten Adlers erschienenen Abhandlung »Das Rätsel der Gesellschaft« (1936). Zu den ständigen Themen seiner Schriften gehört außerdem die Frage der staatlichen Organisation und der Demokratie (»Demokratie und Rätesystem«, 1919; »Die Staatsauffassung des Marxismus«, 1922; »Politische und Soziale Demokratie«, 1926), und schließlich gehören dazu die in vielen Arbeiten gelegentlich angeschnittenen Fragen der Religion. Orthodoxe Kritiker warfen Adler ein Paktieren mit der Religion vor. Im Nachruf schreibt Bauer, Adler habe sich nie mit dem Gedanken abfinden können, daß der menschliche Geist so sterblich ist wie der Körper, und daß er in der Kantschen Theorie von Zeit und Raum eine Rechtfertigung für den Glauben an ein zeitloses Leben des Bewußtseins gesucht habe.

Sein ganzes Leben hindurch gehörte Adler zur sozialdemokratischen Linken. Während des Krieges blieb er – im Unterschied zu Viktor Adler – bei der Minderheit, die den Opportunismus der »Sozialpatrioten« bekämpfte. Zur Oktoberrevolution bezog er eine ähnliche Stellung wie Rosa Luxemburg: Er brandmarkte den Despotismus der Bolschewiki, glaubte aber an den Wert des Rätesystems und hoffte, daß das sowjetische System sich unter veränderten Bedingungen demokratischer Umgestaltungen fähig erweisen würde.

Otto Bauer (5. 9. 1882–5. 7. 1938) war in höherem Maße als Adler ein politischer Führer, aber auch er erwarb sich in den Annalen der marxistischen Theorie eine hervorragende Stellung. In Wien als Sohn einer bürgerlichen jüdischen Familie geboren, kam er in jungem Alter zur sozialistischen Bewegung und wurde bald zu einem führenden Publizisten und Parteitheoretiker. Sein theoretisches Erstlingswerk »Die Nationalitätenfrage und die Sozialdemokratie« (1907) war zugleich seine herausragendste Arbeit; dieses Buch ist mit Sicherheit der beste Text, den der Marxismus zur nationalen Frage hervorbrachte, und eines der wichtigsten theoretischen Dokumente des Marxismus überhaupt. Nach den Wahlen von 1907 leitete Bauer das Sekretariat der sozialistischen Parlamentsfraktion, schrieb gleichzeitig unzählige Artikel in der Parteipresse (vor allem »Der Kampf« und die »Arbeiterzeitung«) und gab Kurse an der Arbeiterschule. Mit Beginn des Krieges zum Militär einberufen, diente er kaum einige Monate als Oberleutnant, bevor er in russische Gefangenschaft geriet, aus der ihn die Februarrevolution befreite; während der Gefangenschaft verfaßte er eine philosophische Abhandlung mit dem Titel »Das Weltbild des Kapitalismus« (erschienen 1924). Im September 1917 nach Österreich zurückgekehrt, schloß er sich dem Parteiflügel der Kriegsgegner an und vertrat – im Gegensatz zu Renner – das Prinzip der nationalen Selbstbestimmung, da er den baldigen Verfall der österreichisch-ungarischen Monarchie vorhersah. Als der Verfall tatsächlich eintrat, bekleidete Bauer für kurze Zeit das Amt des Außenministers der österreichischen Republik, legte es aber nieder, als deutlich wurde, daß seine Idee eines Zusammenschlusses zwischen Österreich und Deutschland keine Chancen hatte. Zum bolschewistischen Umsturz nahm er eine feindseligere Haltung ein als Adler; er wies darauf hin, daß der Versuch, den Sozialismus in einer halbfeudalen Gesellschaft einzuführen, beinahe nicht anders enden konnte, als es tatsächlich der Fall war: als despotische Herrschaft einer kleinen Minderheit, ja im Grunde nur des politischen Apparats über das Proletariat und die ganze Gesellschaft (»Bolschewismus oder Sozialdemokratie?«, 1920). In späteren Jahren befaßte er sich noch des öfteren mit russischen Themen und brandmarkte den stalinistischen Terror, die kulturelle Verwüstung und das System der allseitigen Bespitzelung als Grundlagen der Herrschaft. In den letzten Jahren allerdings nahm er, über das Vorrücken des Faschismus entsetzt, eine weniger unversöhnliche Haltung ein. Im übrigen betonte er bei seiner Kritik von Anfang an, daß er in

Rußland unter dem Einfluß der wirtschaftlichen Entwicklung im Laufe der Zeit demokratische Veränderungen erwarte.

Angesichts des Zerfalls der sozialistischen Bewegung nach dem Kriege identifizierte sich Bauer jedoch nicht mit der reformistischen Sozialdemokratie. Er gehörte zu jenen, die sich bemühten, die Traditionen der sozialistischen Linken fortzuführen, die sich auf der Zimmerwalder Konferenz gebildet hatte. So war denn auch die österreichische Partei der Hauptinitiator einer kurzlebigen Organisation, die den offiziellen Namen »Internationale Arbeitsgemeinschaft Sozialistischer Parteien« trug, aber allgemein unter dem Spitznamen Internationale Zweieinhalb bekannt war. Diese Organisation, der eine Reihe von europäischen sozialistischen Parteien oder Fraktionen angehörte, wurde im Februar 1921 in Wien gegründet und bemühte sich, als Vermittler zwischen den Sozialdemokraten und den Kommunisten zu wirken (Sekretär dieser Internationale war Friedrich Adler, und ihre Hauptvertreter waren u. a. Georg Ledebour aus Deutschland und Jean Longuet aus Frankreich). Nach zwei Jahren kehrte die Internationale Zweieinhalb allerdings wieder in die sozialdemokratische Mutterorganisation zurück, als deutlich wurde, daß die Vorstellung einer friedlichen Zusammenarbeit mit den Kommunisten eine hoffnungslose Sache ist.

Bis 1934, d. h. bis zur Konterrevolution in Österreich, gehörte Bauer zu den allgemein anerkannten und populären Führern und Theoretikern der Partei. Er rechnete damit, daß die Sozialisten mit der Zeit die Macht ohne Gewalt und Bürgerkrieg übernehmen könnten; er bemühte sich auch, die Bauern für die sozialistische Idee zu gewinnen. 1923 veröffentlichte er ein Buch über den Niedergang der österreichischen Monarchie unter dem Titel »Die Österreichische Revolution«. Im Gegensatz zu Renner glaubte Bauer nicht, daß die Sozialisten durch ihre Beteiligung an Koalitionsregierungen »teilweise« die Herrschaft des Proletariats verwirklichen könnten. Er strebte deshalb keine gemeinsame Regierung mit den österreichischen Christdemokraten an (die übrigens auch keine Neigung zu einer solchen Zusammenarbeit erkennen ließen), und als er angesichts der faschistischen Gefahr eine Koalition vorschlug, wies Dollfuß das Angebot zurück. Als sich nach der Außerkraftsetzung der parlamentarischen Verfassung und einer Reihe von Provokationen, die von der Regierung ausgingen, die österreichischen Arbeiter zum Generalstreik gezwungen sahen, kam es zu einem kurzen Bürgerkrieg, der mit dem Sieg der Reaktion und dem Verbot der sozialistischen Partei endete; Bauer floh in die Tschechoslowakei und versuchte dort, mit einer Gruppe von Emigranten die Überreste des österreichischen Sozialismus durch Gründung einer neuen Partei zu retten. Im Mai 1938 siedelte er nach Paris über, wo er kurze Zeit später starb.

Karl Renner (14. 12. 1870–31. 12. 1950), ein anderer hervorragender

Mitbegründer des Austromarxismus, stammte aus einer bäuerlichen Familie. Genau wie Adler und Bauer studierte er in Wien Jura. Bekannt wurde er durch Arbeiten zur Staats- und Rechtstheorie sowie zur nationalen Frage (»Staat und Nation«, 1899, unter dem Pseudonym Synopticus; »Der Kampf der Österreichischen Nationen um den Staat«, 1902, unter dem Pseudonym Rudolf Springer; »Grundlagen und Entwicklungsziele der Österreichisch-Ungarischen Monarchie«, 1904). Er stand in der Parteipolitik von Anfang an den deutschen Revisionisten näher als Bauer. Er betonte, daß die Arbeiterklasse partielle Errungenschaften schätzen und sich auf eine allmählich wachsende Teilnahme an der Regierung des Staates, nicht aber auf einen gewaltsamen Umsturz einstellen müsse. Der Schwerpunkt seiner politischen Tätigkeit lag eher im Parlament als bei der Parteiführung. Er war nacheinander Kanzler, Innenminister und Außenminister der ersten österreichischen Republik und außerdem bis zum Jahre 1934 Abgeordneter. Den österreichischen Faschismus und den Krieg überlebte er in politischer Untätigkeit, und nach dem Sturz des Dritten Reiches stand er an der Spitze der ersten Regierung der zweiten österreichischen Republik; bald darauf wurde er zum Präsidenten Österreichs gewählt, und in diesem Amt starb er.

Rudolf Hilferding (10. 8. 1877 – 11. 2. 1941) war von Beruf Arzt, errang jedoch seinen Ruhm als der vielleicht hervorragendste marxistische Theoretiker der politischen Ökonomie in der Zeit der Zweiten Internationale. Im Jahre 1904 veröffentlichte er in den »Marx-Studien« seine Verteidigung der Marxschen Werttheorie (»Böhm-Bawerks Marx-Kritik«), und 1910 erschien das klassisch gewordene »Finanzkapital«, eine allgemeine Theorie der Weltwirtschaft in der Epoche des Imperialismus. 1906 übersiedelte er nach Deutschland, hielt Vorlesungen an der Berliner Parteihochschule und redigierte die Zeitung »Vorwärts«. Während des Krieges schloß er sich dem kriegsfeindlichen Flügel der in der USPD versammelten Sozialisten an und kehrte nach dem Kriege mit dieser Partei zur Sozialdemokratie zurück. Er war zweimal Finanzminister des Reiches und Reichstagsabgeordneter. Sofort nach dem Sieg Hitlers floh er aus Deutschland und lebte in der Schweiz und in Frankreich. Von der Vichy-Regierung der deutschen Geheimen Staatspolizei ausgeliefert (1940), beging er Selbstmord in einem Pariser Gefängnis.

Der Austromarxismus im engeren Sinne ist eine Formation, die sich auf die letzten zehn Jahre vor dem Ersten Weltkrieg beschränkt. Seine prominenten Vertreter waren jedoch sämtlich während der ganzen Zeit zwischen den beiden Kriegen politisch tätig. Ihre Werke sind heute im großen und ganzen vergessen, doch kommt es von Zeit zu Zeit zu Neuauflagen einzelner Texte; nur wenige historische Abhandlungen wurden dieser Variante des Marxismus gewidmet, die vermutlich originellere Beiträge zur Geschichte der Doktrin hervorgebracht hat als irgendeine andere.

6. Adler: Die transzendentalen Grundlagen der Sozialwissenschaften

Adler versuchte, wie schon erwähnt, den historischen Materialismus mit Hilfe des Kantschen Transzendentalismus theoretisch umzuformulieren. Sein erstes Werk enthält bereits eine gedrängte Darstellung der Theorie, der er sein ganzes Leben lang treu blieb und die er sein ganzes Leben hindurch verbesserte beziehungsweise konkretisierte. Ausgangspunkt seiner Überlegungen war die Kritik an den Neukantianern der sog. Badener Schule, also an Rickert und Windelband. Neben diesen beiden sind außerdem Stammler, Dilthey und Münsterberg Zielscheibe seiner Angriffe.

Gegenstand der Auseinandersetzung war die methodologische Eigenständigkeit der Geisteswissenschaften und vor allem die Legitimität und Unentbehrlichkeit der teleologischen Betrachtungsweise innerhalb der Geisteswissenschaften.

Nach den neuen methodologischen Auffassungen in den humanistischen Disziplinen (Dilthey nennt sie Geisteswissenschaften, Rickert Kulturwissenschaften, Windelband idiographische Wissenschaften, Stammler Sozialwissenschaften) versuchen die Naturwissenschaften, ihren Gegenstand auf das zu reduzieren, was an ihm allgemein ist, also das Phänomen lediglich als eine Manifestation eines Gesetzes zu begreifen, das in zeitlose Formeln gefaßt wird. Diese Wissenschaften erklären die Erscheinungen durch die Reduktion auf das Abstrakte. Die Erforschung der menschlichen Welt zielt hingegen darauf ab, einmalige Erscheinungen, individuelle historische Konkreta, Ereignisse und Personen, Ziele und Werte zu begreifen. Ihr geht es nicht um das *Erklären*, sondern um das *Verstehen* ihres Gegenstandes, und d. h.: um das Erfassen seiner Beziehung zu den Motiven und Erlebnissen der an ihm beteiligten menschlichen Personen. Die humanistischen Disziplinen kennen den Menschen als ein Wesen, das zu den Ereignissen eine Stellung bezieht (er ist ein Stellung nehmendes Wesen), und ohne jenen motivationalen Faktor läßt sich die menschliche Welt nicht beschreiben. Der Mensch als ein empfindendes Wesen wird gleichfalls von den Naturwissenschaften erforscht, aber eine naturwissenschaftlich orientierte Psychologie gehört auch nicht in methodologischer Hinsicht zum Bereich der Geisteswissenschaften. Sie versucht, die Erscheinungen in ihrer Wiederholbarkeit und ihren regelmäßigen Zusammenhängen zu erfassen. Es gibt somit Gesetze der Psychologie, doch ein »historisches Gesetz« ist eine *contradictio in adiecto*. Im übrigen ist, wie Windelband und Rickert darlegen, der teleologische Gesichtspunkt, wenn auch in eingeschränktem Sinne, ebenfalls in den Naturwissenschaften wirksam. Jegliche Erkenntnis schließt nämlich die Tätigkeiten der Anerkennung und Ablehnung von Urteilen ein, und diese Tätigkeiten sind auf den Wahrheitswert als höchstes Ziel bezogen. Die Erkenntnis richtet, sofern sie eine Form zweckbezogenen menschlichen Handelns ist, ihre Intention auf Werte, und die Wahrheit als einen Wert anzuerkennen heißt, sie als Gegenstand eines allgemeinverbindlichen Sollens anzuerkennen; wenn ich ein Urteil anerkenne, setze ich stillschweigend voraus, daß es die Pflicht eines jeden ist, dieses Urteil anzuerkennen. Die naturwissenschaftliche Forschung kann nicht zur Bestätigung jener erkenntnismäßigen Pflicht führen, und die »Notwendigkeit«, mit der sich die Wahrheit uns aufdrängt, ist keine kausale Notwendigkeit, sondern eine des »Sollens«. Der Wert der Wahrheit stammt nicht aus der Wissenschaft, sondern muß, bevor es diese gibt, vorausgesetzt sein; er fließt aus der im überindividuellen, im transzendentalen Bewußtsein begründeten Pflicht. Urteile sind nicht deshalb wahr, weil sie aussprechen, wie die Wirklichkeit »tatsächlich« beschaffen ist; wir erkennen im Gegenteil als wirklich an, was in den Urteilen anerkannt werden muß; die Wahrheit ist ein Wert, und die Wirklichkeit ist auf die Wahrheit bezogen. Der Erkenntnisgegenstand selbst ist im transzendentalen Sollen begründet. Im übrigen ist die Annahme, daß wir die Wirklichkeit an sich vermittels der Vorstellungen erkennen würden, sinnlos, da wir die Vorstellungen nicht mit einem Ding vergleichen können, das uns von anderswoher bekannt wäre; wir können nur die Vorstellungen untereinander vergleichen, um sie miteinander in Einklang zu bringen. Das Sein ist nur ein Prädikat des Urteils über das Sein, nicht Gegenstand unserer Vorstellung, man kann also nicht sagen, daß unsere Erkenntnis auf das Sein gerichtet ist, sondern lediglich, daß die Denkregeln uns Kriterien angeben, nach denen den Dingen Sein zugeschrieben oder abgesprochen werden muß. »Das Sein der Dinge hat seinen Grund im Sollen« (Rikkert).

Adler greift diese Argumentation auf. Er stimmt zwar zu, daß die Wahrheit nicht als Übereinstimmung des Dings mit einem Gegenstand gelten kann, der unabhängig von seiner Konstitution in der Erkenntnis »gegeben« wäre, denn von Gegenständen in diesem Sinne können wir nichts wissen. »Daß diese Welt für alle von uns ihre gegenständliche Form nicht davon hat, weil ungemütlich unbekannte ›Realitäten‹ uns überall umgeben oder sich in ihren ›Eigenschaften‹ uns mitteilen, sondern daß es überall unser eigener Geist, das heißt die feste Regel seiner Vorstellungsverbindungen ist, an der wir uns so hart stoßen, das ist ein

Gedanke, der erst fast ungeheuerlich scheint, um zuletzt die Ruhe der Selbstverständlichkeit zu verbreiten (»Kausalität und Teleologie«, S. 94).¹ Adler teilt ebenfalls die Kantsche Auffassung, daß das Ding in der Einheit von Vorstellungsverbindungen besteht, während Zeit, Raum und unser eigenes Verhalten in der Welt nur dank der Formen der Anschauung möglich sind. Er meint, daß diese Auffassung sich völlig mit der Marxschen Lehre verträgt, die keineswegs die Ansicht des naiven Realismus teilt und außer der Bezeichnung mit dem Materialismus nicht viel gemein hat. Dagegen widerspricht er in einem anderen Punkt der neukantianischen Erkenntnistheorie; er bestreitet, daß die Denkregeln sich als moralische Gebote auffassen lassen, daß schon der Unterschied zwischen Wahr und Falsch (und nicht nur der Unterschied zwischen Akten der Bejahung und Verneinung von Urteilen) im Sollen verankert ist.

Daß Marx mit einem metaphysisch verstandenen Materialismus nichts gemein hatte, liegt für Adler auf der Hand. Diesbezügliche Mißverständnisse rühren hauptsächlich aus der irreführenden Bezeichnung »historischer Materialismus« und teilweise daher, daß Marx eine gewisse Verbundenheit mit dem Materialismus des 18. Jahrhunderts empfand, aber nicht, weil er dessen Weltanschauung teilte, sondern weil er in ihm einen Verbündeten im Kampf gegen die müßige idealistische Spekulation sah. Der Materialismus findet weder in der Lehre von Marx noch in den Naturwissenschaften eine Grundlage, da diese in ontologischer Hinsicht neutral sind und selbst jenes unfaßbare Abstraktum, wie es die »Materie« darstellt, zerschlagen haben. Auch hat die Bezeichnung »historischer Materialismus« zu der irrigen Auffassung beigetragen, als hätte Marx in der ökonomischen Entwicklung so etwas wie die seelenlose »Materie« der menschlichen Welt gesehen, im menschlichen Denken und Wollen sowie in den Produkten der Kultur dagegen eine passive »Widerspiegelung« jener Materie. Es ist deshalb verfehlt, den Marxismus als eine Lehre zu kritisieren, welche das menschliche Individuum nicht kennt und in der gesellschaftlichen Entwicklung einen selbständigen, sich außerhalb der Menschen vollziehenden Prozeß sieht (Lorenz Stein) oder die »Ökonomie« für das einzig »reale« Phänomen und das Bewußtsein für dessen überflüssige Verdoppelung hält (Stammler). Das alles sind absurde Unterstellungen, und keiner von den orthodoxesten Marxisten (Cunow, Kautsky, Mehring) hat den historischen Materialismus in dieser Weise aufgefaßt. Der Marxismus ist eine Theorie – die erste wissenschaftliche Theorie – der gesellschaftlichen Erscheinungen, die er in ihren ursächlichen Zusammenhängen erforscht und dabei völlig anerkennt, daß sich diese Zusammenhänge innerhalb der menschlichen Welt durch die zielgerichteten Handlungen der Menschen ergeben, an denen ihre Intentionen, Ziele und Wertvorstellungen unumgänglich beteiligt sind. Als eine solche, auf die Erfahrung gestützte Theorie ist der Marxismus weder logisch noch historisch an irgendeine bestimmte, insbesondere an keine materialistische Ontologie gebunden, sondern er erklärt sich, wie jegliche Wissenschaft, in dieser Hinsicht für neutral. In der grundlegenden erkenntnistheoretischen Frage dagegen – also in der Frage des Verhältnisses zwischen Erfahrung und Denken – stimmt Marx mit Kant überein. Das Kantsche *a priori* bezeichnet jene Elemente der Erfahrung, welche die Voraussetzung ihrer Allgemeingültigkeit sind. Wären nicht in der Erfahrung selbst die Prinzipien der Vorstellungsverknüpfung enthalten, so wäre die Wissenschaft unmöglich. Gerade das sagt aber Marx. Seine Kritik der politischen Ökonomie ist eine »Kritik« im Kantschen Sinne, das heißt eine Suche nach Erkenntnismitteln, welche den Anspruch unserer Erkenntnis auf Allgemeingültigkeit rechtfertigen. Das ersieht man vor allem aus seiner »Einleitung« (d. h. der Einleitung zu den »Grundrissen«, die in der »Neuen Zeit« veröffentlicht wurde), wo Marx den Weg der Rekonstruktion des Konkreten aus abstrakten Begriffen aufzeigt (wobei er unterstreicht, daß er nicht, wie die Hegelsche Metaphysik, den wirklichen Entstehungsprozeß des Konkreten beschreibt, sondern nur dessen geistiges Erfassen). Die konkrete Totalität, mit der es die Wissenschaft zu tun hat, ist ein Produkt des Denkens, ein begriffliches Gebilde, nicht aber ein Inhalt der Wahrnehmung. Und lesen wir nicht im dritten Band des »Kapital«, daß die Wissenschaft überflüssig wäre, wenn die Erscheinungsform mit dem »Wesen der Dinge« zusammenfiele? Es ist daher klar, daß die Sozialwissenschaften, wie Marx sie auffaßt, ihr *a priori* haben, dessen Vorhandensein die Kantsche Kritik bestätigt. Für Marx selbst war diese Übereinstimmung nicht erkennbar, und so stellt sie keine historische Abhängigkeit, sondern eine logische Verwandtschaft dar.

Das ist also die erste Bedeutung des »sozialen *a priori*«. Es handelt sich darum, daß unser Denken in der Sozialforschung synthetisierende Formen voraussetzt, die im Erfahrungsprozeß selbst enthalten sind, aber nicht aus der Erfahrung stammen; im Gegenteil: nur dank ihnen ist eine allgemeingültige Erfahrung möglich.

Daraus folgt jedoch durchaus nicht, daß, wie Rickert und Windelband behaupten, jene formalen und apriorischen Bedingungen der Erfahrung den Charakter des Sollens haben. Es ist sicher, daß das menschliche Handeln, auch das auf Erkenntnis gerichtete, einen zielgerichteten Charakter hat und daß wir die Wahrheit als einen Wert anstreben. Aber die Tatsache, daß die Wahrheit sich uns als ein Ziel darstellt, beweist nicht, daß die Beziehung auf das Ziel schon im Begriff oder der Definition der Wahrheit enthalten ist. Dem, was wir für wahr halten, schreiben wir Allgemeingültigkeit zu (und nicht nur »Gültigkeit für uns«), wir verlangen also, daß andere die Wahrheit anerkennen; das bedeutet aber nicht, daß die Wahrheit logisch von dieser Forderung oder vom Akt ihrer (der Wahrheit) Anerkennung abhängig wäre. Freilich kann die Erfahrung mich zwingen, bestimmte Urteile anzuerkennen, aber das ist ein logisches Müssen und kein Sollen, denn dieses beinhaltet, daß ich das Gesollte tun oder lassen kann, wie ich will; dagegen steht es nicht in meiner Macht, ein Urteil abzulehnen, welches die unmittelbare Wahrnehmung mir aufzwingt. Der Irrtum der teleologischen Auffassung der Neukantianer beruht darauf, daß sie das der Erkenntnis zukommende Merkmal der Wahrheit mit dem Wollen der Wahrheit als einem Element unseres zielgerichteten Verhaltens verwechseln. Dabei ist das erstere vom letzteren völlig unabhängig.

Adler steht also auf dem Standpunkt des traditionellen Wahrheitsbegriffes; zwar impliziert dieser Begriff nicht eine Metaphysik der Welt an sich, aber er impliziert, daß die Wahrheit durch Erkenntnisakte nicht konstituiert, sondern bestätigt wird.

Der Umstand aber, daß wir neben »zufälligen« Wahrheiten (im Sinne von Leibniz, also Wahrheiten, bezüglich derer wir uns vorstellen können, daß sie keine Wahrheiten sind, wie alle empirischen Wahrheiten) ebenfalls »notwendige« (mathematische und logische) Wahrheiten kennen, enthüllt uns, daß das Bewußtsein, in dem diese Notwendigkeit sich äußert, selbst etwas Notwendiges und nicht etwas zufällig »Gegebenes« sein muß. Und wenn wir es uns genau überlegen, stellen wir fest, daß wir so etwas wie das »Nichtbestehen des Bewußtseins« in Wirklichkeit nicht fassen können. Es ist eine Täuschung, wenn gesagt wird, daß wir von einer Vergangenheit wissen, in der es kein Bewußtsein auf der Welt gab, denn eine Vergangenheit ohne Bewußtsein kann sich nirgendwo anders als im Bewußtsein manifestieren. Ein bewußtes Wesen kann nicht wissen, was »Nichtbewußtsein« ist, das Fehlen von Bewußtsein kann nicht Inhalt des Bewußtseins sein. Es handelt sich indessen um eine Denknotwendigkeit, nicht eine Seinsnotwendigkeit; sie beinhaltet durchaus nicht, daß das Bewußtsein als Ding, als Substanz etwas Notwendiges ist, sondern sie beinhaltet, daß der Inhalt unseres gesamten Denkens logisch das Bewußtsein mitenthält.

Dieses notwendige Bewußtsein ist jedoch nicht das empirische »Ich«, es ist nicht eine zufällige Subjektivität, sondern das Bewußtsein überhaupt, die transzendentale Einheit der Apperzeption. Im Unterschied zur Hegelschen und Fichteschen Konstruktion ist das transzendentale Bewußtsein nicht ein »Geist«. Wir kennen es nur durch die Vermittlung des individuellen Bewußtseins als dasjenige, dank dessen das individuelle empirische Bewußtsein fähig ist, den eigenen Inhalten Allgemeingeltung zuzuschreiben. Das Bewußtsein überhaupt gehört zum Ich, doch ist an ihm nichts Persönliches; das Ich ist nicht Träger des Bewußtseins überhaupt, sondern dessen Erscheinungsweise.

In der Theorie des »Bewußtseins überhaupt« wird die zweite Bedeutung des »sozialen *a priori*« deutlich. Es handelt sich darum, daß wir, wenn wir im eigenen Bewußtsein den Allgemeingültigkeitsanspruch und die Allgemeingültigkeit selbst entdecken, zugleich den gesellschaftlichen Charakter des eigenen Ichs entdecken. Es zeigt sich, daß das Dasein anderer Menschen und auch die soziale Beziehung nicht aus Gegebenheiten der Wahrnehmung abgeleitet werden müssen, sondern uns unmittelbar »gegeben« sind, in der Art und Weise, in der sich unsere Erkenntnisakte vollziehen. Jede empirische Subjektivität ist in jedem ihrer Akte vergesellschaftet und fähig, diese Vergesellschaftung zu erkennen, ohne über sich hinauszugehen; das Problem des Solipsismus besteht somit nicht, und es besteht keine Notwendigkeit, die »soziale Tatsache« als eine gegenüber den unmittelbaren Gegebenheiten sekundäre Wirklichkeit zu konstruieren. Die Gesellschaft ist aufgrund der transzendentalen Elemente des »Ich« für dieses Ich unmittelbar evident.

So zeigt sich also, daß der Marxsche Begriff des Menschen als eines gesellschaftlichen Wesens sich am besten durch die Kategorie des transzendentalen Bewußtseins begründen läßt: diese Kategorie macht deutlich, daß die Vergesellschaftung nicht bloß eine historische Tatsache ist, sondern zu den unerläßlichen konstitutiven Merkmalen des Bewußtseins gehört, also eine Eigenschaft ist, die jedem menschlichen Individuum einfach als einem menschlichen zukommt. Der Inhalt meines Ichs setzt die menschliche Gemeinschaft voraus – ein Umstand, der schon (wenn auch ohne theoretische Begründung) von Comte erfaßt wurde, der die Individualität überhaupt als eine Fiktion auffaßte und lediglich der Gesellschaft Realität zuschrieb. Marx formuliert seinen Gedanken nicht in dieser Weise, aber auch für ihn ist der Inhalt jedes individuellen Bewußtseins unausweichlich vergesellschaftet (schon die Sprache, in der diese Inhalte ausgedrückt werden, ist natürlich ein gesellschaftliches Erbe). Die Kantsche Theorie liefert nun für diesen Gedanken die erkenntnistheoretischen Grundlagen. Es besteht eine tiefe Analogie zwischen der Kantschen Aufhebung des Scheins der Substantialität des Ichs und der Marxschen Kritik des Warenfetischismus sowie der Aufhebung des »gegenständlichen« Scheins der gesellschaftlichen Phänomene. Das gesellschaftliche Leben ist nicht ein gegenüber der Vielheit der Individuen, aus denen sich die Gesellschaft zusammensetzt, sekundäres Phänomen: Das gesellschaftliche Leben ist im Gegenteil ein Netz von Beziehungen, das diese Individuen umfaßt. Der Mensch ist nicht in dem Sinne vergesellschaftet, daß er aufgrund eines Instinktes oder rationaler Überlegung mit anderen in Beziehung tritt, sondern schon in seiner bloßen Existenz. So wie sich in der Marxschen Analyse der gegenständliche Schein der Waren in gesellschaftliche Beziehungen auflöst, so löst sich der persönliche Schein des Bewußtseins in das Bewußtsein überhaupt auf, das die Verbindung zwischen den Individuen stiftet. In der Kommunikation mit anderen beziehen die Menschen – ob sie es wissen oder nicht – ihre Gedanken auf das transzendentale Bewußtsein. In ihren Beziehungen offenbart sich die nicht direkt sichtbare, aber der kritischen Analyse zugängliche Wirklichkeit – so wie sich im Tauschwert der Wert offenbart.

»Die inhaltliche Wahrheit«, sagt Adler, »hat nicht nur die Denknotwendigkeit des Einzelbewußtseins im vorhin dargelegten Sinn als *logische* Voraussetzung, sondern sie wäre auch als historisch-*soziales* Produkt undenkbar, wenn nicht in der Eigenart des menschlichen Denkens, bei all seiner Besonderung als Einzelbewußtsein doch gleichzeitig Erscheinung des Bewußtseins überhaupt zu sein, jener transzendentale Grund gelegen wäre, welcher das Auf- und Miteinanderwirken der Menschen im Produktionsprozeß der Wahrheitserkenntnis erst möglich macht. Denn nun erst wird die Denknotwendigkeit zur Allgemeingültigkeit, und nun erst besteht eine Verbundenheit menschlichen Wesens, auf die sich alles empirische Einzelbewußtsein im Verkehr mit dem ihm gegenüberstehenden als sie befassende Einheit beziehen kann. Dagegen führt vom Einzelmenschen, der bloß in seiner historisch-konkreten Individualität dem Begriff des sozialen Lebens vorangestellt wird, in alle Ewigkeit kein Weg zum Nebenmenschen, auf welchem er mit diesem in eine derartige Einheit geriete, daß er sich auf ihn nicht als Objekt, sondern Subjekt bezöge; und es ist purer Mißverstand, ja eigentlich schlechteste Metaphysik, weil sie im Grunde das berüchtigte Dogma wieder aufnimmt, daß aus Nichts alles werden kann, wenn man meint, die *Einheit* des sozialen Verbandes *entstehe* aus dem Zusammenleben der Menschen derart, daß sie restlos als bloßes Summations- oder allenfalls Integrationsphänomen aus den einzelnen miteinander in Beziehung geratenen Individuen hervorgehe. Es kann demgegenüber nicht nachdrücklich genug darauf verwiesen werden, was allein ebenso die fundamentale Bedeutung des Begriffes vom »Bewußtsein überhaupt« vor Augen rückt, als zugleich den Marxschen Grundgedanken der Vergesellschaftung des Individuums erst in seinem spezifischen neuen Charakter hervortreten läßt, daß das eigentliche Problem der Gesellschaft gar nicht von der Verbundenheit einer Vielheit von Menschen seinen Anfang nimmt, sondern ganz und gar *nur im individuellen Bewußtsein* existiert« (*ebd.*, S. 188).

In diesem Auszug sind in einer etwas verwickelten Sprache die beiden Grundbedeutungen des Begriffs des »sozialen *a priori*« zusammengefaßt: Der Anspruch der Erkenntnis auf allgemeine, das heißt objektive Geltung läßt sich nicht begründen, wenn man nicht die Kategorie des transzendentalen Bewußtseins akzeptiert, das innerhalb jedes individuellen Bewußtseins gewissermaßen einen Vorrat von die Erfahrung organisierenden »notwendigen Formen« darstellt; zweitens läßt sich nicht der gesellschaftliche Zusammenhalt verstehen, wenn man nicht davon ausgeht, daß er schon in der individuellen Existenz begründet ist (und nicht infolge von empirischen Bedürfnissen gebildet wird), daß also jedes Individuum in seinem Selbstbewußtsein gewissermaßen die Menschheit enthält. Das transzendentale Bewußtsein erfüllt somit eine Doppelfunktion: es liefert die Erklärung für die Einheit und Verbundenheit der menschlichen Individuen (oder erläutert, anders gesagt, den Begriff des »vergesellschafteten Menschen«), und es erklärt die Möglichkeit einer Erkenntnis, die ein real verbindliches Allgemeingut ist (und nicht eine Ansammlung von relativen, zufälligen Wahrnehmungsinhalten). In diesen beiden Punkten stimmen Kant (oder vielmehr der Kant in der Interpretation der Marburger Schule) und Marx (in der Interpretation Adlers) überein. Dabei ist das transzendentale Bewußtsein keine selbständig existierende Substanz, sondern das Unpersönliche innerhalb jedes Einzelbewußtseins.

In ähnlicher Weise läßt sich auch die Allgemeingültigkeit des moralischen Gesetzes begründen: auch es könnte nicht existieren, wenn es nicht im »Bewußtsein überhaupt« verwurzelt wäre.

Nach Auffassung Adlers scheinen die zwischenmenschlichen Beziehungen gleichsam vor den Individuen selbst da zu sein – eine Auffassung, in der man übrigens einen Sonderfall der allgemeinen Vorstellung der Marburger Schule sehen kann, für welche – im Gegensatz zur Auffassung des gesunden Menschenverstandes, d. h. zur »substantialistischen« Betrachtungsweise – die Dinge eher ein Produkt der Beziehungen sind, als daß umgekehrt die Beziehungen ein Produkt der Dinge wären.

Das alles spricht jedoch nicht dafür, die Sozialwissenschaft als eine Wissenschaft zu unterscheiden, welche in logischer Hinsicht die teleologische und nicht die kausale Betrachtungsweise voraussetzt. Die sozialen Erscheinungen sind nach Adler der kausalen Erklärung genauso zugänglich wie alle anderen; dagegen können die Möglichkeit sozialer Beziehungen als solche und die »Form des sozialen Lebens« selbst nicht kausal erklärt werden, da sie vorausgesetzt sind, bevor wir daran gehen können, sie zu erklären. Aber der Primat des »Bewußtseins überhaupt« gilt auch für die Naturwissenschaften: Nur aufgrund der formalen Denkgesetze kann die Natur Gegenstand der Erkenntnis sein. Bei der Untersuchung gesellschaftlicher Phänomene stellen wir zwar fest, daß das gesellschaftliche Geschehen sich ganz offensichtlich unter Beteiligung zielgerichteter menschlicher Verhaltensweisen und Wertungen abspielt, doch ist das zielgerichtete Handeln lediglich eine der Formen des kausalen Zusammenhangs und nicht dessen Negation. Eine Unterscheidung zwischen Natur und Kultur läßt sich nicht in der Weise treffen, daß wir bei der

Erforschung der letzteren einen teleologischen Standpunkt einnehmen müßten, noch in der Weise, daß wir bei der ersteren auf die Entdeckung abstrakter Gesetze abzielen, bei der letzteren aber auf die Beschreibung einmaliger Ereignisse, und sie läßt sich nicht in der Weise treffen, daß bei der ersteren Ursachen, bei der letzteren aber Ziele wirksam sind. In beiden Fällen geht es um eine »objektive«, kausale und auf die Entdeckung »allgemeiner« Zusammenhänge gerichtete Forschung; in beiden Fällen auch ist der Gegenstand durch die apriorischen Bedingungen der Erkenntnis konstituiert. Der Unterschied besteht darin, daß wir die Zusammenhänge und Ereignisse in der menschlichen Welt als erlebte (wenn auch zugleich kausal bedingte) auffassen. »Soferne nur allein das in Betracht kam, *was* durch die Aktion des Bewußtseins überhaupt uns schlechtweg gegeben war, baute sich das immense Reich eines Daseins auf, das nicht anders als Naturdasein gegeben war; und zu diesem gehörten auch die erkennenden Wesen selbst, insoferne sie nur als Stücke dieser Natur betrachtet wurden. Sobald aber die Richtung des Erkennens auch dahin ging, darauf zu achten, *wie* dieses Naturdasein gegeben, wie es aufgefaßt, beurteilt, verwertet und verändert wurde und *wieso* in allen diesen Verhaltensweisen bei so vielen einzeln und getrennt voneinander wirkenden Subjekten eine Übereinstimmung und gegenseitige Verständigung selbst in den feindseligsten Akten möglich war, trat neben die bloße, in jedem Einzelerkennen nur für dieses bestehende und deshalb streng isolierte Naturtatsache die andere große Tatsache der eigenartigen durchgängigen Verbundenheit und Ineinssetzung der erkennenden und aus der Erkenntnis heraus handelnden Wesen selbst« (*ebd.*, S. 235).

Die Theorie Adlers ist keineswegs hinreichend klar, wenn auch ihr Leitgedanke klar ist. Da das transzendentale Bewußtsein kein »Geist« im Sinne einer unpersönlichen und selbständig existierenden Substanz ist, sondern eine Art von Existenz ausschließlich im individuellen Bewußtsein hat und es in einer wesentlichen Hinsicht mit jedem anderen Bewußtsein identisch werden läßt, drängt sich die Vermutung auf, daß es sich ganz einfach um die Menge jener Urteile handelt, die zusammen die »notwendige Erkenntnis« ausmachen, also um synthetische Urteile *a priori* im Kantschen Sinne. Sollte es sich jedoch so verhalten, dann wird die Frage »woher stammt die Notwendigkeit an unserer Erkenntnis?« (vorausgesetzt, wir meinen damit nicht die Notwendigkeit der analytischen Urteile) nicht gelöst, sondern erst gestellt. Denn wenn wir antworten, daß diese Notwendigkeit aus dem transzendentalen Bewußtsein stammt und dieses Bewußtsein soviel bedeutet wie ein Vorrat oder eine Sammlung notwendiger Urteile, beantworten wir damit überhaupt keine Frage.

Aber die Kritik an den Ausführungen Adlers in diesem Punkte bezieht sich nicht nur auf ihn. Denn Adler hat – wie alle Transzendentalisten – recht damit, daß die universelle Geltung unserer Erkenntnis, ihre Gewißheit und ihre Unabhängigkeit von zufälligen biologischen und historischen Merkmalen der menschlichen Gattung sich nicht empirisch begründen läßt, daß es also keine aus der Erfahrung abgeleitete Erkenntnistheorie geben kann (das ist die Auffassung Kants und auch Husserls). Daraus folgt, daß wir in den Grenzen der empirischen Erkenntnis nicht nur zur Ungewißheit verurteilt sind, sondern ebenfalls dazu, daß wir uns nie davon überzeugen können, was an unserer Erkenntnis tatsächlich allgemeingültig ist und was von der zufälligen Konstitution des Menschen abhängt. Die Neukantianer der Marburger Schule waren sich dessen bewußt; sie sahen ebenfalls, daß eine psychologische Interpretation Kants durchaus kein Heilmittel gegen den Erkenntnisrelativismus ist. Wenn es aber so ist, so folgt daraus durchaus nicht, daß wir tatsächlich über Mittel verfügen, um diesen Relativismus aufzuheben. Man kann ebensogut annehmen, daß der Rationalismus überhaupt nicht imstande ist, den Anspruch der Erkenntnis auf Objektivität zu begründen, und sich mit hypothetischen und unüberprüfbaren Theorien des transzendentalen Bewußtseins begnügen muß, das uns nur scheinbar vor dem Skeptizismus bewahrt, weil es nämlich eine willkürlich erdachte Instanz einführt, die einen *Deus ex machina* der Erkenntnistheorie darstellt und darauf abzielt, den unangenehmen Konsequenzen des Relativismus zu entgehen.

Ebenso ist es ein überaus zweifelhaftes Unterfangen, Marx einen transzendentalistischen Standpunkt zuzuschreiben. In der Tat beinhaltet die Idee des »vergesellschafteten Menschen« nach Marx, daß das menschliche Individuum schon als Individuum eine Art von gesellschaftlichem Sein in sich trägt und daß es sich selbst nicht anders als durch die Vermittlung der Gesellschaft kennt. In dieser Feststellung ist jedoch keine Annahme über die Genese jener Vergesellschaftung enthalten. Es gibt absolut keinen Grund für die Behauptung, daß die »Vergesellschaftung« der Menschen nach Marx nicht historisch erklärt werden kann und uns zur Annahme von so etwas wie einem transzendentalen Bewußtsein zwingt. Was nun die apriorischen Bedingungen der Gesellschaftswissenschaft betrifft, so ist es auch richtig, daß Marx eine (nirgendwo näher erläuterte) Unterscheidung zwischen dem Wesen der Sache und der Erscheinung trifft; er sagt auch, daß die theoretische Rekonstruktion der gesellschaftlichen Prozesse nicht aus einer Anhäufung von Einzelbeobachtungen entstehen kann, sondern begriffliche Instrumente erfordert, die der Abstraktion vorausgehen. Doch woher diese Instrumente stammen, erklärt Marx nicht. Ebensowenig erklärt er, wie sich deren Gebrauch rechtfertigen läßt. Die Vermutung, daß sich diese Instrumente nach dem Vorbild der Kantschen Kategorien interpretieren lassen, ist völlig aus der Luft gegriffen und keine Interpretation Marxens, sondern eine Ergänzung seiner Theorien durch völlig fremde Elemente. Es besteht auch keine Analogie zwischen der Analyse des »Warenfetischismus« und der Kritik der Substantialität des Ichs bei Kant. Marx führt nämlich das Verhältnis zwischen den Waren auf ein Verhältnis zwischen Menschen zurück, doch heißt das durchaus nicht, daß er der Ansicht gewesen wäre, daß die menschlichen Individuen gegenüber den sozialen Beziehungen, an denen sie teilhaben, etwas Abgeleitetes sind. Wenn sich in der kapitalistischen Gesellschaft die Individuen *tatsächlich* in den anonymen Kräften des kollektiven Lebens auflösen, so ist das nach Marx ein Grund, diese Gesellschaft zu kritisieren, und nicht ein Anlaß für die Behauptung, daß es immer so sein muß. Nach Marx verheißt uns ja der Sozialismus die Wiedergewinnung einer Individualität, welche die eigenen Kräfte bewußt als gesellschaftliche Kräfte auffassen wird; doch geht es gerade darum, die Anonymität des individuellen Lebens zu überwinden, in welche die Individuen durch die »Entfremdung« gedrängt werden, also durch die Verselbständigung der gesellschaftlichen Prozesse und ihre Unabhängigkeit von den »wirklichen Menschen«. Die Kritik des Warenfetischismus hat also einen dem von Adler unterstellten entgegengesetzten Sinn.

Im übrigen wird die Interpretation des teleologischen Charakters der sozialen Erscheinungen und die Kritik der Neukantianer bei Adler in einer Weise durchgeführt, daß man ganz und gar nicht weiß, in welchem Punkt er von einer rein naturalistischen Interpretation der Gesellschaft abrücken müßte – und das ist gerade jene, gegen die er unablässig protestiert. Wenn seiner Darlegung zufolge die gesellschaftlichen Erscheinungen genauso einem allgemeinen Determinismus unterliegen wie alle anderen, während ihre Eigentümlichkeit darin begründet ist, daß sie von den Menschen erlebt werden und als deren zielgerichtete Verhaltensweisen auftreten, so haben wir es hier mit einer Feststellung zu tun, der jeder, selbst der unnachgiebigste »Mechanizist« zustimmen wird. Es hat schließlich niemand bestritten, daß die Menschen die Ereignisse, an denen sie teilhaben, (innerlich) erleben, daß sie sich in ihren Verhaltensweisen durch verschiedene Motive leiten lassen, daß sie nach der Verwirklichung unterschiedlicher Werte streben usw. Der radikale Determinist behauptet nur, daß dieser Umstand nicht im geringsten etwas an der Tatsache ändert, daß jene Motive, Bestrebungen und Erlebnisse der Menschen genauso eindeutig bedingt sind wie alle anderen Ereignisse – und gerade das scheint Adler zu behaupten. Wenn das der Fall ist, dann geht seine Äußerung, daß die Kausalität in der menschlichen Welt »durch« die zielgerichteten Handlungen der Menschen »hindurch« auftritt, nicht im geringsten über die »mechanistischen« Interpretationen hinaus.

7. Adler: Kritik des Materialismus und der Dialektik

Es liegt auf der Hand, daß Adler nach der Engelsschen Einteilung unter die Bezeichnung »Idealist« fällt, zumindest in einem Sinne, in dem Kant darunter fällt (der Gegenstand der Erkenntnis wird im Erkenntnisakt konstituiert; das transzendentale Bewußtsein geht einer Natur, von der wir sinnvoll reden können, voraus; die Kategorie der »Materie« ist absurd).

In all seinen philosophischen Abhandlungen wiederholte Adler unverändert den gleichen Gedanken: Die Theorie von Marx ist eine wissenschaftliche Rekonstruktion der gesellschaftlichen Erscheinungen, und sie ist in ontologischer Hinsicht genauso neutral (oder, wie er sagt, »positivistisch«) wie jede Wissenschaft. Eine materialistische Metaphysik gehört nicht zu ihren Voraussetzungen. Im übrigen aber ist diese Metaphysik unhaltbar. Im »Lehrbuch der materialistischen Geschichtsauffassung« finden wir wohl die entfaltetste Kritik der materialistischen Philosophie. Diese Kritik wiederholt in ihren Hauptpunkten im Grunde die Argumentation Fichtes. Eine Ableitung des Bewußtseins aus der »physischen Bewegung« ist unmöglich, da uns die physische Bewegung selbst nicht anders denn als Inhalt des Bewußtseins gegeben ist. Es geht darum, daß wir in der Philosophie überhaupt nicht mit der Frage nach dem »Primat« von Natur oder Geist beginnen können, seit Kant uns gelehrt hat, daß die Vernunft kein Urteil über die Welt fällen kann, solange sie nicht ihre eigene Berechtigung zu einem solchen Urteil untersucht hat. Wir dürfen nur mit der kritischen Frage beginnen, also mit der Frage nach der bloßen Möglichkeit und Glaubwürdigkeit des Erkenntnisaktes. Wenn wir jedoch diese Frage frei von metaphysischen Vorurteilen stellen, überzeugen wir uns alsbald, daß jeder Begriff der Wirklichkeit, den wir sinnvoll aufstellen können, sich auf eine begrifflich konstruierte Wirklichkeit bezieht; aus keinen Erfahrungstatsachen läßt sich so etwas wie das »Ding an sich« ableiten. In diesem Sinne kann man sagen, daß alles Bewußtsein ist, was jedoch nicht bedeutet, daß alles Inhalt des empirischen »Ichs« ist; im Gegenteil: die Erkenntnisakte des Ichs richten sich auf eine allen Menschen gemeinsame Wirklichkeit, da das Ich am transzendentalen Bewußtsein teilhat und selbst nur eine Form von dessen Tätigkeit ist. Bei dieser Gelegenheit setzt sich Adler auch mit dem Materialismus Lenins auseinander, der den Idealismus mit der Äußerung zu widerlegen versucht, daß die Welt vor dem Menschen existierte, also vor dem Erscheinen des Bewußtseins, und damit, daß das Bewußtsein eine Funktion des Gehirns ist, das ein physischer Gegenstand ist. Das sind naive und unkritische Argumente, erwidert Adler. Die Existenz der Welt »vor« dem Bewußtsein ist uns nicht anders als in Gestalt eines bestimmten Inhalts des Bewußtseins gegeben, und in ähnlicher Weise ist uns das Gehirn nicht als Produzent unseres Bewußtseins, sondern auch mittelbar, unter Beteiligung des Bewußtseins selbst, bekannt. Was die sogenannte »Widerspiegelungstheorie« betrifft, so beruht sie auf einer trivialen *petitio principii*; zunächst definiert sie die Eindrücke als eine »Widerspiegelung« der Welt, um dann zu folgern, daß, da es so ist, die »widergespiegelte« Welt existieren muß. Um aber von vornherein die Eindrücke in dieser Weise definieren zu können, muß das Wissen von der Existenz der Welt zunächst vorausgesetzt werden.

Adlers Argumentation ist im Grunde eine Wiederholung traditioneller Gedanken des deutschen Idealismus und bringt nichts Neues. Sie reduziert sich auf die Überlegung: Eine Welt, die dem Bewußtsein als eine völlig vom Bewußtsein unabhängige und kein Bewußtsein voraussetzende Welt »gegeben« wäre, wäre eine Welt, die »gegeben« ist, aber sie ist gerade nicht »gegeben«; sie ist daher ein innerlich widersprüchlicher Begriff oder ein Begriff, der beansprucht, kein Begriff zu sein.

Es scheint, daß Adler in Übereinstimmung mit der Auffassung der Marburger die Kategorie des »Dings an sich« als überflüssig und unverständlich ganz und gar ablehnt; daß das Bewußtsein »alles« umfaßt, erscheint ihm im Grunde als eine Tautologie: alles, was wir über die Welt *wissen*, wissen wir über sie als über einen Gegenstand dieses Wissens; der kritische Standpunkt in diesem eher Fichteschen als Kantschen Sinne reduziert sich auf die Aussage, daß die Welt ein Korrelat von Urteilen über die Welt ist, deren Summe man als Bewußtsein überhaupt bezeichnet. Die Frage »Woher stammen die Inhalte des Bewußtseins?« weist Adler ausdrücklich als sinnlos zurück, weil das Bewußtsein eben gleichbedeutend mit »allem« ist.

Er ist übrigens in seiner transzendentalistischen Orientierung nicht konsequent. Einerseits hält er, ähnlich wie Cohen und Natorp, das transzendentale Bewußtsein für eine autonome Welt der »Wahrheit«, auf welche die Wirklichkeit bezogen ist, eine Welt, die, um zu existieren oder vielmehr (da die »Existenz« nur ein Urteilsprädikat ist und das Bewußtsein überhaupt nicht so etwas wie ein platonisches Reich der Ideen sein soll und sein ontologischer Status nicht einmal Gegenstand einer Frage sein kann) um »gültig zu sein«, durchaus keine empirischen Menschen voraussetzt. Andererseits bedient er sich häufig des Begriffs des »Gattungsbewußtseins«, das er mit dem transzendentalen Bewußtsein gleichsetzt. Das Gattungsbewußtsein setzt aber ein innerhalb der Welt unterschiedenes menschliches Sein voraus und kann keine absolute Gültigkeit beanspruchen. Adlers Denken schwankt daher zwischen einem anthropologischen Relativismus und dem Transzendentalismus im eigentlichen Sinne. Der anthropologische Standpunkt genügt ihm, wenn er (und darum geht es ihm am häufigsten) nachweisen (oder vielmehr mitteilen) möchte, daß die menschliche Gemeinschaft und die Einheit der Gattung erkenntnistheoretisch begründet sind, da alle Menschen an der gleichen unpersönlichen Form des Geistes teilhaben. Er genügt ihm dagegen nicht, wenn es außerdem um die Versicherung geht, daß wir Gründe haben, unserem Wissen (zumindest in einem gewissen Umfang) absolute und universelle Geltung zuzuschreiben; dazu dient ihm die Welt der notwendigen Wahrheiten, deren Notwendigkeit nicht von der menschlichen, empirischen Denktätigkeit abhängt. Es handelt sich dabei jedoch um zwei völlig verschiedene Aufgaben: den humanistischen Glauben an die Einheit der Menschheit zu rechtfertigen, und andererseits, den Anspruch des menschlichen Wissens auf Gewißheit zu rechtfertigen. Beide Aufgaben sollen jedoch in der Philosophie Adlers mit Hilfe des einen Begriffs des transzendentalen Bewußtseins gelöst werden, was mitunter zur Verwirrung führt. Daher stammen auch die beiden schon erwähnten (nirgendwo von Adler eindeutig unterschiedenen) Bedeutungen des Begriffs des »sozialen *a priori*«: Einerseits ist dieses *a priori* eine Sammlung von nicht-empirischen, spezifisch auf die Beschreibung sozialer Erscheinungen anzuwendenden Kategorien, andererseits jener Vorrat an Inhalten jedes individuellen Bewußtseins, in denen dieses Bewußtsein seine Zugehörigkeit zur menschlichen Gattung und die Möglichkeit der Kommunikation mit anderen entdeckt.

Diese Verwirrung wird auf die Interpretation von Marx übertragen. Der Marxismus ist eine Theorie, welche Gründe für den Glauben an die vollkommene Einheit der Menschen liefert (darauf beruht gerade der Sozialismus), und er ist zugleich eine Methode zur Entdeckung allgemeingültiger Wahrheiten über die gesellschaftlichen Erscheinungen. Diese beiden Merkmale des Marxismus kollidieren natürlich nicht miteinander, aber häufig ist in den Ausführungen Adlers nicht klar, auf welches von ihnen sich seine Argumentation bezieht.

Wenn Adler eine herausragende Stellung in der Geschichte des Marxismus zukommt, dann unter anderem deshalb, weil er zu den wenigen gehörte, die versuchten, dem Marxismus wieder zu einer Dialektik im Hegelschen Sinne zu verhelfen, einer Dialektik also, die das unaufhörliche Wechselspiel zwischen dem Denken über das Sein und dem Sein selbst beschreibt, und sich nicht mit einer Dialektik im Sinne von Engels und Plechanow begnügten. Bei den letzteren bestand die Dialektik in der Anhäufung von Beispielen, welche zeigen sollen, daß in diesem oder jenem Bereich der Wirklichkeit »quantitative Veränderungen zu qualitativen führen« oder daß die »Entwicklung sich durch den Kampf der Gegensätze vollzieht«. Adler legte jedoch die Grundsätze der Dialektik in einer überaus abstrakten Weise und ohne jeden Bezug zu den realen Problemen der Sozialwissenschaften dar. Sein Buch »Marxistische Probleme«, in dem er sich besonders mit Fragen der Dialektik befaßte, hat übrigens auf die Entwicklung des Marxismus im Sinne einer Rückkehr zu den Hegelschen Quellen keinen Einfluß gehabt.

Nach Adler ist das dialektische Denken ein Gegenstand für sich selbst. In der dialektischen Bewegung werden alle Begriffe durch den Bezug auf ihr Gegenteil verstanden, aber nicht durch eine gewöhnliche Gegenüberstellung fertiger Begriffsinhalte, sondern durch die »Bewegung«, Kraft derer jeder Inhalt letzten Endes zur Selbstaufhebung strebt. Unser Denken erfaßt nie die Totalität des Seins, sondern hebt lediglich gewisse Seiten oder Eigenschaften von ihm hervor; das Bewußtsein kennt jedoch seine eigene Begrenztheit und versucht sie zu überwinden, indem es seine Inhalte auf die konkrete Totalität bezieht, die sich ihrerseits nicht mitteilen läßt. Das Denken befindet sich also in einem ständigen Spannungszustand und muß jedes seiner Ergebnisse unverzüglich überwinden, indem es zur (effektiv nicht erreichbaren) Selbstidentität strebt, die zugleich eine Identität mit dem Gegenstand wäre. Die Bewegung des Denkens ist aber nicht eine Bewegung der Dinge: Die Wirklichkeit können wir nur als eine gedachte Wirklichkeit als dialektisch bezeichnen, nicht aber »an sich«. Es ist übrigens nicht ersichtlich, wie Adler diese Unterscheidung einführen kann, da wir es nach seiner Auffassung mit keiner anderen als eben einer gedachten Wirklichkeit zu tun haben. So hat er später, wie es scheint, die Kritik an der »Dialektik der Natur« aufgegeben, nachdem er zu dem Schluß gekommen war, daß die Natur, die doch vom Denken umfaßt wird, genauso »dialektisch« ist wie das Denken selbst.

8. Adler: Bewußtsein und gesellschaftliches Sein

Adler hält sich, wie schon gesagt, für einen treuen Bekenner der Marxschen Geschichtsphilosophie, lehnt jedoch die Bezeichnung »historischer Materialismus« ab, die auf einem Mißverständnis beruht und eine rein polemische Bedeutung hatte. Er wiederholt alle geläufigen Interpretationen, die den Marxismus gegen den Vorwurf in Schutz nehmen sollten, er »berücksichtige nicht« die zielgerichtete menschliche Tätigkeit, er sei der Ansicht, die gesellschaftliche Entwicklung vollziehe sich »außerhalb der Menschen« usw. Er wiederholt, daß eine kausale Erklärung der gesellschaftlichen Erscheinungen dem Vorhandensein des menschlichen Willens durchaus nicht widerspricht. Er bemerkt nicht, daß es nicht um die Frage geht, ob die Menschen motiviert handeln, sondern darum, ob ihre Motivationen eindeutig durch die Bedingungen festgelegt sind, und er bemerkt nicht, daß der Vorwurf, die Geschichte vollziehe sich nach marxistischer Auffassung »außerhalb der Menschen«, auf den historischen Determinismus zielt und nicht auf die absurde These, daß die Menschen sich in ihrem Verhalten in nichts von Steinen unterscheiden. Wie nahezu alle Marxisten kann er die Frage, um die es hier geht, nicht eindeutig artikulieren; er wiederholt, daß der Marixmus kein »Fatalismus« sei, da er die menschliche Initiative anerkenne, und er wiederholt gleichzeitig, daß die Wissenschaft alle gesellschaftlichen Prozesse als kausal determiniert auffassen müsse. Das ist eine schwache Erklärung, denn wenn die menschliche »Initiative« in der Geschichte durch Bedingungen bestimmt ist, dann ist sie nur eine von zahlreichen Formen der umfassenden Kausalität, und der Einwand, daß die Menschen »nur Werkzeuge« eines anonymen Prozesses seien, wird dadurch nicht widerlegt. Wenn es jedoch eine solche Determination nicht gibt, dann läßt sich der deterministische Standpunkt und der Glaube an »historische Gesetze« nicht retten.

Kennzeichnend für Adler sind allerdings nicht solche vagen und analytischer Kraft entbehrenden Bemerkungen wie die von den »Menschen, die selbst die Geschichte machen«. Seine Interpretation des historischen Materialismus zeichnet sich durch den Versuch aus, die traditionelle Unterscheidung zwischen »materiellen« und »geistigen« Elementen der historischen Prozesse allgemein in Frage zu stellen. Der verbreitete Irrtum der marxistischen Literatur besteht nach seiner Ansicht darin, daß den gewissermaßen geistlosen »Produktivkräften« und »Produktionsverhältnissen« ein durchgeistigter »Überbau« gegenübergestellt wird. Es ist jedoch klar, daß die Produktionsverhältnisse Komplexe von bewußten menschlichen Verhaltensweisen sind, also eine Wirklichkeit, die nicht weniger durchgeistigt ist als der Überbau. Auch die Produktivkräfte setzen, wenn sie nicht als tote Objekte, sondern als Elemente der gesellschaftlichen Prozesse verstanden werden, das Bewußtsein der Menschen sowohl bei jenen, welche die Werkzeuge produzieren, wie auch bei jenen, welche sich ihrer bedienen, voraus. Es gibt im gesellschaftlichen Leben keine »Faktoren«, die »tote Materie« wären und sich von sich aus veränderten oder entwickelten. Die Technik und die ökonomischen Phänomene sind im gleichen Maße Erscheinungen des Geistes wie die Ideologie. Für Marx ist der »Überbau« keineswegs eine passive Widerspiegelung »gegenständlicher« Beziehungen, und er spricht den Elementen des Überbaus – der Religion, dem Recht, der Wissenschaft – keineswegs Selbständigkeit ab. Das Bewußtsein wird ja vom »gesellschaftlichen« Sein bestimmt und nicht vom »materiellen«, und das »gesellschaftliche« ist mit Notwendigkeit »geistiges«. Als ökonomische Verhältnisse bezeichnen wir einfach die geistigen Erscheinungen »auf der niedrigsten Stufe« der jeweiligen Phase der gesellschaftlichen Entwicklung, also diejenigen, die mit der Produktion und Reproduktion des menschlichen Lebens »unmittelbar zusammenhängen«.

Es ist letzten Endes nicht klar, was nach einer solchen Interpretation vom historischen Materialismus eigentlich noch übrigbleibt. Es scheint, daß im Lichte der Überlegungen Adlers die innerhalb der gesellschaftlichen Erscheinungen getroffene Unterscheidung zwischen »Formen des Bewußtseins« und »objektiven« Prozessen überhaupt jeden Sinn verliert; damit verliert aber auch der Grundgedanke der materialistischen Geschichtsauffassung seinen Sinn. Adler bemüht sich jedoch, zu versichern, daß es Marx um nichts anderes als gerade eine solche Interpretation ging, in der letzten Endes der menschliche Geist die Antriebskraft der Geschichte ist. So zitiert er denn auch, um seine Theorie zu stützen, Marx häufig in einem unerhört forcierten Sinne: »Vergißt man nie das Marxsche Wort: ›Bei mir ist das Ideelle das im Menschenkopf umgesetzte Materielle‹, so weiß man, um es nie mehr zu übersehen, daß es keine ökonomische Verursachung gibt, die nicht zugleich im Menschenkopf sich vollzieht« (»Die Staatsauffassung ...«, S. 163).[2] Man wird jedoch unschwer bemerken, daß Marx in den zitierten Worten keineswegs das sagt, was Adler ihm einredet; er behauptet durchaus nicht, daß alle ökonomischen Erscheinungen sich »im Menschenkopf vollziehen«, sondern er behauptet, daß das, was sich im Menschenkopf vollzieht, sich ökonomisch erklären läßt. Infolge derartiger Eingriffe wird Marx bis zur Unkenntlichkeit entstellt.

9. Sein und Sollen

Bei den Fragen, die sich auf die Ethik und die Möglichkeit ihrer philosophischen Grundlegung beziehen, wiederholt Adler auf seine Weise Argumente, die Allgemeingut sämtlicher Neukantianer waren, und er kritisiert von diesem Standpunkt aus den Naturalismus Kautskys. Wenn alle historischen Prozesse unabhängig vom menschlichen Willen determiniert sind, ist die Ethik zu nichts nütze. Die Aussage, daß ich dies oder jenes tun »soll«, hat überhaupt keinen Sinn, wenn ich alles, was auch immer ich tue, unter dem Zwang von mir unabhängiger Umstände tue. Die Natur kennt im Grunde kein Gut und Böse, und keine empirische Untersuchung wird in ihr diese Unterscheidung entdecken. Deshalb ist auch der Marxismus als Theorie der gesellschaftlichen Erscheinungen in moralischer Hinsicht neutral. Als Menschen, die mit Bewußtsein und Willen ausgestattet sind, können wir jedoch nicht die Fragen »was sollen wir tun?« und »was ist gut?« umgehen, wobei uns allerdings das Wissen, »was als gut oder als Pflicht gilt«, nicht hilft. Der Sozialismus kann nicht nur als Ergebnis der »natürlichen« Entwicklung der Erscheinungen aufgefaßt werden, da, wenn er ein solches Ergebnis ist, daraus noch nicht gefolgert werden kann, daß wir uns an seinem Heranreifen beteiligen sollten oder ihn als Ziel bzw. Ideal auffassen müssen. Kurz, moralische

Beurteilungen sind nicht aus Behauptungen biologischer oder historischer Natur ableitbar. Wenn moralische Beurteilungen begründet werden müssen, so kann das nur in der Weise geschehen, daß der menschliche Wille als die Fähigkeit zur Selbstbestimmung anerkannt wird, und dieser Wille ist keine Form der natürlichen Energie und stellt autonom (d. h. ohne Berufung auf biologische, utilitäre oder religiöse Gründe) Grundsätze der Pflicht auf.

In den »Marxistischen Problemen« und anderen, vor dem Weltkrieg verfaßten Abhandlungen trat Adler in ethischen Fragen als ein typischer Neukantianer auf. In dem Artikel über das Verhältnis des Marxismus zur klassischen deutschen Philosophie aus dem Jahre 1922 kritisiert er jedoch die Kantianer mit ihrer Behauptung, der Sozialismus müsse nicht nur historisch, sondern ethisch begründet werden – er kritisiert also, was er kurz zuvor selbst vertreten hat. Diese Kritik ist allerdings überaus schwach. Adler sagt, daß die Begründung des Sozialismus nach Marx in rein empirischen Untersuchungen der kausalen historischen Zusammenhänge bestehe und daß die historische Notwendigkeit des Sozialismus mit seinem moralischen Wert »zusammenfalle«. Dieses Zusammenfallen wird im Begriff des »vergesellschafteten Menschen« deutlich, dessen gesellschaftliche Bedingungen ihn zur Verwirklichung dessen drängen, was er selbst für moralisch hält. Es ist merkwürdig, daß Adler nicht bemerkt, daß diese Argumentation den Hauptvorwurf der Kantianer umgeht – nämlich den, den er selbst mehrfach gegen Kautsky erhob: Woher sollte denn der »vergesellschaftete Mensch« wissen, was böse und was gut ist, und vor allem – wie könnte er seine ethischen Überzeugungen begründen?

Bauer hat sich zu ethischen Fragen ebenfalls in diesem Geiste geäußert. In dem Artikel »Marxismus und Ethik« aus dem Jahre 1905 macht er sich Gedanken über die Lage eines Arbeitslosen, dem eine Stelle als Streikbrecher angeboten wird und dem es klarzumachen gilt, warum es unehrenhaft ist, diese Stelle anzunehmen. Der Arbeitslose räumt ein, daß seine Interessen im allgemeinen sich mit den Interessen des gesamten Proletariats decken, beharrt aber darauf, daß in diesem besonderen Falle ein Konflikt besteht und er nicht weiß, weshalb er sein persönliches Interesse der Klassensolidarität unterordnen soll. Eigentlich gibt es, sagt Bauer, auf diese Frage keine wissenschaftliche Antwort, da die Wissenschaft keine moralischen Urteile äußert. Darin unterscheidet sich gerade der Marxismus vom Hegelschen Idealismus, daß er nicht die »natürliche« Notwendigkeit mit der Pflicht des Geistes gleichsetzt, da er die Natur nicht als eine Erscheinungsweise der Idee auffaßt. Er kann daher moralische Fragen nicht unter Berufung auf natürliche Notwendigkeiten beantworten, sondern er macht gesonderte Prinzipien erforderlich, welche die Geltung von wertenden Urteilen begründen. Die Philosophie

Kants hat ein solches Prinzip in Gestalt des formalen kategorischen Imperativs formuliert, der nicht direkt sagt, was wir tun sollen, aber ein Kriterium angibt, nach dem sich jede materiale moralische Regel als gut oder schlecht beurteilen läßt. Die Kantsche Ethik steht zum Marxismus keineswegs im Widerspruch, sondern ergänzt ihn durch das für alle Menschen unerläßliche moralische Fundament. Auf der Grundlage des Kantschen Imperativs können wir zeigen, daß der Proletarier, der solidarisch für die Interessen seiner Klasse kämpft, sich nicht in der gleichen moralischen Lage befindet wie der Streikbrecher, während sich das nicht zeigen läßt, wenn die Moral nur eine rein utilitäre Grundlage hätte. Wenn ich nicht nur wissen möchte, welche der kämpfenden Klassen die besseren historischen Siegesaussichten hat, sondern außerdem, auf welcher Seite ich mich mit meinem eigenen Willen engagieren sollte, so kann die Marxsche Doktrin allein diese Frage nicht entscheiden. Es ist nicht nur unwahr, daß die Kantsche Moralphilosophie, wie die Orthodoxen behaupten, zum Burgfrieden zwischen den Klassen führt (da sie universale Regeln formuliert, die nicht an das Klasseninteresse gebunden sind), sondern gerade sie gestattet im Gegenteil, in moralischer Hinsicht zwischen dem Interesse der Bourgeoisie und dem Interesse des Proletariats zu unterscheiden und zu erklären, warum wir verpflichtet sind, uns für das letztere zu entscheiden; das Proletariat repräsentiert nämlich in seinem partikularen Interesse das allgemeinmenschliche Interesse, und wäre es anders, so gäbe es keinen Grund, sich auf seine Seite zu stellen. Daß es so ist, wissen wir aus den Analysen von Marx, und so kann uns die Kantsche Ethik die für moralische Entscheidungen unerläßliche historische und ökonomische Erkenntnis nicht ersetzen, aber diese Erkenntnis allein reicht für moralische Entscheidungen ebenfalls nicht aus.

Es scheint, daß sich Bauers Verhältnis zu Kant und zum Neukantianismus im Laufe der Zeit gewandelt hat. In der bereits erwähnten Abhandlung »Das Weltbild des Kapitalismus« sowie in einem Artikel über Adler aus dem Jahre 1937 faßt er den Neukantianismus als Ausdruck der philosophischen Reaktion auf, die im Bereich der Kultur der Politik der Bourgeoisie während der Bismarckzeit entspricht. Die Niederlage des Liberalismus bedeutete zugleich das Ende des bürgerlichen Materialismus in Deutschland und fand innerhalb der Philosophie ihren Ausdruck im Neukantianismus und Empiriokritizismus. Die bürgerliche Intelligenz wollte nämlich das Proletariat für ein Bündnis mit den Liberalen gewinnen, und so hoben ihre Ideologen die Verdienste und den Wert des Marxschen Werkes hervor, interpretierten es aber gleichzeitig in einer Weise, daß der revolutionäre Inhalt daraus verdrängt und der Sozialismus auf ein rein moralisches Postulat reduziert wurde. Bauer kritisiert also den Kantianismus von dem gleichen Standpunkt aus, den er zuvor bei den Orthodoxen bekämpft hatte, ohne allerdings gegen die eigenen Argumente zu polemisieren, mit denen er einst diese Orthodoxen angegriffen hatte.

10. Staat, Demokratie, Diktatur

Stärker als in philosophischen Fragen wichen die Austromarxisten in der Auffassung der Ziele des politischen Kampfes des Proletariats voneinander ab. Vor allem Renner vertrat in dieser Hinsicht eine Auffassung, die Bernstein nahe stand und in der deutschen Sozialdemokratie überhaupt lebendig war, was unter anderem auf den Einfluß der Lassalleschen Überlieferung zurückging. Nach Renner (und dieser Gedanke wird vor allem in den während des Krieges und später verfaßten Artikeln hervorgehoben) hat gerade die zum Imperialismus tendierende Entwicklung des Kapitalismus derartige Veränderungen in den Funktionen des Staates hervorgerufen, daß die Arbeiterklasse die Möglichkeit erhalten hat, den bestehenden Staatsapparat für sozialistische Veränderungen auszunutzen. Marx hatte, wenn es um das Problem des Staates ging, den liberalen Kapitalismus vor Augen, in dem die staatliche Organisation sich aller Interventionen in dem Bereich der Produktion und des Handels enthält. Das hat sich im Zeitalter des Imperialismus gründlich geändert. Der Staat ist selbst zu einem mächtigen Instrument der Kapitalkonzentration geworden, und damit hat das Kapital in weit höherem Maße einen »nationalen« Charakter angenommen und seinen kosmopolitischen Charakter verloren. Der Staatsinterventionismus erfaßt immer mehr Bereiche des Wirtschaftslebens, und das ist ein irreversibler Prozeß. Die Bourgeoisie ist im eigenen Interesse gezwungen, in wachsendem Maße zentrale Kontrollmechanismen in Industrie, Bankwesen und Handel einzuführen. Auf der anderen Seite wurde der Staat durch den Druck der Arbeiterklasse gezwungen, seine Dienste und Sozialleistungen zu erweitern. Den Arbeitsmarkt beherrscht dank der Klassenorganisation der kollektive Arbeiter, der dem Kapital zahlreiche Konzessionen abzuringen vermag – nicht nur in Form unmittelbarer Lohnerhöhungen, sondern auch in Form dauerhafter Institutionen der sozialen Sicherung. Man kann also nicht sagen, daß der Staat in der kapitalistischen Gesellschaft niemals fähig ist, im Interesse des Proletariats zu funktionieren. Die Erfahrung beweist das genaue Gegenteil. Man muß damit rechnen, daß das Privateigentum in immer höherem Maße einen öffentlichen Charakter annehmen und der Einfluß der Arbeiterklasse auf seine Institutionen wachsen wird. Es stimmt deshalb nicht mehr, daß die Arbeiter ein Interesse an der Schwächung und Zerstörung des Staates haben, im Gegenteil, sie können den Staat als Hebel sozialistischer

Veränderungen benutzen, und folglich ist es auch ihre Aufgabe, für eine starke, leistungsfähige Staatsorganisation zu sorgen. Aus dieser Analyse ergeben sich natürlich allgemeine Empfehlungen im Sinne des reformistischen Weges zum Sozialismus; Renner nimmt an, daß die Entwicklung der sozialistischen Gesellschaft sich parallel zum wechselnden Einfluß der Arbeiter auf die staatlichen Institutionen vollziehen wird und daß das Proletariat das Kapital mit wachsendem Erfolg zwingen wird, öffentliche Funktionen zu erfüllen.

Dieser Optimismus wurde allerdings weder von Bauer noch von Adler geteilt. Bauer sagte zwar, daß die Formel, der Staat sei stets ein Werkzeug der Bourgeoisie und völlig deren Interessen unterworfen, unannehmbar ist und im übrigen zahlreichen Bemerkungen von Marx selbst widerspricht (beispielsweise über die Zeiten gemeinsamer Herrschaft von Aristokratie und Bourgeoisie oder über die Momente, in denen der Staat infolge eines Gleichgewichtes der Kräfte im Klassenkampf zu einer eigenständigen Kraft wird). Die marxistische Theorie schließt durchaus nicht die Möglichkeit aus, daß das Proletariat und die Bourgeoisie sich die Staatsmacht teilen, wodurch sich der Gegensatz dieser Klassen jedoch keineswegs verringert; gerade so verhielt es sich in Österreich nach dem Sturz der Monarchie. Wo aber das bürgerliche Eigentum bedroht ist, zieht die Bourgeoisie es vor, auf die politische Macht zu verzichten und sie Diktatoren zu überlassen, wenn sie um diesen Preis ihre ökonomischen Privilegien retten kann. Eine solche Situation ist gerade im Faschismus gegeben. Anders gesagt, scheint Bauer zwar nicht der Ansicht zu sein, daß die »Zerstörung des bestehenden Staatsapparates« eine Bedingung für die Übernahme der Macht durch das Proletariat ist, aber er glaubt ebenfalls nicht, daß sich der Sozialismus durch die Erkämpfung immer weitergehender Konzessionen seitens der Bourgeoisie organisch aus dem bestehenden Staat entwickeln kann.

Adler steht diesen Dingen der traditionellen Doktrin der revolutionären Marxisten am nächsten. Seine Ansichten über den Staat faßte er in dem bereits erwähnten Werk »Die Staatsauffassung des Marxismus« zusammen. Er geht dabei von einer Kritik an Hans Kelsens »Sozialismus und Staat« (1920) aus; darin attackierte Kelsen den Marxismus als eine anarchistische Utopie und wies nach, daß das Ideal der Beseitigung des Staates ganz und gar unerreichbar ist; das Recht ist gegenüber den Individuen immer eine Zwangsorganisation, doch zielt dieser Zwang nicht unbedingt auf die Aufrechterhaltung der ökonomischen Ausbeutung ab. Der Gedanke, daß der gesetzliche Zwang aufgehoben werden könnte, setzt eine unerhörte moralische Veränderung der Menschen voraus, die zu erwarten kein Grund besteht. Es besteht nicht die Wahl zwischen dem Staat und einer staatsfreien Gesellschaft, sondern zwischen Demokratie und Diktatur.

Adler focht diese Ausführungen in allen Punkten an, gestützt auf die klassische marxistische Theorie. Der Staat erfüllt nach seiner Ansicht außer der Klassenunterdrückung auch andere Funktionen, doch sind sie weder wesentlich noch charakteristisch. Der Staat ist eine historische Form der menschlichen Gesellschaft, eine Form, die für alle von Klassenantagonismen beherrschten Epochen charakteristisch ist. Genauer gesagt, in Gesellschaften, die noch keine Klassenteilung hervorgebracht haben, sind Staat und Gesellschaft ein und dasselbe; erst später trennt sich der Staat von der Gesellschaft und wird zum Instrument der partikularen Interessen der privilegierten Klassen.

Eine besondere Staatsform ist die politische Demokratie mit ihren parlamentarischen Institutionen, allgemeinen Wahlen und bürgerlichen Freiheiten. Die politische Demokratie ist nicht nur kein Gegensatz zur Klassendiktatur, sondern setzt diese Diktatur im Gegenteil voraus. Der bürgerliche Staat ist gleichbedeutend mit der Diktatur der Bourgeoisie, und die politische Demokratie ist die Organisationsform dieser Diktatur. Die politische Demokratie kann weder ökonomische Gleichheit schaffen noch die gesellschaftlichen Antagonismen beseitigen. Ihre Grundlage ist der Wille der Mehrheit – also eine Grundlage, welche Interessenkonflikte voraussetzt.

Das Gegenteil der politischen Demokratie ist die soziale Demokratie (diese Unterscheidung konnte man übrigens auch in der anarchistischen Literatur antreffen, auf die Adler sich teilweise beruft, wobei er betont, daß die Sozialisten sich von den Anarchisten nicht bezüglich des Endziels unterscheiden, wohl aber bezüglich der Methoden, es zu erreichen). Die soziale und damit »wahre« Demokratie (entsprechend seiner transzendentalistischen Einstellung glaubt Adler, daß es einen »objektiv wahren« Begriff der Demokratie gibt, welcher der menschlichen Natur entspricht) ist gleichbedeutend mit dem Sozialismus. Sie setzt die Einheit der Gesellschaft zumindest in dem Sinne voraus, daß grundlegende Interessengegensätze, die mit der Klassenteilung zusammenhängen, in ihr nicht mehr bestehen. In diesem Sinne bedeutet sie die Aufhebung des Staates: Es gibt den Staat als Klassenorganisation nicht mehr, weil es überhaupt keine partikularen Interessen mehr gibt; was bleibt, sind verschiedene Organisationsformen, die für das gesellschaftliche Leben unerläßlich sind, aber es wird keine der Gesellschaft entfremdete Bürokratie mehr geben. Der Staat wird von unten her aufgebaut sein, ausgehend von kleinen lokalen und Produktionsvereinigungen. Überhaupt ist die gegenwärtige Zentralisierungstendenz etwas Vorübergehendes: Die künftige Ordnung wird in einer lockeren Förderation bestehen oder auch in einer Reihe von Verbänden, die nur durch die Einheit ihrer Ziele und Interessen miteinander verbunden sind.

Die Diktatur des Proletariats ist eine unerläßliche Etappe auf dem

Marsch zu einer solchen Gesellschaft, aber sie ist keineswegs gleichbedeutend mit der sozialen Demokratie. Die Diktatur des Proletariats setzt im Gegenteil, ähnlich wie die Diktatur der Bourgeoisie in den gegenwärtigen Staaten, die politische Demokratie, also die Herrschaft der Mehrheit voraus. Die Diktatur des Proletariats ist eine Übergangsform, in der die Gesellschaft die gewünschte Einheit noch nicht erreicht hat, sondern von Konflikten zwischen den partikularen Interessen zerrissen ist, und deshalb braucht sie den Staat als Vermittler, und sie braucht politische Organisationen, d. h. Parteien, welche jene divergierenden Interessen repräsentieren. Die Partei ist jedoch ebenfalls eine Übergangsformation und muß verschwinden, sobald die Klassenteilung verschwindet.

Voraussetzung des Übergangs von der gegenwärtigen Form der politischen Demokratie zur demokratischen Diktatur des Proletariats ist die Revolution; Adler versichert aber, daß die Revolution nicht unvermeidlich mit Gewaltanwendung verbunden ist: Ob sie sich auf friedlichem Wege vollziehen kann oder nicht, ohne das bestehende Gesetz zu verletzen, ist nebensächlich, und niemand vermag die Einzelheiten der künftigen Ordnung im voraus festzulegen. Adler spricht sich jedoch gegen den Reformismus aus, insofern dieser glaubt, der Sozialismus könne durch allmähliche, organische Veränderungen verwirklicht werden. Nein, der Unterschied zwischen Kapitalismus und Sozialismus ist ein »qualitativer«, und der eine kann nicht aus dem anderen durch einen natürlichen Reifungsprozeß hervorwachsen. Die Sozialisten unterstützen Reformen und kämpfen um sie, sind sich aber immer bewußt, daß Reformen nicht eine partielle Verwirklichung des Sozialismus sind, sondern lediglich Mittel zur Vorbereitung der Revolution.

In all diesen Überlegungen steht Adler der deutschen Orthodoxie und ihrem Marxismusverständnis sehr nahe. Er teilt mit ihr ebenfalls den starken Glauben, daß der Sozialismus die völlige Ausschaltung von Interessenkonflikten voraussetzt und daß die sozialistische Freiheit keine Institutionen erfordert, welche das Übergewicht der Mehrheit garantieren, da es sich um die »wahre« Freiheit handelt, die auf dem »Prinzip der Allgemeinheit« beruht. Es handelt sich um das Ideal Rousseaus – nicht der Wille der Mehrheit, sondern der allgemeine Wille soll regieren. Adler erklärt nicht, in welcher Weise sich der »allgemeine Wille« ohne repräsentative Institutionen äußern kann, die, wie man annehmen muß, gänzlich überflüssig werden. Er beläßt es bei der Mitteilung, daß die Sozialisten – im Gegensatz zu Kelsen – tatsächlich glauben, daß die Menschen sich bessern können und daß in dem Augenblick, da die gegensätzlichen Klasseninteressen verschwinden, die sozialistische Erziehung ihren natürlichen Willen zur Solidarität zu Tage fördern wird, der ohne Zwang eine konfliktfreie Ordnung sichert.

Adler glaubt nämlich, daß der Sozialismus nicht nur das Ideal einer harmonischen Gesellschaft und nicht nur eine historische Notwendigkeit ist, sondern auch die Versöhnung des empirischen Gemeinschaftslebens mit den Erfordernissen der »menschlichen Natur«, mit jener transzendental begründeten Einheit des Menschentums, die sich jedoch effektiv nicht realisieren läßt, solange die Klassenteilung Ungleichheit und Unterdrückung hervorbringt. Er stimmt nicht nur mit Rousseau, sondern auch mit Fichte überein, wenn er glaubt, daß man dem Menschen wieder zu seinem »authentischen« Wesen verhelfen und ihn zu dem machen kann, was er *ist* (und nicht bloß zu dem, was er sein möchte oder aufgrund »geschichtlicher Gesetze« sein muß). Seine Philosophie geht somit – und hier stimmt er mit Marx, aber nicht mit den Orthodoxen der Zweiten Internationale überein – von jener besonderen Art von Wirklichkeit aus, die schon in irgendeiner Weise existiert, auch wenn sie empirisch nicht festzustellen ist, und gewissermaßen die Entelechie oder die »Wahrheit« des Menschentums darstellt, eine Reihe von imperativen Forderungen der menschlichen Natur, die den Geschichtsprozeß unausweichlich in Richtung auf die Versöhnung des menschlichen Wesens mit der historischen menschlichen Existenz vorantreiben. Das ganze Denken Adlers kreist unablässig um diese beiden eng miteinander zusammenhängenden Begriffe: die Einheit der Menschheit als transzendentale Konstitution des Bewußtseins und die Einheit der Menschheit als tatsächlicher Zustand, auf den die sozialistische Bewegung hinzielt.

Adler macht wohl die Einschränkung, daß die künftige Gemeinschaft gewiß nicht alle Spannungen beseitigen und die Quellen der Entwicklung verstopfen wird, doch da eine umfassende Solidarität herrschen wird und wir von materiellen Sorgen frei sein werden, muß man damit rechnen, daß die Menschen sich mit sehr viel größerem Eifer mit Fragen der Kunst, der Metaphysik und der Religion befassen werden; auf diesem Felde werden vielleicht neue Konflikte entbrennen, die jedoch die grundsätzliche Solidarität nicht stören werden. Auch in dieser Hinsicht befand sich Adler im Einklang mit den unter den Marxisten verbreiteten Stereotypen: er glaubte an eine totale Erlösung der Menschheit und eine konfliktfreie Ordnung, die allein auf dem moralischen Bewußtsein ihrer Teilnehmer beruht.

Unberechtigt sind nach Adlers Auffassung auch die Einwände der Soziologen – Max Webers und vor allem Robert Michels' –, daß jede Demokratie, gerade weil sie ein repräsentatives System ist, unausweichlich die Tendenz besitzt, eine Bürokratie hervorzubringen, die sich im Laufe der Zeit gegenüber jenen, welche sie eigentlich vertreten soll, verselbständigt und statt zur Dienerin zu einer Herrscherin über die Wähler wird. Insbesondere Michels hat in seinem klassischen Werk »Zur Soziologie des Parteiwesens in der modernen Demokratie« (1914) aufgrund einer detaillierten Analyse der Funktionsweise politischer Parteien und speziell der Sozialdemokratie nachgewiesen, daß die Entstehung und Verselbständigung von politischen Apparaten ein unvermeidliches Resultat des demokratischen Prozesses in den Parteien ist, daß also die Demokratie notwendig in einen inneren Widerspruch gerät, oder anders gesagt, daß eine vollkommene Demokratie prinzipiell unmöglich ist. Das Wirken der Partei im Sinne der Ziele, um derer willen sie gegründet wurde, führt zur Entstehung eines Apparats von Berufspolitikern, der beinahe unabsetzbar ist und beinahe immer seinen Willen den Wählern aufzwingen kann, ohne die Grundsätze des repräsentativen Systems zu vergewaltigen, zugleich aber seine eigenen, berufs- oder cliquenmäßigen Interessen hervorbringt. Man kann damit rechnen, daß die oligarchischen Tendenzen innerhalb der demokratischen Organisationen in Zukunft auf einen stärkeren Widerstand der Massen stoßen werden als heute, doch kann man nicht verhindern, daß solche Tendenzen bestehen und immer wieder neu entstehen werden, da sie mit dem Wesen der sozialen Organisation selbst zusammenhängen.

Adler weist dieses »Gesetz der Oligarchie« zurück. Unter den Bedingungen der politischen Demokratie ist die Entstehung verselbständigter Apparate sowohl in den politischen Parteien wie im Staat unvermeidlich; deshalb ist keine Partei und vor allem auch die Arbeiterpartei nicht gegen diese Gefahr immun. In der sozialen Demokratie aber kann man das verhindern – sowohl durch die Erziehung der Gesellschaft wie durch einen dezentralen Aufbau des Staates. Deshalb brachte Adler den Arbeiterräten als einer Institution der unmittelbaren Kontrolle der Produzenten über die wirtschaftlichen Prozesse besondere Anerkennung entgegen. Daher auch seine scharfe Kritik an Lenin und am sowjetischen Staat. Die Bolschewiki, so sagt er, haben keineswegs die Diktatur des Proletariats errichtet. Ihr System ist eine Diktatur der Partei über das Proletariat und über die ganze Gesellschaft, eine terroristische Minderheitsherrschaft, die mit den Prognosen von Marx nicht viel gemein hat (für Marx bedeutet die Diktatur des Proletariats die Herrschaft der gesamten Klasse des Proletariats unter Bedingungen politischer Demokratie). Adler attackiert also die Bolschewiki von einem ähnlichen Standpunkt aus wie Rosa Luxemburg, und er übt bei dieser Gelegenheit genauso Kritik an Kautsky, der zu Unrecht einen Gegensatz zwischen Demokratie und Diktatur behauptet.

Adler war, ähnlich wie die deutschen Zentristen, nicht imstande, dem Begriff der »Revolution« einen bestimmten Sinn zu geben. Er nahm mit Marx an, daß die Revolution den bestehenden Staatsapparat zerschlagen müsse, glaubte aber gleichzeitig, daß die Revolution auf legalem, parlamentarischem Wege erfolgen könne (wenngleich nicht müsse), ohne die bestehende Verfassung zu verletzen. Es ist unklar, wie er diese Auffassungen miteinander in Einklang brachte. Desgleichen teilte er die Unbekümmertheit nahezu aller Marxisten, wenn es darum ging, Vorstellungen über die sozialistische Ordnung zu entwickeln. Er sah keine Schwierigkeit, zwei Prinzipien miteinander in Einklang zu bringen, die jene Ordnung gemeinsam gestalten sollten: Einerseits sollte die Gesellschaft durch die Einheit der Interessen und Ziele zusammengehalten sein, sie sollte also auf einer zentral geplanten Produktion beruhen, andererseits sollte sie die Grundsätze der Dezentralisierung und des Föderalismus in maximalem Umfang verwirklichen. In diesen Fragen begnügten sich alle Marxisten mit vagen Formeln und erklärten dabei, sie seien keine Utopisten und hätten deshalb nicht die Absicht, sich auf detaillierte Pläne für die sozialistische Organisation einzulassen. So taten sie denn auch mit Schweigen oder mit Allgemeinplätzen die Einwände der Anarchisten ab, die gerade in diesem Punkte die größte Scharfsicht bewiesen.

11. Die Zukunft der Religion

Sowenig die Austromarxisten in Fragen des Staates, der Revolution und der Demokratie im allgemeinen von den Schemata der deutschen Orthodoxie abwichen, so eindeutig unterschieden sie sich von ihr – und das gilt für Adler genauso wie für Bauer – bezüglich der Interpretation des religiösen Glaubens. Gemäß der Lehre von Marx und Engels sahen die Marxisten in der Religion eine Frucht spezifischer gesellschaftlicher Verhältnisse der Unterdrückung, der Unwissenheit und eines »falschen Bewußtseins«. Wohl vertraten sie den Standpunkt der religiösen Toleranz im Staat wie in der Partei, doch waren sie überzeugt, daß mit der Beseitigung von Ausbeutung und sozialer Unterdrückung und in dem Maße, wie die allgemeine Bildung wächst, religiöse Glaubensvorstellungen auf natürliche Weise absterben müßten. Was den Inhalt dieser Glaubensvorstellungen betraf, so war der Widerspruch zwischen ihnen und der »wissenschaftlichen Weltanschauung« derart offensichtlich, daß darüber nicht diskutiert zu werden brauchte.

Adler teilte jedoch nicht die stereotypen Auffassungen, die der Marxismus von den Rationalisten der Aufklärung ererbt hatte. Er glaubte weder, daß die Menschen irgendwann ohne Religion auskommen könnten, noch glaubte er, daß das zu wünschen sei. Auch in dieser Hinsicht berief er sich auf Kant, obwohl er dessen Gedanken nicht in allen Einzelheiten teilte.

Nach Adler ist die Behauptung der Evolutionisten, daß die Menschen sich aufgrund der Naturverehrung religiöse Vorstellungen geschaffen hätten, unbewiesen und unglaubhaft, denn es gibt keinen Grund, daß derartige Begriffe, die der Erfahrung vollkommen fremd sind, auf einer rein empirischen Grundlage entstanden sein sollten. Die Religion ist keine falsche Interpretation der Erfahrung, sondern das Ergebnis eines unheilbaren Konfliktes zwischen dem Bereich der Natur und dem moralischen Bereich. Den Bruch zwischen seinem Selbstverständnis als einer vernünftigen, freien und zielbewußt handelnden Persönlichkeit und den Notwendigkeiten der Natur, die seine Freiheit und seine geistige Entfaltung begrenzt, ihm Leiden und Tod schickt, zwischen Sittlichkeit und Glück unvermeidlich eine Kluft entstehen läßt, vermag der Mensch nicht aufzuheben. Deshalb ist auch keine theoretische Reflexion und keine empirische Erkenntnis imstande, jene beiden Ordnungen – die natürliche und die moralische – in einer synthetischen Totalität zusammenzufassen und zu einem umfassenden Weltbild zu führen. Eine solche Synthese ist nur durch die Religion möglich, die dank der Idee des göttlichen Absoluten der Gesamtheit der natürlichen und der geistigen Welt einschließlich der wissenschaftlichen Tätigkeit einen universalen Sinn verleiht. Das heißt jedoch nicht, daß die Vorstellung des Absoluten eine Schlußfolgerung aus empirischen Gegebenheiten oder das Resultat einer rationalen Reflexion sein kann. Die Begriffe der Religion haben einen praktischen, nicht einen theoretischen Sinn, was wiederum nicht heißt, daß sie Illusionen sind, sondern daß wir zu ihnen auf praktischem Wege gelangen. Eine Religion, die sich an die Stelle der wissenschaftlichen Erkenntnis setzen möchte, ist überflüssig und wird mit Recht kritisiert. Die bestehenden Formen der Religion haben einen historischen Charakter, doch ist in ihnen ein unveränderlicher Kern enthalten; mit der Zeit wird vielleicht dieser Kern in reiner Gestalt als Vernunftreligion sichtbar werden – nicht im Sinne einer theoretisch begründeten Religion, sondern im Sinne einer Religion, die nicht aus einer äußerlichen Offenbarung sich herleitet, sondern aus praktischen Versuchen des Menschen, sich als ein vernünftiges Wesen selbst zu bestimmen. Erst die Religion verwirklicht den Primat der praktischen Vernunft, denn in ihr kommen der Mensch als ein Teil der Natur und der Mensch als ein moralisches und praktisches Wesen zur Synthese. In ihr auch geben wir der menschlichen Persönlichkeit, um welche die Natur sich nicht kümmert, einen Sinn. Gott als absolute Synthese des Seins ist nicht Gegenstand eines theoretischen Beweises, sondern gerade ein Postulat der praktischen Vernunft im Kantschen Sinne; nicht etwas, das wir uns einfach wünschen – denn unsere Wünsche können Täuschungen sein –, sondern etwas, das unsere bloße Existenz als freie und moralisch orientierte Subjekte fordert. Die authentische Religion ist also »subjektiv« in dem Sinne, daß sich ihr eigentlicher Sinn auf die menschliche Persönlichkeit bezieht und daß sie sich nicht auf eine äußerliche Offenbarung stützen kann; sie ist jedoch nicht subjektiv in dem Sinne, daß sie das Werk einer willkürlichen Laune oder eine illusorische Kompensation wäre.

Adlers Gedanken über die Religion, wie er sie u. a. in der Abhandlung »Das Soziologische in Kants Erkenntniskritik« (1924) darlegt, stützen sich offenbar auf den Gegensatz von »Natur« und »Geist«, und es ist nicht klar, wie man sie mit dem transzendentalistischen Standpunkt in Einklang bringen könnte, der ja davon ausgeht, daß alles auf das universale Bewußtsein bezogen ist, also für eine gleichgültige und vom Bewußtsein unabhängige Natur keinen Raum läßt. Es scheint so, als habe Adler auf der einen Seite die vollkommene Einheit der menschlichen Gattung zeigen wollen und zu diesem Zweck seinen Begriff des transzendentalen Bewußtseins konstruiert, während er auf der anderen Seite geahnt zu haben scheint, daß dieser Begriff für den unersetzlichen Wert der menschlichen Persönlichkeit keinen Raum läßt, und um diesen zu retten, hat er den Begriff des göttlichen Absoluten eingeführt. Er scheint also zu der Überzeugung gekommen zu sein, daß ein rein anthropozentrischer oder gar rein transzendentalistischer Standpunkt unhaltbar ist, da er der persönlichen Subjektivität nicht Rechnung trägt. In dieser Hinsicht erinnert seine Unschlüssigkeit ein wenig an das Denken Brzozowskis, allerdings mit dem Unterschied, daß Adler seinen absoluten Transzendentalismus bis zum Ende beibehielt und sich vermutlich nicht bemühte, ihn mit seiner Vernunftreligion in Einklang zu bringen, also die Inkohärenz in seiner Philosophie nicht beseitigte.

Otto Bauer hat sich nicht so weit auf philosophische Interpretationen der Religion eingelassen, aber auch er wich in diesem Punkte von den marxistischen Stereotypen ab. Nach seiner Ansicht setzt die marxistische Theorie, d. h. der historische Materialismus, keine Weltanschauung voraus, und sie enthält keine Antworten auf Fragen der Religion oder des philosophischen Materialismus. Weltanschauungen können als Funktionen unterschiedlicher Klasseninteressen interpretiert werden; in diesem Sinne war der Kalvinismus eine Religion, die spezifisch den Bedürfnissen des Bürgertums auf den Frühstufen der kapitalistischen Entwicklung entsprach, während der darwinistische Materialismus eine »Widerspiegelung« der Gesetze der kapitalistischen Konkurrenz ist. Gegenwärtig wendet sich die Bourgoisie erneut der Religion zu, in der sie eine Verteidigung der bedrohten gesellschaftlichen Ordnung sucht. Kirchliche Institutionen, Klerus und theologische Systeme sind jedoch von der Religiosität des Volkes zu unterscheiden, in der die Beleidigten und Erniedrigten Trost suchen. Die sozialistische Partei soll sich weder zu einer antireligiösen Weltanschauung bekennen noch eine Propaganda in diesem Sinne betreiben; sie kämpft um eindeutige politische Ziele und nicht um die Existenz oder Nichtexistenz Gottes. Im übrigen soll man nicht erwarten, daß religiöse Bedürfnisse in der sozialistischen Gesellschaft absterben werden. Die Suche nach dem verborgenen Sinn der Welt ist ein ständiges menschliches Bedürfnis, das sich nicht unterdrükken läßt. Wenn die religiösen Dinge von ihren gesellschaftlichen Verwicklungen befreit sein werden, darf man vielmehr erwarten, daß in der Religion dasjenige sichtbar wird, was nicht von zeitbedingten Umständen, sondern von der Natur des menschlichen Geistes selber abhängt (»Sozialdemokratie, Religion und Kirche«, 1927).

Allerdings hat Bauer keine eigenen religiösen Überzeugungen bekanntgegeben, und sei es auch nur in einer so abstrakten philosophischen Form, wie Adler es getan hat.

12. Bauer: Theorie der Nation

Bauers Buch zur nationalen Frage wird heute kaum gelesen. Dabei ist es die bedeutsamste marxistische Abhandlung auf diesem Gebiet, die sich auf eine wohldurchdachte historische Analyse stützt.

Bauers Kritik richtet sich gegen verschiedene Theorien der Nation: erstens gegen spiritualistische Theorien, welche die Nation als Verkörperung einer geheimnisvollen Volksseele definieren; zweitens gegen materialistische, rassistische Theorien (etwa die Gobineaus), welche sich des Begriffs einer nicht weniger geheimnisvollen biologischen Substanz bedienen, die von der nationalen Gemeinschaft vererbt wird; diese beiden Doktrinen sind zu den metaphysischen und damit unwissenschaftlichen Auffassungen zu rechnen; drittens finden wir voluntaristische Theorien (etwa die von Renan), welche die Nation durch das Streben nach Eigenstaatlichkeit definieren; diese Theorien sind falsch, weil aus ihnen folgt, daß die Nationen, die nicht gegen den Verbleib innerhalb eines Vielvölkerstaates opponieren (wie z. B. ein großer Teil der Tschechen), nicht als Nation zu bezeichnen wären; wir finden viertens empirische Definitionen, welche die Nation durch die Aufzählung einer Reihe von Einzelmerkmalen definieren (darunter Sprache, Territorium, Herkunft, Gebräuche, Recht, Religion); derartige Definitionen sind unbefriedigend, weil diese Merkmale, für sich genommen, unwesentlich sind und in verschiedenen Epochen eine unterschiedliche Rolle in der Gestaltung des nationalen Lebens gespielt haben; durch ihre Aufzählung erfassen wir nicht das Wesen der Erscheinung.

Was also ist die Nation? Man kann diese Frage beantworten, indem man von den bestehenden, eindeutig ausgeformten nationalen Einheiten ausgeht und die historischen Bedingungen ihrer Entstehung untersucht. Das tut Bauer in erster Linie am Beispiel der Geschichte der deutschen Nation, und er gelangt zu den folgenden Schlußfolgerungen.

Ein grundlegendes Merkmal der Nation ist der *Nationalcharakter*, der jedoch seinerseits erklärt werden muß und im Laufe der Geschichte Veränderungen unterliegt. Wir erkennen, daß bei der Formung und

Stabilisierung des Nationalcharakters sowohl natürliche als auch kulturelle Umstände eine Rolle spielen. Die physische Gemeinschaft wird nicht allein durch gemeinsame Vorfahren bestimmt, sondern in noch stärkerem Maße dadurch, daß die Lebensbedingungen für eine differenzierte Auslese physischer Typen sorgen, und zwar aufgrund des Darwinschen Gesetzes (die Überlebenschancen werden bei Seefahrervölkern durch andere Merkmale erhöht als bei Jägervölkern u. dgl. m.). Die Vererbung ausgelesener Merkmale widerspricht nicht dem historischen Materialismus, sondern ergänzt ihn. Aber unter dem Einfluß gemeinsamer Lebensverhältnisse und der natürlichen Auslese entsteht eine Kulturgemeinschaft, zu der gleichsam die Geschichte gerinnt. »Die Nation ist nie etwas anderes als Schicksalsgemeinschaft. Aber die Schicksalsgemeinschaft wird wirksam einerseits durch die natürliche Vererbung der durch das gemeinsame Schicksal der Nation angezüchteten Eigenschaften, andererseits durch die Überlieferung der durch das Schicksal der Nation in ihrer Eigenart bestimmten Kulturgüter« (»Die Nationalitätenfrage . . .«, S. 24).[3] Die charakterliche Gemeinschaft besteht nicht einfach in der Tatsache, daß die Individuen, aus denen die Nation sich zusammensetzt, einander unter gewissen Aspekten ähnlich sind; sie beruht darauf, daß diese Ähnlichkeit das Ergebnis des Wirkens der gleichen historischen Kräfte ist.

In der bisherigen Geschichte trat die nationale Gemeinschaft in zwei Formen auf. Die erste besteht in der leicht zerfallenden und sich differenzierenden Stammesgemeinschaft. Die zweite besteht in der Nation, die sich in der Klassengesellschaft ausformt, beginnend vor allem seit den Frühphasen der kapitalistischen Entwicklung. Die Gemeinschaft der Urgermanen, die Gemeinschaft des auf dem ritterlichen Ethos beruhenden mittelalterlichen Reiches sind etwas anderes als jene Gemeinschaft, die von den spezifisch kapitalistischen wirtschaftlichen und kulturellen Beziehungen hervorgebracht wurden. Warenproduktion, Handel, Entfaltung der Verkehrsmittel, Nationalliteratur, Post, Zeitungen, später dann allgemeine Schulpflicht, allgemeiner Wehrdienst, schließlich Demokratie und Stimmrecht und am Ende die Arbeiterbewegung – das alles sind Faktoren, die nach und nach dazu beitragen, die isolierten deutschen Stämme zu einer Nation zusammenzuführen, die sich ihrer Einheit bewußt ist. Die Teilhabe an der nationalen Kultur ist jedoch noch immer – wenn auch nicht so ausschließlich wie im Mittelalter – hauptsächlich den herrschenden Klassen vorbehalten. Bauern und Arbeiter bilden die Basis der Nation, sind aber kulturell nicht aktiv. Aufgabe der sozialistischen Bewegung ist es jedoch, dafür zu kämpfen, daß die Teilhabe an der nationalen Kultur allen zugänglich wird.

Daraus zieht Bauer die nach seiner Auffassung natürliche, aber zu der unter den Marxisten verbreiteten Doktrin im Widerspruch stehende

Folgerung: Der Sozialismus führt nicht nur nicht zur Verwischung der nationalen Besonderheiten, sondern er verstärkt und entwickelt sie im Gegenteil, denn dadurch, daß er die breiten Massen in die Kultur einbezieht, macht er die nationale Idee zum Eigentum aller. »Die Tatsache, daß der Sozialismus die Nation autonom, ihr Geschick zum Erzeugnis ihres bewußten Willens macht, bewirkt nun aber steigende Differenzierung der Nationen in der sozialistischen Gesellschaft, schärfere Ausprägung ihrer Eigenart, schärfere Scheidung ihrer Charaktere voneinander« (ebd., S. 105).

In der Tat: Wenn (so lautet die letzte Definition) »die Nation ... die Gesamtheit der durch Schicksalsgemeinschaft zu einer Charaktergemeinschaft verknüpften Menschen (ist)« (ebd., S. 135), dann werden nationale Eigenarten um so bedeutsamer und ausgeprägter, je stärker das Volk an der Entscheidung über sein Geschick teilhat. Somit treibt der Sozialismus das nationale Prinzip in der Geschichte auf die Spitze, statt die nationalen Unterschiede einzuebnen.

Natürlich heißt das nicht, daß der Sozialismus den Haß oder die nationale Unterdrückung verstärkt. Der Nationalhaß ist im Gegenteil eine verzerrte Form des Klassenhasses und die nationale Unterdrückung eine Funktion der sozialen Unterdrückung. Deshalb kämpft die Arbeiterklasse, indem sie jegliche Unterdrückung bekämpft, zugleich gegen die nationale Unterdrückung, und indem sie ihr Ziel – die sozialistische Gesellschaft – erreicht, zerstört sie die Verhältnisse, aus denen Feindschaft zwischen den Nationen und Gegensätzlichkeit ihrer Interessen erneut entstehen könnten. Die Vielzahl der Nationen und Nationalcharaktere trägt zum Reichtum der allgemeinmenschlichen Kultur bei, und es gibt keinen Grund, dem entgegenzuwirken. Im Vorwort zur zweiten Auflage seines Buches (1922) beruft sich Bauer auf Duhem, der selbst in einem derart »allgemeingültigen« Bereich der Kultur, wie es die physikalischen Theorien sind, nationale Eigentümlichkeiten aufspürt (den Engländern ist es in der Physik eher um die Aufstellung anschaulicher mechanischer Modelle zu tun, deren Widerspruchslosigkeit sie nicht sonderlich kümmert, während es den Franzosen vor allem um die Einheitlichkeit der Theorie geht). Bauer erklärt diese Unterschiede mit der unterschiedlichen Entwicklung des monarchischen Absolutismus in beiden Ländern.

Es ist auch nicht schlimm, wenn die sozialistische Bewegung national differenziert ist, und es wäre verhängnisvoll, ihr irgendein einheitliches und allgemeinverbindliches Modell aufzuzwingen. Der proletarische Internationalismus ist durchaus kein Widerspruch zur Mannigfaltigkeit der Nationen. Was die Proletarier miteinander verbindet, ist die Ähnlichkeit ihres Schicksals, nicht eine Schicksalsgemeinschaft wie bei der Nation. Indem er die konservative Tradition abschafft und jeder Nation erlaubt, über ihre Angelegenheiten selbst zu entscheiden, eröffnet der Sozialismus der Entwicklung des nationalen Bewußtseins und der nationalen Kultur bislang unbekannte Möglichkeiten. Das liberale Bürgertum unterstützte das Selbstbestimmungsrecht der Nationen, weil Nationen, die zum Leben erwachten und das Joch des Absolutismus abwarfen, ihm neue Märkte eröffneten. Dagegen trachtet die imperialistische Bourgeoisie danach, unterentwickelte Länder zu unterjochen. Zeitweilig kommt die imperialistische Politik der Arbeiterklasse zugute, aber die negativen Folgen der imperialistischen Expansion überwiegen diese Vorteile, ganz davon zu schweigen, daß die Ideologie des Imperialismus und Rassismus dem Sozialismus zutiefst fremd ist. »Die Arbeiterklasse übernimmt das alte bürgerliche Ideal der politischen Selbständigkeit der Nationen, während die Kapitalistenklasse den von einer Nation beherrschten Nationalitätenstaat zu verwirklichen strebt« (*ebd.*, S. 492).

Der Sozialismus steht also auf dem Standpunkt der nationalen Selbstbestimmung. Heißt das aber, daß die Arbeiterklasse in Vielvölkerstaaten unter der Fahne des Separatismus für jede Nation einen eigenen Staat erkämpfen muß?

Für die Politik der österreichischen Sozialdemokratie war dies eine entscheidende Frage. Bauer bedient sich in dieser Hinsicht der gleichen Argumente wie Rosa Luxemburg, obwohl er keineswegs ihren nationalen Nihilismus teilt. Der Kampf um die Eigenstaatlichkeit verbindet die Arbeiter mit der Bourgeoisie und ist aus diesem Grunde der Sache des Sozialismus abträglich. Es gilt deshalb, im Rahmen der bestehenden Staaten zu kämpfen und für alle Nationen die Freiheit der Organisierung ihres geistigen und kulturellen Lebens zu fordern. »Eine Verfassung, die jeder Nation die Macht gibt, ihre Kultur zu entwickeln; eine Verfassung, die keine Nation dazu zwingt, sich diese Macht erst im Kampfe um die staatliche Gewalt immer wieder zu erobern und zu behaupten; eine Verfassung, die die Macht keiner Nation auf die Herrschaft der Minderheit über die Mehrheit stützt – das sind die nationalpolitischen Forderungen des Proletariats. (...) Jede Nation soll aus eigener Kraft ihre nationalen Kulturbedürfnisse selbst frei befriedigen, soll sich selbst regieren; der Staat soll sich auf die Wahrung der national indifferenten, allen Nationen gemeinsamen Interessen beschränken. So wird die nationale Autonomie, die Selbstbestimmung der Nationen, notwendig das Verfassungsprogramm der Arbeiterklasse aller Nationen im Nationalitätenstaat« (*ebd.*, S. 318f).

Letzten Endes ist Bauer der Ansicht, daß es unter den Verhältnissen Österreichs das angemessenste ist, für die vollständige nationale Autonomie aller im Staat beheimateten ethnischen Gruppen und für die größtmögliche Ausweitung der Rechte der nationalen Institutionen unter weitestgehender Beschränkung der Funktionen des Staates zu kämpfen. Dabei muß sich das nationale Prinzip, wie er in Übereinstimmung mit Renner argumentierte, nicht auf das Territorium stützen. In Österreich gibt es nämlich zahlreiche sprachlich gemischte Gebiete und zahlreiche Sprachinseln; außerdem kommt es im Zusammenhang mit der Abwanderung in die Städte und verschiedenen ökonomischen Umständen zu dauernden Veränderungen in der territorialen Verteilung der Nationalitäten. Es soll also das persönliche Prinzip gelten, so daß jeder einzelne seine nationale Zugehörigkeit selbst bestimme. Jede Nation sollte eine eigene Organisation bilden, welche über die Mittel für die Entwicklung der nationalen Kultur, für ein Schulwesen in der eigenen Sprache und für kulturelle Institutionen aller Art verfügt. Die nationale Selbstverwaltung muß zur Grundlage der gesamten staatlichen Macht werden. Ganz allgemein bietet zwar ein eigener Staat für jede Nation gewisse Vorteile, doch überwiegen bei völliger Freiheit des nationalen Lebens die Vorteile großer Staaten. Bauer ist sich natürlich dessen bewußt, daß die Nationen, die geschlossen innerhalb der Grenzen der Monarchie leben (wie die Tschechen, Ungarn und Kroaten), sich in einer anderen Situation befinden als jene, die sich auf verschiedene Staaten verteilen (Polen, Ruthenen, Deutsche, Serben). Er sieht die Möglichkeit eines bewaffneten Kampfes der Polen um ihre nationale Einheit voraus, macht diese Perspektive jedoch von der Entwicklung der Ereignisse in Rußland abhängig. Wenn die Revolution in Rußland siegt, werden die Polen wie auch andere Nationen dort Autonomie erlangen, und dann wird auch Österreich zu Veränderungen in dieser Richtung gezwungen sein. Wenn die Revolution scheitert, kann es sein, daß die Polen sich gegen die Teilungsmächte erheben und den Zerfall Österreichs herbeiführen. Die Arbeiterklasse sollte jedoch keine Hoffnungen an den imperialistischen Krieg und den Zerfall der Monarchie knüpfen, denn dieser Zerfall würde den Sieg der Reaktion in Rußland und Deutschland bedeuten. Es gilt, auf dem Boden des bestehenden Staates zu kämpfen.

Während des Balkankrieges änderte Bauer seinen Standpunkt. Er kam zu dem Schluß, daß der Zerfall der Monarchie aufgrund des starken Unabhängigkeitsstrebens der slawischen Nationen unvermeidlich ist. Während des Weltkrieges vertrat er eindeutig das Recht jeder Nation auf die Errichtung eines eigenen Staates.

Um zusammenzufassen: Bauer teilte die Auffassung aller Marxisten, daß die nationale Unterdrückung eine Funktion der Klassenunterdrückung sei. Dagegen teilte er nicht ihre Prognosen hinsichtlich des Verschwindens nationaler Eigenarten in der sozialistischen Gesellschaft, sondern er sah voraus, daß diese Unterschiede sich verstärken werden, und er begrüßte diese Perspektive. Er schrieb also im Gegensatz zu Lenin und Rosa Luxemburg (aber übereinstimmend mit den polnischen Sozialisten von der PPS) der nationalen Gemeinschaft einen eigenständigen

Wert zu und meinte, daß es diesen Wert zu verteidigen gelte. Die Leninisten (insbesondere Stalin 1913) griffen ihn an, weil Bauer sich nicht eindeutig für das Recht jeder Nation auf Lostrennung aussprach, sondern bei der als kulturelle Autonomie aufgefaßten Selbstbestimmung stehenblieb. In dieser Hinsicht ist jedoch der theoretische Unterschied zwischen ihm auf der einen und Lenin und Stalin auf der anderen Seite in Wirklichkeit unwesentlich. Bauer behauptete, daß die Arbeiterklasse nicht unter der Fahne des nationalen Separatismus kämpfen dürfe – doch Lenin vertrat das gleiche. Hingegen faßte Lenin die nationale Unterdrückung als eine wesentliche Destruktivkraft auf, welche die Partei ausnutzen sollte, um die bestehende Ordnung zu stürzen. Bauer hat sich mit dieser Frage nicht befaßt. Ihm ging es um die Beseitigung der nationalen Unterdrückung und nicht um die Ausnutzung der nationalen Unterdrückung im Interesse der Partei. Er ging davon aus, daß es das Problem des staatlichen Separatismus unter Bedingungen vollständiger Freiheit und Autonomie einfach nicht mehr geben würde. Es blieb natürlich noch das Problem der geteilten Nationen, insbesondere Polens. Diesbezüglich hat Bauer sich in seinem Buch tatsächlich nicht eindeutig geäußert, jedenfalls weniger eindeutig als Lenin, der die Behauptung vertrat, daß es eine schändliche Komödie wäre, wenn das polnische Proletariat um die Wiedererrichtung eines polnischen Staates kämpfen würde. Später hat Bauer allerdings ebenfalls nicht nur das Recht Polens auf Unabhängigkeit, sondern auch deren reale Notwendigkeit anerkannt – im Gegensatz zu Lenin. Letzten Endes reduzierten sich die Unterschiede zwischen ihm und Lenin darauf, daß für Lenin das nationale Problem eine taktische Frage (Ausnutzung der nationalen Empörung gegen Rußland) und die Beseitigung der nationalen Unterdrückung ein automatisches Ergebnis des Sozialismus war, während Bauer in den Nationen selbständige Werte sah, die für die allgemeine Kultur durch ihre Eigenart bedeutsam sind.

Renner war diesbezüglich in sehr viel stärkerem Maße österreichisch-ungarischer Patriot. Er propagierte gleichfalls den Grundsatz der kulturellen Autonomie, kämpfte aber bis zuletzt dagegen, daß die sozialistische Partei auf den Zerfall des österreichischen Staates setzte.

Beide unterstrichen jedoch, daß die politische Demokratie eine unerläßliche Bedingung für die Lösung der nationalen Konflikte sei und daß die nationale Unterdrückung unter den Bedingungen des Despotismus nicht aufgehoben werden könne.

13. Hilferding: Streit um die Werttheorie

In der Polemik Hilferdings gegen Böhm-Bawerk ist die gesamte Problematik zusammengefaßt, die mit der Marxschen Werttheorie zusammenhängt und in der Zeit der Zweiten Internationale diskutiert wurde. Eugen Böhm-Bawerk, der hervorragendste Vertreter der sogenannten Psychologischen Schule innerhalb der Ökonomie, übte in seiner »Geschichte und Kritik der Kapitalzinstheorien« (1884) Kritik am ersten Band des »Kapital«, die er nach Erscheinen des dritten Bandes in der Abhandlung »Zum Abschluß des Marxschen Systems« (1896) vervollständigte. Hilferding war der Ansicht, daß die bürgerliche politische Ökonomie nicht mehr imstande sei, umfassende Theorien aufzustellen, daß aber die psychologische Schule in dieser Hinsicht eine Ausnahme sei und deshalb Beachtung verdiene. In der Abhandlung »Böhm-Bawerks Marx-Kritik« (»Marx-Studien«, Bd. 1, 1904) faßte er deshalb alle Argumente, die der österreichische Ökonom gegen Marx vortrug, zusammen und attackierte sie vom Standpunkt der Orthodoxie aus.

Marx lieferte, so sagt Böhm-Bawerk, weder empirische noch psychologische Beweise für die These, daß der Wert durch die Arbeit konstituiert werde. Er überlegt wie Aristoteles, daß die Gegenstände, da sie ausgetauscht werden, irgendwelche vergleichbaren, kommensurablen Merkmale haben müssen, und er nimmt unbegründet an, daß die in den Gegenstand investierte Arbeit eben dieses Merkmal sei. Dabei begeht er eine Reihe von Irrtümern. Erstens berücksichtigt er nur die Produkte der Arbeit, die Produkte der Natur (der Boden) werden aber ebenfalls getauscht, und der Austausch von Naturprodukten spielt im Gesamtumsatz eine durchaus beachtliche Rolle. Zweitens abstrahiert Marx völlig vom Gebrauchswert, was nicht erlaubt ist, da, wie er selbst unterstreicht, der Gebrauchswert die Bedingung des Tauschwerts ist. Drittens nimmt Marx grundlos an, daß, wenn man den Gebrauchswert außer acht läßt, von der Ware nichts übrig bleibt als die in ihr vergegenständlichte Arbeit; in Wirklichkeit bleibt aber manches übrig: die Seltenheit der Ware in Beziehung zur Nachfrage, die Tatsache, daß sie Gegenstand eines Bedarfs ist, die Tatsache, daß sie ein Naturprodukt ist (oder nicht); warum sollte nur eine dieser Eigenschaften Grundlage des Wertes sein?

Außerdem ist der Wertbegriff im Sinne von Marx nach Böhm-Bawerk nutzlos, weil er nicht unabhängig vom Preis quantitativ meßbar ist, und einer der Gründe dafür ist wiederum die Tatsache, daß man nicht die zusammengesetzte Arbeit, wie Marx es gern möchte, auf ein Vielfaches der einfachen Arbeit reduzieren kann; die Tätigkeiten sind qualitativ differenziert und lassen sich nicht in Einheiten der Arbeitszeit darstellen. Die Aussage, daß der Wert die Austauschverhältnisse bestimme, kann also nicht empirisch begründet werden, und außerdem erklärt sie nicht die tatsächlichen ökonomischen Vorgänge.

Außerdem dementiert der dritte Band des »Kapital« im Grunde den ersten; in seinen Überlegungen zur Entstehung der durchschnittlichen Profitrate weist Marx darauf hin, daß die Preise in der Regel nicht dem Wert entsprechen, daß der tatsächliche Austausch sich unvermeidlich nach anderen Proportionen vollzieht als denen, die dem Anteil der gesellschaftlich notwendigen Arbeit entsprechen. Marx behauptet zwar, daß diese Abweichungen sich insgesamt kompensieren, das heißt, daß am Ende die Summe der Preise gleich der Wertsumme ist; das ist jedoch eine tautologische Aussage, wenn wir nicht das Wertverhältnis zwischen einzelnen Waren bestimmen können; da der Wertbegriff die tatsächlichen Beziehungen zwischen den Preisen nicht erklärt, bleibt von ihm nichts übrig, was der ökonomischen Analyse dienen könnte.

Hilferding versucht in seiner Widerlegung aufzuzeigen, daß Böhm-Bawerk den eigentlichen Sinn der Werttheorie überhaupt nicht verstanden habe und daß seine Vorwürfe entweder falsch seien oder dem Wert der Theorie keinen Abbruch tun.

Was die Nichtberücksichtigung des Gebrauchswerts betrifft, so sagt Hilferding, daß der Gebrauchswert der Ware im Austausch für den Verkäufer nicht existiere, weshalb er ihn schwerlich zur Grundlage der Bewertung machen könne. Als es noch keine Warenproduktion gab und der Austausch eine zufällige und unwesentliche Erscheinung war, seien nach Marx die Dinge gemäß dem Willen ihres Besitzers ausgetauscht worden, doch sei im Laufe der Zeit der Tauschwert vom Gebrauchswert unabhängig geworden. Zu der Frage, warum gerade die Arbeit den Wert bestimmen soll, sagt Hilferding, daß die Dinge erst als Waren zu Tauschwerten werden, also erst dann, wenn sie auf dem Markt massenhaft mit anderen Waren konfrontiert werden; im Austausch treten die Besitzer als Repräsentanten der umfassenden Produktionsverhältnisse und nicht als menschliche Individuen auf. Wenn auch in der Sache selbst der Gebrauchs- und der Tauschwert eine »Einheit« bilden, so ist doch nur die gesellschaftliche Seite der Ware, das heißt ihr Tauschwert, Gegenstand der Ökonomie. Die Ware drückt gesellschaftliche Beziehungen aus, und deshalb nimmt auch die in ihr enthaltene Arbeit als notwendige Arbeit gesellschaftlichen Charakter an. Weder sind die Menschen im Austausch Menschen im psychologischen Sinne, noch sind die Waren qualitativ bestimmte Dinge. Marx sucht aber nach dem Zusammenhang zwischen den Einzelfaktoren der Produktion; dieser Zusammenhang erscheint im Austausch in mystifizierter Gestalt als ein Zusammenhang zwischen Dingen und nicht zwischen Menschen. Die Ware ist quantitativ als Summe der in ihr enthaltenen Arbeit bestimmt, und »in letzter Instanz«

lassen sich die gesellschaftlichen Veränderungen auf die Wertgesetze zurückführen.

Eine Theorie, die den Gebrauchswert, die menschlichen Bedürfnisse, die Nützlichkeit der Gegenstände zum Ausgangspunkt nimmt, möchte die gesellschaftlichen Prozesse auf der Grundlage des individuellen Verhältnisses zwischen dem Menschen und dem Ding erklären, verfehlt aber ihr Ziel, da sie auf dieser Grundlage weder einen objektiven gesellschaftlichen Maßstab noch die wirkliche Bewegung und die Entwicklungstendenzen der Gesellschaft entdecken kann, da sich diese nicht ableiten lassen aus individuellen Beziehungen zwischen einem Menschen, der ein Bedürfnis hat, und einer Sache, welche dieses Bedürfnis befriedigt. Das Wertprinzip, so Marx, »bestimmt ursächlich« das ganze gesellschaftliche Leben. Unter bestimmten gesamtgesellschaftlichen Verhältnissen können auch Dinge, die (wie etwa der Boden) keine Waren sind, Warencharakter annehmen (die Verfügung über die Naturkräfte gestattet dem Menschen, einen zusätzlichen Mehrwert zu erzielen, und dieses Privileg kommt im Preis des Bodens zum Ausdruck). Andere Merkmale der Waren, die Böhm-Bawerk neben dem Wert erwähnt, liefern dagegen keine Grundlage für einen quantitativen Vergleich.

Was die Reduktion der menschlichen Arbeit auf einen gemeinsamen Maßstab betrifft, so ging Marx in der Tat davon aus, daß die zusammengesetzte Arbeit ein Vielfaches der durchschnittlichen einfachen Arbeit sei, d. h. einer Arbeit, die in der bloßen Verausgabung jener Arbeitskraft besteht, über die im Durchschnitt jeder Mensch verfügt. Die Unterschiede zwischen den Arten der Arbeit beruhen auf dem Grad der Kompliziertheit. Welche quantitativen Proportionen zwischen den verschiedenen Arbeitsarten bestehen, legt der gesellschaftliche Prozeß selbst fest. Es gibt in Wirklichkeit kein absolutes Maß, das uns gestatten würde, unabhängig vom Markt die zusammengesetzte Arbeit auf die einfache zu reduzieren, aber das ist auch durchaus nicht nötig, weil es nicht Aufgabe der Ökonomie ist, die konkreten Beziehungen zwischen den Preisen zu erklären, sondern »das Bewegungsgesetz der kapitalistischen Gesellschaft« zu enthüllen. Die absoluten Preise, wie sie uns in der Erfahrung gegeben sind, sind Ausgangspunkt dieser Untersuchung, doch geht es ja darum, die Gesetze der Veränderung zu erforschen, und dafür sind die absoluten Preise unwesentlich; wesentlich ist die Feststellung, daß eine Veränderung der Arbeitsproduktivität die Beziehungen zwischen den Preisen verändert. Einfache Arbeit geht auf verschiedene Weise in die zusammengesetzte Arbeit ein, so etwa in Gestalt der Arbeit, die auf die Ausbildung der zusammengesetzten Arbeitskraft verwendet wird, so daß sich am Ende die zusammengesetzte Arbeit als eine Summe von einfacher Arbeit auffassen läßt. Böhm-Bawerk verwechselt theoretische Meßbarkeit des Werts mit der praktischen Meßbarkeit; nun ist der Wert zwar praktisch nicht meßbar, aber er ist theoretisch meßbar, und der einzige wirkliche Rechenmeister ist die Gesamtgesellschaft und das sie beherrschende Gesetz der Konkurrenz. Die Idee, man könne praktisch den Wert einzelner Waren messen, führte zu dem utopischen Gedanken eines »Arbeitsgeldes«; dem Marxismus geht es jedoch nicht um die Bestimmung der Preise, sondern um die Erforschung der gesellschaftlichen Gesetze.

Es stimmt auch nicht, daß die Marxsche Theorie des Durchschnittsprofits die Werttheorie widerlegt. In der Tat erörtert Marx im ersten Band des »Kapital« den Äquivalententausch, aber er geht keineswegs davon aus, daß der Austausch sich tatsächlich gemäß den vom Anteil der gesellschaftlich notwendigen Arbeit bestimmten Proportionen vollzieht, und macht dort bereits auf die Abweichung des Preises vom Wert aufmerksam. Solche Abweichungen heben das Wertgesetz nicht auf, sondern »modifizieren« es lediglich. Der ökonomischen Theorie geht es um die Feststellung, ob Veränderungen der Preise allgemein eine Tendenz haben, die sich als »Gesetz« erfassen läßt, und nicht um den Wert einzelner Produkte. Wenn Marx sagt, daß die Summe der Preise der Wertsumme gleicht, so ist das keineswegs eine leere Behauptung, da man aus ihr die Folgerung ableiten kann, daß der gesamte Profit aus der Produktion und nicht aus der Zirkulation stammt, und die weitere Folgerung, daß die absolute Profitmasse mit der absoluten Mehrwertmasse identisch ist. Das Argument, daß nicht allein der Wert den Preis bestimmt, trifft Marx nicht, weil es Marx darum ging, daß, wenn die Preise gegeben sind, ihre weitere Veränderung von der Produktivität der Arbeit abhängt.

Bei einer aufmerksamen Lektüre dieser Auseinandersetzung kommt man zu der Überzeugung, daß Hilferding im Grunde auf die Einwände Böhm-Bawerks nicht eingegangen ist und sich damit begnügte, die entsprechenden Ausführungen des »Kapital« zu wiederholen, und deshalb ist auch seine Widerlegung nicht überzeugend. Böhm-Bawerk trägt im wesentlichen drei Argumente vor: 1. der Wert im Sinne von Marx ist quantitativ nicht meßbar, unter anderem (wenn auch nicht allein) deshalb, weil es keine Methode gibt, die verschiedenen Arten der Arbeit auf einen einzigen Maßstab zu reduzieren; 2. die Preise hängen von unterschiedlichen Faktoren ab, nicht nur vom Wert, und wir können nicht feststellen, welches daran der quantitative Anteil des Wertes ist; 3. damit ist die Behauptung, daß der Wert die Bewegung der Preise und die gesellschaftlichen Beziehungen bestimme, sowohl unbegründet (denn es ist überhaupt nicht ersichtlich, auf welcher Grundlage behauptet wird, daß die Arbeitszeit den Wert bestimme) als auch wissenschaftlich unbrauchbar, da wir auf ihrer Grundlage die Bewegung der Preise weder erklären noch gar voraussagen können. Hilferding stimmt nun den beiden ersteren Punkten zu, sieht in ihnen aber keinen Einwand gegen die Marxsche Theorie, da diese Theorie nicht beansprucht, die wirklichen Austauschbeziehungen zu erklären, sondern lediglich die allgemeinen Gesetze der Veränderung entdecken möchte, und die sind dem Wertgesetz unterworfen.

Hier sei noch einmal an die Kritik erinnert, die wir bereits bei unseren Überlegungen zum »Kapital« geäußert haben. Als Gesetz bezeichnen wir gewöhnlich einen Satz, in dem behauptet wird, daß unter den und den bestimmten Bedingungen stets die und die Erscheinungen auftreten werden. Es ist klar, daß die Aussage, der Wert der Ware sei gleichbedeutend mit der gesellschaftlichen notwendigen Arbeitszeit, kein Gesetz ist, sondern eine Definition des Wertes. Daß diese Definition nicht willkürlich ist, könnte man erhärten, wenn man aufzeigen würde, daß gerade dieses Merkmal der Waren die tatsächlichen Veränderungen der Preise bestimmt. Diesen letzteren Satz könnte man als ein Gesetz bezeichnen. Aber hier tritt die eigentliche Schwierigkeit auf: Die Veränderungen der Preise hängen von einer Reihe von Faktoren ab – der durchschnittlichen Profitrate, dem Verhältnis von Angebot und Nachfrage, dem Wert und anderem –, und der quantitative Anteil dieser Faktoren an den Preisen läßt sich nicht feststellen. Hilferding sucht eine Ausflucht in dem aus der Theorie des historischen Materialismus berühmten Ausdruck »in letzter Instanz«. In letzter Instanz werden die ökonomischen Veränderungen durch den Wert der Waren bestimmt. Aber was heißt das, wenn wir davon ausgehen, daß die tatsächlichen Veränderungen der Preise gerade nicht nur durch den Wert bestimmt werden? Hilferding erklärt lediglich, daß Veränderungen der Arbeitsproduktivität *ceteris paribus* Veränderungen der Preise bewirken; dadurch erlangt ein Produzent, der eine Technik anwendet, deren Produktivität höher ist als im Durchschnitt, einen Sonderprofit. Das ist natürlich wahr, aber diese Wahrheit läßt sich gänzlich unabhängig vom sogenannten Wertgesetz feststellen und ist auch ohne dieses Gesetz allgemein bekannt. Durch den Wertbegriff wird diese Tatsache nicht besser erklärt als durch den Begriff der Produktionskosten. Wenn die Produktionskosten je Einheit einer gegebenen Ware aufgrund einer produktiveren Technik sinken, hat der Produzent die Chance, einen höheren Profit zu erzielen. Veränderungen der Preise infolge von Veränderungen der Produktivität lassen sich ohne Verwendung des Wertbegriffes erklären. Der Wert tritt in diesen Überlegungen lediglich als eine verborgene Qualität auf und wird auch so begründet: Wir kennen den Wert (quantitativ) nur durch die Preise, und angesichts dessen ist die Schlußfolgerung »da es Preise gibt, muß es auch einen Wert geben« genausoviel wert wie die Schlußfolgerung (mit der wir lediglich das berühmte Beispiel von Molierowski modifizieren) »da man aus der Erfahrung weiß, daß Opium schläfrig macht, ist damit bewiesen, daß Opium einschläfernde Kraft besitzt«. Alle mit der Bewegung der Preise zusammenhängenden Erscheinungen werden durch die zusätzliche Information über den Wert nicht besser erklärt; daß Produzenten mit einer niedrigen Produktivität durch große Unternehmen mit einer besseren Technik ruiniert werden, ist eine bekannte und auffällige Tatsache; sie wird durch die Bewegung der Preise hinreichend erklärt; die Aussage, daß diese Tatsache ihre Erklärung im »Wertgesetz« findet, entbehrt jeglichen Inhalts, da dieser Zusatz uns nicht gestattet, die Bewegung der Preise besser vorherzusagen, als wir es ohne ihn könnten. Das Wertgesetz ist somit keine wissenschaftliche Behauptung, die sich empirisch begründen oder widerlegen ließe.

Ähnlich liegen die Dinge bei der Reduktion der zusammengesetzten Arbeit auf Einheiten der einfachen Arbeit. Die Aussage Hilferdings, daß sich diese Reduktion in der Bewegung der Preise spontan auf dem Markt vollziehe, daß man sie aber nicht quantitativ darstellen könne (und auch nicht brauche), bedeutet auch nicht mehr und nicht weniger, als daß die Veränderungen der Preise eine empirische Erscheinung sind und sich durchaus nicht mit den Proportionen zwischen den verschiedenen Arten der Arbeit erklären lassen. Somit hat das Reduktionsprinzip keinerlei Inhalt, der es uns gestatten würde, irgend etwas vorherzusagen oder zu erklären. Überaus unklar ist auch die Aussage, daß der Wert nicht praktisch, wohl aber theoretisch meßbar sei. Es ist nicht erkennbar, was die Zusicherung bedeutet, daß eine bestimmte Größe sich »praktisch« zwar nicht quantitativ erfassen läßt, wohl aber »theoretisch« meßbar sein soll.

Überdies steht die Behauptung, daß die Austauschverhältnisse in früheren Epochen, als es beinahe keine Warenproduktion gab, vom »Willen« der Individuen abhingen und später der Macht des Wertgesetzes unterworfen wurden, im Widerspruch zur Behauptung von Engels (im Vorwort zum dritten Band des »Kapital«), daß gerade unter primitiven Verhältnissen der Austausch sich entsprechend dem Wert vollzog, während die entwickelte Warenwirtschaft andere, den Preis regulierende Faktoren einführte.

Eigentlich hat aber das Wertgesetz eine andere Bedeutung, als Hilferding erklärt. In der ökonomischen Theorie, wie Marx sie versteht, geht es tatsächlich nicht um die realen Austauschverhältnisse, sondern darum, woher der Profit stammt. Diese Theorie erklärt nicht die wirkliche Geschichte des Kapitalismus, sondern spricht davon, daß der Profit ausschließlich aus der unbezahlten Arbeit des Arbeiters stammt, daß das Kapital keinen Wert schafft, daß die »produktive« Arbeit (deren Definition bekanntlich zahlreiche Zweifel aufkommen läßt) die einzige Quelle des Wertes ist. Weil aber die »wirklichen Produzenten«, also die Arbeiter, keine Macht über die von ihnen geschaffenen Werte haben, weil all diese Werte (einschließlich des Wertes der Arbeitskraft) nach anonymen Marktgesetzen ausgetauscht werden, ist das »Wertgesetz« im Marxschen Sinne eine ökonomische Beschreibung des Prozesses der universalen Entfremdung der kapitalistischen Gesellschaft. Es ist eine ideologische und nicht eine wissenschaftliche Kategorie, die sich empirisch nicht begründen läßt. Als eine ideologische Kategorie ist sie natürlich innerhalb der Doktrin bedeutungsvoll und wichtig, doch dient sie anderen Zwecken als eine politische Ökonomie, die es sich zur Aufgabe macht, die realen Preisbewegungen zu untersuchen, die Konjunktur vorherzusagen und Informationen zu liefern, die im praktischen ökonomischen Verhalten nützlich sein können. Die Marxsche Werttheorie soll ebenfalls eine praktische Bedeutung haben, aber in einem völlig anderen Sinne: nicht derart, daß sie durch die Beschreibung quantitativ faßbarer Zusammenhänge zwischen den Erscheinungen die Beeinflussung dieser Erscheinungen erleichtert, sondern derart, daß sie den menschenfeindlichen Charakter einer Gesellschaft enthüllt, in welcher die Produktion nur der Mehrung des Tauschwerts unterworfen ist, die »Entfremdung« des gesellschaftlichen Lebens sichtbar macht und auf diese Weise dazu beiträgt, den Widerspruch zwischen den Erfordernissen des menschlichen Wesens und der empirischen Existenz der Menschen begreiflich zu machen. Diese Theorie ist weniger eine Erklärung als vielmehr ein ideeller Appell, und so muß man ihren Sinn begreifen. Der Streit zwischen den Marxisten und den Kritikern der Werttheorie kann deshalb zu nichts führen, da die ersteren von der allgemeinen ökonomischen Theorie etwas erwarten, was die Marxsche Theorie nicht bieten kann.

Hilferding meint zwar, daß sich aus der Werttheorie »Gesetze der Veränderung« der kapitalistischen Gesellschaft insofern ableiten lassen, als aus ihr die Unvermeidlichkeit des Sozialismus folgen soll. Er gibt jedoch nicht an, in welcher Weise eine solche Ableitung möglich ist. Marx glaubte an die Notwendigkeit des Sozialismus, führte jedoch nicht aus, welche Umstände der kapitalistischen Wirtschaft für diese Notwendigkeit bestimmend sind (denn es genügt nicht zu sagen, daß diese Wirtschaft unter der Anarchie der Produktion leidet, daß sie periodische Krisen hervorruft und die Arbeiterklasse zum Kampf veranlaßt; aus diesen Umständen allein folgt nicht, daß diese Wirtschaftsform mit all ihren zerstörerischen Folgen angesichts dessen, daß sie schon lange existiert, nicht unbegrenzt weiterexistieren kann; dazu müßte man zeigen, daß ihre weitere Existenz irgendwann unmöglich ist, doch liefert die Werttheorie keine Grundlage für eine solche Folgerung).

14. Hilferding: Theorie des Imperialismus

Hilferdings »Finanzkapital« macht den Eindruck, als sei es die Absicht des Verfassers gewesen, nahezu das gesamte »Kapital« von Marx im Hinblick auf die veränderten wirtschaftlichen Bedingungen neu zu schreiben. Wir finden dort eine Darstellung der Marxschen Theorie des Geldes, des Kredits, des Zinsfußes und der Krisen; am bedeutsamsten sind allerdings die Erklärungen jener Veränderungen, die sich nach dem Tode von Marx in der Weltwirtschaft vollzogen haben; diese Veränderungen hängen mit den Prozessen der Kapitalkonzentration zusammen, haben aber einen »qualitativen« Charakter angenommen und lassen sich nicht als eine einfache Fortsetzung der früheren Prozesse darstellen.

Ausgangspunkt des »Finanzkapital« ist die Werttheorie und die Theorie der durchschnittlichen Profitrate. Der Wert im engeren Sinne, also die geronnene Arbeitszeit, läßt sich nicht direkt ausdrücken, sondern äußert sich nur im Austausch als quantitatives Verhältnis zwischen den Preisen. Die Tatsache, daß die Produktion dem Profit untergeordnet ist, bewirkt, daß der Austausch sich nicht nach dem Prinzip »gleicher Lohn für gleiche Arbeit« vollzieht, sondern nach dem Prinzip »gleicher Profit für das gleiche Kapital«; der Verkauf erfolgt gemäß den Produktionspreisen und nicht gemäß dem Wert. An der Unmöglichkeit, den Wert der Waren unmittelbar zu erfassen, wird zugleich deutlich, daß Doktrinen wie der Sozialismus von Rodbertus, demzufolge die Gesellschaft als Grundlage des Austauschs die für jedes Produkt notwendige Arbeitszeit festlegt, etwas Utopisches sind.

Die Allmacht des Profits als Antriebskraft der Produktion hat eine natürliche Tendenz zur Kapitalkonzentration und zum technischen Fortschritt zur Folge, der sich ökonomisch in einer stetigen Veränderung der organischen Zusammensetzung des Kapitals zugunsten des konstanten Kapitals und zugleich in einer Veränderung innerhalb des konstanten Kapitals äußert: Das fixe Kapital wächst schneller als das zirkulierende Kapital. Damit wird jedoch eine Verlagerung der bereits vollzogenen Kapitalinvestitionen immer schwieriger: Das zirkulierende Kapital läßt sich beliebig von einem Produktionszweig auf den anderen verlagern, während das fixe Kapital an den Produktionsprozeß gebunden ist. Die Entstehung einer durchschnittlichen Profitrate wäre daher ungeheuer erschwert, gäbe es nicht Mittel, um das Kapital enorm zu mobilisieren; diese Mittel sind die Aktiengesellschaften und die Banken. Die Banken haben jedoch in gewisser Hinsicht andere Interessen als die einzelnen Kapitalisten. Eine Konkurrenz, die einen bestimmten Teil der Unternehmen in den Ruin treibt, ist keineswegs im Interesse der Banken, auch wenn sie im Interesse der siegreichen Unternehmen liegt. Die Banken sind deshalb bestrebt, die Konkurrenz zwischen jenen Unternehmen, die sich ihre Dienstleistungen zunutze machen, auszuschalten, und gleichzeitig sind sie an einer hohen Profitrate interessiert. Mit anderen Worten: Die Banken streben die Schaffung von Industriemonopolen an.

Eine der Folgen der Monopolisierung der Produktion ist eine veränderte Funktion des Handels. Während der ursprünglichen Akkumulation des Kapitals spielt der Handel eine entscheidende Rolle: Er ist überhaupt der Ausgangspunkt der Entwicklung des Kapitalismus und macht in der ersten Phase die Produktion durch Kreditmittel von sich abhängig. In der entwickelten kapitalistischen Wirtschaft verschwindet diese Abhängigkeit, Produktion und Handel trennen sich. Mit der Konzentration des Kapitals verliert der Handel im allgemeinen seine Selbständigkeit oder wird sogar als ein gesonderter Wirtschaftszweig überflüssig. Damit nimmt das Handelskapital ab, und jene Teile des Profits, die es sich früher aneignete, werden vom Industriekapital übernommen. Der Kaufmann wird in immer stärkerem Maße zum Agenten der Syndikate und Kartelle.

Die Konzentration des Kapitals regt eine Konzentration der Banken an und umgekehrt: Je größer die Kapitalmassen, über welche die Banken verfügen, um so eher sind sie imstande, die Konzentration des Industriekapitals im eigenen Interesse zu beeinflussen. Wir haben es also, wie man heute sagen würde, mit einer positiven Rückkopplung zu tun. In den Banken konzentriert sich sowohl das Reservekapital der Kapitalisten als auch ein beträchtlicher Teil der Geldmittel der unproduktiven Klassen; infolgedessen ist die Kapitalmasse, die der Industrie zur Verfügung steht, sehr viel größer als die Summe der Kapitale der Industriellen. Das schafft günstige Verhältnisse für die Industrie, macht sie aber in ungeheurem Maße vom Bankkapital abhängig. »Ich nenne das Bankkapital, also Kapital in Geldform, das auf diese Weise in Wirklichkeit in industrielles Kapital verwandelt ist, das Finanzkapital« (»Finanzkapital«, S. 283).[4]

Im Hinblick auf die Perspektiven der Kartellisierung der Industrie wirft Hilferding die Frage auf, ob es für diesen Prozeß eine unüberschreitbare Grenze gibt, und er sagt, daß es eine solche Grenze nicht gibt. Man kann sich vorstellen, daß die gesamte kapitalistische Produktion zu einem allgemeinen Kartell zusammengefaßt ist, welches alle Produktionsprozesse bewußt regelt. Unter diesen Bedingungen wäre die Festlegung der Preise eine Frage der Übereinkunft und würde sich in eine Rechenoperation verwandeln, deren eigentlicher Sinn darin bestünde, das Gesamtprodukt zwischen den Kartellmagnaten und dem Rest der Gesellschaft aufzuteilen. Das Geld würde somit in der Produktion keine Rolle mehr spielen, und die Anarchie des Marktes wäre unter Kontrolle gebracht. Die Gesellschaft wäre dabei weiterhin in antagonistische Klassen geteilt, doch wäre es eine planwirtschaftliche Gesellschaft. Hilferding behauptet nicht, daß der Entwicklungsprozeß tatsächlich so verlaufen wird, meint aber, daß die Tendenz der Kapitalkonzentration in diese Richtung zielt. Jahre später hielt er einen solchen Gang der Ereignisse für hochwahrscheinlich; er zog daraus nicht den Schluß, daß es für den Sozialismus keine Hoffnungen mehr gebe, sondern neigte zu der Auffassung, daß der Sozialismus auf dem Wege friedlicher Enteignung den kapitalistischen Planungsapparat nahezu fertig übernehmen könnte.

Solange jedoch der Konzentrationsprozeß jene hypothetische absolute Form nicht erreicht hat, sind Krisen in der kapitalistischen Wirtschaft unvermeidlich. Die Produktion kann sich nur in zyklischen Stadien der Prosperität und der Depression abspielen. Die allgemeine Möglichkeit der Krise ist schon in den Bedingungen der Warenproduktion angelegt: Aufgrund der Trennung der Ware in Ware und Geld sowie der Entwicklung des Kredits kann überhaupt eine Situation eintreten, in der es durch Absatzschwierigkeiten zur Zahlungsunfähigkeit kommt, und die Zahlungsunfähigkeit an einer Stelle ruft eine natürliche Kettenreaktion hervor, da der Absatz die Voraussetzung der erneuten Reproduktion ist. Außerdem gerät das Streben nach einem erhöhten Profit, das der einzige Motor der Produktion ist, in einen inneren Widerspruch, da es zugleich ein Streben nach einer Beschränkung des Konsums der Arbeiterklasse bedeutet. Das heißt nicht, daß man die Krisen ursächlich allein mit dem niedrigen Konsum der Arbeiter erklären und – womit die Anhänger des erwähnten Rodbertus rechneten – durch eine Erhöhung des Arbeitslohns vermeiden könnte. Die Krise besteht, wie Hilferding sagt, in einer Störung der Zirkulation, allerdings unter spezifischen kapitalistischen Bedingungen, ist also mit der einfachen Zirkulation nicht zu erklären. Jede industrielle Aufschwungphase geht von zufälligen Umständen aus wie etwa der Eröffnung neuer Märkte, der Entstehung neuer Produktionszweige, einer bedeutenden Vervollkommnung der Technik oder der Zunahme der Bevölkerung. Diese Umstände wirken sich in einer steigenden Nachfrage aus, die sich auf andere Produktionszweige überträgt, die in dieser oder jener Weise von der den Anstoß gebenden Branche abhängig sind. Die Umlaufzeit des Kapitals verkürzt sich oder, anders gesagt, die Kapitalsummen, die der Industrielle vorschießen muß, verringern sich im Verhältnis zum angewandten Produktionskapital. Aber die Bedingungen, die dem technischen Fortschritt förderlich sind, bewirken zugleich einen Fall der Profitrate und verlängern die Umlaufzeit des Kapitals. In einem bestimmten Augenblick findet die erweiterte Produktion keine ausreichende Nachfrage mehr und muß sich neue Märkte suchen. Gleichzeitig strebt das Kapital natürlicherweise in die Branchen mit der höchsten organischen Zusammensetzung, in denen die Investitionen im Vergleich zu anderen Bereichen, in denen die Profitrate niedriger ist, unverhältnismäßig hoch werden. Es entstehen Disproportionen, die die gesamte Warenzirkulation stören (in der Regel treten die Krisen am stärksten in den technisch am weitesten entwickelten Produktionsbereichen auf). Das ruft eine Kettenreaktion hervor, in der Preise und Profite fallen. Außerdem steigen in Zeiten der Prosperität die Preise und die Löhne, doch muß der Preisanstieg über die Steigerung des Warenangebots hinausgehen, denn nur so wird ein erhöhter Profit erzielt. Folglich kann der Konsum nicht mit der Entwicklung der Produktion Schritt halten, und so kommt es in einem bestimmten Augenblick zum Zusammenbuch. Gleichzeitig können die Banken aufgrund der gewaltigen Nachfrage nach Bankkrediten während der Prosperitätsphase im Augenblick des Zusammenbruchs die Disproportionen nicht mehr durch Kredite ausgleichen. Es entsteht ein gewaltiger Bedarf nach flüssigen Mitteln, welche die Produzenten aber nur durch die Realisierung ihrer eigenen Produkte in Geldform erlangen können. Alle wollen gleichzeitig verkaufen, doch gerade deshalb kauft niemand; die Preise sinken, doch die Warenvorräte häufen sich in riesigen Mengen. Massenhafte Bankrotte und Arbeitslosigkeit sind die natürliche Folge dieser Situation.

Infolge der gegenseitigen Abhängigkeit der kapitalistischen Mächte rufen Krisen in einem Lande Einschränkungen des Imports hervor und stören die Wirtschaft in anderen Ländern; in immer stärkerem Maße haben die Krisen daher weltweiten Charakter. Dabei sind jene Unternehmen am wenigsten krisenanfällig, in denen sich die größten Kapitalmassen konzentrieren, denn sie können bei einer weitgehend eingeschränkten Produktion existieren, ohne ganz bankrott zu gehen. Die Krisen sind daher selbst ein Faktor, der die Kapitalkonzentration fördert, da sie die kleineren Betriebe zugunsten der Giganten eliminieren.

Die Herrschaft des Finanzkapitals bedeutet zugleich einen Wandel in der Funktion des Staates und das Ende der bürgerlich-liberalen Ideologien. Der Umfang des Gebiets, auf dem das Finanzkapital ungehindert operieren kann, bekommt noch größere Bedeutung. Das Finanzkapital ist an einem starken Staat interessiert, der es vor fremder Konkurrenz schützt, vor allem aber den Kapitalexport durch politische und militärische Mittel erleichtert. Der Imperialismus ist das natürliche Resultat der Konzentration des Kapitals und seines Kampfes um die Aufrechterhaltung und Steigerung der Profitrate. Ideal ist es natürlich, wenn neue Absatzmärkte und neue Gebiete, die billigere Arbeitskräfte liefern, in politischer Hinsicht völlig vom Mutterland unterworfen werden können. Das Finanzkapital fördert deshalb eine imperialistische Politik und breitet die kapitalistischen Produktionsverhältnisse über die ganze Erde aus. Die ideologischen Instrumente der liberalen Bourgeoisie sind bereits überholt. Die Ideale des Freihandels, des Friedens, der Gleichheit und Humanität wurden zum alten Eisen geworfen; an ihrer Stelle treten

Doktrinen auf, welche die Expansion des Finanzkapitals rechtfertigen: Rassismus, Nationalismus, Verherrlichung der Staatsmacht, Kult der Stärke.

Durch diese Umstände verändert sich beträchtlich das Verhältnis zwischen den gesellschaftlichen Klassen. Die früheren, zuweilen tödlichen Konflikte zwischen der Großbourgeoisie und dem Kleinbürgertum, zwischen Grundeigentümern und Bourgeoisie, zwischen Stadt und Land verlieren fortschreitend an Bedeutung. Hilferding zeigt, wie die Kapitalmagnaten, indem sie sich die gesamten wirtschaftlichen Aktivitäten der Mittelklassen unterwerfen, eine Interesseneinheit herstellen, die zu einer immer stärkeren klassenmäßigen Polarisierung der Gesellschaft in die Arbeiterklasse auf der einen und den ganzen Rest auf der anderen Seite führt. Das Kleinbürgertum hat außer denen, die ihm das Großkapital läßt, jegliche Lebensperspektiven verloren und ist gezwungen, seine Interessen mit den Interessen der Kartelle zu identifizieren; so ist es denn auch der hauptsächliche Adressat für imperialistische und rassistische Ideologien und am empfänglichsten für Großmacht- und Expansionsideen. Dagegen nimmt die Schicht der Angestellten und Techniker zu; der technische Fortschritt weist eine Tendenz zur relativen, zeitweilig auch zur absoluten Verringerung der Arbeiterschaft auf, während ein immer stärkerer Bedarf für Angestellte, Techniker und Produktionsleiter besteht. Gegenwärtig sind diese Schichten offensichtlich vom Kapital nicht nur ökonomisch, sondern auch geistig abhängig, und sie stellen eine Stütze reaktionärer politischer Bewegungen dar. Ihre Stellung ist jedoch unsicher; die Nachfrage nach Arbeitskraft in diesen Bereichen ist größer als das Angebot, und man kann bereits eine Tendenz zur Straffung der Leitungs- und Verwaltungstätigkeiten beobachten, wodurch die weitere Zunahme dieser Schichten gebremst bzw. ein zahlenmäßiger Rückgang hervorgerufen wird. Man muß damit rechnen, daß diese Schichten mit der Zeit zum Standpunkt des Proletariats übergehen werden, wenn sie sich der Ähnlichkeit der eigenen Situation als Lohnarbeiter mit der Lage der Handarbeiter sowie der grundsätzlichen Interessenidentität bewußt geworden sind.

Die Herrschaft des Finanzkapitals mildert keineswegs die Klassengegensätze, sondern verschärft sie in höchstem Maße, und dabei bereinigt sie, wenn man so sagen darf, das Klassensystem, indem sie die mittleren politischen Kräfte ausschaltet und nur noch zwei feindliche Mächte auf dem Kampfplatz zurückläßt: die Finanzoligarchie und das Proletariat. Das Proletariat bringt aus seinen ökonomischen Organisationen, die lediglich um die Bedingungen des Verkaufs der Arbeitskraft kämpfen, auf natürliche Weise politische Organisationen hervor, welche den Rahmen der bürgerlichen Gesellschaft sprengen. Die Verschmelzung des Staatsapparats mit dem Finanzkapital ist derart offensichtlich geworden, daß ein Bewußtsein des Klassengegensatzes zwischen dem Proletariat und dem gesamten bestehenden System von Abhängigkeiten selbst für den unaufgeklärten Proletarier erkennbar ist. Natürlich kann das Proletariat dem Imperialismus nicht die reaktionären und ökonomisch aussichtslosen Forderungen der Rückkehr zum Freihandel und zur liberalen Wirtschaft entgegenhalten. Zugleich kann das Proletariat, das die unausweichliche Tendenz der gegenwärtigen Politik begreift, diese Politik nicht unterstützen, auch wenn sie es letzten Endes seinem Siege näher bringt. Die Antwort der Arbeiterklasse auf den Imperialismus ist allein der Sozialismus. Der Imperialismus und die Herrschaft der Finanzoligarchien erleichtern den politischen Kampf unerhört und lassen die Perspektive des Sozialismus näher rücken – nicht nur, weil sie, Kriege und politische Katastrophen verursachend, dazu beitragen, dem Proletarier ein revolutionäres Bewußtsein zu verschaffen, sondern vor allem, weil sie die Sozialisierung der Produktion bis zu den äußersten Grenzen vorantreiben, die innerhalb des kapitalistischen Produktionssystems noch möglich sind. Das Finanzkapital trennte die Leitung der Produktion vom Eigentum und schuf gewaltige Kapitalkonzentrationen, die einer einheitlichen Verwaltung unterstehen. Dadurch wird die Enteignung der Finanzoligarchien durch den vom Proletariat eroberten Staat zu einer relativ leichten Aufgabe. Der Staat muß keineswegs und soll auch nicht die gesamte kleine und mittlere Industrie enteignen, die heute ohnehin schon vollkommen von den Finanzmagnaten abhängig ist. Das Finanzkapital hat die mit der Enteignung verbundenen Maßnahmen bereits weitgehend durchgeführt. Die Übernahme der Großbanken und Konzerne würde ausreichen, um dem Staat die Kontrolle über die Produktion zu sichern: Wenn es sich dabei um einen Staat der Arbeiterklasse handelt, wird er seine ökonomische Macht im Interesse der Gesellschaft und nicht der Steigerung des Profits nutzen. Eine totale, schlagartige Expropriation wäre dagegen politisch gefährlich und ökonomisch überflüssig.

Am Ende seines Werkes formuliert Hilferding ein »historisches Gesetz«: »In den auf Klassengegensätzen beruhenden Gesellschaftsformationen gehen die großen sozialen Umwälzungen erst vor sich, wenn die herrschende Klasse bereits den höchstmöglichen Stand der Konzentration ihrer Macht erreicht hat« (»Finanzkapital«, S. 476). Eben diesen höchsten Konzentrationsgrad wird in Kürze die bürgerliche Gesellschaft erreichen und damit ökonomische Voraussetzungen für die Diktatur des Proletariats schaffen.

Das Werk Hilferdings hat die Entwicklung des Marxismus stärker beeinflußt als alle anderen Produkte der österreichischen Schule. Es war im Grunde der umfassendste Versuch, die neuen, nach dem Tode von Marx in der Weltwirtschaft aufgetretenen Tendenzen vom Standpunkt der Marxschen Doktrin aus einer wissenschaftlichen Analyse zu unterziehen. Hilferding hat als einer der ersten auf die Bedeutung des Prozesses, der das kapitalistische Eigentum von der Leitung der Produktion trennt, aufmerksam gemacht; er hat als einer der ersten auf die wachsende Rolle der Techniker und Manager in der Wirtschaft hingewiesen. Und er hat in ungewöhnlicher Klarheit und Knappheit die ökonomischen und politischen Konsequenzen einer neuen Epoche der Kapitalkonzentration dargestellt.

Sein Werk geht von der Position des »klassischen« Marxismus, also von der Annahme aus, daß die Konzentrationsprozesse letztes Endes zur Polarisierung der Klassen führen werden und daß das Industrieproletariat der Sturmbock sein wird, der die Welt des Kapitals zum Einsturz bringt. Hilferding hat hingegen aus seiner Analyse nicht die Schlüsse gezogen, die Lenin unter Zugrundelegung seiner Arbeit ziehen sollte. Hilferding faßte den Kapitalismus als ein einheitliches Weltsystem auf, das durch die Verschärfung des ebenso weltweiten Klassengegensatzes zwischen Bourgeoisie und Proletariat beseitigt werden wird. Dagegen kam Lenin bei der gleichen globalen Betrachtungsweise zu dem Schluß, daß die Widersprüche des Imperialismus nicht dort zu seinem Zusammenbruch führen werden, wo die ökonomische Entwicklung die höchste Stufe erreicht hat, sondern dort, wo sich die gesellschaftlichen Konflikte am stärksten konzentrieren und verflechten, Konflikte, bei denen nichtproletarische (bäuerliche und nationale) Forderungen als ein unerläßliches Reservoir fungieren müssen; daher ist die Wahrscheinlichkeit der Revolution dort am größten, wo die Konzentration der Konflikte und sozialen Forderungen am größten ist, also keineswegs in den Metropolen des Finanzkapitals. Hilferding stand auf dem Standpunkt der proletarischen Revolution im Marxschen Sinne (ähnlich wie Rosa Luxemburg, Pannekoek und die ganze westeuropäische sozialistische Linke); Lenin stand auf dem Standpunkt der politischen Revolution, die durchzuführen sei von einer Partei, die sich der Unterstützung des Proletariats erfreut, aber nicht auf die Unterstützung anderer Kräfte verzichten kann, deren Forderung diese Partei zu vertreten verspricht und die sie für ihre Sache einspannt.

Dreizehntes Kapitel
Die Anfänge des russischen Marxismus

1. Die geistige Bewegung in der Epoche Nikolaus' I.

Der historische Determinismus und die Bauernfrage in Rußland – unter diese beiden Titel läßt sich summarisch die Geschichte der radikalen geistigen Bewegung im Rußland des 19. Jahrhunderts fassen, sowohl in ihren vormarxistischen Phasen als auch zumindest in der ersten Phase der Entwicklung des Marxismus. Diese beiden Dinge waren keineswegs unabhängig voneinander: Allgemein ging es um die Frage, ob und in welchem Maße die Theorie der »historischen Notwendigkeit« glaubwürdig ist, und im besonderen darum, was aus ihr für die Perspektiven Rußlands zu folgern wäre, für ein Land, in dem die Bauernschaft die überwältigende Mehrheit bildete und das Industrieproletariat schwach entwickelt war, ein Land, das unter den Bedingungen der Selbstherrschaft lebte und auch noch nach der Reform von 1861 an zahllosen Gebrechen des Feudalismus litt.

Die Eigentümlichkeiten des russischen Marxismus erklärt man gewöhnlich mit den spezifischen politischen und ökonomischen Verhältnissen im Zarenreich, mit der drückenden Last besonderer Vorbilder, die sich in den vormarxistischen revolutionären Bewegungen herausgebildet hatten, sowie mit der philosophischen und religiösen Tradition. Diese Erklärungen sind gewiß in vielen Punkten überzeugend, auch wenn sie noch nicht die Ausbreitung der russischen, d. h. leninistischen Version des Marxismus in anderen Teilen der Welt nach der Oktoberrevolution erklären.

Gewöhnlich wird, wenn man sich über die speziellen Eigenheiten der russischen Geschichte klar zu werden versucht, nicht so sehr die bloße Tatsache des politischen Despotismus hervorgehoben als vielmehr der »orientalische« Charakter dieses Despotismus, also die übersteigerte Selbständigkeit, welche der Staat und der bürokratische Staatsapparat gegenüber der »bürgerlichen Gesellschaft« genoß, sein enorm betontes Übergewicht gegenüber allen Klassen der russischen Gesellschaft einschließlich der privilegierten Klassen; die marxistische These, daß die Staatsinstitutionen in der Klassengesellschaft »nichts anderes« seien als ein Organ der privilegierten Klassen, ließ sich auf Rußland schwieriger anwenden als auf die westeuropäischen Gesellschaften. Schon im 19. Jahrhundert behaupteten einige russische Historiker (Tschitscherin) – und es gibt auch heute noch Anhänger dieser Auffassung –, daß der russische Staat nicht nur nicht als ein Produkt von zuvor entstandenen Klassenantagonismen gelten könne, sondern daß er selbst, sozusagen von oben, die gesellschaftlichen Klassen geradezu geschaffen habe. Die russischen Marxisten machten sich die Theorie von der Selbständigkeit des russischen Staates nicht in einer derart extremen Version zu eigen, räumten jedoch ein (Plechanow, Trotzki), daß die Unabhängigkeit des autokratischen Staatsapparats in Rußland unvergleichlich viel stärker war als irgendwo sonst in Europa. Plechanow maß in seinen historischen Analysen den asiatischen Zügen der russischen Selbstherrschaft beträchtliches Gewicht bei (weshalb er in den politischen Programmen die Bedeutung der Dezentralisierung unterstrich). Berdjajew schrieb, Rußland sei zum Opfer seines gewaltigen Territoriums geworden: Die Notwendigkeit, dieses Territorium zu verteidigen, sowie die imperiale Expansion hätten den bürokratisch-militärischen Gewaltapparat anwachsen lassen, der mit den unmittelbaren Interessen der besitzenden Klasse ständig in Konflikte geriet und – beginnend mit Iwan dem Schrecklichen – in der brutalen Unterdrückung ihrer Bestrebungen erstarkte. Bedeutende wirtschaftliche Umwälzungen gingen in der Geschichte Rußlands von oben aus und wurden mit staatlichem Zwang durchgesetzt: Das gilt sowohl für die Epoche Peters I. wie für die Reformen Alexanders II. wie auch für die Stalinsche Industrialisierung und Kollektivierung. Das Wesensmerkmal einer Erscheinung, die man in der Sprache des 20. Jahrhunderts als Totalitarismus bezeichnet – nämlich die Herrschaft des Prinzips, daß das gesamte gesellschaftliche Leben, insbesondere die wirtschaftliche und kulturelle Tätigkeit, nicht nur der Aufsicht des Staates unterstehen, sondern restlos den Bedürfnissen des Staates unterworfen sein muß – scheint in Rußland eine jahrhundertealte Tradition zu haben; natürlich ließ sich dieses Prinzip nicht immer mit der gleichen Wirksamkeit realisieren, doch lag es fortwährend den Aktivitäten des Staatsapparats zugrunde. Aus diesem Prinzip folgt, daß legitimer Urheber jeglicher gesellschaftlichen Initiative allein der Staat ist, daß alle Kristallisationen des gesellschaftlichen Lebens, alle Organisationsformen, die nicht vom Staat erzwungen wurden, mit den Bedürfnissen und Interessen des Staates unvereinbar sind; es folgt daraus ebenfalls, daß *der Bürger Eigentum des Staates ist*, daß all seine Handlungen von der Regierung bestimmt werden oder aber ein Anschlag auf die Rechte der Regierung sind. Der russische Despotismus brachte eine Gesellschaft hervor, in der es beinahe kein Mittelding zwischen Unterwürfigkeit und Auflehnung, zwischen der totalen Identifikation mit der bestehenden Ordnung und ihrer totalen Negation gab. Darum hat sich Rußland zu allerletzt und mit größter Mühe einen Freiheitsbegriff zu eigen gemacht, der sich in Westeuropa während jahrhundertelanger Auseinandersetzungen zwischen Monarchie und Hochadel, zwischen Bürgertum und Adel herausbildete: den Begriff einer Freiheit, die durch das Recht mitdefiniert ist und nur innerhalb einer Rechtsordnung sinnvoll ist. In Rußland brachte das gesellschaftliche Leben Verhältnisse hervor, unter denen die Freiheit sich im Bewußtsein der Menschen nur als Anarchie, als Abwesenheit des Rechts darstellte, da das Recht kaum in einer anderen Gestalt auftrat denn als Willkür des Despoten. In Rußland fiel es äußerst schwer, zwischen Absolutismus und chaotischer Bauernrebellion die Idee einer Freiheit zu entwickeln, die durch das Recht definiert und begrenzt ist: Die revolutionären Tendenzen besaßen eine natürliche Neigung, entweder in einen neuen, revolutionären Totalitarismus (Pestel, Tkatschew) oder in die anarchische Vision einer von jeglichem Recht und jeglichen politischen Institutionen freien Gesellschaft abzugleiten. Extremismus und Maximalismus, die häufig als charakteristische Eigentümlichkeiten der russischen Kultur betont werden, können als Produkt der Geschichte eines Landes gelten, das keine starke Mittelklasse hervorbrachte, dessen Stabilität immer von einer starken und leistungsfähigen zentralen Bürokratie abhing und nur in geringem Maße von naturwüchsigen Verfestigungen von Interessengruppen, eines Landes, in dem deshalb der Gedanke an soziale Reformen ganz natürlicherweise ein revolutionärer Gedanke war und in dem sich die literarische Kritik nicht deutlich von einem Bombenattentat abgrenzen ließ.

Die schwache Entwicklung der Städte und die geringe Bedeutung der Kaufmannschaft und des Handels erschwerten jahrhundertelang die Entstehung einer unabhängigen Geisteskultur. Emanzipation der Intellektuellen, Ausbildung von logischen Fähigkeiten, von Geschicklichkeit im Argumentieren und Diskutieren, Neigung zu abstrakten Analysen – das alles sind Eigentümlichkeiten der städtischen Kultur, die mit dem Aufblühen des Handels zusammenhängen. Die Festigung der Vorherrschaft Moskaus und der Niedergang Nowgorods hemmten wirksam die Entwicklung einer städtischen Kultur, und die russisch-orthodoxe Kirche trug zur Isolierung Rußlands vom Westen bei. Der russische Cäsaropapismus bestand nicht nur darin, daß die Ostkirche Dienerin des zaristischen Despotismus war, sondern ebenfalls darin, daß die Herrscher selbst Anspruch auf die Herrschaft über die Seelen der Untertanen erhoben; die Unterordnung der Kirche unter den Zaren vollzog sich in einer Weise, daß sie das Recht des Zarentums auf eine uneingeschränkte Kontrolle der Gewissen legitimierte; eine Staatspolizei, die über die Gedanken der Bürger wacht, war eine natürliche Konsequenz dieses Systems. Dementsprechend kann auch von einer Rivalität zwischen weltlicher und geistlicher Macht, die in Europa beträchtlich zur kulturellen Entwicklung beigetragen hat, in Rußland fast keine Rede sein: Die Kirche identifizierte sich mit dem Staat und übertrug ihm die Oberhoheit über das kulturelle Leben. Zugleich übertrug sie auf Rußland als politischen Organismus den eigenen religiösen Messianismus. In der orthodoxen Kirche kam nach dem Fall von Byzanz die Idee von Moskau als einem »dritten Rom« auf, das jetzt und auf Jahrhunderte hinaus den Platz der von den Türken eroberten Hauptstadt des Glaubens einzunehmen hat. Unter dem Umstand, daß Moskau sowohl Zentrum des orthodoxen Glaubens als auch Sitz des Zaren war, wurde der orthodoxe Messianismus ununterscheidbar vom russischen Messianismus, und der Zar war nicht nur Selbstherrscher im Staate, sondern ebenfalls Hüter der ewigen Wahrheit.

Dies ist natürlich ein vereinfachtes Bild, das sich nicht in allen Perioden der russischen Geschichte mit der gleichen Vollkommenheit bestätigt; aber es ist doch in dieser Vereinfachung insofern nützlich, als es gewisse Merkmale des revolutionären Marxismus in Rußland verständlicher werden läßt.

Es war ganz natürlich, daß auch das religiöse und philosophische Denken Rußlands sich unter diesen Verhältnissen nicht nach den gleichen Schemata entwickelte, die wir aus der Geschichte Westeuropas kennen. Die russische Kultur ging nicht durch die Scholastik hindurch, sie entwickelte daher nicht jene logischen und analytischen Fähigkeiten, all jene Fertigkeiten in der Klassifikation und Definition von Begriffen, in der Häufung von Argumenten und Gegenargumenten, welche die Philosophie des christlichen Mittelalters Europa hinterließ. Aber Rußland hatte ebenfalls nicht teil an der Kultur der Renaissance, es wurde also nicht vom Pflug des Skeptizismus und Relativismus umgewühlt, der die gesamte europäische Kultur für immer kennzeichnete. Diese beiden Mängel treten am russischen philosophischen Denken seit seiner Entstehung, d. h. seit der Epoche der Aufklärung, deutlich zutage. Diese Philosophie ist das Werk von intelligenten literarischen Laien, die von gesellschaftlichen oder religiösen Fragen fasziniert waren, aber einer Systematisierung des eigenen Denkens, der mühseligen Analyse der benutzten Begriffe, der Beurteilung des logischen Werts ihrer Argumente nicht fähig waren. Das philosophische Schaffen der hervorragendsten russischen Denker ist vielfach unter rhetorischem und literarischem Aspekt faszinierend, von Leidenschaft und Authentizität erfüllt, frei von Scholastik auch im vulgären, pejorativen Sinne (in Rußland fragte man nicht »Wozu Philosophie?«, alle wußten wozu), aber in der Regel gleichgültig gegen den Anspruch logischer Strenge, von mangelnder innerer Kohärenz, ohne eindeutigen Aufbau und deutliche Gliederung, gestaltlos. Ein weiteres auffälliges Merkmal der russischen Geisteskultur ist die Bedeutungslosigkeit skeptischer und relativistischer

Einstellungen. Man findet in ihr sehr viel Spott, aber kaum Ironie, einen leidenschaftlichen Hang zur Enthüllung, aber einen Mangel an Selbstdistanz, und sogar der Humor offenbart mehr Verzweiflung und Zorn als Fröhlichkeit. Die glänzende Entfaltung des russischen Romans im 19. Jahrhundert geht sicher auf die gleichen Ursprünge zurück wie die Schwäche der russischen Philosophie. Bis ins letzte Viertel des Jahrhunderts hinein hat es in Rußland im Grunde eine akademische Philosophie vom europäischen Typus nicht gegeben, und es ist ihr anschließend nicht gelungen, hervorragende Werke zu hinterlassen, bevor sie von der Revolution zerstört wurde.

Bemerkenswert ist, daß diese russische Philosophie, die kontinuierlich zum russischen Marxismus hinleitet, von ähnlichen Fragestellungen und Alternativen ausgeht, aus denen auch das Denken des jungen Marx sich entwickelte und die sich als eine Reflexion über die Hegelsche Geschichtsphilosophie äußern. Der Beginn dieser Diskussionen fällt in die düstere Epoche Nikolaus' I. Das Philosophieren des jungen Wissarion Belinskij und des jungen Bakunin setzt bei der gleichen berühmten Wendung an, um die auch die Kritik der Junghegelianer kreiste und sich organisierte: Das Wirkliche ist vernünftig. Der junge Belinskij, der Hegel übrigens aus zweiter Hand und nur dilettantisch kannte, entdeckte, wie ihm schien, die Vernünftigkeit der Geschichte, und wenn sie sich auch in barbarischen und despotischen Formen äußerte; er glaubte, man könne sich mit der grausamen Wirklichkeit versöhnen, wenn man die Nichtigkeit alles Individuellen, Zufälligen, Subjektiven und die Größe der listigen Vernunft der Geschichte begreife, die sich über die privaten Sehnsüchte und Wünsche lustig macht. In einigen Artikeln aus dem Jahre 1839 legte er seine Philosophie der Versöhnung mit oder vielmehr der Demütigung vor der Majestät der »Universalität« dar, die sich in der asiatischen Satrapie verkörperte. Doch bereits zwei Jahre später brach er radikal mit jenem hegelianischen oder vielmehr pseudohegelianischen geschichtsphilosophischen Masochismus, um nun an den Wert der menschlichen Persönlichkeit als den einzigen sich selbst genügenden Wert zu glauben, den man nicht dem Moloch des geschichtlichen *universale* opfern darf. Zum Sozialismus und später zu einem Feuerbachschen Naturalismus bekehrt, hinterließ Belinskij innerhalb der russischen Tradition die Vorstellung eines Denkens, das zwischen verzweifeltem Fatalismus und moralistischer Auflehnung, zwischen der »Rationalität« des indifferenten Ganges des Weltgeistes und der Irrationalität des empfindsamen individuellen Subjekts, zwischen »Objektivismus« und Sentimentalität hin und her geworfen war.

Der bedeutendste Brennpunkt, in dem sich das geistige Leben Rußlands unter Nikolaus I. konzentrierte, war der Streit zwischen den Slawophilen und den Westlern. Das Slawophilentum stellte die russische Variante der romantischen Philosophie dar in ihrer Opposition gegen die Aufklärung, gegen Rationalismus, Liberalismus und Kosmopolitismus. Die Slawophilen (Iwan Kirejewski, Alexej Chomjakow, Konstantin Axakow, Jurij Samarin) suchten nach einer philosophischen Legitimation für die russische Selbstherrschaft und für die Ansprüche der Ostkirche auf die Rolle des einzigen Bewahrers der authentischen Wahrheit des Christentums. Sie idealisierten das Rußland der Zeit vor Peter dem Großen – insbesondere das Rußland der ersten Romanows –, in dem sie Grundsätze erkannten, die das Volk vor der verderblichen Nachahmung westlicher Vorbilder des Liberalismus bewahren und es zum künftigen Führer der geistigen Welt machen könnten. Sie entwickelten zu diesem Zweck einen Begriff der Gemeinschaft (*sobornost'*), die als geistige Einheit der Gesellschaft auf der Liebe zu den ewigen Wahrheiten beruht und dem mechanischen und ausschließlich juristischen Interessenzusammenhang gegenübergestellt wird, der für das westliche Europa charakteristisch ist. Grundlage des russischen Geistes ist die Freiheit, verstanden als Ergebnis der Liebe zu Gott und nicht als die bloß negative, des geistigen Inhalts entbehrende Freiheit der Liberalen. Eine weitere derartige Grundlage ist der Wunsch nach der integralen Persönlichkeitsentwicklung, in welcher die menschliche Vernunft sich nicht mit der eigenen Abstraktionskraft begnügt, sondern ihre Tätigkeit harmonisch mit dem lebendigen Glauben als der Quelle aller geistigen Werte verbindet; diesen Glauben gibt es weder in der römischen Kirche, die lediglich die hierarchische, juridische Einheit aufrechterhält, noch in den protestantischen Gemeinden, welche das Ideal der Einheit zugunsten der liberalen Vorliebe für die subjektive Freiheit aufgegeben haben. Im Gegensatz zum Westen, dessen Geisteskultur einschließlich der Theologie auf dem Vertrauen in die Abstraktionskraft der Logik beruht, während seine gesellschaftliche Organisation auf der Grundlage der Widersprüchlichkeit der individuellen und Klasseninteressen beruht, die lediglich durch die Repressionskraft des Gesetzes im Zaum gehalten werden, ist der Geist Rußlands vom Ideal der freien, organischen Einheit beseelt, die auf der Einheit der geistigen und weltlichen Macht, auf dem freiwilligen Gehorsam gegen die göttliche Wahrheit ruht.

Die Westler besaßen keine derart klar präzisierte Sozialphilosophie wie die Slawophilen. Als Westlertum bezeichnete man im allgemeinen die Tendenz zur »Europäisierung« Rußlands, verbunden mit einem Kult der wissenschaftlichen Erkenntnis, mit einer Vorliebe für liberale Grundsätze, mit der Überzeugung, daß nur der »Weg des Westens« Rußland aus seiner Rückständigkeit und seiner kulturellen Erstarrung erlösen kann, verbunden mit dem Haß auf den zaristischen Despotismus. Bemerkenswert ist, daß sowohl die Slawophilen als auch die Westler – obwohl beide Strömungen in der russischen Tradition verwurzelt waren (gemäß der stereotypen Gegenüberstellung als Petersburger Rus und Moskauer Rus) – nahezu alle durch die Schule der deutschen Philosophie gingen und häufig ihre Standpunkte in Hegelschen Kategorien darlegten. Dabei mochte es scheinen, daß in der Epoche Nikolaus I. die Konservativen den geringsten Anlaß zu Befürchtungen hatten, Rußland drohe vom Liberalismus überschwemmt zu werden. Doch trotz der finsteren politischen und ökonomischen Stagnation drangen auch in jenen Zeiten westliche »Neuigkeiten« zur Jugend durch, was man beispielsweise an der revolutionären Aktivität des Petraschewskij-Zirkels ablesen kann. Die »reinen« Versionen des Slawophilentums und des Westlertums verloren allerdings in der Epoche Alexanders II. und Alexanders III. an Bedeutung, während sich im geistigen Leben andere Strömungen durchsetzten, die in unterschiedlicher Weise und in unterschiedlichem Maße aus diesen beiden Traditionen schöpften. Das gilt für alle Varianten der russischen Volkstümlerbewegung (Narodniki).

2. Herzen

Alexander Iwanowitsch Herzen (1812–1870) war der erste herausragende Befürworter einer »dritten Lösung« in Rußland, einer Lösung, in der sowohl für einen eigenen, nicht-kapitalistischen Weg Rußlands zur sozialen Befreiung als auch für die vom westlichen Liberalismus entwickelten Werte Platz war. Die Ablehnung der zaristischen Selbstherrschaft, der antireligiöse Geist und der Kult der Wissenschaft brachten ihn in deutlichen Gegensatz zu den slawophilen Traditionen. Seine Kritik am Kapitalismus stimmt jedoch in wesentlichen Punkten mit dieser Tradition überein.

Schon in früher Jugend schwor Herzen dem russischen Despotismus Haß, und er blieb diesem Schwur treu. Im Jahre 1847 ließ er sich im Westen nieder, und ab 1855 gab er eine Zeitschrift (zunächst unter dem Titel »Polarnaja Zwiezda«, später als »Kolokol«) heraus, die bei der Auslösung einer radikalen Bewegung unter der russischen Intelligenz eine gewaltige Rolle spielte. Wie die meisten Intellektuellen dieser Generation ging er durch die Schule des Hegelianismus, kritisierte er die konservativen Interpretationen des Prinzips der »vernünftigen Wirklichkeit«, rühmte er die Dialektik als Prinzip der permanenten Negation und der Kritik der bestehenden Welt. Einige von ihm hinterlassene philosophische Essays enthalten nichts Originelles, spielten aber bei der Verbreitung einer naturalistischen und antireligiösen Geisteshaltung in Rußland eine gewisse Rolle. Am stärksten beeinflußte Herzen das russische Denken jedoch durch seine Kritik am Kapitalismus und seine Hoffnung auf einen spezifisch russischen Weg zum Sozialismus, zu dessen

Ausgangspunkt die bäuerliche Dorfgemeinschaft, die *Obschtschina*, werden kann.

Herzen kritisierte den Kapitalismus und die westliche Zivilisation überhaupt nicht deshalb, weil sie Not und Ausbeutung hervorbringt, sondern weil sie die Menschen geistig durch den ausschließlichen Kult materieller Werte degradiert, weil sie durch die Ausbreitung des Wohlstandsideals die Persönlichkeiten verkrüppelt, weil sie die Gesellschaft ihrer geistigen Bestrebungen beraubt und das Leben auf ein allgemeines Mittelmaß reduziert. Als ein reicher Adliger, der frei von materiellen Sorgen sein Leben im Komfort der westlichen Hauptstädte verbrachte und dabei gegen den Kult des Geldes wetterte, erschien Herzen einigen Radikalen als eine verdächtige Gestalt. Im allgemeinen aber fand sein Appell an die russische Tradition, die Rußland vielleicht gestattet, die soziale Gerechtigkeit zu erreichen, ohne zuvor die kapitalistischen Werte zu übernehmen, ein gewaltiges Echo. Herzen glaubte, daß die menschliche Persönlichkeit höchster Wert und Selbstzweck sei und daß es Zweck der gesellschaftlichen Institutionen sei, ihr allseitige Möglichkeiten der Entwicklung und geistigen Bereicherung zu sichern. Die westliche Zivilisation wirkt im entgegengesetzten Sinne, indem sie alle Werte standardisiert und die spontane menschliche Solidarität durch die Ausbreitung des Geistes der Konkurrenz zerstört. Es war dies eher eine aristokratische als eine sozialistische Kritik des Kapitalismus. Herzen ging es gleichermaßen darum, die Sache des Volkes zu vertreten und jene Werte, welche die Kultur der privilegierten Klassen hervorgebracht hatte, nicht nur vor dem Untergang zu bewahren, sondern zu verallgemeinern. Im gemeinsamen Eigentum am Boden innerhalb der bäuerlichen Gemeinde lag für ihn die Hoffnung auf eine neue gesellschaftliche Ordnung, welche Gerechtigkeit und Gleichheit mit freiwilliger Solidarität der Individuen verbindet und den Despotismus beseitigt, ohne an seine Stelle die allgemeine Herrschaft des Egoismus und den Kult des Geldes zu setzen. Auf diese Weise löste Herzen eine Diskussion aus, die das geistige Leben Rußlands während der nächsten drei Jahrzehnte beherrschen sollte – die Diskussion über den russischen Weg zum Sozialismus durch die Dorfgemeinschaft.

Auf das Erbe Herzens beriefen sich die Volkstümler, die Liberalen und die Marxisten. Für die Marxisten war er nicht nur derjenige, der die Autokratie entlarvte, sondern auch der Begründer des Kultes der Wissenschaft, der Feind der Religion und der orthodoxen Kirche und der Verfechter einer Philosophie, die man mit einer gewissen, aber nicht sehr starken Übertreibung als Materialismus bezeichnen konnte. Obwohl Herzen den Despotismus haßte, kann man ihn kaum als Ideologen der Revolution bezeichnen, jedenfalls nicht in dem Sinne, in dem die nächste Generation von der Revolution sprach, eine Generation, die mit der Möglichkeit einer Verbesserung des bestehenden Systems nicht rechnete und nicht mehr auf Reformen hoffte. Die Revolutionäre der sechziger Jahre weckten bei Herzen keine Sympathie, sondern empörten ihn durch ihre Primitivität, ihre Verachtung für nicht-utilitäre Werte, für Kunst und Bildung als eigenständige Werte, durch ihren Dogmatismus, ihre Intoleranz und den Kult einer revolutionären Apokalypse, die ein Ziel an sich zu sein schien und der man alle bestehenden Werte opfern durfte. Ein gewisser Konservatismus im Denken Herzens ließ ihn die Gefahr jenes fanatischen Glaubens an den Fortschritt erkennen, der davon ausgeht, daß es auf die lebenden Generationen sehr viel weniger ankommt als auf die künftigen.

Es muß darauf hingewiesen werden, daß Herzen zwar an die historisch privilegierte Situation Rußlands glaubte, das, gestützt auf die Tradition der Dorfgemeinschaft (und damit, wie er fälschlich annahm, auf Überreste des Urkommunismus), eine gerechte Gesellschaft errichten könne, daß sich dieser Glaube bei ihm aber nicht mit einem nationalistischen Messianismus oder mit der Vorstellung Moskaus als dem Mekka der künftigen Welt verband. Herzen war ein russischer Patriot, aber kein Chauvinist; er nahm einen beträchtlichen Teil der öffentlichen Meinung Rußlands gegen sich ein, als er 1863 für das um seine Unabhängigkeit kämpfende Polen Partei ergriff. Das war einer der Gründe, wenn auch nicht der einzige, aus denen sein Stern in den sechziger Jahren weitgehend erlosch.

Eigentlich eröffneten der Tod Nikolaus' I. und die Niederlage im Krimkrieg in Rußland eine Zeit der Reformen, die teils neue Grenzlinien innerhalb der Gesellschaft schuf, teils dazu zwang, alte Grenzlinien neu zu formulieren. Mit der Aufhebung der Leibeigenschaft und der Verleihung von Grundeigentum an die Bauern im Jahre 1861 (woran sich eine Reform des Justizwesens, des Militärs und der lokalen Selbstverwaltung anschloß) hörte die Frage der kapitalistischen Zukunft Rußlands auf, Gegenstand einer spekulativen Diskussion zu sein, und nahm praktische Bedeutung an. Auf eine intensive Industrialisierung mußte man noch rund dreißig Jahre warten, zahlreiche Überbleibsel des Systems der Fronarbeit lasteten weiterhin auf den Bauern, ökonomische Fragen reduzierten sich noch immer nahezu ausschließlich auf die Agrarfrage, doch gleichwohl war allen klar, daß eine Zeit der »Modernisierung« anbrach und daß man ihre Möglichkeiten und Gefahren abzuwägen hatte.

3. Tschernyschewskij

Für die radikale Intelligenz der sechziger Jahre waren die Schriften Tschernyschewskijs weitaus bedeutender als die Herzens. Nikolaj Gawrilowitsch Tschernyschewskij (1828–1889) gehört denn auch zu den hervorragendsten Inspiratoren der Volkstümlerbewegung, auch wenn man ihn im allgemeinen nicht als Volkstümler im eigentlichen Sinne bezeichnet. Auch er rechnete damit, daß die Dorfgemeinde Ausgangspunkt einer sozialen Wiedergeburt Rußlands sein könne, war jedoch in stärkerem Maße als Herzen Westler; er machte sich insgesamt die naturalistische Philosophie Feuerbachs zu eigen und stellte sie in dem Traktat »Das anthropologische Prinzip in der Philosphie« der russischen Öffentlichkeit vor. Er war ein konsequenter Anhänger eines auf materialistischen Grundlagen beruhenden aufgeklärten Utilitarismus. Er glaubte, daß sich alle menschlichen Motivationen letzten Endes auf die Abwägung von Annehmlichkeiten und Unannehmlichkeiten reduzieren und daß der Egoismus die einzige Triebfeder menschlicher Verhaltensweisen sei, was jedoch keineswegs Zusammenarbeit und Solidarität ausschließt oder Verhaltensweisen unmöglich macht, die man als selbstlose Hilfe oder als Aufopferung für andere bezeichnet; alle derartigen Handlungen sind im Rahmen des allgemeinen Strebens nach Annehmlichkeiten und Vorteilen vollkommen verständlich.

Das alles sind traditionelle und aus der Geschichte der utilitaristischen Doktrinen wohl bekannte Motive. Auf die gleiche Quelle geht der Glaube Tschernyschewskijs an den rationalen Egoismus zurück, also an eine Organisation des Gemeinschaftslebens, welche in einer konfliktfreien Ordnung die individuellen Egoismen befriedigt. Gegensätze zwischen den einzelnen Egoismen liegen an der Mangelhaftigkeit der gesellschaftlichen Institutionen und an fehlender Aufklärung. Tschernyschewskij teilte die grundlegenden Wertvorstellungen des Liberalismus: Er wünschte die »Europäisierung« Rußlands, den Sturz der Selbstherrschaft, politische Freiheiten, allgemeine Bildung und die Befreiung der Bauern. Trotzdem glaubte er, daß der industrielle und liberale Fortschritt sich in Rußland vollziehen könne, ohne das kommunistische Feuer auszulöschen, das in der Dorfgemeinschaft brennt, glaubte er, daß Rußland die Qual einer kapitalistischen Entwicklung erspart bleiben könnte.

Enttäuschung über die Ergebnisse der Reformen von 1861 führte dazu, daß Tschernyschewskij immer stärker seine revolutionären Hoffnungen hervorkehrte. Sein Interesse an der Dorfgemeinschaft nahm mit der Zeit beträchtlich ab, während politische Tatbestände, namentlich die Notwendigkeit eines gewaltsamen Sturzes des zaristischen Despotismus, in seinen Schriften an Bedeutung gewannen. 1862 verhaftet und nach zwei Jahren Gefängnis zu Zwangsarbeit verurteilt, gelang es ihm, im Gefängnis seinen berühmten Roman »Was tun?« zu schreiben, der zum Katechismus der revolutionären Jugend Rußlands wurde. Es handelt sich dabei um ein rein didaktisches, langweiliges und pedantisches Werk von geringem literarischem Wert, das aber gerade deshalb der ästhetischen Auffassung Tschernyschewskijs entspricht, der der Ansicht war, daß der Wert der Kunst an ihrem unmittelbar verstandenen sozialen Nutzen zu messen sei, der also der Kunst (wie auch der Wissenschaft) einen eigenständigen Wert absprach. Dieses Werk sollte die revolutionäre Jugend erziehen und erzog sie in der Tat im Geiste der Askese, der Ernsthaftigkeit, der Hingebung für die Sache des Volkes, der Verachtung für die sittlichen Konventionen der alten Gesellschaft. Es trug zur Ausbreitung des moralischen Stils der radikalen Kreise beträchtlich bei, eines Stils, der gekennzeichnet war durch Doktrinarismus, Fanatismus, Opferbereitschaft, Freimütigkeit, Wissenschaftskult und Mangel an Humor. Tschernyschewskij war der erste Lehrmeister des jungen Lenin, den er in die revolutionäre Ideologie einführte. Lenin bewahrte ihm denn auch für immer Respekt und Bewunderung. Man kann sagen, daß er ein Musterbeispiel der von Tschernyschewskij begründeten und unter den Revolutionären häufig anzutreffenden Haltung war – der Haltung eines Intellektuellen, der sich ausschließlich auf die Sache der Revolution konzentriert, der die Auffassung vertritt, daß alle Fragen, aus denen sich kein Nutzen für diese Sache ziehen läßt, im besten Falle leeres Geschwätz sind, und alle Werte, die man nicht in den Dienst der Revolution stellen kann, Nahrung für Schöngeister. Für viele russische Intellektuelle, die vom Anblick des Elends, der Rückständigkeit und Unterdrückung gedemütigt und aufgewühlt waren, bedeutete die Bekehrung zum revolutionären Glauben den selbstverständlichen Bruch mit allen Werten, an denen lediglich die privilegierten Klassen Anteil hatten. Angesichts der gigantischen Aufgabe, Rußland aus der Barbarei und Rückständigkeit zu befreien, mußte die bei Herzen so stark betonte Verehrung geistiger, ästhetischer und erkenntnismäßiger Werte als ein Verrat an der revolutionären Bestimmung erscheinen. Utilitarismus und Materialismus waren gleichsam die naturwüchsige Form, in der eine solche Haltung sich äußerte. Diese Verbindung läßt sich sowohl bei Tschernyschewskij wie auch bei zwei jung verstorbenen Schriftstellern konstatieren, deren Schriften sich in den sechziger Jahren großer Berühmtheit erfreuten – N. A. Dobrolubow (1836–1861) und D. I. Pisarew (1840–1868). Von dem letzteren soll der Ausspruch stammen, daß ein Paar Schuhe mehr wert sei als alle Werke Shakespeares.

Der Materialismus – und dieses Wort kann man ohne Einschränkungen auf Tschernyschewskij beziehen – hatte also im Rußland der zweiten Jahrhunderthälfte eine klare politische Bedeutung. Er bedeutete selbstverständlich die Negation von Kirche und Religion und diente insofern dem Kampf gegen die zaristische Selbstherrschaft; er bedeutete zugleich – gerade weil er auf der utilitaristischen Lebensphilosophie zu beruhen schien – die Negation von Kultur und Brauchtum der gebildeten Klassen; er gestattete, alle selbstlosen intellektuellen und künstlerischen Bemühungen als eitle Vergnügungen von Aristokraten zu brandmarken, im Hinblick auf alle Gedanken und Taten der Menschen die Frage zu stellen »Wem nützt das?« Beginnend mit den sechziger Jahren wurde die materialistische Philosophie – wie übrigens in ganz Europa – durch die Ausbreitung des Darwinismus verstärkt. Allerdings war der Darwinismus für die Radikalen ein zweischneidiges Schwert. Einerseits lieferte er den Kritikern der Religion wissenschaftliche Argumente für die Behauptung, daß sich alle menschlichen Dinge in strengen biologischen Kategorien erklären lassen. Andererseits legte er – insbesondere in der Fassung Spencers – eine Interpretation der Gesellschaft und der menschlichen Geschichte in Kategorien der natürlichen Auslese, des Kampfes ums Dasein und des »Überlebens der am besten Angepaßten« nahe. Diese letztere Konsequenz oder vermeintliche Konsequenz war für Revolutionäre aus zwei Gründen nur schwer zu akzeptieren; man konnte aus ihr folgern, daß der Kampf ums Dasein ein ewiges Naturgesetz ist, was alle Träume von einer vollkommenen und harmonischen Gesellschaft der Zukunft zunichte machte; zweitens brachte sie, wenn man sie in allgemeiner Form zu aktzeptieren bereit war, in das Bild der Gesellschaft eine Art von biologischem Fatalismus hinein, der alle individuellen oder von moralischen Rücksichten geleiteten Bemühungen der einzelnen zur Vergeblichkeit verurteilt. Was auch immer wir tun mögen, so lehrt der Sozialdarwinismus, letzten Endes bleiben auf dem Kampfplatz diejenigen zurück, welche die größte Anpassungsfähigkeit zeigen, und nicht diejenigen, die heute am meisten leiden oder deren Sache uns anhand moralischer Kriterien als gerecht erscheint. Auf diese Weise schienen sich Szientismus, Utilitarismus und Materialismus, welche die Revolutionäre sich als Instrumente des politschen Kampfes zu eigen machten, gegen die Sinnhaftigkeit dieses Kampfes zu kehren. So übernahm Tschernyschewskij vom Darwinismus die Theorien der Entstehung und des Wandels der Arten, aber nicht die Theorie der natürlichen Auslese, und später bemühten sich Soziologen volkstümlicher Tendenz, die Darwinsche Theorie mit verschiedenerlei Einschränkungen zu versehen, um die unerwünschten Konsequenzen zu vermeiden.

4. Die Volkstümlerbewegung und die Anfänge der Rezeption des Marxismus

Die radikale Bewegung, die sich in Rußland nach 1861 entwickelte, wird zusammenfassend als Volkstümlerbewegung bezeichnet. Der Sinn und die Grenzen der Anwendbarkeit dieses Terminus sind unter den Historikern umstritten. Lenin charakterisiert in dem Artikel »Auf welches Erbe verzichten wir?« (1898) die Volkstümlerei als eine aus drei Elementen bestehende Doktrin. Erstens betrachten die Volkstümler den Kapitalismus in Rußland als eine reaktionäre Erscheinung und möchten seine Entwicklung aufhalten. Zweitens sehen sie im russischen Bauerntum und vor allem in der Dorfgemeinschaft ein insofern eigenständiges Phänomen, als eine Analyse in Begriffen gesellschaftlicher Klassen darauf nicht anwendbar ist; die Volkstümler ignorieren deshalb die klassenmäßige Schichtung der Bauernschaft. Drittens bemerken die Volkstümler nicht den Zusammenhang der Intelligenz und der politischen Institutionen mit den Klasseninteressen der russischen Gesellschaft und stellen sich daher vor, die Intelligenz könne eine selbständige Kraft sein, welche der Geschichte den von ihr gewünschten Verlauf zu geben vermag. Wie man sieht, enthält diese Charakterisierung keine Merkmale, welche sich auf die politische Strategie und die Einstellung zur russischen Autokratie beziehen. Genaugenommen gab es unter denen, welche die Marxisten unter der Bezeichnung Volkstümler bekämpften, sowohl Revolutionäre als auch Reformisten, sowohl solche, die terroristische Mittel in Erwägung zogen, auch solche, die sich auf eine Propagandatätigkeit einstellten; desgleichen unterschieden sich die Volkstümler in ihren Anschauungen über den historischen Determinismus, durch einen mehr oder weniger großen Anteil slawophiler bzw. westlerischer Traditionen in ihren Auffassungen und durch ihr Verhältnis zum Marxismus. Denn die Mehrheit der volkstümlerischen Theoretiker kam mit dem Marxismus in irgendeiner Weise in Berührung, und die Mehrheit übernahm einige seiner Elemente, auch wenn sich mit Ausnahme Danielsons niemand für einen Marxisten hielt. Lenin hebt jene Elemente der Volkstümlerideologie hervor, die in den neunziger Jahren tatsächlich im Mittelpunkt der Auseinandersetzung standen. Zugleich charakterisiert er sie unter dem Gesichtspunkt ihrer klassenmäßigen Genese als eine Ideologie, die speziell den Standpunkt des kleinen Grundbesitzers zum Ausdruck bringt, der die feudalen Fesseln im Leben Rußlands beseitigen möchte, aber zugleich über die Fortschritte des Kapitalismus entsetzt ist und dem unausweichlichen Untergang zu entgehen versucht, zu dem der Kleinbesitz in einer entfalteten kapitalistischen Wirtschaft verurteilt ist. Zugleich hält Lenin in dem genannten Artikel den Volkstümlern das Erbe der sechziger Jahre entgegen, also jene »aufgeklärten« Schriftsteller (als Beispiel nennt er Skaldin), die alle Überbleibsel der Leibeigenschaft bekämpften, politische Freiheiten, Bildung, Selbstverwaltung und die Europäisierung Rußlands forderten, also die Ideologie des kapitalistischen Fortschritts gewissermaßen in reinster Form repräsentierten und noch nicht die Widersprüche und Antagonismen erkennen konnten, welche der Sieg des Kapitalismus unfehlbar mit sich bringt. Im Unterschied zu diesen Verfechtern eines aufgeklärten Liberalismus sind die Volkstümler Befürworter einer romantischen Utopie, die zwar die katastrophalen gesellschaftlichen Folgen des Kapitalismus enthüllt, diese aber zugleich durch unrealisierbare Träume von der Rückkehr zu vorkapitalistischen Produktionsformen und der – unmöglichen – Bewahrung der Dorfgemeinschaft als einer Keimzelle der sozialistischen Zukunft verhindern möchte. Nach Lenin ist es das Verdienst der Volkstümler, daß sie als erste die Frage nach den Widersprüchen der kapitalistischen Wirtschaft in Rußland stellten; sie vermochten jedoch die von ihnen aufgeworfene Frage nicht anders als mit der reaktionären Idee eines Goldenen Zeitalters zu beantworten. Unter diesem Gesichtspunkt vergleicht Lenin die volkstümlerischen Theoretiker mit Sismondi, der ebenso ideologisch die Interessen der vom kapitalistischen Fortschritt bedrohten Kleinbesitzer vertrat, ebenso die Not, Ausbeutung und Anarchie der kapitalistischen Produktionsweise zu enthüllen vermochte und ebenso unfähig war, dem Kapitalismus etwas anderes als die Rückkehr zur handwerklichen und Kleinwarenproduktion entgegenzustellen.

Es wird die Auffassung vertreten (Richard Pipes), daß die Volkstümlerbewegung in dem Sinne, wie Lenin sie in dem erwähnten Artikel darstellt, nie als eine einheitliche, geistige oder politische Bewegung existiert hat. Als Volkstümlerei im eigentlichen Sinne wird eine Richtung bezeichnet, die in der ersten Hälfte der siebziger Jahre entstand und deren Unterscheidungsmerkmal der Bakuninsche Glaube war, daß die Aufgabe der Intelligenz nicht darin bestehe, dem Volk ihre eigenen – seien es sozialistische oder andere – Doktrinen aufzuzwingen, sondern sich im Gegenteil restlos den tatsächlichen Bestrebungen und Aspirationen des Volkes unterzuordnen und in Übereinstimmung mit dem, was das Volk wünscht, an der Revolution zu arbeiten; diese Richtung hatte einen deutlichen anti-intellektualistischen Charakter, ging von keiner sozialistischen Theorie und von keinem bestimmten Standpunkt in der Frage der Entwicklung des Kapitalismus in Rußland aus und war im Grunde gegen die politische Betätigung. Erst die Marxisten, allen voran Struve, sind für die Schaffung des Ausdrucks »Volkstümlerei« verantwortlich, mit dem sie die Gegner des Kapitalismus und Verherrlicher der *Obschtschina* bezeichneten, doch die so verstandene Volkstümlerei ist keine historische Realität, sondern ein polemischer Begriff.

Andere Sachkenner (F. Venturi, A. Walicki, sowjetische Historiker) stellen die weitgehende Differenzierung der volkstümlerischen Ideologie nicht in Frage, bedienen sich aber gleichwohl dieses in der marxistischen Literatur geprägten, weit gefaßten Begriffs, weil sie überzeugt sind, daß dieser Begriff den wesentlichsten Punkt der geistigen Auseinandersetzungen in Rußland während des letzten Viertels des 19. Jahrhunderts erfaßt, obwohl sich in verschiedenen Fällen Zweifel aufdrängen, ob man diesen oder jenen Schriftsteller, diese oder jene Gruppe zum Lager der Volkstümler rechnen kann.

Für die Geschichte der marxistischen Doktrin ist dies keine vorrangige Frage, doch muß die Geschichte der Volkstümlerei in diesem Zusammenhang erwähnt werden, und zwar aus zwei Gründen. Erstens war die Volkstümlerei im weiteren Sinne die erste geistige Formation in Rußland, bei der eine Infiltration des Marxismus erkennbar ist. Zweitens nahm der Marxismus in Rußland während seiner ersten Phase hauptsächlich im Kampf mit der Volkstümlerei Gestalt an, und lange dominierte bei ihm die »Bauernfrage« und die Notwendigkeit der Auseinandersetzung mit dem Agrarsozialismus. Dieser Umstand macht gewisse spezifische Merkmale jener Marxismusversion verständlich, die sich in Rußland letzten Endes durchsetzte, also des Leninismus, und darüber hinaus die Tatsache, daß diese Version sich später in jenen Teilen der Welt als besonders erfolgreich erwies, in denen die Bauernfrage gegenüber anderen gesellschaftlichen Problemen im Vordergrund stand.

Die Volkstümlerei in jenem weit verstandenen Sinne entwickelte sich gegen Ende der sechziger und Anfang der siebziger Jahre und war während der siebziger und achtziger Jahre in ihren verschiedenen Varianten die bedeutsamste Form des sozialen Radikalismus, auch wenn in den achtziger Jahren bereits eine marxistische Orthodoxie hervortrat und dadurch eine neue Situation der geistigen Auseinandersetzung entstand.

Die verschiedenen Varianten der Volkstümlerbewegung stimmten darin überein, daß sie sich mit dem Interesse des russischen »Volkes« identifizierten und alle Anstrengungen der Sache der Befreiung des Volkes unterordneten; verschiedener Meinung waren sie dagegen in der Frage, ob die Befreiung des Volkes zugleich die Befreiung des Volkes aus eigener Kraft bedeutet oder vielmehr eine Revolution, die von einer konspirativen Organisation vorbereitet und durchgeführt wird. Auch stimmten sie in der Überzeugung überein, daß der Kapitalismus in Rußland nur zum sozialen Niedergang führen könne, sowie in der Hoffnung, daß er in diesem Lande vermieden werden könnte; keine Übereinstimmung bestand dagegen im allgemeinen Verständnis des historischen Fortschritts und im Verhältnis zum historischen Determinismus. Schließlich stimmten sie darin überein, daß liberale, konstitutionelle Parolen ihnen gleichgültig waren und daß sie politische Reformen im allgemeinen verachteten. Mit dieser Orientierung stand fest, in welchem Sinne Marx von den Volkstümlern rezipiert wurde. Die Autorität von Marx nutzten sie gern, allerdings in sehr selektiver Weise. Sympathie fanden bei ihnen natürlich alle Texte von Marx, welche die zerstörerischen Folgen der kapitalistischen Akkumulation, die Ausbeutung, das Elend und die geistige Erniedrigung sowie die menschenfeindlichen Folgen der entfalteten Arbeitsteilung betonten. Auch jene Elemente des Marxismus machten sie sich zu eigen, die der Demaskierung der »formalen« Demokratie, der politischen Freiheiten und überhaupt des ganzen liberalen Überbaus des Manchesterkapitalismus dienten. Dagegen lehnten sie die Marxsche Theorie ab, soweit diese behauptet, daß der Kapitalismus ein gewaltiger historischer Fortschritt sei und daß der Befreiung der werktätigen Menschheit eine technologische und soziale Entwicklung voraufgehen müsse, die der Kapitalismus herbeigeführt habe; sie lehnten mit einem Wort die Marx-Hegelsche Theorie von der Widersprüchlichkeit des Fortschritts ab. Sie lehnten alles ab, was in den Marxschen Texten für die Behauptung zu sprechen schien, daß alle Länder gewissermaßen dazu verurteilt sind, die Qual der kapitalistischen Akkumulation durchzumachen, bevor sie den Weg der sozialistischen Revolution beschreiten können; sie lehnten die Auffassung ab, daß alle Länder unvermeidlich durch alle Phasen der historischen Entwicklung hindurchgehen müßten. Dabei ging es natürlich nicht ohne Streitigkeiten darüber ab, wie die Marxsche Kapitalismustheorie eigentlich zu verstehen und innerhalb welcher Grenzen sie anwendbar sei, insbesondere, ob sie auf die russischen Verhältnisse übertragen werden könnte; die Äußerungen von Marx und Engels in dieser Frage waren, wenn man sie miteinander verglich, keineswegs eindeutig.

Das radikale Denken im Rußland der siebziger Jahre wurde vor allem durch drei Autoren geprägt: Lawrow, Michajlowskij und Tkatschew. Pjotr Lawrow (1823–1900) war derjenige, der unter der russischen Intelligenz ein Schuldgefühl gegenüber dem Volk und ein Bedürfnis der Wiedergutmachung für ihre privilegierten Positionen weckte. Seine gegen Ende der sechziger Jahre veröffentlichten »Historischen Briefe« und die in Zürich herausgegebene Zeitschrift »Wperjod« (1873–76) (Lawrow flüchtete 1870 aus Rußland) riefen die gebildete Jugend auf, im Volk zu arbeiten, um den revolutionären Funken in ihm zu entfachen. Unter dem vereinigten ideologischen Einfluß Lawrows und Bakunins kam es in den Jahren 1872–74 zu einer berühmt gewordenen Episode der russischen Geschichte – die Jugend pilgerte aufs Land, sei es um die Landbewohner aufzuklären und im Geiste sozialistischer Ideale zu erziehen, sei es, um (wie es die Bakunisten wollten) ihre natürlichen revolutionären Instinkte hervorzulocken. Dieses Unternehmen führte zu traurigen Resultaten: Das russische Dorf brachte aus seinem Schoße weder neue Pugatschews und Rasins hervor, noch bewies es, daß in ihm ein angeborenes sozialistisches Feuer schlummert; häufiger denunzierte es die Agitatoren bei der Polizei, als ihren Aufrufen zu lauschen. Dieses Resultat schwächte zwar den Einfluß Bakunins beträchtlich, erschütterte aber die Anhänger Lawrows nicht in ihren Grundsätzen, sondern bewog sie nur, ihre Taktik zu ändern.

Die Theorie Lawrows ging davon aus, daß die Intelligenz Träger des revolutionären Bewußtseins sein kann und muß, nicht aber, daß der russische Bauer von Natur aus ein Revolutionär und Sozialist ist. Lawrow verstand seinen Glauben an die Sendung der Intelligenz moralistisch und nicht deterministisch. Er behauptete nicht, daß irgendwelche historischen Gesetze Rußland unfehlbar eine sozialistische Zukunft verheißen. Dagegen behauptete er, daß die Anstrengung einer aufgeklärten Elite, die sich moralisch mit der Sache des Volkes identifiziert, eine solche Zukunft schaffen kann. Von der Jugend verlangte er Hingabe und einen Kampf, dessen Erfolg von der beharrlichen Konzentration des menschlichen Willens abhänge und nicht durch historische Gesetze vorweg entschieden sei. Lawrow vertrat neben Michajlowskij eine Auffassung, die man in Rußland später als subjektive Soziologie zu bezeichnen pflegte; diese Auffassung besagte, daß die gesellschaftlichen Prozesse – im Unterschied zu den Naturprozessen – mitbestimmt werden von den subjektiven Wünschen und Idealen, von welchen die Menschen beseelt sind, weil sie sie für richtig halten, und nicht, weil sie deren unausweichlichen Triumph voraussehen. Daß wir dies oder jenes für moralisch richtig halten, kann nicht davon abhängen, was uns als unausweichlich erscheint. Da aber die Tatsache, daß viele Menschen einen bestimmten Standpunkt für moralisch richtig halten, den Verlauf der Geschichte beeinflußt, haben wir auch keinen Grund zu der Annahme, daß irgendwelche universalen Gesetzmäßigkeiten, denen die menschlichen Wünsche und Ideale gleichgültig sind, den historischen Prozeß unausweichlich in eine bestimmte Richtung drängen. Lawrow teilte den Glauben, daß die Dorfgemeinde ein Ausgangspunkt für den russischen Sozialismus sein könne, pries aber nicht die technische und wirtschaftliche Rückständigkeit Rußlands; er glaubte, daß es möglich sein würde, durch die Ausbreitung sozialistischer Ideale im arbeitenden Volk eine Umwälzung herbeizuführen, die es dann gestatten würde, alle Probleme der wirtschaftlichen Entwicklung zu lösen. Der politische Kampf um eine Verfassung und um politische Freiheiten kann indessen nur eine Quelle der Verwirrung und eine Verschwendung von revolutionärer Energie sein. Alle grundlegenden Elemente der Lawrowschen Ideologie (Leugnung des historischen Determinismus, Leugnung der Unvermeidlichkeit des Kapitalismus in Rußland, Glaube an die Intelligenz als

Träger *par excellence* des sozialistischen Bewußtseins, Überzeugung von der schöpferischen Rolle der Ideale im Ablauf der Geschichte, Hoffnung auf die Dorfgemeinde als Keimzelle einer sozialistischen Zukunft, Gleichgültigkeit gegenüber dem politischen Kampf im Sinne einer »Liberalisierung« des Systems) bilden zusammen ein charakteristisches Stereotyp, das für die Marxisten zur Hauptzielscheibe ihrer Angriffe werden sollte. Von den vormarxistischen Schriftstellern trug Lawrow besonders dazu bei, unter der russischen Intelligenz ein revolutionäres und sozialistisches Bewußtsein zu wecken. Er attackierte die Religion als eine Frucht der Unwissenheit, das Recht als ein Werkzeug der Gewalt der privilegierten Klassen, das Eigentum als ein Resultat des Raubes; er betonte die moralischen Qualitäten und Motive der Revolutionäre; er rief zur revolutionären Askese und zur Aufklärung des Volkes auf; aus all dem konstituierte sich ein Ethos des Radikalismus, das in Rußland sehr lange vorherrschte und sich auch unter der sozialdemokratischen Intelligenz weitgehend erhielt.

N. K. Michajlowskij (1842–1904) nahm in den gegen die Volkstümler gerichteten polemischen Äußerungen der Marxisten sehr viel mehr Platz ein als Lawrow; er war länger als dieser schriftstellerisch tätig und erfreute sich überdies eines größeren Einflusses, da er in Rußland lebte und in der legalen Presse schrieb; schließlich war er im Unterschied zu Lawrow kein Revolutionär.

Michajlowskij bemühte sich, die Bauernfrage in Rußland in eine Art von ganzheitlicher Sozialphilosophie einzubeziehen, die auf personalistischen und moralistischen Grundlagen beruhte. In seinen Büchern und zahlreichen Artikeln, die er in der Zeitschrift »Otetschestwennyje Sapiski« und später, in den neunziger Jahren, in dem von ihm herausgegebenen Periodikum »Russkoje Bogatstwo« veröffentlichte, ging es vor allem um die Kritik der gesellschaftlichen Folgen der kapitalistischen Wirtschaft und um den Nachweis, daß Rußland durch keine historischen Notwendigkeiten gezwungen ist, den Leidensweg der Proletarisierung und der Klassenkämpfe zu beschreiten. Dabei kam ihm die »subjektive Soziologie« zu Hilfe. Es gibt keine unverbrüchlichen, von den menschlichen Idealen unabhängigen Gesetze der historischen Entwicklung. Wenn man über die Gesellschaft nachdenkt, muß man sich die Frage stellen »was ist wünschenswert?« und nicht »was ist notwendig?«, da die gesellschaftlichen Prozesse das Werk der Menschen sind und damit zumindest teilweise davon abhängen, was die Menschen für gut halten. Die Gesellschaftstheorie muß daher in normativen Kategorien denken, denn Werte, die allgemein akzeptiert werden, werden damit zur realen gesellschaftlichen Kraft. Überhaupt läßt sich kein Fortschrittsbegriff ohne wertende Prämissen konstruieren, und folglich geht es nicht darum, dem unrealisierbaren Ideal einer von Wertungen freien Soziologie nachzujagen, sondern es gilt, kritisch jene Wertvorstellungen zu untersuchen, die den derzeit gängigen Fortschrittstheorien – der positivistischen und der marxistischen – zugrunde liegen.

Die Kritik Michajlowskijs gilt deshalb sowohl Spencer als auch den Marxisten. Spencer sagt, der Fortschritt bestehe in der unbegrenzten Differenzierung aller Lebensformen. Daraus folgt, daß eine Ausdehnung der gesellschaftlichen Arbeitsteilung ein Fortschritt *par excellence* ist. Genau das Gegenteil ist aber der Fall. Wenn wir fragen, was zum Wohl des Individuums beiträgt – und allein die Individuen sind gesellschaftliche Realitäten –, so stellen wir fest, daß die Arbeitsteilung zur geistigen Erniedrigung führt und die Möglichkeiten der allseitigen persönlichen Entwicklung zerstört. Das ist ja ebenfalls die Auffassung von Marx. Gut ist also nicht, was einseitige Leistungen erhöht und zur Entwicklung der Produktion als Selbstzweck beiträgt; gut ist im Gegenteil die harmonisch und vielseitig entwickelte menschliche Persönlichkeit. Unter diesem Gesichtspunkt ist die kapitalistische Wirtschaft, die um einer gesteigerten Arbeitsproduktivität willen eine wachsende Spezialisierung fördert, kein Fortschritt, sondern eine kulturelle Katastrophe. Der Kapitalismus verursacht nicht nur materielle, sondern auch geistige Verelendung; er zerreißt die Bande der Solidarität und atomisiert die Gesellschaft, indem er den Geist der Konkurrenz und des Kampfes überall hineinträgt. In Rußland hat sich jedoch eine Form der sozialen und produktiven Organisation erhalten, die der kapitalistischen Entwicklung den Weg versperren kann: die Dorfgemeinschaft. Sie stützt sich nicht auf eine komplizierte, sondern auf eine einfache Kooperation und ermöglicht dadurch eine vielseitige Entwicklung der Persönlichkeit; sie stützt sich auf das gemeinschaftliche Eigentum und fordert deshalb Solidarität und nicht Konkurrenz. Die gegenwärtige Dorfgemeinde entspricht keineswegs dem Ideal, doch gilt es, die äußeren Hindernisse, die ihrer Entwicklung zum Ideal hin im Wege stehen, auszuräumen, und nicht, die sie zersetzenden Faktoren im Namen eines abstrakten Fortschritts anzupreisen. Die Marxisten, die an die Unvermeidlichkeit der kapitalistischen Entwicklung Rußlands glauben, vertreten tatsächlich eine Ideologie der Untätigkeit und des Kapitulantentums; sie sind damit einverstanden, daß die überwältigende Masse der arbeitenden Bevölkerung zu Proletarisierung, Ausbeutung und geistigem Niedergang verurteilt wird. Wenn sie den Kapitalismus als einen Fortschritt rühmen, so bedienen sie sich eines Fortschrittsbegriffs, bei dem das abstrakte Allgemeinwohl in überhaupt keinem Zusammenhang mit dem Wohl der Individuen steht, aus denen sich die Gesellschaft zusammensetzt. In Wirklichkeit sind alle menschlichen Werte persönliche Werte; wenn das Allgemeinwohl oder die vollkommene Gesellschaft sich zum Nachteil der einzelnen Menschen durchsetzen sollten, so können sie kein Wert sein, denn es ist ja nicht die Gesellschaft, sondern es sind allein die menschlichen Individuen, die fühlen, denken, leiden und wünschen. Eine Herrschaft unpersönlicher Werte – selbst solcher Werte wie Gerechtigkeit oder Wissenschaft – über die realen Individuen widerspricht allem, was man sinnvoll als Fortschritt bezeichnen kann.

Die Marxisten betrachteten Michajlowskij nicht zu Unrecht als einen romantischen Kritiker des Kapitalismus. In seinen Angriffen entdecken wir Motive, die aus der romantischen, der utopisch-sozialistischen, der rousseauisierenden und der anarchistischen Literatur, von Stirner, Herzen und den Saint-Simonisten her bekannt sind. In der Tat deckt sich diese Kritik in wesentlichen Punkten mit der Sozialphilosophie von Marx (zerstörerische Folgen der kapitalistischen Arbeitsteilung, Herabwürdigung der freiwilligen Solidarität in einer auf Konkurrenz beruhenden Gesellschaft usw.), allerdings mit dem Unterschied, daß nach Marx die Menschheit in die Hölle des Kapitalismus hinabsteigen mußte, um ihre künftige Erlösung vorzubereiten; die Herrschaft der Maschine und des Geldes über die lebendigen Menschen führt rasch die Bedingungen ihrer eigenen Vernichtung herbei und gibt den Menschen alle Werte zurück, die der Kapitalismus abgetötet hat.

Bezog sich aber dieses Schema in gleicher Weise auf alle einzelnen Länder, oder konnten vielleicht, nachdem der Kapitalismus die Bedingungen einer sozialistischen Entwicklung in bestimmten Teilen der Welt vorbereitet hatte, andere Teile diesen Entwicklungszyklus vermeiden? Diese Frage hat auch Marx selber beschäftigt. Seine berühmten Äußerungen über Rußland konnten die Volkstümler in einem wesentlichen Punkt als Stütze ihrer Theorie benutzen und benutzten sie auch. Engels sprach sich 1874 in der Auseinandersetzung mit Tkatschew eindeutig gegen den Gedanken aus, daß sich in einem Lande, das wie Rußland kein Proletariat besaß, eine sozialistische Revolution vollziehen könne. Er räumte jedoch ein, daß die Dorfgemeinde zum Ausgangspunkt einer sozialistischen Bewegung werden könnte, wenn sie sich bis zur proletarischen Revolution im Westen erhalten kann; auf jeden Fall machte er also die Perspektiven eines »russischen Weges zum Sozialismus« vom Sieg des Sozialismus unter seinen »natürlichen« Bedingungen, also in den hochentwickelten Ländern, abhängig. Ein ähnlicher Gedanke findet sich auch in der Vorrede von Marx und Engels zur russischen Ausgabe des »Kommunistischen Manifests« (1882): Sollte die russische Revolution zum Signal einer proletarischen Revolution in Europa werden, so kann die Dorfgemeinde ein Ausgangspunkt von sozialistischen Veränderungen sein. Besonders zufrieden waren die Volkstümler jedoch über einen Brief, den Marx 1877 an die Redaktion der Zeitschrift »Otetschestwennyje Sapiski« schrieb; dieser Brief wurde nicht abgeschickt und in Rußland erst im Jahre 1886 bekannt. Dort teilt Marx eindeutig mit, daß die

Schemata des »Kapital« sich auf Westeuropa beziehen und keine Allgemeingültigkeit beanspruchen (bei dieser Gelegenheit ist jedoch anzumerken, daß der Leser des »Kapital« aus dem Text selbst eine solche Einschränkung nicht entnehmen muß). Es gibt also keine Notwendigkeit, kraft derer Rußland den Weg des Westens beschreiten müßte; eine solche Notwendigkeit wird jedoch eintreten, wenn Rußland den 1861 begonnenen Weg weiter verfolgen sollte; dann büßt es die Chance einer eigenen, nichtkapitalistischen Entwicklung ein. Noch deutlicher äußerte sich Marx zu diesem Thema in einem Brief an Wera Sassulitsch vom März 1881 sowie in den vorbereitenden Notizen, die er sich dazu machte (weder Wera Sassulitsch noch Plechanow veröffentlichten jedoch diesen Brief, ganz sicher in der Befürchtung, daß er ein starkes Argument in den Händen der Volkstümler wäre; er erblickte erst nach der Revolution das Licht der Welt). Marx wiederholt dort, daß die im »Kapital« dargelegte Theorie zur Frage der russischen Dorfgemeine kein Urteil enthält, daß er jedoch, nachdem er sich mit der Sache befaßt habe, zu der Überzeugung gekommen sei, daß diese Dorfgemeinde ein Stützpunkt der sozialen Wiedergeburt Rußlands sein könne, sofern sie nicht zerstörerischen äußeren Einflüssen erliegt. Aufgrund seiner Rückständigkeit sei Rußland in der gesellschaftlichen Entwicklung genauso privilegiert wie in der technologischen Entwicklung: So wie es sich die westliche Technik in fertiger und entwickelter Gestalt aneignen kann, ohne alle Stadien des technologischen Fortschritts zu durchlaufen, die der Westen durchlaufen mußte, um das heutige Niveau zu erreichen, so wie es schlagartig mit einem Bank- und Kreditsystem beginnen konnte, dessen Entstehung in Europa Jahrhunderte dauerte, so kann es auch in der gesellschaftlichen Entwicklung die Greuel des Kapitalismus vermeiden und die Dorfgemeinde bis zum Umfang eines allgemeinen Produktionssystems entwickeln. Marx sagt natürlich nicht voraus, daß es genauso geschehen wird, sondern wiederholt lediglich, daß Rußland noch immer Chancen einer nichtkapitalistischen Entwicklung hat. Alles in allem kann man sagen, daß Marx in jener für die damalige Diskussion in Rußland entscheidenden Frage in weit geringerem Maße Marxist war als seine russischen Schüler. Diese bewiesen allerdings in den neunziger Jahren, daß die Frage gegenstandslos geworden sei, da keine Kraft mehr die Entwicklung des Kapitalismus und den Niedergang der Dorfgemeinde aufhalten könne. Auch Engels kehrte in dieser Zeit zu seinen ursprünglichen Auffassungen zurück und gab in Briefen an Danielson aus den Jahren 1892 und 1893 die Sache der *Obschtschina* verloren. In einem Brief an Wera Sassulitsch aus dem Jahre 1885 unterstützte er dagegen auf eine andere Weise die Theorie der verschwörerischen Volkstümler: Er schrieb, daß Rußland sich in einer Ausnahmesituation befinde, in der tatsächlich eine Handvoll Leute eine Revolution machen könne.

In diesem letzteren Punkte befand sich Engels in Einklang mit einer Idee, die Tkatschew und seinen Anhängern vorschwebte. Peter Tkatschew (1844–1885) beteiligte sich seit früher Jugend an konspirativen Unternehmungen und lernte mehrfach die zaristischen Gefängnisse kennen. Seit 1873 lebte er im Westen und wurde zum führenden Ideologen jener volkstümlerischen Richtung, die auf eine mit den Mitteln der terroristischen Konspiration durchgeführte Revolution setzte. Tkatschew kam zu dem gleichen Schluß, den Marx später so formulieren sollte: Wenn Rußland den Weg des Kapitalismus beschreitet, wird nichts imstande sein, seine Entwicklung aufzuhalten, und das Land wird unausweichlich den ganzen Leidensweg des Westens durchmachen müssen. Aber noch ist es nicht zu spät, noch hat der Kapitalismus Rußland nicht erobert. Man muß deshalb die einzigartige Gelegenheit ergreifen und die Revolution schon jetzt durchführen, um den kapitalistischen Entwicklungszyklus zu vermeiden. Auf die angeborenen revolutionären Instinkte des Volkes darf man nicht rechnen. Die Revolution kann nur das Werk einer bewußten, straff organisierten Minderheit sein, einer konspirativen Partei, die auf den Grundsätzen strenger Zentralisierung und Disziplin beruht. Ziel der Revolution ist das »allgemeine Glück«, und das heißt vor allem die Verhinderung von Ungleichheiten und die Zerstörung der elitären Kulturen. In dieser Hinsicht nimmt Tkatschew Motive auf, die aus totalitären Utopien des 18. Jahrhunderts bekannt sind: Die vollkommene Gesellschaft wird jede Möglichkeit des Emporkommens hervorragender Individuen unterdrücken und für alle ihre Mitglieder vollkommen gleiche Lebensbedingungen und Bildungsmöglichkeiten schaffen; die zentralisierte Herrschaft einer aufgeklärten Avantgarde wird alle Bereiche des gesellschaftlichen Lebens planen. Wie in einer Gesellschaft, deren Mehrheit der unkontrollierten, absoluten Diktatur der Revolutionäre unterworfen sein wird, das Prinzip der Gleichheit herrschen soll und wie sich der Haß auf jeglichen »Elitarismus« mit dem Aufruf zur Übernahme der Macht durch eine revolutionäre Elite in Einklang bringen läßt, erläutert Tkatschew nicht. Seine Kommunismusauffassung ist grobschlächtig und ohne jeden theoretischen Wert. Tkatschew ist jedoch in erster Linie dafür verantwortlich, daß in Rußland die Idee einer zentralisierten und disziplinierten Partei als des wichtigsten Organs der Revolution entwickelt wurde. Von Historikern wird sehr häufig betont, daß Tkatschew gerade in diesem Punkte ein Vorläufer des Leninismus war. Im Grunde gehen die Organisationsvorstellungen, wenn auch nicht die soziale Ideologie der 1876 gegründeten konspirativen Volkstümlerpartei *Zemlja i Wolja* auf Tkatschew zurück. Und wenn Lenin auch von den Volkstümlern insbesondere in ihrer Spätphase mit der größten Verachtung spricht, so schätzte er doch die organisatorischen Traditionen der volkstümlerischen Konspiration sehr hoch.

In den Augen ihrer marxistischen Kritiker waren sämtliche Ideologen der Volkstümlerei »Subjektivisten«, denn alle glaubten, daß die künftige Geschichte Rußlands entscheidend gestaltet werden könnte durch den Einfluß moralischer Ideale, die von einer aufgeklärten Elite propagiert werden sollten (Michajlowskij), durch eine sozialistische Erziehung des Volkes unter Anleitung der Intelligenz (Lawrow) oder durch den in einer Partei organisierten revolutionären Willen (Tkatschew). Es erhob sich jedoch die Frage, die Michajlowskij an die Marxisten richtete: Wenn die »wissenschaftliche« und völlig von »subjektivistischen« Elementen freie Haltung darin bestehen soll, daß man die angebliche Unvermeidlichkeit akzeptiert, oder anders gesagt, daß man einfach mit dem einverstanden ist, was gerade geschieht – wie rechtfertigen dann die Marxisten ihre eigene revolutionäre Tätigkeit? Diese Frage sollte später, nämlich im Streit zwischen den Orthodoxen und den sogenannten legalen Marxisten, eine Rolle spielen. Es stimmt allerdings, daß die Volkstümler bezogen auf die spezifisch russischen Verhältnisse gewissermaßen die gleiche Frage wiederholten, die Ausgangspunkt der Entwicklung des jungen Marx war: Wie kann man dem Dilemma von historischem Fatalismus oder moralistischer Utopie entgehen? Wie läßt sich die Haltung eines Revolutionärs theoretisch begründen und von Widersprüchen freihalten, der die gesellschaftlichen Erscheinungen »objektiv« in ihren sachlichen, kausalen Zusammenhängen betrachten und nicht an willkürlichen moralischen Kriterien messen möchte, zugleich aber kein Zuschauer oder Chronist der Ereignisse sein will, sondern glaubt, ihren Verlauf durch seine eigene Tätigkeit beeinflussen zu können?

Hier muß allerdings angemerkt werden, daß die Doktrin der Volkstümler im allgemeinen und die Verherrlichung der Dorfgemeinde im besonderen nicht nur das Werk von Moralpredigern war, die nach einem gesellschaftlichen Idealzustand strebten. Es gab auch rein ökonomische Begründungen sowohl für die Verteidigung der Dorfgemeinschaft wie für die Vorstellung, Rußland könne den Kapitalismus »vermeiden«, und sie stammten vor allem von Woronzow und Danielson. Diese beiden volkstümlerischen Ökonomen waren durchaus keine Revolutionäre im politischen Sinne; sie bemühten sich im Gegenteil, die zaristische Regierung davon zu überzeugen, daß sie um der wirtschaftlichen Entwicklung und des gesellschaftlichen Interesses Rußlands willen den kapitalistischen Reformen ihre Unterstützung entziehen und die Industrialisierung auf andere Grundlagen stellen müsse. Sie bemühten sich, unter dem Gesichtspunkt der wirtschaftlichen Leistungsfähigkeit die Perspektiven der Dorfgemeinde und des Kapitalismus zu prüfen, obwohl sie dabei natürlich auch auf die gesellschaftlichen Folgen beider Entwicklungswege hinwiesen.

W. P. Woronzow (1847–1918) wies in Artikeln, die während der siebziger Jahre entstanden und später in dem Buch »Das Schicksal des Kapitalismus in Rußland« (1882) zusammengefaßt wurden, darauf hin, daß der Kapitalismus in Rußland nicht nur nicht wünschenswert, sondern vor allem unmöglich sei, zumindest in seiner entwickelten Gestalt. Rußland könne nicht den Entwicklungsweg des Westens nachvollziehen, und zwar deshalb nicht, weil es nicht in die ausländischen Märkte einzudringen vermag, die bereits in der Hand stärkerer Konkurrenten sind, wie auch aus dem weiteren Grunde, daß es sich keinen inneren Markt in einem Umfang schaffen kann, der eine Expansion der kapitalistischen Produktion möglich macht. Die bisherige Entwicklung des Kapitalismus beruht nicht so sehr auf »natürlichen« Bedingungen als vielmehr auf einer besonderen protektionistischen Politik der Regierung. Diese Politik ist jedoch verhängnisvoll und im Hinblick auf die selbstgesteckten Ziele wirkungslos, obwohl sie wirksam zur Proletarisierung der Bauernschaft führen kann. Der innere Markt kann sich nicht in nennenswertem Umfang entwickeln, weil die kapitalistische Produktion sich durch die Vernichtung des dörflichen Handwerks die eigenen Wurzeln beschneidet und den Bauern der Einkünfte beraubt, die er zum Ankauf industrieller Produkte verwenden könnte. Die Jahre nach der Reform (von 1861) hätten gezeigt, daß der Grundbesitz in beträchtlichem Umfang in die Hände der Bauern übergeht und daß keine Konzentration stattfindet. Doch ist Woronzow keineswegs ein Gegner der Industrialisierung oder ein Anhänger der primitiven Technik. Er sagt nur, daß Rußland für den Fall, daß die Politik der Begünstigung des Kapitalismus weiter fortgesetzt werden sollte, von allen Plagen dieses Systems heimgesucht werden wird, ohne von seinen Wohltaten zu profitieren. Die Regierung sollte deshalb jene Industriezweige, die hohe Investitionen erfordern, nationalisieren, während die industrielle Kleinproduktion Arbeitergenossenschaften übertragen werden sollte; außerdem sollten alle fiskalischen Lasten und sonstige Belastungen, welche die Dorfgemeinde zu zerstören drohen, beseitigt werden, und der nach traditionellen Grundsätzen arbeitenden Landwirtschaft sollte eine ungehinderte Entwicklung ermöglicht werden. Woronzow propagierte also eine Art von Staatssozialismus unter der Oberaufsicht der zaristischen Regierung; natürlich verhöhnten die Marxisten diesen Einfall, der allerdings (wie Pipes bemerkt) nicht weit von den Grundsätzen entfernt ist, die Lenin in der Epoche der NEP einführte.

N. Danielson, der Übersetzer des »Kapital« (1872) und nach eigener Überzeugung Marxist, bewies ebenfalls, daß der Kapitalismus in Rußland auf unüberwindliche Hindernisse stoßen müsse: Er ist nicht imstande, sich auswärtige Märkte zu sichern, und den inneren Markt ruiniert er selber, indem er die Bauern in die Proletarisierung und in massenhafte Arbeitslosigkeit treibt. Die gesellschaftlichen Bedürfnisse können in Rußland nur durch eine »volkstümliche« Produktionsweise befriedigt werden, bei der die Produktionsmittel den Produzenten gehören; man muß sich deshalb bemühen, die Dorfgemeinde nicht zu zerstören, sondern vielmehr moderne Technik in sie einzuführen und aus dieser traditionellen Form so die Grundlage der sozialistischen Gesellschaft zu machen.

Für politische Freiheiten und für eine Verfassung interessierten sich die volkstümlerischen Ökonomen genausowenig oder noch weniger als die Mehrheit der volkstümlerischen Aktivisten, doch weil sie zugleich ein Programm von Reformen vorschlugen, die Rußland unter dem Patronat des Zaren retten sollten, brachten sie die gesamte radikale Öffentlichkeit gegen sich auf. Dennoch formulierten sie neue Probleme, mit denen auch die marxistische Literatur sich später auseinandersetzen mußte. So gehört denn auch in den neunziger Jahren die Frage der Märkte zu den am heftigsten diskutierten Problemen in der marxistischen Literatur. Um die volkstümlerische Doktrin zu überwinden, mußte bewiesen werden, daß der russische Kapitalismus sich einen Markt schaffen kann, der für seine Entwicklung ausreichend ist. Alle bedeutenderen marxistischen Autoren befaßten sich mit diesem Problem (Struve, Tugan-Baranowski, Plechanow, Lenin und Bulgakow).

In der Mitte der siebziger Jahre nahm die volkstümlerische Ideologie in der revolutionären Organisation *Zemlja i Wolja* Gestalt an. Beinahe von Anfang an stand die Bewegung vor dem Dilemma: politischer Kampf oder sozialistische Propaganda? Das Dilemma bestand darin, daß »politischer Kampf« praktisch bedeutete, für konstitutionelle Freiheiten und allgemein für eine Umgestaltung Rußlands im Sinne des westlichen Liberalismus zu kämpfen. Ein solches Programm schien mit den sozialistischen Idealen der Volkstümler unvereinbar zu sein: Wenn in Rußland ein liberales und parlamentarisches System Fuß faßt, verschiebt sich die Perspektive des Sozialismus in eine unbestimmte Zukunft, denn es ist kaum damit zu rechnen, daß ein repräsentatives System in Rußland in absehbarer Zukunft zum Sieg des Sozialismus führen könnte. Die Anhänger der traditionellen Volkstümlerideologie traten daher für eine Propaganda- und Aufklärungstätigkeit im revolutionären Geiste ein, widersetzten sich aber sowohl einer Politik des Bündnisses mit den Liberalen (auch wenn man diese damals noch in Rußland mit der Laterne suchen mußte) als auch Versuchen, die Macht auf dem Wege revolutionärer Gewalt zu übernehmen. Nach kurzer Zeit (1879) zerfiel die Organisation in zwei Fraktionen. Die Anhänger des »politischen Kampfes« gründeten die Partei *Narodnaja Wolja*, die ein Programm des terroristischen Kampfes beschloß; ihre Gegner wählten für ihre Organisation die Bezeichnung *Tschornyj Peredel* und machten die Propaganda für die Aufteilung des Großgrundbesitzes unter den Bauern zu ihrem Hauptziel, wählten also eine Parole, die im Gegensatz zu den abstrakten sozialistischen Idealen unter den Bauern Erfolgsaussichten besaß; sie waren insofern jener volkstümlerischen Tradition treu, die es vorzog, sich in der Agitation auf Dinge zu beschränken, die dem Bewußtsein des Volkes zugänglich waren. Von der *Narodnaja Wolja*, einer nicht sehr großen Organisation, die jedoch aus fanatisch der Sache ergebenen und unerschrockenen Terroristen bestand, blieb die Erinnerung an die legendären Gestalten von Zhelabow und Perowskaja, die Organisatoren des erfolgreichen Attentats auf Alexander II. Beachtenswerte Werke theoretischer Natur hat sie dagegen nicht hinterlassen; ihr wichtigster Propagandist war Lew Tichomirow (1852–1923), der mit der Zeit die revolutionäre Aktivität aufgab, seine früheren Anschauungen vollständig widerrief und in das Lager der schwärzesten monarchistischen Reaktion überging. Zhelabow und Perowskaja endeten nach der Ermordung des Zaren (1. März 1881) am Galgen; Zhelabow erklärte vor Gericht, daß er im Namen Christi für die Gerechtigkeit gekämpft habe, und küßte vor der Hinrichtung das Kreuz.

Wenn die Narodowolzen von dem Grundsatz ausgingen, daß es die Hauptaufgabe der Revolutionäre sei, den Staat zu bekämpfen, da dieser eine selbständige Kraft sei, deren Zerschlagung alle Hindernisse auf dem Wege zur sozialen Befreiung beseitige, dann widersetzten sich die »apolitischen« Kämpfer des *Tschornyj Peredel* der »blanquistischen« Idee einer Machtübernahme ohne Beteiligung der Massen. Die Repression, die nach der Ermordung des Zaren einsetzte, zerstörte praktisch die volkstümlerische Konspiration in ihren beiden Erscheinungsformen. Die Helden der *Narodnaja Wolja* hinterließen eine revolutionäre Legende. Aus dem Schoß des *Tschornyj Peredel* ging dagegen der erste herausragende Ideologe des russischen Marxismus hervor – Georgij Plechanow.

Vierzehntes Kapitel

Georgij Plechanow und die Kodifizierung des Marxismus

Man darf Plechanow neben Kautsky stellen, soweit es um seinen Platz innerhalb der Geschichte des Marxismus und die Rolle geht, die er bei der Verbreitung der Doktrin spielte. Man pflegt ihn allgemein Vater des Marxismus in Rußland zu nennen, und diesen Beinamen hat er vollkommen verdient; Plechanow war der erste Russe, der nicht nur Marx las und unter seinem Einfluß stand – das taten auch viele Volkstümler –, sondern der sich den Marxismus als eine ganzheitliche und sich selbst genügende Weltanschauung zu eigen machte, eine Weltanschauung, die sowohl sämtliche Fragen der Philosophie und Gesellschaftstheorie als auch sämtliche Hinweise zur politischen Tätigkeit umfaßte. Alle russischen Marxisten aus der Generation Lenins waren ausnahmslos seine Schüler und betrachteten sich als solche. Die Wirkung der Schriften Plechanows ging jedoch weit über Rußland hinaus. Als Theoretiker war er nicht und wollte er im Grunde auch nicht originell sein; er wollte der bestehenden Doktrin, so wie er sie verstand, treu bleiben und sie gegen Angriffe verteidigen. Er war ein gebildeter Schriftsteller, der sich in der Geschichte des gesellschaftlichen Denkens (weniger in der Philosophie im engeren Sinne), in der Weltliteratur und in der Geschichte hervorragend auskannte. Und er war ein ausgezeichneter Popularisator und Publizist. Er besaß eine überaus dogmatische und zur Aufstellung alles erklärender Schemata neigende Denkweise. Er trug in hohem Maße – vielleicht stärker als jeder andere – dazu bei, dem Marxismus eine katechisierte Gestalt zu geben; er war der erste, der Texte verfaßte, die man als Lehrbücher des Marxismus bezeichnen kann und die auch die Aufgabe von Lehrbüchern erfüllten. Seine enorme Bedeutung in der Geschichte Rußlands ist um so bemerkenswerter, als Plechanow sein ganzes »marxistisches« Leben in der Emigration verbrachte, über das Leben in Rußland nur aus Zeitschriften und Gesprächen mit Bekannten wußte und über die Sendung des russischen Proletariats schrieb, ohne mit wirklichen Arbeitern etwas zu tun zu haben. Gleichwohl erwuchs die marxistische Bewegung in Rußland – und entsprechend auch die sozialdemokratische Bewegung – aus dem Sauerteig, den Plechanow vorbereitete.

1. Die Entstehung der marxistischen Orthodoxie in Rußland

Georgij Walentinowitsch Plechanow (11. 12. 1856 [29. 11. 1856 nach dem alten Kalender] – 30. 5. 1918) wurde in dem Dorf Gudalowka im Gouvernement Tambow als Sohn eines Großgrundbesitzers geboren. Als Knabe wurde er in die Kadettenanstalt von Woronesch gegeben, die er 1873 beendete, um die Militärakademie in Petersburg zu beziehen. Er gab jedoch nach einigen Monaten die militärische Laufbahn auf und schrieb sich im folgenden Jahr für das Studium am Bergbauinstitut ein, von dem er nach zwei Jahren entfernt wurde, da er selbst das Interesse an der Ingenieurkunst verlor. Er war mit den Schriften Tschernyschewskijs und anderer radikaler Autoren groß geworden und machte während des Studiums die Bekanntschaft von Revolutionären, von denen zwei, nämlich Pawel Axelrod und Lew Deutsch, zu seinen engsten Mitarbeitern und Freunden werden sollten. Beide waren damals Volkstümler Bakuninscher Orientierung. Plechanow gehörte seit ihrer Entstehung zur Organisation *Zemlja i Wolja*; außerdem war er Mitorganisator und Hauptredner einer Demonstration gegen die politischen Verfolgungen in Rußland, die im Dezember 1876 in Petersburg stattfand. Von der Polizei gesucht, floh er ins Ausland und hielt sich in Berlin auf, von wo er in der Mitte des folgenden Jahres zurückkehrte, um das Leben eines Berufsrevolutionärs aufzunehmen. Er war eine Zeitlang als »Untergrundmensch« in Saratow tätig, organisierte revolutionäre Gruppen, verbreitete antizaristische Propaganda, schrieb Manifeste und Aufrufe im Geiste der Bakuninschen Lehre. Er teilte damals die Geringschätzung der Volkstümler gegenüber dem politischen Kampf um eine Verfassung und um liberale Reformen, war aber zugleich ein Gegner des individuellen Terrors, der nach seiner Ansicht ein unwirksames Mittel war und im Widerspruch zur volkstümlerischen Verehrung des Volkes stand. Er war also ein Volkstümler im »klassischen« Sinne und sprach sich, als es Ende 1879 zum Bruch kam, gegen die terroristische Fraktion aus. Die von ihm angeführte Fraktion *Tschornyj Peredel* orientierte sich auf Propaganda- und Organisationstätigkeit im Volke, in der Überzeugung, daß nur eine massenhafte Bewegung der Bauern und Arbeiter Rußland die Befreiung bringen könne. Die Wirksamkeit dieser Organisation ging jedoch über Pläne, die von einer Handvoll von Verschwörern aufgestellt wurden, nicht hinaus und wurde bald durch die polizeiliche Verfolgung völlig lahmgelegt. Sie existierte noch im Jahre 1880, oder sie hielt vielmehr den Anschein einer Existenz aufrecht, aber schon zu Beginn dieses Jahres wurde die Gruppe der aktivsten Kämpfer (Plechanow, Deutsch und Wera Sassulitsch) zur Flucht ins Ausland gezwungen.

Nachdem er Rußland verlassen hatte, das er bis 1917 nicht mehr wiedersehen sollte, ließ sich Plechanow in Genf nieder. Seine Bekehrung zum Marxismus nahm zwei Jahre in Anspruch. Das soll keineswegs heißen, daß der Marxismus ihm in seiner Volkstümlerzeit fremd gewesen wäre. Er war – wie viele volkstümlerische Aktivisten – nicht nur bis zu einem gewissen Grade mit der Marxschen Lehre vertraut, sondern machte sich ihre allgemeinen Grundsätze in beträchtlichem Maße zu eigen. Aus den Artikeln, die er in seiner Volkstümlerphase schrieb, kann man entnehmen, daß Plechanow die Grundsätze des historischen Materialismus akzeptierte und daß er kein Anhänger der »subjektiven Soziologie« war, daß er jedoch meinte, die allgemeine Theorie der Abhängigkeit politischer Systeme und Ideologien von der ökonomischen »Basis« stehe durchaus nicht im Widerspruch zu der Auffassung, daß Rußland aufgrund besonderer historischer Zufälle den Entwicklungsweg des Westens vermeiden könne; überdies leitete er – im Einklang mit der Sozialphilosophie Bakunins – aus dem Marxismus sein negatives Verhältnis zum politischen Kampf um eine liberale Ordnung in Rußland her; da nämlich die »ökonomische Grundlage« letzten Endes über die gesellschaftliche Entwicklung entscheidet, muß man sich auf eine »soziale« und nicht »politische« Revolution einstellen, also danach streben, direkt die wirtschaftlichen Strukturen Rußlands zu verändern, weil bloße Veränderungen im »Überbau« nicht viel bedeuten. Die Bekehrung zum Marxismus bestand mit anderen Worten bei Plechanow nicht darin, daß er vom Glauben an den »Primat der Idee« in der gesellschaftlichen Entwicklung zum Glauben an den »Primat der ökonomischen Verhältnisse« oder von der Religion zum Materialismus hätte übergehen müssen (den religiösen Glauben büßte er schon in früher Jugend ein), sondern sie bestand darin, daß er sich drei Grundsätze zu eigen machte, die sich speziell auf die russische Situation bezogen und zu der Volkstümlerideologie im Widerspruch standen. Der erste dieser Grundsätze lautete, daß dem Sozialismus in Rußland eine politische Revolution im Geiste liberal-demokratischer Prinzipien vorausgehen müsse; der zweite, daß Rußland die kapitalistische Phase nicht vermeiden könne, bevor dort eine sozialistische Umwälzung möglich würde; der dritte, daß die führende Kraft der sozialistischen Umgestaltung nur das Industrieproletariat und nicht das undifferenzierte »Volk« und noch weniger die Bauernschaft sein könne. Insgesamt bedeutete also der Übergang zum Marxismus bei Plechanow eher eine Veränderung der Auffassungen zur politischen Strategie und nicht eine radikale Veränderung seiner Weltanschauung.

Nachdem er sich den Marxismus angeeignet hatte, blieb Plechanow ihm sein Leben lang treu. Bis zu einem gewissen Grade änderte er zwar seinen Standpunkt in taktischen Einzelfragen der russischen Sozialdemokratie (diese Änderungen schien er übrigens kaum zu bemerken), doch fand er in der marxistischen Doktrin die absolute geistige Befriedigung, die ein System vermitteln kann, das »im Prinzip« alles vorherzusagen vermag, beinahe nichts dem Zufall überläßt und es gestattet, an unverbrüchliche Gesetzmäßigkeiten der Geschichte zu glauben. Nachdem er einmal in einem allumfassenden »System« Gewißheit erlangt hatte, änderte sich Plechanow in theoretischen Fragen überhaupt nicht mehr, sondern wiederholte endlos die gleichen Wahrheiten, die er höchstens durch zusätzliche Beispiele ergänzte oder auf neue Probleme anwandte.

Nachdem er sich in Genf niedergelassen hatte, wo ihn natürlicherweise finanzielle Schwierigkeiten bedrängten (er nahm die Hilfe Lawrows in Anspruch und lebte am Ende hauptsächlich von seiner literarischen Tätigkeit und von gelegentlichen Vorträgen), versuchte Plechanow eine Zeitlang, die Tätigkeit seiner Volkstümler-Organisation fortzuführen; er gab zwei Nummern einer Zeitschrift heraus und nahm Kontakt zu den Überresten der Organisation in Rußland auf. Die ganze Sache kam jedoch bald zum Erliegen, teils weil die Organisation zu schwach war, teils weil ihre wichtigsten Führer sich zur Sozialdemokratie hin orientierten.

Nachdem er zu der Überzeugung gelangt war, daß der politische Kampf um demokratische Freiheiten die höchste Aufgabe der damaligen Etappe in Rußland war, daß es keineswegs gleichgültig war, in welchem politischen System die ausgebeuteten Klassen lebten und daß der Übergang vom Absolutismus zur bürgerlichen Demokratie etwas mehr bedeutete als das Austauschen der einen Ausbeuter durch andere (ein typisches Argument der Volkstümler), mußte sich Plechanow mit der Frage des Verhältnisses der Arbeiterklasse zur Bourgeoisie auseinandersetzen; in seiner volkstümlerischen Phase hatte er die Ansicht vertreten, daß der Kampf um politische Freiheiten eine Sache der Bourgeoisie sei und daß eine revolutionäre Bewegung, die sich in nennenswertem Umfang an diesem Kampf beteiligte, sich dazu verurteilen würde, für ihre Ausbeuter die Kastanien aus dem Feuer zu holen. Zu dem Schluß gelangt, daß der Kampf um die Demokratie für die künftigen Perspektiven des Sozialismus notwendig sei, mußte Plechanow sich mit der Frage befassen, wie man die Beteiligung von zwei einander »prinzipiell« feindlichen Klassen, also der Bourgeoisie und des Proletariats, an diesem Kampfe miteinander vereinbaren könnte. Dieses Thema wurde zum Gegenstand seiner Überlegungen in den folgenden Jahren.

1883 gab sich die Handvoll von zum Marxismus bekehrten Flüchtlingen den Namen Gruppe Befreiung der Arbeit; dies war die erste russische Organisation eines im westeuropäischen Sinne sozialdemokratischen Typs. Sie wurde nie zur politischen Partei und ging im Grunde über den Kreis ihrer Gründer nicht hinaus: Plechanow, Deutsch, Wera Sassulitsch und Axelrod (der sich bald ebenfalls in der Emigration fand).

Während der beiden ersten Jahre ihres Bestehens schuf diese Organisation jedoch die ideologischen Fundamente der russischen Sozialdemokratie. Das geschah insbesondere durch zwei von Plechanow veröffentlichte Bücher: »Sozialismus und politischer Kampf« (1883) und »Unsere Meinungsverschiedenheiten« (1885). Diese Bücher bezeichneten den Anfang des endgültigen Bruchs der revolutionären sozialistischen Bewegung in Rußland mit der Ideologie der Volkstümlerei. Es nütze nichts, so argumentierte Plechanow, wenn die Volkstümler den Marxisten vorwerfen, sie müßten, wenn sie im Sozialismus ein Produkt der Entwicklung des Kapitalismus sehen, in Rußland automatisch Verbündete der Bourgeoisie sein: Die historischen Gesetze lassen sich weder durch Zauberformeln noch durch den allerbesten revolutionären Willen beugen. Erste Aufgabe der Revolutionäre sei es, zu untersuchen, in welche Richtung die unerbittlichen ökonomischen Notwendigkeiten Rußland treiben. Nun sei aber klargeworden, daß die Dorfgemeinde zum Untergang verurteilt ist und daß man nicht damit rechnen kann, daß sie zum Keim einer sozialistischen Organisation der Gesellschaft werde. Wie im Westen könne der Sozialismus auch in Rußland nur das Resultat der Widersprüche der kapitalistischen Wirtschaft sein, die das Land bald erobern müsse. Seit den Reformen Alexanders II. habe Rußland den Weg des Kapitalismus und der Geldwirtschaft beschritten, und keine Träume von einem »Sprung« aus der primitiven Naturalwirtschaft in den Kommunismus könnten das verhindern. In der Bauernschaft, von der ein bedeutender Teil zur Enteignung und Proletarisierung verurteilt sei, habe ein Prozeß der kapitalistischen Differenzierung eingesetzt und werde weiter fortschreiten; der Grundbesitz werde sich in den Händen einer abnehmenden Anzahl von wohlhabenden Besitzern konzentrieren, welche durch Einführung moderner Technik die Produktion steigern würden. Industrie und Transportwesen würden Rußland in ein kapitalistisches, den normalen Gesetzen der Akkumulation unterworfenes Land verwandeln. Die Gesellschaft müsse sich in ein wachsendes Heer von Proletariern und eine Bourgeoisie aufspalten, und der Kampf zwischen diesen Klassen werde die künftige Geschichte Rußlands bestimmen.

Die kapitalistische Entwicklung Rußlands werde jedoch durch zahllose Überbleibsel der Feudalordnung und das autokratische politische System gehemmt. Die Bourgeoisie sei interessiert an der Beseitigung des Absolutismus, an der Europäisierung Rußlands und der Errichtung liberaler politischer Institutionen. Die nächstliegende Aufgabe Rußlands sei eine bürgerliche und nicht eine sozialistische Revolution, also eine politische Revolution, welche die Hindernisse hinwegfegt, welche der staatliche Überbau der ungehinderten Expansion des Kapitalismus in den Weg stellt. Entgegen den Träumereien der Volkstümler könne diese Revolution nicht mit der sozialistischen Umwälzung zusammenfallen, da diese eine hochentwickelte Industrie und ein wohlorganisiertes, seiner klassenmäßigen Besonderheit bewußtes Proletariat voraussetze. Rußland stehe demzufolge eine Epoche des Kapitalismus bevor, die nicht zu umgehen sei, die man im Gegenteil fördern müsse. Die bürgerliche Revolution liege ebenfalls im höchsten Interesse des russischen Proletariats, das sich nur unter Bedingungen politischer Freiheit für die künftigen Kämpfe organisieren und seine Kräfte in einem Maße entfalten könne, wie es die sozialistische Revolution der Zukunft erfordern werde.

Trotz des grundsätzlichen Klassenantagonismus stimmten im Streben nach demokratischen Umgestaltungen Rußlands die Interessen der Bourgeoisie und des Proletariats überein. Aus dem bürgerlichen Charakter der bevorstehenden Revolution – ein für die Strategie der Marxisten besonders wichtiger Punkt – folge jedoch nicht, daß diese Revolution sich mit den Kräften der Bourgeoisie oder gar unter ihrer Leitung vollziehen werde. Die schwache und feige russische Bourgeoisie sei dieser Aufgabe nicht gewachsen. Die bürgerliche Revolution könne sich nur unter der Führung des Proletariats vollziehen. Gerade dieser Punkt stieß in besonderem Maße auf die Kritik der Volkstümler: das Proletariat solle also kämpfen, um seinen Ausbeutern eine ungehinderte Entwicklung zu erleichtern? Doch damit ist nach Ansicht Plechanows die Frage falsch gestellt. Das Proletariat sei an politischen Freiheiten und an der Beseitigung der Selbstherrschaft interessiert, da das die Vorbedingung seines künftigen Sieges sei. Außerdem – und das sei das zweite Fundament der sozialdemokratischen Strategie – gehe es darum, daß sich das Proletariat zum Kampf gegen den Absolutismus nicht von der Bourgeoisie benutzen läßt, sondern als eine selbständige Kraft auftritt, die sich der Besonderheit ihrer Interessen und der Grenzen, innerhalb derer sich ihr Interesse mit dem der Kapitalisten deckt, bewußt ist, die sich also auch dessen bewußt ist, daß die fundamentale Widersprüchlichkeit dieser Interessen mit dem wachsenden Erfolg des Kapitalismus immer dringlicher hervortreten muß.

Allein aufgrund der Alltagserfahrung könnten die Arbeiter jedoch nicht zu einem entfalteten sozialistischen Bewußtsein gelangen und sich ihre Klassenposition vollständig bewußt machen. Aufgabe der aufgeklärten Intelligenz sei es, die Arbeiterklasse geistig und politisch zu führen und ihr die Perspektiven der künftigen Kämpfe zu enthüllen. Es gehe darum, daß das Proletariat aus den Erfahrungen der bürgerlichen Revolutionen des Westens seine Schlüsse zieht, in denen die Arbeiter wegen des mangelnden Klassenbewußtseins und der mangelnden Organisation ihr Blut vergossen haben, während die Bourgeoisie am Ende alle Vorteile an sich gerissen hat. Das russische Proletariat könne diesem Schicksal entgehen, wenn die organisierte sozialdemokratische Bewegung ein sozialistisches Bewußtsein in es hineintrage; trotz allem sei nichts daran zu ändern, daß die Arbeiterklasse nach der bürgerlichen Revolution nicht Herr der Lage sein werde, sondern sich in Opposition zu einem System befinden werde, das sie selbst erkämpfte. In seinen Grundlinien müsse Rußland den Entwicklungsweg des Westens nachvollziehen. Man könne jedoch begründet davon ausgehen, daß gerade infolge ihrer Verspätung die Entwicklung des Kapitalismus und sein Niedergang sich hier bedeutend rascher vollziehen werden als in Westeuropa; durch die Übernahme einer entwickelten Technologie und den Rückgriff auf vorhandene theoretische Grundlagen sowie die Erfahrungen anderer Länder könne Rußland seinen Entwicklungszyklus abkürzen, ihn aber nicht umgehen. Zwischen der bürgerlichen und der sozialistischen Revolution werde es zwangsläufig eine Epoche der kapitalistischen Ausbeutung geben. Die sozialdemokratische Bewegung könne die Niederlagen und Irrtümer des westlichen Proletariats nutzen, um eine Wiederholung der gleichen Fehler zu vermeiden und die Entwicklung zu beschleunigen.

Im Lichte dieser Vorhersagen und dieses Programms entlarvt sich die ganze volkstümlerische Ideologie als eine reaktionäre Utopie; denn die Volkstümler möchten, daß Rußland die Wohltaten der industriellen Entwicklung genießt, ohne die unvermeidlichen Auswirkungen dieser Entwicklung in Gestalt der Proletarisierung der Bauernschaft, der Konzentration des Grundbesitzes und des Niedergangs der Dorfgemeinde auf sich zu nehmen; sie möchten ebenfalls einen Sozialismus, der ohne die unumgänglichen sozialen Voraussetzungen des Sozialismus kommt – ohne den Klassenkampf von Proletariat und Bourgeoisie, ohne die hochentwickelten, technologischen, politischen und sozialen Formen, die für die kapitalistische Gesellschaft charakteristisch sind. Das seien in sich widersprüchliche Wünsche, die zudem der wissenschaftlichen, d. h. deterministischen Auffassung der gesellschaftlichen Erscheinungen widersprechen, in der die Zusammenhänge zwischen den verschiedenen Seiten des gesellschaftlichen Lebens und die Abfolge der Entwicklungsphasen sich als objektive, vom menschlichen Willen unabhängige Notwendigkeiten darstellen.

Selbst wenn man annehmen würde, daß es einer Handvoll von Revolutionären gelänge, dank einer besonderen Konstellation der Umstände die Macht infolge eines Staatsstreichs zu übernehmen, so könnten sie doch angesichts der ungenügenden Entwicklung des russischen Kapitalismus keine sozialistische Ordnung herbeiführen. Das Ergebnis einer solchen Umwälzung, schrieb Plechanow prophetisch in »Unsere Meinungsverschiedenheiten«, wäre »eine politische Mißgeburt nach dem Muster des alten chinesischen oder persischen Reichs, also ein Wiederaufguß des zaristischen Despotismus auf kommunistischer Grundlage«.[1]

In beiden genannten Werken erwies sich Plechanow als ein extremer »Westler«, der er im Grunde bis zum Ende seines Lebens bleiben sollte. Aufgrund dieser Bücher entwickelte die russische Sozialdemokratie eine Ideologie von grundsätzlich »europäischem« Typus, eine Ideologie, die auf der Überzeugung beruhte, daß die von Marx beschriebenen Entwicklungsschemata des Westens gleichermaßen für Rußland gelten. Diese Bücher bildeten die Grundlage der Strategie der russischen Sozialisten, indem sie deren Aufmerksamkeit auf die *politische* Revolution im liberalen Geiste lenkten. Dieses Programm enthielt zwei paradoxe Elemente: daß das Proletariat die führende Kraft der bürgerlichen Revolution sein solle und daß die nichtproletarische Intelligenz dazu berufen sei, das sozialistische Bewußtsein in die Arbeiterklasse hineinzutragen. Der erste dieser Grundsätze stand keineswegs im Widerspruch zur Marxschen Lehre, löste aber nicht das Problem, das sich anschließend vor den Sozialisten erhob: Wenn in der bürgerlichen Revolution ein Bündnis mit anderen Klassen unumgänglich ist, soll dann die Bourgeoisie (wie es sich aus der Natur der Sache zu ergeben schien) oder eher die Bauernschaft bzw. ein Teil der Bauernschaft der Bündnispartner des Proletariats sein? Doch erst 20 Jahre später sollte diese Frage zur Spaltung der russischen Sozialdemokratie in zwei Lager beitragen. Was das andere Problem – die Rolle der Intelligenz gegenüber dem Proletariat – betrifft, so ist es umstritten, inwiefern es in den Schemata des Marxismus enthalten ist. Doch auch darüber sollte sich die Diskussion erst später entwickeln.

2. Der dialektische und historische Materialismus

Der Glaube an unverbrüchliche Gesetze der gesellschaftlichen Entwicklung ließ Plechanow und seine Gruppe in den langen Jahren, in denen die revolutionäre Bewegung in Rußland nahezu gänzlich erlosch und die Reaktion zu triumphieren schien, nicht zusammenbrechen und nicht die Hoffnung verlieren. Die achtziger Jahre waren eine Periode der Apathie und des politischen Rückschritts. Plechanow erwarb sich in dieser Zeit den Ruf des Hauptsprechers des russischen Marxismus, doch gelangten seine Schriften nur in wenigen Exemplaren nach Rußland; allerdings gelangten sie zu den wenigen, die in den neunziger Jahren die Grundlagen der sozialdemokratischen Bewegung in Rußland selbst schaffen sollten. Plechanow wurde 1889 aus der Schweiz ausgewiesen (wegen einer zufälligen Explosion, deren Urheber eine Gruppe von russischen Terroristen war, mit der er nichts gemein hatte); er übersiedelte nach Frankreich, das ihn wiederum im Jahre 1894 auswies wegen einer Rede auf dem Züricher Kongreß der Internationale, in der er die französische

Regierung angegriffen hatte. Er reiste 1894 nach London, erhielt aber bald die Erlaubnis, nach Genf zurückzukehren. Am Ende dieses Jahres erschien in Rußland legal ein Buch Plechanows (unter dem Pseudonym Beltow), dessen Titel zunächst »Zur Verteidigung des Materialismus« lauten sollte, dann aber wegen der Zensur in den langweiligen und akademischen Titel »Zur Frage der Entwicklung der monistischen Geschichtsauffassung« abgeändert wurde. Dieses Buch begründete in Rußland selbst die Stellung Plechanows als der höchsten Autorität in Fragen der marxistischen Doktrin und war Jahre hindurch die Hauptquelle, aus der die Adepten des Marxismus ihre Kenntnisse von den philosophischen Grundlagen der Doktrin schöpften. Es enthält nahezu alles, was Plechanow später in seinen zahlreichen Abhandlungen zu philosophischen und soziologischen Themen wiederholte. Abgesehen von polemischen Äußerungen gegen die russische »subjektive Soziologie« (hauptsächlich gegen Michajlowski und Karejew) und gegen die volkstümlerische Utopie von dem »besonderen Weg« Rußlands ist dieses Buch als eine systematische Darstellung des Marxismus und seiner theoretischen Quellen gedacht. Diese Quellen werden der Reihe nach sowohl unter dem Gesichtspunkt ihrer »Verdienste« in der Vorbereitung der materialistischen Geschichtsinterpretation wie unter dem Gesichtspunkt ihrer idealistischen »Irrtümer« und »Inkonsequenzen« untersucht. Eine ganze Reihe von stereotypen Vorstellungen auf diesem Gebiet, die in den gängigen Bestand des Marxismus aufgenommen wurden, hat Plechanow teilweise von Engels übernommen und weiterverbreitet, teilweise selbst geschaffen.

So wurden Plechanow zufolge die grundlegenden Kategorien und gedanklichen Motive des Marxismus aus den folgenden Quellen übernommen, aber zugleich von Irrtümern und Widersprüchen gereinigt:

Erstens vom Materialismus des 18. Jahrhunderts, insbesondere vom französischen Materialismus Holbachs und Helvetius'. Sein Verdienst ist, daß er die geistigen Phänomene durch materielle erklärte, daß er die Quelle jeglicher Erkenntnis in der sinnlichen Wahrnehmung sah, daß er begriff, daß die menschlichen Ideen und Gefühle durch das gesellschaftliche Milieu geformt werden. Zugleich fiel er aber einem Zirkelschluß zum Opfer, da er die Veränderungen des gesellschaftlichen Milieus wiederum mit dem Einfluß von Ideen erklärte. Außerdem erreichte dieser Materialismus nicht die Höhe der evolutionären Geschichtsbetrachtung, machte er sich des »Fatalismus« schuldig und kannte nicht die dialektische Methode.

Zweitens von der klassischen deutschen Philosophie, vor allem Hegel. Die Darstellung Hegels und seiner Dialektik ist – sowohl in diesem Buch wie auch in anderen Schriften Plechanows – hauptsächlich von Engels übernommen, ungemein vereinfacht und, wie es scheint, auf eine sehr fragmentarische und flüchtige Lektüre gestützt. Danach ist die Dialektik eine Untersuchungsmethode, welche sämtliche Phänomene in ihrer Entwicklung und in den gegenseitigen Abhängigkeitsbeziehungen erfaßt sowie in jeder Lebenserscheinung nach dem Keimen sucht, die zu ihrem Untergang und zur Umwandlung in das eigene Gegenteil führen; hinter den Qualitäten und Kräften, die sich auf den ersten Blick an den Dingen zeigen, sucht sie also nach den entgegengesetzten Kräften und Qualitäten. Eine Entwicklung nach dem Schema der »Triade« ist dagegen in Hegels Doktrin nicht wesentlich. Die Dialektik verlangt ferner, sowohl in der Natur wie in der Gesellschaft qualitative Sprünge zu erkennen, die aus der Häufung von quantitativen Veränderungen entstehen. Ähnlich wie Engels faßte Plechanow die Dialektik also als eine Methode auf, die sich aus der Hegelschen Philosophie abstrahieren, von der idealistischen Metaphysik unabhängig machen und im materialistischen Weltbild anwenden läßt. Ein anderes großes Verdienst Hegels besteht darin, daß er begriff, daß die menschliche Geschichte Gesetzen unterliegt, die vom Willen der Individuen unabhängig sind. Für ihn ist jedoch die Notwendigkeit des Entwicklungsganges der Geschichte geistiger Natur, deckt sich somit »letzten Endes« mit der Freiheit. Dieses idealistische Weltbild verändert der Marxismus dadurch, daß er aufzeigt, daß die historischen Notwendigkeiten in den materiellen Bedingungen des Lebens verwurzelt sind und daß die Freiheit darin besteht, daß man die Gesetze der Geschichte begreift und sie im wirksamen Handeln auszunutzen versteht.

Drittens vom utopischen Sozialismus. Die Utopisten suchten nach Möglichkeiten, die Gesellschaft zu verbessern, doch statt die unausweichlichen Abhängigkeiten und Entwicklungsgesetze zu erforschen, stellten sie sich Fragen normativer Natur; sie fragten, was unter dem Gesichtspunkt der Erfordernisse der menschlichen Natur gut oder wünschenswert ist, und verurteilten dadurch ihre Programme zum Scheitern, da der gute Wille an sich in den gesellschaftlichen Veränderungen ohnmächtig ist.

Viertens von den Historikern der Restauration, von Guizot, Thierry und Mignet. Diese trugen in hohem Maße dazu bei, die historischen Prozesse als Kämpfe zu begreifen, die von den materiellen Interessen der gesellschaftlichen Klassen bestimmt sind. Insofern ebneten sie dem Marxismus den Weg. Allerdings überwanden sie nicht die idealistische Geschichtsphilosophie, da sie die gesellschaftlichen Kämpfe und Eigentumsformen letzten Endes von einer unveränderlichen menschlichen Natur abhängig machten; es ist jedoch klar, daß eine unveränderliche menschliche Natur die Veränderlichkeit der historischen Formen nicht zu erklären vermag.

Alle diese Mängel wurden schließlich durch die Theorie von Marx behoben, deren Bedeutung Plechanow teils mit einer kopernikanischen Wende, teils mit der Theorie Darwins vergleicht. Ähnlich wie Kopernikus schuf Marx die Grundlagen für die Wissenschaft von der Gesellschaft, da er die zuvor unbekannte Idee der Notwendigkeit in die Reflexion über gesellschaftliche Erscheinungen einführte, und sie ist die Bedingung jeglichen wissenschaftlichen Denkens (in Hegels Geschichtsphilosophie kam die »Notwendigkeit« nur als eine logische Kategorie vor, Plechanow erläutert nicht, in welchem Sinne Kopernikus eine Theorie der natürlichen Notwendigkeit geschaffen haben soll). Wesentlicher ist aber der Vergleich mit Darwin. Ähnlich wie Darwin die Evolution der Lebensformen mit der Anpassung der Arten an die Wandlungen des äußeren Milieus erklärte (darin besteht für Plechanow der Darwinismus!), bewies Marx, daß die Geschichte der Menschheit erklärbar ist mit den Beziehungen der Menschen zur sie umgebenden Natur und insbesondere durch die Entwicklung der Produktionsinstrumente, die dem Menschen eine wachsende Herrschaft über die natürliche Umgebung sichern. Der historische Monismus Marxens besteht nun in der Feststellung, daß alle historischen Veränderungen »letzten Endes« von der Entwicklung der Arbeitsinstrumente abhängig sind, wobei die Fähigkeit der Werkzeugherstellung ein Spezifikum der menschlichen Gattung und der sozialen Beziehung (Kooperation) ist. Der Einwand, daß die technischen Veränderungen ihrerseits von der geistigen Anstrengung der Menschen abhängig seien, ist wertlos, da der geistige Fortschritt wiederum gerade auch vom Fortschritt der Technik abhängig ist; Ursache und Wirkung wechseln also unablässig ihre Stellung. Das Niveau der Produktivkräfte bestimmt in jedem historischen Moment das geistige Niveau der Gesellschaft und damit auch die technischen Erfindungen, welche anschließend die Produktion vervollkommen. Da sich der Mensch also unter dem Einfluß äußerer Umstände unablässig verändert, gibt es keine unveränderliche menschliche Natur.

Auf der Grundlage eines bestimmten Niveaus der Produktivkräfte verfestigen sich bestimmte Produktionsverhältnisse, und unter ihrem Einfluß bilden sich wiederum die politischen Institutionen, die Psychologie der Gesellschaft und die ideologischen Formen aus; überall haben wir es jedoch mit einer gegenseitigen Beeinflussung zu tun: Die politischen Institutionen beeinflussen ihrerseits das wirtschaftliche Leben, die Ökonomie der Gesellschaft und ihre Psychologie sind »zwei Seiten« des einen Prozesses, der in der »Produktion des Lebens« besteht, also im Kampf der Menschen ums Dasein, und beide Seiten hängen zudem vom Stand der Technik ab. Die psychischen Einstellungen der Menschen richten sich nach dem ökonomischen Niveau, aber »andererseits« ruft der Konflikt zwischen der Technik und den Produktionsverhältnissen in der Psyche der Menschen Veränderungen hervor, die den Veränderungen in den Produktionsverhältnissen vorgreifen. Man kann deshalb dem Marxismus keine Einseitigkeit vorwerfen, denn er umfaßt mit seiner Theorie die ganze Vielfalt der wechselseitigen Einflüsse in der Gesellschaft.

Von den ökonomischen Verhältnissen hängen ebenfalls die ideologischen Gebilde ab, zu denen Plechanow die Wissenschaft, die Philosophie und die Kunst rechnet; zwar beobachten wir Einflüsse bestimmter künstlerischer Formationen auf andere, doch der bloße Begriff des »Einflusses« erklärt nichts, im Gegenteil: Nur weil die gesellschaftlichen Verhältnisse verschiedener Völker ähnlich sind, kann es im Bereich der künstlerischen Produktion einen wechselseitigen Einfluß zwischen ihnen geben.

Desgleichen kann man die Geschichte nicht mit der besonderen Rolle genialer Persönlichkeiten erklären. Die Rolle des Genies ist im Gegenteil historisch zu erklären: Ein Genie ist derjenige, der früher als andere den Sinn von erst entstehenden gesellschaftlichen Verhältnissen erfaßt und die Tendenzen einer gesellschaftlichen Klasse am vollkommensten zum Ausdruck bringt.

Weil die Notwendigkeit, welche die Welt regiert, allumfassend ist, besteht die Freiheit vom marxistischen Standpunkt aus – ähnlich wie in den Doktrinen Spinozas und Hegels – nicht darin, daß die Menschen über einen von der allgemeinen Kausalität unabhängigen Freiraum verfügen, sondern lediglich darin, daß sie dank ihrer Kenntnis der Gesetze der Natur diese zu beherrschen vermögen. Diese Herrschaft nimmt in der Geschichte unaufhörlich zu, und nunmehr ist ein Punkt erreicht, an dem der »endgültige Triumph des Bewußtseins über die Notwendigkeit, der Vernunft über das blinde Gesetz« möglich ist; dieser Triumph wird darauf beruhen, daß die Menschen lernen, die gesellschaftlichen Prozesse zu lenken, die sich bisher nahezu gänzlich ihrer Herrschaft entzogen. (Plechanow erläutert nicht, wie das Bewußtsein diesen »Triumph« erlangen kann, wo er doch davon ausgeht, daß die gesamte Aktivität des Bewußtseins durch eherne Notwendigkeiten bestimmt ist, daß also auch der Grad der Herrschaft des Menschen über die Natur durch jene vom Menschen unabhängige Natur festgelegt ist).

Ähnliche Gedanken wiederholte Plechanow in seinen zahlreichen späteren Artikeln, Büchern und Vorträgen; einige dieser Texte erlangten in der Vermittlung des Marxismus nicht allein in Rußland eine dauerhafte Position – darunter vor allem »Die Grundprobleme des Marxismus« (1908), »Über die Rolle der Persönlichkeit in der Geschichte« (1898) und die »Beiträge zur Geschichte des Materialismus« (1896). Alle theoretischen Abhandlungen Plechanows haben einen polemischen Zug und richten sich gegen jene Gegner, die er jeweils unter dem Gesichtspunkt der Kohärenz und Geschlossenheit des Marxismus am bedrohlichsten empfand, also vor allem gegen diejenigen, die entweder dem Marxismus am nächsten standen oder versuchten, ihn gewissermaßen »von innen heraus« zu revidieren oder zu reformieren; nach den Volkstümlern kamen die deutschen Revisionisten an die Reihe, danach die Neukantianer und die russischen Empiriokritiker.

Im Unterschied zur Mehrheit der westeuropäischen Marxisten, die der Auffassung waren, daß der Marxismus als eine Theorie der gesellschaftlichen Entwicklung logisch nicht von einem bestimmten Standpunkt in erkenntnistheoretischen und metaphysischen Fragen abhängig sei (auch Kautsky teilte mit der Zeit diese Ansicht), wiederholte Plechanow mit großer Entschiedenheit, daß die marxistische Doktrin einen integralen und vollständigen Theoriekorpus darstelle, der gleichfalls sämtliche grundlegenden philosophischen Fragen umfasse, und daß man den »dialektischen Materialismus« (er war wohl der erste, der sich dieses Namens bediente, um die Gesamtheit der marxistischen Philosophie zu bezeichnen) »nicht trennen darf« vom »historischen Materialismus«, der gewissermaßen eine Anwendung der gleichen Prinzipien und Denkregeln in der Erforschung der gesellschaftlichen Phänomene ist. Diese nachdrückliche Betonung des integralen Charakters der Lehre übernahm Lenin und nach ihm die sowjetische Staatsideologie von Plechanow; es steckt darin die Annahme, daß die Sozialdemokratie gegenüber Fragen philosophischer Natur nicht neutral sein kann und daß sie über eine umfassende Weltanschauung verfügt, von der man nicht lediglich einen Teil anerkennen kann, ohne alle übrigen Teile zu deformieren. Die Philosophie des Marxismus, so wie Plechanow sie darstellte, war eine Wiederholung – ohne jeden Versuch einer Analyse – der Engelsschen Formeln, überwiegend in einer noch zugespitzteren Form. Der Materialismus beruht auf dem Grundsatz, den der Marxismus von Feuerbach übernimmt, daß das Sein oder die Materie »seinen Grund an sich hat«, während jegliches Denken ein Produkt des Seins ist; im Unterschied zu Feuerbach jedoch behauptet der dialektische Materialismus, daß das menschliche Subjekt nicht bloß passiver Empfänger von Inhalten ist, welche die Objekte ihm übermitteln, sondern daß es die Welt im Zuge der praktischen Einwirkung auf sie erkennt; Plechanow zufolge heißt das aber nicht, daß die Menschen die erkannten Objekte gestalten oder mitgestalten, sondern lediglich, daß das Erkennen der Objekte, wie sie »an sich« sind, hauptsächlich im Arbeitsprozeß und nicht in der Kontemplation erfolgt. Der Materialismus ist eine unwiderlegbare und von der Wissenschaft bestätigte Doktrin, und all seine gegenwärtigen Kritiker – Croce, Schmidt oder Bernstein – wiederholen lediglich Argumente, die Feuerbach längst widerlegt hat. Die Dialektik ist eine Theorie von der Entwicklung der Welt in Zusammenhängen, in der Entwicklung, in Widersprüchen und »sprunghaften« Veränderungen, und auch sie wird von der zeitgenössischen Wissenschaft bestätigt; so liefert die Mutationstheorie von de Vries ein Beispiel für »qualitative Sprünge« in der Natur (Plechanow erläutert nicht, auf welche Weise biologische Mutationen durch die Anhäufung von »quantitativen Veränderungen« vorbereitet werden). Beispiele für qualitative Sprünge sind die Verwandlung von Wasser in Eis oder Dampf, das Ausschlüpfen des Schmetterlings aus der Larve und ebenfalls die Addition, bei der wir nach dem Überschreiten der 9 den »qualitativen Sprung« in Gestalt der 10 erreichen. Von derartigen Naivitäten wimmelt es bei Plechanow. Zu ihnen gehört ebenfalls die Behauptung, daß die Anerkennung »dialektischer Widersprüche« mit der formalen Logik nicht zu vereinbaren sei; wir finden hier eine Wiederauflage der eleatischen Argumente für die Behauptung, daß die Bewegung ein Widerspruch sei – ein sich bewegender Gegenstand befindet sich und befindet sich gleichzeitig nicht an einem gegebenen Ort. Ähnlich wie die Ruhe ein Sonderfall der Bewegung ist, ist die formale Logik ein »Sonderfall« der dialektischen Logik, der für eine als unveränderlich aufgefaßte Wirklichkeit »gilt«. Beispiele »qualitativer Sprünge« sind politische Revolutionen, ein Beispiel für dialektische Widersprüche der Klassenkampf usw.

An all diesen Überlegungen, die im Laufe der Zeit in den ehernen Bestand des russischen dialektischen Materialismus übergehen sollten, wird die geringe philosophische Bildung und das simplifizierende Denken Plechanows sichtbar. Im Hinblick auf den historischen Materialismus sind seine Ausführungen differenzierter und verraten eine größere Sachkenntnis. Aber auch hier geht es ihm vor allem darum, seinen monistischen Glauben an die alles erklärende Kraft der »Produktivkräfte« als des Motors der Geschichte zu bewahren. Auch hier widerspricht er, dem Beispiel Engels' folgend, der Behauptung, der Marxismus würde alle historischen Prozesse mit Hilfe »eines Faktors« erklären, denn sämtliche »Faktoren« sind, wie er sagt, lediglich methodische Abstraktionen, während wir es in Wirklichkeit mit einem einzigen historischen Prozeß zu tun haben, der »in letzter Instanz« vom technischen Fortschritt abhängt. Plechanow zufolge bedeutet der Ausdruck »in letzter Instanz«, daß wir in jeder Gesellschaft sozusagen »mittlere Stufen« unterscheiden können, durch deren Vermittlung die Produktivkräfte die verschiedenen Merkmale des gesellschaftlichen Lebens (ökonomische Verhältnisse, politisches System, psychische Eigentümlichkeiten der Gesellschaft, Ideologien) bestimmen. Außerdem haben wir es überall mit einer wechselseitigen Beeinflussung zu tun: Der Überbau wird von der Basis bestimmt, beeinflußt diese dann aber seinerseits; die Basis bildet sich infolge der von den Produktivkräften angemeldeten Bedürfnisse, doch die Produktivkräfte selbst verändern sich wiederum unter dem Einfluß der Basis usw.

Diese Überlegungen fügen sich keineswegs zu einem kohärenten Ganzen. Ähnlich wie andere zeitgenössische Marxisten vermag Plechanow nicht zu erklären, wie sich der Glaube an die Produktivkräfte als »letzten Endes bestimmenden« Motor der Entwicklung mit der Idee der »wechselseitigen Beeinflussung« in Einklang bringen läßt. Denn wenn die »höheren Stufen« Veränderungen initiieren können, die auf den »unteren Stufen« eintreten, ist unklar, worin der »historische Monismus« bestehen soll und was es heißt, daß jene »höheren Stufen« »am Ende« völlig von den unteren abhängig sind; wenn sie dagegen nichts zu initiieren vermögen, ist der Ausdruck »wechselseitige Beeinflussung« sinnlos. Ebensowenig ist klar, wie man behaupten kann, daß die in den historischen Prozessen unterschiedenen »Faktoren« (also die politischen Verfassungen, Eigentumsverhältnisse, Ideologien) »lediglich Abstraktionen« seien, die man um eines leichteren Verständnisses willen benutzt, und zugleich jene »Stufen« in einer Weise unterscheiden kann, die deren Eigenart als etwas ganz Reales erscheinen läßt, und wie man zudem noch wiederholen kann, daß die Veränderungen der Produktivkräfte (denen aus unerfindlichen Gründen die Bezeichnung »Faktor« nicht zukommt) alles entscheiden. Zu guter Letzt behauptet Plechanow in den »Grundproblemen des Marxismus«, daß die Produktivkräfte von den geographischen Bedingungen bestimmt werden, so daß diesen die Würde des »letztlich erklärenden« Motors der Geschichte zuzuerkennen wäre – im Widerspruch zu anderen Annahmen. Ganz offensichtlich möchte Plechanow – ähnlich wie viele Marxisten – sich den Glauben an ein einziges, die historischen Prozesse erklärendes Prinzip erhalten und gleichzeitig nicht mit dem gesunden Menschenverstand in Konflikt geraten, also nicht anerkennen, daß historische Ereignisse sich im allgemeinen durch eine Koinzidenz der allerverschiedensten Umstände erklären; gerade daher rührt jene Reihe von Einschränkungen, die anscheinend das Extreme der »monistischen« Erklärungen abschwächen sollen, in Wirklichkeit aber den Monismus zunichte machen, da die verschwommene Wendung »in letzter Instanz« ihren Sinn verliert, wenn man gleichzeitig einen »wechselseitigen Einfluß« anerkennt; was übrigbleibt, ist die Common-sense-Feststellung, daß historisch bedeutsame Ereignisse sich aufgrund des Zusammentreffens unterschiedlicher Kräfte vollziehen, deren quantitative Zusammensetzung sich nicht berechnen läßt und unter denen mit aller Gewißheit auch solche Kräfte vorkommen wie der technologische Stand, die klassenmäßige Zusammensetzung und das politische System einer Gesellschaft. Eine solche Behauptung enthält jedoch nichts spezifisch Marxistisches mehr und kann deshalb auch von einem gläubigen Marxisten niemals in einer solchen Form geäußert werden.

Kennzeichnend für Plechanow (wie für Kautsky) ist daneben die

Überzeugung, daß man gesellschaftliche Prozesse in der gleichen Weise wie die »natürlichen« Phänomene auffassen kann, also vollkommen objektiviert und von der Annahme ausgehend, daß es universelle Gesetze der Veränderung gibt, die im gleichen Sinne für die menschliche Geschichte wie für biologische Formationen gelten (qualitative Sprünge, Widersprüche, Evolution). Plechanow setzt sich u. a. mit dem berühmten Vorwurf Stammlers auseinander, die Marxisten ließen den teleologischen Charakter menschlicher Verhaltensweisen völlig außer acht, und wenn sie die Menschen aufrufen, an dem – angeblich unvermeidlichen – Fortschritt mitzuwirken, so sei das, als würden sie dazu aufrufen, die Sonnenfinsternis zu unterstützen, von der man im übrigen wisse, daß sie ungeachtet der menschlichen Anstrengungen so oder so eintreten muß. Dieser Vorwurf ist Plechanow zufolge ganz und gar unbegründet, denn gerade die Marxisten erkennen an, daß zu den Umständen, die für das Eintreten bestimmter gesellschaftlicher Prozesse unerläßliche Voraussetzungen sind, auch die zielgerichteten Handlungsweisen, Gefühle, Wünsche und Leidenschaften der Menschen gehören. Sie, die Marxisten, behaupten jedoch, daß jene Gefühle und Wünsche ihrerseits in notwendiger Weise durch die Produktivkräfte und die von ihnen abhängigen gesellschaftlichen Verhältnisse festgelegt sind. Ähnlich wie Kautsky in der Polemik mit Bauer begreift Plechanow anscheinend nicht den Sinn des Stammlerschen Vorwurfs. Es ist nämlich ein Unterschied, ob man Ereignisse der vergangenen Geschichte betrachtet, in denen die menschlichen Gefühle, Absichten und Leidenschaften lediglich als psychologische und soziale Tatsachen auftreten, die den Gang der Ereignisse mitbeeinflussen, oder ob man sich nach dem eigenen Anteil an Prozessen fragt, deren künftige Resultate man für ohnehin durch das Wirken unwiderstehlicher historischer Kräfte vorentschieden hält. Wenn ein menschliches Individuum sich überlegt, in welcher Weise es sein zielgerichtetes Handeln für sich bestimmen soll oder aus welchen Gründen es sich einer gesellschaftlichen Bewegung anschließen sollte, dann hat die Mitteilung, daß seine Ziele, welche es auch seien, mit eherner Notwendigkeit durch die Produktivkräfte festgelegt sind, für dieses Individuum bei der Entscheidung seiner Fragen nicht die geringste Bedeutung, genausowenig wie die Behauptung, daß bestimmte Ergebnisse des Geschichtsprozesses unvermeidlich sind. Plechanow sagt, daß ich, wenn ich selbst an einer Bewegung teilnehme, die ich für historisch notwendig und deren Sieg ich für unausweichlich halte, meine eigene Tätigkeit als ein unerläßliches Glied jenes notwendigen Prozesses begreife. Er bemerkt jedoch nicht, daß diese Erklärung überhaupt keine Antwort auf Stammlers Frage ist. Denn der Glaube an den Sieg einer bestimmten Bewegung ist kein Motiv, sich an dieser Bewegung zu beteiligen, es sei denn für jene, die sich ungeachtet aller sonstigen Umstände einen Platz auf der siegreichen Seite als solcher sichern möchten. Diese Motivation – nämlich die Motivation des weitblickenden Karrieristen – ist natürlich möglich, doch das ist keineswegs, worum es Plechanow geht, und auf jeden Fall ist das Aufzeigen der Möglichkeit einer solchen Motivation keine Antwort auf die Frage, welche moralischen Gründe dafür sprechen, sich an einer Bewegung zu beteiligen, deren Sieg von vornherein feststeht. Wenn es solche Gründe nicht gibt, so gibt es auch keinen Grund für eine solche Beteiligung. Wenn es aber moralische Gründe gibt, so können sie nicht aus den »historischen Gesetzen« folgen, sondern müssen von anderswo hergeleitet werden. Das ist der Kerngedanke des Einwandes der Neukantianer, den Plechanow nicht begriff. Nun betrachtete er aber sich selbst als »unerläßliches Glied« im Prozeß der sozialistischen Umgestaltung, woraus man schließen muß, daß diese Umgestaltung ohne ihn nicht stattfinden würde; das mag in diesem besonderen Falle zutreffen, widerspricht aber den allgemeinen Grundsätzen, die Plechanow im Zusammenhang mit dem Problem der Rolle der Persönlichkeit in der Geschichte darlegt, und es erklärt darüber hinaus nicht, weshalb er selbst (oder jemand anders) wünschen sollte, diese Rolle des unerläßlichen Gliedes zu übernehmen.

Zusammenfassend können wir im theoretischen Schrifttum Plechanows die folgenden charakteristischen Merkmale feststellen: einen absoluten Glauben an die historische Notwendigkeit; das Fehlen eines grundsätzlichen Unterschieds zwischen der Natur- und Gesellschaftserkenntnis; die Überzeugung, daß der historische Materialismus eine »Anwendung« der Regeln des dialektischen Materialismus sei, und eine deutliche Unterscheidung dieser beiden Bereiche als Teile eines unteilbaren Ganzen; eine starke Betonung des integralen Charakters des Marxismus als der Weltanschauung der Sozialdemokratie und damit auch die Auffassung, daß die Sozialdemokratie als solche sich zu einer bestimmten philosophischen Doktrin bekennen muß; schließlich eine starke Betonung des Gewichts der philosophischen Tradition in der Entstehung des Marxismus.

Plechanow war einer der hauptsächlichen Urheber eines Stils im marxistischen Schrifttum, den nach ihm Lenin in noch krasserer Form anwandte, eines Stils, der den Polemiken religiöser Sekten nacheifert. Weil er seit seiner Bekehrung zum Marxismus die Gewißheit besaß, daß alle Probleme der Philosophie und der Theorie der gesellschaftlichen Entwicklung definitiv gelöst seien, hat er nie die Haltung eines Menschen eingenommen, der sich Gedanken über ein theoretisches Problem macht, sondern er nahm die Haltung eines Bekenners ein, der eine feststehende Doktrin verteidigt; infolgedessen sind seine Argumente gleichgültig, da es bei ihnen immer nur darum geht, dem Gegner »einen Schlag zu versetzen«, und nicht darum, eine theoretische Frage zu erörtern. Außerdem macht Plechanow sich unablässig über Gegner lustig, die sich auf irgendwelche wissenschaftlichen Autoritäten berufen (der Marxismus erkennt schließlich keine Autoritäten an), doch er selbst beruft sich zur Stützung seiner Ausführungen ständig auf die Ansichten von Autoritäten, die ihm in der jeweiligen Frage behilflich sein können, und er operiert mit Beispielen aus Bereichen, in denen er sich überhaupt nicht auskennt, so daß es zu einer Unmenge von sachlichen Irrtümern kommt; gleichzeitig häuft er eine große Anzahl von Beispielen an, die irgendwelche »Gesetze der Dialektik« oder irgendwelche Regeln des historischen Materialismus bestätigen sollen, ohne sich im geringsten den Abstand bewußt zu machen, der zwischen diesen überwiegend trivialen Beispielen (»Wasser verwandelt sich in Dampf«, »es gibt Mutationen in der Biologie« etc.) und dem allgemeinen Prinzip besteht, welches sie belegen sollen (z. B., daß alle Prozesse in der Welt sich durch die Anhäufung von quantitativen Veränderungen vollziehen, die zu qualitativen Sprüngen führen). Auch macht er sich nicht klar, daß sich etwa für die Abhängigkeit bestimmter Merkmale des Brauchtums vom technischen Stand einer Gesellschaft oder bestimmter Merkmale der Ideologie von den sozialen Kämpfen ebenso leicht Beispiele finden lassen wie für das Gegenteil (z. B. für die Abhängigkeit der technischen Entwicklung vom politischen System oder für den Einfluß der ideologischen Traditionen auf das politische System) und daß solche Beispiele in keinem Falle eine allgemeine geschichtsphilosophische Theorie rechtfertigen, es sei denn, man reduziert diese Theorien auf nebelhafte Phrasen, in denen festgestellt wird, daß »einerseits« die und die Umstände andere Umstände beeinflussen, daß aber »andererseits« ein entgegengesetzter Einfluß besteht.

3. Die marxistische Ästhetik

In den Schriften und Vorträgen Plechanows nehmen Überlegungen zur Kunst vom Standpunkt des historischen Materialismus aus einen großen Raum ein; er gehörte neben Mehring und Lafargue zu den Pionieren auf diesem Gebiet. In der Kunstgeschichte besaß Plechanow bedeutend größere Fachkenntnisse als in der Philosophie, und es fiel ihm nicht schwer, Beispiele aus den unterschiedlichsten Epochen anzuführen, mit denen er seine allgemeinen Thesen belegte. Doch auch hier besteht eine große Kluft zwischen den zahlreichen treffenden Beobachtungen über die Abhängigkeit des künstlerischen Schaffens von den technischen Bedingungen und sozialen Kämpfen und der allgemeinen These, daß »das künstlerische Schaffen der zivilisierten Nationen in geringerem Maße als das Schaffen der primitiven Völker der Notwendigkeit unterworfen ist. Der Unterschied beruht allein darauf, daß bei den zivilisierten Nationen die *unmittelbare Abhängigkeit* der Kunst von der Technik und den Formen der Produktion verschwindet« (»Briefe ohne Adresse«, Bd. 1).[2] Aufgrund der Beschreibungen verschiedener Ethnographen zeigt Plechanow auf, daß die künstlerischen Tätigkeiten in primitiven Gesellschaften auf verschiedene Weise mit der Arbeit »verknüpft sind«, sei es, daß sie die Arbeit einfach nachahmen (etwa in Gruppentänzen), wodurch nach seiner Ansicht die »Freude« wiedergegeben werden soll, die der Mensch während der Arbeit erlebt, sei es, daß sie die Arbeit unmittelbar unterstützen (insbesondere durch Rhythmisierung), sei es schließlich, daß sie verschiedene Assoziationen zu den in der jeweiligen Gesellschaft geschätzten Werten hervorrufen (etwa zu körperlicher Tüchtigkeit, Reichtum usw.); die Symbole, welche diese Assoziationen wecken, werden als schön betrachtet. In Klassengesellschaften ist dagegen die Abhängigkeit der Kunst von den Produktivkräften eine mittelbare: Die Kunst ist »Ausdruck« der Ideale, Gefühle und Gedanken gesellschaftlicher Klassen. So drückt die französische Posse des 18. Jahrhunderts die Unzufriedenheit des Volkes mit der bestehenden Ordnung und die klassische Tragödie die Ideale der Aristokratie und des Hofes aus usw. Plechanow bemerkt nicht, daß derartige Bemerkungen in keiner Weise spezifisch marxistisch sind und daß eine Abhängigkeit der Veränderungen in den literarischen Gattungen oder den Malstilen von Klasseninteressen und gesellschaftlichen Wandlungen vielen Historikern und Kritikern bekannt war, die mit dem Marxismus überhaupt nichts zu tun hatten, darunter auch jenen, auf die er sich zuweilen beruft, etwa Guizot, Taine und Brunetière. Die bloße Anerkennung einer solchen Abhängigkeit ist nicht marxistisch, sondern marxistisch ist die Behauptung, daß diese Abhängigkeiten *sämtliche* Merkmale des künstlerischen Schaffens erklären und daß zwischen den Klassenverhältnissen einer Gesellschaft und ihrer künstlerischen Produktion ein *notwendiger* Zusammenhang besteht; nähme man das ernst, so müßte man daraus schließen, daß ein hinreichend scharfer Verstand aus der Kenntnis der Ökonomie einer Gesellschaft deduktiv ihre gesamte Kunst und Literatur abzuleiten vermöchte, also z. B. aufgrund einer genauen Kenntnis der Ökonomie Frankreichs im 17. Jahrhundert sämtliche Werke Corneilles zu schreiben vermöchte. Natürlich verkündet Plechanow nicht derartige Absurditäten, aber er bemerkt nicht, daß solche Absurditäten eine natürliche Konsequenz seiner Theorien sind. Er bemüht sich unablässig zu versichern, daß das künstlerische Schaffen sich restlos durch seine klassengebundenen Werte erklärt, und außerdem, daß man Kunstwerke im Hinblick auf den Inhalt, der sich auch in einer anderen, nicht künstlerischen Sprache ausdrücken läßt, *beurteilen* müsse, doch zugleich möchte er nicht die Unterscheidung zwischen dem »ideologischen« Inhalt und der

Art seiner künstlerischen Darbietung aufgeben. Auch hierbei löst die unfehlbare Kategorie der »letzten Instanz« das Problem: »Über den Wert eines Kunstwerks entscheidet in letzter Instanz das qualitative Gewicht seines Inhalts« (»Kunst und gesellschaftliches Leben«, 1913).[3] Folglich ist die Kenntnis der Genese eines Kunstwerks gleichbedeutend mit der Kenntnis der Kriterien seiner künstlerischen Beurteilung; diese Kriterien sind zwar nicht absolut (»alles ändert sich«), aber sie sind objektiv, d. h., wir können fehlerfrei feststellen, was für eine bestimmte Epoche und bestimmte Verhältnisse schön ist und was nicht. Nun sollen wir ein Kunstwerk im Hinblick auf die Übereinstimmung zwischen seiner »Idee« und seiner »Form« beurteilen. »Je mehr die Form des Kunstwerks seiner Idee entspricht, um so gelungener ist es« *(ebd.).*[4] Doch in diesem Falle müßten wir im voraus – also unabhängig von der Kenntnis der Kunstwerke – wissen, welche »Formen« am geeignetsten sind, eine gegebene Idee auszudrücken; Plechanow sagt jedoch nicht, wie wir ein solches Wissen besitzen könnten. Aber das ist noch nicht alles. Es genügt nicht, daß »die Form der Idee entspricht«; außerdem muß die Idee selbst »*wahr*« sein, wenn das Kunstwerk als schön gelten soll. Man wird hier unschwer bemerken, bis zu welchem Grade Plechanow – teils selbständig, teils unter dem Einfluß Tschernyschewskijs – die Grundprinzipien des späteren sozialistischen Realismus entwickelt hat. Das heißt durchaus nicht, daß er sich in seinem künstlerischen Geschmack tatsächlich der eigenen Kriterien bediente, daß er also selbst nur das und stets das ästhetisch wertvoll fand, was einen Gedanken »ausdrückt«, an den er selbst glaubt; sein Kunstgeschmack wich im Gegenteil nicht von dem beim Durchschnitt der gebildeten Menschen seiner Zeit herrschenden Geschmack ab (einschließlich des Abscheus vor neueren Richtungen in der Malerei). Seine Theorie schuf jedoch die Grundlagen dafür, den künstlerischen Wert an der politischen Nützlichkeit zu messen.

Nach Ansicht Plechanows wird die Parole »l'art pour l'art« und überhaupt die Ansicht, daß es das Hauptziel der Kunst sei, künstlerische Werte als eigenständige Werte zu schaffen, ebenfalls mit Notwendigkeit von einer bestimmten Art von gesellschaftlichen Verhältnissen hervorgebracht, nämlich von solchen Situationen, in denen die Künstler sich von der Gesellschaft isoliert fühlen. Eine solche Krise erlebte die Kunst nach seiner Auffassung zu Beginn des Jahrhunderts. Impressionismus und Kubismus in der Malerei sind eine Erscheinung der Dekadenz der Bourgeoisie (der Impressionismus ist »oberflächlich« und reicht nicht »über die äußere Hülle der Erscheinungen hinaus«; der Kubismus ist »Unsinn hoch drei«), desgleichen die Literatur der Symbolisten, seien es Russen oder sonstige (Angriffe auf Mereschkowskij, Sinaida Gippius und Przybyszewski). Hier ein typisches Beispiel für die Urteilsweise Plechanows: »Nehmen wir an, ein Künstler möchte eine ›Frau im roten

Kleid‹ malen. Wenn das, was er auf seinem Bild darstellte, tatsächlich einer solchen Frau ähnelt, sagen wir, daß es ihm gelungen ist, ein gutes Bild zu malen. Wenn wir dagegen statt einer Frau, die ein rotes Kleid trägt, auf der Leinwand eine Reihe von stereometrischen Figuren sehen, die in mehr oder weniger primitiver Weise hier und da mit Schichten von stärkerer oder dünnerer roter Farbe bedeckt sind, sagen wir, daß er etwas gemalt hat, was allen gefallen könnte, aber kein gutes Bild« *(ebd.).*[5]

An solchen Naivitäten ist natürlich nichts Verwunderliches, denn es ist bekannt, daß die Menschen nach Überschreiten eines bestimmten Alters nicht mehr imstande sind, sich neue künstlerische Formen, die kraß von den Vorbildern abweichen, welche sie sich in der Jugendzeit angeeignet haben, zu assimilieren, und daß sie diese Formen als entartet und extravagant ablehnen. Plechanow hält jedoch solche und ähnliche Urteile nicht für einen Ausdruck seines Geschmacks, sondern für unausweichliche logische Konsequenzen der marxistischen Gesellschaftstheorie, also für »wissenschaftliche« Behauptungen; in dieser Hinsicht war der spätere Einfluß seiner Schriften, die nachgerade zu Kanons der sowjetischen Ästhetik wurden, bedauernswert, obwohl er selbst von der Notwendigkeit der schöpferischen Freiheit der Künstler überzeugt war und sehr gut wußte, wie steril eine Kunst ist, die auf direkte politische Bestellung produziert wird, eine Kunst, die die Welt darstellt, wie sie sein soll, und nicht, wie sie ist (Kritik an Gorkis »Mutter«), und um so mehr eine Kunst, die unter Zwang produziert wird.

4. Der Kampf gegen den Revisionismus

Die neunziger Jahre brachten in Rußland – teils dank des gewaltigen Tempos der Industrialisierung, teils aufgrund der Erschütterung, welche die schreckliche Hungersnot auf dem Lande bewirkte – eine Renaissance des politischen Lebens; der Marxismus und die Ideologie der Sozialdemokratie betraten unübersehbar die Szene der öffentlichen Diskussion. Das war bis zu einem gewissen Grade ein Triumph für Plechanow, den ersten herausragenden Verfechter der Doktrin. Die zahlreichen kleineren oder größeren sozialdemokratischen Gruppen, die in den Städten Rußlands entstanden, brachten jedoch gleichzeitig neue Kämpfer und Theoretiker hervor, die zwar Plechanow als dem Lehrer der Theorie huldigten, aber keineswegs immer bereit waren, blind auf seine politischen Ratschläge zu hören; Plechanow war dagegen ein Mensch, der keinen Widerspruch duldete, Gehorsam verlangte und von seiner absoluten Autorität in allen Fragen nicht nur der Doktrin, sondern auch der sozialistischen Politik in Rußland überzeugt war. Auf diesem Hintergrund kam es zu bedauerlichen Zusammenstößen, von denen die Enttäuschung Lenins nach einem Treffen mit dem Meister im Jahre 1900 am bekanntesten wurde.

Gegen Ende der neunziger Jahre galten die Anstrengungen Plechanows zu einem großen Teil dem Kampf gegen den Revisionismus Bernsteins und der Neukantianer. Er war der erste, der zu einem vehementen Frontalangriff auf Bernstein überging; er war auch neben Rosa Luxemburg der unversöhnlichste Kritiker des Revisionismus (an Heftigkeit der Kritik kam keiner der Deutschen diesen beiden Flüchtlingen aus Osteuropa gleich), aber im Unterschied zu Rosa nahm er sich unverzüglich die philosophischen Grundlagen des Revisionismus vor, in denen er – ebenfalls im Gegensatz zur Mehrheit der Kritiker – einen unerhört wichtigen Punkt der Auseinandersetzung sah. Der Kantianismus ist nach seiner Ansicht ein Versuch, die bürgerliche Mentalität in die Reihen der Sozialdemokratie zu verpflanzen; erstens lehrt er, daß die menschliche Erkenntnis nicht zur Wirklichkeit »an sich« vordringen kann und für den religiösen Glauben Raum läßt, der doch stets ein Mittel der geistigen Knechtung der unterdrückten Klassen durch ihre Unterdrücker war. Zweitens halten die Kantianer gemäß der Theorie vom unendlichen Fortschritt den Sozialismus für ein Ideal, dem man sich zwar schrittweise nähern kann, das aber tatsächlich nicht erreichbar ist. Sie schaffen auf diese Weise die philosophischen Grundlagen für den Reformismus und Opportunismus, verzichten auf den Sozialismus als ein real erreichbares Ziel und auf die Revolution als Mittel. Zugleich attackierte Plechanow sämtliche Analysen der Veränderungen in der kapitalistischen Gesellschaft, mit denen Bernstein sein Abgehen vom revolutionären Marxismus begründete. Selbst wenn der Anteil der Mittelklassen an der Gesamtbevölkerung wächst und in der Lage der Arbeiter tatsächlich eine absolute Verbesserung eingetreten ist, so wird die marxistische Theorie von den sich verschärfenden Klassengegensätzen dadurch nicht im geringsten eingeschränkt; die Reallöhne mögen steigen, doch trotzdem vertiefen sich die gesellschaftlichen Ungleichheiten (relative Verelendung des Proletariats). Wenn sich aber unter den Arbeitern eine tradeunionistische Mentalität ausbreitet, dann liegt das nicht an der Klassensituation, sondern daran sind opportunistische Führer schuld. In dieser Frage dachte Plechanow genauso wie Rosa Luxemburg und Lenin: Da die Doktrin lehrt, daß die Arbeiterklasse von Natur aus eine revolutionäre Klasse ist, können, wenn die platte Empirie diese Theorie nicht zu bestätigen scheint, nicht Veränderungen in der Klassensituation der Arbeiter die Erklärung dafür sein, sondern nur die Bösartigkeit von Renegaten, die in die Führung der Gewerkschaften und Parteien gelangt sind.

Der zweite Gegner, den Plechanow attackierte, war der russische »Ökonomismus«, in dem er eine Spielart des Bernsteinschen Revisionismus sah. Einige Anhänger des »Ökonomismus« gaben zwar – zumindest verbal – das »Endziel« der Sozialdemokratie nicht auf, stellten sich aber entsprechend der klassischen Tradition der Volkstümler auf eine Tätigkeit unter den Arbeitern ein, die sich auf die von den Arbeitern aktuell empfundenen, also hauptsächlich ökonomischen Forderungen beschränkte; die politische Arbeit, den Kampf um verfassungsmäßige Freiheiten und die Verbreitung eines sozialistischen Bewußtseins im Proletariat schätzten sie entsprechend gering ein. Die »Ökonomisten« mißtrauten ebenso der Führungsfunktion der Intellektuellen innerhalb der Arbeiterbewegung, stützten ihre Hoffnungen auf eine Bewegung, die nicht nur dem Namen und der Ideologie nach eine der Arbeiter ist, sondern aufgrund ihrer tatsächlichen klassenmäßigen Zusammensetzung, und waren der Auffassung, daß gerade das die Intention der Marxschen Doktrin sei, die ja davon ausgeht, daß die Befreiung der Arbeiterklasse nur das Werk der Arbeiterklasse selbst sein kann. In der Emigration vertraten S. N. Prokopowitsch und seine Frau Kuskowa diesen Standpunkt, und in Rußland selbst besaß er eine gewisse Zeitlang ein Übergewicht gegenüber der doktrinären Sozialdemokratie; er fand vor allem Ausdruck in der Untergrundzeitung »Rabotschaja Mysl« (ab 1897).

Plechanow führte die Auseinandersetzung mit dem Ökonomismus von dem gleichen Standpunkt aus, von dem er zuvor die Volkstümler bekämpft hatte. Nur der Sozialismus als Ziel könne dem Kampf um Reformen und um einzelne ökonomische Errungenschaften des Proletariats einen Sinn geben; ein Kampf, der über diese partiellen Ziele nicht hinausgehe und sich deshalb nicht in eine Bewegung des gesamten russischen Proletariats verwandeln könne, sei kein sozialdemokratischer Kampf; darin die eigentliche Arbeiterbewegung zu sehen bedeute ein Aufgeben des Marxismus. Bezogen auf die russischen Verhältnisse bestehe der Marxismus darin, für demokratische Freiheiten zu kämpfen, die lediglich einen neuen Rahmen für den Kampf um den Sozialismus als Endziel schaffen; er gebiete es, die ökonomischen Forderungen dem politischen Ziel unterzuordnen. Wenn sich die »Ökonomisten« rühmten, das wirkliche Bewußtsein der russischen Arbeiterklasse zu vertreten, so seien sie ähnlich wie der deutsche Reformismus selbst daran schuld, daß dieses Bewußtsein sich nicht – wie es zu fordern wäre – im sozialistischen Sinne entwickelt.

Im Kampf gegen den Revisionismus und Ökonomismus vertritt Plechanow also die unversöhnliche Orthodoxie. Einige Jahre lang waren er und Lenin politische Verbündete; die Auseinandersetzungen um die Redaktion der Zeitung »Iskra« hing anfangs zu einem beträchtlichen Teil damit zusammen, daß Plechanow für sich die Alleinherrschaft über die sozialdemokratische Emigration beanspruchte, und zum Teil rührten sie daher, daß Plechanow meinte, Lenin vertrete gegenüber den Ökonomisten und den »legalen Marxisten« eine allzu versöhnlerische Haltung. Im Streit um das im Jahre 1902 ausgearbeitete Programm der sozialdemokratischen Partei gab es zwischen ihnen keine wesentlichen sachlichen Differenzen; die Kritik Lenins zielt darauf ab, den Entwurf Plechanows zu präzisieren und ihm eine weniger abstrakte Form zu geben, rührt jedoch nicht an seine wesentlichen Grundlagen. Auf dem Parteitag, der im Sommer 1903 in Brüssel und London stattfand, jenem Parteitag, der die russische Sozialdemokratie in eine bolschewistische und eine menschewistische Fraktion auseinanderbrechen ließ, stand Plechanow auf der Seite Lenins, und zwar sowohl in der Frage der zentralistischen Formen der Parteiorganisation wie in dem berühmten Streit um den Punkt 1 des Statuts, der nach dem Vorschlag Lenins feststellte, daß nur derjenige Mitglied der Partei sei, der sich persönlich an der Arbeit einer der Parteiorganisationen beteiligt (es ging um den Gedanken einer Partei von »Berufsrevolutionären«). Auf diesem Parteitag hielt Plechanow, auf die Zweifel eines Delegierten am absoluten Wert demokratischer Prinzipien eingehend, seine berühmte Rede, in der er versicherte, daß die Sache der Revolution für die Revolutionäre oberstes Gesetz sei und daß, wenn diese Sache den Verzicht auf demokratische Prinzipien erfordere (z. B. das allgemeine Stimmrecht), es ein Verbrechen wäre, vor der Entscheidung zu zögern.

5. Der Kampf gegen den Leninismus

Einen Augenblick lang war Plechanow also Bolschewik. Aber nur einen Augenblick lang. Rasch söhnte er sich wieder mit Axelrod, Martow und anderen aus, die er auf dem Parteitag kritisiert hatte. Rasch ging er zum Angriff auf den Bolschewismus und die Leninsche Parteiidee über; in seinen zahlreichen kritischen Äußerungen warf er den Bolschewiki vor, sie verträten einen Ultrazentralismus, sie strebten nach absoluter Macht für die Parteiführung und nach der Ersetzung der Herrschaft des Proletariats durch eine Diktatur über das Proletariat. Die Leninsche Konzeption der Partei, die vom spontanen Bewußtsein des Proletariats gänzlich unabhängig sein soll, ziele im Grunde darauf ab, daß eine Partei von Berufsrevolutionären und Intellektuellen an die Stelle der Arbeiterklasse tritt und zur einzigen Quelle der politischen Initiative wird, was im krassen Widerspruch zur marxistischen Theorie vom Klassenkampf stehe. Im Widerspruch zum Marxismus und zur geschichtlichen Erfahrung stehe auch die Behauptung Lenins, daß die Arbeiterklasse von sich aus nicht zu einem sozialistischen Bewußtsein gelangen könne; diese Theorie verrate ein Mißtrauen gegenüber der Arbeiterklasse und sei überdies idealistisch, da sie unterstelle, daß das Klassenbewußtsein des Proletariats nicht aus den Lebensbedingungen dieses Proletariats erwächst (denn schließlich »bestimmt das Sein das Bewußtsein«), sondern aus den Bemühungen der Intellektuellen.

Der Antibolschewismus Plechanows, den er mit den klassischen marxistischen Schemata begründete, wurde im Laufe der Zeit immer schärfer. So wie er den »Ökonomisten« das gleiche vorhielt, was er zu Beginn seiner Karriere als Marxist den klassischen Volkstümlern vorwarf (Anbetung der spontanen Bewegung, Ablehnung des politischen Handelns), so warf er nun den Bolschewiki das gleiche vor wie einst den terroristischen Volkstümlern: »Blanquismus«, »Jakobinismus« und »Voluntarismus«, das Bestreben, die gesellschaftliche Entwicklung durch eine Verschwörung zu beschleunigen, die Hoffnung auf eine Revolution, die nicht infolge der natürlichen Gesetze der gesellschaftlichen Entwicklung eintritt, sondern weil eine Handvoll von Verschwörern sie will. Er blieb also weiterhin bei seiner strategischen Auffassung, daß das Proletariat sich auf eine Zusammenarbeit mit der Bourgeoisie im Kampf um demokratische Ziele einstellen müsse, und auch die Revolution von 1905 erschütterte diese Überzeugung nicht, obwohl er sich der Unzuverlässigkeit eines solchen Verbündeten bewußt zu werden schien; Lenins Absichten sahen dagegen die demokratisch-revolutionäre Diktatur des Proletariats und der Bauernschaft im Gefolge der bürgerlichen Revolution vor. Plechanow wiederum glaubte nicht, daß die Bauernschaft als politischer Verbündeter etwas tauge. Er glaubte anscheinend, daß das Proletariat seinen Kampf gegen die Bourgeoisie führen und ihr die Vernichtung in Aussicht stellen, sich aber gleichzeitig erfolgreich mit ihr gegen den Absolutismus verbünden könne. Das folgte aus seiner doktrinären Überzeugung, zu der er im Rahmen seiner grundsätzlich gegen die Volkstümler gerichteten Einstellung gelangte, daß Rußland prinzipiell die gleichen Entwicklungsphasen durchlaufen werde wie der Westen. Wegen seiner schwankenden und gleichzeitig doktrinären Haltung büßte Plechanow nach der Revolution von 1905 die Rolle eines sozialdemokratischen Führers weitgehend ein. Er stand weiterhin den Menschewiki näher als den Bolschewiki, auch wenn er gelegentlich ohne Erfolg versuchte, die Einheit der Partei wieder herbeizuführen.

Nach Ansicht Plechanows wichen die Bolschewiki auch in philosophischer Hinsicht vom Marxismus ab. Er sah nämlich in den Versuchen, die Lehre des Empiriokritizismus in den Marxismus einzubringen, etwas in seiner grundsätzlichen Orientierung typisch Bolschewistisches. Weil die Bolschewiki die »objektiven Gesetze« der gesellschaftlichen Entwicklung unterschätzen bzw. ablehnen und auf eine Revolution rechnen, die das Werk des organisierten Willens sein wird, schenken sie auch einer subjektivistischen Philosophie Gehör, die im menschlichen Bewußtsein den »aktiven Organisator« der ganzen Welt sieht. Tatsächlich gab es bei den bolschewistischen Verfechtern des Empiriokritizismus derartige Motive, doch waren sie von den Intentionen Lenins himmelweit entfernt. Im Kampf gegen den Empiriokritizismus trafen sich Lenin und Plechanow zum letzten Mal als Verbündete.

Die Jahre nach der Revolution (von 1905) füllte Plechanow hauptsächlich damit aus, daß er über historische, philosophische und ästhetische Themen schrieb. In dieser Zeit ging er auch an die Vorbereitung seiner vielbändigen »Geschichte des russischen gesellschaftlichen Denkens«, von der er nur drei Bände vollenden konnte.

In der Zeit zwischen der russischen Revolution und dem Weltkrieg stand Plechanow in Grundsatzfragen dem zentristischen Flügel der Internationale nahe. So teilte er denn auch beim Ausbruch des Krieges das Schicksal der Mehrheit dieses Flügels, denn er ging von den Antikriegsparolen, die vom Glauben an den proletarischen Internationalismus erfüllt waren, unverzüglich dazu über, Rußland und die Sache der Entente zu verteidigen. Natürlich sollte dieser Standortwechsel keineswegs ein Aufgeben des marxistischen Standpunkts bedeuten; da jedoch die Mittelmächte die Aggressoren sind, haben wir es auf seiten Rußlands mit einem Verteidigungskrieg zu tun, und die Unterstützung eines solchen Krieges steht im Einklang mit den Beschlüssen der Internationale. Darüber hinaus liegt die Niederlage Deutschlands im Interesse des internationalen Sozialismus, da sie die Entwicklung der revolutionären Bewegung sowohl in Deutschland wie auch in Rußland beschleunigt. Auf dieser Grundlage ließen sich schon die übrigen patriotischen Aktivitäten Plechanows rechtfertigen – sein Aufruf zur nationalen Einheit, seine Forderung, den Klassenkampf einzustellen. Infolgedessen fand Plechanow sich auf der extremen Rechten der Sozialdemokratie wieder.

Es kam der Februar 1917 und der seit Jahrzehnten erwartete Sturz der russischen Autokratie. Ende März kehrte Plechanow nach Rußland zurück. Man begrüßte ihn enthusiastisch, aber es wurde rasch klar, daß der Theoretiker, der beinahe vier Jahrzehnte außerhalb der Heimat verbracht hatte, sich in der neuen Situation nicht zurechtfand, sondern sie anhand seiner alten Schemata deutete. Er glaubte, daß nun die bürgerliche Revolution endlich die zaristische Ordnung in Rußland hinweggefegt habe und daß jetzt gemäß der »natürlichen« Abfolge eine lange Periode konstitutioneller und parlamentarischer Herrschaft folgen müsse; zugleich verkündete er, daß es notwendig sei, den Krieg gegen Deutschland bis zum Sieg fortzusetzen. Er stand mit seiner Auffassung der Politik der provisorischen Regierung näher als irgendeine der sozialistischen Fraktionen. Er bekämpfte weiterhin vom marxistischen Standpunkt aus die Hoffnung auf eine baldige sozialistische Revolution (in einem ökonomisch unreifen Land mit einem gewaltigen Übergewicht der Bauernschaft kann der Sozialismus nicht gewinnen). In der Oktoberrevolution sah er einen beklagenswerten Irrtum der Bolschewiki, der möglicherweise alle Errungenschaften der Februarrevolution zunichte machen würde. Bald darauf starb er in einem finnischen Sanatorium, von Bitterkeit erfüllt und nicht ausgesöhnt mit einer Situation, zu deren Entstehung er in hohem Maße beigetragen hatte, deren Sinn er aber in seinen theoretischen Schemata nicht unterbringen konnte.

S. H. Baron, der Verfasser eines grundlegenden Werkes über Plechanow, bemerkt, daß Plechanows Kampf gegen den Revisionismus die Entstehung des Leninismus beträchtlich erleichtert hat, während der Kampf gegen den Leninismus ihn am Ende wiederum zu Positionen zurückführte, die den Revisionisten nahekamen. Die fundamentale Ursache seiner politischen Niederlagen war nach Ansicht des gleichen Verfassers sein unerschütterlicher Glaube an die Geltung des westeuropäischen Entwicklungsschemas für Rußland. Die Bolschewiki waren für ihn eher Anhänger des Bakuninismus als solche des Marxismus; er hatte damit sicher bis zu einem gewissen Grade recht, wenn man von jener Doktrin ausgeht, die in Westeuropa als marxistische Orthodoxie galt. Doch wenn er auch recht hatte und das Schicksal einer auf leninistischen Prinzipien beruhenden Revolution zutreffend vorhersagte, so bleibt doch die Tatsache, daß eine solche Revolution überhaupt siegen konnte, von seiner Sozialphilosophie her unverständlich.

Sowjetrußland lehnte, wie es zu erwarten war, Plechanow als Politiker ab, erkannte aber – in Übereinstimmung mit Lenin – seine Verdienste als Theoretiker des Marxismus an. Bald nach seinem Tode erschien in der Sowjetunion eine vollständige Ausgabe der Schriften Plechanows, während später einzelne Werke wiederaufgelegt wurden, allerdings nicht die politischen, sondern die philosophischen. In Anbetracht seiner Auseinandersetzungen mit dem Bolschewismus konnte Plechanow natürlich nicht formal den Rang eines »Klassikers des Marxismus« innerhalb der sowjetischen Staatsideologie erreichen; gleichwohl blieb er eine der wichtigsten wirklichen Autoritäten dieser Ideologie, der es unter der Bezeichnung Marxismus-Leninismus im Laufe der Zeit gelingen sollte, gestützt auf Partei, Staat und Polizei das marxistische Denken zu zerstören.

Fünfzehntes Kapitel

Der Marxismus in Rußland bis zur Entstehung des Bolschewismus

In den neunziger Jahren betrat der Marxismus in Rußland die Szene offener Diskussionen und wurde zu einem wesentlichen und einflußreichen Bestandteil des Geisteslebens. Er war in diesen Jahren jedoch hauptsächlich eine intellektuelle Bewegung. Im Unterschied zu Westeuropa gingen der Marxismus und die sozialistische Bewegung der Arbeiterbewegung voraus. Gemeint ist hier der Marxismus als eine Doktrin, die sich selbst als das reife Bewußtsein der Arbeiterklasse definiert und nicht nur die Marxsche Analyse und Kritik der kapitalistischen Verhältnisse voraussetzt, sondern außerdem im Kapitalismus eine wesentliche Phase des gesellschaftlichen Fortschritts sieht und in der selbständigen Arbeiterbewegung eine unerläßliche Voraussetzung für sozialistische Veränderungen. Unter den volkstümlerischen Ideologen hatte der Marxismus, wie schon gesagt, einen durchaus beträchtlichen Einfluß, doch wurde er hauptsächlich dazu benutzt, die zerstörerischen Auswirkungen des Kapitalismus zu entlarven, und er verband sich mit der Hoffnung auf einen »besonderen Weg« Rußlands. Der Marxismus im Sinne der Ideologie der russischen Sozialdemokratie definierte sich denn auch während des ersten Jahrzehnts vor allem durch den Gegensatz zur Volkstümlerei; Hauptthema der marxistischen Literatur war die Frage der Entwicklung des Kapitalismus in Rußland, und das Hauptziel war der Nachweis, daß es eine hoffnungslose Utopie sei, diese Entwicklung aufhalten zu wollen, daß man ferner die Perspektiven des Sozialismus mit der Arbeiterbewegung verknüpfen müsse, die sich mit der Ausweitung der kapitalistischen Wirtschaft entwickelt und nur unter Bedingungen politischer Freiheit wirksam kämpfen kann; daher bestehe die erste Aufgabe der Sozialdemokraten in der demokratischen Revolution und der Beseitigung der russischen Autokratie.

Recht bald wurde jedoch deutlich, daß man innerhalb der Grenzen eines Marxismus, der sich nicht mehr allein durch seinen Gegensatz zur Volkstümlerei definierte, die Frage der Entwicklungsaussichten des Kapitalismus in Rußland unterschiedlich interpretieren konnte. Für einen Teil der Intelligenz wurde der Marxismus im Grunde zu einem Ersatz der im übrigen nicht vorhandenen liberalen Ideologie; man hob vor allem die Notwendigkeit hervor, demokratische Freiheiten in Rußland einzuführen, Freiheiten, die man als einen selbstständigen Wert und nicht bloß als Hebel für die Entwicklung der sozialistischen Bewegung auffaßte; man rechnete, ausgehend von einer eigenen Marx-Interpretation, mit einer langfristigen Herrschaft des kapitalistischen Systems und betrachtete den Sozialismus entweder als eine ferne Perspektive, die für die gegenwärtige Situation ohne größere Bedeutung war, oder als eine moralische regulative Idee. Diese Auffassung war charakteristisch für jene Intellektuellen, die von ihren Gegnern später als »legale Marxisten« bezeichnet wurden und die von Anfang an in Rußland Ideen verbreiteten, die jenen der deutschen Revisionisten in vielen Punkten entsprachen. In ihrer Mehrheit verwarfen sie den Marxismus und wurden zu Ideologen des Liberalismus. Die sozialdemokratische Bewegung verknüpfte dagegen den Kampf um die Demokratie mit den Perspektiven des Kampfes um den Sozialismus, den sie als organisierte Bewegung des Proletariats auffaßte.

Aus der Sicht der späteren Erfolge des Leninismus ergibt sich fast zwangsläufig, als könne man die gesamte vorrevolutionäre Geschichte des Marxismus in Rußland nur in der Beziehung auf seine leninistische Spielart betrachten. In Wirklichkeit war dieses Vierteljahrhundert von zahlreichen Diskussionen erfüllt, und es hat unterschiedliche Varianten des Marxismus sowohl in der Politik wie in der Philosophie und der Gesellschaftslehre hervorgebracht, von denen einige unter theoretischem Aspekt interessanter sind als die Leninsche Doktrin. Andererseits kann man schwerlich sagen, daß eine Betrachtungsweise, die von den späteren Ereignissen und von unserer heutigen Kenntnis der historischen Resultate des russischen Marxismus bestimmt ist, »falsch« wäre. Wir sind in Wirklichkeit nicht fähig, uns bei der Darstellung des historischen Prozesses in die beschriebenen Ereignisse hineinzuversetzen, also in der Weise von ihnen zu sprechen, als wären uns ihre Folgen in dem jeweils erörterten Moment genauso unbekannt wie den daran Beteiligten; es stimmt bis zu einem gewissen Grade, daß die Geschichte, die wir schreiben, eine Geschichte der »Sieger« ist, das heißt, daß wir die Bedeutung der Ereignisse – auch intellektueller Ereignisse – nur im Hinblick auf ihre späteren Wirkungen beurteilen können; jede historische Darstellung stützt sich indessen notwendig auf eine Auswahl der Ereignisse im Hinblick auf ihre Bedeutsamkeit. Wir dürfen deshalb den Leninismus als die wichtigste Strömung des Marxismus im 20. Jahrhundert auffassen, auch wenn bei einem Vergleich der Werke Lenins mit den Werken seiner marxistischen Gegner die letzteren sich häufig als theoretisch sehr viel gehaltvoller erweisen.

Einer der Umstände, welche die ideologischen Diskussionen belebten und die Herausbildung einer marxistischen Bewegung in Rußland beeinflußten, war die katastrophale Hungersnot in Rußland in den Jahren

1891–92. Die volkstümlerischen Ökonomen sahen darin eine Bestätigung ihres Standpunkts und einen Beweis für die zerstörerischen Wirkungen des Kapitalismus; die Marxisten zogen diese Auffassung in Zweifel. Es ging jedoch nicht nur um die ökonomische Interpretation der Ursachen dieser Erscheinung, sondern um die gesamten mit der Zukunft Rußlands zusammenhängenden gesellschaftlichen Probleme. In den neunziger Jahren begannen sich hauptsächlich unter den Studenten marxistische oder marxisierende Gruppen von Autodidakten zu bilden, aus denen bald darauf führende Gestalten hervortraten, die die Grundlagen der russischen Sozialdemokratie schufen: Lenin, Struve, Potressow und Martow.

1. Lenins frühe Publizistik

Mißt man die Größe von historischen Gestalten am Ausmaß der Folgen, die wir ihrer Tätigkeit zuschreiben dürfen, dann muß Lenin gewiß als der größte Mensch unseres Jahrhunderts anerkannt werden. Wie alle Revolutionen war natürlich auch die Oktoberrevolution ein Resultat vieler Zufälle und zusammentreffender Umstände; insbesondere war die Februarrevolution und der durch sie hervorgerufene Zerfall des Machtapparats des russischen Reiches eine ihrer Voraussetzungen. Doch hat fast niemand (auch Trotzki nicht) bezweifelt, daß das Vorhandensein und die Wirksamkeit Lenins – sowohl bei der Formung der bolschewistischen Partei wie auch im Augenblick der Revolution selbst – eine unerläßliche Bedingung ihrer Durchführung und ihres Erfolgs war. Ebenso sicher ist, daß Lenin entscheidend die Gestalt jenes vollkommen neuen historischen Gebildes beeinflußte, zu dem der sowjetische Staat wurde.

Die vorliegende Darstellung berichtet über die Geschichte der marxistischen Doktrin und nicht über die Geschichte der sozialistischen oder kommunistischen Bewegung. Im Falle Lenins wird jedoch stärker als in jedem anderen Falle deutlich, daß dieser Unterscheidung etwas Künstliches anhaftet. Von Beginn seiner politischen Tätigkeit an hat Lenin sich ausschließlich und mit bewundernswerter Konsequenz auf eine Aufgabe konzentriert und nur an eine Sache gedacht. Die Sache der Revolution in Rußland hat ihn restlos absorbiert, und sein gesamtes theoretisches Schaffen ist ihr untergeordnet. Lenin war nie ein Theoretiker in dem Sinne, daß er sich bei der Erörterung einer Frage von Erkenntnisdrang oder einfach von dem Wunsch hätte leiten lassen, ein Problem zu lösen. Alle Fragen einschließlich der erkenntnistheoretischen waren für ihn Mittel zur Vorbereitung der Revolution, und alle Antworten waren politische Handlungen.

Die intellektuelle und politische Entwicklung Lenins bis zu dem Zeitpunkt, wo er die Grundlagen des Bolschewismus schuf, ist Gegenstand von Kontroversen. Im allgemeinen (wenn man die offiziellen sowjetischen Hagiographien nicht berücksichtigt) sind sich die Historiker jedoch darüber einig, daß er in seiner Jugendzeit stark unter dem ideellen Einfluß der volkstümlerischen Tradition stand, namentlich der terroristischen Tendenz, daß er anschließend – ungefähr bis zum Jahre 1899 – ein Marxist vom »westlerischen« Typ wie etwa Plechanow war und daß er erst später, in den Jahren 1899–1902, eine eigene Variante des Marxismus entwickelte, in der die volkstümlerische Tradition teilweise wieder zu Wort kam.

Wladimir Iljitsch Uljanow (das Schriftstellerpseudonym »Lenin« benutzte er seit Ende 1901) wurde am 22. 4. 1870 (10. 4. 1870 nach dem alten Kalender) in Simbirsk (heute Uljanowsk) geboren. Sein Vater, Ilja Nikolajewitsch Uljanow, war zu jener Zeit Gouvernementsinspektor der öffentlichen Schulen, also ein hochgestellter und hochbesoldeter Beamter in der zaristischen Hierarchie. Die Kinder wurden im religiösen, aber nicht frömmlerischen Geist erzogen, und der Vater war nach den zugänglichen Quellen ein loyaler und konservativer Beamter. Lenins älterer Bruder, Alexander Uljanow (geb. 1866) studierte an der Universität Petersburg und beteiligte sich an einem Verschwörerzirkel, der, von den Traditionen der Narodowolzen erfüllt und sich selbst als eine terroristische Abteilung der *Narodnaja Wolja* ausgebend, ein Attentat auf den Zaren vorbereitete. Die amateurhafte Konspiration wurde entdeckt, und im Mai 1887 starb der junge Uljanow am Galgen. In dieser Zeit legte Lenin gerade seine Abiturprüfungen ab. Es war verständlich, daß der Märtyrertod des Bruders in ihm Haß gegen die Herrschenden und Interesse an der revolutionären Tätigkeit weckte. Im Herbst dieses Jahres schrieb er sich an der Universität Kasan ein, von der man ihn nach drei Monaten entfernte, weil er sich an einer Demonstration beteiligt hatte, die sich gegen neue Verwaltungsvorschriften richtete, durch welche die Autonomie der Universitäten und die Freiheit der Studenten eingeschränkt wurden. Er zog sich auf den Besitz seiner Mutter in dem Dorf Kokuschkino zurück und verbrachte längere Zeit mit Lektüre. Er studierte in dieser Zeit u. a. die Schriften Tschernyschewskijs, die einen gewaltigen Eindruck auf ihn machten. Die Familie zog 1888 erneut nach Kasan um, doch wurde dem Bruder des gescheiterten Zarenmörders die Wiederaufnahme des Studiums nicht gestattet. Sowohl während des ersten als auch während des zweiten Aufenthalts in Kasan hatte Lenin Verbindung zu örtlichen Kreisen, die die Traditionen der Narodowolzenverschwörung fortzuführen versuchten. Ähnliche Kontakte hatte er in Samara, wo er die folgenden drei Jahre verbrachte; dank der Bemühungen seiner Mutter erlaubte man ihm, als Externer die Prüfungen an der juristischen Fakultät der Petersburger Universität abzulegen. Im

Laufe eines Jahres bestand Lenin sämtliche Prüfungen und erhielt gegen Ende 1891 das Diplom. In den folgenden anderthalb Jahren arbeitete er in Samara in einer Anwaltskanzlei. In dieser Zeit, also an der Wende der achtziger und neunziger Jahre, bekehrte er sich unter dem Einfluß der Lektüre von Marx und Plechanow zum Marxismus, den er als eine Doktrin verstand, die nicht nur die Mechanismen der kapitalistischen Wirtschaft erklärt, sondern auch die Theorie einer Revolution ist, die durch die Expansion des Kapitalismus und die Entwicklung des Klassenbewußtseins des Proletariats, nicht aber durch eine terroristische Verschwörung vorbereitet wird.

Im September 1893 zog Lenin nach Petersburg und begann dort, in der industriellen und geistigen Hauptstadt Rußlands, mit seinem politischen Praktikum. Während der beiden folgenden Jahre glänzte er in den sozialistischen Zirkeln als ein ausgezeichneter Kenner des Marxismus und machte die Bekanntschaft vieler seiner späteren Mitarbeiter und Gegner, darunter Struve, Martow, Krzyżanowski und Potressow. Dort lernte er ebenfalls Nadeschda Krupskaja kennen, die 1898 seine Frau und Gehilfin bei allen organisatorischen und schriftstellerischen Unternehmungen werden sollte. Martow (eigentlich Jurij Ossipowitsch Zederbaum) stammte aus einer begüterten jüdischen Familie. In Konstantinopel geboren (24. 11. 1873) und in Odessa aufgewachsen, nahm er 1891 das Studium an der Petersburger Universität auf, wurde aber wegen Beteiligung an sozialistischen Zirkeln relegiert. Nachdem er einige Monate im Gefängnis gesessen hatte, zog er nach Wilna. Von dort brachte er, als er 1895 nach Petersburg zurückkehrte, Erfahrungen in der Agitationstätigkeit unter den Arbeitern mit, die den sozialistischen intellektuellen Grüppchen halfen, Kontakte mit dem wirklichen Proletariat aufzunehmen. Es ging darum, daß die Sozialdemokraten, statt mit theoretischen Vorträgen zu den Arbeitern zu kommen, sogleich die Aufmerksamkeit auf die unmittelbar verständlichen Konflikte lenken sollten, die vor allem mit der Einhaltung der Fabrikgesetze durch die Fabrikanten zusammenhingen; der Kampf auf diesem Gebiet würde rasch unter den Arbeitern den Geist der Solidarität wachrufen und ihnen bewußtmachen, daß die Staatsmacht auf der Seite der Ausbeuter steht, daß also die einzelnen Fabrikkonflikte lediglich Bruchstücke des Antagonismus zwischen der Arbeiterklasse und dem gesamten System sind. In diesem Geiste begannen die sozialdemokratischen Zirkel unter dem Petersburger Proletariat aktiv zu werden.

Die ersten von Lenin verfaßten Texte stammen aus den Jahren 1893–95 und richten sich hauptsächlich gegen die ökonomischen Auffassungen der Volkstümler. Seine schriftstellerische Tätigkeit begann mit der Besprechung eines Buches von W. J. Postnikow über die Bauernwirtschaft in Südrußland; die Zeitschrift, der er seinen Text schickte, wies ihn jedoch zurück. Das besprochene Buch wies auf die Fortschritte des Kapitalismus in der russischen Landwirtschaft und die besitzmäßige Schichtung der Bauernschaft hin; es verstärkte also die Argumente gegen die volkstümlerische Ideologie. Aus dem gleichen Jahre stammt ein damals ebenfalls ungedrucktes Referat Lenins über Absatzmärkte, das er für einen Diskussionszirkel vorbereitete. Es handelt sich dabei ebenfalls um eine Polemik gegen die volkstümlerischen Ökonomen, namentlich gegen die Behauptung, daß der Kapitalismus nicht imstande sei, sich in Rußland einen inneren Markt zu schaffen, weil er dadurch, daß er die bäuerlichen Massen proletarisiert und somit ihren Konsum beschränkt, sich selbst den Boden entzieht. Lenin weist darauf hin, daß die Verarmung und Proletarisierung der Bevölkerung eine Ausweitung des Markts keineswegs unmöglich macht; die sich proletarisierenden Bauern sind im Gegenteil gezwungen, ihre Arbeitskraft zu verkaufen und schaffen damit einen Absatzmarkt; der sich entwickelnde Kapitalismus schafft sich ebenfalls einen Markt für Produktionsmittel.

Im Jahre 1894 schrieb Lenin eine größere Abhandlung gegen die gesamte Sozialphilosophie der Volkstümler, vor allem gegen Michajlowski und Kriwenko. Diese Abhandlung mit dem Titel »Was sind die Volksfreunde und wie kämpfen sie gegen die Sozialdemokraten?« wurde hektographiert und in den sozialdemokratischen Zirkeln verbreitet; ihr mittlerer Teil ist nicht erhalten geblieben. Lenin bekämpft dort den »Subjektivismus« und die für die volkstümlerischen Schriftsteller typische moralistische Betrachtungsweise. Ihr stellt er den Marxismus als eine wissenschaftliche und daher deterministische Doktrin entgegen; diese Doktrin fragt überhaupt nicht danach, was sein »soll«, und untersucht sämtliche gesellschaftlichen Prozesse, insbesondere auch die Bewußtseinsphänomene, als »natürliche« Prozesse, die durch die Produktionsverhältnisse festgelegt sind. »Marx betrachtet die gesellschaftliche Bewegung als einen naturgeschichtlichen Prozeß, den Gesetze lenken, die nicht nur von dem Willen, dem Bewußtsein und der Absicht der Menschen unabhängig sind, sondern vielmehr umgekehrt deren Wollen, Bewußtsein und Absichten bestimmen.... Wenn das bewußte Element in der Kulturgeschichte eine so untergeordnete Rolle spielt, dann versteht es sich von selbst, daß die Kritik, deren Gegenstand die Kultur selbst ist, weniger als irgendetwas andres irgendeine Form oder irgendein Resultat des Bewußtseins zur Grundlage haben kann« (»Werke«, Bd. 1, S. 159).[1] Dabei besteht kein Konflikt zwischen dem Determinismus, der das »dumme Märchen von der Willensfreiheit« verwirft, und der Möglichkeit, menschliche Handlungen zu beurteilen oder die Rolle der Individuen in der Geschichte anzuerkennen; die ganze Geschichte besteht aus Handlungen von Individuen, und die Frage ist, unter welchen Bedingungen die individuellen Handlungen erfolgreich sein können. Darüber hinaus sagt Lenin: »Jedermann weiß, daß der wissenschaftliche Sozialismus eigentliche Zukunftsperspektiven niemals ausgemalt hat; er hat sich auf die Analyse der modernen bürgerlichen Gesellschaftsordnung beschränkt, auf die Erforschung der Entwicklungstendenzen der kapitalistischen Gesellschaftsorganisation – und nur darauf« (*ebd.*, S. 179).

Auch in dieser Frage steht Lenin also auf dem gleichen Standpunkt wie Plechanow und die deutsche Orthodoxie: Der Marxismus besteht in der deterministischen Interpretation der Geschichte und *sagt* aufgrund der Erforschung der bestehenden Gesellschaft deren künftige Entwicklung *voraus*, deren Resultate unabhängig von den Wünschen oder Urteilen einzelner im voraus entschieden sind; er vermag deshalb die Frage zu beantworten, welche menschlichen Bestrebungen der »objektiven« Tendenz der Entwicklung entsprechen und welche dazu verurteilt sind, fruchtlose Träumereien zu bleiben. Ähnlich wie andere Orthodoxe antwortet Lenin nicht auf die Frage, die hartnäckig sowohl von den »Subjektivisten« wie auch von den Neukantianern gestellt wird: Wenn wir wissen, welche unserer Handlungen Erfolgschancen haben, so haben wir damit noch keinen *Grund* für diese Handlungen; woher können solche Gründe stammen? Wenn wir uns aber des Begriffs des *Fortschritts* bedienen, so führen wir stillschweigend eine wertende Prämisse in unsere Analyse ein, denn wir setzen voraus, daß der gesellschaftliche Prozeß, den wir beobachten, nicht nur notwendig, sondern außerdem unterstützungswürdig ist; das letztere kann jedoch aus einer beschreibenden Analyse nicht gefolgert werden.

Lenin bedient sich aber des Fortschrittsbegriffs, ohne das Verhältnis dieses Begriffs zur deterministischen Geschichtsphilosophie zu erläutern. Er setzt voraus, daß der Kapitalismus gegenüber der russischen Autokratie »fortschrittlich« ist, und das heißt ganz eindeutig mehr als nur, daß der Sieg der kapitalistischen Wirtschaft unvermeidlich ist. Allerdings – und das ist für Lenin ein Punkt von prinzipieller Bedeutung – sind der Kapitalismus in Rußland und die mit ihm zusammenhängenden Perspektiven demokratischer Umgestaltung des Systems nicht an sich »fortschrittlich«, sondern deshalb, weil sie den Kampf der Arbeiterklasse für den künftigen Sturz des Kapitalismus erleichtern. Lenin betont, daß die Marxisten sich als Sozialdemokraten bezeichnen sollen und nie die enorme Bedeutung des »Demokratismus« und des Kampfes gegen die Institutionen der Fronherrschaft, gegen den Absolutismus und die zaristische Bürokratie vergessen dürfen, da sie ohne die Beseitigung der Feudalordnung nicht erfolgreich gegen die Bourgeoisie werden kämpfen können. »Und deshalb ist es die unmittelbare Pflicht der Arbeiterklasse, an der Seite der radikalen Demokratie gegen den Absolutismus und die reaktionären Stände und Einrichtungen zu kämpfen, und diese

Pflicht müssen die Sozialdemokraten ihr einhämmern, ohne auch nur einen Augenblick lang aufzuhören ihr dabei einzuschärfen, daß der Kampf gegen alle diese Einrichtungen lediglich als Mittel zur Erleichterung ihres Kampfes gegen die Bourgeoisie notwendig ist, daß der Arbeiter die Verwirklichung der allgemein-demokratischen Forderungen lediglich braucht, um den Weg freizumachen, der zum Sieg über den Hauptfeind der Werktätigen führt – zum Sieg über eine ihrer Natur nach rein demokratische Einrichtung, das Kapital ...« (*ebd.*, S. 294).

Lenin wiederholt diese Ermahnungen mehrfach, und ihr Sinn ist klar: Die Demokratie ist kein Ziel an sich, die politische Freiheit wird vor allem der Bourgeoisie nutzen, doch ist die Arbeiterklasse an diesem Kampf interessiert, da die Freiheit ihren sozialistischen Kampf erleichtert. Diese Auffassung enthält bereits Anzeichen des bald darauf eintretenden Bruchs zwischen den Sozialdemokraten und den »legalen Marxisten«, für welche die politischen Freiheiten nicht nur ein Instrument des Kampfes um die nächste »Etappe« der Geschichte sein sollten, sondern ein kultureller Wert an sich. Lenin bezog von Anfang an den Kampf gegen den Absolutismus in die Perspektive des künftigen Sieges des Sozialismus ein, und alle antizaristischen Vorhaben und Bündnisse mit demokratischen Kräften waren für ihn nur in dieser Perspektive sinnvoll. Um die »Fortschrittlichkeit« von gesellschaftlichen Institutionen zu ermessen, genügt es nicht, nur Gesellschaftsformationen miteinander zu vergleichen, die auf dem Klassenantagonismus beruhen; die »Fortschrittlichkeit« muß immer auf das Endziel, also den Sozialismus, bezogen werden. In diesem Punkt stimmt die eschatologische Haltung Lenins völlig mit der Auffassung von Marx überein, geht sie doch u. a. davon aus, daß alle demokratischen Institutionen, die mit der kapitalistischen Wirtschaft einhergehen, also die politischen und kulturellen Freiheiten, keine selbständigen Werte sind, sondern daß ihr Sinn völlig von ihrer Funktion innerhalb der kapitalistischen Ordnung bestimmt wird.

Was nun die Frage des Sieges des Kapitalismus in Rußland betrifft, so hielt Lenin sie in diesen Jahren ebenso wie Plechanow für vorweg entschieden. Nach seiner Auffassung verwickeln sich die Volkstümler in einen inneren Widerspruch, denn sie möchten die feudalen Überreste in Rußland beseitigen und zugleich jene gesellschaftlichen Institutionen bewahren, die allein dank dieser Überreste existieren können; sie möchten alle mit den Überresten der Fronherrschaft und der Leibeigenschaft verbundenen Hindernisse beseitigen und zugleich die unvermeidlichen Folgen dieses Prozesses in Gestalt der Enteignung und klassenmäßigen Aufspaltung der Bauernschaft aufhalten. Sie sind also insofern Reaktionäre, als sie Institutionen (die Bindung des Bauern an den Boden) erhalten möchten, die der Fortschritt zum Untergang verurteilt.

Die grundlegende praktische Aufgabe, der Lenin die folgenden Jahre seines Lebens widmen sollte, ist bereits in der erwähnten Abhandlung eindeutig formuliert: die Organisierung einer sozialistischen Arbeiterpartei, dank derer das Proletariat im Kampf gegen den Absolutismus nicht ein Instrument der Bourgeoisie sein wird, sondern sich als eine selbständige Bewegung konstituiert, die sich ihres Antagonismus nicht nur zur Zarenherrschaft, sondern zum Kapital bewußt ist. Dabei geht es Lenin eindeutig um eine Arbeiterpartei, bei deren Bildung die Intelligenz lediglich eine Gehilfenrolle erfüllen soll: »die Rolle der ›Intelligenz‹ . . . besteht darin, besondere, intellektuelle Führer überflüssig zu machen« (*ebd.*, S. 302). Das Proletariat soll nicht nur eine selbständige Bewegung schaffen, sondern den Kampf gegen den Absolutismus anführen. Dieser letzte Punkt wird lediglich in allgemeiner Weise angedeutet; in späteren Schriften sollte er zum Schlüssel der Leninschen Taktik werden.

In den Jahren 1893–94 trat Lenin also auf der Petersburger politischen und intellektuellen Szene als ein Marxist im klassischen, d. h. Plechanowschen Sinne auf. Alle wichtigen Elemente der sozialdemokratischen Weltanschauung sind bereits in diesen frühen Schriften vorhanden: die Auffassung, daß der Angelpunkt des Marxismus die Theorie der historischen Unvermeidlichkeit ist und daß der Marxismus keine wertenden Elemente enthält; daß sich die kapitalistische Entwicklung in Rußland unwiderruflich durchgesetzt hat; daß es die Aufgabe der Sozialdemokraten ist, den Arbeitern bei der Organisierung einer selbständigen politischen Bewegung zu helfen, die an der Spitze aller demokratischen Elemente gegen den Absolutismus kämpfen wird, um auf diese Weise das Feld für den künftigen Sieg über das Kapital freizumachen.

Das Jahr 1895 ist sowohl in der Geschichte des sozialistischen Denkens in Rußland wie auch in der Biographie Lenins besonders wichtig. In dieses Jahr fällt die erste Auslandsreise Lenins, seine Verhaftung, die Bildung einer sozialdemokratischen Organisation in Petersburg, die ersten Kontakte der sozialdemokratischen Intelligenz mit den Arbeitern und der erste Konflikt Lenins mit Struve, also mit dem, was später als »legaler Marxismus« bezeichnet werden sollte.

2. Struve und der legale Marxismus

Mit dem Ausdruck »legaler Marxismus« wird die schriftstellerische Tätigkeit einer Gruppe von Philosophen und Ökonomen bezeichnet, die in den neunziger Jahren in Rußland marxistische Ideen vertraten, aber beinahe von Anfang an – und im Laufe der Zeit immer stärker – ihr kritisches Verhältnis zu einigen wesentlichen Elementen der Orthodoxie sowohl auf dem Gebiet der politischen Ökonomie wie auch in der

Gesellschaftslehre unterstrichen. Von den »legalen Marxisten« war eigentlich keiner ein Orthodoxer im gleichen Sinne wie Plechanow oder Lenin, und in politischer Hinsicht gingen sie nach 1900 alle zu einem liberalen Standpunkt über, während sie sich in der Philosophie mehrheitlich dem Christentum näherten. In den neunziger Jahren beherrschten ihre Schriften allerdings die marxistische Publizistik Rußlands. Die wichtigsten Tendenzen des legalen Marxismus im Unterschied zur Orthodoxie lassen sich in einigen Punkten zusammenfassen: Die legalen Marxisten akzeptierten die Prinzipien des historischen Materialismus, meinten aber, diese stünden in keinem logischen Zusammenhang mit dem philosophischen Materialismus und ließen sich mit einer spiritualistischen Philosophie, mit dem Positivismus oder dem Kantianismus vereinbaren; sie hielten den Marxismus ebenfalls für eine wissenschaftliche Erklärung historischer Prozesse, meinten aber ähnlich wie die Neukantianer, daß in diesen Erklärungen keine moralischen Prinzipien enthalten seien und daß diese auf einer anderen Grundlage bestimmt werden müßten; für sie waren politische Freiheiten und demokratische Institutionen eigenständige Werte, und sie interessierten sich überhaupt für Möglichkeiten politischer und wirtschaftlicher Reformen innerhalb des Kapitalismus nicht nur unter dem Gesichtspunkt ihrer Bedeutung für den Kampf um das »Endziel«, sondern ebenfalls unter dem Gesichtspunkt der unmittelbaren Interessen der Arbeiterklasse, der Bauernschaft, der Intelligenz und der kulturellen Entwicklung; der Marxismus war für sie eher eine das gesellschaftliche Leben erklärende Theorie als ein praktisches Instrument des Kampfes, anders gesagt ging es ihnen mehr um die erkenntnismäßigen Werte der Doktrin als um ihre politische Funktion; sie kritisierten die Marxsche Werttheorie, die Theorie der sinkenden Profitrate und die Theorie der Kapitalkonzentration in der Landwirtschaft. In gewisser Hinsicht griffen sie dem deutschen Revisionismus vor, in anderer machten sie sich seine Kritik zu eigen. Sie trugen beträchtlich zur Verbreitung des Marxismus in der russischen Intelligenz bei, aber ebenfalls zu seinem Zerfall. Man hält sie für das russische Gegenstück zum Revisionismus, aber diese Analogie stimmt nur teilweise; die legalen Marxisten gehörten nämlich gegen Ende des Jahrhunderts zu den Hauptverfechtern des geistigen Kampfes um liberale Reformen; sie existierten so lange, wie der Sozialismus und der Liberalismus in Rußland sich noch nicht eindeutig voneinander getrennt hatten.

Die herausragende Gestalt unter den legalen Marxisten war Pjotr Bernardowitsch Struve (1870–1944). Neben ihm werden Nikolaj Alexandrowitsch Berdjajew (1874–1948), Michael Iwanowitsch Tugan-Baranowski (1865–1919), Sergej Nikolajewitsch Bulgakow (1871–1944) und Semjon Ludwigowitsch Frank (1877–1944) dieser Formation zugerechnet. Der Ausdruck »legaler Marxismus« wurde in erster Linie von Lenin und anderen Orthodoxen im pejorativen Sinne benutzt; wie der Verfasser der erschöpfendsten Monographie über diese Bewegung, R. Kindersley, erklärt, sollte dieser Ausdruck die Aufmerksamkeit nicht so sehr auf die Tatsache lenken, daß die genannten Autoren ihre Arbeiten in legalen Verlagen und Zeitschriften veröffentlichten (denn das tat auch Lenin), als vielmehr auf den »legalen« Status der Personen selbst, also auf die Tatsache, daß sie legal unter ihrem eigenen Namen lebten und im allgemeinen keine Untergrundtätigkeit betrieben. Die Art, in der die Orthodoxen diesen Ausdruck benutzten, suggerierte aber etwas mehr, denn er unterstellte den damit Bezeichneten die Auffassung, daß eine legale, reformistische Tätigkeit der einzige Weg zu gesellschaftlichen Veränderungen in Rußland sei.

Struves Vater war Gouverneur des Gouvernements Perm. Struve selbst studierte ab 1899 an der Universität Petersburg zunächst Zoologie, später Recht. Er war das typische Beispiel eines Intellektuellen, nicht aber eines politischen Aktivisten, und er bekehrte sich zum Marxismus eher aus theoretischen als aus politischen Motiven. In seiner Studentenzeit war er in Petersburg als ein Mensch von ungewöhnlicher Gelehrsamkeit und Kenner der westlichen Strömungen in Philosophie und Soziologie bekannt. Was ihn am Marxismus anzog, war dessen wissenschaftliches, unsentimentales Verhältnis zu den gesellschaftlichen Erscheinungen, der strenge Determinismus und die Fähigkeit, die Perspektiven der gesellschaftlichen Entwicklung Rußlands klar darzustellen. Seit seiner Jugend hing er liberalen Vorstellungen an und faßte – wie der Autor einer Monographie über ihn, R. Pipes, bemerkt – eigentlich von Anfang an den Liberalismus als Ziel an sich, den Sozialismus dagegen als ein Mittel auf, also gerade umgekehrt wie die orthodoxen Marxisten. Er war eminent »westlerisch« orientiert, stellte sich die Zukunft Rußlands in Kategorien der »Europäisierung« vor und glaubte, daß vor allem die Arbeiterklasse diesen Prozeß vorantreiben werde. Er war die führende Gestalt eines Kreises, der sich in den Jahren 1890–91 mit gesellschaftlichen und philosophischen Studien befaßte. Früh erfuhr Struve an sich den Einfluß der neukantianischen Literatur, und dieser Einfluß vertiefte sich während eines einjährigen Aufenthalts an der Universität Graz in dem Jahre 1891. Seine schriftstellerische Tätigkeit begann – wie bei allen Marxisten dieser Generation – mit einer Kritik der volkstümlerischen Vorstellungen zur Bauernfrage und zur Frage der Perspektiven des Kapitalismus in Rußland. In Rezensionen und Artikeln, die er in den Jahren 1892–93 verfaßte, wies er darauf hin, daß die klassenmäßige Schichtung der Landbevölkerung und die Entwicklung einer Warenwirtschaft nicht nur unvermeidlich, sondern zugleich segensreich für das Land seien, daß Träume von der Aufrechterhaltung der Dorfgemeinde und der Naturalwirtschaft letzten Endes durch das Eindringen des Kapitalismus zunichte gemacht worden seien. Im Herbst 1894 erschien in Petersburg das Buch Struves »Kritische Bemerkungen zur Frage der wirtschaftlichen Entwicklung Rußlands«. Dieses Werk ist insofern marxistisch, als sich Struve darin zum historischen Materialismus bekennt und von diesem Standpunkt aus die »subjektive Soziologie« kritisiert; ferner attackiert er die ökonomischen Vorstellungen der Volkstümler und die fruchtlosen Bemühungen, den Gang der Geschichte umzukehren. In einigen wichtigen Punkten läßt das Buch jedoch eindeutig die revisionistische Zukunft des Verfassers erkennen. Erstens verwirft Struve die unter den Marxisten allgemein anerkannte Theorie, daß der Staat »nichts anderes« sei als ein Instrument zur klassenmäßigen Unterdrückung; der Staat erfüllt ebenfalls – und zwar in allen Systemen – zahlreiche gesellschaftlich notwendige und an kein besonderes Klasseninteresse gebundene Funktionen; deshalb wird er auch in dem System, das an die Stelle des Kapitalismus tritt, unentbehrlich sein. Zweitens – und das ist wichtiger – spricht sich Struve für einen evolutionären Sozialismus aus, der durch stetige und graduelle Veränderungen aus der kapitalistischen Wirtschaft hervorgeht; damit verwirft er zugleich die Theorie von der unvermeidlichen Verelendung der Arbeiterklasse. Im gleichen Maße, wie es eine Kritik an der volkstümlerischen Utopie ist, ist dieses Buch ein Loblied auf den Kapitalismus – nicht nur aus dem Grunde, weil der Kapitalismus seinen eigenen Untergang und seine Ersetzung durch eine höhere Ordnung vorbereitet, sondern auch deshalb, weil er ein gewaltiger Fortschritt in allen Bereichen ist: in der Produktivität der Arbeit, der Rationalisierung der Wirtschaft, der Entwicklung politischer und kultureller Freiheiten, der Vergesellschaftung des Lebens. Das Buch schließt mit einem Satz, der als Angriffsziel der Volkstümler Karriere machte: »Bekennen wir uns zu unserem Mangel an Kultur und gehen wir beim Kapitalismus in die Lehre.« Für die volkstümlerischen Kritiker war der Verfasser ein Verherrlicher des Kapitalismus und damit ein Ideologe der Bourgeoisie. Struve hielt sich jedoch nicht nur für einen Marxisten, sondern ebenfalls für einen Sozialdemokraten, und während der nächsten Jahre betrachteten Lenin und er ihre Auseinandersetzungen als Meinungsverschiedenheiten innerhalb der sozialdemokratischen Ideologie. In Anbetracht dessen ist die Bezeichnung »legaler Marxismus«, sofern sie die Existenz einer eindeutig abgehobenen und sich ihrer Besonderheit bewußten Bewegung voraussetzt, gewissermaßen eine Projektion in die Vergangenheit, die Lenin nach dem Bruch mit Struve vollzog. Andererseits ist es jedoch nicht unbegründet, wenn die genannte Gruppe von Autoren als eine einheitliche Strömung in den damaligen Auseinandersetzungen aufgefaßt wird, da sie von Anfang an gewisse gemeinsame Tendenzen erkennen lassen, auch wenn die Unterschiede zwischen den Revolutionären und den Revisionisten einige Jahre lang weniger wichtig waren als ihre Gemeinsamkeit in der Kritik an den Volkstümlern.

Im Herbst 1895 reiste Struve in die Schweiz, wo er Plechanow begegnete; anschließend verbrachte er einige Monate mit Studien in Berlin. Im folgenden Jahr entsandte ihn die vor allem auf Initiative Martows und Lenins gegründete sozialdemokratische Organisation, die, nachdem die beiden Begründer bereits verhaftet waren, den Namen »Kampfbund zur Befreiung der Arbeiterklasse« erhielt, zusammen mit Potressow zum Londoner Kongreß der Internationale. Die Kontakte mit den Fabiern in England bestärkten ihn in seinen Hoffnungen auf einen Sozialismus, der auf evolutionärem Wege aus der kapitalistischen Ordnung hervorgeht. Anfang 1897 begann Struve zusammen mit Tugan-Baranowski die (zuvor von liberalen Volkstümlern herausgegebene) Zeitschrift »Nowoje Slowo« herauszugeben. Bis zur Einstellung nach nicht ganz einjährigem Erscheinen war diese Zeitschrift die wichtigste Tribüne des russischen Marxismus, und sie veröffentlichte Artikel aller bedeutenderen Vertreter der Bewegung, darunter Plechanow, Lenin und Martow. Dort fand u. a. die Diskussion zwischen Struve und Bulgakow über das neue Buch Stammlers zum historischen Materialismus statt. In dieser Diskussion versucht Struve, den historischen Materialismus in Einklang zu bringen mit der Idee der Freiheit gemäß der Kantschen Unterscheidung zwischen empirischer und noumenaler Welt, einer Unterscheidung, die sich jedoch auf unklare Weise der Unterscheidung zwischen physischer und psychologischer Wirklichkeit überlagert. Struve versichert, daß sich alle Ideale und Wertempfindungen überhaupt ursächlich durch gesellschaftliche Umstände erklären lassen; weil sie sich jedoch den Menschen psychologisch als unabhängig von diesen Bedingungen und mit einer eigenen Wirklichkeit ausgestattet darstellen, kann man jene psychologische Wirklichkeit nicht ganz in der gleichen Sprache beschreiben, in der man die Welt der Erscheinungen beschreibt, und somit muß man einen nicht näher bestimmten Bereich der Unabhängigkeit zwischen den historischen Bedingungen und den menschlichen Idealen annehmen. Diese Argumentation ist unbeholfen und nicht überzeugend, läßt aber im Denken Struves eine Spannung zwischen seinem historischen Materialismus und dem Wunsch erkennen, gewisse Werte als unhistorisch und nicht-relativ anzuerkennen. Diese Spannung sollte er bald darauf aufheben, indem er sich gänzlich der marxistischen Doktrin entledigte.

Im März 1898 entsandte eine Reihe von untereinander nicht verbundenen sozialdemokratischen Gruppen ihre Delegierten nach Minsk auf eine Versammlung, bei der die Russische Sozialdemokratische Arbeiterpartei gegründet werden sollte. Dieser Kongreß führte zwar nicht zu der erhofften Zusammenfassung der russischen Sozialdemokratie; nahezu alle seine Teilnehmer, die übrigens nicht sehr zahlreich waren, wurden gleich nach Beendigung der Verhandlungen verhaftet. Außer dem Namen der Partei (und darüber hinaus dem Beginn einer bis heute fortgeführten Numerierung der jeweiligen Parteitage) hinterließ er jedoch ein Dokument in Gestalt eines Manifests, das Struve verfaßte (obwohl er selbst an den Beratungen nicht teilnahm). Das Manifest hob hervor, daß es die nächstliegende Aufgabe der Arbeiterklasse sei, politische Freiheiten zu erkämpfen, daß angesichts der Schwäche und Feigheit der Bourgeoisie die Aufgabe, den Absolutismus zu stürzen, dem Proletariat zufalle, daß das Proletariat jedoch weiterhin für seine eigenen klassenmäßigen Ziele gegen die Bourgeoisie kämpfen werde und seine klassenmäßige Eigenart wahren müsse. Das alles entsprach der Plechanowschen Auffassung.

Allerdings war die Abfassung des programmatischen Dokuments der entstehenden Sozialdemokratie zugleich die letzte Handlung Struves als Sozialdemokrat. Das Buch und die Artikel Bernsteins bestärkten ihn in seinen Zweifeln an der Richtigkeit der revolutionären marxistischen Doktrin, obwohl er die Kritik Bernsteins in philosophischer Hinsicht (völlig zu Recht) miserabel fand. Bald darauf sollte er ähnliche Schlußfolgerungen durch seine eigenen kritischen Ausführungen besser begründen. In dem Artikel »Die Marxsche Theorie der sozialen Entwicklung«, der 1899 in der Zeitschrift »Archiv für soziale Gesetzgebung und Statistik« erschien, griff er den Widerspruch an, der schon im Begriff der sozialen Revolution selber steckt, und verallgemeinerte alle seine Einwände gegen die Marxsche Gesellschaftstheorie, obwohl er dieser Theorie weiterhin seine Reverenz erwies und sich selbst sogar noch als einen Marxisten bezeichnete.

Nach Auffassung Struves stützte sich Marx, als er seine Theorie von der Verelendung und Degradierung der Arbeiterklasse verkündete, auf durchaus zutreffende Tatsachen; weil er jedoch den Umstand außer acht ließ, daß die spätere Entwicklung des Kapitalismus diese Beobachtungen keineswegs als eine dauerhafte Tendenz des Kapitalismus bestätigte, bemerkte Marx nicht, daß es um den Sozialismus hoffnungslos bestellt wäre, wenn seine Theorie in diesem Punkte zuträfe: Man kann schließlich nicht erwarten, daß eine Klasse, die zur ständigen geistigen und körperlichen Degradierung verurteilt ist, imstande sein wird, die größte Revolution der Geschichte zu vollziehen, die nicht nur ökonomische Veränderungen, sondern auch eine Blüte der Kultur und Kunst herbeiführen soll. In Wirklichkeit gibt es keinen Grund, anzunehmen, daß die gesellschaftlichen Antagonismen, insbesondere der Widerspruch zwischen den Produktivkräften und den Produktionsverhältnissen, sich ständig verschärfen muß. Im Gegenteil: Die Theorie von den sich verschärfenden gesellschaftlichen Widersprüchen und vom Zusammenbruch des Kapitalismus steht im Widerspruch zu anderen Grundsätzen des historischen Materialismus. Man darf die Wirtschaft und den rechtlichen »Überbau« nicht als zwei selbständige ontologische Realitäten auffassen, die sich als solche globale Einheiten zueinander wie Ursache und Wirkung oder auch nur, wie Stammler es möchte, wie der Inhalt zur Form verhalten. Bei beiden Auffassungen arbeiten wir mit Hypothesen, denen keine realen Erscheinungen entsprechen. In Wirklichkeit haben wir es mit einem unablässigen Druck der wirtschaftlichen Tatsachen auf die rechtlichen und mit einem stetigen Prozeß der Anpassung zu tun. Marx selbst setzt voraus, daß sich in der kapitalistischen Wirtschaft ununterbrochen ein Prozeß der Vergesellschaftung vollzieht, ist jedoch der unbegründeten Auffassung, daß dieser Prozeß zwangsläufig von einer dauernden Steigerung des »kapitalistischen« Charakters des Rechts begleitet ist, daß also die Distanz zwischen diesen beiden, übrigens rein intellektuellen Wesenheiten sich zwangsläufig vergrößert. In Wirklichkeit ist es umgekehrt: Der Prozeß der sozialistischen Entwicklung geht innerhalb der kapitalistischen Gesellschaft vor sich, sowohl in den ökonomischen wie in den rechtlichen Erscheinungen, und ihre gegenseitige Unangepaßtheit, die unvermeidlich ist, wird beseitigt oder schrittweise abgemildert. »In der wirklichen Gesellschaft gibt es keinen absoluten Widerstreit des Rechtes und der Wirtschaft und keine absolute Harmonie zwischen ihnen, sondern fortwährende partielle Kollisionen und Anpassungen des Wirtschaftlichen und des Rechtlichen.« Wenn der Begriff der »sozialen Revolution« überhaupt etwas bedeutet, dann kann er nur einen allmählichen Prozeß sozialer Veränderungen bezeichnen, mit dem irgendwann eine politische Revolution einhergehen kann, aber nicht muß; der Prozeß sozialistischer Veränderungen vollzieht sich nicht durch ein ständiges Anwachsen der Spannungen, sondern durch deren allmähliche Abschwächung. Gerade diese Auffassung entspricht dem historischen Materialismus, während die Theorie von einer gewaltsamen sozialen Revolution dieser Theorie widerspricht. Die Stetigkeit der Veränderungen ist übrigens eine erkenntnistheoretische Bedingung für die Verständlichkeit des Begriffs der Veränderung selbst, während ein globaler Gegensatz von Kapitalismus und Sozialismus, die durch einen abrupten Bruch voneinander getrennt sind, schlechthin unfaßbar ist. Was nun die politische Revolution betrifft, die zur Errichtung der Diktatur des Proletariats führen soll, so ist eine solche Diktatur um so weniger wahrscheinlich und um so weniger nötig, je mehr das Proletariat erstarkt, und nicht umgekehrt; die zunehmende Stärke und gesellschaftliche Bedeutung der Arbeiterklasse bezeichnet ja gerade ein Anwachsen der sozialistischen Elemente des Systems.

In ihrem empirischen Teil ist diese Argumentation offensichtlich eine Wiederholung der Ausführungen Bernsteins; sie geht davon aus, daß soziale Reformen im Kapitalismus bedeuten, daß tatsächlich schon sozialistische Verhältnisse aufgebaut werden. Die »erkenntnistheoretische« Argumentation ist dagegen eindeutig an den Haaren herbeigezogen. Marx behauptete, daß die Bedingungen des Sozialismus im kapitalistischen System in Gestalt der zunehmenden Kooperation und technischen Konzentration des Produktionsprozesses vorbereitet werden; nach seiner Voraussage ist die politische Revolution, d. h. die Übernahme der Macht durch das organisierte Proletariat, eine unerläßliche Voraussetzung für die Veränderung der ökonomischen Verhältnisse, insbesondere für die Vergesellschaftung der Produktionsmittel. Was immer man gegen diese Doktrin einwenden mag, einen logischen Widerspruch scheint sie nicht zu enthalten. In praktischer Hinsicht sollte der grundlegende Inhalt der sozialen Revolution in der gewaltsamen Enteignung der Kapitalisten bestehen, und man wird kaum beweisen können, daß dieser Akt logisch unmöglich ist.

Eine Zeitlang bestand noch eine gewisse Verbindung zwischen Struve und der Sozialdemokratie, die jedoch im Jahre 1901 in einer Flut von gegenseitigen Anschuldigungen und Intrigen völlig unterging. Nachdem Lenin und Martow aus der Verbannung zurückgekehrt waren, kam es noch zu langwierigen Unterhandlungen mit Struve über eine mögliche Mitarbeit an schon vorher geplanten Zeitschriften, doch es war offensichtlich, daß die Kluft zwischen ihnen nicht mehr zu überbrücken war. Struve unterzog nach und nach verschiedene wesentliche Elemente der sozialdemokratischen Ideologie und der marxistischen Philosophie der Kritik, um sie am Ende alle zu verwerfen. Schon 1899 hatte er, in Übereinstimmung mit Böhm-Bawerk und den russischen Ökonomisten, die Marxsche Werttheorie kritisiert. Er behauptete, daß Marx versucht habe, in seinem Wertbegriff zwei ungleichartige Erscheinungen miteinander zu verknüpfen: die soziale Tatsache der Ausbeutung und die ökonomische Tatsache des Austausches. Wenn, wie es im dritten Band des »Kapital« heißt, die Industrie eine durchschnittliche Profitrate hervorbringt, dann heißt das ganz einfach, daß die ökonomischen Realitäten nicht dem Begriff eines von der Arbeit bestimmten Wertes entsprechen, denn letzten Endes konstituiert sich der Wert als eine Funktion der Produktionskosten; der Wert, wie er im ersten Band des »Kapital« dargestellt wird, bleibt lediglich eine metaphysische Größe, mit der die politische Ökonomie nichts anfangen kann.

Die philosophische Kritik Struves machte das Maß voll. Struve hatte sich zwar nie im Sinne von Engels und Plechanow zum dialektischen Materialismus bekannt; er war eher ein Szientist und Positivist, doch stimmte seine allgemeine, deterministische und empiristische Orientierung durchaus mit der unter den Marxisten allgemein herrschenden Denkweise überein. Im Jahre 1900 verfaßte er jedoch eine lange Einleitung zu dem 1901 (russ.) erschienenen Buch Berdjajews »Subjektivismus und Individualismus in der Sozialphilosophie«, in der er eindeutig vom Positivismus abgeht und zu einem religiös untermauerten kantianischen Transzendentalismus übergeht. Da sich die Werte nicht aus der Empirie ableiten lassen, müssen wir, wenn wir nicht einen extremen Relativismus zulassen wollen, einräumen, daß die Werte eine ontologische Grundlage haben und sich nicht bloß aus willkürlichen subjektiven Entscheidungen herleiten. Der absolute Charakter der Werte setzt eine absolute und nicht-empirische Wirklichkeit voraus: eine substantielle, mit Freiheit ausgestattete Seele und ein höchstes Wesen. Auf dieser Basis kann man wiederum den absoluten Wert der Persönlichkeit anerkennen, der die Grundlage der liberalen Sozialphilosophie ist. Der Liberalismus ist nämlich nach Struves Auffassung vor allem eine nominalistische Weltanschauung; er verwirft den Gedanken, daß irgendwelche überpersönlichen kollektiven Wesenheiten – Gesellschaft oder Staat – sich das Recht anmaßen könnten, die unveräußerlichen Rechte des Individuums einzuschränken und seine Freiheit und sein Recht auf eine unbegrenzte Selbstvervollkommnung zu begrenzen.

Schließlich ging Struve im Jahre 1901 aus Rußland fort und lebte im folgenden Jahr in Stuttgart, wo er die Zeitschrift »Oswoboshdenije« herausgab; diese Zeitschrift war nicht das Organ irgendeiner politischen Partei, hing aber sehr eng mit der sich in Rußland organisierenden liberalen Bewegung zusammen und verfolgte das Ziel, die Selbstherrschaft zu bekämpfen und zu demaskieren. Von nun an hing die weitere schriftstellerische und politische Tätigkeit Struves nur noch insofern mit der Geschichte des Marxismus zusammen, als er die Zielscheibe unablässiger Angriffe von Seiten der Sozialdemokratie war.

Von den übrigen Autoren, die man zu den »legalen Marxisten« rechnet, hatte Berdjajew am wenigsten mit dem Marxismus gemein. Er gehörte zwar in seiner Studentenzeit einem sozialdemokratischen Zirkel an und wurde deshalb verhaftet und anschließend für drei Jahre nach Wologda verbannt, wo sich unter den gleichen Umständen schon Bogdanow und Lunatscharski befanden, doch waren, seit er zu schreiben begann, seine Verbindungen zum Marxismus sehr viel lockerer als bei Struve. In dem schon erwähnten Buch machte er sich wohl die Prinzipien des historischen Materialismus und die Idee des Klassenkampfes zu eigen, versah sie jedoch mit derartigen Einschränkungen, daß sie selbst in einem noch so weit gefaßten Marxismus keinen Platz mehr hatten. Er meinte, es müsse eine ontologische Grundlage von unveränderlichen moralischen und logischen Werten geben und der Einfluß historischer Umstände, insbesondere der Klassenkämpfe, bestimme nur insofern die Regeln der Erkenntnis und der Pflicht, als in jeder historischen Phase andere Klassen Träger dieser Regeln sind. Ausgehend von dem positivistischen Grundsatz, daß die Pflicht nicht aus empirischen Gegebenheiten abgeleitet werden kann, suchte er von Anfang an nach anderen Quellen für die Begründung seines moralischen Absolutismus. Von den ehemaligen »legalen Marxisten« erreichte Berdjajew im Westen die größte Bekanntheit, allerdings – und zwar nach seiner Verbannung aus der Sowjetunion – durch Werke, in denen er den Kommunismus kritisierte und eine Art von christlichem Existenzialismus vertrat, der auf dem Glauben an den absoluten Wert der Persönlichkeit beruhte.

Tugan-Baranowski, Bulgakow und Frank waren in den neunziger Jahren hauptsächlich als Theoretiker der politischen Ökonomie bekannt, und der Erstgenannte war in der Tat ein Ökonom vom Fach. Ein bedeutsames Thema ihrer Abhandlungen war die in Rußland entscheidende Frage der Märkte, namentlich die Frage, ob der Kapitalismus imstande ist (was die Volkstümler bestritten), sich einen inneren Markt zu schaffen, der ihm die Expansion ermögliche. Es ging also weiterhin um die Möglichkeiten der Entwicklung des Kapitalismus in Rußland. Tugan-Baranowski wies darauf hin, daß der Umfang des Konsums nicht über die Lebens- und Entwicklungsfähigkeit des Kapitalismus entscheidet, da der Markt der Produktionsmittel rascher wachse als der Markt der Konsumgüter. Weil im Kapitalismus Produktion und Akkumulation Ziele an sich seien, sei der Kapitalismus fähig, sich selbst die Bedingungen einer erweiterten Reproduktion zu schaffen, und nicht absolut vom Konsum der Bevölkerung abhängig. Dadurch wurde eine Frage aufgeworfen, die Rosa Luxemburg formulierte: Wenn es so ist, dann kann der Kapitalismus unbegrenzt weiter existieren, und es gibt keine ökonomischen Gründe, aus denen sich sein Untergang vorhersagen ließe. Nun entwickelte Tugan-Baranowski zwar eine eigene Krisentheorie, welche die Marxschen Ausführungen ergänzte, doch einen unausweichlichen Niedergang des Kapitalismus – sei es infolge von Krisen, sei es infolge einer Disproportion zwischen Produktion und Absatz – sagt er eigentlich nicht voraus. Insofern unterschied er sich übrigens nicht von Lenin, der ebenfalls nicht die Perspektive des unausweichlichen Zusammenbruchs des Kapitalismus infolge von Absatzschwierigkeiten teilte.

Der Hauptansatzpunkt des ökonomischen »Revisionismus« in den Schriften der legalen Marxisten war die Marxsche Werttheorie. Zwar ergaben sich aus der Kritik an dieser Theorie keine eindeutigen Konsequenzen politischer Natur, doch traf sie einen Punkt, der in den Augen der Orthodoxen die Grundlage der Doktrin war. Der Wert im Sinne von Marx, so sagte Bulgakow, sei nicht meßbar und habe praktisch keine Folgen für die Austauschbedingungen, es gebe also keinen logischen Übergang vom Wert zum Preis, und deshalb könne man den Wert lediglich als eine gesellschaftliche Kategorie betrachten, die für die Erforschung der Preisbewegung irrelevant, für die Gesamtanalyse des Kapitalismus dagegen relevant sei. Er wollte demnach ähnlich wie Sombart die Werttheorie durch eine Einschränkung ihrer Anwendbarkeit verteidigen. Auch Frank, der ein Buch mit dem Titel »Die Werttheorie von Marx und ihre Bedeutung« (Petersburg 1900) vorlegte, zog die Brauchbarkeit dieses Begriffs in Zweifel, sofern er – und das hatte Marx tatsächlich gemeint – etwas anderes als der Begriff des Tauschwerts sein sollte, falls er also eine absolute Eigenschaft der Waren unabhängig von ihrem Vorhandensein auf dem Markt bezeichnen sollte. Schließlich gaben die »legalen Marxisten« die Wertkategorie überhaupt auf, da der Wert als etwas vom Preis Verschiedenes in der Ökonomie völlig überflüssig sei, oder sie übernahmen die Grenznutzentheorie, die den Wert vom subjektiv erlebten Bedürfnis des Käufers abhängig macht, namentlich von dem Preis, den der Käufer für die letzte (marginale) Einheit einer Ware, der er noch eine gewisse Nützlichkeit zuschreibt, zu zahlen bereit ist.

Auch andere wesentliche Punkte der Marxschen Ökonomie wurden von den legalen Marxisten kritisiert. Tugan-Baranowski zog die Marxsche Theorie der sinkenden Profitrate in Zweifel, da sie zu anderen Annahmen der Doktrin in Widerspruch stehe (da der Wert des konstanten Kapitals mit wachsender Arbeitsproduktivität sinkt, kann die Profitrate trotz wachsender Arbeitsproduktivität konstant bleiben) und auch den tatsächlichen Beobachtungen widerspreche. Bulgakow kritisierte – ähnlich wie die deutschen Revisionisten – die Theorie der Konzentration in der Landwirtschaft.

Trotz all dieser Kritiken konnte der russische Marxismus als ein ideologisch einheitliches, wenn auch innerlich differenziertes Lager gelten, solange die Marxisten in dem Kampf gegen die Volkstümler und gegen die Theorie eines besonderen, nichtkapitalistischen Entwicklungsweges Rußlands die Hauptaufgabe der Sozialdemokratie sahen. Gegen Ende des Jahrhunderts war jedoch offenkundig, daß die ökonomischen Auffassungen der Volkstümler unhaltbar geworden waren, da sich alle Appelle, den Kapitalismus aufzuhalten, als von vornherein wirkungslos erwiesen hatten; die Verteidigung der Dorfgemeinde wurde von den Marxisten aller Schattierungen als eine gegenstandslose Frage betrachtet. So wuchsen sich dann Meinungsverschiedenheiten, die zuvor als nebensächlich erscheinen konnten, zur Zeit der Jahrhundertwende zu einem grundlegenden Konflikt aus, zumal da noch zwei andere Erscheinungen hinzukamen: die Auseinandersetzung um den Revisionismus in Deutschland und die Anfänge einer liberalen Bewegung in Rußland. Der Marxismus konnte sich deshalb nicht mehr allein durch den Gegensatz zur Volkstümlerei definieren. Die Frage des Verhältnisses der Sozialdemokratie zur Bourgeoisie, die Frage der Revolution und die Frage des Verhältnisses zwischen dem politischen und dem ökonomischen Kampf der Arbeiterklasse traten in den Vordergrund der Auseinandersetzungen. In den Jahren 1898–1900 kann man von der Existenz dreier Strömungen innerhalb des russischen Marxismus sprechen: Es gab die revolutionäre Orthodoxie, den Revisionismus (oder »legalen Marxismus«) und den »Ökonomismus«. Allerdings galten die »legalen Marxisten« nur noch für kurze Zeit als Revisionisten, da sie völlig zur liberalen Bewegung übergingen. Bulgakow, Berdjajew, Frank und Struve wandten sich, jeder auf seine Art, wieder dem Christentum zu. Alle vier sollten noch eine wesentliche Rolle in der russischen Geistesgeschichte spielen. Sie waren u. a. an drei Sammelwerken beteiligt, von denen die beiden ersten – »Probleme des Idealismus« (1902, russ.) und »Wegzeichen« (1909, russ.) – zu den bedeutendsten Ereignissen der vorrevolutionären Geschichte der russischen Intelligenz zählen. Der dritte Sammelband, »Aus der Tiefe«, erschien nach der Oktoberrevolution, wurde aber sofort beschlagnahmt und war praktisch ein halbes Jahrhundert lang unbekannt; darin wird die revolutionäre Apokalypse als eine kulturelle und nationale Katastrophe dargestellt.

Es erscheint vielleicht seltsam, daß der Revisionismus, der in Rußland früher auftrat als die organisierte sozialdemokratische Bewegung, sich nicht lange am Leben erhielt, anders als in Deutschland, wo er die in der Partei institutionalisierte Ideologie gegen sich hatte. Der deutsche Revisionismus war jedoch der theoretische Überbau eines langjährigen und von der organisierten Arbeiterbewegung erfolgreich geführten reformistischen Kampfes. In Rußland gab es dagegen in der politischen Erfahrung kaum Gründe, die für die Idee des Reformismus sprachen, während die Idee einer umfassenden und letzten Revolution in den Vorstellungen der radikalen Intelligenz stark verwurzelt war, ohne daß andersartige Erfahrungen ein Gegengewicht gebildet hätten. Es kommt noch hinzu, daß der Revisionismus, der in Deutschland von Anfang an als ein Element der sozialdemokratischen Bewegung, also neben den Liberalen auftrat, in Rußland eine Zeitlang eher die Funktion des Liberalismus erfüllte, in dem er mit der Zeit aufgehen sollte, und daß der Marxismus sich im Denken der genannten Autoren eher als ein Instrument des Kampfes gegen den Konservatismus der Volkstümler denn als eine Theorie der »letzten« Revolution darstellte. Der Marxismus paßte hervorragend zur Einstellung von Leuten, die, nachdem sie in der Jugend die Ideale des Szientismus übernommen hatten, anstelle der moralistischen Argumentation der Volkstümler nach einer »wissenschaftlichen« Interpretation der Gesellschaft suchten und in dieser Doktrin außerdem die Ankündigung entdeckten, daß der Kapitalismus und mit ihm demokratische und verfassungsmäßige Prinzipien in Rußland siegen würden. Der Marxismus konnte beweisen, daß der russische Absolutismus historisch zum Untergang verurteilt sei, und das war für die »legalen Marxisten« vermutlich wichtiger als die sozialistische Perspektive. Als dann die russische Sozialdemokratie eindeutig sagte, daß alle Bündnisse mit dem Liberalismus für sie nur von taktischer Bedeutung seien, wurde ein halb-marxistischer und halb-liberaler Standpunkt unhaltbar.

Im Zusammenhang mit der Geschichte des russischen Revisionismus muß noch ein weiterer Umstand festgehalten werden. Gerade weil der Marxismus und die sozialdemokratische Bewegung in Rußland ohne jede Verbindung zur Arbeiterbewegung auftraten und sich anfangs ausschließlich auf die Intelligenz beschränkten, nahm der Marxismus dort eine sehr viel stärker doktrinäre und fanatische Gestalt an als im Westen, wo man den Inhalt der Doktrin ständig mit den Realitäten der Arbeiterbewegung konfrontieren mußte. In Rußland, wo die »Revolution« seit Jahrzehnten für die Intelligenz ein magisches Wort war, wo es allen Anlaß gab, nicht an eine »reformistische« Perspektive zu glauben, entstand in der zahlenmäßig geringen Bewegung von revolutionären Intelligenzlern ganz natürlich eine Atmosphäre des extremen Doktrinarismus, denn schließlich wurden diese Leute nicht aufgrund ihrer Erfahrungen als Mitglieder der unterdrückten Klassen, sondern aus rein ideologischen Motiven zu Revolutionären. Unter diesen Umständen entstand ein Klima, in dem theoretische Fragen weniger unter dem Gesichtspunkt von Wahrheit oder Falschheit als vielmehr unter dem der Treue zur oder des Verrats an der Doktrin diskutiert wurden, während taktische Fragen unvermeidlich auf das »Endziel« als das einzige Beurteilungskriterium bezogen wurden. Die in der sozialistischen Bewegung Rußlands vorherrschende Mentalität erinnerte trotz der ideologischen Unterschiede eher an die volkstümlerische Konspiration als an die sozialistischen Parteien Westeuropas. Es ist bezeichnend, daß in dem gleichen Augenblick, da die Arbeiterbewegung in Rußland auftrat, ein allerdings nur kurzlebiges Gegenstück zu einer der Varianten des deutschen Revisionismus entstand, nämlich der »Ökonomismus« oder, grob gesagt, die trade-unionistische Ideologie des unpolitischen Kampfes um eine Verbesserung der Lage der Arbeiter.

3. Die Polemiken Lenins in den Jahren 1895–1901

Bis zum Jahre 1899 wurde Lenins Aufmerksamkeit weiterhin hauptsächlich durch die Auseinandersetzung mit den Volkstümlern in Anspruch genommen, doch treten bereits die Kritik am »legalen Marxismus« und dann vor allem die Kritik am »Ökonomismus« in seinen Schriften als wichtige Themen auf. In einem 1895 von Potressow herausgegebenen Sammelband erschien sein erster gedruckter Artikel mit dem Titel »Der ökonomische Inhalt der Volkstümlerrichtung und die Kritik an ihr in dem Buch des Herrn Struve«. Es handelt sich dabei um eine Analyse und teils um eine Kritik an Struves »Kritischen Bemerkungen«, eine Kritik allerdings, die ihn noch nicht des Verrats und des Antimarxismus beschuldigt, sondern ihn gewissermaßen zu einer noch strengeren Orthodoxie ermahnt und ermuntert. Neben Angriffen auf die Volkstümler enthält diese Abhandlung etwas allgemeine Bemerkungen theoretischen Inhalts. Lenin wiederholt dort seine Erklärungen über die »Fortschrittlichkeit« des Kapitalismus (». . . die Marxisten halten den Großkapitalismus für eine progressive Erscheinung – natürlich nicht, weil er ›Selbständigkeit‹ [der Bauernschaft, L. K.] durch Unselbständigkeit ersetzt, sondern weil er die Bedingungen für die Aufhebung der Unselbständigkeit schafft«; »Werke«, Bd. 1, S. 390). Er kritisiert Struve, der zwischen Reformen und dem »Zusammenbruch« des Kapitalismus einen Gegensatz herstellt, weil es, wie er sagt, gerade das Ziel von Reformen sei, den Sturz des Kapitalismus herbeizuführen. Vor allem kritisiert er ihn als einen »Objektivisten«. Lenin stimmt zwar dem von Struve zitierten Sombart zu, daß es »im ganzen Marxismus von vorn bis hinten auch nicht ein Gran Ethik« gibt, weil, wie er hinzufügt, dieser »in theoretischer Beziehung« den »ethischen Standpunkt« dem »Prinzip der Kausalität« unterordnet, während er »in praktischer Beziehung« »auf den Klassenkampf hinausläuft« (*ebd.*, S. 436). Er ist auch damit einverstanden, daß der wissenschaftliche Sozialismus jegliche Philosophie überhaupt ablehnt (»dem Standpunkt von Marx und Engels zufolge hat die Philosophie keinerlei Recht auf eine gesonderte, selbständige Existenz, und ihr Material verteilt sich auf die verschiedenen Zweige der positiven Wissenschaft«, *ebd.*, S. 433). Kurz, er versteht die »Wissenschaftlichkeit« des Marxismus in der gleichen Weise wie Plechanow und die Mehrheit der deutschen Orthodoxen: Der Marxismus ist eine nicht wertende und nicht philosophische Theorie der sozialen Erscheinungen. Bis dahin geht er mit Struve einig. Eine solche Auffassung könnte jedoch die Vermutung nahelegen, daß der Marxismus sich auf die Beschreibung historischer Notwendigkeiten beschränkt und deshalb an sich keine praktischen Hinweise enthält (außer selbstverständlich solchen technischer Natur, also Hinweisen bezüglich der Wirksamkeit bestimmter Handlungen). Gerade das war der heikle Punkt des Marxismus für diejenigen, denen es notwendig erschien, die deskriptive Doktrin durch eine normative Ethik zu ergänzen, die aus einer anderen Quelle, vor allem von Kant, stammte. Diese Frage brachte Struve damals noch nicht zur Sprache, sondern er beschränkte sich auf die »objektive« Feststellung, d. h. auf den deskriptiven Charakter der Doktrin. Doch das erschien Lenin unannehmbar. Nach seiner Ansicht ist ein Objektivist, wer lediglich von den Notwendigkeiten spricht, die eine bestimmte Gesellschaftsformation mit sich bringt; wer sich auf solche Feststellungen beschränkt, riskiert, daß er zum Apologeten der schlichten Notwendigkeiten wird. Der Materialist dagegen beschränkt sich nicht in dieser Weise, sondern erklärt außerdem, welche Klassenkräfte in diese Notwendigkeiten verwickelt sind. »Andrerseits schließt der Materialismus sozusagen Parteilichkeit in sich ein, da er dazu verpflichtet ist, bei jeder Bewertung eines Ereignisses direkt und offen den Standpunkt einer bestimmten Gesellschaftsgruppe einzunehmen« (*ebd.*, S. 414).

Unter theoretischem Gesichtspunkt ist diese Erklärung unbeholfen und undurchsichtig, denn es ist klar, daß, wenn man »historische Notwendigkeiten« unter Berücksichtigung der klassenmäßigen Zusammensetzung der Gesellschaft analysiert, eine solche Analyse durchaus nicht über eine rein »objektive« Beschreibung hinausgeht, und es ist nicht ersichtlich, wieso der Materialismus als solcher zu irgend etwas verpflichten oder irgendein Engagement beinhalten sollte. Trotzdem ist offenkundig, daß Lenin das Dilemma der Neukantianer vermeiden möchte: Entweder beschreibt der Marxismus den gesellschaftlichen Prozeß ohne jeden Hinweis darauf, wie sich die Menschen zu diesem Prozeß verhalten sollten, oder er muß durch normative Ideen ergänzt werden. Lenin versuchte, auch wenn er seinen Gedanken nicht klar auszudrücken vermochte, jenes Wesensmerkmal des Marxismus zu verdeutlichen, das erst Lukács erklären sollte: Der Marxismus beseitigt überhaupt die Dichotomie von »Tatsachen« und »Werten«, weil er das Selbstbewußtsein der Arbeiterklasse ist, die den Sinn des gesellschaftlichen Prozesses im Vollzug der revolutionären Umgestaltung der Welt erfaßt, so daß also in diesem historisch privilegierten Falle das Begreifen und das Gestalten der Geschichte sich als ein und derselbe Akt erweist. Lenin weigerte sich konsequent, von der Kritik der Neukantianer Notiz zu nehmen, er war aber nicht imstande, den eigentlichen Sinn der Auseinandersetzung zu erkennen, und begnügte sich deshalb mit solchen summarischen Erklärungen. Undeutlich erfaßte er jedoch, daß es gerade das bezeichnende Merkmal des Marxismus ist, daß er weder eine rein deskriptive Theorie noch ein rein normativer Appell noch eine Kombination aus deskriptiven und normativen Urteilen sein soll, sondern eben ein Phänomen, welches Begreifen und Bewegung zugleich ist, Selbstbewußtsein des Proletariats in seinem Kampf, so daß die Erkenntnis der Welt als ein Aspekt der Veränderung der Welt auftritt oder, anders gesagt, daß die Theorie und ihre praktische Anwendung sich nicht als zwei gesonderte Phänomene artikulieren.

Im Jahre 1895 begab sich Lenin zum erstenmal ins Ausland und besuchte in Genf die alten Pioniere des russischen Marxismus – Plechanow und Axelrod. Die Begegnung verlief erfreulich, auch wenn die Emigranten große Mühe aufwenden mußten, um Lenin von der Notwendigkeit eines Bündnisses mit der liberalen Bourgeoisie zu überzeugen. Kurz nach seiner Rückkehr wurde Lenin verhaftet (die polizeilichen

Repressionsmaßnahmen verstärkten sich im Zusammenhang mit einer Welle von Streiks in Petersburg, bei denen die sozialdemokratischen Gruppen sehr aktiv waren). Nach einem Gefängnisaufenthalt von nicht ganz einem halben Jahr, währenddessen er weiterhin Flugblätter und Broschüren verfaßte, wurde er zu drei Jahren Verbannung in Sibirien verurteilt. Lenin verbrachte diese Zeit in dem kleinen Dorf Schuschenkoje in Südsibirien, wo er intensiv arbeitete und schrieb. Im Gefängnis verfaßte er einen Entwurf zum Programm der sozialdemokratischen Partei, in dem zum Kampf für demokratische Freiheiten und für eine Sozialgesetzgebung aufgerufen wurde; dieser Entwurf enthält noch nicht die Perspektive der Eroberung der Staatsmacht durch die Arbeiterklasse, sondern lediglich die Erringung von Einfluß auf die Gesetzgebung; diesem Programm zufolge soll die Partei der Arbeiterklasse »helfen«, ein Klassenbewußtsein zu entwickeln, und die Kampfziele festlegen; zugleich soll sie den Arbeitern die Überzeugung einhämmern, daß sie zwar die Bourgeoisie im Kampf um politische Freiheiten unterstützen müssen, daß dieses Bündnis jedoch nur befristet ist. Im Sommer 1897 erschien in der Zeitschrift »Nowoje Slowo« eine neue Attacke Lenins auf die Volkstümler (»Zur Charakteristik der ökonomischen Romantik«), in der der Verfasser die Doktrin Sismondis untersuchte und auf ihre Ähnlichkeit mit der volkstümlerischen Publizistik hinwies. Sismondi ist ein Fürsprecher der von der Expansion des Kapitalismus bedrohten Kleinproduzenten; er weiß die zerstörerischen Auswirkungen der kapitalistischen Akkumulation zu enthüllen, vermag ihnen aber nicht mehr als eine romantische, sentimentale Sehnsucht nach einer vorkapitalistischen Ordnung entgegenzusetzen. Trotz seines wütenden Antikapitalismus ist er daher – genau wie die russischen Volkstümler – ein Reaktionär, denn statt die Auflösung der Widersprüche des Kapitalismus in dessen Entwicklung selbst zu sehen, träumt er von einem Rückzug. Lenin kommt noch einmal auf die Frage des inneren Marktes zurück und nimmt dabei gewissermaßen die Probleme vorweg, die Rosa Luxemburg später aufgreifen sollte. Er sagt, es sei unwahr, daß der Kapitalismus infolge des Ruins der Kleinbesitzer und eines dadurch fortschreitend schrumpfenden Marktes keinen Mehrwert zu erzeugen vermöchte; der produktive Verbrauch verschaffe der kapitalistischen Produktion ausgedehnte Expansionsmöglichkeiten.

Ebenfalls in der Verbannung schrieb Lenin die Broschüre »Die Aufgaben der russischen Sozialdemokraten«, die 1898 in Genf erschien. Dort finden wir eine Lösung des Problems der »Bündnisse«, welche die Partei mit anderen gesellschaftlichen Kräften schließen muß, und eine eindeutige Bestimmung der allgemeinen Strategie. Die Sozialdemokratie soll alle gegen den Absolutismus gerichteten Forderungen unterstützen, alle Formen der Unterdrückung entlarven, gleichgültig, welche gesellschaftlichen Gruppen davon betroffen sind. Sie soll also jeden Protest unterstützen, der mit der nationalen, religiösen, ständischen und gesellschaftlichen Unterdrückung zusammenhängt; sie soll die Bourgeoisie gegen die »reaktionären Gelüste des Kleinbürgertums« und die demokratischen Forderungen des Kleinbürgertums gegen die zaristische Bürokratie unterstützen. Die Partei versteht diese »Unterstützung« jedoch nicht in der Weise, daß sie selbst zum Fürsprecher der von ihr unterstützten Interessen wird. Sie unterstützt den Widerstand verfolgter Sektierer, ohne jedoch mit deren religiösen Bestrebungen irgend etwas gemein zu haben. Unterstützung bedeutet genaugenommen Ausnutzung. Weil nach Lenins Auffassung die Sozialdemokratie die einzige Kraft ist, die konsequent und ohne Vorbehalte den Absolutismus bekämpft, während alle übrigen in ihren Bestrebungen schwankend oder halbherzig sind, kann und muß die Partei zu einem Sammelpunkt aller gesellschaftlichen Kräfte werden, die den Absolutismus sprengen wollen, dabei aber ausschließlich die Interessen des Proletariats als einer besonderen Klasse im Auge haben. ». . . die Sozialdemokraten (gewähren) diese Unterstützung . . ., um den Sturz dieses gemeinsamen Feindes zu beschleunigen, ohne aber von den zeitweiligen Bundesgenossen etwas für sich zu erwarten und ohne ihnen irgendwelche Zugeständnisse zu machen« (»Die Aufgaben der russischen Sozialdemokraten«).[2] ». . . so bedeutet doch . . . die Unterstützung der demokratischen Forderung der Kleinbourgeoisie keineswegs eine Unterstützung der Kleinbourgeoisie: im Gegenteil, gerade die Entwicklung, die Rußland politische Freiheit geben wird, wird mit besonderer Kraft dazu führen, daß die kleine Wirtschaft unter den Schlägen des Kapitals zugrunde geht« (»Entwurf eines Programms unserer Partei«, 1899).[3] In dem Brief, den er am 26. 1. 1899 aus der Verbannung an Potressow schreibt, sagt Lenin: ». . . ausnahmslos alle fortschrittlichen Strömungen von dem Plunder der Volkstümlerideologie und des Agrariertums frei machen und sie alle in solch einer gereinigten Form utilisieren. Meiner Meinung ist ›utilisieren‹ ein bedeutend präziseres und treffenderes Wort als Unterstützung und Bundesgenossenschaft. Letzteres deutet auf eine Gleichberechtigung dieser Bundesgenossen hin, während sie dort (darin bin ich mit Ihnen vollkommen einverstanden) im Nachtrab einherziehen müssen, manchmal sogar ›zähneknirschend‹; zur Gleichberechtigung hat es absolut nicht gereicht und wird es bei ihrer Feigheit, Zersplitterung usw. auch niemals reichen« (»Werke«, Bd. 34, S. 13).

Es ist somit klar, daß für Lenin jegliches politische Bündnis von Anfang an ausschließlich die Ausnutzung einer anderen gesellschaftlichen Kraft für die Zwecke der Sozialdemokratie bedeutet. Die Sozialdemokratie soll alle möglichen Kräfte um sich sammeln, die zum Zerfall der bestehenden Ordnung beitragen können, in dem vollen Bewußtsein, daß dieser Zerfall sich am Ende gegen die »Bundesgenossen« kehrt. Aus diesem Grunde nimmt Lenin und nach ihm die gesamte leninistische Bewegung stets die gleiche Haltung ein, ob es nun um die Bourgeoisie geht, die gegen den Absolutismus kämpft, oder um die Bauernschaft, die gegen die Großgrundbesitzer kämpft, um Sekten, die nach religiöser Freiheit streben, um Nationalitäten, die vom großrussischen Imperialismus unterdrückt werden, oder schließlich um die demokratischen Institutionen selbst. Von »Ausnutzung« ist natürlich nicht die Rede, soweit es um die Arbeiterklasse geht, da all diese strategischen Regeln als Instrumente gedacht sind, die dieser Klasse helfen sollen, das »Endziel« zu erreichen, während sie selbst als das Subjekt des Kampfes gedacht wird. Bald sollte sich allerdings herausstellen, daß, sofern es um die Grundlagen der sozialdemokratischen Strategie geht, den Grundsätzen Lenins zufolge auch die Arbeiterklasse eher dem Gesamtvorrat der »ausgenutzten« Instrumente zugerechnet werden muß, statt das Subjekt zu sein, das diese Instrumente anwendet.

Ebenfalls in der Verbannung schrieb Lenin sein einziges wissenschaftliches Buch, »Die Entwicklung des Kapitalismus in Rußland« (erschienen 1899). Es ist sein gegen die Volkstümler gerichtetes *opus magnum*, angefüllt mit statistischen Daten, und es enthält eine detaillierte Analyse der Entwicklungstendenzen in der russischen Landwirtschaft und Industrie. Es macht deutlich, daß die russische Landwirtschaft unter den Bedingungen der Warenproduktion lebt und alle Merkmale kapitalistischer Veränderungen aufweist: klassenmäßige Schichtung, Proletarisierung beträchtlicher Teile der Bauern, Konkurrenz. Es beschreibt die Konzentrationsprozesse in der Industrie und die Bildung eines umfassenden Marktes, der die mittelalterlichen Formen der Produktion und des Austauschs beseitigt.

In dem Maße aber, wie die Auseinandersetzung mit der Volkstümlerei im geistigen Leben Rußlands eine immer geringere Rolle spielte, traten unter den Sozialdemokraten neue, unorthodoxe Strömungen auf, die Lenin immer stärker beunruhigten. Ein Aufsatz Bulgakows, in dem die von Kautsky vertretene Auffassung zur Agrarfrage in Zweifel gezogen wurde, habe ihn, wie er schreibt, rasend gemacht. Voll Unruhe beobachtete er die wachsende Popularität Bernsteins und das Eindringen des Neukantianismus in Rußland, als dessen Befürworter sich, zumindest teilweise, Struve und Bulgakow herausstellten. Er habe sogar, wie er in einem Brief an Potressow vom 27. 6. 1899 schreibt, begonnen, Philosophie zu studieren; er habe Holbach und Helvetius gelesen und beabsichtige, sich auch Kant vorzunehmen. Allerdings maß er rein philosophischen Streitigkeiten noch nicht dieselbe Bedeutung bei wie später. Nun trat aber unter den jungen russischen Sozialdemokraten neben dem theoretischen Revisionismus der sogenannte »Ökonomismus« auf, auf dessen erste Anzeichen Lenin mit ungewöhnlicher Heftigkeit reagierte, da dieser direkt an die Grundlagen der sozialdemokratischen Bewegung rührte, so wie Lenin sie sehen wollte. Als ihn ein von J. D. Kuskowa und S. N. Prokopowitsch verfaßtes Dokument erreichte, in dem das Programm der »jungen« Sozialdemokraten dargelegt wurde (dieses Dokument ist unter der Bezeichnung »Credo« bekannt), verfaßte Lenin im Sommer 1899 einen scharfen Protest, der anschließend von sechzehn weiteren Verbannten unterschrieben wurde. Im folgenden Jahr wurde dieser Protest in Genf von der dortigen sozialdemokratischen Organisation veröffentlicht.

Das »Credo« der Ökonomisten bezweifelte, daß eine eigenständige politische Partei der Arbeiter in Rußland sinnvoll ist, da ein solches Projekt eine künstliche Übertragung westlicher Erfahrungen auf völlig andere Verhältnisse sei. Nach Ansicht der Autoren geht die Arbeiterbewegung immer den Weg des geringsten Widerstands; im Westen sei der politische Kampf dem Proletariat sehr viel leichter gefallen als der ökonomische Kampf. In Rußland sei es umgekehrt. Die russischen Marxisten sollten ihre Anstrengungen darauf konzentrieren, die Arbeiter in ihrem ökonomischen Kampf zu unterstützen, und sich an liberal-oppositionellen Aktivitäten beteiligen, die, so mußte man vermuten, unter der Leitung von nicht-sozialistischen demokratischen Kräften stehen würden. Damit schlugen die Ökonomisten, wie Lenin fand, der Sozialdemokratie vor, Selbstmord zu begehen, und so entwickelte er als Entgegnung die folgenden Grundsätze, die übrigens von den Orthodoxen einhellig akzeptiert wurden: Die Arbeiterbewegung muß sich politische Ziele setzen und dazu über eine eigenständige Partei verfügen; sie muß alle oppositionellen Elemente organisieren, ohne ihre Selbständigkeit einzubüßen und ohne Gefahr zu laufen, daß sie zu einem Werkzeug der bürgerlichen Parteien wird.

Im Grunde bedeutete der russische »Ökonomismus« so etwas wie eine Wiederherstellung des Programms der »klassischen« (unpolitischen, nicht-terroristischen) Volkstümler gegenüber der Arbeiterklasse: Die Tätigkeit der Führer aus der Intelligenz muß sich nach den direkt erkennbaren und leicht verständlichen, also ökonomischen Bestrebungen der Arbeiterklasse richten, während sie den Kampf um politische Freiheiten den Liberalen überläßt und lediglich unterstützend an diesem Kampf teilnimmt. Der »Ökonomismus« war zwar kein »Revisionismus« in dem Sinne, wie dieses Wort auf Bernstein und seine Anhänger angewandt wird (denn die hatten keineswegs die Absicht, die Arbeiter zur Aufgabe des politischen und parlamentarischen Kampfes aufzufordern), aber er entsprach jener trade-unionistischen Tendenz, die innerhalb der deutschen Sozialdemokratie stark war und während langer Zeit mit den theoretischen Revisionisten eine Allianz bildete.

Es war durchaus begründet, wenn Lenin sich über diese neue Abweichung besorgt zeigte, denn tatsächlich sollte sie etwa zwei Jahre lang in der russischen Sozialdemokratie dominieren und eine Mehrheit innerhalb der Emigration erlangen, in der es auf diesem Hintergrund denn auch zum Bruch kam. Nach 1900 ging der Einfluß der »Ökonomisten« beträchtlich zurück, doch beruhte die Bedeutung dieser Tendenz u. a. darauf, daß Lenin vor allem gegen sie sein Werk »Was tun?« verfassen sollte, das die ideologischen Fundamente des Bolschewismus oder des Leninismus im eigentlichen Sinne legte.

Anfang 1900 wurde Lenin aus der Verbannung entlassen und verließ im Juli dieses Jahres auf legale Weise Rußland, um in der Emigration mit der Organisierung der russischen sozialdemokratischen Bewegung zu beginnen; die erste Bedingung einer solchen Bewegung war, wie er seit langem gesagt hatte, die Schaffung einer gesamtrussischen sozialdemokratischen Zeitung, die zum Bindeglied zwischen den verstreuten Kräften werden und den Aufbau einer echten Partei gestatten würde. Eine solche Zeitung konnte natürlich nur im Ausland gedruckt und anschließend ins Land eingeschmuggelt werden. Lenins »Iskra« sollte diese Aufgabe erfüllen. Um die Gründung der Zeitung gab es eine Fülle von Auseinandersetzungen, die hier im einzelnen zu schildern nicht lohnen würde. Eine Begegnung mit Plechanow ging fatal aus. In einer nach seinem Tode veröffentlichten Notiz über das erste Gespräch mit dem Genfer Veteranen erinnert sich Lenin voll Bitterkeit an die Arroganz Plechanows, dem er doch Verehrung und Respekt entgegenbrachte. Es war offenkundig, daß der alte Kämpfer eifersüchtig über seine Autorität innerhalb der russischen Sozialdemokratie wachte und seinen Hochmut und seine Unduldsamkeit an Lenin ausließ. Diese Erfahrung hinterließ jedoch ihre Spuren, wie Lenin selbst notiert: »Und die verliebte Jugend erhält vom Gegenstand ihrer Liebe die bittere Zurechtweisung: es ist notwendig, allen Menschen ›ohne Sentimentalität‹ gegenüberzutreten, es ist notwendig, stets einen Stein wurfbereit in der Tasche zu halten« (»Werke«, Bd. 4, S. 339).

Die »Iskra«, die die gesamte intellektuelle Crème der russischen Marxisten (Lenin, Plechanow, Martow, Axelrod, Potressow, Sassulitsch) versammelte, begann trotz aller Reibereien ab Dezember 1900 zu erscheinen; sie wurde der Reihe nach in Leipzig, München, London und Genf gedruckt.

Mit den Jahren 1901–1903 sollte ein neuer Abschnitt in der Entwicklung des russischen Marxismus und der russischen Sozialdemokratie beginnen. In dieser Zeit wurden die Grundlagen der neuen, leninistischen Variante des Marxismus geschaffen, deren Neuheit und Andersartigkeit erst allmählich zutage traten und nicht sogleich sichtbar waren. Bis zu dieser Zeit unterschied sich Lenin in seinen ideologischen Äußerungen durch nichts von den westlichen Orthodoxen des Marxismus und von Plechanow, wenn man davon absieht, daß er einige Elemente des Marxismus stark betonte; vor allem unterstrich er bei jeder Gelegenheit, daß nur das Endziel – die Eroberung der politischen Macht durch das Proletariat – allen aktuellen Unternehmungen einen Sinn gibt und daß die Sozialdemokratie alle Bündnisse schließen und alle Dinge unterstützen darf, wenn sie dadurch dem Endziel dienen kann. Andere Bewegungen und andere Gesellschaftsklassen, Individuen und Ideologien – alles steht im Dienst der »letzten Revolution«.

Sechzehntes Kapitel

Die Entstehung des Leninismus

1. Der Streit um den Leninismus

Es ist seit jeher umstritten, worin die Eigentümlichkeit des Leninismus als einer besonderen Variante der marxistischen Doktrin und Taktik besteht. Es ging dabei vor allem um die Frage, ob der Leninismus gegenüber der marxistischen Tradition eine »revisionistische« Ideologie ist oder im Gegenteil eine mustergültige Anwendung der allgemeinen Grundsätze des Marxismus auf eine neue politische Situation. Die politische Bedeutung dieser Kontroversen ist klar. Die in diesem Punkt bis heute innerhalb der kommunistischen Bewegung verbindliche stalinistische Orthodoxie vertritt natürlich den letzteren Standpunkt. Stalin betonte, daß Lenin der überkommenen Doktrin nichts hinzugefügt und nichts von ihr fortgenommen, sondern ihre Grundsätze fehlerlos angewandt habe, und zwar – was besonders wichtig ist – nicht nur auf die spezifisch russischen Verhältnisse, sondern auf die gesamte veränderte Weltsituation. Nach dieser Auffassung ist der Leninismus mit anderen Worten nicht eine spezifisch russische oder auch lediglich auf die russischen Verhältnisse beschränkte »Anwendung« des Marxismus, sondern er ist eine Strategie und Taktik der Arbeiterbewegung, die für die »neue Etappe« der gesellschaftlichen Entwicklung, namentlich für die Epoche des Imperialismus und der proletarischen Revolutionen, universale Geltung hat. Während ein Teil der Bolschewiki die besonderen Merkmale des Leninismus eher in seiner Rolle als Werkzeug der russischen Revolution sah, versuchten die nichtleninistischen Marxisten zu zeigen, daß Lenin in vielen wesentlichen Punkten der Marxschen Lehre untreu geworden sei.

In dieser ideologischen Weise formuliert, ist diese Frage praktisch unentscheidbar – so wie es alle derartigen Fragen sind, die unausweichlich in der Entwicklung aller politischen Bewegungen oder religiösen Sekten entstehen, die ein starkes inneres Bedürfnis haben, ihren Ursprüngen treu zu bleiben. Es ist ja normal und unvermeidlich, daß die Generationen, die auf die ersten Propheten einer Bewegung folgen, sich vor Fragen und praktische Entscheidungen gestellt sehen, die von dem überlieferten Kanon nicht eindeutig vorentschieden sind, und daß sie sich daher bemühen, diesen ursprünglichen Kanon zu interpretieren, um ihre Entscheidungen mit seiner Hilfe zu rechtfertigen. In dieser Hinsicht unterscheidet sich die Geschichte des Marxismus nicht von der Geschichte des Christentums. In der Regel kommt es deshalb zu unterschiedlichen Kompromissen zwischen den praktischen Erfordernissen und der Doktrin; unter dem Druck verschiedener unmittelbarer Umstände bilden sich neue Teilungslinien und neue, untereinander zerstrittene politische Formationen heraus, die es jedoch alle verstehen, eine entsprechende Stütze in der Tradition zu finden, einer Tradition, die schließlich nie vollkommen kohärent und homogen ist. Bernstein war in der Tat ein Revisionist in dem Sinne, daß er offen bestimmte Elemente der marxistischen Sozialphilosophie verwarf, und er wollte durchaus nicht in allen Punkten ein unbeugsamer Hüter des theoretischen Erbes von Marx sein. Lenin war hingegen bestrebt, all seine Handlungen und theoretischen Ausführungen als die einzig mögliche oder einzig richtige »Anwendung« der schon vorhandenen Ideologie darzustellen. Trotzdem war er kein Doktrinär in dem Sinne, daß er irgendwann die praktische Wirksamkeit der von ihm geführten Bewegung der Treue gegenüber den Worten von Marx geopfert hätte. Er zeichnete sich im Gegenteil durch einen eminent praktischen Sinn und durch die Fähigkeit aus, absolut alle Fragen – der Taktik oder der Theorie – einer einzigen Aufgabe unterzuordnen: der russischen und der Weltrevolution. Alle Probleme allgemein-theoretischer Natur waren nach seiner Ansicht bereits durch die marxistische Theorie gelöst, und es kam lediglich darauf an, geschickt aus diesen Lösungen die für die jeweilige Situation passendsten Schlußfolgerungen zu ziehen. Er hielt sich dabei nicht nur für einen treuen Vollstrecker des marxistischen Testaments; er glaubte, jenen praktischen und taktischen Prinzipien treu zu sein, welche sich zuvor die europäische Sozialdemokratie zu eigen gemacht hatte und die insbesondere in der deutschen Partei verkörpert waren. Bis zum Kriegsausbruch war die deutsche Sozialdemokratie für ihn das Vorbild und Kautsky die bedeutendste lebende Autorität in theoretischen Fragen; auf Kautsky berief er sich nicht nur in theoretischen Dingen, sondern sogar in taktischen, auf Rußland bezogenen Fragen, in denen er sich doch selbst sehr viel besser auskannte (etwa in der Frage des Boykotts der zweiten Duma). 1905 schrieb er (in der Broschüre »Zwei Taktiken der Sozialdemokratie in der demokratischen Revolution«): »Wo und wann habe ich versucht, in der internationalen Sozialdemokratie eine besondere Richtung ins Leben zu rufen, die mit der Richtung Bebels und Kautskys *nicht identisch* (Hervorhebung durch Lenin – L. K.) wäre? Wo und wann sind zwischen mir einerseits und Bebel und Kautsky anderseits Meinungsverschiedenheiten zutage getreten, die auch nur annähernd so ernst wären wie beispielsweise die Meinungsverschiedenheiten zwischen Bebel und Kautsky in der Agrarfrage in Breslau?« (»Werke«, Bd. 9, S. 54).

Die Frage des »Revisionismus« Lenins läßt sich nicht einfach dadurch entscheiden, daß man seine Texte mit den Werken von Marx vergleicht oder daß man nach einer Antwort auf die unentscheidbare Frage sucht: »Was würde Marx angesichts dieser oder jener Situation tun oder sagen?« Es ist offenkundig, daß die Marxsche Theorie an vielen Stellen Zweideutigkeiten und Unklarheiten hinterlassen hat und daß man sie auf verschiedene, ja einander widersprechende Weise »anwenden« konnte, ohne ihre Grundsätze eindeutig anzutasten. Trotzdem ist die Frage, ob es zwischen dem Leninismus und dem Marxismus eine Kontinuität gibt, nicht ganz bedeutungslos. Doch erörtert man sie am besten nicht unter dem Gesichtspunkt der »Treue«, sondern vielmehr, indem man sich überlegt, welche gemeinsame Tendenz allen theoretischen Unternehmungen vorschwebte, bei denen Lenin das marxistische Erbe »anzuwenden« oder auch zu ergänzen versuchte.

Für Lenin haben, wie schon gesagt, alle theoretischen Fragen ausschließlich instrumentelle Bedeutung im Hinblick auf eine Aufgabe: die Revolution. Auch die Bedeutung aller menschlichen Dinge, aller Ideen, gesellschaftlichen Institutionen oder Werte erschöpft sich in ihrer klassenmäßigen Funktion. Es bedarf keiner großen Mühe, um in den Texten von Marx und Engels eine Rechtfertigung für diese Betrachtungsweise zu finden; in vielen allgemein-theoretischen Ausführungen unterstrichen sie den vorübergehenden und klassengebundenen Sinn aller Formen des gesellschaftlichen Lebens in der Klassengesellschaft. Trotzdem waren ihre Einzelanalysen im allgemeinen differenzierter und weniger vereinfacht, als es ihre »reduktionistischen« Formeln zu verlangen scheinen. Auch hatten beide einen sehr viel breiteren Interessenhorizont als jemand, den man durch die Fragestellung »Ist das gut für die Revolution oder schlecht?« kennzeichnen könnte, während diese Fragestellung für Lenin entscheidend war sowohl bei der Bestimmung, ob eine Frage überhaupt sinnvoll ist, als auch dafür, wie er sie entscheidet. Marx und Engels besaßen ein Gefühl für die Kontinuität der menschlichen Kultur und waren keineswegs der Ansicht, daß der Wert aller menschlichen Handlungen – etwa der Wert der Wissenschaft, der Kunst, der moralischen Grundsätze oder der gesellschaftlichen Institutionen – »nichts weiter« sei als ein instrumenteller Wert im Dienste von Klasseninteressen. Allerdings eigneten sich die allgemeinen Formeln, in denen sie ihren historischen Materialismus vortrugen, hervorragend für den Gebrauch, den Lenin von ihnen machte. Für Lenin haben philosophische Fragen im Grunde keine eigenständige Bedeutung, sondern sind ausschließlich Instrumente des politischen Kampfes; als solche Instrumente betrachtet er ebenfalls die Kunst, die Literatur, das Recht, die gesellschaftlichen Institutionen, die demokratischen Werte und die religiösen

Ideen. Man kann ihm in diesem Punkt nicht nur keine Abweichungen vom Marxismus vorwerfen, sondern man müßte vielmehr sagen, daß er die Prinzipien des historischen Materialismus konsequenter anwandte als Marx selbst. Wenn etwa das Recht »nichts weiter« ist als ein Instrument der Klassenunterdrückung, dann ergibt sich daraus scheinbar von selbst die Folgerung, daß zwischen einer auf dem Recht beruhenden Regierung und einer Diktatur der Willkür kein Unterschied besteht. Wenn die politischen Freiheiten »nichts weiter« sind als ein Instrument der Bourgeoisie, welches diese für ihre Klasseninteressen benutzt, dann braucht sich die kommunistische Bewegung nicht verpflichtet zu fühlen, diese Freiheiten zu verteidigen, falls sie zur Macht kommt. Wenn die geistige – wissenschaftliche, philosophische oder künstlerische – Tätigkeit lediglich ein Werkzeug des Klassenkampfes ist, dann ist es begreiflich, daß es zwischen dem Schreiben eines philosophischen Traktats und der Anwendung einer Feuerwaffe keinen »qualitativen« Unterschied gibt, denn es handelt sich lediglich um unterschiedliche Formen der Bewaffnung, die unter verschiedenen Umständen benutzt werden und in diesem Sinne aufgefaßt werden müssen, gleichgültig, ob es um Feinde oder um Freunde geht. Es ist hier die Rede von jenen Elementen der leninistischen Doktrin, deren Bedeutung besonders drastisch zutage trat, nachdem die Bolschewiki an die Macht gelangt waren, die aber schon seit den allerersten Anfängen in Lenins Schriften enthalten waren. Das ist einer der Gründe, weshalb Lenin bei Diskussionen mit Marxisten einer anderen Orientierung häufig in einer günstigeren Lage war, denn er besaß ihnen gegenüber den Vorteil, die Grundsätze, zu denen die einen wie die anderen sich bekannten, mit einer simplifizierenden Konsequenz anzuwenden. Wenn dann die Gegner Lenins darauf hinwiesen, daß er bestimmten eindeutigen Auffassungen von Marx untreu werde (wenn sie etwa aufzeigten, daß die »Diktatur« für Marx – anders als für Lenin – durchaus nicht eine despotische und an kein Gesetz gebundene Herrschaft bedeutete), dann förderten sie nicht so sehr die mangelnde Treue Lenins gegenüber Marx als vielmehr eine Inkonsequenz bei Marx selber zutage.

Gleichwohl konnten die Neuerungen, die Lenin in die revolutionäre Bewegung Rußlands einführte, in einigen wesentlichen Punkten Zweifel daran aufkommen lassen, ob sie noch der orthodoxen marxistischen Tradition entsprachen. Das gilt vor allem für drei Fragen. Erstens gab Lenin früh die Parole des Bündnisses von Proletariat und Bauernschaft als grundlegendes strategisches Prinzip in der »bürgerlichen Revolution« aus; seine Gegner argumentierten, daß ein Bündnis mit der Bourgeoisie in diesem Falle eher den Grundsätzen der Theorie entspreche. Zweitens erkannte Lenin als erster in der nationalen Frage ein mächtiges Kraftreservoir, das die Sozialdemokratie für ihre Sache ausnutzen kann und muß, statt in den nationalen Konflikten lediglich ein unangenehmes Hindernis zu sehen. Drittens formulierte Lenin eine eigene Auffassung von der Rolle, welche die Partei gegenüber der spontanen Arbeiterbewegung spielen soll, und eigene Organisationsregeln. In all diesen drei Punkten stießen seine Ideen auf die Kritik nicht nur der Reformisten, nicht nur der russischen Menschewiki, sondern auch einer solchen Säule der Orthodoxie wie Rosa Luxemburg. Und in allen drei Punkten bewies die Leninsche Doktrin eine ungewöhnliche praktische Wirksamkeit; man kann ruhig sagen, daß jedes dieser drei Elemente eine unerläßliche Bedingung für den Erfolg der bolschewistischen Revolution war.

2. Partei und Arbeiterbewegung. Bewußtsein und Spontaneität

Die Grundsätze des Leninismus als einer besonderen politischen Formation wurden in den Jahren 1901–1903 formuliert. In diesen Jahren bildeten sich in Rußland die wichtigsten politischen Formationen, die, sich bis zur Oktoberrevolution ständig untereinander bekämpfend, die antizaristische Opposition anführen sollten: der bolschewistische und der menschewistische Flügel innerhalb der Sozialdemokratie, die Partei der Sozialrevolutionäre und die Partei der konstitutionellen Demokraten (Kadetten).

Das wichtigste Organ, in dem sich die neuen Ideen nach und nach herausschälten, war die »Iskra«. Bis zum Zweiten Parteitag spielten Meinungsverschiedenheiten zwischen Lenin und den übrigen Redaktionsmitgliedern keine wesentliche Rolle, doch Lenin gab faktisch den Ton in der Zeitung an. Er redigierte sie anfangs in München, anschließend in London, wohin er im Frühling 1902 übersiedelte. Die »Iskra« sollte nicht nur den Revisionismus und Ökonomismus in der russischen Sozialdemokratie bekämpfen, sondern auch eine Verbindung zwischen den Organisationen herstellen, die, obwohl es formell eine Partei gab, weiterhin in ideologischer und organisatorischer Hinsicht wenig miteinander zu tun hatten; sie sollte dem Ausdruck Lenins zufolge »nicht nur ein kollektiver Propagandist und kollektiver Agitator, sondern auch ein kollektiver Organisator« sein (»Womit beginnen?«, »Werke«, Band 5, S. 11). Tatsächlich spielte die Zeitung eine entscheidende Rolle bei der Vorbereitung des Parteitags, der 1903 die russische Sozialdemokratie zu einer wirklichen Partei vereinigte und diese Partei gleich wieder in zwei feindliche Fraktionen spaltete.

Die Grundsätze der bolschewistischen Ideologie in der entscheidenden Frage, welche Rolle der Partei zukam, formulierte Lenin in der Auseinandersetzung mit dem »Ökonomismus«, der ihm, obwohl sein Einfluß nachließ, als eine drohende Gefahr erschien. Nicht nur, daß die »Ökonomisten« den historischen Materialismus als eine Theorie verstanden, die dem ökonomischen Kampf des Proletariats gegenüber den politischen Aufgaben den »Primat« einräumt (die letzteren sollten in Rußland zumindest in der allernächsten Zukunft hauptsächlich Aufgaben der Bourgeoisie sein), sie setzten auch noch *die Arbeiterbewegung mit der Bewegung der Arbeiter gleich,* d. h. mit dem spontan entstehenden Kampf der gesamten Arbeiterklasse. Sie hoben den streng klassengebundenen Charakter ihres Programms hervor, während sie den »Iskristen« vorwarfen, sie würden unter der Intelligenz und den Liberalen nach Bundesgenossen suchen, die gemeinsame Opposition unterschiedlicher Klassen gegen die Selbstherrschaft in den Vordergrund stellen und der Theorie und Ideologie ein übertriebenes Gewicht beimessen. Der Ökonomismus war so etwas wie ein russischer Proudhonismus oder ein »Ouvrierismus«, wie man das zu nennen pflegt. Die Sozialdemokratie sollte nach Auffassung der Ökonomisten eher ein Organ der wirklichen Bewegung der Arbeiter als deren Führerin sein.

Lenin wandte sich in einigen Artikeln und vor allem in dem Buch »Was tun?« (1902) gegen diese Auffassung, die für eine Avantgarde-Partei keinen Raum ließ; zugleich legte er in allgemeiner Weise seine Auffassung über die Rolle des theoretischen Bewußtseins in der sozialdemokratischen Bewegung dar.

Nun ist nach Lenin die für die Perspektiven der Revolution entscheidende Frage das theoretische Bewußtsein der revolutionären Bewegung, also ein Bewußtsein, welches die spontane Arbeiterbewegung auf keinen Fall hervorbringen kann. »Ohne revolutionäre Theorie kann es auch keine revolutionäre Bewegung geben«, was in Rußland noch mehr gilt als anderswo, wenn man berücksichtigt, daß die Sozialdemokratie sich hier erst in ihren Anfängen befindet, und wenn man berücksichtigt, daß die Aufgaben des russischen Proletariats – der Sturz des Horts der gesamten europäischen und asiatischen Reaktion – ihm in Zukunft die Rolle der Avantgarde des Weltproletariats zuweisen, die es aber ohne theoretisches Rüstzeug nicht erfüllen kann. Die Ökonomisten berufen sich auf die entscheidende Rolle der »objektiven« ökonomischen Umstände in der gesellschaftlichen Entwicklung, betrachten das politische Bewußtsein als ein automatisches Resultat der Ökonomie und sprechen ihm deshalb das Recht ab, gesellschaftliche Prozesse einzuleiten und anzuregen. Doch aus der Annahme, daß die ökonomischen Interessen eine entscheidende Rolle spielen, folgt durchaus nicht, daß allein der ökonomische Kampf der Arbeiter für ihren endgültigen Sieg ausschlaggebend ist, denn die prinzipiellen Klasseninteressen des Proletariats können nur durch eine politische Revolution und durch die Diktatur des Proletariats befriedigt werden. Nun sind aber die Arbeiter nicht imstande, aus eigener Kraft zum Bewußtsein des prinzipiellen Gegensatzes zwischen ihrer gesamten Klasse und dem gesamten gegenwärtigen sozialen System zu gelangen. »Wir haben gesagt, daß die Arbeiter ein sozialdemokratisches Bewußtsein *gar nicht haben konnten.* Dieses konnte ihnen nur von außen gebracht werden. Die Geschichte aller Länder zeugt davon, daß die Arbeiterklasse ausschließlich aus eigener Kraft nur ein trade-unionistisches Bewußtsein hervorzubringen vermag, d. h. die Überzeugung von der Notwendigkeit, sich in Verbänden zusammenzuschließen, einen Kampf gegen die Unternehmer zu führen, der Regierung diese oder jene für die Arbeiter notwendigen Gesetze abzutrotzen und anderes mehr. Die Lehre des Sozialismus ist hingegen aus den philosophischen, historischen und ökonomischen Theorien hervorgegangen, die von den gebildeten Vertretern der besitzenden Klassen, der Intelligenz, ausgearbeitet wurden« (»Werke«, Bd. 5, S. 385f.). So war es in den Ländern des Westens (»auch Marx und Engels gehörten der bürgerlichen Intelligenz an«), so ist es auch in Rußland. Lenin beruft sich in diesem Punkt auf Kautsky, der geschrieben hatte, daß der Klassenkampf des Proletariats allein kein sozialistisches Bewußtsein erzeugen könne, daß beide Erscheinungen, der Klassenkampf und der Sozialismus, nebeneinander entstehen und daß es gerade die Aufgabe der Sozialdemokratie sei, das sozialistische Bewußtsein in die spontane Bewegung hineinzutragen.

Wenn sich also die Partei für ein Organ oder für einen Helfer der spontanen Bewegung der Arbeiter hält, kann sie niemals zum Werkzeug der sozialistischen Revolution werden. Sie muß Avantgarde und Organisator, Führer und Ideologe der Arbeiter sein, denen es ohne sie nie gelingen wird, den Horizont der bürgerlichen Gesellschaft zu überschreiten oder ihre Grundlagen zu erschüttern. An dieser Stelle fügt Lenin jedoch eine Bemerkung hinzu, die von entscheidender Bedeutung ist: »Kann nun von einer selbständigen, von den Arbeitermassen im Verlauf ihrer Bewegung selbst ausgearbeiteten Ideologie keine Rede sein, so kann die Frage *nur so* stehen: bürgerliche oder sozialistische Ideologie. Ein Mittelding gibt es hier nicht (denn eine ›dritte‹ Ideologie hat die Menschheit nicht geschaffen, wie es überhaupt in einer Gesellschaft, die von Klassengegensätzen zerfleischt wird, niemals eine außerhalb der Klassen oder über den Klassen stehende Ideologie geben kann). (. . .) Aber die *spontane* Entwicklung der Arbeiterbewegung führt eben zu ihrer Unterordnung unter die bürgerliche Ideologie . . . Trade-Unionismus aber bedeutet eben ideologische Versklavung der Arbeiter durch die Bourgeoisie. Darum besteht unsere Aufgabe, die Aufgabe der Sozialdemokratie, im *Kampf gegen die Spontaneität* . . .« (»Werke«, Bd. 5, S. 395f.). Diese »Anbetung der Spontaneität« oder »Nachtrabpolitik« ist der Hauptvorwurf, den Lenin gegen die Anhänger des »Ökonomismus« – Martynow, Kuskowa u. a. – erhebt. Die Arbeiterklasse versteht es, um bessere Bedingungen für den Verkauf der Arbeitskraft zu kämpfen, aber die Aufgabe der Sozialdemokratie ist es, für die Aufhebung der Lohnarbeit überhaupt zu kämpfen. Nur das wissenschaftliche Denken kann den Gegensatz zwischen der Arbeiterklasse und dem gesamten ökonomischen System des Kapitalismus erfassen, und solange dieser Gegensatz nicht begriffen ist, kann es keinen allgemein-politischen Kampf gegen die bürgerliche Ordnung geben.

Nach Lenin drängen sich deshalb bestimmte Schlußfolgerungen bezüglich des Verhältnisses zwischen Arbeiterklasse und Partei auf. Für die »Ökonomisten« soll ganz einfach die Organisation der Arbeiter die revolutionäre Organisation sein. Doch die Organisation der Arbeiter muß, um wirksam zu sein, möglichst umfassend sein, möglichst wenig konspirativ sein und einen gewerkschaftlichen Charakter haben. Die Partei kann sich hingegen nicht mit einer solchen Bewegung identifizieren, im übrigen deckt sich nirgendwo auf der Welt die Partei mit der Gewerkschaftsbewegung. »Die Organisation der Revolutionäre dagegen muß vor allem und hauptsächlich Leute erfassen, deren Beruf die revolutionäre Tätigkeit ist... Hinter dieses allgemeine Merkmal der Mitglieder einer solchen Organisation *muß jeder Unterschied zwischen Arbeitern und Intellektuellen*... *völlig zurücktreten*« (ebd., S. 468). Eine solche Partei von Berufsrevolutionären muß nicht nur das Vertrauen der Arbeiterklasse gewinnen und die spontane Bewegung lenken, sondern sie muß auch Sammelpunkt *aller* Formen des Protests gegen die gesellschaftliche Unfreiheit sein, sie muß die gesamte gegen die Selbstherrschaft gerichtete Energie zusammenfassen, gleichgültig, aus welchen Klasseninteressen und welchen Umständen diese Energie entspringt. Daraus, daß die Sozialdemokratie die Partei des Proletariats ist, folgt durchaus nicht, daß die Unterdrückung und Ausbeutung, welche andere Bevölkerungsgruppen und selbst privilegierte Klassen betreffen, ihr gleichgültig sein müßten. Weil die demokratische Revolution sich unter Führung des Proletariats vollziehen muß – obwohl es eine ihrem Inhalt nach bürgerliche Revolution sein wird –, ist es Pflicht des Proletariats, Führer aller Kräfte zu werden, die am Sturz der Selbstherrschaft interessiert sind. Die Partei muß dem allgemeinen Bestreben, die herrschenden Verhältnisse zu enthüllen, einen festen Rahmen geben, sie muß die Forderungen der Bourgeoisie nach politischen Freiheiten unterstützen, die Verfolgung religiöser Sekten bekämpfen, die söldnerischen Methoden des Umgangs mit der Intelligenz und den Studenten enthüllen, die Forderungen der Bauernschaft unterstützen, sich in alle Fragen des gesellschaftlichen Lebens einmischen und die einzelnen Strömungen der Empörung und des Protests zu einem einzigen machtvollen Strom vereinen, der die zaristische Ordnung zu stürzen vermag.

Eine Partei, die dieser Aufgabe gewachsen sein soll, muß folglich eine Partei hauptsächlich aus Berufsrevolutionären sein, also aus Menschen, die sich selbst nicht als Arbeiter oder Intelligenzler definieren – und definiert werden müssen –, sondern eben als Revolutionäre, Menschen, die ihre ganze Zeit der Parteitätigkeit widmen. Diese Partei, die sich die konspirative *Zemlja i Wolja* der siebziger Jahre zum Vorbild nehmen soll, muß eine aus wenigen Leuten bestehende, zentralisierte und disziplinierte Organisation sein; unter den Bedingungen der Konspiration ist die Anwendung demokratischer Grundsätze innerhalb der Partei unmöglich, obwohl sie in den legal arbeitenden Organisationen selbstverständlich ist.

Lenins Parteiverständnis wurde vielfach als ein Symptom des Despotismus angegriffen, und heute sind manche Historiker der Auffassung, daß in ihm im Kern das ganze Programm einer hierarchischen, totalitären Struktur enthalten gewesen sei, wie sie später das sozialistische System charakterisieren sollte. Man muß sich aber überlegen, in welchen Punkten eigentlich dieses Parteiverständis von den allgemein anerkannten Vorstellungen abwich. Man hat Lenin nämlich »Elitarismus« und das Bestreben vorgeworfen, die Arbeiterklasse durch die revolutionäre Organisation zu »ersetzen«; man hat ihm sogar vorgeworfen, seine Doktrin drückte die spezifischen Interessen der Intelligenz oder der Intellektuellen aus und laufe darauf hinaus, die gesamte politische Macht der Intelligenz auf Kosten des Proletariats auszuliefern.

Was nun den »Elitarismus« betrifft, der schon im Begriff der Avantgarde-Partei stecken soll, so muß man sagen, daß Lenin in diesem Punkt die unter den Sozialisten allgemein anerkannte Auffassung wiederholte. Der Begriff der Avantgarde kommt ja schon im »Kommunistischen Manifest« vor, dessen Verfasser die Kommunisten als den bewußtesten Teil des Proletariats charakterisieren, der keine besonderen, von denen der gesamten Klasse abweichenden Interessen hat. Die Überzeugung, daß die Arbeiterbewegung nicht aus eigenen Kräften ein revolutionäres sozialistisches Bewußtsein hervorbringen kann, sondern daß dieses Bewußtsein von außen durch die gebildete Intelligenz in sie hineingetragen werden muß, teilte Lenin mit Kautsky, Viktor Adler und der Mehrheit der sozialdemokratischen Führer, die in diesem Punkt ihre vom Syndikalismus abweichende Auffassung betonten. Im Grunde ist der von Lenin geäußerte Gedanke sogar eine banale Wahrheit: Es ist nämlich klar, daß kein Arbeiter das »Kapital« oder den »Anti-Dühring« oder auch nur »Was tun?« schreiben könnte. Daß die theoretischen Grundlagen des Sozialismus nur von gebildeten Menschen, von Intellektuellen und nicht von Fabrikarbeitern geschaffen werden konnten, ist eine unbestreitbare Wahrheit, und wenn die Theorie vom »Hineintragen des Bewußtseins von außen« auf diese Wahrheit hinausliefe, gäbe es keinen

Anlaß zur Diskussion. Daß die Arbeiterpartei etwas von der gesamten Arbeiterklasse Verschiedenes ist – auch das ist eine einhellig anerkannte Auffassung, und es läßt sich kein Argument dafür anführen, daß Marx die Partei mit dem gesamten Proletariat gleichsetzte (obwohl es stimmt, daß er keine detailliertere Parteitheorie schuf). Das Neue und Eigentümliche an Lenins Auffassung ist nicht der Begriff der Avantgarde-Partei, welche die Arbeiterklasse führen und ein sozialistisches Bewußtsein in sie hineintragen möchte. Das Neue besteht erstens in der Behauptung, daß *die spontane Arbeiterbewegung ein bürgerliches Bewußtsein haben muß*, da sie ein sozialistisches Bewußtsein nicht hervorbringen kann und es außer diesen beiden kein anderes Bewußtsein geben kann. Aus den von Lenin zitierten Ausführungen Kautskys und aus den Grundsätzen des Marxismus geht diese Schlußfolgerung keineswegs hervor. Jede gesellschaftliche Bewegung hat nach Lenin einen eindeutig bestimmten Klassencharakter; da das Bewußtsein, zu dem die spontane Bewegung fähig ist, kein sozialistisches, *also* proletarisches Bewußtsein im eigentlichen, theoretisch korrekten und historisch richtigen Sinne des Wortes ist, gelangen wir zu dem eigentümlichen Schluß, daß *die Arbeiterbewegung eine bürgerliche Bewegung ist*, sofern sie nicht der sozialistischen Partei untergeordnet wird. Diese erste wird durch eine zweite Schlußfolgerung ergänzt: Die *Arbeiterbewegung* im eigentlichen Wortsinne, also die politische, revolutionäre Bewegung, *definiert sich überhaupt nicht dadurch, daß sie eine Bewegung der Arbeiter ist*, sondern durch die Tatsache, daß sie die »richtige«, d. h. marxistische, d. h. per definitionem »proletarische« Ideologie besitzt. Anders gesagt, spielt die klassenmäßige Zusammensetzung der revolutionären Partei für die Bestimmung ihres Klassencharakters überhaupt keine Rolle – diese Auffassung erhielt Lenin konsequent aufrecht; so ist die Labour Party, obwohl sie aus Arbeitern besteht, eine bürgerliche Partei, während selbst die kleinste und jeder Verankerung in der Arbeiterklasse entbehrende Partei das Recht hat, sich als die einzige Sprecherin des Proletariats und die einzige Trägerin des proletarischen Bewußtseins zu bezeichnen, wenn sie sich zur marxistischen Ideologie bekennt. Tatsächlich sollten sich die leninistischen Parteien stets in diesem Sinne verhalten, insbesondere auch diejenigen, die von seiten der wirklichen Arbeiter nicht die geringste Unterstützung besaßen.

Das heißt natürlich nicht, daß Lenin die Zusammensetzung seiner eigenen Partei gleichgültig gewesen wäre oder daß er beabsichtigt hätte, eine aus Intelligenzlern zusammengesetzte revolutionäre Organisation aufzubauen. Er hat im Gegenteil immer wieder darauf bestanden, daß der Anteil der Arbeiter in der Partei so hoch wie möglich sein muß; der Intelligenz begegnete er mit der größten Verachtung, und das Adjektiv »intelligenzlerisch« hatte in seinen Äußerungen bekanntlich einen abschätzigen Sinn und bedeutete soviel wie »schwankend, unsicher, von Individualismus zerfressen, unfähig zur Disziplin, launenhaft, in den Wolken schwebend« usw. In der Regel schenkte er Parteiaktivisten, die ihrer Herkunft nach Arbeiter waren, größeres Vertrauen (so etwa Stalin oder Malinowski; der letztere war, wie sich herausstellte, ein Agent der Ochrana und leistete ihr unschätzbare Dienste als einer der vertrautesten Mitarbeiter Lenins, der zu allen Geheimnissen der Partei Zugang hatte). So kann denn auch keine Rede davon sein, daß die Intelligenzler nach Lenins Auffassung die Arbeiter »vertreten« oder als solche, d. h. als Intelligenzler, Träger des sozialistischen Bewußtseins sein sollten. Träger dieses Bewußtseins ist vielmehr die *Partei*, ein besonderes Organ, in dem, wie schon gesagt, der Unterschied zwischen dem Intelligenzler und dem Arbeiter sich völlig verwischen soll. Das heißt aber nicht nur, daß der Intelligenzler aufhört, ein Intelligenzler zu sein, sondern auch, daß der Arbeiter aufhört, ein Arbeiter zu sein, und daß beide zu Bestandteilen der disziplinierten und zentralisierten revolutionären Organisation werden.

Nach Lenin ist also die Partei, da sie über das »richtige« theoretische Bewußtsein verfügt, Trägerin des proletarischen Bewußtseins, und zwar *ganz unabhängig* davon, wie das Bewußtsein des wirklichen, empirischen Proletariats beschaffen ist, und gänzlich ungeachtet dessen, wie sich dieses wirkliche Proletariat zu ihr verhält. Die Partei *weiß*, was im »historischen« Interesse des Proletariats liegt und wie jeweils das wahre Bewußtsein des Proletariats beschaffen *sein muß*, an welches das empirische Bewußtsein in der Regel nicht heranreicht. Die Partei ist Trägerin dieses Bewußtseins nicht deshalb, weil das Proletariat sie als solche anerkennt, sondern weil die Partei die Gesetze der gesellschaftlichen Entwicklung und damit auch die in der marxistischen Theorie begründete geschichtliche Sendung der Arbeiterklasse kennt. In diesem System stellt sich deshalb das empirische, reale Bewußtsein der Arbeiterklasse lediglich als ein Hindernis, als Widerstand der unreifen Verhältnisse dar, den es zu überwinden gilt, und niemals als eine Quelle der Inspiration. Die Partei ist von der wirklichen Arbeiterklasse absolut unabhängig, oder sie ist von ihr nur insofern abhängig, als sie sich um deren Unterstützung bemühen muß. In diesem Sinne geht die Leninsche Doktrin von der Hegemonie der Partei tatsächlich davon aus, daß die Arbeiterklasse im politischen Handeln »vertreten« werden kann, ja vertreten werden muß – keineswegs von Intellektuellen, sondern eben von der Partei; wenn sie erfolgreich arbeiten soll, kann die Partei auf die Unterstützung des Proletariats nicht verzichten, aber die Festlegung der Ziele des Proletariats und jegliche politische Initiative obliegen ausschließlich der Partei, denn das Proletariat vermag nicht nur seine eigenen klassenmäßigen Ziele nicht zu formulieren, sondern jegliche Ziele, die es sich setzt, sind unausweichlich bürgerliche Ziele und können prinzipiell die bürgerliche Ordnung nicht überschreiten.

Es ist also nicht der »Elitarismus« und nicht die Theorie vom Hineintragen des sozialistischen Bewußtseins in die spontane Arbeiterbewegung, was aus der leninistischen Partei jene zentralisierte, gedankenlose, dogmatische und überaus erfolgreiche Maschine machte, zu der sie insbesondere nach der Revolution werden sollte; dieser politische Mechanismus hat seine theoretische Grundlage oder vielmehr seine Rechtfertigung in der Überzeugung Lenins, daß die Partei, eben weil sie über die wissenschaftliche Erkenntnis der Gesellschaft verfügt, die einzige legitime Quelle der politischen Initiative ist. Zur Realität wurde dieses Prinzip dann im sowjetischen Staatssystem, in dem mit Hilfe dieser Ideologie gerechtfertigt wurde und weiterhin gerechtfertigt wird, daß die Partei das Monopol auf alle Initiativen in allen Bereichen des gesellschaftlichen Lebens hat, daß allein sie über die Erkenntnis der Gesellschaft verfügt und deshalb allein sie die Herrschaft über diese Gesellschaft ausübt. Natürlich läßt sich kaum behaupten, daß das totalitäre Staatssystem insgesamt in der Leninschen Doktrin aus dem Jahre 1902 angelegt, oder gar, daß es von ihr beabsichtigt war; gleichwohl bestätigt die Entwicklung der leninistischen Partei vor und nach der Eroberung der Macht bis zu einem gewissen Grade den marxistischen oder vielmehr Hegelschen Glauben an die »logische Ordnung«, die sich, wenn auch nicht vollkommen, in der historischen Ordnung verkörpert. Nach den Grundsätzen des Leninismus muß man nämlich zugeben, daß die Bestimmung der Interessen und Ziele einer Gesellschaftsklasse – insbesondere aber des Proletariats – sich ohne Beteiligung dieser Klasse vollziehen kann, ja sich nicht einmal anders vollziehen kann als ohne ihre Beteiligung; das gilt auch für die Gesellschaft, die bereits von dieser Klasse beherrscht wird, die also *per definitionem* mit den Zielen dieser Klasse identische »Ziele« hat; auch in ihr kann sich die Festlegung der für alle verbindlichen Aufgaben, Ziele und Ideologien nicht anders vollziehen als auf Initiative und unter der Führung der Partei. Die Leninsche Vorstellung von der Hegemonie der Partei wuchs sich gewissermaßen auf dem Wege einer natürlichen Entwicklung zur Idee von der »führenden Rolle der Partei« in der sozialistischen Gesellschaft aus, also zu einem despotischen Herrschaftssystem, welches sich mit dem Grundsatz legitimiert, daß die Partei stets besser weiß als die Gesellschaft, welches die Interessen, Bedürfnisse und sogar Sehnsüchte dieser Gesellschaft sind (die ja aufgrund der Rückständigkeit der Menschen unbewußt sein können, die die Partei jedoch immer dank ihrer wissenschaftlichen Lehre zu entdecken weiß). Auf diese Weise wurde der Begriff des »wissenschaftlichen Sozialismus«, als Gegensatz sowohl zur »Utopie« wie auch zur spontanen Bewegung der Arbeiter verstanden, zur ideologischen Grundlage der Diktatur einer Partei über die Arbeiterklasse und die gesamte Gesellschaft.

Lenin hat seine Parteitheorie nie aufgegeben. Auf dem Zweiten Parteitag hat er zwar eingeräumt, daß er in seinem Buch »Was tun?« ein wenig übertrieben habe, sagte aber nicht, worin diese Übertreibung bestand; er verkündete dort, daß »die Ökonomisten den Bogen nach der einen Seite überspannt haben. Um ihn wieder auszurichten, mußte man ihn nach der anderen Seite spannen, und das habe ich getan. Ich bin überzeugt, daß die russische Sozialdemokratie den durch alle Art von Opportunismus verzerrten Bogen stets energisch wieder ausrichten wird und daß unser Bogen deshalb immer der straffeste und aktionsfähigste sein wird« (»Rede zum Parteiprogramm«, 4. 8. 1902, »Werke«, Bd. 6, S. 490).

Bezüglich der Frage, inwiefern »Was tun?« bereits die Theorie der monolithischen Partei enthält, muß gleichfalls eine Unterscheidung getroffen werden. Lenin hat es sowohl damals als auch später für normal gehalten, daß in der Partei verschiedene Standpunkte aufeinanderstoßen und daß es Fraktionen in der Partei geben kann. Er hielt das für normal, aber keineswegs für gesund, denn grundsätzlich kann nur eine Fraktion im Besitz der Wahrheit sein. »Leute, die tatsächlich davon überzeugt sind, daß sie die Wissenschaft vorwärts gebracht haben, würden«, so schrieb er, »nicht Freiheit für die neuen Auffassungen neben den alten fordern, sondern eine Ersetzung der alten durch die neuen« (»Werke«, Bd. 5, S. 364); an anderer Stelle sagt er, daß »die vielgerühmte Freiheit der Kritik nicht das Ablösen einer Theorie durch eine andere bedeutet, sondern das Freisein von jeder geschlossenen und durchdachten Theorie, daß sie Eklektizismus und Prinzipienlosigkeit bedeutet« (ebd., S. 379). Es kann kein Zweifel daran bestehen, daß Lenin in jeglicher Fraktionsbildung und in jeglichen Meinungsverschiedenheiten über wesentliche Fragen immer ein Symptom der Krankheit oder der Schwäche der Partei gesehen hat, auch wenn er viele Jahre hindurch nicht gesagt hat, daß man all diese Symptome mit radikalen Mitteln – nämlich durch sofortige Spaltung oder durch Ausschluß aus der Partei – kurieren müsse; erst nach der Revolution wurde in der Partei ein formelles Fraktionsverbot eingeführt. Aber auch vor der Revolution schreckte Lenin nicht vor der Spaltung zurück, wenn der Streit wesentliche Dinge betraf. Weil er aber glaubte, daß alle Meinungsunterschiede – nicht nur über Fragen des Programms und der Strategie, sondern auch über organisatorische Fragen – letzten Endes Klassengegensätze »widerspiegeln«, waren innerparteiliche Gegner in seinen Augen stets Repräsentanten verschiedenerlei bürgerlicher Abweichungen oder zumindest des Drucks der Bourgeoisie auf das Proletariat; daran, daß er selbst in jeder Frage das reale und wohlverstandene Interesse des Proletariats verkörperte, hat Lenin nie gezweifelt.

Ergänzt wurde die Parteitheorie, die Lenin in »Was tun?« darlegte, durch seine Organisationsvorschläge auf dem Zweiten Parteitag, der sich nach langen Vorbereitungen am 30. Juli 1903 in Brüssel versammelte und anschließend nach London verlegt wurde, wo er sich bis zum 23. August hinzog (Lenin reiste aus Genf herbei, wohin er im Frühjahr übergesiedelt war). Der erste und wichtigste Streitgegenstand des Parteitags war der berühmte Punkt 1 des Parteistatuts; Lenin forderte, die »persönliche Beteiligung an einer der Parteiorganisationen« zur Bedingung der Parteimitgliedschaft zu machen, während Martow eine losere Formel vorschlug, nach der die Parteimitgliedschaft lediglich die »Arbeit unter der Kontrolle und Leitung einer der Parteiorganisationen« erfordert. Dieser scheinbar nichtige Streit entartete beinahe zu einem Bruch und führte zur Entstehung von zwei Fraktionen, die, wie sich bald herausstellte, nicht nur in organisatorischen, sondern auch in vielen anderen Fragen voneinander abwichen. Lenins Formel, für die sich auch Plechanow aussprach, wurde mit einer geringen Stimmenmehrheit verworfen. Im weiteren Verlauf des Parteitags gewannen jedoch die Anhänger Lenins wieder ein geringes Übergewicht, da zwei Gruppen von Delegierten – nämlich der jüdische »Bund« und die Abgesandten der Zeitung »Rabotscheje Delo«, also die sogenannten Ökonomisten – die Versammlung verließen. Diese geringe Mehrheit, über welche Lenins Gruppe bei den Wahlen zum Zentralkomitee und zum Zentralorgan der Partei verfügte, diente als Grundlage, um zwei Bezeichnungen zu prägen, die eine schwindelerregende Karriere machen sollten – Mehrheitler oder Bolschewiki und Minderheitler oder Menschewiki. Die Entstehung dieser Bezeichnungen war also rein zufällig, doch der Umstand, daß die Anhänger Lenins sie sich gern zu eigen machten und anschließend jahrzehntelang benutzten, ist kein Zufall; die Bezeichnung suggerierte nämlich, daß die »Bolschewiki« ungeachtet der späteren Entwicklung der Partei und der unterschiedlichen Kräfteverhältnisse in ihr stets die Mehrheit der Partei repräsentieren. In den Augen vieler Menschen, die mit der Geschichte des Parteitags nicht vertraut sind, nahm diese Bezeichnung häufig noch eine andere Bedeutung an: nicht »Mehrheitler«, sondern »Maximalisten« (die Bolschewiki selbst haben diesen Bedeutungswandel niemals suggeriert).

Hinter dem Streit um die Formel für die Parteimitgliedschaft verbargen sich im Grunde zwei verschiedene Vorstellungen von der Parteiorganisation, und Lenin hat davon sowohl auf dem Parteitag wie auch später in zahlreichen Artikeln wiederholt gesprochen. Nach seiner Ansicht wollten die Anhänger der »losen« Formel (Martow, Axelrod und Akimow) praktisch jedem, der die Partei in irgendeiner Weise unterstützt, gestatten, sich als ihr Mitglied zu bezeichnen, jedem Professor, Gymnasiasten oder streikenden Arbeiter. Auf diese Weise würde jedoch die Partei des organisatorischen Zusammenhalts, der Disziplin und der Kontrolle über die eigenen Reihen beraubt, in eine »von unten her« und nicht »von oben her« aufgebaute Massenorganisation verwandelt, die zu einer zentralisierten Aktion unfähig wäre, zu einer Ansammlung von autonomen Organisationen. Lenin hatte von der Partei genau entgegengesetzte Vorstellungen: eng umschriebene Mitgliedschaftsbedingungen, strenge Disziplin, völlige Kontrolle der Parteiinstanzen über die Organisationen, eindeutige Grenzen zwischen der Partei und der Arbeiterklasse. Die Menschewiki warfen Lenin ein bürokratisches Verhältnis zum Parteileben, diktatorische Gelüste, den Wunsch, die gesamte Partei der Führungsgruppe unterzuordnen, und Verachtung gegenüber der Arbeiterklasse vor. »Die Grundidee des Gen. Martow – daß sich jeder selbst zum Parteimitglied erklären kann – ist«, wie Lenin in dem nach dem Parteitag verfaßten Buch »Ein Schritt vorwärts – zwei Schritte zurück« (1904; »Werke«, Bd. 7, S. 410) schrieb, »eben ein falscher ›Demokratismus‹, die Idee des Aufbaus der Partei von unten nach oben. Umgekehrt ist meine Idee ›bürokratisch‹ in dem Sinne, daß die Partei von oben nach unten aufgebaut wird, vom Parteitag zu den einzelnen Parteiorganisationen.«

Lenin hatte recht, wenn er in dem Streit mit Martow unmittelbar zwei zutiefst entgegengesetzte Tendenzen innerhalb der sozialdemokratischen Bewegung erkannte. Er hat den Kampf zwischen diesen beiden Parteiflügeln später vielfach mit dem Kampf zwischen den Jakobinern und den Girondisten verglichen. Dieser Vergleich war nicht ganz unbegründet. Dagegen war ein anderer Vergleich – nämlich der mit dem Konflikt zwischen »Bernsteinianern« und Orthodoxen innerhalb der deutschen Partei – weniger treffend. Die Menschewiki repräsentierten im Grunde eine Strömung, die dem Zentrum der deutschen Sozialdemokratie sehr verwandt war. In organisatorischen Fragen waren sie tatsächlich für sehr viel weniger zentralistische und weniger »militärische« Formen; nach ihrer Auffassung sollte die Partei eine Arbeiterpartei nicht nur dem Namen und der Ideologie nach sein, sondern deshalb, weil sie sich bemüht, einen beträchtlichen Teil der Arbeiterklasse zu umfassen, statt nur aus einem Stab von »Berufsrevolutionären« zu bestehen. Sie meinten, die Partei müsse den einzelnen Organisationen weitgehende Autonomie lassen und nicht ausschließlich mit Anweisungen von oben arbeiten; sie hielten Lenin einen gänzlich mangelnden Glauben an die Arbeiterklasse vor, obwohl sie selbst ebenfalls die Idee des »Hineintragens des Bewußtseins von außen« übernahmen. Bald stellte sich heraus, daß der menschewistische Flügel auch in anderen Fragen zu abweichenden Lösungen neigte, daß also der Streit um einen einzigen Punkt des Statuts tatsächlich die Partei in zwei Lager teilte, die spontan auf strategische und taktische Fragen in verschiedener Weise reagierten. Während die Menschewiki unter allen besonderen Umständen zum Bündnis mit den Liberalen neigten, vertrat Lenin die Parole von der bäuerlichen Revolution und vom revolutionären Bündnis mit der Bauernschaft. Während die Menschewiki dazu neigten, den legalen Aktionsformen, insbesondere auch – als eine solche Möglichkeit entstand – dem parlamentarischen Kampf eine beträchtliche Bedeutung beizumessen, widersetzte sich Lenin lange einer Beteiligung der Sozialdemokratie an der Duma, und später sah er im Parlament lediglich eine Propagandatribüne und glaubte nicht an den Wert von Reformen, die es herbeiführen könnte. Die Menschewiki legten großen Wert auf die Tätigkeit der Gewerkschaften und sahen allgemein in jeder Verbesserung der Lage, welche die Arbeiterklasse sich, sei es auf legislativem Wege, sei es durch Streiks, erkämpfen kann, einen selbständigen Wert; für Lenin dagegen reduzierte sich der Sinn der legislativen Tätigkeit und des Kampfes um eine Verbesserung der Lage des Arbeiters auf die mögliche Bedeutung dieses Kampfes für die Vorbereitung der letzten Schlacht. Während die Menschewiki die demokratischen Freiheiten als selbständige Werte betrachteten, waren diese für Lenin lediglich Instrumente, derer die Partei sich unter bestimmten Umständen bediente. Was den letzteren Punkt betrifft, so führt Lenin selbst eine überaus bezeichnende Diskussion des Parteitags an (*ebd.*, S. 222). Der Genosse Possadowski, mit dem Lenin, wie er betont, übereinstimmt, hatte gesagt: »Ist es notwendig, unsere künftige Politik den einen oder anderen demokratischen Grundprinzipien unterzuordnen und ihnen einen absoluten Wert zuzusprechen, oder aber müssen alle demokratischen Prinzipien ausschließlich den Vorteilen unserer Partei untergeordnet werden? Ich trete entschieden für das Letztere ein.« Auch Plechanow unterstützte diese Ansicht. Sie ist deshalb bezeichnend, weil sie offenbart, wie das »Interesse der Partei« sehr früh zum übergeordneten Wert wurde, dem gegenüber andere Werte nicht zählen, insbesondere auch nicht die unmittelbaren Interessen der Klasse, welche die Partei angeblich repräsentieren soll. Andere Schriften Lenins lassen im übrigen keinen Zweifel daran, daß die »Freiheit« für ihn an sich kein Wert war, obwohl die Wendung »Kampf um die Freiheit« in seinen Aufrufen und Broschüren ständig wiederkehrt. »Wer der Sache der Freiheit im allgemeinen dient, ohne der besonderen Sache der proletarischen Ausnutzung dieser Freiheit, der Ausnutzung dieser Freiheit für den proletarischen Kampf um den Sozialismus zu dienen, der ist letzten Endes ein Kämpfer für die Interessen der Bourgeoisie und nichts weiter« (»Ein neuer revolutionärer Arbeiterbund«, Artikel vom Juni 1905 in der Zeitung »Proletari«, »Werke«, Bd. 8, S. 503).

Auf diese Weise legte Lenin das Fundament für das, was dann zur Kommunistischen Partei werden sollte, einer Partei, die sich vor allem auszeichnen sollte durch ideologische Einheit, Funktionstüchtigkeit, hierarchischen und zentralistischen Aufbau sowie durch die unerschütterliche Überzeugung, daß die Partei die Interessen des Proletariats ganz unabhängig davon repräsentiert, was das wirkliche Proletariat darüber denkt; einer Partei, die folglich davon ausgeht, daß ihr Interesse automatisch mit dem Interesse der Arbeiterklasse und dem des universellen Fortschritts identisch ist, die auf dieser Grundlage zugleich davon ausgeht, daß sie über die »wissenschaftliche Erkenntnis« verfügt, die es ihr gestattet, auf die wirklichen Bestrebungen und Wünsche der Menschen, die sie kraft eigenen Dekrets repräsentiert, keine Rücksicht zu nehmen – es sei denn im taktischen Sinne.

Die Menschewiki – und im übrigen auch Rosa Luxemburg – wandten gegen die Leninsche Doktrin immer wieder ein, sie sei »blanquistisch«, sie wolle die bestehende Ordnung durch eine Verschwörung stürzen, sie sei eine Wiederauflage der konspirativen Ideologie Tkatschews, sie berücksichtige in ihrem Machtstreben nicht die »objektiven« Bedingungen. Lenin entgegnete, daß seine Theorie mit dem Blanquismus nichts gemein habe, da er eine Partei aufbauen wolle, die die tatsächliche Unterstützung des Proletariats genießen werde und keineswegs einen Umsturz durch eine Handvoll von Verschwörern anstrebe. Man warf ihm ebenfalls vor, er glaube im Gegensatz zum Marxismus an die entscheidende Rolle von »subjektiven Faktoren«, nämlich an den revolutionären Willen; nach den Lehren des historischen Materialismus könne jedoch das revolutionäre Bewußtsein nicht künstlich durch die Bemühungen einer Partei hervorgerufen werden, sondern es sei das Produkt von entsprechend herangereiften gesellschaftlichen Verhältnissen. Eine Revolution provozieren zu wollen, statt sich auf die ökonomische Reife zu verlassen, die unvermeidlich revolutionäre Situationen schaffen werde, bedeute, die Naturgesetze der gesellschaftlichen Entwicklung zu vergewaltigen.

Diese Kritik war übertrieben, wenn auch nicht ganz unberechtigt. Natürlich war Lenin kein »Blanquist« in dem Sinne, daß er sich auf einen Staatsstreich eingestellt hätte, den ein Grüppchen von Verschwörern in einem beliebigen Augenblick durchführen kann, wenn es sich nur entsprechend vorbereitet. Er war sich auch darüber im klaren, daß Revolutionen elementare Erscheinungen sind, die man nicht beliebig produzieren oder planen kann. Seine Einstellung war die folgende: Die Revolution in Rußland ist unausweichlich, Aufgabe der Partei ist es, sich darauf vorzubereiten, daß sie im Augenblick des Ausbruchs imstande ist, deren Geschicke zu lenken und auf der Woge der allgemeinen spontanen Bewegung die Macht zu übernehmen – anfangs gemeinsam mit den Vertretern der revolutionären Bauernschaft. Er dachte nicht daran, eine Revolution hervorzurufen, sondern er wollte das Anwachsen des revolutionären Bewußtseins fördern und dann die entstehende Massenbewegung steuern. Wenn – und so wurde das in den Kontroversen seiner Zeit aufgefaßt – die Partei der »subjektive Faktor« im Verlauf der Revolution ist, so war Lenin in der Tat der Auffassung, daß die spontane Bewegung der Arbeiterklasse zugrunde gehen werde, falls sich nicht eine Partei finden werde, die ihr eine eigene Form und Richtung geben kann. Das ergab sich ganz offensichtlich aus seiner Auffassung, daß Träger des sozialistischen Bewußtseins allein die Partei sein kann. Da das Proletariat selbst dieses Bewußtsein nicht hervorzubringen vermag, ist es klar, daß der revolutionäre Wille nicht das automatische Ergebnis der ökonomischen Entwicklung sein kann, sondern bewußt organisiert werden muß; insofern, behauptete er, schlagen sowohl die »Ökonomisten« als auch die Menschewiki und die Linke der deutschen Sozialdemokratie eine verhängnisvolle Taktik vor, denn sie erwarten die sozialistische Umwälzung infolge der automatischen Wirkung der ökonomischen Gesetze. Auf diese Weise werden sie sie jedoch nie erleben. Sich in dieser Frage auf Marx zu berufen ist sinnlos (nach Lenin »vulgarisiert und prostituiert« Rosa Luxemburg den Marxismus). Der Marxismus nimmt nämlich nicht an, daß das Bewußtsein – insbesondere das sozialistische – automatisch aus den gesellschaftlichen Verhältnissen erwächst, sondern nur, daß die Verhältnisse die Entwicklung dieses Bewußtseins möglich machen. Damit diese Möglichkeit zur Wirklichkeit wird, bedarf es des in der Partei organisierten Willens und Gedankens.

Wer in diesem Streit die Auffassungen von Marx getreulicher kommentierte, läßt sich nicht zweifelsfrei entscheiden. Marx hat nämlich sowohl geglaubt, daß die gesellschaftlichen Verhältnisse ein Bewußtsein erzeugen, das sie mit der Zeit verändert, als auch, daß dieses Bewußtsein eine explizit artikulierte Form erlangen muß, bevor es wirksam werden kann. Es gibt bei Marx eine ganze Reihe von Formulierungen, die man zugunsten der Auffassung zitieren kann, daß das Bewußtsein »nichts weiter« ist als eine Widerspiegelung der realen Situation, Formulierungen, die also für den »Attentismus« der Orthodoxen zu sprechen scheinen. Andererseits sah Marx in seiner eigenen schriftstellerischen Tätigkeit einen »Ausdruck« jenes latenten Bewußtseins, ein Bemühen, ihm eine explizite Gestalt zu geben; schreibt er doch in dem ersten Text, in dem der Gedanke an die historische Mission des Proletariats auftaucht, von der Notwendigkeit, »die versteinerten gesellschaftlichen Verhältnisse dadurch zum Tanzen zu zwingen, daß man ihnen ihre eigene Melodie vorspielt«. Es muß allerdings jemand diese Melodie spielen, denn »die versteinerten gesellschaftlichen Verhältnisse« spielen sie nicht selber. Wenn, wie schon gesagt wurde, das Prinzip, daß »das gesellschaftliche Sein das Bewußtsein bestimmt«, keine universelle Geltung hat, sondern sich auf die vergangene Geschichte bezieht, in der das

Bewußtsein der Gesellschaft unausweichlich in mystifizierten Formen auftrat, und seine Gültigkeit in dem Augenblick verliert, da das Proletariat die Szene betritt, dann läßt sich die Notwendigkeit einer »Avantgarde«, die jenes Bewußtsein weckt, mit der Marxschen Lehre vereinbaren. Das Problem ist dann nur, nach welchen Kriterien man bestimmt, wann die gesellschaftlichen Verhältnisse »reif« dafür sind, jenes Bewußtsein anzunehmen. In dieser Frage gibt der Marxismus keine Hinweise. Lenin hat vielfach wiederholt, daß das Proletariat – und zwar »von Natur aus« – eine revolutionäre Klasse *ist*; das hieß aber keineswegs, daß das Proletariat ein revolutionäres Bewußtsein hervorbringt, sondern lediglich, daß es fähig sein wird, dieses Bewußtsein nach dem Willen der Partei anzunehmen. Insofern war Lenin zwar kein »Blanquist«, doch glaubte er in der Tat, daß die Partei der *Initiator* sein müsse und daß *nur sie* der Initiator des revolutionären Bewußtseins sein könne oder, anders gesagt, daß der »subjektive Faktor« nicht nur eine unerläßliche Bedingung der Bewegung zum Sozialismus hin ist (dazu bekannten sich die Marxisten aller Schattierungen, auch die Menschewiki), sondern auch der eigentliche *Urheber* des revolutionären Bewußtseins, obwohl er ohne Stütze im Proletariat die Revolution nicht hervorrufen kann. Zwar hat Marx diesen Standpunkt nie in einer Weise formuliert, die der Leninschen Doktrin entsprochen hätte, doch gibt es keinen hinreichenden Grund, um diese Doktrin in diesem Punkt als eine »Entstellung« des Marxismus zu bezeichnen.

3. Die nationale Frage

Auf dem Zweiten Parteitag ergab sich gleichfalls die Gelegenheit, die sozialdemokratischen Grundsätze in der nationalen Frage zu formulieren, die in dominierender Weise die politische Situation im Zarenreich bestimmte. Die Gelegenheit wurde durch die Forderung des »Bundes« geschaffen, ihn als die einzige Vertretung der jüdischen Arbeiterschaft anzuerkennen. Die Mehrheit des Parteitags einschließlich Lenins verwarf diesen Antrag. Lenin protestierte gegen die Forderung des »Bundes« nicht nur, weil er im allgemeinen der Auffassung war, daß die Juden wegen des fehlenden territorialen und sprachlichen Zusammenhalts keine Nation seien (diese Ansicht war übrigens verbreitet; auch Kautsky und Struve teilten sie), sondern aus grundsätzlichen Erwägungen. Es ging darum, daß sich hinter der Forderung des »Bundes« der Plan verbarg, der Partei einen auf nationale Kriterien gestützten föderalistischen Aufbau zu geben. Wenn sich nach Lenin Unterschiede der Herkunft, der Bildung und des Berufes in der Partei verwischen sollten, so mußten um so mehr nationale Unterschiede in ihr untergehen. Ein zentralistischer Aufbau sollte alle Unterschiede zwischen den Mitgliedern der Partei aufheben, und Lenin hoffte, daß jedes einzelne Mitglied zu einer Verkörperung der reinen Idee der Parteilichkeit und sonst gar nichts werden würde.

Die nationale Frage fesselte die Aufmerksamkeit Lenins immer stärker, je mehr sich Anzeichen des Separatismus und nationalistische Bewegungen unter den unterdrückten Völkern des Reiches häuften. Lenin forderte, die Partei solle die nationale Unterdrückung enthüllen, und sah in der nationalen Frage einen der Hebel, um den Absolutismus zu sprengen. Es besteht kein Zweifel daran, daß er den großrussischen Chauvinismus haßte und sich bemühte, ihn auch in den Reihen der Partei zu bekämpfen. Bereits Ende 1901 schrieb er im Zusammenhang mit der Vergewaltigung der bescheidenen Autonomie Finnlands durch die Zarenherrschaft: »Wir sind immer noch in solchem Maße Sklaven, daß man uns zur Versklavung anderer Völker ausnützt. Wir dulden bei uns immer noch eine Regierung, die nicht nur mit der wilden Wut eines Henkers jedes Streben nach Freiheit in Rußland unterdrückt, sondern außerdem auch noch russische Truppen zu gewaltsamen Anschlägen auf die Freiheit anderer verwendet!« (»Iskra« vom 20. 11. 1901, »Werke«, Bd. 5, S. 316).

Es war unter den Demokraten nicht strittig, welche Stellung sie zur nationalen Unterdrückung überhaupt einnahmen. Dagegen war die Forderung nach nationaler Selbstbestimmung, d. h. das Recht jeder Nation auf vollständige politische Abtrennung, keineswegs allgemein anerkannt. Die österreichischen Marxisten erhoben die Forderung nach nationaler Autonomie im Rahmen des österreichisch-ungarischen Staates; danach sollte jede ethnische Gruppe in der Pflege der eigenen Kultur und Sprache, in der Organisation des Schulwesens, bei den Publikationen usw. völlige Freiheit haben. In dieser Forderung war eindeutig ein Recht auf politische Lostrennung nicht enthalten. Die österreichischen Marxisten – Renner, Bauer und andere – hatten ständige Schwierigkeiten mit Nationalitätskonflikten innerhalb der eigenen Partei; diese Partei organisierte das Proletariat eines Staates, der sich aus einem Dutzend von Nationalitäten zusammensetzte, die überwiegend nicht auf eindeutig festgelegte territoriale Bereiche verteilt, sondern häufig untereinander vermischt waren; eine Verwirklichung des Rechts auf politische Lostrennung hätte daher zu kaum entscheidbaren Grenzkonflikten geführt. Lenin war der Ansicht, daß das Prinzip der kulturellen Autonomie nicht ausreiche und daß das Recht auf nationale Selbstbestimmung nichts nutze, wenn es nicht das Recht jeder Nation umfaßte, einen eigenen Staat zu bilden. Diesen Standpunkt äußerte er viele Male, und auf seine Veranlassung legte Stalin ihn in einer Broschüre über die nationale Frage dar, die 1913 veröffentlicht wurde. Das Selbstbestimmungsrecht war Gegenstand einer langwierigen Auseinandersetzung mit der Sozialdemokratie des Königreichs Polen und Litauen, die sich denn auch aus diesem Grund lange nicht entscheiden konnten, der Sozialdemokratischen Arbeiterpartei Rußlands beizutreten. Der erbittertste Kritiker Lenins in dieser Frage war, wie schon erwähnt, Rosa Luxemburg, die in diesem Falle – abgesehen von dem Sonderfall Polen – unter dem Aspekt der »Treue« gegenüber den Auffassungen von Marx die stärkere Stellung hatte. Nach Lenins Auffassung galt das Selbstbestimmungsrecht in gleichem Maße für alle Nationen, und er machte, anders als die Schöpfer des wissenschaftlichen Sozialismus, keinen Unterschied zwischen »geschichtlichen« und »ungeschichtlichen« Nationen.

In Wirklichkeit war der Gegensatz – zumindest auf theoretischem Gebiet – nicht so drastisch, wie es erscheinen könnte. Lenin erkannte zwar das Selbstbestimmungsrecht an, versah es jedoch von Anfang an mit wesentlichen Einschränkungen, die es verständlich machen, wie dieses Recht ohne Widerspruch zu den Leninschen Formeln kurz nach der Revolution zu einem bloßen Ornament werden konnte, ja sogar mußte.

Die *erste Einschränkung* bestand darin, daß die Partei zwar das Recht auf Selbstbestimmung unterstützt, sich aber keineswegs verpflichtet, alle separatistischen Forderungen zu unterstützen; in vielen, ja sogar in der überwiegenden Mehrheit der Fälle wird sie diejenigen, die die Lostrennung fordern, bekämpfen. Darin liegt, wie Lenin erklärte, kein Widerspruch; die Partei kann schließlich ein Recht auf Ehescheidung fordern, doch folgt daraus keineswegs, daß sie die Leute zur Scheidung ermuntern muß. »... wir, die Partei des Proletariats, (müssen) uns immer und unbedingt *gegen jeden Versuch* auflehnen (...), die *Selbstbestimmung* des Volkes durch *Gewalt* oder *Ungerechtigkeit* von außen zu beeinflussen. Wenn wir diese unsere negative Pflicht (des Kampfes und Protestes gegen die Gewalt) stets erfüllen, so sorgen wir selber von uns aus für die Selbstbestimmung nicht der Völker und Nationen, sondern des *Proletariats* innerhalb jeder Nationalität. (...) Was hingegen die *Unterstützung* der Forderungen nach *nationaler* Autonomie betrifft, so ist diese Unterstützung durchaus keine bleibende, programmatische Pflicht des Proletariats. Diese Unterstützung kann für das Proletariat nur in einzelnen, außerordentlichen Fällen notwendig werden« (»Das Manifest der armenischen Sozialdemokraten«, »Iskra« vom 1. 2. 1903, »Werke«, Bd. 6, S. 323).

Die *zweite Einschränkung* war bereits eine Konsequenz des allgemeinen Grundsatzes, daß es der Partei um die Selbstbestimmung des Proletariats und nicht der Nation als ganzer geht. Die Polnische Sozialistische Partei angreifend, schrieb Lenin, daß sie mit ihrer bedingungslosen Forderung nach der Unabhängigkeit Polens »beweist..., wie schwach in ihrer theoretischen Einsicht und in ihrer politischen Tätigkeit die Verbindung mit dem Klassenkampf des Proletariats ist. Den Interessen eben dieses Kampfes müssen wir die Forderung der nationalen Selbstbestimmung *unterordnen* . . . Der Marxist (kann) die Forderung der nationalen Unabhängigkeit nur bedingt . . . anerkennen . . .« (»Die nationale Frage in unserem Programm«, »Iskra«, 15. 7. 1903, »Werke«, Bd. 6, S. 454). Bei all diesen Diskussionen kam es entscheidend auf die polnische Frage an, und zwar aus drei Gründen. Erstens ging es um die größte der europäischen Nationen ohne Unabhängigkeit. Zweitens ging es um eine Nation, die zwischen drei kontinentalen Großmächten zerrissen war. Drittens ging es um ein Land, dessen Unabhängigkeit nach Auffassung von Marx in dem Kampf um die Brechung der Macht der zaristischen Selbstherrschaft, aber auch der übrigen Teilungsmächte, entscheidende Bedeutung hatte. Daß die Ansicht von Marx in dieser Sache ihre Aktualität eingebüßt hatte, falls sie sie jemals besessen haben sollte, war die Auffassung sowohl Rosa Luxemburgs als auch Lenins. Rosa Luxemburg schloß jedoch die Möglichkeit der Wiedererrichtung eines unabhängigen polnischen Staates entschieden aus, da sie den ökonomischen Tendenzen des Zarenreichs widerspreche, und außerdem sah sie in der Idee der nationalen Selbstbestimmung einen bürgerlichen Trick, der darauf abzielt, das Bewußtsein des Proletariats durch angeblich gemeinsame, aber in Wirklichkeit nicht existierende gesamtnationale Ideale zu trüben. Lenin dagegen war in dieser Frage weniger entschieden, auch wenn er die Auffassung verwarf, die polnische Sozialdemokratie sollte sich ohne Rücksicht auf die Interessen der Partei um die Unabhängigkeit als ein selbständiges Ziel bemühen. Er zitierte Mehring, der 1902 geschrieben hatte: »Wollte das polnische Proletariat die Wiederherstellung eines polnischen Klassenstaates auf seine Fahnen schreiben, eines Klassenstaates, von dem die herrschenden Klassen selbst nichts wissen wollen, so würde es ein historisches Fastnachtsspiel aufführen . . . Taucht diese reaktionäre Utopie nun gar auf, um diejenigen Schichten der Intelligenz und des Kleinbürgertums, in denen die nationale Agitation noch einen gewissen Widerhall findet, der proletarischen Agitation geneigt zu machen, so ist sie doppelt hinfällig, als Ausgeburt jenes verwerflichen Opportunismus, der um nichtiger und wohlfeiler Augenblickserfolge willen die dauernden Interessen der Arbeiterklasse preisgibt.« Lenin unterschreibt diese Schlußfolgerung uneingeschränkt, fügt jedoch hinzu: »Zweifellos ist die Wiederherstellung Polens vor dem Sturze des Kapitalismus äußerst unwahrscheinlich, aber man kann nicht sagen, daß sie ganz unmöglich sei . . . Die russische Sozialdemokratie bindet sich daher in keiner Weise die Hände« (»Werke«, Bd. 6, S. 457 f.).

Der Standpunkt Lenins ist demnach klar, und man begreift kaum, wie er – und das war notorisch der Fall – dahingehend entstellt werden konnte, daß Lenin angeblich ein Verfechter der politischen Unabhängigkeit sämtlicher Nationen war. Lenin war ein überzeugter Feind der nationalen Unterdrückung und vertrat das nationale Selbstbestimmungsrecht. Dieses Recht wurde jedoch stets mit der Einschränkung versehen, daß die Sozialdemokratie nur ausnahmsweise den politischen Separatismus unterstützen könne und daß allgemein die Frage der Selbstbestimmung absolut den Interessen der Partei untergeordnet sei, daß also im Falle einer Kollision zwischen diesem Interesse und den nationalen Bestrebungen eines Volkes die letzteren nicht mehr zählen. Durch diese Einschränkung wurde das Selbstbestimmungsrecht inhaltlich zunichte gemacht und zu einem rein taktischen Instrument reduziert. Daraus folgte, daß die Partei stets versuchen würde, die nationalen Bestrebungen im Kampf um die Macht auszunutzen, daß aber »das Interesse des Proletariats« niemals den gesamtnationalen Bestrebungen untergeordnet werden würde. (»Aber kein Marxist kann«, schrieb Lenin kurz nach der Revolution in den Thesen zum Frieden von Brest-Litowsk, »ohne mit den Grundsätzen des Marxismus und des Sozialismus überhaupt zu brechen, bestreiten, daß die Interessen des Sozialismus höher stehen als die Interessen des Selbstbestimmungsrechts der Nationen«; Februar 1918, »Werke«, Bd. 26, S. 449f.). Da aber das Interesse des Proletariats prinzipiell identisch ist mit dem Interesse der Partei und die eigentlichen Bestrebungen des Proletariats sich nicht anders äußern können als durch den Mund der Partei, ist es klar, daß in dem Falle, daß die Partei zur Macht gelangt, sie das einzige berufene Organ ist, über sämtliche Fragen der Unabhängigkeit und des Separatismus zu entscheiden. Dieses Gesetz wurde in dem nachrevolutionären Parteiprogramm von 1919 festgelegt, in dem es heißt, daß das historische Niveau jeder Nation darüber entscheiden soll, wer in der Frage der Unabhängigkeit ihren wahren Willen ausdrückt. Weil der »Wille der Nation« in jedem Falle, wie es aus den programmatischen Grundlagen der Partei hervorgeht, im Willen der führenden Klasse, also des Proletariats, zum Ausdruck kommt und dieser im Willen der Partei, die einen den gesamten Vielvölkerstaat umfassenden zentralistischen Aufbau hat, hat die Nation selbst bei der Bestimmung über ihr Schicksal nichts zu sagen. Das alles steht völlig im Einklang mit dem Marxismus Lenins und seiner Auffassung vom »nationalen Selbstbestimmungsrecht«. Deshalb konnte von dem Augenblick an, da das »Interesse des Proletariats« zum Interesse des proletarischen Staates wurde, kein Zweifel daran bestehen, daß das Interesse dieses Staates und seine Macht über allen nationalen Bestrebungen stehen und daß die verschiedenen Invasionen und die bewaffnete Unterdrückung sämtlicher Unabhängigkeitsbestrebungen mit der Leninschen Auffassung übereinstimmten, daß aber Lenins Einwände gegen die Brutalität, mit der Ordschonikidse, Stalin und Dserschinskij in Georgien vorgingen, höchstens seinen persönlichen Wunsch ausdrückten, andere Nationen mit einem Minimum an Grausamkeit zu unterwerfen, das Recht des »proletarischen Staates« auf Unterwerfung jedoch keineswegs in Frage stellten (schließlich richteten sich diese Einwände auch nicht gegen die Tatsache, daß die georgische Nation, die eine aus legalen Wahlen hervorgegangene sozialdemokratische Regierung hatte, zum Objekt einer militärischen Invasion der Roten Armee wurde). Desgleichen hinderte die Anerkennung der Unabhängigkeit Polens Lenin nicht im geringsten daran, während des polnisch-sowjetischen Krieges unverzüglich an die Vorbereitung einer sowjetischen Regierung für Polen zu gehen (allerdings glaubte er in einer nahezu unfaßlichen Verblendung, daß der Einmarsch der Roten Armee in Polen vom polnischen Proletariat als Tag der Befreiung begrüßt werden würde).

Kurz, unter der Annahme, daß das »Interesse des Proletariats« ein absoluter, ja der einzige absolute Wert ist und daß dieses Interesse mit dem Interesse der Partei identisch ist, die sich zum Träger des »wirklichen« proletarischen Bewußtseins erklärte, kann das Prinzip der nationalen Selbstbestimmung – wie es eben in der Leninschen Doktrin der Fall war – nur als ein taktisches Instrument erscheinen, und dessen war sich Lenin vollkommen bewußt. Das heißt nicht, daß seine Doktrin in diesem Punkt ohne Bedeutung war. Im Gegenteil: Der Hinweis darauf, daß die nationalen Bestrebungen ein gewaltiges Energiereservoir seien, welches die Partei im Kampf um die Macht ausnutzen kann und muß, war eine der bedeutendsten Entdeckungen des Leninismus und trug zu seinem Erfolg beträchtlich bei. In dieser Hinsicht erwies sich der Leninismus als überaus erfolgreich, allen Einwänden der Orthodoxen zum Trotz, die aus der marxistischen Theorie des Klassenkampfes zu entnehmen glaubten, daß sich die Marxisten überhaupt nicht besonders um die nationalen Probleme kümmern sollten. Daß Lenin in diesem Streit »recht« hatte, lag nicht allein daran, daß seine Taktik sich als erfolgreich erwies, sondern seine Auffassung stimmte auch mit den Grundsätzen des Marxismus überein. Denn wenn das »Interesse des Proletariats« der übergeordnete Wert ist, steht eine Taktik der Ausbeutung nationaler Zwistigkeiten und Unabhängigkeitsbestrebungen im Sinne dieses Interesses durchaus nicht im Widerspruch zur Doktrin. Ebensowenig steht zu ihr im Widerspruch die spätere Politik des sowjetischen Staates, jene nationalen Bestrebungen in den unterworfenen und kolonialen Ländern zu unterstützen, die zur Schwächung der kapitalistischen Mächte beitragen konnten. Dagegen lassen sich die Engelssche Unterscheidung zwischen »geschichtlichen« und »ungeschichtlichen« Nationen sowie die Leninsche Unterscheidung zwischen Nationalismen großer und kleiner Nationen wohl nicht aus den Grundsätzen der Doktrin ableiten und stellen Nebenmotive dar, die mit zufälligen historischen Umständen zusammenhängen.

In »reiner« Gestalt, also als ein absolutes Gesetz aufgefaßt, das unter allen Bedingungen gilt, steht das Prinzip der nationalen Selbstbestimmung in offenkundigem Widerspruch zu den Grundsätzen des Marxismus, und insofern nahm Rosa Luxemburg eine Position ein, die sich leicht verteidigen ließ (die Klassenteilung ist gegenüber allen anderen Teilungen die dominierende, und sie hat einen internationalen Charakter; verteidigungswürdige gesamtnationale Interessen kann es nicht geben). Wenn wir aber bedenken, daß Lenin dieses Prinzip mit Einschränkungen versah, die es völlig zunichte machen, und daß es für ihn von rein taktischer Bedeutung war, dann bricht der Vorwurf, er sei in diesem Punkt der überkommenen Doktrin untreu geworden, völlig in sich zusammen.

Mit anderen Worten: der Streit zwischen Lenin und Rosa Luxemburg in dieser Frage war taktischer und nicht grundsätzlicher Natur. Die nationale Eigentümlichkeit und die nationale Kultur waren für Lenin nicht nur keine selbstständigen Werte, sondern gehörten, wie er vielfach betonte, grundsätzlich zum Bestand der politischen Instrumente der Bourgeoisie. »Dem Proletariat«, schrieb er 1908, »können die politischen, sozialen und kulturellen Bedingungen seines Kampfes nicht gleichgültig sein, folglich können ihm auch die Geschicke seines Landes nicht gleichgültig sein. Jedoch interessieren es diese Geschicke nur *insofern*, als sie seinen Klassenkampf betreffen, nicht aber kraft eines bürgerlichen, im Munde von Sozialdemokraten ganz unangebrachten ›Patriotismus‹« (»Werke«, Bd. 15, S. 190). ». . . So treten wir nicht für die ›*nationale Kultur*‹, sondern für die *internationale* Kultur ein, in die von jeder nationalen Kultur nur ein Teil eingeht, nämlich nur das, was konsequent demokratisch und sozialistisch in einer jeden nationalen Kultur ist . . . Wir sind gegen die nationale Kultur als eine der Losungen des bürgerlichen Nationalismus. *Wir sind für die internationale Kultur des konsequent demokratischen und sozialistischen Proletariats*« (»Werke«, Bd. 19, S. 99f.). »Das Recht auf Selbstbestimmung ist eine *Ausnahme* von unserer allgemeinen Prämisse des Zentralismus. Diese Ausnahme ist in Anbetracht des erzreaktionären großrussischen Nationalismus absolut notwendig, und der geringste Verzicht auf diese Ausnahme ist Opportunismus (wie bei Rosa Luxemburg), ist ein einfältiges Spiel zu Nutz und Frommen des großrussischen erzreaktionären Nationalismus« (*ebd.*, S. 496).

In diesem Geiste hat sich Lenin vielfach geäußert, und zwar ebenso vor wie nach dem Ausbruch des Krieges, als er häufig und mit Nachdruck den berühmten Satz »Die Arbeiter haben kein Vaterland« zitierte und ihn dabei ganz und gar wörtlich meinte. In dieser Zeit war er der einzige unter den prominenten sozialdemokratischen Führern, der das Selbstbestimmungsrecht uneingeschränkt vertrat und es insbesondere eindeutig auf alle unterdrückten Nationen innerhalb des Zarenreichs bezog. Allerdings verfaßte er gegen Ende 1914 auch einen kurzen Artikel »Über den Nationalstolz der Großrussen« (der später, als die chauvinistische Ideologie immer stärker vom russischen Kommunismus assimiliert wurde, zu den am häufigsten aufgelegten und am häufigsten zitierten Texten gehörte). Im Gegensatz zu allen sonstigen Texten, in denen Lenin jeglichen »Patriotismus« (stets in Anführungszeichen) lächerlich macht und verurteilt, enthält dieser Artikel das Bekenntnis, daß die russischen Revolutionäre ihre Sprache, ihre Heimat, ihr Vaterland lieben, daß sie auf revolutionäre Traditionen stolz sind und gerade um dieser Traditionen willen in jedem Krieg die Niederlage des Zarismus herbeiwünschen – als das kleinere Übel für die werktätige Bevölkerung, und ferner, daß das Interesse der Großrussen mit dem Interesse der russischen und zugleich aller übrigen Proletarier zusammenfällt. Es ist dies der einzige derartige Text Lenins, und er widerspricht insofern den übrigen, als er der nationalen Kultur einen selbständigen Wert zuzuschreiben scheint, den zu verteidigen sich lohnt. Im Vergleich zur gesamten Leninschen Doktrin macht er den Eindruck einer Konzession, die den damals üblichen Beschuldigungen entgegenwirken soll, die Bolschewiki seien nationale Verräter, und der betonen soll, daß die bolschewistische Politik auch unter dem Gesichtspunkt der »patriotischen« Gefühle Anerkennung verdient. Es ist im Grunde unerfindlich, wie sich die Verteidigung des Nationalstolzes der Großrussen in Einklang bringen läßt mit dem Satz »Wer die Losung der nationalen Kultur verficht, der gehört unter die nationalistischen Spießer, nicht aber unter die Marxisten« (»Kritische Bemerkungen zur nationalen Frage«, »Werke« Bd. 20, S. 10). Indessen steht dieser Artikel weder zu der Forderung nach dem nationalen Selbstbestimmungsrecht noch zu den Einschränkungen, mit denen dieses Recht versehen wurde, im Widerspruch.

4. Proletariat und Bourgeoisie in der demokratischen Revolution.
Trotzki und die Frage der »permanenten Revolution«

Alle Sozialdemokraten waren sich darin einig, daß Rußland am Vorabend einer bürgerlichen Revolution steht, deren Aufgabe es sein würde, die Selbstherrschaft hinwegzufegen, demokratische Freiheiten herzustellen, den Bauern Land zu geben, alle Überreste der Leibeigenschaft und der persönlichen Abhängigkeit zu zerschlagen. Mit dieser Übereinstimmung im allgemeinen waren jedoch keineswegs die vielen bedeutenden Streitfragen geklärt, bei denen es bis zu einem gewissen Grade auch um die theoretischen Grundlagen der marxistischen Doktrin ging.

Der Gedanke, daß das Proletariat die führende Kraft der kommenden Revolution sein werde, da die russische Bourgeoisie bei ihrer Schwäche und Feigheit diese nicht durchzuführen vermag, stammte von Plechanow, und man konnte ihn ebenfalls als Gemeinbesitz der Sozialdemokratie betrachten, die in diesem Punkt von Anfang an ihren Gegensatz zu den Volkstümlern (und später auch zu den »Ökonomisten«) deutlich machte. Der menschewistische Flügel der Partei vertrat jedoch nicht konsequent diesen Grundsatz, sondern folgerte vor allem aus dem bürgerlichen Charakter der Revolution, daß der »natürliche« Verbündete des Proletariats (das, wie alle zugaben, ein Interesse am Sturz der Selbstherrschaft hatte) die Bourgeoisie und die liberalen Parteien seien und daß, da gerade diese Parteien durch die Revolution an die Macht gelangen würden, die Sozialdemokratie sich in der Opposition befinden würde.

Gerade in dieser Frage vertrat Lenin sehr früh eine völlig andere Taktik. Daraus, daß die Revolution der Entwicklung des Kapitalismus in Rußland den Weg ebnet, brauche man durchaus nicht zu folgern, daß die politische Macht nach der Revolution in den Händen der Bourgeoisie konzentriert sein müsse und daß während der Revolution ein Bündnis der Sozialdemokratie mit den Liberalen wünschenswert sei. Was ihn zu dieser Taktik bewog, war nicht nur ein beinahe körperlicher Haß gegen die Liberalen, sondern vor allem die Überzeugung, daß die Bauernfrage in Rußland von entscheidender Bedeutung sei; er verdammte deshalb jede Taktik, die schematisch die Erfahrungen der demokratischen Umwälzungen des Westens auf Rußland übertrug. Im Gegensatz zu den orthodoxen Marxisten erkannte Lenin das gewaltige revolutionäre Potential, das in den unerfüllten bäuerlichen Forderungen steckte, und er verlangte, daß die Partei dieses Potential ausnutze, auch wenn das von den traditionellen Schemata her als eine Unterstützung des kleinen Grundbesitzes erscheinen konnte, also als ein »reaktionäres« Programm (gemäß den »klassischen« Mustern sollte die Konzentration des Grundbesitzes die Perspektiven des Sozialismus beschleunigen, und daher waren Veränderungen in Richtung auf eine Zersplitterung des Grundeigentums verdächtig, »reaktionär« zu sein). Lenin interessierte jedoch – und darin äußerte sich seine überaus praktische, undoktrinäre, opportunistische Betrachtungsweise – weniger die »Korrektheit« der Taktik vom Standpunkt der Marxschen Texte aus, sondern vielmehr oder sogar ausschließlich ihre Wirksamkeit unter dem Gesichtspunkt der politischen Macht. So schrieb er: »*Allgemein* gesprochen, ist die Unterstützung des Kleineigentums reaktionär, denn sie richtet sich gegen den kapitalistischen Großbetrieb, hält also die gesellschaftliche Entwicklung auf, vertuscht und verwischt den Klassenkampf. Im gegebenen Fall aber wollen wir das Kleineigentum nicht gegen den Kapitalismus unterstützen, sondern gegen die Leibeigenschaft ... Alles auf der Welt hat zwei Seiten. Der Bauer als Eigentümer hat im Westen schon seine Rolle in der demokratischen Bewegung ausgespielt und verteidigt seine im Vergleich zum Proletariat privilegierte Stellung. In Rußland steht der Bauer als Eigentümer noch am Vorabend der entschiedenen und allgemeinen demokratischen Volksbewegung, mit der zu sympathisieren er nicht umhin kann« (»Das Agrarprogramm der russischen Sozialdemokratie«, »Sarja«, August 1902, »Werke«, Bd. 6, S. 123). »Es ist unser nächstes Hauptziel, den Weg zu bahnen für die freie Entfaltung des Klassenkampfes auf dem Lande, des Klassenkampfes des Proletariats, der auf die Verwirklichung des Endziels der internationalen Sozialdemokratie, auf die Eroberung der politischen Macht durch das Proletariat und die Schaffung der Grundlagen für die sozialistische Gesellschaft gerichtet ist« (ebd., S. 138).

Lenin akzeptierte also die allgemeine Formel vom »Bündnis mit der Bourgeoisie«, schränkte aber sogleich ein, welche »Bourgeoisie« gemeint war: nicht die liberale Bourgeoisie, die bereit war, sich mit der Monarchie zu vergleichen, sondern die revolutionäre und republikanische Bourgeoisie, d. h. die Bauernschaft. Dies war der Hauptzankapfel zwischen ihm und den Menschewiki, der wichtiger war als die Paragraphen des Parteistatuts; um ihn ging es denn auch in erster Linie in den »Zwei Taktiken« Lenins, die er nach dem Dritten Parteitag im Jahre 1905 verfaßte.

Es ging jedoch nicht allein um das Bündnis während der Revolution, sondern auch um die Herrschaft nach der Revolution. Lenin gab die Parole von der Herrschaft des Proletariats und der Bauernschaft innerhalb der bürgerlichen Gesellschaft aus, welche durch die Revolution entstehen würde. Er ging davon aus, daß diese Gesellschaft der ungehemmten Entfaltung des Klassenkampfes und der Konzentration des Eigentums den Weg ebnen würde, daß jedoch das Proletariat und die Bauernschaft, vertreten durch ihre Parteien, in dieser Gesellschaft die politische Macht ausüben würden. Zu diesem Zweck müsse sich die Partei größtmögliche Unterstützung seitens der Bauern sichern und ein entsprechendes Agrarprogramm vorlegen. Auch in dieser Frage entbrannten Streitigkeiten. Lenin vertrat die Nationalisierung des gesamten Bodens, wobei er betonte, daß die Nationalisierung keineswegs ein spezifisch sozialistisches Vorhaben sei, daß sie die Grundlagen der bürgerlichen Gesellschaft nicht in Frage stelle und bei den Bauern Unterstützung finde. Die Mehrheit der Bolschewiki war ähnlich wie die Sozialrevolutionäre für eine entschädigungslose Enteignung und anschließende Aufteilung des Großgrundbesitzes und des kirchlichen Besitzes.

Die Menschewiki traten dafür ein, den enteigneten Grundbesitz zu munizipalisieren, ihn also unter die Regie der örtlichen Verwaltungsorgane zu stellen. In dem 1903 erschienenen Aufruf »An die Dorfarmut« schrieb Lenin: »Die Sozialdemokraten *werden kleinen und mittleren Hofbesitzern, die keine Arbeiter dingen, niemals das Eigentum wegnehmen*« (»Werke«, Bd. 6, S. 394). Im gleichen Aufruf kündigte er jedoch an, daß nach der sozialistischen Revolution sämtliche Produktionsmittel, auch der Boden, in Gemeineigentum übergehen würden. Es war unklar, wie die Dorfarmut die Vereinbarkeit dieser beiden Zusicherungen verstehen sollte.

Alle Sozialdemokraten hielten es für selbstverständlich, zwischen einem Minimal- und einem Maximalprogramm zu unterscheiden, und alle überlegten sich, in welcher Weise die Sozialdemokratie nach der bürgerlichen Revolution den Kampf um die »nächste Etappe« führen würde. Natürlich stellte niemand Vermutungen darüber an, wie lange die Etappe der kapitalistischen Herrschaft in Rußland dauern sollte. Allerdings stellten sich die Menschewiki im allgemeinen vor, daß es sich dabei um eine ganze historische Epoche handeln würde, in deren Verlauf Rußland sich die demokratischen und parlamentarischen Institutionen des Westens aneignen würde, daß also die Frage des Übergangs zum Sozialismus eine ferne Perspektive sei. Lenin dagegen nahm den ganz dem Geist des Marxismus entsprechenden Grundsatz ernst, daß die gesamte Taktik der Sache der künftigen sozialistischen Umwälzung untergeordnet sein müsse und daß das »Endziel« als Determinante aller ihrer Maßnahmen im Bewußtsein der Partei ständig gegenwärtig sein müsse. Es entstand die Frage: Wenn man annimmt, daß die bürgerliche Revolution zur politischen Herrschaft des Volkes, also des Proletariats und der Bauernschaft, führt, muß man dann nicht ebenfalls davon ausgehen, daß diese Herrschaft unausweichlich auf die Umgestaltung der Gesellschaft im sozialistischen Geiste zusteuern wird, daß es also dazu kommen wird, daß die bürgerliche in eine sozialistische Revolution »hinüberwächst«?

Gerade dieses Problem erhob sich in den Jahren unmittelbar vor der Revolution von 1905 und unmittelbar nach ihr in den Schriften von Parvus und Trotzki.

Leo Trotzki (eigentlich Lew Dawidowitsch Bronstein, geb. am 26. 10. 1879, d. h. am 7. 11. 1879 nach dem neuen Kalender) erwarb sich schon in den Jahren 1902/1903 in den Kreisen der russischen Emigration den Ruf eines talentierten marxistischen Publizisten. Als Sohn eines jüdischen Bauern (in der Ukraine gab es, wenn auch nicht sehr zahlreich, jüdische Bauern) in dem ukrainischen Dorf Janowka geboren, ging er in Odessa und Nikolajew zur Schule. Als Achtzehnjähriger bekehrte er sich zum Marxismus. Einige Monate lang studierte er an der Universität von

Odessa Mathematik, doch lenkte ihn bald das politische Leben vom Studium ab. Er war in Odessa im Südrussischen Arbeiterbund aktiv, der, auch wenn er nicht rein sozialdemokratisch war, dennoch stark von marxistischen Ideen beeinflußt wurde. Anfang 1898 verhaftet, verbrachte er beinahe zwei Jahre im Gefängnis, bis er für vier Jahre zur Verbannung in Sibirien verurteilt wurde. Im Gefängnis und in der Verbannung vervollständigte er eifrig seine Kenntnisse des Marxismus, und er begann in Sibirien mit seiner publizistischen Tätigkeit, hielt Vorträge und schrieb Artikel in der legalen Presse. Es gelang ihm, aus der Verbannung zu entfliehen, und zwar mit einem falschen Paß auf den Namen Trotzki, unter dem er in die Geschichte eingehen sollte. Im Herbst 1902 reiste er zu Lenin nach London und begann, in der sozialdemokratischen Emigration tätig zu werden, u. a. als Mitarbeiter der »Iskra«. Auf dem Zweiten Parteitag befand er sich unter der Mehrheit, die Lenins Vorschlag für den Punkt 1 des Parteistatuts ablehnte, weil sie meinte, Lenin wolle aus der Partei einen engen Kader von Verschwörern und nicht eine wirkliche Organisation der Arbeiterklasse machen. Eine Zeitlang gehörte er zum Lager der Menschewiki, doch bald überwarf er sich mit ihnen; er teilte ihre organisatorischen Vorstellungen, nicht aber ihre Orientierung auf ein Bündnis mit den Liberalen. 1904 veröffentlichte er in Genf eine Broschüre mit dem Titel »Unsere politischen Aufgaben«, in der er u. a. das Leninsche Parteimodell attackierte. Er behauptete, Lenin verachte das Volk und die Arbeiterklasse, er wolle die Partei an die Stelle des Proletariats setzen, und das müsse zur Konsequenz haben, daß im Laufe der Zeit das Zentralkomitee an die Stelle der Partei treten werde, und am Ende werde ein Diktator sich an die Stelle des Zentralkomitees setzen. Diese heutzutage oft zitierte Prophezeiung stützte sich auf die gleichen Prämissen wie Rosa Luxemburgs Kritik an Lenin: die Leninsche Vorstellung von einer zentralisierten, hierarchischen Partei von Berufsrevolutionären stehe im Widerspruch zu dem fundamentalen Grundsatz des Marxismus, wonach die Befreiung der Arbeiterklasse nur das Werk dieser Klasse selbst sein könne.

Während langer Jahre identifizierte sich Trotzki mit keinem der beiden Parteiflügel und war hauptsächlich als unabhängiger sozialdemokratischer Publizist tätig, versuchte allerdings, auf die Wiederherstellung der Parteieinheit hinzuwirken. Als er in München lebte, schloß er Freundschaft mit Parvus (eigentlich A. I. Helphand), einem in Deutschland lebenden russischen Juden, der zur Linken der deutschen Sozialdemokratie gehörte. Parvus gilt als eigentlicher Vorläufer oder geradezu als Schöpfer der Theorie von der permanenten Revolution. Er behauptete, daß die demokratische Revolution in Rußland zur Entstehung einer sozialdemokratischen Regierung führen würde, die notwendig bestrebt sein würde, den revolutionären Prozeß in Richtung auf den Sozialismus fortzusetzen. Trotzki übernahm diesen Gedanken und legte ihn gleich nach der Revolution von 1905 in Abhandlungen dar, welche die Erfahrungen der Revolution verallgemeinerten. Er schrieb, daß das Proletariat wegen der Schwäche der russischen Bourgeoisie zur führenden Kraft der Revolution werden müsse; aus diesem Grund werde die Revolution nicht bei der bürgerlichen Etappe Halt machen, sondern sich weiterentwickeln. Aufgrund der ökonomischen Rückständigkeit Rußlands werde die bürgerliche Umwälzung unmittelbar der sozialistischen Umwälzung voraufgehen. (Ein ähnliches Schema entwarfen Marx und Engels 1848 für Deutschland.) Während jedoch das Proletariat in der »ersten Etappe« die Unterstützung der Bauernschaft genießen werde, werde es in der sozialistischen Revolution die Masse der Kleineigentümer gegen sich aufbringen. Weil aber das Proletariat in Rußland eine Minderheit sei, könne es seine Macht nicht behaupten, wenn ihm nicht eine sozialistische Revolution im Westen zu Hilfe komme. Es sei jedoch zu erwarten, daß der revolutionäre Prozeß in Rußland auf Europa übergreifen und zum Prolog der Weltrevolution werden würde.

Auf diese beiden, später vielfach wiederholten Behauptungen reduziert sich Trotzkis Theorie von der permanenten Revolution: Die bürgerliche Revolution wird kontinuierlich in die sozialistische »hinüberwachsen«; die russische Revolution ist der Funke, der auf die westlichen Länder übergreift, und dieses Übergreifen ist eine Bedingung ihres Gelingens, da das russische Proletariat isoliert seine Macht nicht behaupten kann, weil es gegen den überwältigenden Widerstand der bäuerlichen Massen wird kämpfen müssen.

Bis zum April 1917 sah Lenin allerdings ein unmittelbares Hinüberwachsen der einen Revolution in die andere nicht voraus, und er kritisierte Parvus, der als Ergebnis der »ersten Etappe« des Kampfes eine sozialdemokratische Regierung erwartete. Eine solche Regierung, schrieb Lenin im April 1905, werde sich nicht halten können, »weil einigermaßen dauerhaft ... nur eine revolutionäre Diktatur sein kann, die sich auf die überwiegende Mehrheit des Volkes stützt. Das russische Proletariat aber bildet jetzt die Minderheit der Bevölkerung Rußlands« (»Sozialdemokratie und provisorische revolutionäre Regierung«, »Werke«, Bd. 8, S. 284). Die Sozialdemokratie müsse sich deshalb darauf einstellen, gemeinsam mit der Bauernschaft die Regierung auszuüben (d. h. mit der gesamten Bauernschaft, die als ganze an der Beseitigung der Selbstherrschaft interessiert ist), nicht jedoch auf einen unmittelbaren Übergang zum Sozialismus. Andererseits schrieb Lenin schon vor der Revolution von 1905, daß die Diktatur des Proletariats eine Diktatur *gegen* die Bauernschaft und über die Bauernschaft sein müsse, namentlich über die gesamte grundbesitzende Bauernschaft. Das ergibt sich eindeutig aus seinen Bemerkungen zum zweiten Programmentwurf

Plechanows: »Der Begriff ›Diktatur‹ (ist) unvereinbar . . . mit der *positiven* Anerkennung einer fremden Unterstützung des Proletariats. Wüßten wir wirklich positiv, daß das Kleinbürgertum das Proletariat unterstützen wird, wenn das Proletariat seine, die proletarische Revolution vollbringt, so wäre es überflüssig, von ›Diktatur‹ zu reden, denn dann wäre uns vollauf eine so überwiegende Mehrheit gesichert, daß wir auch ohne Diktatur sehr gut auskämen . . . Die Anerkennung der Notwendigkeit der *Diktatur* des Proletariats ist *aufs engste und untrennbar* verbunden mit der Feststellung des ›Kommunistischen Manifests‹, daß *nur* das Proletariat eine wirklich revolutionäre Klasse ist.« »Je mehr ›Güte‹ für den Kleinproduzenten (z. B. für den Bauern) wir im praktischen Teil unseres Programms an den Tag legen, desto ›strenger‹ müssen wir gegenüber diesen unzuverlässigen und doppelgesichtigen sozialen Elementen im *prinzipiellen* Teil unseres Programms sein und dürfen auch nicht um Haaresbreite von *unserm* Standpunkt abweichen. Hier, bitte, nimmst du diesen, unseren Standpunkt an, dann wirst du ›Güte‹ genug bei uns finden, nimmst du ihn nicht an, nun, dann nichts für ungut! Dann werden wir unter der ›Diktatur‹ auf dich die Regel anwenden: Man muß aufs Predigen verzichten, wo Taten nur noch sind am Platz . . .« (»Bemerkungen zum zweiten Programmentwurf Plechanows«, »Werke«, Bd. 6, S. 37 und 39 f.). Diesen Grundsätzen entsprechend betonte Lenin in der »Revision des Agrarprogramms«, die er unmittelbar nach der Revolution (von 1905) verfaßte: »Je näher der Sieg des Bauernaufstands rückt, desto näher ist die Wendung der bäuerlichen Eigentümer gegen das Proletariat, desto notwendiger ist die selbständige proletarische Organisation . . . Das ländliche Proletariat soll sich zusammen mit dem städtischen selbständig organisieren zum Kampf für die vollständige sozialistische Umwälzung«; das Agrarprogramm soll also darauf hinweisen, was die Arbeiterbewegung tun muß, »um die Errungenschaften der Bauern zu festigen und vom Sieg der Demokratie zum unmittelbaren proletarischen Kampf für den Sozialismus überzugehen« (»Die Revision des Agrarprogramms«, 1906, »Werke«, Bd. 10, S. 184 f.). Auf dem Vereinigungsparteitag im April 1906 äußerte Lenin dagegen eindeutig, daß der Widerstand der Bauernschaft die Revolution zum Scheitern verurteilen werde, wenn nicht das Proletariat im Westen sich erhebt (und daß es sich erhebt, dessen war Lenin sicher). »Die russische Revolution«, so sagte er, »kann mit ihren eigenen Kräften siegen, aber sie kann ihre Errungenschaften auf keinen Fall mit ihren eigenen Händen behaupten und festigen. Sie kann das nicht erreichen, wenn es im Westen nicht zur sozialistischen Umwälzung kommt; ohne diese Bedingung ist eine Restauration sowohl bei der Munizipalisierung als auch bei der Nationalisierung und bei der Aufteilung unvermeidlich, denn der Kleinbesitzer wird bei all und jeder Besitz- und Eigentumsform eine Stütze der Restauration sein. Nach dem vollen Sieg der demokratischen Revolution wird sich der Kleinbesitzer unweigerlich gegen das Proletariat wenden, und zwar umso eher, je rascher alle gemeinsamen Feinde des Proletariats und des Kleinbesitzers wie Kapitalisten, Gutsbesitzer, Finanzbourgeoisie usw. gestürzt sein werden. Unsere demokratische Republik hat keinerlei Reserve außer dem sozialistischen Proletariat im Westen« (»Werke«, Bd. 10, S. 280).

Man ersieht daraus, in welchem Maße die »prinzipiellen Gegensätze«, die Stalin später zwischen dem Leninismus und der Theorie der permanenten Revolution entdeckte, aufgebauscht sind. In der Auseinandersetzung mit Trotzki behauptete Stalin, daß in der Theorie der permanenten Revolution erstens ein mangelnder Glaube an die revolutionäre Kraft der Bauernschaft zum Ausdruck komme und daß sie davon ausgehe, daß die Bauernschaft insgesamt in der sozialistischen Revolution zum Feind des Proletariats werde; zweitens stelle sie die Möglichkeit des Aufbaus des Sozialismus in einem Lande in Frage und glaube nicht, daß die Revolution in Rußland ihre Errungenschaften ohne eine Umwälzung im Westen behaupten könne; nach Stalin sollen diese Gegensätze schon von Anfang an genauso fundamental gewesen sein. In Wirklichkeit war Lenin vor der Revolution – und er stand damit keineswegs allein – der Ansicht, daß nicht einmal eine demokratische Revolution sich ohne eine sozialistische Revolution im Westen werde behaupten können; daß das um so mehr für eine sozialistische Revolution galt, war offensichtlich. Außerdem forderte Lenin nachdrücklich die Organisierung des ländlichen Proletariats, also der besitzlosen Bauern, deren Interessen, wie er glaubte, sich vollständig mit den Interessen der städtischen Arbeiter decken und die deshalb die sozialistische Umwälzung unterstützen würden. Dagegen sagte er vor 1917 voraus, daß sich in der »zweiten Etappe« die gesamte Bauernschaft gegen das Proletariat wenden werde. Drittens sagte er voraus, daß die »erste Etappe« zwar nicht zur sozialistischen Herrschaft führen könne, daß sie jedoch den »unmittelbaren proletarischen Kampf um den Sozialismus« einleiten würde. Die »permanente Revolution« entsprach nur insofern nicht der Leninschen Doktrin, als sie davon ausging, daß die »erste Etappe« direkt die Herrschaft des Proletariats oder seiner Partei bringen werde. Erst später, als Lenin die Parole von der Diktatur des Proletariats und der armen Bauernschaft ausgab und seine Taktik auf den Klassenkampf auf dem Lande stützte, mußte er natürlich eine Politik bekämpfen, die von der Überzeugung ausging, daß die Feindschaft zwischen dem Proletariat und der gesamten Bauernschaft unvermeidlich sei.

*

In diesen drei Punkten: Theorie der Partei, nationale Frage und Frage des Verhältnisses des Proletariats zu Bourgeoisie und Bauernschaft bildeten sich noch vor der Revolution von 1905 die Grundprinzipien des Leninismus als einer neuen Formation innerhalb der sozialistischen Bewegung heraus (obwohl das Neue daran für Lenin selbst damals nicht erkennbar war). Der Leninismus nahm Gestalt an als Theorie einer sozialistischen Bewegung, die sich in der Erwartung einer demokratischen Revolution in einem halbfeudalen Lande im Bündnis mit der Bauernschaft (nicht aber mit der städtischen Bourgeoisie) organisiert, zusammen mit der Bauernschaft die Beteiligung an einer demokratischen Regierung anstrebt und anschließend den Kampf um den Sozialismus und die Diktatur des Proletariats gegen die besitzende Bauernschaft und die Bourgeoisie einleitet. Bei all diesen Vorhaben soll das Proletariat unter der Führung einer Partei tätig sein, die der einzige legitime Träger des proletarischen Bewußtseins ist und die, auch wenn sie die Unterstützung der Arbeiterklasse gewinnen möchte, ihren »proletarischen Charakter« nicht dadurch definiert, daß sie real von dieser Klasse unterstützt wird, sondern dadurch, daß sie die »wissenschaftliche« Lehre von der Gesellschaft besitzt; einer Partei, deren Stamm aus Berufsrevolutionären besteht, die zentralistisch und hierarchisch aufgebaut ist und in ihrer Ideologie und Taktik vom »empirischen« Proletariat unabhängig ist. Ihre Aufgabe ist es, alle Elemente und alle Formen der Opposition auszunutzen, die gesamte Energie, die sich gegen das Ancien régime richtet – sei es aus nationalen oder sozialen, aus religiösen oder intellektuellen Gründen –, zu kanalisieren – allerdings nicht, weil die Partei sich alle oppositionellen Forderungen zu eigen machen oder sich mit allen oppositionellen Kräften identifizieren soll, sondern um sie alle für ihre eigenen Ziele auszubeuten. Die Partei soll also die liberale Opposition gegen den Zarismus unterstützen, obwohl sie die Absicht hat, in Zukunft den Liberalismus zu vernichten. Sie soll die bäuerliche Revolution gegen die Überreste der Leibeigenschaft unterstützen, obwohl es ihr Endziel ist, den Bauern das Privateigentum am Boden zu entreißen. Sie soll den Widerstand religiöser Sektierer gegen Verfolgungen seitens der herrschenden Religion unterstützen, obwohl sie sich zum Atheismus bekennt und in Zukunft die »religiösen Vorurteile« zu vernichten verspricht. Sie soll ebenfalls nationale Bewegungen und Unabhängigkeitsbestrebungen unterstützen, sofern sie zur Zermürbung des Vielvölkerreiches beitragen, obwohl es ihr Ziel ist, Nationalstaaten überhaupt abzuschaffen. Sie soll, mit einem Wort, alle destruktiven Energien zum eigenen Vorteil gegen das bestehende System lenken, obwohl alle gesellschaftlichen Gruppen, von denen diese Energien ausgehen, nach ihrer Absicht in Zukunft als besondere gesellschaftliche Kräfte vernichtet werden sollen. Die Partei soll also gewissermaßen eine universale Maschine sein, die gesellschaftliche Energien, welche aus vielen verschiedenen Quellen fließen, in einen einzigen Strom umwandelt. Der Leninismus war die Theorie dieser Maschine, die sich, allerdings nicht ohne ein ungewöhnliches Zusammentreffen von Umständen, als überaus erfolgreich erweisen sollte und tatsächlich die Weltgeschichte verändert hat.

Siebzehntes Kapitel

Philosophie und Politik in der bolschewistischen Bewegung

1. Fraktionskämpfe in der Zeit der Revolution von 1905

Die Ergebnisse des Zweiten Parteitags sollten die gesamte Zukunft der russischen Sozialdemokratie belasten. Bald nach dem Parteitag stellte sich heraus, daß Lenin entgegen seinen Hoffnungen die geringe Mehrheit, die er in der Schlußphase des Parteitags erlangte, nicht ausnutzen konnte, um die Situation in der Partei unter Kontrolle zu bringen. Schuld daran war hauptsächlich der »Verrat« Plechanows. Der Parteitag hatte nämlich die Redaktion des Zentralorgans berufen, die damals eine vom Zentralkomitee faktisch unabhängige und in der Praxis häufig wichtigere Gruppe war. Die Redaktion sollte sich aus Plechanow, Lenin und Martow zusammensetzen, während die übrigen Vertreter der »Minderheit« – Axelrod, Sassulitsch und Potressow – auf Verlangen Lenins ausgeschlossen wurden. Angesichts dieser Zusammensetzung zog Martow sich jedoch aus der Redaktion zurück. Unterdessen brach Plechanow einige Wochen später mit dem Bolschewismus und forderte mit seiner Autorität die Wiederherstellung der Redaktion in ihrer früheren, menschewistischen Zusammensetzung. Daraufhin verließ wiederum Lenin die Redaktion, in der er unter keinen Umständen seine Linie durchsetzen konnte, und die »Iskra« begann von nun an als Organ der Menschewiki zu erscheinen. Erst nach einem Jahr gelang es den Bolschewiki, ein eigenes Organ zu begründen.

Der Zweite Parteitag rief eine Flut von Artikeln, Broschüren, Flugblättern und Büchern hervor, in denen die gerade neu entstandenen Fraktionen sich mit Schmähungen überschütteten und sich gegenseitig Illoyalität, Intrigantentum, Aneignung von Parteigeldern durch die Fraktionen u. dgl. vorwarfen. Das schwerste Geschütz der Mehrheit in den Auseinandersetzungen nach dem Parteitag war Lenins Buch »Ein Schritt vorwärts – zwei Schritte zurück«. Es enthält eine pedantische Analyse aller wichtigen Abstimmungen auf dem Parteitag, verteidigt die zentralistische Parteiidee und verdammt die Menschewiki als den opportunistischen Flügel der Sozialdemokratie. Die »Iskra« wiederum beschuldigte – mit den Federn Plechanows, Axelrods und Martows – den bolschewistischen Flügel des bürokratischen Zentralismus, der Intoleranz, des Bonapartismus und des Wunsches, die wirkliche Arbeiterklasse den Interessen von Berufspolitikern, die aus der Intelligenz stammen, unterwerfen zu wollen. Jede Seite warf der anderen dasselbe vor: daß die Politik kein Ausdruck der proletarischen Interessen sei; der Streit war jedoch hoffnungslos, da jeder unter dem »Proletariat« etwas anderes verstand. Den Menschewiki ging es hauptsächlich um die wirkliche Bewegung der wirklichen Arbeiter, denen die Partei zu einem erfolgreichen Kampf verhelfen sollte. Für die Leninisten war die wirkliche, spontane Arbeiterbewegung per definitionem bürgerlich, während die eigentliche proletarische Bewegung sich durch die Führungsrolle der proletarischen Ideologie, also des Marxismus in Lenins Interpretation, definierte.

Formal stellten beide Fraktionen weiterhin Teile einer Partei dar. Der Bruch griff unvermeidlich auf Rußland über, wo er jedoch weniger kraß war, da die Streitigkeiten der Emigranten vielen Parteiaktivisten unwesentlich erschienen und die sozialdemokratischen Arbeiter kaum etwas von ihnen wußten. Die Führer beider Fraktionen bemühten sich nach Kräften, Einfluß in der illegalen Organisation zu erlangen, und organisierten überall Fraktionskomitees, wobei Lenin und seine Anhänger darauf drängten, so rasch wie möglich den nächsten Parteitag einzuberufen, um den lähmenden Bruch zu beheben. Im Lager der Bolschewiki traten Aktivisten und Intellektuelle hervor, mit deren Hilfe Lenin die organisatorischen und ideologischen Grundlagen einer eigenen Bewegung schuf: Bogdanow, Lunatscharski, Bontsch-Brujewitsch, Worowski und andere.

Der Ausbruch der Revolution von 1905 war für beide Fraktionen eine Überraschung, und keine hatte mit der anfänglichen spontanen Bewegung etwas zu tun. Von den Emigranten, die nach Rußland zurückkehrten, spielte Trotzki, der keiner Fraktion angehörte, im Ablauf der Ereignisse die größte Rolle (er kehrte sofort nach Rußland zurück, während Lenin und Martow erst im November 1905, nach Verkündigung der Amnestie, in Petersburg auftauchten). Die erste Phase der Revolution hing zusammen mit einer Aktion von Petersburger Arbeitern, die Gewerkschaften angehörten, welche von Polizeiagenten organisiert worden waren – gleichsam um Lenins Befürchtungen hinsichtlich des Schicksals einer Arbeiterklasse zu bestätigen, die sich selbst überlassen ist. Diese Gewerkschaften, denen der Chef der Moskauer Ochrana, Subatow, vorstand, wuchsen allerdings über die Absichten ihrer Organisatoren hinaus; der berühmteste der Organisatoren, der Pope Gapon, der seine Rolle als Arbeiterführer ernst nahm, bekehrte sich nach dem Blutbad, zu dem es im Januar in Petersburg gekommen war, zum revolutionären Glauben. Dieses Blutbad, mit dem der Zar auf eine friedliche Arbeiterdemonstration reagierte, brachte eine Krise, die zuvor schon im Zusammenhang mit den Niederlagen im Russisch-Japanischen Krieg, den Streiks in Polen und Bauernaufständen herangereift war, auf den Siedepunkt.

Im April 1905 berief Lenin in London einen Fraktionskongreß der Bolschewiki ein, der sich zum Parteitag erklärte und für eine Zeitlang den Bruch formell besiegelte, indem er die menschewistische Partei verurteilte und rein bolschewistische Parteiinstanzen wählte. In dem Maße jedoch, wie sich die revolutionäre Situation entwickelte, führte die praktische Zusammenarbeit zwischen Anhängern beider Fraktionen in Rußland zu einer erneuten Annäherung. Eine Erfindung der spontanen Bewegung der russischen Arbeiter waren die Räte (Sowjets), denen die bolschewistischen Führer »im Lande« anfangs mit Mißtrauen begegneten, da sie parteilose Gebilde waren und ihnen folglich das richtige revolutionäre Bewußtsein fehlte. Lenin erkannte jedoch rasch in den Räten den Keim der künftigen Arbeitermacht und empfahl der Partei als Taktik, sich an den Räten zu beteiligen und darum zu kämpfen, sie politisch unter Kontrolle zu bringen.

Eines der Resultate der Revolution war das berühmte Manifest des Zaren vom Oktober 1905, in dem er eine Verfassung, bürgerliche Freiheiten, Freiheit des Wortes und der Vereinigung und ein Parlament (die Duma) versprach. Alle sozialdemokratischen Fraktionen und auch die Sozialrevolutionäre riefen zum Boykott der Wahlen auf und brandmarkten die Versprechungen des Zaren als Betrug. Den Höhepunkt der Revolution bildeten die beiden letzten Monate des Jahres 1905; sie endeten mit der Unterdrückung des Aufstands der Moskauer Arbeiter im Dezember. Alle Zentren der Revolution in Rußland, Polen und Lettland wurden mit blutigen Repressionsmaßnahmen überzogen; es tauchten Organisationen der Reaktion auf, die Judenpogrome und Massenterror anzettelten. Lange nach der Unterdrückung der massenhaften Aufstände flammten hier und da immer wieder Kämpfe und Gewalttätigkeiten auf und wurden durch Repressionen niedergeschlagen. Lenin rechnete allerdings während des sogenannten Abebbens der revolutionären Welle noch lange mit einem baldigen Wiederaufleben der Kämpfe. Schließlich erkannte er jedoch, daß man sich auf die Arbeit unter den Verhältnissen der Reaktion einstellen mußte, und er beharrte entschieden darauf, daß die Sozialdemokratie sich an den Wahlen zur Dritten Duma beteiligte – nunmehr im Einvernehmen mit den Menschewiki und gegen die Mehrheit der eigenen Fraktion.

Die revolutionäre Explosion führte zur erneuten formalen Vereinigung der Partei. Auf dem Parteitag, der im April 1906 in Stockholm stattfand, stellten beide Fraktionen die organisatorische Einheit wieder her (die Menschewiki hatten diesmal eine bedeutende Mehrheit, doch man blieb weiter bei den alten Namen), und diese Einheit sollte die folgenden sechs Jahre überdauern, bis zum nächsten und endgültigen Bruch, den Lenin 1912 veranlaßte. Abgesehen von der organisatorischen wurde jedoch die ideologische und taktische Einheit nicht wiederhergestellt. Es blieb bei den grundlegenden Meinungsverschiedenheiten und gegenseitigen Beschuldigungen, obwohl Lenin sich in den Polemiken mit den Menschewiki eine Zeitlang bemühte, eine weniger vulgäre und weniger mit Schmähungen gespickte Sprache zu benützen als vorher. Jede Fraktion deutete die Ergebnisse der Revolution als eine Bestätigung der eigenen Doktrin. Lenin bewies, daß im Lichte der revolutionären Erfahrungen kein Zweifel daran bestehen könne, daß die Bourgeoisie (in diesem Falle die Partei der Kadetten) bereit ist, sich mit dem Zarismus um den Preis geringfügiger Zugeständnisse auszusöhnen, und sich vor der Volksrevolution mehr fürchtet als vor der Selbstherrschaft, daß neben dem Proletariat die einzige Kraft, auf welche die Revolution rechnen kann, die Bauernschaft ist und daß sie in dieser Etappe der natürliche Bundesgenosse der Sozialdemokratie ist. Ein Teil der Menschewiki schrieb dagegen das Scheitern der Revolution dem Umstand zu, daß das Proletariat während der zweiten Phase der Revolution durch seine allzu radikalen Forderungen isoliert wurde, die das Bürgertum gegen es aufbrachten und die Ausnutzung des bürgerlichen Oppositionspotentials vereitelten. Trotzki formulierte aufgrund der revolutionären Erfahrungen seine Theorie der permanenten Revolution genauer; er wies darauf hin, daß die Revolution in Rußland unmittelbar in die sozialistische Phase übergehen müsse und daß sie zum Zündfunken der sozialistischen Umwälzung im Westen werden könne.

Die nachrevolutionäre Epoche der Reaktion ließ somit die alten Teilungen unberührt und warf neue Probleme auf, auf die beide Fraktionen mit ihren eigenen Schemata reagierten. Die Menschewiki waren sehr viel eher bereit, die neu entstandenen parlamentarischen Möglichkeiten auszunutzen; Die Leninisten vertraten längere Zeit die Taktik des Boykotts, und als sie sich zur Beteiligung an der Duma entschlossen, wollten sie in ihr ausschließlich ein Organ der revolutionären Propaganda und nicht ein Instrument sozialer Reformen sehen. Die Menschewiki hielten, obwohl sie sich an den bewaffneten Auseinandersetzungen der Revolutionszeit beteiligt hatten, den bewaffneten Aufstand für das letzte Mittel und waren stärker an anderen Kampfformen interessiert, während für Lenin der Aufstand und die Eroberung der Macht mit Waffengewalt das einzige mögliche Instrument zur Erreichung der revolutionären Ziele war. Plechanows Äußerung »es war nicht nötig, zur Waffe zu greifen« war für Lenin ein Stein des Anstoßes, und er zitierte ihn ungezählte Male, um den Opportunismus des ideologischen Führers der Menschewiki zu enthüllen. Die Menschewiki waren für möglichst dezentralisierte Formen der Regierung im künftigen republikanischen

Staat, und unter anderem aus diesem Grunde sahen sie in ihrem Agrarprogramm die Übertragung der eingezogenen Ländereien an lokale Verwaltungseinrichtungen vor, wobei sie erklärten, daß die Nationalisierung eine Stärkung der Zentralgewalt bedeuten würde, die schließlich in den Händen der Bourgeoisie liegen werde. (Für Plechanow war der »asiatische« Charakter des russischen Staatswesens ein zusätzliches Argument zugunsten von Maßnahmen, welche die Machtkonzentration milderten.) Lenin bestand weiter auf der Nationalisierung (die Nationalisierung sollte nicht die Beschlagnahmung des bäuerlichen Grundbesitzes oder eine Kollektivwirtschaft auf dem Lande bedeuten, sondern die Überweisung der absoluten Rente an den Staat); weil die nachrevolutionäre Regierung nach seinem Programm eine Diktatur des Proletariats und der Bauernschaft sein sollte, hatte das Argument der Menschewiki für ihn keine Bedeutung. Ein Teil der Bolschewiki (u. a. der junge Stalin) war schließlich ganz einfach für die Aufteilung des gesamten konfiszierten Landes, und das entsprach auch am ehesten den wirklichen Bestrebungen der Bauernschaft und wurde schließlich ins Programm übernommen. Während die Menschewiki sowohl innerhalb wie außerhalb der Duma zu gemeinsamen oppositionellen Aktivitäten und zu verschiedenen Vereinbarungen mit der Partei der Kadetten bereit waren, forderte Lenin ein Bündnis mit der Bauernschaft (die nach der Revolution vor allem von der Partei der Trudowiki vertreten wurde) und brandmarkte unablässig die Kadetten als Lakaien des Zaren. Die Menschewiki machten Pläne für eine breite, parteilose Organisation des Proletariats (Allgemeiner Arbeiterkongreß), d. h., sie wollten das System der Räte bis zum gesamtrussischen Maßstab weiterentwickeln, während Lenin in diesem Projekt einen Versuch sah, die Partei auszuschalten und sie – *horribile dictu* – durch das Proletariat zu ersetzen. So fiel er denn auch vehement über Axelrod, Larin und andere Befürworter eines Arbeiterkongresses her und behauptete, der ganze Sinn der Arbeiterräte reduziere sich auf ihre Rolle als Organe des Aufstands. »Die Sowjets der Arbeiterdeputierten und ihre Zusammenfassung sind notwendig für den Sieg des Aufstands. Der siegreiche Aufstand schafft unausweichlich andere Organe« (»Fragen der Taktik«, 1907, »Werke«, Bd. 12, S. 328).

Diskussionen über diese Fragen – insbesondere über das Verhältnis zu den Kadetten und über das Agrarprogramm – zogen sich über die nächsten Jahre hin. Die menschewistische Fraktion war sehr viel stärker als die Leninsche von Zweifeln zerfressen und in ihrer Taktik häufig unentschlossen, und sie war naturgemäß geneigt, den legalen Institutionen und den breiten proletarischen Organisationen beträchtliches Gewicht beizumessen. Lenin forderte, die Partei müsse alle Möglichkeiten der legalen Arbeit ausnutzen, aber stets einen konspirativen Apparat behalten und dürfe nie den Illusionen des Konstitutionalismus, des

Parlamentarismus und des Trade-Unionismus erliegen; alle legalen Formen müßten der künftigen gewaltsamen Machtergreifung untergeordnet sein. Gleichzeitig widersetzte Lenin sich jedoch der von den Sozialrevolutionären betriebenen Taktik des individuellen Terrors; er betonte vor der Revolution, daß die Partei nicht grundsätzlich auf den Terror verzichte und daß er unter bestimmten Bedingungen ein unverzichtbares Kampfmittel sei; Anschläge auf Minister oder Premiers seien jedoch voreilig und zwecklos, da sie die Kräfte der Revolutionäre zersplitterten und keine ernst zu nehmenden Wirkungen erzielen könnten. In der Schlußphase der Revolution ging der Streit zwischen Lenin und den Menschewiki u. a. um die Frage der sogenannten Expropriation, also um Raubüberfälle, die von terroristischen Abteilungen der Partei organisiert wurden, um die Parteikasse zu füllen (Stalin war in Transkaukasien einer der Hauptorganisatoren solcher Aktionen). Während die Menschewiki (und auch Trotzki) Raubüberfälle als der Partei unwürdig und für ihre Mitglieder demoralisierend verurteilten, verteidigte Lenin dieses Kampfmittel unter der Bedingung, daß nicht Einzelpersonen, sondern Banken, Eisenbahnzüge oder Staatsgüter beraubt würden. Auf dem Londoner Parteitag im Frühling 1907 wurden die »Expropriationen« von der menschewistischen Mehrheit gegen den Einspruch Lenins verurteilt.

Die Herrschaft der Reaktion führte zu einer gewaltigen Schrumpfung der Mitgliederzahl der Partei (nach dem Vereinigungsparteitag im September 1906 schätzte Lenin die Mitgliederzahl der Partei auf über 100000; die Delegierten des Parteitags repräsentierten rund 13000 Bolschewiki und rund 18000 Menschewiki, außerdem wurde die Partei nach dem erneuten Beitritt des »Bundes« um 33000 jüdische Arbeiter verstärkt; daneben trat die polnische Sozialdemokratie mit 26000 Mitgliedern und die lettische mit 14000 der SDAPR bei; dagegen schätzte Trotzki die zahlenmäßige Stärke der Partei im Jahre 1910 auf 10000). Trotz der Repression erweiterten sich jedoch in der nachrevolutionären Situation die Möglichkeiten der legalen Aktion und der legalen Presse beträchtlich. Anfang 1907 übersiedelte Lenin nach Finnland; er leitete von dort aus die Tätigkeit seiner Fraktion, bis er am Ende dieses Jahres erneut emigrierte. In dieser Zeit fanden die Wahlen zur Zweiten Duma statt; der von Lenin proklamierte Boykott war ein Fehlschlag, und schließlich saßen 35 sozialdemokratische Abgeordnete im zaristischen Parlament. Nach einigen Monaten wurde die Zweite Duma genau wie die erste aufgelöst, und nun brach Lenin, im Gegensatz zur Mehrheit der eigenen Fraktion, aber im Einvernehmen mit den Menschewiki, mit der Taktik des Boykotts und forderte die Beteiligung der Sozialdemokratie an den Wahlen (nicht um soziale Reformen zu unterstützen, sondern um die parlamentarischen Illusionen zu entlarven und die bäuerlichen Abgeordneten in die revolutionäre Richtung zu »stoßen«). Wenn einige

Monate zuvor jeder, der dem Boykott widersprach, damit nach Lenin bewies, daß er vom Marxismus keinen Begriff hatte und seinen hoffnungslosen Opportunismus enthüllte, so offenbarte nunmehr jeder, der auf dem Boykott beharrte, genauso Ignoranz und Opportunismus. Innerhalb der bolschewistischen Fraktion bildete sich eine Unterfraktion, die Lenin diesmal »von links«, wie man das zu nennen pflegt, kritisierte; Lenin bezeichnete sie als »Otsowisten« (d. h. »Abberufer«), weil sie die Abberufung von demokratischen Abgeordneten aus der Duma forderten; anderen heftete er die Bezeichnung »Ultimatisten« an, weil sie den Plan eines »Ultimatums« vortrugen, das die Partei ihren Abgeordneten (in der Mehrheit Menschewiki) stellen sollte, um sie für den Fall, daß sie den Gehorsam versagten, aus der Duma abzuberufen. Aber das waren nicht die wesentlichen Differenzen. Tatsächlich trat gegen Lenin eine Gruppe von revolutionären Bolschewiki auf, die der Ansicht waren, daß die Partei sich parlamentarischer Kampfmittel überhaupt nicht bedienen dürfe, sondern sich ganz und gar auf die unmittelbare Vorbereitung der künftigen Revolution konzentrieren müsse. Am aktivsten in dieser Bewegung war Bogdanow, der einige Jahre hindurch der treueste Mitarbeiter Lenins war und in der russischen bolschewistischen Organisation eine führende Rolle spielte, ja sogar neben Lenin als Mitbegründer des Bolschewismus als einer besonderen politischen Richtung gelten kann. Im Lager der »Otsowisten« oder »Ultimatisten« fanden sich neben ihm zahlreiche bolchewistische Intellektuelle, darunter Lunatscharski, Pokrowski und Menschinski. Zum Teil kehrten sie später zur leninistischen Orthodoxie zurück.

Der Streit um die Taktik mit den »Otsowisten« verflocht sich auf eigentümliche Weise mit dem philosophischen Kampf, der während dieser Zeit im Lager der Sozialdemokratie entbrannte und dessen Ergebnis u. a. eine Abhandlung Lenins zur Verteidigung des Materialismus war, die im Jahre 1909 erschien. Dieser Streit hatte jedoch eine Vorgeschichte, an die kurz erinnert werden soll.

2. Neue Strömungen im Geistesleben Rußlands

Um die Jahrhundertwende macht sich in Rußland eine deutliche Abkehr der Intelligenz von Positivismus, Szientismus und Materialismus bemerkbar, die eine Zeitlang im russischen Geistesleben tonangebend gewesen waren. In dieser Hinsicht nimmt Rußland an einem gesamteuropäischen Wandel teil, der sich in der Philosophie und Gesellschaftslehre ebenso äußert wie in der Dichtung, Malerei und auf dem Theater. Charakteristisch für die Geisteshaltung des unabhängigen russischen Intellektuellen aus dem letzten Viertel des 19. Jahrhunderts war die

Überzeugung, daß die Wissenschaft die eigentlichen Antworten auf alle Fragen des gesellschaftlichen und des individuellen Lebens liefere, daß die Religion ein Haufen von abergläubischen Vorstellungen sei, die sich aufgrund von Unwissenheit und Betrug behaupten, daß das Skalpell des Biologen Gott und die Seele schließlich vernichtet habe, daß die menschliche Geschichte einem unwiderstehlichen »Fortschritts«drang unterliege und daß es die Aufgabe der Intelligenz sei, an diesem Fortschritt gegen die Selbstherrschaft, die Religion und die soziale Unterdrückung teilzunehmen. Historischer Optimismus, Rationalismus und Kult der »positiven« Wissenschaft waren die Merkmale eines Denkens, das vom evolutionistischen Positivismus Spencerscher Provenienz dominiert war, zu dem in Rußland noch die Überlieferung des Materialismus des 19. Jahrhunderts hinzukam. Auch der russische Marxismus stellte in seinen Anfängen diese positivistischen Elemente der überkommenen Weltanschauung in den Vordergrund. Gewiß ist die zweite Hälfte des 19. Jahrhunderts ebenfalls die Epoche Dostojewskis und Solowjews, nicht nur die Tschernyschewskis und Dobroljubows. Die dynamischen und einflußreichsten Teile der Intelligenz, insbesondere die gewaltige Mehrheit der revolutionären Intelligenz – ob nun Volkstümler oder Marxisten – übernahm jedoch den rationalistischen und evolutionistischen Katechismus als einen natürlichen Bestandteil ihres Kampfes gegen Zarismus und Kirche.

Der Zusammenbruch all dieser Leitbilder fand seinen Ausdruck in einer großen Vielfalt geistiger Strömungen, die sich kaum auf einen gemeinsamen Nenner bringen lassen, es sei denn auf den negativen, daß sie sich gegen die szientistischen, optimistischen und kollektivistischen Ideale des vergangenen Jahrhunderts richteten. Neben einer akademischen Philosophie im Kantschen (A. I. Wedenskij) oder Hegelschen (B. N. Tschitscherin) Stil erscheinen neue Werke von nichtakademischen Autoren, die eine religiöse, personalistische und antiszientistische Orientierung aufweisen. In großer Zahl erscheinen Übersetzungen westlicher Philosophen, nicht nur von Wundt und Windelband, sondern auch von Nietzsche, Bergson, James, Avenarius, Mach, ja sogar von Husserl; der größte Prophet eines egozentrischen Anarchismus, Max Stirner, erscheint in russischer Sprache. Die Dichtung der Symbolisten und »Dekadenten« erlebt eine Blüte: die Namen von Mereschkowski, Sinaida Gippius, Blok, Brjusow, Bunin, Iwanow und Belyj gehen für immer in die russische Literatur ein. Es besteht ein sehr breites Interesse für Religion, Mystik, östliche Kulte und Okkultismus. Die religiöse Philosophie Solowjews erlebt eine Renaissance. Pessimismus, Satanismus, Katastrophenerwartungen, Suche nach mystischer und metaphysischer Vertiefung, ein Hang zur Phantastik, ein Kult der Erotik und eine Neigung zur psychologischen Selbstanalyse – das alles verflicht sich zu einem einzigen Knoten der modernistischen Kultur. Mereschkowski stellt neben Berdjajew und Rosanow Reflexionen über eine Metaphysik des Geschlechts an. Ehemalige Marxisten kehren zum Glauben der Vorfahren zurück, eine Generation, für welche religiöse Interessen gleichbedeutend waren mit Obskurantismus und politischer Reaktion, weicht einer Generation, in deren Augen der »wissenschaftliche« Atheismus wiederum zum Symbol eines borniertes, naiven Optimismus wird.

Im Jahre 1903 erscheint der schon erwähnte Sammelband »Probleme des Idealismus«, dessen Beiträge zum großen Teil von Leuten stammen, die kurz zuvor noch Marxisten waren; jetzt wettern sie gegen den Marxismus und Materialismus und werfen ihm moralischen Nihilismus, Verachtung der persönlichen Werte, Determinismus und eine Fetischisierung gesellschaftlicher Ziele vor, die als eigenständige Werte aufgefaßt würden, losgelöst von den Individuen, aus denen die Gesellschaft sich zusammensetzt; sie werfen den Marxisten einen unkritischen Fortschrittsglauben und eine Verabsolutierung der Zukunft vor, der alle Werte der Gegenwart geopfert werden dürften. Nach Berdjajew kann eine Ethik unmöglich auf der materialistischen Weltanschauung aufgebaut werden, denn jede Ethik muß von der Kantschen Unterscheidung von Sein und Sollen ausgehen. Moralische Normen lassen sich nicht aus der Erfahrung ableiten, und somit haben die Erfahrungswissenschaften in ethischer Hinsicht keine Aussagekraft. Schon die Geltung moralischer Normen setzt sowohl eine intelligible Welt voraus, in der sie sich konstituieren, eine Welt, die von der Erfahrungswirklichkeit verschieden ist, als auch eine zweite, »noumenale« und freie Natur des Menschen. Freiheit, Gott und Unsterblichkeit sind demnach Postulate des moralischen Bewußtseins. Positivismus und Utilitarismus sind nicht imstande, dem Menschen absolut gültige Bewertungskriterien zu liefern. Bulgakow attackiert den Materialismus und den Positivismus, weil sie unfähig sind, die Rätsel der Metaphysik zu klären, weil sie die Welt und die menschliche Existenz für ein Werk des Zufalls halten, weil sie die Freiheit negieren und keine moralischen Bewertungskriterien besitzen. Die Welt und unsere Gegenwart in ihr bekommen erst durch den Glauben an eine göttliche Ordnung des Seins einen Sinn, und selbst für unser gesellschaftliches Engagement können wir keine Grundlage finden, wenn wir nicht in diesem Engagement eine religiöse Verpflichtung sehen. Nur wenn der Zusammenhang mit dem Göttlichen unseren Taten einen Sinn gibt, können wir uns die Selbstverwirklichung des Menschen und die umfassende Persönlichkeit, die den höchsten Wert darstellt, tatsächlich vorstellen.

Diese beiden Gedanken – daß die Geltung aller moralischen und rechtlichen Normen eine nichtempirische Welt voraussetzt und daß die persönliche Selbstverwirklichung nicht irgendwelchen gesellschaftlichen Forderungen geopfert werden darf, da die Persönlichkeit ein in sich begründeter und absoluter Wert ist – wiederholen sich bei der Mehrheit der Autoren der »Probleme des Idealismus«. Nowgorodzew unterstreicht, daß für die Konstituierung des Rechts apriorische Normen der Gerechtigkeit notwendig seien; Struve kritisiert ein Gleichheitsideal, das als Identität der Menschen und Nivellierung der persönlichen Werte verstanden wird. Die Mehrheit, darunter vor allem Frank, versucht, ihren Personalismus auf die Philosophie Nietzsches zu stützen, an der sie alles das hervorhebt, was sich gegen utilitaristische Morallehren richtet, gegen den Eudämonismus, gegen die Sklavenmoral, gegen Auffassungen, die das »Glück der Massen« auf Kosten der persönlichen Kreativität anstreben. Struve, Berdjajew, Frank und Askoldow – sie alle greifen mehr oder weniger auf Nietzsche zurück, der den Sozialismus als eine Philosophie des Mittelmaßes und als einen Kult von Werten der »Herde« angreift. Alle sehen in den sozialistischen Idealen ein Bestreben, die persönlichen Werte zugunsten eines abstrakten »Menschen« mit Füßen zu treten. Alle machen deutlich, daß sie nicht an historische Gesetze und auch nicht an Fortschrittskriterien glauben, die sich allein aus der »empirischen« Geschichte ableiten ließen, ohne Zuhilfenahme von apriorischen moralischen Normen. Alle sehen im Sozialismus die Ankündigung einer Tyrannei abstrakter »kollektivistischer« Werte über die persönlichen Werte.

Die »Probleme des Idealismus« waren ein bedeutendes Ereignis in der Geschichte der russischen Kultur – nicht, weil die philosophischen Ideen etwas besonders Neues gewesen wären, sondern, weil sie einen massierten Angriff auf alle intellektuellen und moralischen Stereotype der fortschrittlichen russischen Intelligenz darstellten, die aus dem Evolutionismus und Utilitarismus des 19. Jahrhunderts stammten, und weil sie eine Kritik am Marxismus darstellten, die nicht vom Standpunkt der Volkstümler und noch weniger von dem der konservativen Orthodoxie ausging, sondern von dem der damals allerneuesten – neukantianischen oder nietzscheanischen – Philosophie. Die grundlegenden Begriffe, die allen Revolutionären unterschiedlicher Orientierung gemeinsam waren, und die führenden geschichtsphilosophischen Dogmen der »fortschrittlichen« Intellektuellen wurden von Leuten in Frage gestellt, die bis vor kurzem noch diese Begriffe und Dogmen jedenfalls bis zu einem gewissen Grade als ihre eigenen betrachteten. Der Atheismus, der Rationalismus, der Evolutionismus, die Kategorien des Fortschritts und der Kausalität, die Prinzipien einer »kollektivistischen« Moral – das alles sollte sich im Lichte der Kritik durchaus nicht als ein Ausdruck des Sieges der Vernunft über den Aberglauben, sondern vielmehr als ein Beweis geistiger Armut erweisen. Die Kritiker bemühten sich, alles das herauszustellen, was im Marxismus und in den sozialistischen Doktrinen gegen die Freiheit und die persönlichen Werte gerichtet war, alle doktrinären Schemata, die um der Zukunft willen die gegenwärtige Wirklichkeit verachteten und um kollektiver Ideale willen das Bedürfnis nach individueller Selbstverwirklichung mißachteten. Zugleich machten die Kritiker jedoch – nur zum Teil in bewußter Absicht – Konflikte deutlich, die unausweichlich zwischen dem Glauben an den absoluten Wert der persönlichen Entwicklung und dem Streben nach gesellschaftlichen Veränderungen entstehen müssen; diese Konflikte wurden insbesondere dort deutlich, wo man sich in der Betonung der persönlichen Werte auf Nietzsche berief. Die marxistische Kritik, für welche die »Probleme des Idealismus« lediglich ein Manifest des bürgerlichen Liberalismus waren, versäumte denn auch nicht, jene Elemente der neuen Bewegung hervorzuheben, die man als eine Verherrlichung des Egozentrismus oder auch einer »Herrenmoral« auffassen konnte, einer Moral, die gegen die Leiden und Bestrebungen der Volksmassen gleichgültig ist. Ljubow Axelrod, die in jenen Jahren neben Plechanow die energischste Verfechterin der marxistischen Orthodoxie innerhalb der Philosophie war, veröffentlichte (unter dem Pseudonym Orthodox) in der Zeitschrift »Sarja« eine eingehende Kritik, in der sie die »Probleme des Idealismus« gerade unter diesem Gesichtspunkt analysierte. Diese Abhandlung besaß den Vorzug, daß die Autorin die Anschauungen der attackierten Autoren sachlich darzustellen vermochte (was Lenin im allgemeinen nicht gelang). Dagegen begnügt sich die Kritik als solche damit, hauptsächlich die traditionellen marxistischen Formeln zu wiederholen, und bemüht sich zu zeigen, daß der von Berdjajew, Frank und Bulgakow propagierte Kult der persönlichen Werte auf eine Glorifizierung des Egoismus hinausläuft und die Menschen von jeglicher sozialen Verpflichtung entbindet. Orthodox wiederholt die marxistischen Vorwürfe gegen die Religion (Gott war stets ein Bewahrer der Ungleichheit und Unterdrückung usw.) und kehrt besonders den engen Zusammenhang zwischen historischem und philosophischem Materialismus heraus. In dieser wie auch in jeder anderen Hinsicht war sie eine Schülerin Plechanows. Das zuletzt genannte Problem wurde damals in marxistischen Kreisen diskutiert; kurz zuvor war in der »Neuen Zeit« eine Serie von Artikeln Max Zetterbaums erschienen, in denen dargelegt wurde, daß der historische Materialismus keinen ontologischen Standpunkt voraussetze und sich mit dem Kantschen Transzendentalismus vereinbaren lasse. Diese unter den deutschen und österreichischen Marxisten verbreitete Auffassung wurde natürlich von Plechanow und Orthodox heftig kritisiert. Die »mechanistische Weltanschauung«, schreibt die Autorin, die sich diese Auffassung zu eigen macht, sei eine einheitliche Interpretation der Welt, die sowohl die vormenschliche Natur als auch die Geschichte des Menschen umfaßt; in ihr sei auch Raum für einen rationalen Fortschrittsbegriff; historisch fortschrittlich sei nämlich alles, was der Erhaltung der Gesellschaft und der Individuen förderlich ist (auf die mit einer solchen Formel verbundenen Komplikationen läßt sich die Autorin nicht ein). Zwischen der Erforschung der menschlichen Geschichte und den Naturwissenschaften bestehe kein grundsätzlicher Unterschied: Die Gesellschaftswissenschaft ist genauso »objektiv« und befaßt sich genauso mit der Suche nach »Gesetzen« und wiederholbaren Erscheinungen wie die Naturwissenschaft.

Die Kritik von Orthodox war pauschal und vereinfachend. Ihr kam der Umstand zugute, daß sie sich gegen Leute richtete, die sich nicht als Marxisten ausgaben und den Idealismus offen als solchen verfochten. Schwieriger erwies sich dagegen die Auseinandersetzung mit jenen, die innerhalb des marxistischen und sozialdemokratischen Lagers den gefährlichen Neuerungen erlagen und versuchten, eine sozialistische Philosophie auf der Grundlage der neuen »subjektivistischen« Strömungen zu errichten und die marxistische Tradition mit ihnen zu verknüpfen.

Damit entstand eine neue Strömung, die den Versuch machte, die Erkenntnistheorie des Empiriokritizismus in den Marxismus einzubringen. Es ist bemerkenswert, daß es zwar auch unter den westeuropäischen Marxisten zu derartigen Versuchen kam (mit solchen Versuchen tat sich Friedrich Adler, der Sohn von Viktor Adler, hervor), daß man aber nur in Rußland von einer richtiggehenden, freilich nur kurzlebigen, aber recht starken philosophischen Formation von empiriokritizistischen Marxisten sprechen kann. Im Unterschied zu vielen westlichen »Revisionisten« behaupteten diese Philosophen nicht, der Marxismus sei in philosophischer Hinsicht neutral und es sei möglich, ihn widerspruchsfrei zusammen mit den unterschiedlichsten erkenntnistheoretischen Lehren zu vertreten, sondern sie wollten im Gegenteil einen Standpunkt umreißen, der genau zur marxistischen Gesellschaftstheorie und zur revolutionären Strategie passen sollte. Sie strebten deshalb – ähnlich wie ihre orthodoxen Kritiker – ein umfassendes Weltbild an, in dem nicht irgendeine beliebige, sondern nur eine ganz bestimmte philosophische Doktrin als Grundlage des historischen Materialismus und der Revolutionstheorie dienen sollte. Insofern hatten sie an jener doktrinären Geisteshaltung teil, die innerhalb der russischen Sozialdemokratie dominierte. Was sie an der empiriokritizistischen Philosophie anzog, waren vor allem zwei Tendenzen, durch die diese sich auszeichnete: ein antimetaphysischer und szientistischer Rigorismus und eine »aktivistische« Einstellung in der erkenntnistheoretischen Reflexion. Das waren Elemente, die hervorragend zu passen schienen zu der Aufgabe des Marxismus, die ganze überkommene »systembildende« Philosophie zu zerstören, wie auch zu der revolutionären Orientierung des bolschewistischen Flügels der russischen Sozialdemokratie.

3. Der Empiriokritizismus

Diese Bezeichnung verbindet sich mit der recht zahlreichen Schar von hauptsächlich deutschen und österreichischen Philosophen und Physikern, unter denen die Namen von Ernst Mach und Richard Avenarius stets an erster Stelle auftauchen. Beide arbeiteten ganz und gar unabhängig voneinander, und die Ergebnisse, zu denen sie gelangten, sind keineswegs identisch. Gleichwohl läßt sich bei beiden eine gemeinsame Tendenz feststellen, auch wenn sie sich jeweils anders ausdrückt.

Avenarius machte sich zur Aufgabe, alle philosophischen Begriffe und Erklärungen zu zerstören, die aus der Welt etwas Geheimnisvolles machen, indem sie einen Unterschied zwischen der »authentischen« Wirklichkeit, die »hinter« den Erscheinungen liegt, und den Erscheinungen selbst vermuten, wie sie sich unserer Wahrnehmung darbieten. Gleichzeitig wollte er zeigen, daß alle agnostischen Doktrinen ebenfalls auf dieser fälschlichen Unterscheidung beruhen. Wenn seine Auffassung recht häufig (u. a. von Wundt) für eine neue Variante des »Subjektivismus« oder gar der »Immanenzphilosophie« gehalten wurde, so lag das nicht allein an der beispiellosen Verworrenheit seiner Sprache, in der es von Neologismen wimmelt und die sich von allen überkommenen philosophischen Abstraktionen völlig frei zu machen sucht, sondern auch an immanenten Unstimmigkeiten. Der Irrtum, der uns zwischen den »psychischen Inhalten« und der Sache selbst oder zwischen dem erlebenden »Inneren« des Subjekts und dem Objekt einen Unterschied machen läßt, der Irrtun, aus dem alle idealistischen und agnostischen Verirrungen entstehen, beruht auf der unbewußten Anwendung eines Verfahrens, das Avenarius als Introjektion bezeichnet. Wenn wir ohne philosophische Vorurteile unsere Wahrnehmungen prüfen, bemerken wir an ihnen nichts Geheimnisvolles. Die Philosophie redet uns jedoch ständig ein, daß unser »Eindruck« – etwa die Berührung eines Steins – etwas anderes sei als die Sache selbst, d. h. eben dieser Stein, und daß wir uns deshalb überlegen müßten, wie sich der Erlebnisinhalt zu jener Sache verhält; diese Frage ist unlösbar, da es keine Möglichkeit gibt, das Abbild mit dem Original zu vergleichen, um ihre »Ähnlichkeit« festzustellen – was immer dieses Wort bedeuten soll. Doch schon die Frage ist falsch gestellt. In Wirklichkeit haben wir es nicht gesondert mit der Sache und gesondert mit ihrem Eindruck zu tun; wenn wir uns aber auf diese Weise die Welt verdoppeln, so verurteilen wir uns zu fruchtlosen Diskussionen, die uns entweder dazu bringen, vor dem vermeintlichen Rätsel einer Welt, die durch einen Schleier von Eindrücken verhüllt ist, zu kapitulieren, oder die idealistische Täuschung entstehen zu lassen, daß die Welt nichts anderes sei als ein Mosaik von »psychischen Inhalten«. Die Introjektion, also jener gedankliche Vorgang, der die physischen Dinge gewissermaßen in Gestalt »subjektiver« Kopien in das psychische »Innere« verlegt, leitet sich aus einer historisch unvermeidlichen, aber irrigen Interpretation unserer Beziehung zur Welt her. Weil wir nämlich – zu Recht – anderen Menschen eine der unseren entsprechende Erfahrung zuschreiben, weil wir sie als empfindende Subjekte und nicht als Automaten auffassen, aber andererseits an ihrer Erfahrung nicht unmittelbar teilhaben, schreiben wir ihnen ebenfalls ein psychisches »Inneres« zu – eine Art von Behälter, der ihre uns nicht unmittelbar zugänglichen Erfahrungen umfaßt. Nachdem wir so unsere Mitmenschen aufgespalten haben, spalten wir uns selbst auf, übertragen dieses Schema auf unser eigenes Leben und fassen unsere Empfindungen als psychische Inhalte auf, die durch äußere Reize hervorgerufen, aber von diesen Reizen verschieden sind. Wir teilen somit die Welt in eine »subjektive« und »objektive« auf und stellen dann Reflexionen über ihr gegenseitiges Verhältnis an. Daraus entstehen dann die Unterscheidung von »Seele« und »Körper« und darüber hinaus alle spiritualistischen Illusionen, alle Vorstellungen von einer immateriellen Seele, von Göttern usw. In Wirklichkeit ist der Irrtum der Introjektion vermeidbar; um anzuerkennen, daß eine andere Person mir als ein empfindendes Subjekt ähnlich ist, bedarf es durchaus nicht der Unterscheidung zwischen »Innerem« und »Äußerem«. Entledigen wir uns aber der Illusion, daß wir Besitzer eines »Inneren« sind, in dem sich auf rätselhafte Weise ansonsten unbekannte »äußere« Objekte vergegenwärtigen, die unabhängig davon existieren, daß sie uns »gegeben« sind, dann entledigen wir uns damit sämtlicher überlieferten philosophischen Fragen und Kategorien, der Streitigkeiten zwischen Realismus und Spiritualismus, der unlösbaren Rätsel, die im Begriff der Substanz, der Kraft und der Ursache stecken.

Mit der Ausschaltung dieser Illusion ist jedoch noch nicht die Frage nach dem »Erkenntnisakt« gelöst, der schließlich nach verbreiteter Vorstellung die Unterscheidung zwischen dem Empfindenden und dem Empfundenen beinhaltet; es gilt daher, diese Beziehung in einer von den Illusionen der Introjektion gereinigten Reflexion zu bestimmen. Stellt nun die Kritik der Introjektion den destruktiven Teil der Avenariusschen Doktrin dar, so dreht sich ihre konstruktive Arbeit um den Begriff der »Prinzipialkoordination«. Die Umgebung, die ich in der Erfahrung vorfinde, umfaßt Dinge, andere Menschen, aber ebenfalls das Ich, wobei dieses Ich in der unvermittelten Erfahrung genauso vorgefunden wird wie die Dinge, also ein Bestandteil dessen bildet, was *erfahren wird*, und nicht dessen, *was erfährt*, und kein subjektives Inneres ist, das die Dinge in subjektive Kopien verwandelt. Trotzdem ist es unaufhebbar in der Erfahrung als deren relativ konstantes Element gegeben, und als Prinzipialkoordination wird eben diese ständige Verknüpfung des »Gliedes«

und des »Gegengliedes« der Erfahrung bezeichnet, die beide gleichwertig sind, d. h. in der Weise verbunden sind, daß keines gegenüber dem anderen »primär« ist. Jedes menschliche Individuum ist ein »Zentralglied«, und das Gegenglied, also das, was man früher als Gegenstand der Erfahrung bezeichnete, ist für viele Zentralglieder numerisch eines (d. h., daß verschiedene Menschen das gleiche Objekt wahrnehmen, daß sich das Gegenglied nicht entsprechend der Vielheit der »Subjekte« vervielfältigt; ein erkenntnistheoretischer Idealismus ist bei dieser Auffassung unmöglich). Indem wir aber die Möglichkeit des Idealismus und des Solipsismus ausschalten, schalten wir zugleich die Frage nach einem gewissermaßen »hinter den Erscheinungen« verborgenen »Ding an sich« aus, denn das wäre die Frage nach einem Gegenglied, das kein Gegenglied ist (oder nicht »gegeben« ist), sie würde also einen in sich widersprüchlichen Begriff enthalten. An der Bedeutung, die wir tatsächlich der wissenschaftlichen Erkenntnis zuschreiben, ändert die »Prinzipialkoordination« Avenarius zufolge nichts. Wenn wir nämlich eine Frage auf irgendeinen Gegenstand richten, stellen wir damit eine Situation der »Koordination« her, d. h., wir schließen den Gegenstand in eine »erkenntnismäßige« Verknüpfung ein. Es scheint uns z. B., als würden wir danach fragen, wie eine von niemandem beobachtete Welt beschaffen ist oder war – doch in Wirklichkeit ist der Inhalt unserer Frage ein anderer: Wir fragen danach, wie sich eine Umgebung unter bestimmten Bedingungen verändern würde, wenn wir ihr gedanklich einen Beobachter hinzufügen. Man kann nämlich nicht nach dem Zustand eines Fragments der Welt fragen, ohne zugleich dieses Fragment in den Akt der Fragestellung einzuschließen, also ohne es zum Gegenglied einer bestimmten Erfahrung zu machen. Man könnte – vermutlich im Einklang mit der Intention von Avenarius – sagen, daß der Akt der Fragestellung aus dem Inhalt der Frage nicht ausgeschlossen werden kann, das heißt, daß die Situation der Fragestellung ein Fall der »Prinzipialkoordination« ist; deshalb kann die Frage nach einem »unabhängigen« Sein überhaupt nicht geäußert werden, da schon die Äußerung der Frage gerade jene Abhängigkeit herstellt, der wir in der Frage ausweichen möchten. Mit anderen Worten: Nach dem »Sein an sich« zu fragen heißt danach zu fragen, wie man die Welt erkennen kann, ohne eine Erkenntnissituation herzustellen, wie man also die Welt erkennen kann, ohne sie zu erkennen. In diesem Sinne erweisen sich alle aus der Tradition von Descartes, Locke und Kant überlieferten Grundfragen der traditionellen Erkenntnistheorie und Metaphysik als falsch gestellt.

In dieser Interpretation enthüllt sich nach Ansicht von Avenarius auch der eigentliche, biologisch festgelegte Sinn der menschlichen Erkenntnistätigkeit. Die Erkenntnis besteht in der Erhaltung des menschlichen Organismus, in Antworten unseres Körpers auf Reize, die ständig das biologische Gleichgewicht stören, und der Sinn dieser Antworten erschöpft sich in ihrer Fähigkeit, das Gleichgewicht wiederherzustellen; die Erkenntnis stellt kein Bemühen um eine »Wahrheit« im transzendentalen Sinne dar, sie strebt nicht danach, aufzudecken, »wie es wirklich ist«, sondern sie ist eine biologische Reaktion. Die Adjektive »wahr« und »falsch« sind keine Bestandteile der Erfahrung; ähnlich wie die Adjektive »angenehm« und »unangenehm«, »schlecht« und »gut«, »schön« und »häßlich« dienen sie einer bestimmten Interpretation der Erfahrung (sie gehören zu den »Charakteren« und nicht zu den »Elementen«). Unter dem Aspekt der biologischen Funktionen und nicht der »Wahrheit« sind auch die Gedanken der Menschen über die Welt zu interpretieren – philosophische Doktrinen und religiöse Glaubensvorstellungen; sie alle lassen sich nämlich genetisch als Antworten der Menschen oder menschlicher Gemeinschaften auf Bedürfnisse verstehen, die durch Veränderungen der Umgebung geweckt wurden. Das heißt nicht, daß die Inhalte unserer Erkenntnis keine »allgemein menschliche« Gültigkeit besitzen. Gewisse Umstände unserer biologischen Existenz sind universal, und ebenso universal sind auch gewisse »Wahrheiten«, welche die Menschen hervorbringen; diese Universalität ist jedoch auf die menschliche Gattung bezogen und beruht nicht auf einer transzendentalen Geltung des Wissens. Mit anderen Worten: Vom rein biologischen Standpunkt aus ist die Erkenntnis natürlich möglich, nicht möglich ist dagegen eine Erkenntnistheorie, welche den Anspruch unseres Wissens auf »objektive«, also von Erkenntnisakten unabhängige Wahrheit rechtfertigen könnte.

Avenarius wünschte, die philosophische Reflexion von dem Dualismus des »Psychischen« und »Physischen« zu befreien, und reduzierte alles Sein auf eine Erfahrung, in der »Ich« und der Gegenstand als gleichrangige Vorfindlichkeiten gegeben sind, doch gelang es ihm nicht, seine Ansichten von jenen Konsequenzen freizuhalten, die ständig den Verdacht des »Subjektivismus« oder der Inkohärenz auf ihn lenkten. Denn wenn das »Ich« etwas Empfundenes und nicht ein »Subjekt« ist und wenn gleichzeitig das »Zentralglied« einen unumgänglichen Faktor jeder Beschreibung der Erfahrung darstellt – worin besteht dann eigentlich der Empfindungsakt? Es scheint, als ginge es um eine Erfahrung, die niemand macht, um eine Situation, in der etwas »gegeben« ist, aber nicht »jemandem« gegeben, sondern überhaupt gegeben, um eine Wahrnehmung ohne einen Wahrnehmenden. Wenn ich sage, daß »ich das oder das sehe«, dann bin »ich« in dieser Äußerung als sowohl grammatisches wie auch epistemologisches Subjekt mitenthalten, sie suggeriert also, daß »das Ich« nicht gleichrangig ist mit anderen Bestandteilen des Wahrnehmungsfeldes, sondern eben das empfindende Subjekt; andernfalls müßte man eher sagen, daß etwas »erfahren wird«, nicht aber, daß »ich« erfahre. Doch ist diese Erklärung durchaus nicht klar; es ist nicht ersichtlich, wie die Kategorie des Subjekts grundsätzlich aus der Beschreibung der Erfahrung eliminiert werden könnte und wodurch sich das »Zentralglied« im empiriokritischen Sinne vom »Subjekt« im gewöhnlichen Sinne unterscheidet. Wenn wir uns dagegen mit der Feststellung begnügen, daß »ich« lediglich ein Element des Wahrnehmungsfeldes neben anderen ist, dann ist nicht einzusehen, warum die Prinzipialkoordination überhaupt auftreten sollte, warum also »ich« notwendig in jedem Erfahrungsakt vorhanden sein sollte.

Mit anderen Worten besteht die Schwierigkeit darin, zwei fundamentale Kategorien, die Avenarius einführt, miteinander in Einklang zu bringen: die Kritik der Introjektion und die Theorie der Prinzipialkoordination. Mit Hilfe der ersteren soll überhaupt das »Subjekt« als ein überflüssiges Konstrukt aus der Beschreibung der Welt ausgeschaltet, soll die Aufspaltung des Seins in »subjektiv« und »objektiv« ausgeschaltet werden, soll die Erfahrung als ein ontologisch neutraler Bereich übrigbleiben, nach dessen Verhältnis zum »Sein an sich« überhaupt nicht sinnvoll gefragt werden kann, sollen schließlich erkenntnistheoretische Ambitionen aufgegeben werden; wir überlassen also der Wissenschaft ihre Probleme, wie sie sind, ohne ontologische Interpretationen. Das war genau die Auffassung von Mach. Wenn wir jedoch zusätzlich die Theorie der Prinzipialkoordination annehmen, dann tritt erneut – nicht unter diesem Namen – das »Subjekt« als eine herausgehobene Kategorie auf, deren nicht zu umgehende Gegenwart in der Erfahrung nur unter der Annahme verständlich sein kann, daß es das Erfahrende und nicht das Erfahrene ist, und diese Auffassung lehnt Avenarius ab. Akzeptiert man aber die beiden Elemente seiner Auffassung, so kann das leicht zu einem absurden Resultat führen. Man kann nämlich zu dem Schluß gelangen, daß das Ich – als ein Element der Erfahrung im gleichen Sinne wie die Dinge – aus unerfindlichen Gründen eine Bedingung dafür ist, daß alle übrigen Elemente der Erfahrung in demselben Erfahrungsbereich auftreten. Daß ein solcher Schluß unzulässig ist, springt ins Auge, wenn Avenarius das »Zentralglied« der Koordination mit dem menschlichen Nervensystem gleichsetzt; wir müssen dann nämlich annehmen, daß das Nervensystem, also ein physisches Objekt, die Bedingung für das Vorhandensein aller übrigen physischen Objekte ist. Natürlich spricht Avenarius diese absurde Konsequenz nicht aus, aber es ist kaum vorstellbar, wie man sie umgehen kann, wenn man gleichzeitig beide Grundelemente seiner Auffassung aufrechterhält.

Eine weitere fundamentale Schwierigkeit dieser Doktrin, auf die insbesondere Husserl (und vor ihm Natorp) hinwies, besteht darin, daß der Wert der Erkenntnis physiologisch aufgefaßt wird, während gleichzeitig die wissenschaftliche Erkenntnis als wahr im gewöhnlichen Sinne anerkannt wird. Wenn, wie Avenarius behauptet, die »Wahrheit« nicht in der Erfahrung enthalten ist, sondern in deren nachträglicher Interpretation besteht, dann reduziert sich der ganze Sinn der wissenschaftlichen Erkenntnis auf deren biologisch nützliche Funktionen; wir kommen so zu einer rein pragmatistischen Interpretation der Erkenntnis: »Wahr« ist das, was anzunehmen unter gegebenen Bedingungen vorteilhaft ist (was übrigens nicht die Möglichkeit ausschließt, daß bestimmte »Wahrheiten« allgemeingültig sind, also unter allen Umständen vorteilhaft sind, da es unveränderliche Elemente des menschlichen Gattungslebens gibt). Gleichzeitig rechtfertigt Avenarius aber seine biologische Interpretation der Erkenntnis unter Berufung auf Forschungsergebnisse der Wahrnehmungsphysiologie, die er im gewöhnlichen Sinne als gültig und damit »wahr« anerkennt; auf diese Weise scheint er einer *petitio principii* zu erliegen. Aus diesem Grund ist, wie Husserl darlegte, die Idee einer »biologischen Erkenntnistheorie« grundsätzlich undurchführbar (man kann nicht nach dem Sinn jeglicher Erfahrung suchen, indem man sich auf bestimmte Einzelergebnisse vorliegender Erfahrungen beruft, denen man stillschweigend den erkenntnistheoretischen Sinn einer im gewöhnlichen Sinne verstandenen »Wahrheit« zuschreibt).

Avenarius bemühte sich, alle traditionellen philosophischen Fragen dadurch zu zerstören, daß er die »Subjektivität« als ein überflüssiges Konstrukt, das diese Fragen produziert, vernichtete. Die Theorie der »Prinzipialkoordination« macht dieses Ergebnis jedoch zunichte und bringt in die ganze Theorie eine schwer zu beseitigende Inkohärenz hinein. Das wesentliche Resultat der Kritik von Avenarius – es setzt die Theorie der »Koordination« keineswegs voraus – besteht in der Aufdeckkung der unüberwindlichen Schwierigkeiten, auf die eine Doktrin stößt, welche die Inhalte der Wahrnehmung als Abbilder oder Kopien von Gegenständen auffaßt, die von der Wahrnehmungssituation ganz und gar unabhängig sind.

Die Absicht von Avenarius war, den Erkenntnisakten ihren »natürlichen«, nicht durch philosophische Spekulation verschleierten Charakter wiederzugeben; im »natürlichen Weltbegriff« ist nach seiner Ansicht der Dualismus von »Psychischem« und »Physischem« nicht enthalten; dieser Begriff geht nicht davon aus, daß die Erkenntnis im Übertragen von Abbildern der Dinge auf ein subjektives Gefäß besteht. Die Kritik der Introjektion soll nicht eine Entdeckung neuer Realitäten sein, sondern im Gegenteil eine Rückkehr zum naiven, unvermittelten Blick auf die Welt, in dem unsere Erkenntnisakte ihren eigentlichen, biologisch festgelegten Sinn erlangen. Diese Rückkehr steht im Einklang mit dem leitenden Prinzip des Denkens, nämlich mit dem Prinzip der Denkökonomie. Nach Auffassung von Avenarius (und Mach) ist dieses Prinzip kein allgemeines physikalisches Gesetz (wie bei Maupertius), sondern hat die gleiche Bedeutung wie in der Philosophie Spencers: Es besagt, daß ein lebender Organismus und insbesondere das menschliche Gehirn derart funktioniert, daß es ein erwünschtes Ergebnis mit einem Minimum an Energieeinbuße erreicht. Die ganze Geschichte der menschlichen Erkenntnis ist ein Beispiel für die Anwendung dieses Prinzips: Die Kapitalisierung des Wissens schreitet durch immer weitergehende Verallgemeinerungen und immer wirksamere Verfahren der Aufzeichnung und Übermittlung erworbener Erfahrung fort. Alle abstrakten Begriffe, alle wissenschaftlichen Gesetze, alle mathematischen Methoden sind, genau wie die menschliche Sprache und die Schrift, Instrumente der Anhäufung und Übermittlung von Erfahrungen. Die Gesetze der Wissenschaft sollen nicht Einzeltatsachen in all ihren Details wiedergeben, sondern sie versuchen, die sich wiederholenden, biologisch bedeutsamen Eigenschaften der Erscheinungen zu erfassen; sie sind also ökonomisierende Abkürzungen, die uns im Umgang mit den Dingen Anstrengungen ersparen. Ein Nebenprodukt, gewissermaßen ein Abfall dieser Arbeit sind metaphysische Kategorien wie »Ding«, »Substanz«, »Materie« oder »Geist«. Derartige Begriffe sind insofern nützlich, als sie auf gewisse relativ konstante Verknüpfungen von Eigenschaften der Erfahrung hinweisen, doch wenn sie sich sprachlich verfestigen, nehmen sie in unserer Vorstellung leicht die Bedeutung von metaphysischen Wesenheiten an. Aufgabe der Wissenschaft ist es, gemäß diesem Prinzip der Ökonomie die Erfahrung von jenen überflüssigen Konstrukten zu reinigen.

Die Philosophie Machs setzt sich nicht dem gleichen Vorwurf der Inkohärenz aus wie die Avenariussche Kritik, da sie ein Pendant des Koordinationsprinzips nicht einführt. Mach, der experimenteller Physiker und Historiker der Physik war, empfand sehr viel stärker als Avenarius die Relativität der Erkenntnis und glaubte nicht an eine einseitig verlaufende »Reinigung« der Erfahrung in Richtung auf ein »endgültiges« und geschlossenes wissenschaftliches Weltbild. Er sah in der Wissenschaft ein biologisches Instrument der menschlichen Gattung, das sich gemäß dem Prinzip der Ökonomie entwickelt und auf jeder Entwicklungsstufe gleichermaßen vorläufig und gleichermaßen relativ ist. Die Erkenntnis faßte er ähnlich wie Avenarius pragmatisch auf, gleichgültig, ob es um die vorkritische Wahrnehmung oder um wissenschaftliche Hypothesen ging. Innerhalb einer so verstandenen Erkenntnis ist für metaphysische Überlegungen kein Raum. Das, womit wir es in der Welt zu tun haben, sind Komplexe von unterschiedlichen Qualitäten, die einen unterschiedlichen Grad der Beständigkeit und in ihren Veränderungen gewisse Regelmäßigkeiten aufweisen. Diese Qualitäten (»Elemente«) haben für die vorurteilslose Erfahrung keine ontologische Bedeutung, sie sind weder »psychisch« noch »physisch«; wenn wir sie auf unseren eigenen Körper beziehen, nennen wir sie Eindrücke, wenn wir sie in den Zusammenhängen ihrer gegenseitigen Abhängigkeit erfassen, treten sie als Dinge auf. Das sind jedoch nachträgliche Interpretationen. Die Erfahrung als solche fordert nicht, daß wir diesen »Elementen« (wie etwa Farbe, Druck, Schall, Zeit, Raum) irgendeinen »Seins«status zuschreiben. Der wirkliche Inhalt der Erkenntnis – darunter auch sämtliche Gesetze der Wissenschaft – enthält nichts, was nicht schon in der Erfahrung enthalten wäre; die Wissenschaft dient der Selektion, Ordnung und abgekürzten Aufzeichnung von Erfahrungen gemäß den biologischen Bedürfnissen der menschlichen Gattung, sie dient einer wirksameren Vorhersage und Manipulation, ihre Bedeutung als »Wahrheit« im transzendentalen Sinne ist ein überflüssiger Zusatz und enthält keine neuen Werte. Ursprung und Inhalt aller Wissenschaft ist die Erfahrung, wenn man von jenen Teilen der Mathematik absieht, die nichts anderes als Tautologien sind und nichts über die Welt sagen; in diesem Punkt folgte Mach der Humeschen Tradition: Alle Erkenntnis setzt sich zusammen aus Beschreibungen der Erfahrung und aus analytischen Urteilen; sie kennt keine andere »Notwendigkeit« als die sprachliche, es gibt keine synthetischen Urteile a priori.

Machs Theorie war in ihren grundsätzlichen Intentionen eine neue Version des Humeschen Positivismus und setzte sich in erster Linie destruktive Aufgaben; ihr ging es darum, das menschliche Denken vom überflüssigen Ballast von Fragen, Begriffen und Unterscheidungen zu befreien, die ihre Existenz allein der Unzulänglichkeit der Sprache und nicht einem Zwang der Erfahrung verdanken. Diese Intention ist keineswegs »subjektivistisch«, denn sie faßt die Qualitäten der Welt nicht als psychische Inhalte auf, sondern zielt darauf ab, Fragen nach dem Verhältnis der »psychischen« Inhalte zur Welt »an sich« zu eliminieren, da die in dieser Frage verwendeten Begriffe keinen erfahrungsmäßigen Inhalt besitzen und aus philosophischen Vorurteilen stammen. Gleichzeitig ist jedoch die Welt, wie sie sich dem Menschen darstellt, eine in gewisser Weise unter dem Druck biologischer Bedürfnisse selektierte und organisierte Welt. Obwohl also ihre Ausgangsmerkmale in der ursprünglichen Erfahrung gefunden werden und obwohl die Wissenschaft, richtig betrieben, ihr nichts hinzufügen kann, ordnet sie doch diese Erfahrung durch ihre abstrakten Begriffe und Gesetze in der Weise, daß sich uns die gesamte Welt als eine bestimmte Ordnung darstellt; diese Ordnung ist aber das Werk der menschlichen Selektion und in diesem Sinne unser eigenes Produkt.

Wenn wir zu erfassen versuchen, was die gemeinsame Intention von Avenarius, Mach und vielen ihnen nahestehenden Philosophen und Physikern ausmacht, stellen wir fest, daß es sich um eine »szientistische« und »positivistische« Intention handelt, die sich aber in einer besonderen Weise äußert, welche sie in eine enge Beziehung zur gesamten Kultur des europäischen Modernismus bringt. Im Kampf gegen metaphysische Vorurteile – gleichgültig, ob materialistischer oder religiöser Orientierung – wollten die Empiriokritiker zurück zum unmittelbaren, naiven, nicht durch Philosophie verdunkelten Standpunkt des Menschen in der Welt; sie versuchten, dem Menschen als erkennendem Wesen wieder zu seinem »natürlichen« Status zu verhelfen, befreit von den abstrakten Konstrukten der Philosophie und der Religion, befreit von der Magie der Sprache. Außerdem machten sie darauf aufmerksam, daß die Ordnung der Welt, zu der uns die Wissenschaft Zugang verschafft, nicht bloß eine passive Aufzeichnung einer »wirklichen« Ordnung ist, sondern ein Produkt der Anpassungstendenz des Menschen. Diese Rückwendung zur »Natürlichkeit« und diese Überzeugung von der Verantwortlichkeit des Menschen für die Ordnung der Welt sind charakteristisch für die gesamte Geisteskultur jener Epoche. Der antimetaphysische Szientismus und die biologische, pragmatische Interpretation der Erkenntnis waren denn auch jene Elemente der empiriokritischen Philosophie, welche die Aufmerksamkeit von Marxisten auf sie lenkten, die nach einer neuen und, wie sie glaubten, konsequenteren umfassenden Weltinterpretation suchten, die dem Geist der revolutionären Lehre entsprach.

4. Bogdanow und die russischen Empiriokritiker

Die hervorragendsten russischen Empiriokritiker waren Bolschewiki: Bogdanow, Lunatscharski und Basarow. Man darf ihre Philosophie jedoch nicht als Ausdruck einer spezifisch bolschewistischen Tendenz auffassen (auch wenn für sie selbst der Zusammenhang zwischen ihrem philosophischen und politischen Standpunkt eindeutig war). Im gleichen Geiste wirkten auch menschewistische Philosophen wie Juschkewitsch und Walentinow und der Sozialrevolutionär Tschernow. All diese Autoren suchten nach einer »monistischen« Philosophie, die zugleich die gesamte menschliche Erfahrung und die praktische Politik umfaßte, aber eine andere Philosophie als den Engels-Plechanowschen Schematismus, der nach ihrer Ansicht naiv und unbegründet war und sich nicht auf eine Analyse der in ihm enthaltenen Grundbegriffe stützte.

Die schriftstellerische Produktion der russischen Empiriokritiker und Marxisten ist enorm und bislang nur zum Teil erforscht. Zweifellos war Bogdanow derjenige, der sie alle sowohl als Philosoph wie auch als politischer Aktivist überragte. Er war ein überaus vielseitiger Kopf; zum Arzt ausgebildet, befaßte er sich mit politischer Ökonomie, Philosophie und Psychologie, schrieb er Romane und war einer der aktivsten Organisatoren und Ideologen der bolschewistischen Bewegung. Bei allen Aktivitäten verließ ihn nie die Besessenheit vom »Monismus«, das Streben nach einem Weltbild, das den Schlüssel zu allem liefert und alles mit Hilfe eines Prinzips erklärt.

Alexander Alexandrowitsch Bogdanow (eigentlich Malinowskij) wurde am 22. August 1873 in Tula geboren. Er studierte in Moskau Naturwissenschaften und anschließend Medizin in Charkow bis zum Jahr 1899. Die Volkstümlerei gab er im Jahre 1896 auf und trat zusammen mit Basarow (Rudnew) der sozialdemokratischen Bewegung bei. 1897 erschien von ihm ein populäres marxistisches Lehrbuch der Ökonomie, das Lenin überaus lobreich rezensierte. Dieses Lehrbuch, eine einfache Schematisierung aller ökonomischen Gesellschaftsformationen in Gestalt eines Katechismus, trug in hohem Maße zur Ausbildung der wirtschaftsgeschichtlichen Schemata bei, die später zu einem Bestandteil des sogenannten Marxismus-Leninismus werden sollten. 1899 erschienen die »Grundelemente der historischen Naturauffassung«, in denen Bogdanow, von der Energielehre Ostwalds fasziniert, auf dem Begriff der »Energie« eine monistische Weltanschauung aufzubauen versucht. Hier äußert sich bereits seine starke Tendenz zum Relativismus, den er für einen der Grundsteine des Marxismus hält: Alle Wahrheiten sind historisch in dem Sinne, daß sie die biologische und soziale Situation des Menschen ausdrücken; der Sinn der »Wahrheit« beruht immer auf ihrer Anwendbarkeit im praktischen Leben und nicht auf objektiver Gültigkeit. Mit der Zeit kam Bogdanow zu dem Schluß, daß der »Energetismus« lediglich eine bestimmte Methode nahelegt, die Welt zu erforschen, aber, soweit es um ihren »Stoff« geht, keine Erklärung liefert und daher seinen Hang zum Monismus nicht befriedigen kann.

Im gleichen Jahr wurde Bogdanow in Moskau verhaftet und zur Verbannung verurteilt. Er verbrachte sie zunächst in Kaluga und dann bis zum Jahr 1903 in Wologda. In der Verbannung lernte er Berdjajew, Lunatscharski und andere sozialdemokratische Intellektuelle kennen. Er war der Inspirator und einer der Autoren des Sammelbandes »Abriß der realistischen Weltanschauung«, der 1904 erschien und eine Antwort auf die »Probleme des Idealismus« war (Autoren dieses Bandes waren neben ihm u. a. Lunatscharski, Fritsche, Basarow und Suworow). In den Jahren 1904–1906 erschien Bogdanows dreibändiges philosophisches Hauptwerk »Empiriomonismus«, in dem er versucht, die Erkenntnistheorie von Mach und Avenarius in einem, wie er glaubt, dem historischen Materialismus entsprechenden Geiste kritisch zu adaptieren.

Bogdanow war seit dem Jahre 1903 Bolschewik. Lenin war sich wohl des ketzerischen Weges bewußt, den einer der aktivsten bolschewistischen Kämpfer beschritt, hielt aber einige Jahre lang die philosophischen

Meinungsverschiedenheiten nicht für hinreichend wichtig, um das politische Band zu zerschneiden. Es gelang ihm, Ljubow Orthodox zu bewegen, zur Feder zu greifen und mit den Empiriokritikern abzurechnen, doch griff er selbst erst in den Kampf ein, als die philosophischen Abweichler sich auch seiner Politik gegenüber der Duma widersetzten. Nach dem Bruch innerhalb der sozialdemokratischen Partei spielte Bogdanow in der Petersburger bolschewistischen Organisation die erste Geige, und nach dem Scheitern der Revolution organisierte er die Wiedervereinigung der Fraktionen; als eines der drei bolschewistischen Mitglieder des Zentralkomitees hielt er sich zusammen mit Lenin in Finnland auf. Er widersetzte sich von Anfang an der Taktik einer sozialdemokratischen Beteiligung an den Wahlen, und später gehörte er zu den »Ultimatisten«. Die gesamte linke Fraktion der Bolschewiki, die, wenn auch nicht mit gleicher Entschiedenheit, legale Kampfmittel verwarf und sich auf eine Fortsetzung der unmittelbar revolutionären Politik nach 1907 einstellte, war gleichzeitig mehr oder weniger von der empiriokritischen Philosophie angesteckt. Schließlich wurden Bogdanow und seine Freunde im Jahre 1909 aus dem bolschewistischen Zentrum und anschließend aus dem Zentralkomitee ausgeschlossen. Eine Zeitlang gaben sie eine eigene Fraktionszeitung heraus, und außerdem gründeten sie – mit finanzieller Hilfe Gorkis, der zur Beunruhigung Lenins mit der unorthodoxen Philosophie sympathisierte – eine Parteischule auf Capri, die als Keimzelle einer Erneuerung des revolutionären Bolschewismus gedacht war. Diese Schule wurde im Jahre 1909 einige Monate hindurch betrieben und existierte später – um die Jahreswende 1910/1911 – noch eine Zeitlang in Bologna. Außer Bogdanow lasen dort u. a. Lunatscharski, Alexinski, Menschinski (der spätere Nachfolger Dserschinskijs auf dem Posten des Chefs der sowjetischen Polizei) und gelegentlich Trotzki. Lenin, ebenfalls eingeladen, lehnte es ab, zu einem Vortrag zu kommen. Die Fraktion zerfiel jedoch im Jahre 1911, und Bogdanow kehrte nach Rußland zurück und beendete damit seine Karriere als Politiker. Als Philosoph war er dagegen weiterhin unablässig aktiv und suchte nach immer allgemeineren Formeln für seine monistische Doktrin. Zusammen mit anderen Abweichlern gab er zwei Sammelwerke heraus: »Beiträge zur Philosophie des Marxismus«, Sankt Petersburg 1908 (Bogdanow, Basarow, Berman, Lunatscharski, Juschkewitsch, Suworow, Gelfand), sowie »Beiträge zur Philosophie des Kollektivismus«, Sankt Petersburg 1909 (Bogdanow, Gorki, Lunatscharski, Basarow). Außerdem verdanken wir ihm eine große Reihe weiterer Werke, darunter »Der Sturz des großen Fetischismus« (1910), wo in aller Ausführlichkeit der »Fetischismus« als ein erkenntnismäßiges und soziales Phänomen erörtert wird; »Philosophie der lebendigen Erfahrung« (1913), eine populäre Darstellung des Empiriomonismus; schließlich eine »Allgemeine Organisationslehre, Tektologie« (1913, 2. Bd. 1917). Das letztere Werk ist ein Versuch, die Grundlagen einer äußerst universalen Wissenschaft zu schaffen, die sowohl die Philosophie wie auch die Gesellschafts- und Naturwissenschaft und darüber hinaus die Technik umfaßt; es handelt sich gewissermaßen um eine Vorwegnahme der Praxeologie. Außerdem erschienen von Bogdanow vielfach wiederaufgelegte Lehrbücher der politischen Ökonomie und zahlreiche Abhandlungen zur »proletarischen Kultur«. Dieses Thema beschäftigte ihn lebhaft auch nach der Revolution, als er zu den wichtigsten Ideologen des sogenannten Proletkults gehörte.

Während des Krieges arbeitete Bogdanow als Militärarzt an der Front. In die Partei kehrte er nicht mehr zurück. Zuletzt leitete er ab 1926 ein hämatologisches Institut in Moskau, wo er 1928 infolge von Selbstversuchen mit der Bluttransfusion starb. Auch dieses Interesse hatte seine philosophische Begründung: Die Blutübertragung war für Bogdanow ein Verfahren, das von der biologischen Zusammengehörigkeit der Menschen zeugte, und sie verband sich mit seiner »kollektivistischen« Weltanschauung.

Ein Autor, der über 50 Bücher aus den verschiedensten Gebieten und darüber hinaus eine Unzahl von Artikeln hinterließ, konnte kein herausragender Philosoph sein. Zudem war er ein schlechter Schriftsteller: Sein Hauptwerk ist weitschweifig, chaotisch, unklar, voll von Wiederholungen. Dennoch war er ein äußerst einflußreicher Theoretiker der »proletarischen Philosophie«, und aus seinen Lehrbüchern der Ökonomie hat die gesamte bolschewistische Partei jahrelang ihre Kenntnisse bezogen. Als Philosoph war er Lenin in jeder Hinsicht überlegen – sei es an Sachkenntnis, Fähigkeit der Problemformulierung, Gelehrsamkeit oder Selbständigkeit des Denkens. Zudem besaß er den Ruf eines ausgezeichneten Organisators. Dagegen fehlte es ihm an der undoktrinären Fähigkeit, die Taktik rasch an veränderte Situationen anzupassen, durch die Lenin sich auszeichnete; ihn belastete die für den Ideologen typische übertriebene Neigung zur Konsequenz.

In Bogdanows »empiriomonistischer« Philosophie dominieren drei Gedanken: Alle geistigen Aktivitäten sind ein Instrument des Lebens im biologischen und sozialen Sinne; psychische und physische Phänomene unterscheiden sich nicht in ontischer Hinsicht; das Leben der Menschheit strebt einer umfassenden Harmonie all seiner Erscheinungen entgegen. Die beiden ersten Gedanken gehen auf Mach zurück, doch interpretiert Bogdanow sie in einer besonderen Weise, die es ihm gestattet, vom »Empiriomonismus« statt vom »Empiriokritizismus« zu sprechen. Der dritte Gedanke hängt spezifisch mit seiner sozialistischen Doktrin zusammen.

Nach Bogdanow ist die Philosophie Machs insofern eine Bestätigung für die marxistische, als beide alle Erkenntnisprozesse als Instrumente auffassen, mit denen der Mensch um sein Dasein kämpft, und Ideen, die eine andere Quelle haben sollen als die Erfahrung, ablehnen. Die »Objektivität« von Erkenntnisinhalten beruht darauf, daß sie für menschliche Gemeinschaften und nicht nur für den einzelnen Beobachter gültig sind. Diese kollektive Bedeutung unterscheidet die physischen Erscheinungen von den »subjektiven«, die lediglich eine individuelle Bedeutung haben. »Der objektive Charakter der physischen Welt beruht darauf, daß sie nicht nur für mich persönlich, sondern für alle existiert und für alle eine bestimmte Bedeutung hat, die gleiche, wie ich überzeugt bin, wie für mich. Die Objektivität der physischen Ordnung – das ist ihre allgemeine Bedeutung« (»Empiriomonismus«, Bd. 1, S. 25).[1] Die Natur ist, anders gesagt, die »kollektiv organisierte Erfahrung«. Raum, Zeit und Kausalität sind Formen, in denen die Menschen ihre Wahrnehmungen miteinander in Übereinstimmung bringen. Diese Übereinstimmung ist jedoch, zumindest gegenwärtig, nicht vollständig. Es gibt Erfahrungen, die gesellschaftlich bedeutsam sind und eine gesellschaftliche Genese haben, aber dennoch anderen Erfahrungen widersprechen. Das ist eine Folge der gesellschaftlichen Antagonismen und der Klassenteilung, die bewirkt, daß die Menschen sich nur innerhalb bestimmter Grenzen miteinander verständigen können, und ihre untereinander widersprüchlichen Interessen bringen unvermeidlich widersprüchliche Ideologien hervor. In der individualistischen Gesellschaft, die wir gegenwärtig haben, stellt das »Ich« für jedes Individuum das Zentrum seiner Erfahrung dar, anders als in den ursprünglichen kommunistischen Gemeinschaften, in denen das »Ich« im Kollektiv aufging, und anders als in der künftigen Gemeinschaft, die eine kollektiv organisierte Arbeit einführen und damit jede Möglichkeit eines Gegensatzes zwischen meinem und einem anderen »Ich« beseitigen wird.

Die Arbeit ist eine gegenüber allen anderen Formen des Gemeinschaftslebens genetisch primäre Erscheinung. Sobald jedoch neben der unmittelbaren Verausgabung von Energie im Kampf mit der Natur Organisationsformen auftauchen, die für die Vervielfachung der Produktivität der Arbeit unerläßlich sind, rufen sie ideologische Instrumente ins Leben, zu denen alle Formen der Kommunikation gehören: die Sprache, die abstrakte Erkenntnis, die Emotionen, die Bräuche, die moralischen Normen, das Recht, die Kunst; »der ideologische Prozeß besteht aus jenem ganzen Bereich des gesellschaftlichen Lebens, der hinter den technischen Prozessen, hinter dem unmittelbaren Verhältnis des Kampfes des gesellschaftlichen Menschen mit der äußeren Natur liegt« (»Empiriomonismus«, Bd. 3, S. 45); zur Ideologie gehört dagegen nicht die Wissenschaft, die sich als ein unmittelbares Organ der Technik entwickelt. Letzten Endes dienen jedoch alle Formen des kollektiven geistigen Lebens – sowohl die ideologischen wie die wissenschaftlichen – den Interessen, die mit dem Kampf ums Dasein zusammenhängen, und ihr ganzer Sinn reduziert sich auf ihre Funktionen in diesem Kampf. Diese vollständige Unterordnung aller Lebensformen unter technische Aufgaben und unter die Steigerung der Arbeitsproduktivität ist gegenwärtig nicht für alle erkennbar, und zwar aufgrund von ideologischen Täuschungen, die eine Vielzahl von metaphysischen Fetischen am Leben erhalten, doch wird sie für das Proletariat erkennbar, und in Zukunft wird sie zum Gemeingut aller Menschen werden. »Der technische Wert der Produkte, der an die Stelle des Fetischs Tauschwert tritt, besteht in der in ihnen (den Produkten) vergegenständlichten Summe der gesellschaftlichen Energie menschlicher Arbeit. Der Erkenntniswert einer Idee besteht in der Fähigkeit, die Masse der gesellschaftlichen Arbeitsenergie zu steigern; planmäßig bestimmt und ›organisiert‹ er die Instrumente und Formen menschlicher Tätigkeit. Der ›moralische‹ Wert menschlicher Verhaltensweisen hat zu seinem Inhalt die Steigerung der gesellschaftlichen Arbeitsenergie durch die harmonische Vereinigung und Konzentration menschlicher Aktivität, durch ihre Organisierung in Richtung auf maximale Solidarität« (*ebd.*, Bd. 3, S. 135–136).[2]

Diese rein pragmatische – allerdings, wie man hinzufügen muß, gesellschaftlich-pragmatische – Interpretation der Erkenntnis und des gesamten Geisteslebens als eine Sammlung von Instrumenten, die »letzten Endes« dem technischen Fortschritt dienen, läßt keinen Raum für einen Begriff der Wahrheit im traditionellen Sinne, einer Wahrheit also, die in der Übereinstimmung unserer Urteile mit den Realitäten einer von uns vollkommen unabhängigen Welt besteht. Die »natürliche« Welt ist ein Resultat der gesellschaftlichen Organisation der Erfahrung, und wahr ist, was im Kampf des Menschen ums Dasein wirksam ist.

Eine solche Weltanschauung ist streng wissenschaftlich, da sie alle metaphysischen Fetische, von denen jahrhundertelang sowohl die Philosophie wie auch die alltäglichen Vorstellungen sich nährten, hinwegfegt. Da wir die ganze Welt auf die kollektive Erfahrung reduzieren und die Erkenntniswerte aufgrund von gesellschaftlich nützlichen Werten beurteilen, brauchen wir nicht die Kategorien der »Substanz«, des »Dings an sich« und auch nicht deren Spezifikationen wie »Geist«, »Materie«, »Zeit«, »Ursache«, »Kraft« usw. Die Erfahrung enthält keine Entsprechungen dieser Begriffe, und unser praktischer Umgang mit den Dingen erfordert sie nicht.

Mit der Kritik am »Ding an sich«, das man als ein überflüssiges Produkt aus der Philosophie Kants »entfernen« kann, wiederholt Bogdanow nach Mach eine Fehlinterpretation der Kantschen Philosophie. Beide scheinen nämlich zu glauben, daß Kant zufolge sich hinter jeder Ding-Erscheinung ein geheimnisvolles »Ding an sich« verbirgt, zu dem wir keinen Zugang haben; wenn wir es beseitigen, ändert sich nichts, die Erscheinungen bleiben, was sie waren, und das »metaphysische« Konstrukt verflüchtigt sich, ohne daß wir etwas verlieren. Tatsächlich ist das eine Parodie auf den Kantianismus. Für Kant war nämlich die »Erscheinung« die Erscheinungsweise des Dinges, und somit sind uns die Dinge direkt zugänglich, aber sie sind in apriorischen Formen organisiert. Wenn man also »das Ding, wie es an sich ist«, »beseitigt«, dann beseitigt man – vom Kantschen Standpunkt aus – auch die Erscheinung. Der Begriff der »Erscheinung« muß also, anders gesagt, einen völlig anderen Sinn haben als bei Kant, doch welchen, das erläutern weder Mach noch Bogdanow.

Mach hat sich Bogdanow zufolge dadurch verdient gemacht, daß er mit dem Dualismus von »Psychischem« und »Physischem« brach und an deren Stelle den Begriff der »Erfahrung« einführte, in dem die Erscheinungen als psychische oder physische auftreten, je nachdem, ob wir sie untereinander verknüpfen oder auf unseren Körper beziehen. Die Beseitigung des Dualismus wurde jedoch in der Machschen Philosophie nicht radikal genug durchgeführt, da in ihr jene beiden Bereiche übrigbleiben, deren Verschiedenheit nicht erklärt wird. Der Empiriomonismus soll erklären, daß der »Stoff« der psychischen und physischen Erscheinungen derselbe ist, daß es keinen Bereich der »Subjektivität« in der Welt gibt, daß es lediglich eine gesellschaftlich determinierte Nichtübereinstimmung zwischen individuellen und kollektiven Erfahrungen gibt, doch diese Nichtübereinstimmung wird die historische Entwicklung mit der Zeit beseitigen.

Wir kommen hier zu der dunkelsten Seite der Philosophie Bogdanows. Es scheint, als habe er sagen wollen, daß unsere Gedanken, Gefühle, Wahrnehmungen, Willensakte usw. aus dem gleichen Material gemacht sind wie die Steine und das Wasser, doch worin dieses Material besteht – das vermag er nicht zu bestimmen, eben weil es in irgendeinem Sinne etwas »Letztes« und somit Undefinierbares ist, weil es »alles« umfaßt, also nicht mit Hilfe von spezifischeren Kategorien erklärt werden kann. Insofern teilt dieser Begriff der Erfahrung natürlich das Schicksal aller fundamentalen Kategorien in allen monistischen Doktrinen (einschließlich der Kategorie der »Materie«, wie sie die Materialisten verstehen). Was übrigbleibt, ist nur die allgemeine Idee einer vollständigen Zugehörigkeit des menschlichen Seins zur Natur, die Idee, daß die menschliche Subjektivität mit dem Rest der Welt ein homogenes Ganzes bildet. In diesem Sinne handelt es sich um eine im Grunde »materialistische« Idee, d. h. eine Idee, die von der totalen Reduktion des Menschen auf durch seine Stellung innerhalb der Natur festgelegte Funktionen und seine vollständige Erklärbarkeit innerhalb der natürlichen Ordnung ausgeht. Komplizierter wird es allerdings, wenn Bogdanow versucht, diese Identität in seiner überaus unklaren Theorie der »Substitution« näher zu beschreiben.

Diese Theorie geht vom psychophysischen Parallelismus aus, der jedoch nicht darin besteht, daß psychische und physische Erscheinungen »zwei Seiten« eines Prozesses sind, denn das würde den Fehler der »Introjektion« beinhalten (so als ob der Körper das Gefäß der Seele wäre), sondern darin, daß zwischen ihnen ein funktionaler Zusammenhang besteht analog dem Zusammenhang etwa zwischen den visuellen und taktilen Eigenschaften eines und desselben Körpers. Es handelt sich nicht um einen Monismus der »Substanz«, sondern um einen »Monismus des Organisationstyps, demgemäß man die Erfahrung systematisiert, einen Monismus der Erkenntnismethode« (»Empiriomonismus«, Bd. 1, S. 54). Innerhalb der einheitlichen »Erfahrung« gibt es kein Problem des Übergangs von der unbelebten zur organischen Natur, da sich die gesamte Natur aus homogenen Elementen zusammensetzt und nur unser abstraktes Denken bestimmte Teile von ihr zu »unbelebten« macht, Teile, die zugleich Bestandteile unseres eigenen Lebens sind – was wiederum nicht heißt, daß sie »psychischen« Charakter haben (denn »psychisch« bedeutet soviel wie gültig nur für die Person), sondern daß in ihnen ein nicht näher bekanntes Substrat steckt, das sich zu ihrer »physischen« Seite genauso verhält wie im individuellen menschlichen Dasein die psychischen Erscheinungen zu den physiologischen. In unserem Leben sind die physiologischen Prozesse ein »Reflex« von unmittelbaren Erlebnissen und nicht umgekehrt. »Das physiologische Leben ist ein Resultat der kollektiven Harmonisierung der ›äußeren Wahrnehmungen‹ des lebendigen Organismus, die jeweils eine Widerspiegelung eines Erlebniskomplexes im anderen (oder in ihm selbst) sind. Mit anderen Worten: Das physiologische Leben ist eine Widerspiegelung des unmittelbaren Lebens innerhalb der gesellschaftlich organisierten Erfahrung lebendiger Subjekte« (*ebd.*, S. 145). Die physische Natur selbst ist gegenüber den unmittelbaren Komplexen, die einen unterschiedlichen Organisationsgrad aufweisen, etwas Abgeleitetes; wir müssen annehmen, daß die beobachtete Welt von gleicher Art ist wie unsere Erfahrung, denn sonst könnten wir uns nicht vorstellen, wie man auf sie einwirken könnte, wir müssen also eine Art von Panpsychismus annehmen, ohne jedoch unterschiedliche Substanzen anzunehmen. Innerhalb der gesamten Erfahrung gehen die niederen Organisationsformen, die der anorganischen Welt »entsprechen«, den höheren voraus, die der menschlichen Psyche entsprechen, und insofern behält die »Priorität« der Natur gegenüber der menschlichen Existenz ihre Gültigkeit. Hier sei ein etwas ausführliches, aber grundlegendes Zitat angeführt, in dem Bogdanows Erkenntnistheorie zusammengefaßt ist:

»Das ›Psychische‹ und das ›Physische‹ als Formen der Erfahrung entsprechen keineswegs den Begriffen der ›Natur‹ und des ›Geistes‹. Diese letzteren Begriffe haben einen metaphysischen Sinn und beziehen sich auf das ›Ding an sich‹. Wir dagegen schließen die metaphysischen ›Dinge an sich‹ als leere Fetische aus unserer Analyse aus und setzten die ›empirische Substitution‹ an ihre Stelle. Diese Substitution, die davon ausgeht, daß jeder Mensch bei den anderen Menschen das Vorhandensein einer Psyche anerkennt, nimmt an, daß die ›Grundlage‹ von Erscheinungen physischer Erfahrung unmittelbare Komplexe von unterschiedlichem Organisationsgrad bilden, zu denen auch ›psychische‹ Komplexe gehören. In der Meinung, daß die physiologischen Prozesse der höheren Nervenzentren als Erscheinungen der physischen Erfahrung eine Widerspiegelung von psychischen Komplexen sind, die denn auch an ihrer Stelle ›unterstellt‹ werden können, haben wir erklärt, daß auch alle sonstigen physiologischen Lebensvorgänge durch Komplexe des ›assoziativen‹, also psychischen Typs substituierbar sind; die unterstellten Kombinationen sind jedoch um so weniger komplex und um so niedriger organisiert, je niedriger die Komplexität und der Organisationsgrad der physiologischen Erscheinung ist. Anschließend haben wir erklärt, daß die empirische Substitution jenseits der Grenzen des physiologischen Lebens, in der ›anorganischen‹ Welt, nicht aufhört, sondern daß die ›unmittelbaren Komplexe‹, die man den anorganischen Erscheinungen unterstellen muß, eine nicht mehr assoziative, sondern eine andere, niedrigere Organisationsform besitzen; es handelt sich nicht um ›psychische‹, sondern um weniger bestimmte, weniger komplexe Zusammenhänge, die sich zugleich auf einer anderen Stufe der Organisation befinden, die sich in ihrer niedrigsten, die Grenze bildenden Phase einfach als Chaos der Elemente darstellt.

Und so muß man unter den unmittelbaren Komplexen, die wir der physischen Erfahrung unterstellen, nach Analogien von ›Natur‹ und ›Geist‹ suchen, um ihr gegenseitiges Verhältnis zu bestimmen.

Aber allein in der Fragestellung ist wohl schon die Antwort enthalten: Die ›Natur‹, d. h. die niederen, anorganischen und einfachsten organischen Kombinationen, ist genetisch primär, während der ›Geist‹, also die höheren organischen, assoziativen Kombinationen, vor allem diejenigen, die die Erfahrung schaffen, genetisch sekundär sind.

So gehört also unser Standpunkt, auch wenn er nicht im engen Wortsinne ›materialistisch‹ ist, zu der gleichen Gattung, zu der auch die ›materialistischen‹ Systeme gehören, und ist somit eine Ideologie der ›Produktivkräfte‹, des technischen Prozesses« (»Empiriomonismus«, Bd. 3, S. 148–149).

Die Unklarheit und Doppeldeutigkeit dieser Philosophie rührt daher, daß Bogdanow – im Unterschied zu Mach – sich nicht damit begnügt, die »metaphysische Frage« für ungültig zu erklären, sondern daß er, nachdem er sie zunächst als unsinnig bezeichnet hat, sie anschließend zu lösen versucht, was er nicht tun kann, ohne in Widersprüche zu geraten. Er geht in seinen Überlegungen von einer Art von kollektivem Subjektivismus aus: Die Welt ist ein Korrelat des menschlichen Kampfes ums Dasein, und man kann ihr keinen anderen Sinn zuschreiben, noch nach ihrer selbständigen Existenz fragen; die Dinge sind Kristallisationen der praktisch orientierten menschlichen Projektionen, sie erscheinen nur innerhalb des biologisch festgelegten, einseitigen menschlichen Horizonts, sind Bestandteile der kollektiven Erfahrung, die den einzigen absoluten Bezugspunkt darstellt. Innerhalb der Grenzen dieser Relativierung unterscheiden sich die »psychischen« Erscheinungen von den physischen nur dadurch, daß die letzteren eine kollektiv gültige, die ersteren dagegen eine individuell gültige Bedeutung haben. Nachdem er dies erklärt hat, stellt Bogdanow die physiologischen Erscheinungen als »Widerspiegelung« der psychischen Prozesse hin, was unter dem Gesichtspunkt der vorher getroffenen Unterscheidungen keinen Sinn hat, und nachdem er das gemacht hat, sucht er im Bereich der unbelebten Natur nach analogen Zusammenhängen, verfällt also in eine Art von Panpsychismus, von dem er sagt, daß er eigentlich kein Panpsychismus sei (da er keine »Substanzen« voraussetzt), dessen Sinn er aber nicht zu erläutern vermag. Infolgedessen erfahren wir nicht, welchen Sinn diese »Priorität« der Erfahrung gegenüber der Einteilung der Erscheinungen in psychische und physische wirklich hat. Bogdanow benutzt das Wort »psychisch« in wenigstens drei Bedeutungen, doch scheint er sich dessen nicht bewußt zu sein: Einmal bedeutet »psychisch« soviel wie »nur individuell gültig«, ein anderes Mal soviel wie »subjektiv« im gewöhnlichen Sinne, und schließlich soviel wie »sich in physiologischen Prozessen widerspiegelnd«. Daraus entsteht eine Konfusion, die zu entwirren nicht möglich und sicher auch nicht lohnend ist.

Gleichwohl ist die Absicht, von der Bogdanow sich in seinen erkenntnistheoretischen Überlegungen leiten läßt, klar: metaphysische »Fetische«, Begriffe ohne empirisches Korrelat, zu liquidieren und streng eine anthropozentrische Betrachtungsweise einzuhalten, in der die gesamte Wirklichkeit als intentionales Korrelat der menschlichen Praxis erscheint; dadurch alle »substantiellen« Gebilde, vor allem »Materie« und »Subjekt«, aber auch »Zeit«, »Raum«, »Kausalität« und »Kraft« sowie den Begriff der »Wahrheit« und den Begriff der »Objektivität« im gewöhnlichen Sinne auszuschließen. Das so entstehende Weltbild soll nach Bogdanows Überzeugung ein streng wissenschaftliches (weil von Metaphysik freies) und zugleich humanistisches sein (weil es die gesamte Wirklichkeit auf die menschliche Existenz als unüberschreitbaren Ausgangspunkt bezieht). Diese Orientierung soll mit ihren beiden konstitutiven Elementen der Intention des Marxismus entsprechen, der eine szientistische, kollektiv-pragmatische und aktivistische Philosophie ist, der Kategorie der individuellen Subjektivität und der Kategorie der Wahrheit im transzendentalen Sinne nicht bedarf und die ganze Welt auf die menschliche Arbeit bezieht, also den Menschen zum Schöpfer aller Dinge (»Organisator«) macht. Dabei geht es nicht um irgendeinen Marxismus, sondern genau um den, der spezifisch von der bolschewistischen Bewegung verkörpert wurde. Bogdanow und andere russische Empiriokritiker stellten sich nämlich vor, daß ihre »aktivistische« Erkenntnistheorie ausgezeichnet mit dem revolutionären Geist des Bolschewismus und seiner allgemeinen Orientierung auf eine Revolution harmoniert, die nicht das automatische Ergebnis der ökonomischen Reife ist, sondern den kollektiven Willen der Organisatoren voraussetzt. Bogdanow war von der »Organisation« wahrhaft besessen und bezeichnete mit diesem Begriff sowohl praktische Parteimaßnahmen wie auch das erkenntnismäßige Verhältnis zur Welt.

In bestimmten Aspekten unterschieden sich alle russischen Empiriokritiker voneinander; einige waren »Machisten« im strengen Wortsinne (wie Walentinow), andere suchten für ihr eigenes Philosophieren nach neuen Bezeichnungen (»Empiriomonismus« Bogdanows oder »Empiriosymbolismus« Juschkewitschs). Dennoch gibt es gemeinsame Haupttendenzen: die Betonung der antimetaphysischen, szientistischen Seite des Marxismus (Ausschaltung des Dualismus von »Materie« und »Subjekt«) und die Anerkennung der Relativität der Welt in bezug auf die gesellschaftliche Praxis der Menschen. In diesem kollektiv-subjektivistischen Sinne interpretieren sie denn auch die Marxschen »Thesen über Feuerbach«.

5. Die Philosophie des Proletariats

Bogdanow versuchte seine Theorie unmittelbar anzuwenden, um mit ihr die Perspektiven des Sozialismus als eines Systemes zu begründen, in dem das menschliche Weltbild schließlich mit allen geistigen Inhalten zur Versöhnung gelangt und in dem überhaupt die Besonderheit des individuellen Ichs verschwindet.

Der Grundgedanke, der das philosophische Fundament der »proletarischen Kultur« bilden soll, ist der folgende. Alle menschliche Erkenntnistätigkeit hat nur den einen Sinn, den Menschen in der Auseinandersetzung mit der Natur zu stärken. Man kann zwar die »wissenschaftlichen« Aktivitäten, also diejenigen, die unmittelbar der technischen Leistungssteigerung dienen, von den »ideologischen« unterscheiden, welche die gleiche Funktion mittelbar erfüllen, indem sie auf die Formen der gesellschaftlichen Organisation einwirken. Das ist jedoch keine Unterscheidung nach den erkenntnistheoretischen Kriterien von »Wahrheit« und »Falschheit«, sondern lediglich nach der Art, in der die jeweiligen Tätigkeiten zur Steigerung der Arbeitsproduktivität beitragen. In beiden Bereichen gilt der Grundsatz, daß »die Wahrheit eine lebendige, organisierende Form der Erfahrung ist, uns in unserer Aktivität leitet, einen Stützpunkt im Lebenskampf bietet« (»Empiriomonismus«, Bd. 3, S. VIII). Die Geltung all unserer Erkenntnisresultate beruht, anders gesagt, nicht auf ihrer »Wahrheit« im gewöhnlichen Sinne, sondern darauf, daß sie die menschlichen Fähigkeiten im Kampf ums Überleben zu steigern vermögen. Wir gelangen somit zu einem extremen Relativismus: Da in unterschiedlichen historischen Situationen unterschiedliche »Wahrheiten« den Menschen behilflich sein können, ist es nicht verwunderlich, wenn man annimmt, daß jede Wahrheit einen auf die jeweilige historische Epoche oder Gesellschaftsklasse bezogenen Sinn hat. Auch gibt es keinen Grund, in erkenntnistheoretischer Hinsicht die »Wahrheiten« von Emotionen, Werten oder gesellschaftlichen Institutionen zu unterscheiden; all diese Realitäten sind nämlich nach dem gleichen Kriterium zu bewerten: ihrer Fähigkeit, die Stellung des Menschen im Kampf mit der Natur zu stärken.

Gleichwohl dürfen wir sagen, daß der Standpunkt bestimmter gesellschaftlicher Klassen dem anderer Klassen »überlegen« ist – nicht, weil ein Standpunkt im Gegensatz zu den anderen im absoluten Sinne »wahr« wäre, sondern weil er gesellschaftliche Kräfte repräsentiert, die der Menschheit mehr an technischem Fortschritt versprechen.

Nach der Marxschen Entwicklungstheorie führte die Arbeitsteilung zur Trennung von organisatorischen und ausführenden Funktionen und im Laufe der Zeit zur Klassenteilung. Klassen, die sich ausschließlich mit organisatorischen Tätigkeiten befaßten, lösten sich nach und nach vollständig von den technischen Beschäftigungen und verwandelten sich in parasitäre Gewächse. Ihre Ideologie »drückte« auf natürliche Weise diese Situation »aus«, die religiöse Mythologien und idealistische Doktrinen entstehen ließ. Dagegen neigen die unmittelbaren Produzenten spontan zu materialistischen Doktrinen (»die Technik der maschinellen Produktion bringt als ihren erkenntnismäßigen Ausdruck unvermeidlich eine materialistische Weltanschauung hervor« – »Empiriomonismus«, Bd. 3, S. 129). Wenn auch im Materialismus der »fortschrittlichen« Bourgeoisie die Verbindung dieser Klasse mit dem technischen Fortschritt zum Ausdruck kam, so konnte er dennoch, weil er die Weltanschauung einer privilegierten Klasse war, auf metaphysische Fetische dieser oder jener Art nicht verzichten. Der Materialismus des Proletariats bricht hingegen mit der Metaphysik und stützt sich allein auf die wissenschaftliche Weltanschauung. Schon das Wort »Materialismus« ist im Grunde ein Anachronismus und kann zur Bezeichnung der neuen

Weltanschauung nur insofern benutzt werden, als diese eine antimetaphysische und antiidealistische Anschauung ist.

Das Proletariat als diejenige Klasse, die dazu berufen ist, alle Klassenantagonismen zu beseitigen und der Menschheit wieder zur vollständigen Einheit von Arbeit, Erkenntnis und Willen zu verhelfen, repräsentiert am besten die natürliche Tendenz der Menschheit zur Ausweitung ihrer Herrschaft über die Natur. Mit anderen Worten: Das Proletariat ist der Träger des technischen Fortschritts. Dieser Fortschritt erfordert, daß alles, was die Individuen in Gegensatz zueinander bringt, beseitigt wird. In der heutigen Gesellschaft haben sich die gesellschaftlichen Antagonismen aufs äußerste verschärft, und eine Verständigung zwischen den feindlichen Klassen ist praktisch unmöglich geworden. »Der Gegensatz der normativen und erkenntnismäßigen Ideologien nimmt Schritt für Schritt zu und führt zur Aufspaltung der Klassen in zwei getrennte Gesellschaften, die sich zueinander verhalten wie zu den Kräften der äußeren Natur« (*ebd.*, Bd. 3, S. 138).

Die Gesellschaft der Zukunft wird dagegen eine Rückkehr zur vollkommenen Einheit bedeuten. Die Menschen werden bei enger, solidarischer Zusammenarbeit keinen Grund mehr haben, das eigene »Ich« anderen Personen entgegenzusetzen, die Empfindungen der Menschen werden vollständig miteinander harmonieren, »was übrigbleibt, ist *eine* Gesellschaft mit *einer* Ideologie« (*ebd.*, S. 139). Überflüssig hinzuzufügen, daß diese Ideologie der Empiriomonismus sein wird – als die radikalste Form eines Denkens, das alle traditionellen metaphysischen Fetische zerstört.

Wohl keiner der Marxisten brachte die Theorie des »Primats der Produktivkräfte« über die Ideologie in eine derart extreme Form wie Bogdanow. Wohl keiner hat auch das »kollektivistische« Ideal und die Hoffnung auf ein völliges Verschwinden der Persönlichkeit in der vollkommenen Gesellschaft der Zukunft in eine derart konsequente Form gebracht. Die Utopie der absoluten »Einheit« der Gesellschaft in jeder Hinsicht ist nach Auffassung Bogdanows eine natürliche Konsequenz seines marxistischen Glaubens: Da alle Formen des geistigen Lebens ausnahmslos von der Klassenteilung und indirekt vom Stand der Technik bestimmt werden, da der technische Fortschritt das einzige Kriterium der »Wahrheit« ist und da dieser Fortschritt die Beseitigung der Klassenantagonismen erfordert, ist es eine ganz selbstverständliche Folgerung, daß der Sozialismus alle Formen der Differenzierung unter den Menschen aufheben wird und daß sogar das Gefühl der subjektiven Besonderheit der menschlichen Individuen seine Daseinsberechtigung verlieren wird, da seine »ökonomische Grundlage« in Gestalt des Konflikts zwischen den individuellen Interessen verschwinden wird. Damit hat Bogdanow versucht, aus der marxistischen Doktrin Folgerungen abzuleiten, für die es bei Marx selbst keinen Anhaltspunkt gibt, Folgerungen, die eher seine Hoffnungen den totalitären Utopien des 18. Jahrhunderts ähnlich machten.

Der gleiche doktrinäre Glaube an die vollständige Abhängigkeit der Kultur vom Stand der Technik und an die rein instrumentelle Bedeutung jeglicher kulturellen Aktivität – ein Glaube, den er aus der marxistischen Überlieferung entnimmt – bringt ihn zu der Theorie, daß das Proletariat die kulturelle Kontinuität der Menschheit zerreißen müsse, also zur Theorie des »Proletkults«. Wenn nämlich die Absonderung und gegenseitige Feindschaft der Klassen dazu geführt hat, daß sie sich zueinander genauso verhalten müssen wie zu den Kräften der äußeren Natur, dann ist es klar, daß sie keine kulturelle Gemeinschaft miteinander bilden können, und das heißt, daß die Kultur des Proletariats aus der bestehenden, von den privilegierten Klassen hervorgebrachten Tradition nichts entlehnen kann, sondern mit der prometheischen Anstrengung beginnen muß, aus dem Nichts etwas zu schaffen; sie darf sich daher nicht auf das in der kulturellen Überlieferung Vorgefundene stützen, sondern allein auf die aktuellen Bedürfnisse der Klasse, welcher sie dient.

In der Broschüre »Die Wissenschaft und die Arbeiterklasse« (1920) und in anderen Schriften vertrat Bogdanow die Forderung nach einer »proletarischen Wissenschaft«. Marx habe vom Standpunkt der Arbeiterklasse aus die politische Ökonomie neu gestaltet; genauso müßten, behauptete Bogdanow, alle Wissenschaften, die Mathematik und die Astronomie nicht ausgenommen, im Geiste der proletarischen Weltanschauung neu begründet werden. Worin eine proletarische Integralrechnung und eine proletarische Astronomie bestehen sollen, erläuterte Bogdanow nicht im einzelnen; wenn aber die Arbeiter Schwierigkeiten hätten, so behauptete er, ohne langwierige Spezialstudien verschiedene Wissenschaftsdisziplinen zu beherrschen, so liege das in erster Linie daran, daß die bürgerliche Wissenschaft in den Disziplinen bewußt Barrieren aufgetürmt habe; die bürgerlichen Gelehrten hätten eine Fülle von überflüssigen Komplikationen eingeführt und in der Wissenschaft bewußt eine unverständliche Sprache entwickelt, um den Arbeitern den Zugang zum Wissen zu erschweren.

Es ist anzumerken, daß die Theorie und Praxis des Proletkults bei den bolschewistischen Führern keine Anerkennung fand; Bucharin war der einzige bedeutendere Führer, der sie unterstützte – vor allem in den Spalten der von ihm (nach der Revolution) geleiteten »Prawda«. Weder Trotzki noch Lenin teilten diesen Enthusiasmus. Lenin hat sich mehrfach entschieden ablehnend gegen den Proletkult geäußert. Ihm ging es dabei nicht allein darum, daß die Theoretiker dieser Bewegung zumindest teilweise eine ketzerische philosophische Vergangenheit hinter sich hatten, sondern vor allem darum, daß die ganze Doktrin ihm als eine eitle Fantasie erschien, die mit den tatsächlichen Aufgaben der Partei nicht das geringste zu tun hatte; nach seiner Ansicht galt es in einem Lande, das einen enormen Prozentsatz von Analphabeten aufwies, die Menschen im Lesen, Schreiben und Rechnen (nicht im proletarischen, sondern im gewöhnlichen Rechnen) zu unterweisen und elementare organisatorisch-technische Fähigkeiten zu verbreiten, statt bilderstürmerische Visionen von einer radikal neuen Kultur zu entwickeln. Er war auch durchaus nicht der Ansicht, daß die Arbeiterklasse – wie es einige Verfechter des Proletkults und die mit ihnen verbündeten Futuristen verkündeten – die Traditionen der Literatur und Kunst früherer Jahrhunderte auf den Abfall werfen sollte.

Die Lehre vom Proletkult konnte natürlich weder in der Theorie und um so weniger in der künstlerischen Tätigkeit selbst konsequent den Grundsatz von der Diskontinuität der Kultur aufrechterhalten. Ihre Schöpfer – vor allem Bogdanow – warfen gleichwohl eine Frage auf, die vom Standpunkt der marxistischen Doktrin aus keineswegs trivial oder unsinnig ist: Wenn die geistigen Funktionen der Kultur »nichts weiter« sind als ein Instrument im Dienste von Klasseninteressen – und für eine solche Auffassung lieferte die Theorie von Marx eine Reihe von Anhaltspunkten – und wenn die Interessen des Proletariats in jeder Hinsicht den Interessen der Bourgeoisie (zumindest »auf der Stufe der sozialistischen Revolution«) entgegengesetzt sind – wie läßt sich dann der Begriff der »allgemeinmenschlichen Kultur« und der kulturellen Kontinuität überhaupt verteidigen? Geht nicht aus den Grundsätzen des Marxismus, wenn man sie bis zur letzten Konsequenz treibt, hervor, daß das Proletariat im Kampf um den Sozialismus von den vorgefundenen Errungenschaften der Geisteskultur nichts übernehmen kann? Irgendwie gelang es den Theoretikern der proletarischen Kultur nie, sich von den Unklarheiten ihrer eigenen Lehre zu befreien. Gegenüber denen, die von einer »Kunst der gesamten Menschheit« sprachen, wiederholten sie ständig die gleichen historischen Beispiele, die beweisen sollten, daß verschiedene Klassen und verschiedene historische Epochen eigene künstlerische Formen hervorgebracht hätten. Daraus sollte sich der ganz selbstverständliche Schluß ergeben, daß auch das Proletariat eine Kunst hervorbringen müsse, die spezifisch seinen Kampf und seine geschichtliche Sendung »widerspiegelt«. Gleichzeitig akzeptierten sie aber den Begriff einer allgemeinmenschlichen Kunst, welche jede Epoche und jede Klasse gemäß den eigenen Ideen und den eigenen Interessen realisiert; sie nahmen folglich an, daß das kulturelle Erbe im Laufe der Geschichte auf irgendeine Weise wächst und daß es eine Kontinuität der kulturellen Produktionen gibt – was zwar dem gesunden Menschenverstand, nicht aber ihrer eigenen Theorie entsprach, nach der der Sinn der Kunst völlig von Klasseninteressen bestimmt wird. Vor der Oktoberrevolution waren diese Streitigkeiten von keiner größeren praktischen Bedeutung, die ihnen jedoch sofort zukam, als das Problem der »proletarischen Kultur« und der Interpretation dieses Begriffs zum Angelpunkt der Diskussionen über die Kulturpolitik des sowjetischen Staates wurde. Lunatscharski, der erste Volkskommissar für Bildungswesen in der Regierung Lenin, stand damals vor praktischen Aufgaben, die es gemäß der Theorie von der »proletarischen Kultur« zu lösen galt, und der Proletkult selbst verwandelte sich in eine relativ massenhafte (insbesondere in den Jahren 1917–1921 aktive) Organisation, die ausschließlich auf dem Boden der Arbeiterschaft eine neue, revolutionäre Kunst und Wissenschaft aufziehen wollte. Lunatscharski zeichnete sich in seiner Kulturpolitik durch Mäßigung und Toleranz aus – insbesondere, wenn man ihn mit der damals unter der revolutionären Avantgarde allgemein verbreiteten doktrinären Haltung zu künstlerischen Fragen vergleicht. Sein Glaube an die Klassengebundenheit der Kunst machte ihn niemals blind für künstlerische Werte, auch wenn er – wie die Mehrheit der marxistischen Kunsttheoretiker, zumindest der gebildeten – Schwierigkeiten hatte, seinen aus einer »bürgerlichen« Bildung hervorgegangenen Geschmack mit seiner »proletarischen« Ideologie in Einklang zu bringen. Sosehr er sich von der Zukunft eine gewaltige Blüte der proletarischen Kunst versprach und ihre augenblickliche Unzulänglichkeit mit offenkundigen Umständen, d. h. mit der mangelnden Bildung der Arbeiterklasse, erklärte, teilte er doch nie den Fanatismus der Extremisten des »Proletkults«; zwar betrieb er selbst eine Politik der (noch relativ milden) Repressionen gegen »bürgerliche« Künstler, doch wußte er, daß die Kunst unter dem Stiefel der Polizei verkümmern und absterben muß; so gilt denn auch seine Amtszeit – freilich nicht in den Augen jener, die schon damals wegen mangelnder revolutionärer Inhalte ihrer künstlerischen Werke Schikanen erlebten – als das Goldene Zeitalter der sowjetischen Kultur; das ist ein übertriebenes Urteil, doch ist die Übertreibung ein wenig gerechtfertigt, wenn man diese Zeit etwa mit der späteren Diktatur Schdanows im sowjetischen Kulturleben vergleicht.

6. Das Gottbildnertum

Anatol Wasilewitsch Lunatscharski (23. 11. 1875–26. 12. 1933) erwarb sich eine besondere Stellung in der Geschichte des russischen Marxismus nicht nur durch seine Beteiligung an der Ausbreitung der empiriokritischen Seuche und nicht nur durch seine Aktivität als Kunsttheoretiker, Literaturkritiker und Dramaturg (nicht allerersten Ranges), sondern auch durch seinen Plan einer »sozialistischen Religion«, mit dem er Lenin besonders erzürnte.

Dieser unter der Bezeichnung Gottbildnertum (*Bogostroitelstwo*) bekannte Plan war gewissermaßen das marxistische Pendant zu dem wachsenden Interesse an der Religion, das in der nachrevolutionären Periode allgemein zu beobachten war, ähnlich wie der Empiriokritizismus der Sozialdemokraten ein Ergebnis des Eindringens der philosophischen Moderne in die Reihen der revolutionären Intelligenz gewesen war. Das »Gottbildnertum« verbindet sich vor allem mit den Namen Lunatscharskis und Gorkis und stellte gleichsam eine marxistische Rekonstruktion von Comtes und vor allem Feuerbachs Menschheitsreligion dar.

Seine Idee einer anthropozentrischen, marxistischen Religion legte Lunatscharski in verschiedenen Artikeln dar, vor allem aber in dem Buch »Religion und Sozialismus«, das 1908 erschien (2. Bd. 1911). Wie G. L. Kline, ein Kenner der religiösen Überlieferung Rußlands, betont, machten sich die »Gottbildner« nicht nur Feuerbachs Vergöttlichung der Menschheit, sondern in vielleicht noch größerem Maße Nietzsches Ideal des Übermenschen zu eigen.

Die neue sozialistische Religion sollte eine Antwort nicht nur auf die Bewegung der »Gottsuche« (*Bogoistkatjelstwo*) der christlichen Philosophen sein, sondern auch auf den gefühllosen Aufklärungs-Atheismus Plechanows und anderer Orthodoxer, für die sich alle Probleme der Religionsgeschichte im Gegensatz von Religion und Wissenschaft erschöpften. Nach Ansicht von Lunatscharski und Gorki sind die historischen Religionen nicht bloß ein Haufen von Vorurteilen, sondern ein falscher, ideologischer Ausdruck von Empfindungen und Sehnsüchten, die der Sozialismus übernehmen und veredeln, nicht aber zerstören soll. Die neue Religion ist vollkommen immanent und verzichtet auf den Glauben an eine übernatürliche Welt, an Gott und an die individuelle Unsterblichkeit. Sie übernimmt dagegen alles, was an den traditionellen Glaubensbekenntnissen positiv und schöpferisch ist: die Sehnsucht nach der Gemeinschaft, das Streben des Menschen, über sich hinauszuschreiten, das tiefe Empfinden des Einsseins mit der Welt und der Menschheit. Die Religion sollte den Menschen stets die Versöhnung mit dem Leben und das Gefühl eines sinnvollen Daseins vermitteln – genau darin und nicht in der Erklärung der Welt bestand ihre wichtigste Funktion. Mit dem Sturz der alten Mythologien stirbt das Bedürfnis, dem Leben einen Sinn zu geben, keineswegs aus, und der Sozialismus ist imstande, den Menschen glänzende Perspektiven zu eröffnen, in ihnen ein Gefühl des Einsseins mit der Welt und einen solchen Enthusiasmus zu wecken, daß diese Empfindungen mit vollem Recht als religiöse bezeichnet werden dürfen. Im gleichen Maße, wie Marx Gelehrter war, war er religiöser Prophet. Den Platz Gottes nimmt in der sozialistischen Religion die Menschheit ein, – ein überindividuelles Wesen, in dem der einzelne einen Gegenstand der Verehrung und Liebe findet; auf diese Weise kann er die Werte, die ihn an seinem eigenen geringen »Ich« haften lassen, überschreiten, den Sinn des Lebens und die Freude an der Aufopferung des eigenen Interesses zugunsten der unendlichen Entfaltung des kollektiven Seins entdecken. Das gefühlsmäßige Einswerden mit der Menschheit befreit den Menschen von der Angst vor Leiden und Tod, schenkt ihm wieder Würde und geistige Kraft, steigert seine schöpferischen Fähigkeiten. Der neue Glaube vermittelt ein Vorgefühl der großen Harmonie, welcher die Menschheit entgegenstrebt, weckt die Hoffnung auf kollektive Unsterblichkeit, der gegenüber die persönliche Sterblichkeit zu etwas Unbedeutendem wird, und gibt den menschlichen Handlungen einen Sinn. Der eigentliche Schöpfer Gottes ist das Proletariat, und die proletarische Revolution ist der fundamentale Akt des Gottbildnertums.

Diese ganze Rhetorik ging einschließlich der Vergöttlichung der Menschheit, des Prometheismus, der Zukunftsorientierung und der Hoffnung auf eine vollkommene Kommunion der Menschen, die dem Individuum einen Ersatz für die Transzendenz liefert, im Grunde über Feuerbachs Philosophie (Anthropologie als das Geheimnis der Theologie) nicht hinaus. Philosophisch brachte sie dem Marxismus nichts Neues, und gedacht war sie als ein Versuch, den »wissenschaftlichen Sozialismus« mit emotionalem Kolorit zu schmücken. Ähnlich wie in Feuerbachs Philosophie kamen die Worte »Religion« oder »religiöses Gefühl« als bloß rhetorische Ornamente vor, ohne Zusammenhang mit der wirklichen religiösen Tradition. Das »Gottbildnertum« war teilweise ein Versuch der Revolutionäre, sich das neoromantische Vokabular zu assimilieren, teilweise ein Versuch, die religiöse Stimmung der russischen Intelligenz zu manipulieren. Plechanow und Lenin sahen in diesen Bemühungen einen gefährlichen Flirt mit dem »religiösen Obskurantismus«. In Wirklichkeit ging es Lunatscharski und Gorki jedoch umgekehrt darum, die religiösen Empfindungen in den Dienst der sozialistischen Idee zu stellen. Nach der Revolution gab Lunatscharski im übrigen diese Ausdrucksweise auf und demonstrierte seinen Atheismus in der traditionellen Sprache der Orthodoxie. Auf die weitere Entwicklung der marxistischen Ideologie hat das Gottbildnertum vermutlich keinen nennenswerten Einfluß ausgeübt.

7. Lenins philosophischer Feldzug

Die russischen Empiriokritiker hielten sich zwar mehrheitlich für Marxisten, verhehlten jedoch nicht ihre Geringschätzung gegenüber der marxistischen Philosophie in der Version von Engels und Plechanow. Sie sahen in ihr den unkritischen und naiven Standpunkt des gesunden

Menschenverstandes. In einem Brief an Gorki vom 25. 2. 1908 schilderte Lenin die Geschichte der philosophischen Auseinandersetzung mit Bogdanow und seinen Bundesgenossen. Er schrieb, Plechanow habe ihm 1903 die Fehler Bogdanows erklärt, diese Abweichung aber nicht für sonderlich bedrohlich gehalten. In der Zeit der Revolution nahmen Lenin und Bogdanow die philosophischen Meinungsverschiedenheiten als ein neutrales Gebiet von ihren Diskussionen aus. 1906 las Lenin aber den dritten Band des »Empiriomonismus« und geriet in unerhörte Aufregung. Die kritischen Bemerkungen, die er damals verfaßte und an Bogdanow sandte, sind jedoch nicht erhalten geblieben. Als im Jahr 1908 die »Beiträge zur Philosophie des Marxismus« erschienen, kannte die Verärgerung Lenins keine Grenzen. ». . . bei jedem Artikel tobte ich geradezu vor Empörung. Nein, das ist kein Marxismus! Und unsere Empiriokritiker, Empiriomonisten und Empiriosymbolisten marschieren geradewegs in den Sumpf. Dem Leser weismachen, daß der ›Glaube‹ an die Realität der Außenwelt ›Mystik‹ sei (Basarow), Materialismus und Kantianertum aufs schändlichste durcheinanderwerfen (Basarow und Bogdanow), eine Abart des Agnostizismus (den Empiriokritizismus) und des Idealismus (den Empiriomonismus) predigen, die Arbeiter ›religiösen Atheismus‹ und ›Vergöttlichung‹ der höchsten menschlichen Potenzen lehren (Lunatscharski), erklären, daß die Engelssche Lehre von der Dialektik Mystik sei (Berman), aus der stinkenden Quelle irgendwelcher französischer ›Positivisten‹ schöpfen – irgendwelcher Agnostiker oder Metaphysiker, hol sie der Teufel, mit ihrer ›symbolischen Erkenntnistheorie‹ – (Juschkewitsch)! Nein, das ist zuviel! Natürlich, wir einfachen Marxisten sind in der Philosophie nicht belesen, aber warum muß man uns das antun, daß man uns etwas Derartiges als Philosophie des Marxismus auftischt!« (»Werke«, Bd. 13, S. 458).

Plechanow war eines der unmittelbaren Angriffsziele der Empiriokritiker, und er reagierte aus dem Lager der Orthodoxen als erster auf die Ketzerei, indem er den traditionellen Engelsschen Materialismus verteidigte und den Empiriokritizismus als »subjektiven Idealismus« verdammte, der die ganze Welt zu einem Produkt des wahrnehmenden Subjekts erkläre. Als in der Partei Fraktionskämpfe entbrannten, zögerte Plechanow nicht, in seinen Angriffen – nicht ohne eine gewisse Berechtigung, wenn man sich die Situation unter der bolschewistischen Intelligenz vor Augen hält – den Bolschewismus seiner Gegner mit ihrer idealistischen Doktrin in Verbindung zu bringen. Er behauptete, daß der russische Empiriokritizismus ein Versuch der philosophischen Rechtfertigung eines bolschewistischen »Blanquismus« sei, einer Politik, die, statt das organische Heranreifen der »objektiven« Bedingungen zu beachten, mit gewaltsamen Mitteln die gesellschaftliche Entwicklung beschleunigen wolle – im Gegensatz zur marxistischen Theorie der Entwicklung. Der Voluntarismus der Bolschewiki passe nahtlos zu einer voluntaristischen Erkenntnistheorie, die in der Erkenntnis nicht eine Beschreibung von Sachverhalten sehe, die vom Menschen unabhängig sind, sondern deren »subjektive« Organisation. Der Empiriokritizismus, so Plechanow, steht zum Realismus und Determinismus der marxistischen Doktrin genauso im Widerspruch wie die bolschewistische Politik zum marxistischen historischen Determinismus.

Bei der Darstellung seines Realismus in der Auseinandersetzung mit den Machisten ließ Plechanow sich eine gewisse »Konzession« zuschulden kommen, und Lenin versäumte nicht, ihm das vorzuhalten. Er hatte nämlich die Ansicht vertreten, daß die menschlichen Wahrnehmungen nicht »Kopien« der Gegenstände, sondern deren Zeichen oder Hieroglyphen seien. Eine solche Behauptung ist nach Lenin eine unzulässige Konzession an den »Agnostizismus«.

Eine Kritik am Empiriokritizismus vom Standpunkt der Engelsschen Orthodoxie aus unternahm ebenfalls Ljubow Axelrod (Orthodox). In einem 1904 erschienenen Artikel gegen Bogdanow schreibt sie, daß Lenin sie schon anderthalb Jahre zuvor zu dieser Arbeit angeregt habe. Orthodox führte, ihrer Parteipflicht (wie sie schreibt) nachkommend, den Beweis, daß Mach und Bogdanow die Objekte als ein Mosaik von Eindrücken auffassen, also – im direkten Gegensatz zum Marxismus – das Bewußtsein die Natur bestimmen lassen. Dieser subjektive Idealismus führt »mit eherner Notwendigkeit« zum gesellschaftlichen Konservatismus, da er die Gesellschaft durch ihr Bewußtsein definiert; da aber das herrschende Bewußtsein nach der Lehre von Marx das Bewußtsein der herrschenden Klasse ist, ermöglicht ein solcher »Subjektivismus« niemals, über die bestehende Gesellschaft hinauszugehen, und muß jeden Gedanken an die Zukunft zu einer müßigen Utopie verdammen.

Orthodox veröffentlichte 1906 ein Buch mit dem Titel »Philosophische Abhandlungen«, in dem sie neben Bogdanow Berdjajew, Struve, die Kantianer und den philosophischen Idealismus im allgemeinen angreift und das fast alles enthält, was Lenin später in seiner Abhandlung gegen die Empiriokritiker ausführen sollte; es ist nicht so weitschweifig wie die Leninsche Arbeit, aber genauso grobschlächtig. Es führt im wesentlichen zwei Argumente für die Behauptung an, daß die Außenwelt »sich« in unseren Vorstellungen »widerspiegelt« oder diesen Vorstellungen »entspricht«: Erstens unterscheiden wir falsche Vorstellungen von wahren, Täuschungen von »richtigen« Wahrnehmungen, und wir könnten das nicht, wenn die Wirklichkeit mit unseren Eindrücken identisch wäre; zweitens weiß schließlich jeder, daß die Dinge nicht in unserem Kopf, sondern außerhalb seiner sind. Der Kantianismus war ein »Kompromiß« zwischen Materialismus und Idealismus; er vertrat den Begriff einer »äußeren« Welt, hielt diese aber für unerkennbar, und er tat das unter dem Druck der Theologie und der Mystik. Tatsächlich ist aber ein solcher Kompromiß nicht möglich: Unsere Erkenntnis hat ihren Ursprung entweder im Bewußtsein oder in der Materie, etwas Mittleres läßt sich nicht denken. Die Materie läßt sich jedoch nicht definieren, da sie eine »Anfangstatsache«, »das Wesen aller Dinge«, »der Ausgangspunkt«, »die einzige Ursache aller Erscheinungen«, »die ursprüngliche Substanz« usw. ist. Die Materie ist uns »in der Erfahrung gegeben«, erkennbar durch sinnliche Wahrnehmungen. Der Idealismus behauptet, daß es kein Objekt ohne Subjekt gebe, doch die Wissenschaft beweist, daß die Erde vor dem Menschen existierte, und folglich ist das Bewußtsein ein Produkt der Natur und nicht deren Bedingung. Unser ganzes Wissen einschließlich der mathematischen Wissenschaften stammt aus der Erfahrung, die auf der »Widerspiegelung« von äußeren Körpern in unserem Kopf beruht. Wenn man, wie Mach es tut, behauptet, daß die Welt unser Erzeugnis sei, macht man die Wissenschaft unmöglich, denn Wissenschaft ist nur unter der Annahme möglich, daß es eine Welt gibt, die ihren Forschungsgegenstand bildet. Mehr noch: Der Idealismus führt zu politisch reaktionären Schlußfolgerungen; Mach und Avenarius sehen im Menschen das Maß aller Dinge; »diese subjektive Theorie besitzt großen objektiven Wert; mit ihrer Hilfe läßt sich leicht beweisen, daß die Armen reich und die Reichen arm sind, da alles von subjektiven Empfindungen abhängt« (»Filosofskie Otscherki«, S. 92).[3] Ebenso unausweichlich führt der »subjektive Idealismus« zum Solipsismus, da sich mit seinen Annahmen unmöglich der Glaube an die Existenz anderer Subjekte begründen läßt und alles gleichermaßen »meine« Vorstellung ist. Diese Philosophie ist eigentlich die Denkweise primitiver Menschen: Gerade der Wilde glaubt an alles, was in seinem Kopf auftaucht, er unterscheidet nicht zwischen Traum und Wachbewußtsein, er vermag irrtümliche Wahrnehmungen nicht von richtigen zu scheiden, kurz, er glaubt an die Identität von Sein und Denken, genauso wie Berkeley, Mach, Struve und Bogdanow.

Das andere Hauptmotiv dieses Werkes ist die Verteidigung des Determinismus und eine Kritik an den Einwänden Stammlers, der einen Widerspruch darin sieht, wenn man den historischen Determinismus und zugleich den Wert des revolutionären Willens anerkennt. In diesem Punkt wiederholt Orthodox auch die Widerlegungen Stammlers durch Plechanow: Die Menschen machen selbst die Geschichte, aber ihre Handlungen und die Wirksamkeit ihrer Maßnahmen werden von Umständen bestimmt, die nicht von ihnen abhängen. Zwischen der natürlichen und der historischen Notwendigkeit besteht kein Unterschied und damit ebenfalls nicht zwischen den Forschungsmethoden der Natur- und der Sozialwissenschaften. Die Ideologen der Bourgeoisie behaupten, daß allein die Gegenwart real sei, worin sich die Angst einer Klasse ausdrückt, die historisch zum Untergang verurteilt ist; für den Marxismus hingegen läßt sich die Zukunft aufgrund »historischer Gesetze« vorhersagen, sie ist also insofern »wirklich«.

Es ist hinzuzufügen, daß Orthodox, hierin Plechanow folgend, der Ansicht ist, daß man den Begriff »Widerspiegelung« nicht wörtlich verstehen darf: Es ist nicht so, daß die Eindrücke im gleichen Sinne wie Spiegelbilder Kopien der Dinge sind, sondern sie hängen inhaltlich von den Gegenständen ab, von denen sie hervorgerufen werden.

Lenin war offensichtlich der Meinung, daß es Plechanow und Orthodox nicht gelungen sei, den Empiriokritikern genügend wirksam zu Leibe zu rücken, und so machte er sich selbst an die Auseinandersetzung mit dem Gegner, obwohl, wie er selbst eingestand, seine philosophische Bildung recht ungenügend war. Mit dieser Arbeit verbrachte er den größten Teil des Jahres 1908, darunter einige Monate in London, wo er im Britischen Museum studierte. Das Resultat dieser Studien, »Materialismus und Empiriokritizismus. Kritische Bemerkungen über eine reaktionäre Philosophie«, erschien 1909 in Moskau.

In dem Kampf gegen die Empiriokritiker interessierten Lenin weniger die Einwände, die verschiedene Philosophen hinsichtlich der inneren Kohärenz dieser Lehre geäußert hatten. Er wollte zeigen, daß der Empiriokritizismus das »Grundproblem der Philosophie«, d. h. die Frage nach der »Priorität« von Materie oder Bewußtsein, nicht umgehen kann, sich ihr aber durch verbale Ausflüchte entzieht, hinter denen ein Berkeleyscher Idealismus reinsten Wassers steckt, daß diese Philosophie sich deshalb auf den religiösen Spiritualismus stützt und den Interessen der Ausbeuterklasse dient.

Die Grundregel dieser Überlegungen ist das von Lenin so genannte Prinzip der Parteilichkeit in der Philosophie. Dieses Prinzip hat zwei verschiedene Bedeutungen. Es bedeutet erstens, daß es in der Philosophie keinen mittleren Standpunkt zwischen Materialismus und Idealismus in dem Sinne, den Engels diesem Wort verleiht, geben kann und daß alle Versicherungen von Philosophen, sie seien über diesen Gegensatz erhaben, lediglich ein betrügerischer Kniff sind, um idealistische Inhalte zu verschleiern. Überdies sind alle wichtigen philosophischen Fragen der Hauptfrage untergeordnet: Das Problem der Erkennbarkeit der Welt, der Streit zwischen Determinismus und Indeterminismus, der Streit um die Kriterien der Wahrheit, der Streit um die Interpretation von Raum und Zeit – all diese Fragen sind eine Fortsetzung oder Sonderfälle des »Grundproblems«; in jeder vorgeschlagenen Lösung kommt eine idealistische oder eine materialistische Tendenz zum Ausdruck, und die Wahl zwischen ihnen ist nicht zu vermeiden.

Das Prinzip der Parteilichkeit hat für Lenin noch einen anderen Sinn. Es bedeutet, daß philosophische Theorien gegenüber dem Klassenkampf nicht neutral sind, sondern Instrumente dieses Kampfes sind; jede Philosophie stützt irgendein Klasseninteresse, und in einer vom Klassenkampf zerrissenen Gesellschaft kann es nicht anders sein. Dies ist ein »objektiver«, von den Intentionen der Philosophen unabhängiger Zusammenhang. In der Philosophie kann es genausowenig eine unparteiliche Wahrheit geben wie im unmittelbaren politischen Handeln (»unparteiliche Leute in der Philosophie – das sind genauso hoffnungslos vernagelte Köpfe wie in der Politik« – »Materialismus u. Emp.«[4], V, 4; »Unparteilichkeit in der Philosophie ist nichts anderes als schnöde maskierter Laiendienst für den Idealismus und Fideismus« – *ebd.*, VI, 5[5]). Insbesondere kann allein der Materialismus den Interessen der Arbeiterklasse dienen, während idealistische Doktrinen ein Instrument der Ausbeuter sind.

Lenin erörtert nicht, wie sich diese beiden Prinzipien, die einen gemeinsamen Namen tragen, zueinander verhalten, und er überlegt auch nicht, ob die Entsprechung zwischen der Klassenteilung und der Teilung innerhalb der Philosophie auf die vergangene Geschichte ausgedehnt werden kann, ob man also z. B. den Materialisten Hobbes für einen Ideologen der unterdrückten Klasse und die plebejischen christlichen Sektierer für Anhänger einer Ideologie der Besitzenden erklären kann. Ihm genügt die Überzeugung, daß die Teilung der Gesellschaft nach dem grundlegenden Klassenantagonismus von Proletariat und Bourgeoisie sich jetzt, gegenwärtig, mit der Teilung der philosophischen »Parteien« in Materialisten und Idealisten deckt. Der stärkste Beweis für die politisch reaktionäre Bedeutung jeglichen Idealismus ist die nach Lenin offenkundige Tatsache, daß jede Form des Idealismus – insbesondere auch der erkenntnistheoretische Subjektivismus – eine Stütze oder auch ein Bundesgenosse, wenn nicht gar eine logische Rechtfertigung des religiösen Glaubens ist. Es fällt Lenin zwar schwer, diesen Zusammenhang am Beispiel der Empiriokritiker zu belegen, die im allgemeinen aus ihrer Philosophie ausdrücklich Folgerungen zogen, die sich direkt gegen alle Formen des religiösen Glaubens richteten, doch findet er ein günstigeres Beispiel in Berkeley, der offen verkündete, daß der Glaube an die Realität der Materie eine Hauptstütze des Atheismus sei und seine eigene Kritik am Begriff der Materie als einen Beitrag zum Kampf gegen die Gottlosigkeit auffaßte. Meinungsverschiedenheiten innerhalb des Idealismus sind drittrangig und unwesentlich: In der grundlegenden Frage gibt es zwischen Berkeley, Hume, Fichte, den Empiriokritikern und den christlichen Theologen keinen Unterschied. Angriffe seitens der katholischen Philosophie auf den subjektiven Idealismus interessierten Lenin nicht, denn das waren Streitigkeiten innerhalb der Familie. Dementsprechend sah er in der religionsfeindlichen Haltung der Empiriokritiker einen Schwindel, der die Wachsamkeit des Proletariats täuschen und es auf anderen Wegen zu den gleichen Ergebnissen führen soll, auf die auch die religiösen Mythologien abzielen (»die raffinierten erkenntnistheoretischen Schrullen eines Avenarius bleiben eine Professorenerfindung, der Versuch zur Gründung einer kleinen ›eigenen‹ Philosophensekte, *tatsächlich* aber ist bei der allgemeinen Konstellation des Kampfes zwischen den Ideen und Richtungen der modernen Gesellschaft die *objektive* Rolle dieser erkenntnistheoretischen Spitzfindigkeiten einzig und allein diese: dem Idealismus und Fideismus den Weg freizulegen, ihnen treue Dienste zu leisten« – *ebd.*, VI, 4[6]).

Man begreift demnach unschwer, daß die Empiriokritiker ihre naiven Leser täuschen, wenn sie versichern, daß man ein Weltbild konstruieren könne, in dem die Elemente der Erfahrung ontologisch neutral sind, also nicht der Dichotomie von »Psychischem« und »Physischem« unterliegen. Tatsächlich reduzieren Mach und Avenarius (die sich außer durch ihre betrügerische Terminologie in nichts unterscheiden) und auch ihre philosophischen Verwandten in Deutschland, England und Rußland die Welt auf Empfindungsinhalte, sie reduzieren also die »materielle Wirklichkeit« auf ein Produkt des Bewußtseins. Wenn sie den Mut hätten, ihren Standpunkt konsequent darzulegen (wovor sie sich jedoch fürchten), müßten sie unfehlbar zu absurden solipsistischen Konsequenzen gelangen, d. h. die ganze Welt zu einem Produkt des individuellen Subjekts erklären; wenn sie diese Konsequenz nicht aussprechen, so nur aus der Befürchtung, daß die Absurdität ihrer Doktrin offenbar wird, oder in der Absicht, den Leser zu täuschen. Tatsächlich sind sie Lakaien der Pfaffen und erfinden unverständliche Wörter, um ungebildeten Menschen den Kopf zu verwirren und die wesentlichen philosophischen Gegensätze zu verwischen, und die Verwirrung, die sie auf diese Weise stiften, nutzt die Bourgeoisie aus, um die Menschen zu verdummen und ihre Macht zu behaupten. »Denn jeder von uns weiß, was das Physische und auch was das Psychische ist, aber keiner von uns weiß heute, was das ›Dritte‹ ist. Mit dieser Ausflucht verwischte Avenarius nur die Spuren, während er *tatsächlich* das Ich ... für das Primäre und die Natur ... für das Sekundäre ... erklärte« (*ebd.*, III, 1).[7]

Dank der Wissenschaft können wir aber, so Lenin, mit dem idealistischen Unsinn abrechnen. Schließlich zweifelt kein Gelehrter daran, daß die Erde vor dem Auftreten des Menschen existierte. Der Idealist kann das jedoch nicht zugeben, denn er ist nach seinen eigenen Grundsätzen gezwungen, zu behaupten, daß die Erde einschließlich der ganzen physischen Welt ein Gespinst des menschlichen Bewußtseins ist. Er muß also, den unbestreitbaren wissenschaftlichen Tatsachen zuwider, behaupten, daß der Mensch zeitlich der physischen Wirklichkeit vorausging. Das zweite Argument Lenins besagt, daß der Mensch mit Hilfe des Gehirns denkt, das schließlich ein körperliches Objekt ist. Auch das kann der

Idealist nicht zugeben, da er alle physischen Objekte für ein Produkt des Denkens hält. Auf diese Weise wird deutlich, daß der Idealist die sichersten wissenschaftlichen Erkenntnisse bestreitet und daß sich seine Doktrin ebenso gegen den sozialen wie gegen den geistigen Fortschritt richtet.

Nachdem er so den Idealismus widerlegt hat, stellt Lenin ihm die Philosophie des kämpfenden Proletariats, also den dialektischen Materialismus gegenüber. Dessen grundlegendes Element ist die Widerspiegelungstheorie. Sie besagt, daß sowohl die Inhalte der Empfindungen als auch die Produkte der Abstraktion und überhaupt alle Ergebnisse der menschlichen Erkenntnistätigkeit eine Widerspiegelung im Kopf des Menschen von tatsächlichen Eigenschaften der materiellen Welt sind, die unabhängig davon existiert, ob jemand sie wahrnimmt oder nicht. »Die Materie ist eine philosophische Kategorie zur Bezeichnung der objektiven Realität, die dem Menschen in seinen Empfindungen gegeben ist, die von unseren Empfindungen kopiert, fotografiert, abgebildet wird und unabhängig von ihnen existiert« (*ebd.*, II, 4).[8] Dabei geht es – Lenin wiederholt das unermüdlich – gerade um das »Kopieren«, darum, daß unsere Empfindung ein fotografisches Abbild des Dings ist, und nicht bloß darum, daß sie von ihm hervorgerufen wird oder, wie Plechanow es möchte, daß sie dessen »Symbol« ist. »Engels spricht weder von Symbolen noch von Hieroglyphen, sondern von Kopien, Bildern, Abbildern, Spiegelbildern der Dinge« (*ebd.*, IV, 6).[9] Die Empfindungen sind keine Schranke, die uns von der Welt trennt, sondern im Gegenteil ein Bindeglied zur Welt, deren subjektive Nachbildung.

Der dialektische Materialismus erhebt zwar nicht den Anspruch, die physikalischen Probleme der Struktur der Materie zu lösen, aber das ist auch nicht seine Aufgabe. Er kann alles anerkennen, was die Physik verkündet, denn die einzige Eigenschaft der Materie, an deren Anerkennung der philosophische Materialismus gebunden ist, »ist die Eigenschaft, objektive Realität zu sein, außerhalb unseres Bewußtseins zu existieren« (*ebd.*, V, 2).[10]

In dieser letzteren Frage ist Lenin übrigens durchaus nicht konsequent, denn er selbst befindet zweifelsfrei über verschiedene Probleme der Physik: So erklärt er z. B., daß es reaktionärer Unsinn sei, mehr als drei Dimensionen für real zu halten; ebenso unsinnig sind alle indeterministischen Auffassungen. Im übrigen wurde die Formulierung, daß man die Materie einzig durch ihre Eigenschaft, »außerhalb des Bewußtseins zu sein«, definieren könne, später zum Gegenstand von Auseinandersetzungen unter den Anhängern der Leninschen Philosophie, denn man kann ihr entnehmen, daß die Materie durch ihren Bezug auf das erkennende Subjekt zu charakterisieren ist, daß also das Bewußtsein in den Begriff der Materie als deren Korrelat eingeht (anscheinend bedeutet bei Lenin »objektiv« schon soviel wie »unabhängig vom Bewußtsein«). An anderer Stelle sagt er wiederum, auf ein Argument zurückgreifend, das in dem schon erwähnten Buch von Ljubow Axelrod enthalten ist, daß die Materie überhaupt nicht definiert werden könne, da sie die umfassendste Kategorie sei und folglich nicht durch engere Begriffe charakterisiert werden könne. Allerdings bemüht Lenin sich nicht, diese beiden Erklärungen miteinander in Einklang zu bringen. Ein weiteres unverzichtbares Element der Widerspiegelungstheorie ist die Ablehnung des Relativismus und die Anerkennung des traditionellen Begriffs der Wahrheit als der Übereinstimmung mit der Wirklichkeit. Nach Lenin bezieht sich der Wahrheitsbegriff gleichermaßen auf Empfindungen, Begriffe und Urteile; man kann von jeder Art von Produkten der Erkenntnistätigkeit sagen, daß sie wahr oder falsch sind, d. h. daß sie die Wirklichkeit gut oder schlecht »widerspiegeln«, daß sie die Welt, so wie sie unabhängig von unserem Wissen über sie »an sich« ist, darstellen oder daß sie sie in dieser Darstellung deformieren. Die »Objektivität der Wahrheit« steht aber durchaus nicht im Widerspruch zu ihrer Relativität, wie Engels so hervorragend gezeigt hat. Die Relativität der Wahrheit besteht nicht – wie in den relativistischen Doktrinen, etwa bei den Pragmatisten – darin, daß ein und dasselbe Urteil wahr oder falsch sein kann, je nach der Person, welche sie ausspricht, je nach der Situation, in der sie ausgesprochen wird, oder je nach dem Nutzen, den ihre Anerkennung im gegebenen Augenblick bringt. Die wissenschaftliche Erkenntnis kann – ebenfalls in Übereinstimmung mit Engels – niemals absolute Gewißheit darüber liefern, ob die von ihr formulierten Gesetze im Hinblick auf ihren Geltungsbereich vollkommen exakt definiert sind, und deshalb sind alle wissenschaftlichen Wahrheiten der Möglichkeit der Revision ausgesetzt. Eine solche Revision macht jedoch aus der Wahrheit keine Falschheit oder umgekehrt, sondern sie besteht darin, daß etwas, das unter allen Bedingungen gültig sein sollte, sich als etwas herausstellt, das nur unter bestimmten Bedingungen gültig ist. Außerdem gibt es keine endgültige Bestätigung für die Wahrheiten, so daß sie auch in diesem Sinne relativ sind. Schließlich ist das gesamte Wissen in dem Sinne relativ, daß wir niemals allumfassende Informationen über das gesamte Weltall besitzen können, so daß jede Stufe der menschlichen Erkenntnis unvermeidlich bruchstückhaft ist. Diese Einschränkungen ändern jedoch nichts am wesentlichen Sinn des Wahrheitsbegriffs als der Übereinstimmung mit der Wirklichkeit. Das wirksamste Wahrheitskriterium aber, also das beste Verfahren, sich davon zu überzeugen, daß ein Urteil wahr ist, ist – ebenfalls übereinstimmend mit Engels – die Praxis. Wenn wir nämlich in der Natur entdeckte Zusammenhänge in unserem praktischen Handeln anwenden können, dann ist der Erfolg unseres Handelns die beste Bestätigung für die Wahrheit der zunächst unterstellten Annahmen, während ein Mißerfolg gegen diese Annahmen spricht. Das Kriterium der Praxis ist in den Naturwissenschaften ebenso anwendbar wie in den Gesellschaftswissenschaften. Auch auf diesem Gebiet wird unsere Analyse der gesellschaftlichen Wirklichkeit dadurch bestätigt, daß politische Handlungen, die auf der Grundlage dieser Analyse unternommen werden, sich als wirksam erweisen. Dabei ist die Wirksamkeit nicht gleichbedeutend mit »Nützlichkeit« im pragmatischen Sinne; eine Erkenntnis kann nützlich sein, weil sie wahr ist, wird aber nicht wahr dadurch, daß sie nützlich ist. So wurde insbesondere die marxistische Theorie durch das Kriterium der Praxis hervorragend bestätigt: Die Erfolge der Arbeiterbewegung, die sich auf der Grundlage dieser Theorie entwickelte, sind der sicherste Beweis ihrer Wahrheit.

Wenn wir von einem objektiven Verständnis der Wahrheit ausgehen, enthüllt sich das empiriokritische Prinzip der Denkökonomie sogleich als ein idealistischer Winkelzug, um die Übereinstimmung mit der Wirklichkeit zu ersetzen durch die Übereinstimmung mit dem Kriterium einer nicht genau bestimmten Einsparung von Bemühungen.

Im Lichte dieser Grundsätze wird ebenfalls deutlich, daß die von den Empiriokritikern geübte Kritik an Kant eine Kritik »von rechts« ist, also von einem Standpunkt aus, der noch reaktionärer als der Kants ist. Denn die Empiriokritiker stellen die Unterscheidung zwischen der Erscheinung und dem »Ding an sich« in Frage, aber sie tun das, um zu zeigen, daß das »Ding an sich« eine überflüssige Kategorie ist, daß es also eine vom Intellekt unabhängige Wirklichkeit nicht gibt. Dagegen kritisieren die Materialisten Kant vom entgegengesetzten Standpunkt aus: Sie werfen ihm vor, daß er ohne Grund annahm, die Wirklichkeit an sich sei der Erkenntnis nicht zugänglich, und nicht, daß er überhaupt die Existenz einer Welt hinter den Erscheinungen annahm. Der Materialismus behauptet nämlich, daß es zwischen der Erscheinung und dem Ding an sich insofern keinen Unterschied gibt, als es keine prinzipiell unerkennbaren Realitäten gibt; er wirft Kant also »Agnostizismus« vor, gibt aber zu, daß in seiner Anerkennung der Realität der Welt ein »materialistisches Element« enthalten ist. Vom Standpunkt des Materialismus aus kann man die bereits erkannte von der noch nicht bekannten Wirklichkeit unterscheiden, aber man kann nicht die Welt in der Wahrnehmung zugängliche Erscheinungen und eine unerkennbare Wirklichkeit an sich einteilen.

Bezüglich solcher Kategorien wie Raum, Zeit und Kausalität wiederholt Lenin die Engelsschen Charakterisierungen. Für den dialektischen Materialismus reduziert sich die Kausalität nicht auf eine funktionale Abhängigkeit, sondern sie besteht in einer realen Notwendigkeit, die in den Zusammenhängen zwischen den Ereignissen steckt. Die Praxis liefert den besten Beweis für die Realität des notwendigen kausalen Zusammenhangs, denn sooft wir einen bestimmten Zusammenhang nicht nur beobachten, sondern außerdem die gewünschten Erscheinungen gemäß den beobachteten natürlichen Gesetzmäßigkeiten hervorrufen können, zeigen wir, daß der Zusammenhang zwischen Ursache und Wirkung nicht ein Werk unserer Fantasie, sondern eine wirkliche Eigenschaft der physischen Welt ist. Man muß diese Zusammenhänge jedoch dialektisch auffassen; das bedeutet, daß bei Kausalreihen, wo es uns nicht um Einzelereignisse, sondern um Typen von Ereignissen geht, die Beeinflussung stets wechselseitig ist, obwohl eine bestimmte Reihe gegenüber der anderen stets einen (nicht näher erläuterten) Primat behält. Raum und Zeit sind weder Produkte der organisierenden Kraft der Wahrnehmung noch apriorische Formen der Sinnlichkeit noch selbständige, von der Materie unabhängige Wesen, sondern objektive Eigenschaften des physischen Seins. Das heißt, daß zeitliche Folgebeziehungen, aber auch die räumliche Anordnung der Körper wirkliche Eigenschaften der Welt sind, woraus aber nicht folgt, daß man ihnen einen eigenen ontologischen Status zuzuschreiben, also sie als selbständige, von der Materie verschiedene metaphysische Größen aufzufassen hat.

Lenin ist der Ansicht, daß die von ihm dargelegte Philosophie des dialektischen Materialismus nicht nur ein Instrument des Kampfes ist, daß sie also nicht nur im pragmatischen Sinne wirksam ist, sondern daß sie überdies die einzige Philosophie ist, die dem Stand der modernen Natur- und Sozialwissenschaften entspricht. Die Physiker haben sich das zwar noch nicht bewußtgemacht, aber daher rühren auch die Schwierigkeiten der modernen Physik und ihre krisenhafte oder vielmehr scheinbar krisenhafte Situation. Sie müssen jedoch zu diesem Schluß gelangen, wenn die Krise überwunden werden soll. »Die moderne Physik«, so Lenin, »liegt in Geburtswehen. Sie ist dabei, den dialektischen Materialismus zu gebären« (*ebd.*, V, 8).[11] Bald wird den Physikern klarwerden, daß der dialektische Materialismus ihnen den einzigen Ausweg aus den Schwierigkeiten bietet, in die sie wegen der Unkenntnis der Werke von Marx und Engels geraten sind. Bald wird sich also der dialektische Materialismus als die natürliche Konsequenz aus der Wissenschaft herausstellen, obwohl die Physiker sich dagegen sträuben, weil die Mehrheit der Wissenschaftler ideologisch im Dienst der Bourgeoisie steht, auch wenn sie in den Einzeldisziplinen große Dinge vollbracht haben.

Man muß dieses Werk Lenins nicht im Hinblick auf seine inhaltlichen Aussagen, sondern im Hinblick auf seine Bedeutung für die spätere Entwicklung der Philosophie in Rußland interpretieren. Von seinem philosophischen Inhalt her ist es nämlich das typische Werk eines Amateurs, ein wertloses Erzeugnis, das mit einer überaus plumpen Common-sense-Argumentation operiert, aber meistens Argumente entweder durch Zitate von Engels (in dem ganzen Text kommen zwei Sätze von Marx vor) oder durch wütende Beschimpfungen der Gegner ersetzt. Ein hervorstechendes Merkmal dieses Buches ist das völlige Unverständnis für den Gegner und die fehlende Bereitschaft, sich dieser Mühe zu unterziehen. Inhaltlich findet man dort beinahe nichts, was nicht schon in den zitierten Texten von Engels oder Plechanow stünde, allerdings mit dem Unterschied, daß Engels' Schriften sich durch bemerkenswerten Humor auszeichnen, an dem es Lenin völlig mangelt: Er ersetzt diesen Mangel durch banalen Spott und durch Invektiven, die zeigen sollen, daß die Gegner, die nach Lenin die Welt für ein Produkt ihrer Fantasie halten, Verrückte, Reaktionäre und Pfaffenknechte sind. Bezeichnend ist die Vulgarisierung aller Engelsschen Gedankengänge und ihre Reduktion auf eine katechetische Form (Empfindungen sind »Kopien« oder »Spiegelbilder« der Dinge; »philosophische Lager« verwandeln sich in »Parteien« usw.). Die ständige Irritation, die durch dieses Buch hindurchscheint, ist typisch für die primitive Denkweise eines Menschen, der nicht zu fassen vermag, wie jemand, ohne den Verstand verloren zu haben, ernsthaft behaupten kann, gerade er habe kraft seiner Einbildung die Erde, die Sterne und die ganze physische Welt geschaffen oder die Dinge, die er betrachtet, befänden sich in seinem Kopf, obwohl doch jedes Kind sieht, daß sie anderswo sind (darauf beruht nach Lenins Vorstellung der erkenntnistheoretische Idealismus). Hier wird der Idealismus in einer Weise bekämpft, wie sie bei christlichen Katecheten von niedrigem Niveau üblich ist.

Auf Lenins Angriffe antworteten Bogdanow, Basarow und Juschkewitsch. Der letztere attackierte in einem Büchlein, das 1910 unter dem Titel »Die Säulen der philosophischen Orthodoxie« (russisch) erschien, Plechanow als einen philosophischen Einfaltspinsel, dem philosophische Probleme gleichgültig seien und der innerhalb der Philosophie seinen Militärdienst absolviere. An Plechanow wie an Lenin würde der Niedergang des russischen Marxismus sichtbar: seine dogmatische und apodiktische Haltung, das Nichtverstehen des Gegners und Ignoranz in Verbindung mit Selbstsicherheit. Vor allem greift Juschkewitsch Lenin an und wirft ihm seinen Seemannsjargon in philosophischen Diskussionen, seine Unkenntnis und seine Unfähigkeit zu schreiben vor. Er zählt ihm seine sachlichen Fehler auf, hält ihm die »Einführung von Gebräuchen der Schwarzhunderter in den Marxismus« vor und beweist, daß Lenin Bücher, die er zitiert, überhaupt nicht gelesen hat, usw. Er sieht in der von Plechanow und im Anschluß an ihn von Lenin vorgenommenen Bestimmung der Materie anhand der Fähigkeit, Empfindungen hervorzurufen, eine Kapitulation vor dem Machismus. Schließlich weist er nach, daß weder Mach noch gar Berkeley die »Existenz der Welt« bezweifeln und daß der eigentliche Streit sich überhaupt nicht um die

Existenz der Welt dreht, sondern um die Berechtigung des »Substanz«-begriffs und seiner Spezifikationen wie »Materie« oder »Geist«. Nach Juschkewitsch hat der Empiriokritizismus eine kopernikanische Wende vollbracht, indem er den Dualismus von Psychischem und Physischem ausschaltete, doch hat er am natürlichen Verhältnis des Menschen zur Welt nichts geändert, sondern er hat den spontanen Realismus wieder zur Geltung gebracht, indem er ihn von metaphysischen Fetischen befreite. Lenin bringe den erkenntnistheoretischen Realismus mit dem Materialismus durcheinander (tatsächlich wiederholt Lenin in seinem Werk mehrfach, daß der Materialismus in der Anerkennung einer »vom Subjekt unabhängigen«, »objektiven materiellen Wirklichkeit« besteht – doch in diesem Falle ist beinahe jeder katholische Philosoph ein Materialist). Die ganze Widerspiegelungstheorie ist nichts anderes als eine Neuauflage des vordemokritischen naiven Glaubens an Bilder, die auf geheimnisvolle Weise den Dingen entweichen und ins Auge oder ins Ohr fallen. In Wirklichkeit vermag niemand zu sagen, worin die »Ähnlichkeit« zwischen einem »Ding an sich« und einem ganz subjektiven Bild bestehen sollte und wie man die Kopie mit dem Original vergleichen könnte.

»Materialismus und Empiriokritizismus« spielte im geistigen Leben Rußlands vor der Revolution und unmittelbar danach keine größere Rolle (eine zweite Auflage erschien 1920). Erst später wurde das Buch von Stalin zum grundlegenden philosophischen Hauptwerk des Marxismus erklärt und stellte rund zwanzig Jahre lang neben den Broschürchen von Stalin selbst die Hauptquelle der philosophischen Erkenntnis in der Sowjetunion dar. Gleichzeitig bildete dieser Text trotz seiner philosophischen Bedeutungslosigkeit einen der letzten Berührungspunkte zwischen dem orthodoxen leninistischen Marxismus und der europäischen Philosophie. Im weiteren Verlauf war der Leninismus in Rußland nahezu gänzlich von jedem Kontakt mit den nichtmarxistischen philosophischen Richtungen abgeschnitten. Die spätere leninistische Philosophie hatte nahezu keine, und sei es auch nur kritische Berührung mit dem philosophischen Denken der folgenden Jahrzehnte. Die gesamte Kritik, die später von den offiziellen sowjetischen Philosophen an der »bürgerlichen Philosophie« geübt wurde, beruhte auf der Annahme, daß die bürgerliche Philosophie in verschiedenen Varianten den idealistischen Unsinn von Mach und Avenarius wiederhole, dem Lenin in seiner Abhandlung eine schmetternde Abfuhr erteilt hatte.

Die Bedeutung und der Sinn des Leninschen Werkes können jedoch nur in bezug auf den politischen Kontext verstanden werden. Lenin scheint, als er »Materialismus und Empiriokritizismus« schrieb, nicht den Ehrgeiz gehabt zu haben, den Marxismus zu »bereichern«, zu ergänzen oder – Gott behüte! – zu korrigieren; er wollte keine Antwort auf philosophische Fragen finden, denn Marx und Engels hatten bereits alle wichtigen Fragen beantwortet; im Vorwort macht er sich über Lunatscharski lustig, der gesagt hatte: Vielleicht irren wir, aber wir suchen. Lenin suchte nichts. Er war im Gegenteil unumstößlich davon überzeugt, daß die revolutionäre Bewegung eine in jeder Hinsicht genau umrissene und einheitliche Weltanschauung haben müsse und daß jeder weltanschauliche Pluralismus politisch gefährlich sei. Vor allem glaubte er, daß alle Spielarten des Idealismus eine mehr oder weniger gut verschleierte Form der Religion seien, die wiederum unfehlbar ein Instrument der Ausbeuter zur Verdummung der Massen war.

8. Lenin und die Religion

Nach Lenins Auffassung war die Religion ein für die Tätigkeit der Partei grundlegendes weltanschauliches Problem, da es sich hier, anders als beim Empiriokritizismus, um einen Gegner handelte, der Anklang bei den Massen fand. Seine Haltung zu diesem Problem war in philosophischer Hinsicht vollkommen eindeutig, in taktischer Hinsicht dagegen relativ elastisch und wandelbar.

Lenin war religiös, aber in liberalem Sinne, erzogen worden, und er verlor seinen Glauben im Alter von fünfzehn oder sechzehn Jahren, also ehe er in irgendeiner Weise mit dem Marxismus in Berührung gekommen war. Seit jener Zeit war der Atheismus für ihn eine wissenschaftliche Selbstverständlichkeit, und daher unterließ er es, ihn inhaltlich zu begründen. Probleme der Religion sind solche der Erziehung, der Politik, der Propaganda, aber inhaltliche Schwierigkeiten bieten sie nicht. Gemäß dem Standpunkt, den er in dem Artikel »Sozialismus und Religion« (1905) und in einer Reihe späterer Abhandlungen darlegte, hält Lenin religiöse Glaubensvorstellungen für einen Ausdruck der Ohnmacht der von Unterdrückung und Not bedrängten Massen, die einen vermeintlichen Ausgleich für ihre Leiden suchen (»Branntwein der Seele«, wie er mit der für ihn charakteristischen karikaturhaften Überspitzung der Ausdrucksweise von Marx und Engels sagt). Zugleich sind Religion und Kirche ein Instrument, um die Volksmassen angesichts der unmenschlichen Lebensverhältnisse in Demut und Ergebenheit zu halten, eine ideologische Knute, mit der die Ausbeuter ihre Herrschaft heiligen. Ein krasses Beispiel für die Verbindung von geistiger und politischer Unterdrückung ist die orthodoxe Kirche. Allerdings bemüht Lenin sich darum, daß die Partei in ihrer Propaganda auch die Repressionen ausnutzt, die sich gegen die russischen Sektierer richten. Diesbezüglich enthält das Parteiprogramm von Anfang an die Forderung nach religiöser Toleranz, also nach dem Recht, jeden beliebigen Glauben zu bekennen und zu verbreiten, aber natürlich auch nach dem Recht auf atheistische Propaganda, und zugleich die Forderung nach Trennung von Kirche und Staat und nach Abschaffung des Religionsunterrichts in öffentlichen Schulen. Dabei betonte Lenin – im Unterschied zu vielen westlichen Sozialdemokraten –, daß die Sozialisten zwar die Religion gegenüber dem Staat als eine Privatsache betrachten, sie aber nicht im Verhältnis zur Partei als eine Privatsache auffassen können. Obwohl man sich also damit abzufinden hat, daß die Partei unter den gegenwärtigen Bedingungen Gläubige in ihren Reihen tolerieren muß (im Parteiprogramm kam der Atheismus nicht vor), ist sie dennoch verpflichtet, eine antireligiöse Propaganda zu betreiben und ihre Mitglieder im Geiste der militanten Gottlosigkeit zu erziehen. Die Partei ist keine in weltanschaulicher Hinsicht neutrale Organisation; ihre materialistische, also atheistische und antiklerikale Philosophie gestattet nicht, in Weltanschauungsfragen etwas politisch Neutrales zu sehen. Allerdings muß die antireligiöse Propaganda mit dem Klassenkampf verknüpft und nicht als ein Selbstzweck in Sinne des »bürgerlichen Freidenkertums« betrieben werden.

Trotz unvermeidlicher taktischer Zugeständnisse war Lenins Haltung zum religiösen Glauben in der grundlegenden Frage, also der Frage nach der politischen Bedeutung religiöser Glaubensvorstellungen, unversöhnlich. Dadurch erklärt sich u. a. die Heftigkeit seines Angriffs auf die Empiriokritiker, deren Philosophie teilweise mit dem »Gottbildnertum« zusammenfiel. Er sah im Gottbildnertum, auch wenn es nichts weiter war als ein Versuch, den Marxismus mit rhetorischem Pathos auszuschmücken, einen überaus gefährlichen Kompromiß mit der Religion. Deshalb äußert er sowohl in seinem philosophischen Hauptwerk wie in Briefen an Gorki und bei anderen Gelegenheiten, daß eine Religion, die auf krassen Aberglauben verzichtet und die Parole des gesellschaftlichen Fortschritts verkündet, noch gefährlicher sei als die finstere Orthodoxie der Kirche, die ihre Verbindung mit dem zaristischen Despotismus brutal offenbart. Eine solche Religion könne gerade durch ihre humanistischen Formen ihren Klasseninhalt wirksamer verbergen und die Geister leichter in die Irre führen. War Lenin also auch in taktischer Hinsicht zu Kompromissen mit Gläubigen bereit, so beharrte er doch entschieden darauf, daß in inhaltlichen Fragen jeder Kompromiß ausgeschlossen war und nicht der Eindruck entstand, als könnte die Weltanschauung der Partei dem Glauben auch nur den geringsten Spalt öffnen.

Lenins Haltung in diesen Fragen entsprach der Tradition des russischen Freidenkertums. In der Tat war die Verbindung zwischen der orthodoxen Kirche und der zaristischen Bürokratie offenkundig und unbezweifelbar. So nahm die Kirche denn auch von Anfang an – nicht insgesamt, aber mehrheitlich – gegenüber der Sowjetmacht eine feindliche Haltung ein. Sowohl dieser Umstand als auch die programmatischen Grundsätze des Leninismus sorgten dafür, daß der Kampf gegen die Kirche rasch über die in den Parteiprogrammen ursprünglich gezogenen Grenzen beträchtlich hinausging. Die Sowjetmacht begnügte sich nicht damit, die Kirchengüter zu enteignen und die Schulen zu verweltlichen – das gehörte der Doktrin zufolge übrigens zum »normalen« Bestand »bürgerlicher« und nicht spezifisch sozialistischer Reformen. Sie nahm der Kirche praktisch alle Rechte, öffentlich zu wirken, Unterricht zu erteilen, zu publizieren und Geistliche auszubilden. Die meisten Klöster wurden geschlossen, und der Grundsatz, die Religion von seiten des Staates als Privatsache zu behandeln, war praktisch nicht anwendbar in einem System der Einparteienherrschaft, in dem die Zugehörigkeit zur Partei in der überwältigenden Mehrheit der Fälle die Bedingung für den Eintritt in den staatlichen Verwaltungsapparat war. Obwohl die Verfolgungen, denen die Kirche und die Gläubigen ausgesetzt waren, dann je nach den politischen Umständen verschiedene Phasen durchmachen sollten (während des Krieges mit Deutschland wurde z. B. die antireligiöse Aktivität weitgehend eingeschränkt), blieb der allgemeine Grundsatz in Kraft, der dem sozialistischen Staat die Pflicht auferlegt, »religiöse Vorurteile« mit allen Mitteln auszurotten, ein Grundsatz, der mit der leninistischen Doktrin vollkommen übereinstimmt. Der Grundsatz der Trennung von Kirche und Staat kann nämlich nur dort funktionieren, wo der Staat ideologisch neutral ist und nicht selbst irgendwelche bestimmten weltanschaulichen Grundsätze vertritt. Der sowjetische Staat, der sich zum Organ des Proletariats erklärte und zugleich auf dem Grundsatz beruhte, daß es eine genau umschriebene und nur eine einzige »proletarische Ideologie« gibt, in welcher der Atheismus ein wesentliches Element darstellt, kann genausowenig den Grundsatz der »Trennung von Kirche und Staat« beachten wie der Vatikanstaat, denn es handelt sich um ein Gebilde, bei dem ideologische Grundsätze schon in der Struktur enthalten sind. Zwar haben die Marxisten und besonders die Leninisten immer behauptet, daß es in dieser Hinsicht zwischen dem »Staat des Proletariats« und einem »Staat der Bourgeoisie« keinen Unterschied gebe, denn beide müßten naturgemäß eine Philosophie unterstützen, die den Interessen der herrschenden Klasse entspricht, aber gerade aus diesem Grunde steht die Idee der Trennung von Staat und Kirche, auch wenn Lenin sie im Kampf gegen den Zarismus vertrat, tatsächlich im Widerspruch zur Leninschen Theorie über das Verhältnis zwischen Ideologie, Klassen und Staat und konnte deshalb auch nach der Eroberung der Macht nicht aufrechterhalten werden – auch wenn natürlich der Umfang und die Formen der gegen die Religion gerichteten Repression nicht eindeutig von der Doktrin vorgeschrieben waren und sich je nach den Bedingungen ändern konnten.

9. Lenins dialektische Notizen

Von gelegentlichen Bemerkungen in einzelnen Artikeln und Reden abgesehen, hat Lenin keine im engeren Sinne philosophischen Abhandlungen mehr veröffentlicht (der Artikel über die Bedeutung des militanten Materialismus aus dem Jahre 1921 hat den Charakter einer Propagandaanweisung; der Artikel über die drei Quellen und drei Bestandteile des Marxismus aus dem Jahre 1913 ist eine populäre Darstellung ohne philosophische Ambitionen). Nach seinem Tode wurde jedoch in der Sowjetunion noch ein weiterer philosophischer Text von ihm unter dem Titel »Hefte zur Philosophie« veröffentlicht. Es handelt sich dabei um Exzerpte, die Lenin hauptsächlich in den Jahren 1914–15 von verschiedenen philosophischen Werken und Lehrbüchern anfertigte und mit Bemerkungen versah, die seine Zustimmung oder Mißbilligung erkennen lassen. Außerdem findet sich dort eine gewisse Anzahl von Notizen philosophischer Natur, die von ihm selber stammen. Bei einigen Bemerkungen ist nicht ganz klar, ob es sich lediglich um eine Zusammenfassung des zitierten Buchauszugs handelt oder um eine Äußerung von Lenins eigener Haltung. Insgesamt ist der Text jedoch insofern bemerkenswert, als die wichtigsten Notizen sich auf die Frage der Dialektik beziehen und ein wenig die grobschlächtigen Formulierungen von »Materialismus und Empiriokritizismus« nuancieren. Insbesondere wird deutlich, daß die Lektüre Hegels, an die er während des Krieges heranging (er las dessen »Logik« und die »Vorlesungen über die Geschichte der Philosophie«), Lenin beeinflußt hat. Er überzeugte sich davon, daß die Hegelsche Dialektik für die Entwicklung des Marxismus von enormer Bedeutung ist; er notierte sogar, daß man das »Kapital« von Marx nicht begreifen kann, ohne die ganze »Logik« von Hegel durchstudiert und begriffen zu haben, und im Anschluß daran bemerkte er mit mustergültiger Folgerichtigkeit, folglich habe nach einem halben Jahrhundert nicht ein Marxist Marx begriffen. Das ist wohl als eine Boutade zu verstehen, die man nicht wörtlich zu nehmen braucht, denn es ist kaum anzunehmen, daß Lenin bereit war, zuzugeben, daß er selbst bis 1915 Marx nicht begriffen habe, aber sie verrät doch, daß ihn die Hegelsche Spekulation einigermaßen faszinierte.

Am stärksten interessierte Lenin, wie man diesen Notizen entnehmen muß, die Frage des »Allgemeinen« und des »Einzelnen« in der Hegelschen Logik und die Frage der Dialektik, aufgefaßt als eine Theorie der »Einheit und des Kampfes der Gegensätze«. Er versuchte Hegel so zu lesen, daß er aus seiner Dialektik jene Motive herausholte, die sich übernehmen und nach einer materialistischen Konversion in der marxistischen Doktrin verwerten ließen. Bezüglich der Abstraktion und des Verhältnisses zwischen unmittelbarer Wahrnehmung und »allgemeinem« Wissen versucht Lenin bei Hegel alle gegen Kant gerichteten Motive hervorzuheben (dem Kantschen »Ding an sich« fehlt es an jeglicher Bestimmtheit, und folglich ist es nichts), und er weist auf die selbständige Funktion des abstrakten Denkens hin (hier ist anzumerken, daß nach seiner Ansicht Logik, Dialektik und Erkenntnistheorie eins sind). Wenn »Materialismus und Empiriokritizismus« sich völlig auf den Kampf gegen die subjektivistische Interpretation der Empfindungen konzentrierte und sich damit zu begnügen schien, die Empfindungen generell zur Quelle jeglicher Erkenntnis der Welt zu erklären, so taucht in den »Heften« das Problem der abstrakten Begriffe auf, die bereits in der menschlichen Wahrnehmung enthalten sind und unaufhörlich »Widersprüche« in den Erkenntnisprozeß hineintragen. Die Gesetze, also gewissermaßen das »Allgemeine«, sind schon in der besonderen Erscheinung enthalten, und an der einzelnen Wahrnehmung haben ebenfalls »allgemeine« Elemente, d. h. abstrakte Tätigkeiten, teil. Die Natur ist also zugleich konkret und abstrakt, die Dinge sind, was sie sind, erst für die begriffliche Erkenntnis, welche sie in ihrer Verwicklung in allgemeine Gesetzmäßigkeiten erfaßt. Durch einen einzelnen Wahrnehmungsakt kann das Konkrete nicht in seiner ganzen Konkretheit gefaßt werden. Im Gegenteil, das Konkrete entsteht erst durch die Vermittlung der unendlichen Summe der Begriffe und allgemeinen Gesetze, d. h., wir können es nie in der Erkenntnis ausschöpfen. In jeder, selbst der einfachsten Erscheinung offenbart sich die Komplexität der Welt und der universale Zusammenhang ihrer Elemente; aber gerade wegen der Universalität dieses Zusammenhangs der Erscheinungen ist die menschliche Erkenntnis notwendig unvollständig und fragmentarisch, das Erreichen des Konkreten in seiner ganzen Eigentümlichkeit würde eine allseitige Erkenntnis sämtlicher Zusammenhänge zwischen den Erscheinungen, also eine absolute Erkenntnis voraussetzen. Jede »Widerspiegelung« der Welt ist mit inneren Widersprüchen behaftet, die sich im weiteren Fortschritt der Erkenntnis auflösen, um neuen Widersprüchen Platz zu machen; die Widerspiegelung ist nicht »tot«, ist nicht »bewegungslos«, sondern provoziert ihrerseits durch ihren fragmentarischen Charakter und ihren inneren Widerspruch einen weiteren Erkenntnisprozeß, der in ewigem Fortschreiten dennoch nie den absoluten Zustand erreicht. Deshalb erscheint die Wahrheit nur als die Bewegung der Auflösung der eigenen Widersprüche.

Weil zwischen den besonderen und den abstrakten Elementen der Erkenntnis stets eine gewisse Spannung oder ein »Widerspruch« besteht, ist schon im Erkenntnisprozeß die Möglichkeit der Verabsolutierung bestimmter Elemente auf Kosten anderer angelegt. Mit anderen Worten: Dieser Prozeß erzeugt selbst die Möglichkeit des idealistischen Denkens. Neben der Betonung der »allgemeinen« Elemente der »Widerspiegelung« (wodurch die im Hauptwerk Lenins dargelegte Widerspiegelungstheorie eigentlich ungültig wird) ist dieser Gedanke die zweite bedeutsame Abweichung von der plumpen Interpretation, nach der der Idealismus ein betrügerischer Einfall der Bourgeoisie und der Pfaffen ist. Der Idealismus hat, wie sich jetzt zeigt, »erkenntnistheoretische Ursprünge«; er ist nicht bloß eine geistige Verirrung, sondern eine Verabsolutierung oder eine einseitige Entfaltung eines tatsächlichen Merkmals der menschlichen Erkenntnis. Lenin stellt sogar fest, daß ein kluger Idealismus dem klugen Materialismus nähersteht als ein dummer Materialismus.

Die andere Frage, die Lenins Aufmerksamkeit in diesen Notizen fesselte, ist »der Kampf und die Einheit der Gegensätze«. Nach seiner Ansicht kann die ganze Dialektik als Lehre von der Einheit der Gegensätze bestimmt werden. Unter den 16 »Elementen der Dialektik«, die er aufzählt, erscheint der Kampf der Gegensätze in verschiedenen Formen als das Hauptmotiv (jedes Ding ist die Summe und die Einheit der Gegensätze, jede Eigenschaft des Dinges geht in ihr Gegenteil über, der Inhalt »kämpft« mit der Form, bestimmte Merkmale niederer Entwicklungsstadien wiederholen sich in höheren aufgrund der Negation der Negation usw.).

All diese Bemerkungen sind ungewöhnlich knapp und allgemein gehalten und eignen sich daher nicht zu einer besonders eingehenden Exegese. Lenin überlegt sich nicht, wie der »Widerspruch«, also eine logische Beziehung, zugleich eine Eigenschaft der Objekte selbst sein kann. Ebensowenig erörtert er die Frage, wie der »Beitrag« von Produkten der Abstraktion zu den Wahrnehmungsinhalten sich überhaupt mit der »Widerspiegelungstheorie« vereinbaren läßt. Es ist jedoch erkennbar, daß er ähnlich wie Engels die Dialektik als eine universale Methode auffaßte, die man unabhängig von ihrem Gegenstand in Gestalt einer verallgemeinerten »Logik der Welt« darstellen kann, und daß er in Hegels Logik einen Rohstoff für eine eventuelle materialistische Bearbeitung sah. Andererseits läuft aber die Haupttendenz dieser Bemerkungen auf eine weniger vereinfachte Interpretation des Hegelianismus hinaus, als man sie bei Engels finden konnte; die Dialektik besteht nicht bloß in der Behauptung, daß »alles sich ändert«, sondern sie ist ein Versuch, die menschliche Erkenntnis als ein unablässiges Wechselspiel zwischen Subjekt und Objekt aufzufassen, ein Wechselspiel, bei dem der Begriff des »absoluten Primats« des einen oder des anderen sich verwischt. Allerdings vermochte Lenin in seinen Notizen über ganz allgemeine Hinweise nicht hinauszugelangen.

Die »Hefte« wurden vor allem deshalb veröffentlicht, um der Partei als Mittel zur Kritik des mechanistischen Materialismus zu dienen. Wenn die sowjetische Parteiphilosophie auf Lenins Hauptwerk zurückgriff, um alle Doktrinen zu bekämpfen, die des Idealismus verdächtig waren, dann zitierte sie die Formulierungen der »Hefte«, um den Unterschied zwischen dem Marxismus und der mechanistischen Philosophie herauszustellen, deren Bekämpfung in den dreißiger Jahren vor allem im Zusammenhang mit der Kritik an Bucharin und seinen Anhängern zu den Aufgaben der Philosophen gehörte. Daß zwischen den beiden Texten Unstimmigkeiten bestehen könnten, war innerhalb der sowjetischen Philosophie undenkbar. Als später die Darstellung des dialektischen Materialismus in der Sowjetunion von dem Schema abrückte, das Stalin in seiner Broschüre dargelegt hatte, dienten die »Hefte« als Grundlage eines neuen Schemas: An die Stelle der »vier Eigenschaften der Dialektik« traten die in den »Heften« aufgezeichneten 16 »Elemente«.

Aber das philosophische Fundament des Leninismus blieb weiterhin das Werk »Materialismus und Empiriokritizismus«; diese Aufgabe wurde ihm von Stalin zugewiesen, und es erfüllt sie bis heute mit Erfolg. In der Geschichte der russischen Kultur spielte es eine beklagenswerte Rolle, da es nicht nur Vorwände für die Unterdrückung jedes selbständigen philosophischen Denkens lieferte, sondern zum Werkzeug der ideologischen Diktatur der Partei über die Wissenschaft und die gesamte Kultur wurde.

Es ist häufig (u. a. von Walentinow) darauf hingewiesen worden, daß die extreme Halsstarrigkeit, mit der Lenin auf der materialistischen Doktrin beharrte, nicht allein in der Tradition des Marxismus begründet war, sondern auch im Erbe des russischen Materialismus, vor allem in der Philosophie Tschernyschewkijs, die praktisch eine Popularisierung von Feuerbach darstellte (entsprechende Auffassungen wurden auch in der Sowjetunion während der fünfziger Jahre laut, stießen aber auf Widerspruch, weil sie den Gedanken nahelegten, daß der Leninismus eine spezifisch russische Philosophie und nicht die einzig vollkommene Fortentwicklung des Marxismus sei, und ihn dadurch gewissermaßen seiner Allgemeingültigkeit beraubten).

Doch ungeachtet der Frage, in welchem Umfang russische Quellen den Leninschen Materialismus beeinflußten, steht fest, daß diese Philosophie sowohl nach Lenins Absichten als auch tatsächlich in einem überaus engen inhaltlichen Zusammenhang mit seinem politischen Programm und der Idee der revolutionären Partei stand. Eine Partei von Berufsrevolutionären, in der alle theoretischen Fragen unmittelbar und ausnahmslos dem erfolgreichen Kampf um die Macht untergeordnet waren, konnte sich nicht ohne Risiko einen philosophischen Pluralismus erlauben und ihre Neutralität in weltanschaulichen Fragen verkünden. Sie mußte um ihres Erfolgs willen über eine wohldefinierte philosophische Doktrin oder eine Sammlung von unumstößlichen Dogmen verfügen, die für ihre Mitglieder verbindlich waren. Die absolute Geschlossenheit und die Disziplin der Partei erforderten es ganz selbstverständlich, daß jedes Risiko der »Lockerheit«, der Unbestimmtheit oder des Pluralismus in theoretischen Fragen aus ihren Reihen ausgeschlossen war. Daß wiederum die Haupttendenz dieser Ideologie ein rigoristischer Materialismus war, erklärt sich nicht allein aus der Tradition des Marxismus, sondern auch aus dem Bedürfnis, alle Formen des religiösen Denkens als Hemmnisse im revolutionären Kampf entschieden zu bekämpfen, und auch aus dem Bestreben, eine Philosophie zu vermeiden, die sich in ontologischer Hinsicht für neutral erklären könnte. Lenin verfolgte bei seinen Gegnern wie bei seinen Verbündeten jede Neigung zu einem auch nur verbalen Kompromiß mit der Religion und jede Tendenz, ontologische Fragen beiseitezuschieben, sei es, weil sie unentscheidbar, sei es, weil sie falsch gestellt sind. Der Marxismus ist nach seiner Überzeugung die fertige Antwort auf alle bedeutenden Fragen der Philosophie, und er läßt keine Zweifel zu. In jedem Versuch, philosophische Probleme zu neutralisieren, sah er eine Gefahr für die ideologische Einheit der Partei. Sein starrer und grobschlächtiger Materialismus ist deshalb nicht bloß ein Resultat der Beharrungskraft der Tradition, die ihn formte, sondern er hängt auch unmittelbar mit seiner Technik des parteilichen Vorgehens zusammen. Diese Technik verlangte, daß die Partei das Monopol über die Entscheidung aller weltanschaulichen Fragen besaß, und unter diesem Gesichtspunkt schätzte Lenin richtig die Gefahr ein, welche die von ihm bekämpfte Philosophie für sein politisches Programm bedeuten konnte. Die sich in seinem Denken allmählich herausbildende und dann praktisch realisierte Theorie einer totalitären Herrschaft, welche das gesamte kulturelle Leben umfaßt, paßte haargenau zu seiner Philosophie, die nicht ein Raum der Erörterung und Lösung philosophischer Fragen sein sollte, sondern ein Werkzeug der geistigen Dogmatisierung der sozialistischen Bewegung. Insofern haben die ungewöhnliche Leidenschaftlichkeit, mit der er seine Gegner attackierte, und sein mangelndes Interesse an einer inhaltlichen philosophischen Argumentation ihren Grund in seiner politischen Doktrin.

»Materialismus und Empiriokritizismus« hinterließ jedoch – selbst für die Anhänger Lenins – in zwei wesentlichen Punkten gewisse Unklarheiten. Erstens betonte Lenin, wie schon gesagt, im Unterschied zu Engels und Plechanow, daß die »Objektivität«, d. h. die Unabhängigkeit vom Subjekt, die *einzige Eigenschaft* der Materie sei, an deren Anerkennung der Materialismus als solcher gebunden sei. Der offenkundige Grund einer solchen Feststellung war der Wunsch, die marxistische Philosophie von allen Wandlungen in den wissenschaftlichen, insbesondere den physikalischen Theorien unabhängig zu machen; denn wenn der »Materie« nichts Böses zustoßen kann, gleichgültig, welche Eigenschaften die Physiker ihr zuschreiben oder fortnehmen werden, dann ist der Materialismus vor der Wissenschaft in Sicherheit, und die Wissenschaft ist, von der Philosophie aus gesehen, neutralisiert. Allerdings wurde dieser Vorteil mit der völligen Entleerung des Materiebegriffs erkauft. Denn wenn es zur Charakterisierung der Materie genügt, zu sagen, daß sie etwas anderes sei als das erkennende Subjekt, dann ist klar, daß jede »Substanz« unter diese Definition fällt, solange man sie nur für etwas anderes als Wahrnehmungsinhalte erklärt. »Materie« ist ganz einfach ein anderes Wort, um »alles« zu bezeichnen, und es dient nicht der Charakterisierung dieses »alles« durch bestimmte Merkmale, wie sie gewöhnlich mit dem Begriff der »Materialität« in Zusammenhang gebracht werden (räumliche, zeitliche oder energetische Merkmale). Außerdem kehrt bei dieser Definition der durch die Tür herausgeworfene unklare Dualismus wieder durchs Fenster zurück. Denn wenn alles materiell ist, was »außerhalb« des Subjekts liegt, dann muß man entweder zugeben, daß das »Subjekt« selbst nicht materiell ist, oder die Definition der Materie in der Weise ergänzen, daß sie auch subjektive Erscheinungen umfassen kann; im übrigen scheint schon die Formulierung, daß »die Materie primär ist, während der Geist sekundär ist«, eine Unterscheidung von Materie und »Geist« zu unterstellen, sie widerspricht also dem materialistischen Monismus. Der Leninsche Text enthält keine eindeutigen Anhaltspunkte, um diese Schwierigkeiten aus der marxistischen Doktrin auszuschließen (im übrigen ist er in dieser Hinsicht nicht konsequent), und es besteht kein Anlaß, sich durch eine eingehendere Exegese um ihre Ausschaltung zu bemühen, denn diese Unklarheiten sind weniger ein Anzeichen für Schwierigkeiten innerhalb des philosophischen Denkens, sondern beruhen vielmehr auf Lenins Nachlässigkeit, seiner mangelnden Bereitschaft, philosophische Fragen ernsthaft zu erörtern, und schließlich auf seiner Geringschätzung gegenüber allen Problemen, die sich nicht unmittelbar im Kampf um die Macht verwerten lassen.

Achtzehntes Kapitel

Das Schicksal des Leninismus: von der Theorie des Staates zur Staatsideologie

1. Die Bolschewiki und der Krieg

Die Jahre 1908–1911 bedeuten für die russische Sozialdemokratie eine Zeit des katastrophalen Niedergangs und der Auflösung. Nach einer Periode der Repression kam es zu einer zeitweiligen Stabilisierung des zaristischen Regimes, verbunden mit einer beträchtlichen Erweiterung der politischen Freiheiten und Versuchen, für das geschwächte Regime außer der Bürokratie und der Armee noch eine weitere gesellschaftliche Basis zu finden. In diesen Zeitabschnitt fallen die Reformvorhaben des Premierministers Stolypin, der in Rußland eine starke Mittelschicht unter den Bauern entstehen lassen wollte. Die Stolypinschen Reformen beunruhigten die Sozialisten, vor allem diejenigen leninistischer Orientierung, die sich darüber im klaren waren, daß mit einer durch Reformen innerhalb der kapitalistischen Ordnung erreichten Lösung der Bauernfrage in Rußland das in den nach Land hungernden bäuerlichen Massen latent vorhandene revolutionäre Potential unwiederbringlich verlorengehen würde. Lenin räumte im Jahre 1908 ein (in dem Artikel »Auf ausgetretenen Pfaden!«, 29. 4. 1908, »Werke«, Bd. 15, S. 34), daß ein Erfolg der Stolypinschen Politik möglich sei und zum Sieg des »preußischen Weges« der Entwicklung des Kapitalismus in der Landwirtschaft führen könne. Wenn das geschähe, so schrieb er, »dann würden die gewissenhaften Marxisten jegliches ›Agrarprogramm‹ unumwunden und offen fallenlassen und den Massen sagen: Die Arbeiter haben alles getan, was sie konnten, um Rußland nicht den junkerlichen, sondern den amerikanischen Kapitalismus zu sichern. Jetzt aber rufen euch die Arbeiter zur sozialen Revolution des Proletariats auf, da es *nach* der ›Lösung‹ der Agrarfrage im Sinne Stolypins *eine andere* Revolution, die die ökonomischen Lebensbedingungen der bäuerlichen Massen ernstlich verändern könnte, *nicht mehr geben kann*«.

Allerdings wurde diese Politik nicht lange genug fortgesetzt, um die erwarteten Resultate zu bringen, die vielleicht den späteren Gang der Ereignisse vollkommen verändert hätten. (Lenin schrieb – bereits nach dem Sieg –, daß gerade die Tatsache, daß die Bolschewiki schließlich das Agrarprogramm der Sozialrevolutionäre übernahmen, also die Konfiskation und Aufteilung des bäuerlichen Landes, eine unerläßliche Bedingung für den Erfolg der Oktoberrevolution war.) Stolypin starb von der Hand eines Attentäters im Jahr 1911. Nichtsdestoweniger steuerte Rußland einige Jahre lang eindeutig auf eine bürgerliche, viertelkonstitutionelle Monarchie zu. Diese Entwicklung rief innerhalb der Partei neue Gruppierungen hervor. Außer den Bolschewiki, die sich ganz und gar auf ein revolutionäres Vorgehen mit illegalen Mitteln ausrichteten (*Otsowisten*), griff Lenin in diesen Jahren unablässig die sogenannten »Liquidatoren« an – eine Bezeichnung, die er geradezu wie ein Synonym für die Menschewiki verwendet. Der Mehrheit der menschewistischen Führer (vor allem Martow, Potressow und Dan waren Zielscheiben seiner Angriffe) warf Lenin vor, sie wollten die illegale Parteiorganisation überhaupt liquidieren und sie durch einen »gestaltlosen«, legalen Arbeiterverein ersetzen, der im Rahmen der bestehenden Ordnung einen »reformistischen« Kampf führen sollte. In Wirklichkeit vertraten die Menschewiki nicht die völlige Liquidation der illegalen Tätigkeit, legten aber in der Tat einen stärkeren Akzent auf friedliche Kampfmittel und auf Arbeiterorganisationen, die sich legal entfalten konnten, in der Hoffnung, daß die Sozialdemokratie sich nach dem Sturz der Selbstherrschaft in einer ähnlichen Situation befinden würde wie ihre westeuropäischen Brüder. Unterdessen blieben alle Punkte, an denen die innerparteiliche Auseinandersetzung sich entzündete, weiterhin umstritten. Die Menschewiki übernahmen das österreichische Programm in der nationalen Frage (»exterritoriale Autonomie«), während die Bolschewiki das Recht auf Selbstbestimmung bis zur Lostrennung vertraten. Die Menschewiki blieben bei einem Bündnis mit dem »Bund« und der Polnischen Sozialistischen Partei, während Lenin diese beiden Parteien als Vertreter des bürgerlichen Nationalismus betrachtete. Weil Plechanow jedoch im Unterschied zur Mehrheit der menschewistischen Führer ein Gegner des »Liquidatorentums« war, unterließ Lenin die Polemik gegen ihn und stellte zu dem Veteranen des russischen Sozialismus, den er bis vor kurzem noch mit Schmähungen überschüttet hatte, wieder eine Art von labilem Bündnis her.

Das Resultat dieser Auseinandersetzungen war eine neuerliche und diesmal endgültige Spaltung. Im Jahre 1912 erklärte sich eine bolschewistische Konferenz in Prag zum allgemeinen Parteitag, wählte ein eigenes Zentralkomitee und brach mit den Menschewiki. Neben Lenin, Sinowjew und Kamenew wurde auch Roman Malinowski in das Komitee gewählt (der bereits erwähnte Polizeiagent, auf dessen Rolle die Menschewiki Lenin viele Male warnend hingewiesen hatten; Lenin bezeichnete diese Warnungen als »schmutzige Verleumdung, die die Liquidatoren ... aus dem Unrathaufen der Schwarzhunderterzeitungen hervorgeholt haben« – in dem Artikel »Die Liquidatoren und Malinowskis

Biographie«, Mai 1914, »Werke«, Bd. 20, S. 303; im Grunde war Malinowski ein gehorsamer Vollstrecker der Anweisungen Lenins, gemäß der Rolle, welche die Polizei ihm übertragen hatte, und er besaß keine Ambitionen, als Ideologe oder selbständiger Politiker aufzutreten). Ein weiteres Ereignis, das mit der Prager Konferenz zusammenhing, war die Kooptation Stalins in das Zentralkomitee; sie wurde auf Verlangen Lenins vorgenommen, als die Wahlen schon vorbei waren; mit diesem Augenblick betrat Stalin die Arena der gesamtrussischen sozialdemokratischen Politik.

Die beiden letzten Jahre bis zum Ausbruch des Weltkriegs verbrachte Lenin in Krakau und Poronin, von wo aus er leichter den Kontakt zur Organisation in Rußland aufrechterhalten konnte; die Bolschewiki ließen in dieser Zeit keine der Möglichkeiten legaler Tätigkeit außer acht; ab 1912 ließen sie in der Hauptstadt die Zeitung »Prawda« erscheinen, die sie nach der Februarrevolution erneut herausbrachten und die bis heute als Tageszeitung der Partei erscheint. Zugleich hatten sie in der Duma einige Abgeordnete, die eine Zeitlang mit den Menschewiki zusammenarbeiteten, bis auf Verlangen Lenins auch auf diesem Gebiet der Bruch besiegelt wurde.

Der Ausbruch des Kriegs überraschte Lenin in Poronin. Von der österreichischen Polizei verhaftet, wurde er nach einigen Tagen aufgrund der Fürsprache von Vertretern der PPS und Wiener Sozialdemokraten freigelassen und kehrte daraufhin in die Schweiz zurück, wo er sich bis zum April 1917 aufhielt. Von dort aus führte er einen unermüdlichen Federkrieg gegen die »opportunistischen Verräter«, die den Zusammenbruch der Internationale herbeigeführt hatten, und dort auch entwickelte er die Grundsätze, von denen die revolutionäre Sozialdemokratie sich in der neuen Situation leiten lassen sollte. Als erster und einziger unter den prominenten Führern der europäischen Sozialdemokratie gab Lenin die Parole des revolutionären Defätismus aus: In jedem Land soll das Proletariat zur militärischen Niederlage der eigenen Regierung beitragen, um den imperialistischen Krieg in einen Bürgerkrieg umzuwandeln. Es gilt, auf den Trümmern der Internationale, die von Führern ruiniert wurde, welche in der Mehrheit in den Dienst der eigenen Imperialisten getreten sind, eine kommunistische Internationale aufzubauen, die den revolutionären Kampf des Proletariats führen kann.

Anfangs mochten diese Parolen als eitle Phantasterei erscheinen, da man die Sozialisten, die sich für sie einzusetzen bereit waren, an den Fingern abzählen konnte. Die Mehrheit der Sozialdemokraten glaubte, angesichts der Bedrohung des Landes den Klassenkampf aufschieben zu müssen, und stellte sich hinter die Fahne des Nationalismus. Auf russischer Seite fand sich in diesem Lager auch Plechanow, der, ohne seine marxistischen Parolen aufzugeben, die russische Staatsräson vollkommen anerkannte; der mehrere Jahre während Waffenstillstand mit Lenin endete dadurch unverzüglich, und Plechanow wurde neben Potressow erneut zum Hofnarren und Lakaien Purischkewitschs. Ähnliche Spitznamen erwarben sich alle Führer, die ihr Verhältnis zum Krieg mit dem Satz ausdrückten, daß »ein angegriffenes Land das Recht hat, sich zu verteidigen«, also Hyndman in England, Guesde und Hervé in Frankreich usw. (Es erübrigt sich hinzuzufügen, daß es auf beiden Seiten nur Angegriffene gab.) Nach und nach organisierten sich jedoch in allen Ländern Gruppen der Kriegsgegner, überwiegend aus den Kreisen der früheren Zentristen (Bernstein, Kautsky und Ledebour in Deutschland, MacDonald in England). Zu ihnen zählte auch die Mehrheit der früheren Menschewiki, an der Spitze Martow und Axelrod, aber auch Trotzki. Eine Zeitlang strebte die Leninsche Gruppe trotz prinzipieller Gegensätze eine Verständigung mit dieser »pazifistischen« Richtung an. Hauptsächlich dank der Bemühungen von schweizerischen und italienischen Sozialisten wurde im September 1915 eine internationale Konferenz in Zimmerwald organisiert, auf der eine Kompromißresolution der Kriegsgegner beschlossen wurde. Wenn es eine Zeitlang schien, als sei in Zimmerwald eine neue internationale Bewegung entstanden, so zeigte sich doch nach der russischen Revolution, daß die Differenzen zwischen den Zentristen und der Zimmerwalder Linken stärker waren als der Konflikt zwischen den »Sozialchauvinisten« (so bezeichnete man die Anhänger der »Vaterlandsverteidigung« um jeden Preis) und den Pazifisten. Die Zimmerwalder Linke (7 von 38 Delegierten) gab neben einer allgemeinen Erklärung ein eigenes, separatistisches Manifest heraus, in dem die Sozialisten aufgefordert wurden, aus den imperialistischen Regierungen auszutreten und eine neue revolutionäre Internationale zu schaffen.

Tatsächlich begann Lenin frühzeitig, den kriegsfeindlichen, pazifistischen Flügel der Sozialdemokratie mit nahezu der gleichen Erbitterung anzugreifen wie die Sozialchauvinisten. Bei diesen Angriffen ging es hauptsächlich um folgende Punkte: Erstens fordern die Zentristen die Herstellung des Friedens durch internationale Schiedsgerichte und Verhandlungen, nicht aber durch den revolutionären Krieg gegen die eigene Regierung; sie wollen also zur Ordnung der Vorkriegszeit zurückkehren und den Frieden mit »bürgerlichen« Methoden erlangen; damit beweisen sie eindeutig, daß sie Lakaien der Bourgeoisie sind, aber außerdem wollen sie etwas Unmögliches, da es aus dem imperialistischen Krieg keinen anderen Ausweg gibt als die Revolution – zumindest eine Revolution, welche die drei führenden Reiche des Kontinents beseitigt. Zweitens fordern die Pazifisten einen »Frieden ohne Annexionen und Kontributionen«. Diese Parole bedeutet lediglich, daß die im Zuge der Kriegshandlungen vorgenommenen Annexionen für ungültig erklärt werden, also die Wiederherstellung der Imperien der Vorkriegszeit einschließlich der nationalen Unterdrückung. Die Forderung der Revolutionäre muß dagegen die Annullierung sämtlicher Annexionen und die Anerkennung des Rechts aller Nationen auf Selbstbestimmung sein einschließlich des Rechts, wenn sie es wollen, einen eigenen Nationalstaat zu errichten. Lenin brandmarkte in sehr überzeugender Weise jene Sozialisten, die gern gegen Annexionen und nationale Unterdrückung wettern, aber nur in den Fällen, wo der Unterdrücker der aktuelle Feind ist: Den deutschen Führern fehlen die Worte, um ihre Empörung über die von Rußland betriebene nationale Unterdrückung zu äußern, doch schweigen sie über die gleiche Unterdrückung in der österreichischen Monarchie und im Reich; dagegen fordern die russischen und französischen Sozialisten Freiheit für die von den Mittelmächten unterjochten Nationen, verstummen aber, wenn es um das zaristische Völkergefängnis geht. Drittens schließlich entscheiden sich die Pazifisten, auch wenn sie verbal den Chauvinismus brandmarken, nicht für einen entschiedenen und unwiderruflichen Bruch mit den Opportunisten und träumen von der Rückkehr zur organisatorischen Einheit mit ihnen, also von einer Wiederbelebung des Kadavers der Internationale. Der letzte Punkt ist besonders wichtig. Mit der gleichen Erbitterung wie bei allen anderen Teilungen und Spaltungen attackierte Lenin sowohl Feinde als auch »Versöhner« im eigenen Lager, also diejenigen, die davor zurückscheuten, sich vom Gegner total abzugrenzen, und damit nach Lenin die Grundsätze der organisatorischen Einheit der Bewegung opferten. Die Zentristen verurteilten diesen Standpunkt als fanatisches Sektierertum; es lag im Grunde an dieser Taktik, wenn Lenin im Laufe seiner Karriere mehrmals auf die Position des Anführers eines isolierten und ohnmächtigen Grüppchens abgedrängt zu sein schien. Letzten Endes erwies sich jedoch, daß er insofern recht hatte, als es ohne diese Taktik nicht gelungen wäre, eine so disziplinierte und zentralisierte Partei zu schaffen, wie es die bolschewistische Bewegung war, und daß eine Partei, die auf weniger strengen Prinzipien beruhte, im entscheidenden Moment sicherlich nicht imstande gewesen wäre, der Lage Herr zu werden und die Macht zu übernehmen.

Während dieses letzten Aufenthalts in Westeuropa schrieb Lenin ebenfalls sein wohl bekanntestes Werk: »Der Imperialismus als höchstes Stadium des Kapitalismus« (erschienen in Petersburg 1917). Diese Broschüre, die, was ihre ökonomische Seite betrifft, gegenüber den Arbeiten von Hobson und Hilferding, den Hauptquellen der Leninschen Darstellung, keine Neuheiten enthält, war als theoretische Grundlegung der neuen Taktik der revolutionären Partei gedacht. Lenin hob hervor, daß der Imperialismus ein weltumspannendes, aber ungleichmäßig entwikkeltes System sei, und begründete damit die Taktik, die sich später in der kommunistischen Bewegung durchsetzen sollte: Da der Imperialismus eine Einheit bildet, muß man alle Bewegungen unterstützen, die das weltweite System an irgendeinem Punkte sprengen, aus welchen Gründen und im Namen welcher Klasseninteressen auch immer: ob Befreiungsbewegungen in den kolonialen Ländern, nationale Bewegungen, bäuerliche Bewegungen oder Erhebungen der nationalen Bourgeoisie gegen die großen Imperialisten. Im übrigen war dies eine Verallgemeinerung der Taktik, die er seit Jahren in Rußland propagierte: Man muß alle Forderungen und alle Bewegungen unterstützen, die sich gegen die zaristische Selbstherrschaft richten, um ihre Energien auszunutzen und in einer kritischen Situation die Macht zu übernehmen. Das Endziel ist die Herrschaft der marxistischen Partei, doch kann dieses Ziel nicht allein mit den Kräften des Proletariats verwirklicht werden; bald sollte Lenin zu dem Schluß gelangen, daß eine allein von der Arbeiterklasse getragene und durchgeführte Revolution, also eine Revolution, die sich nicht auf andere massenhafte (nationale oder bäuerliche) Forderungen stützt, überhaupt unmöglich ist, daß also eine sozialistische Revolution in dem Sinne, wie sie in der marxistischen Doktrin traditionell aufgefaßt wurde, überhaupt unmöglich ist. Diese Entdeckung wurde zum Ausgangspunkt nahezu aller Erfolge und Niederlagen des Leninismus.

Die Frage des Verhältnisses zur Bauernschaft war – ebenfalls in dieser Zeit – einer der wichtigsten Punkte, in denen Lenin und Trotzki nicht übereinstimmten. Trotzki lebte bis zum Kriegsausbruch hauptsächlich in Wien, wo er seit 1908 eine eigene Zeitschrift »Prawda« herausgab (1912 beschuldigte er die Bolschewiki, den Titel gestohlen zu haben). Er arbeitete zu verschiedenen Zeitpunkten und in verschiedenen Fragen mit den Menschewiki zusammen, gehörte jedoch ihrer Fraktion nicht an, da er über den Verlauf der kommenden Revolution andere Auffassungen vertrat als sie (Trotzki sagte voraus, daß die künftige Revolution in eine sozialistische Phase übergehen würde). Immer wieder unternahm er fruchtlose Versuche, die Einheit der Partei wiederherzustellen. Während des Krieges befand er sich auf dem kriegsfeindlichen Flügel und attackierte in ähnlicher Weise wie Lenin den »Sozialpatriotismus«. Er gehörte auch zu den Autoren des Zimmerwalder Manifests. Zusammen mit Martow gab er in Paris eine Zeitschrift heraus, an der die hervorragendsten sozialdemokratischen Intellektuellen (u. a. Lunatscharski) mitarbeiteten. Während der ganzen Zeit vom Zweiten Parteitag bis 1917 (als Trotzki der bolschewistischen Partei beitrat) gab es kaum jemanden, dem Lenin die gleiche Abneigung entgegenbrachte, gleichgültig, ob er mit ihm in inhaltlichen Fragen übereinstimmte oder nicht. Er bezeichnete ihn – je nach den Umständen – als lärmenden Phrasendrescher, Komödianten, Intriganten, Makler und Juduschka (aus Saltijkov-

Schtschedwins Roman), und unterstrich überhaupt bei jeder Gelegenheit, daß Trotzki ein prinzipienloser Mensch sei, der zwischen verschiedenen Gruppen herumlaviert und nur darum besorgt ist, nicht auf frischer Tat ertappt zu werden. »Mit Trotzki kann man nicht prinzipiell diskutieren«, schrieb er 1911 (»Über die Diplomatie Trotzkis«, 21. 12. 1911, »Werke«, Bd. 17, S. 351), »denn er hat keinerlei feste Anschauung. Mit überzeugten Liquidatoren und Otsowisten kann und soll man diskutieren, aber mit einem Menschen, der sein Spiel damit treibt, die Fehler sowohl der einen wie der anderen zu bemänteln, diskutiert man nicht, ihn entlarvt man als . . . einen Diplomaten allerniedrigster Sorte.« Dasselbe wiederholte er 1914 (»Der Zerfall des ›August‹blocks«, 15. 3. 1914, »Werke«, Bd. 20, S. 153): »Trotzki dagegen hat niemals irgendeine ›Physiognomie‹ gehabt, und er hat auch keine; bei ihm gab es nur hinüber- und herüberwechseln von den Liberalen zu den Marxisten und umgekehrt, Bruchstücke von Wörtchen und wohlklingenden Phrasen, die von hier und dort zusammengeholt wurden.« Und über den Inhalt des »Trotzkismus« schrieb Lenin: »Die originelle Theorie Trotzkis übernimmt von den Bolschewiki den Appell zum entschlossenen revolutionären Kampf des Proletariats und zur Eroberung der politischen Macht durch das Proletariat, von den Menschewiki aber die ›Negierung‹ der Rolle der Bauernschaft« (»Über die zwei Linien der Revolution«, 20. 11. 1915, »Werke«, Bd. 21, S. 426).

Eigentlich vertrat Trotzki genau wie Lenin die Ansicht, daß die Partei die führende Kraft im revolutionären Kampf sein müsse und nicht eine Helferin der Bourgeoisie; genau wie Lenin war er ein Gegner sowohl des »Liquidatorentums« als auch des »Otsowismus«; früher als Lenin sah er voraus, daß die Revolution »in zwei Etappen« verlaufen würde. Dagegen glaubte er nicht an das revolutionäre Potential der Bauernschaft und hoffte, daß das Proletariat in Rußland dank der Unterstützung durch eine gesamteuropäische Revolution siegen würde.

2. Zwei Revolutionen

Obwohl alle Fraktionen ungeduldig die Revolution erwarteten, brach die Revolution im Februar 1917 ohne ihr Zutun und in einer für alle unerwarteten Weise aus. Einige Wochen zuvor war Trotzki in die Vereinigten Staaten übergesiedelt, in der Überzeugung, er habe Europa für immer verlassen, während Lenin im Januar 1917 in Zürich ein Referat über das Jahr 1905 hielt, in dem er verkündete: »Wir, die Alten, werden vielleicht die entscheidenden Kämpfe dieser kommenden Revolution nicht erleben« (»Werke«, Bd. 23, S. 261). Wenn eine Partei tatsächlich direkt zur Februarrevolution beitrug, so waren es die Liberalen (Kadetten), die im Einverständnis mit den Regierungen der Ententemächte handelten. Darüber schrieb übrigens Lenin selbst, der hervorhob, daß es sowohl den französischen und englischen wie auch den russischen Kapitalisten darum ging, die Möglichkeit eines Separatfriedens Nikolaus' II. mit dem deutschen Kaiser zu vereiteln, und daß sie in diesem Sinne eine Verschwörung mit dem Ziel der Absetzung des Zaren anzettelten. Allerdings traf diese Verschwörung zusammen mit der Bewegung der durch die Hungersnot erbitterten Massen, einem wirtschaftlichen Chaos und militärischen Niederlagen. Die dreihundertjährige Monarchie der Romanows zerfiel von einem Augenblick zum andern, und es wurde offenkundig, daß es keine ernst zu nehmenden gesellschaftlichen Kräfte gab, die zu ihrer Verteidigung bereit waren. Rußland erlebte die erste und in seiner bisherigen Geschichte einzige, acht Monate während Periode völliger politischer Freiheit. Es verdankte diese Freiheit jedoch nicht irgendeiner Rechtsordnung, sondern in erster Linie der Tatsache, daß keine gesellschaftliche Kraft die Situation in der Hand hatte. Die aus der Duma hervorgegangene provisorische Regierung teilte sich mit den Räten der Arbeiter- und Soldatendeputierten, die aufgrund der Erfahrungen von 1905 wieder auflebten, in eine ungewisse Herrschaft, aber keines der Glieder dieser Doppelherrschaft hatte die elementaren Reaktionen der bewaffneten Massen, die die Straßen der großen Städte beherrschten, voll unter Kontrolle. Die Bolschewiki waren anfangs eine geringfügige Minderheit in den Räten, und in allen Parteien bestand völlige Konfusion hinsichtlich der weiteren Geschicke der Revolution.

Lenin tauchte, nachdem die Deutschen ihm die Durchreise gestattet hatten, im April in Petrograd auf, zusammen mit der Gruppe von einigen Dutzenden der Repatrianten aus verschiedenen politischen Parteien. Dies lieferte seinen Feinden den Vorwand, ihn als deutschen Agenten zu brandmarken. Lenin nahm die deutsche Hilfe natürlich nicht an, um für den deutschen Kaiser das Kriegsglück zu wenden, sondern in der Hoffnung, daß die weitere Entwicklung der Revolution ihre Flammen auf ganz Europa übergreifen lassen werde. In den unmittelbar vor der Abreise aus der Schweiz verfaßten »Briefen aus der Ferne« formulierte Lenin seine grundlegenden strategischen Hinweise: Da die russische Revolution eine bürgerliche ist, besteht die Aufgabe des Proletariats darin, den Betrug der herrschenden Klassen zu enthüllen, die die Forderungen des Volkes: Brot, Frieden und Freiheit, nicht befriedigen können; die Losung des Tages ist die Vorbereitung der »zweiten Etappe« der Revolution, die dem von den halbproletarischen und armen Teilen der Bauernschaft unterstützten Proletariat die Macht verschafft. Dasselbe entwickelte er in den berühmten »Aprilthesen«, die gleich nach der Rückkehr verkündet wurden: Keine Unterstützung für die provisorische Regierung, keine Unterstützung für den Krieg, Übergang zur Herrschaft des Proletariats und der armen Bauernschaft, Zerschlagung der parlamentarischen Republik und deren Ersetzung durch die Räterepublik, Beseitigung von Polizei, Armee und Bürokratie, Wählbarkeit und Abberufbarkeit aller Beamten, Beschlagnahmung des Großgrundbesitzes, Kontrolle der Räte über die gesamte gesellschaftliche Produktion und Distribution, Erneuerung der Internationale, Annahme der Bezeichnung »kommunistisch« durch die Partei.

Diese Parolen, die eine unzweideutige Forderung nach sofortigem Übergang zur sozialistischen Phase der Revolution waren, stießen nicht nur auf den Widerspruch der Menschewiki, die in ihnen eine völlige Abkehr von der traditionellen sozialistischen Doktrin sahen, sondern begegneten auch unter den Bolschewiki einem beträchtlichen Widerstand. Die Hartnäckigkeit Lenins setzte sich jedoch gegen die Bedenken durch. Er betonte allerdings, daß ein sofortiger Sturz der provisorischen Regierung unmöglich sei, da sie sich dank der Unterstützung der Räte (Sowjets) an der Macht halte; die Bolschewiki müßten zunächst die Kontrolle über die Sowjets erlangen und die Mehrheit der Arbeitermassen auf ihre Seite ziehen, indem sie sie überzeugen, daß der imperialistische Krieg nur durch die Diktatur des Proletariats beendet werden kann.

Im Juli widerrief Lenin die Forderung »Alle Macht den Räten!«, da er zu dem Schluß gelangte, daß die Bolschewiki augenblicklich nicht imstande waren, die Mehrheit in den Räten zu erlangen, während die tonangebenden Parteien – die Menschewiki und die Sozialrevolutionäre – auf die Seite der Konterrevolution übergegangen und zu Laufburschen der zaristischen Generäle geworden seien. Dadurch war der friedliche Weg für die Revolution verschlossen. Die Zurücknahme der Losung folgte einer bolschewistischen Demonstration, die wahrscheinlich – auch wenn Lenin das später entschieden bestritt – ein erster Versuch war, die Macht zu übernehmen. Von der Verhaftung bedroht, mußte Lenin aus Petrograd fliehen, und er versteckte sich auf dem Land, von wo aus er die Tätigkeit der Partei lenkte und wo er eines der verblüffendsten ideologischen Dokumente verfaßte: »Staat und Revolution«, einen halbwegs anarchistischen Entwurf eines proletarischen Staates, in dem die Herrschaft unmittelbar vom gesamten bewaffneten Volk ausgeübt wird. Alle Grundgedanken dieses Programms sollten bald darauf nicht nur durch die Entwicklung der bolschewistischen Revolution annulliert, sondern auch theoretisch von Lenin selbst als absurde, syndikalistisch-anarchistische Schwärmereien verspottet werden.

Ein fehlgeschlagener Putschversuch des Generals Kornilow trug zur Steigerung des allgemeinen Chaos bei und erleichterte den Bolschewiki die Aufgabe. Lenin forderte, die Partei solle sich am Kampf gegen Kornilow beteiligen, sich aber nicht aus diesem Grunde dazu »herablassen«, die Kerenski-Regierung zu unterstützen. »Einzig und allein die

Entwicklung dieses Krieges kann *uns* an die Macht bringen«, schrieb er in einem Brief an das Zentralkomitee vom 30. August 1917, »doch davon soll bei der Agitation möglichst wenig *geredet* werden (wobei man stets daran denken muß, daß die Ereignisse uns morgen schon an die Macht bringen können, die wir dann nicht wieder aus der Hand geben werden)« (»Werke«, Bd. 25, S. 296).

Im September erlangten die Bolschewiki die Mehrheit im Petrograder Sowjet, und Trotzki übernahm dessen Vorsitz. Im Oktober stimmte die Mehrheit des Zentralkomitees (gegen den Einspruch von Sinowjew und Kamenjew, die öffentlich ihr Veto einlegten) für den bewaffneten Aufstand. Die bloße Machtübernahme in der Hauptstadt vollzog sich verhältnismäßig leicht und ohne große Opfer. Der Rätekongreß, der sich am Tage nach dem Umsturz versammelte, besaß eine bolschewistische Mehrheit. Er beschloß ein Dekret, das einen Frieden ohne Annexionen und Entschädigungen forderte sowie ein Dekret über den Boden. Damit war die Macht in der Hand einer rein bolschewistischen Regierung, die sie, wie Lenin versprochen hatte, nicht mehr aus der Hand geben sollte.

Es besteht kein Zweifel daran, daß Lenin in seiner Aufstandspolitik davon ausging, daß sich an der russischen Revolution unausweichlich die Weltrevolution oder mindestens die europäische Revolution entzünden müßte, und daß er seine ganzen Kalkulationen darauf stützte. Das war übrigens der unter den Bolschewiki einhellig anerkannte und unumstrittene Standpunkt; in den ersten Jahren nach der Revolution konnte das Problem des »Sozialismus in einem Lande« nicht auftreten. Im Abschiedsbrief an die Schweizer Arbeiter schrieb Lenin vor der Rückkehr nach Rußland, daß im Zusammenhang mit dem bäuerlichen Charakter Rußlands und der Masse der unbefriedigten Wünsche der Bauern die Revolution in diesem Lande durch ihren Elan zum Prolog der sozialistischen Weltrevolution werden kann. Dieses »kann« verschwand jedoch bald aus Lenins Reden und Artikeln; einige Jahre lang sticht an ihnen die unerschütterliche Gewißheit hervor, daß die proletarische Herrschaft in Westeuropa kurz bevorstehe. ». . . das Heranreifen und die Unvermeidlichkeit der sozialistischen Weltrevolution«, schrieb er im September 1917, »unterliegen keinem Zweifel . . . hat das Proletariat Rußlands die Macht ergriffen, so hat es *alle* Aussichten, sie zu behaupten und Rußland bis zur siegreichen Revolution im Westen zu führen« (»Die russische Revolution und der Bürgerkrieg«, »Werke«, Bd. 26, S. 24). »Es kann keinen Zweifel geben. Wir stehen an der Schwelle der proletarischen Weltrevolution«, verkündete er beinahe am Vortag der Oktoberrevolution (»Die Krise ist herangereift«, *ebd.*, S. 60). Nicht anders nach der Umwälzung auf dem Dritten Sowjetkongreß (24. 1. 1918): »Wir sehen . . ., daß die sozialistische Revolution in allen Ländern der Welt täglich, ja stündlich heranreift« (*ebd.*, S. 471). »Schon sieht man die

Funken und die revolutionären Explosionen in Westeuropa immer häufiger aufflammen; sie geben uns die Gewißheit, daß der Sieg der internationalen Arbeiterrevolution nicht mehr fern ist« (August 1918, »Werke«, Bd. 28, S. 40). »Die Krise hat in Deutschland erst begonnen. Sie wird unvermeidlich mit dem Übergang der politischen Macht in die Hände des deutschen Proletariats enden« (3. 10. 1918, *ebd.*, S. 93). »Die Zeit ist nicht mehr fern, da der erste Tag der Weltrevolution allerorts gefeiert werden wird« (3. 11. 1918, *ebd.*, S. 122). »Der Sieg der proletarischen Revolution in der ganzen Welt ist sicher. Die Gründung der Internationalen Räterepublik wird kommen« (1. Kongreß der III. Internationale, 6. 3. 1919, *ebd.*, S. 490). Und noch am 12. Juli 1919 sagte er auf der Moskauer Parteikonferenz voraus, daß »wir den nächsten Juli mit dem Sieg der Internationalen Sowjetrepublik begrüßen werden – und dieser Sieg wird vollständig und unantastbar sein« (»Werke«, Bd. 29, S. 484).

Diese Prophezeiungen stützten sich nicht nur auf die Beobachtung der tatsächlichen Ereignisse, die mit dem »Anstieg der revolutionären Flut« und kommunistischen Aufständen in Bayern, Ungarn und Estland zusammenhingen, sondern auch auf die absolute Überzeugung Lenins, daß der europäische Krieg überhaupt nur durch den Sturz des Kapitalismus beendet werden könne. ». . . der Krieg wird ausweglos. In dieser Ausweglosigkeit liegt die Gewähr dafür, daß für unsere sozialistische Revolution wesentliche Voraussetzungen gegeben sind, sich bis zu dem Augenblick zu halten, da die Weltrevolution ausbricht. Hierfür aber bürgt der Krieg, den nur die Arbeitermassen werden beenden können« (3. 7. 1918, »Werke«, Bd. 27, S. 503). Es besteht auch kein Zweifel daran, daß Lenin nicht an den dauerhaften Sieg in einem Lande glaubte: »Natürlich«, sagte er auf dem Dritten Sowjetkongreß, »der endgültige Sieg des Sozialismus in *einem* Lande ist unmöglich« (»Werke«, Bd. 27, S. 471). Am 12. 3. 1918 schreibt er, daß »die Rettung *nur* auf dem Wege der internationalen sozialistischen Revolution möglich ist, den wir beschritten haben« (»Werke«, Bd. 27, S. 148). »Wir verschließen nicht die Augen davor, daß es uns allein – der sozialistischen Revolution in *einem* Lande, selbst wenn dieses viel weniger rückständig wäre als Rußland, selbst wenn wir in leichteren Verhältnissen lebten als nach vier Jahren eines unerhörten, qualvollen, schweren und verheerenden Krieges – nicht möglich ist, mit den eigenen Kräften die sozialistische Revolution in *einem* Lande voll und ganz durchzuführen« (Rede vom 26. 5. 1918, »Werke«, Bd. 27, S. 409). »Das russische Proletariat ist sich bewußt, in der Revolution allein dazustehen, und erkennt klar, daß die vereinte Aktion der Arbeiter der ganzen Welt oder einiger in kapitalistischer Hinsicht fortgeschrittener Länder die notwendige Bedingung und grundlegende Voraussetzung seines Sieges ist« (Rede vom 23. 7. 1918, »Werke«, Bd. 27, S. 547).

Als diese Hoffnungen sich zerschlugen, als sich herausstellte, daß das europäische Proletariat teils keine Lust hatte, den Bolschewiki zu folgen, teils bei Revolutionsversuchen Niederlagen davontrug, und daß man den Krieg auch ohne Revolution beenden kann, stand die Partei vor dem Problem: Was mit der eroberten Macht anfangen? Ein Verzicht auf die Macht kam überhaupt nicht in Frage, und auch die Möglichkeit, andere sozialistische Kräfte an der Macht zu beteiligen, war praktisch nicht gegeben (die kurzlebige Episode der Regierungsbeteiligung der linken Sozialrevolutionäre war bedeutungslos, im übrigen war ihre Rolle unscheinbar und verdient keineswegs die Bezeichnung »Teilhabe an der Macht«). Der Streit um den »Sozialismus in einem Lande« setzte nach Lenins Tod ein, wobei Stalin in der Auseinandersetzung mit Trotzki zwar die Ausgangsdaten dieses Streits total verfälschte, aber wahrscheinlich der treuere Hüter des Leninschen Erbes war als Trotzki. Denn der Streit ging nicht darum, ob man den Sozialismus in einem Lande, das sich aufgrund zahlreicher historischer Umstände in der Isolation befand, aufbauen sollte oder nicht, sondern darum, ob der sozialistische Aufbau in Rußland der Weltrevolution untergeordnet werden sollte oder umgekehrt. Diese Frage war von entscheidender Bedeutung für die Politik des Sowjetstaates, vor allem – aber nicht allein – für die Außenpolitik und für die Festlegung der Aufgaben der Komintern. Trotzki konnte sich zwar auf zahlreiche Äußerungen Lenins berufen, die belegten, daß Lenin in der russischen Revolution einen Prolog der Weltrevolution und in Sowjetrußland eine Sturmabteilung des internationalen Proletariats sah. Lenin hat natürlich seine diesbezüglichen Äußerungen nie dementiert; auch Stalin tat das nicht, zumindest nicht verbal, und deshalb konnte er auch nicht umhin, die Diskussion zu verfälschen und an Stelle der eigentlichen Frage die andere zu setzen: »Kann man den Sozialismus in einem Lande aufbauen?«, wodurch er den Eindruck erwecken wollte, als habe Trotzki den Sozialismus in Rußland aufgegeben. Es ist jedoch unmöglich, nicht zu bemerken, daß das Problem des friedlichen Aufbaus nach Beendigung des Bürgerkriegs die Aufmerksamkeit Lenins nahezu restlos fesselte und seine Politik in den letzten Jahren die eines Staatschefs und nicht die eines Führers der Weltrevolution war. Er sagte zwar noch am 29. 11. 1920: »Sobald wir aber stark genug sind, den gesamten Kapitalismus niederzuwerfen, werden wir ihn sofort an der Gurgel packen« (»Werke«, Bd. 31, S. 437), und zweifellos hat er das auch so gemeint. Als er jedoch schrieb, der Kommunismus sei Sowjetmacht plus Elektrifizierung des ganzen Landes, meinte er die Elektrifizierung Rußlands und nicht die Westeuropas. Dieser Wandel vollzog sich ohne eine eindeutige theoretische Begründung, und daher war der Versuch Stalins, in diesem Punkt zwischen Trotzki und Lenin einen Gegensatz herzustellen, reine Demagogie: Eine so formulierte Auseinandersetzung hat es zu Lebzeiten Lenins nicht gegeben. Aber Stalin war nicht nur in der Beurteilung der Perspektiven der Weltrevolution nüchterner als Trotzki, er war auch konsequenter in der Interpretation von Lenins Losung, daß Sowjetrußland die führende Abteilung der Revolution sei. Denn wenn das der Fall ist, wenn Sowjetrußland der wertvollste Schatz des Weltproletariats ist, dann ist klar, daß das, was für den Sowjetstaat gut ist, auch gut für das Weltproletariat ist. Es konnte natürlich das Problem auftauchen, was zu tun sei, wenn das unmittelbare Interesse des Staates dem unmittelbaren Interesse einer revolutionären Bewegung in einem anderen Land widerstritt. Dann aber stand Stalins Strategie: niemals die Interessen des Staates für das ungewisse Schicksal einer Revolution im Ausland opfern – im Einklang mit den Leninschen Grundsätzen.

Daß Lenin aber gerade eine solche Politik betrieb, dafür gibt es keinen besseren Beweis als die Geschichte des Friedens von Brest-Litowsk. Der Brester Frieden – die demütigende Kapitulation der jungen Republik vor den Deutschen – wurde von Lenin gegen den geradezu rasenden Widerstand sowohl seiner eigenen Partei wie auch beinahe ganz Rußlands durchgesetzt. Den nicht-bolschewistischen russischen Patrioten mußte dieser Friede als eine nationale Schande erscheinen. Den Bolschewiki mußte er erscheinen als ein Verrat an der Weltrevolution und als ein Widerruf aller Zusicherungen, die Lenin vor der Revolution viele Male gegeben hatte, daß von einem Separatfrieden mit dem deutschen Imperialismus keine Rede sein könne. Der Brester Frieden war also eine Niederlage – und Lenin hat übrigens nie versucht, ihn anders darzustellen; er hatte nicht die später von Stalin eingeführte Gewohnheit, alle Niederlagen als glänzende Siege hinzustellen. Lenin war sich des Dilemmas deutlich bewußt: entweder ein Kapitulationsfrieden mit der Möglichkeit, die Macht der Bolschewiki zu retten, oder ein revolutionärer Krieg gegen die Deutschen mit dem höchstwahrscheinlichen Ergebnis einer Niederlage und des Verlusts der Macht. So stellte er die Sache auch der Partei dar. Daß dies eine schmerzliche Lektion war, beweist die Häufigkeit, mit der er bis zu seinem Lebensende auf das Problem des Brester Friedens zurückkam. Zugleich aber war dieser Frieden, der dem Zentralkomitee gegen den anfänglichen Widerstand einer beträchtlichen Mehrheit (die vor allem von Bucharin angeführt wurde) aufgezwungen wurde, der eindeutige Beginn einer Politik, die Stalin anschließend fortsetzen sollte: Das Interesse des Sowjetstaates und der bolschewistischen Macht geht über alles, insbesondere darf dieses Interesse nicht um des ungewissen Schicksals der Weltrevolution willen aufs Spiel gesetzt werden.

Fast unmittelbar nach der Revolution wurde die Frage der Legitimation der neuen Herrschaft eindeutig und in Übereinstimmung mit den

Leninschen Grundsätzen gelöst. Die Wahlen zur Konstituierenden Versammlung, die vor der Revolution vorbereitet worden waren, fanden im November 1917 statt und brachten den Bolschewiki ungefähr ein Viertel der Stimmen. Es waren die einzigen allgemeinen, gleichen und unmittelbaren Wahlen in der Geschichte Rußlands, und sie wurden in einem Augenblick durchgeführt, da die Popularität der Bolschewiki beim Volk auf ihrem Höhepunkt war. Die Versammlung wurde von bewaffneten Matrosen auseinandergejagt, und damit endete die Geschichte der russischen parlamentarischen Demokratie. Sowohl vor wie auch nach dem Auseinanderjagen der Konstituierenden Versammlung hat Lenin viele Male erklärt, daß die Parole »alle Macht der Konstituierenden Versammlung« gleichbedeutend sei mit der Wiederherstellung der Herrschaft der Großgrundbesitzer und der Bourgeoisie (die Mehrheit in der Versammlung besaß die Partei der Sozialrevolutionäre, die von den bäuerlichen Massen unterstützt wurde). »Wir werden dem Volk sagen«, erklärte Lenin am 14. Dezember 1917, »daß seine Interessen höher stehen als die Interessen einer demokratischen Einrichtung. Man darf nicht zu den alten Vorurteilen zurückkehren, die die Interessen des Volkes einem formalen Demokratismus unterordnen« (»Werke«, Bd. 26, S. 352). »Die Losung ›alle Macht der Konstituierenden Versammlung‹, die den Errungenschaften der Arbeiter- und Bauernrevolution nicht Rechnung trägt ... diese Losung (ist) in Wirklichkeit zu einer Losung der Kadetten sowie der Kaledin-Leute und ihrer Helfershelfer geworden ... jeder direkte oder indirekte Versuch, die Frage der Konstituierenden Versammlung vom formal-juristischen Standpunkt aus, im Rahmen der gewöhnlichen bürgerlichen Demokratie, unter Außerachtlassung des Klassenkampfes und des Bürgerkriegs zu betrachten, ist Verrat an der Sache des Proletariats, bedeutet Übergang zur Position der Bourgeoisie« (26. 12. 1917, »Werke«, Bd. 26, S. 379–381).

Auf diese Weise bekräftigte Lenin nur seine alte Überzeugung, daß darüber, was die »Interessen des Volkes« sind, das Volk keinesfalls entscheiden kann. Er hatte durchaus nicht die Absicht, »zu den alten Vorurteilen zurückzukehren«. Gleichwohl war er eine Zeitlang überzeugt, daß, wenn die Diktatur gegen die Bauernschaft, also gegen die beträchtliche Mehrheit des russischen Volkes ausgeübt werden müsse, es dennoch eine Diktatur sein könne, welche die Unterstützung der gewaltigen Mehrheit des Proletariats hat. Bald sollte auch diese Illusion zerplatzen.

Anfangs genoß allerdings der neue Staat ohne Zweifel die Unterstützung der Mehrheit der Arbeiterklasse und der Bauernschaft. Nur deshalb konnte er die schrecklichen Kämpfe des Bürgerkriegs überstehen, in deren Verlauf die Sowjetmacht – was Lenin nicht verhehlte – mehrfach an einem seidenen Faden hing. Die beinahe übermenschliche Energie, welche die bolschewistische Partei in diesen Jahren aus sich herausholte, und die gewaltige Opferbereitschaft, die sie bei den Arbeiter- und Bauernmassen zu mobilisieren vermochte, retteten die Sowjetmacht, aber sie retteten sie um den Preis des wirtschaftlichen Ruins des Landes, millionenfacher Opfer, einer allgemeinen Verrohung und unwahrscheinlicher Leiden. In der Schlußphase der Kämpfe erlitt die Revolution eine weitere Niederlage – im Krieg mit Polen. Diese Niederlage zerstörte endgültig die Hoffnungen auf eine baldige Übertragung des sowjetischen Systems auf Europa.

Was die Gründe für das Gelingen der Oktoberrevolution betrifft, so bemühte sich Lenin durchaus nicht, die Sache in traditionell marxistischen Kategorien darzustellen, sondern er berief sich auf die Rückständigkeit Rußlands, auf die unbefriedigten Forderungen der Bauern und auf die Kriegssituation. »Die Russen«, schrieb er am 23. 4. 1919, »hatten es leichter, die große proletarische Revolution *zu beginnen*, es wird ihnen aber schwerer werden, sie *fortzusetzen* und bis zum endgültigen Sieg im Sinne der vollständigen Organisierung der sozialistischen Gesellschaft zu führen. Wir hatten es leichter zu beginnen, erstens weil die für das Europa des 20. Jahrhunderts außergewöhnliche politische Rückständigkeit der Zarenmonarchie eine außergewöhnliche Kraft des revolutionären Ansturms der Massen auslöste. Zweitens führte die Rückständigkeit Rußlands zu einer eigenartigen Verschmelzung der proletarischen Revolution gegen die Bourgeoisie mit der Bauernrevolution gegen die Gutsbesitzer« (»Die Dritte Internationale und ihr Platz in der Geschichte«, »Werke«, Bd. 29, S. 299). Auf dem dritten Kongreß der Kommunistischen Internationale erklärte er (am 1. 7. 1921) noch eingehender: »Wir haben in Rußland gesiegt, und zwar so leicht gesiegt, weil wir unsere Revolution während des imperialistischen Krieges vorbereitet hatten. Das ist die erste Bedingung. Zehn Millionen Arbeiter und Bauern waren bei uns bewaffnet und unsere Losung war: sofortiger Frieden, koste es, was es wolle. Wir haben gesiegt, weil die breitesten Bauernmassen gegen die Großgrundbesitzer revolutionär eingestellt waren.« Weiterhin erklärte er: »Wir haben gesiegt, weil wir nicht unser, sondern das sozialrevolutionäre Agrarprogramm annahmen und praktisch verwirklichten. Unser Sieg bestand gerade darin, daß wir das sozialrevolutionäre Programm verwirklichten« (»Werke«, Bd. 32, S. 496 und 498).

Im Grunde war Lenin sich längst darüber im klaren, daß, wenn die russischen Kommunisten nach dem Vorbild der westlichen Parteien so lange gewartet hätten, bis »der Widerspruch zwischen den Produktionsverhältnissen und den Produktivkräften« hinreichend stark gewesen wäre, er die proletarische Revolution hätte abschreiben können. Ihm war eindeutig klar, daß der Ablauf der Ereignisse in Rußland mit den traditionellen marxistischen Schemata nichts zu tun hatte, auch wenn er diese Frage theoretisch nicht in aller Offenheit erörterte. Die russische Revolution bezog ihre Stoßkraft nicht aus dem Klassenkonflikt zwischen Arbeitern und Bourgeoisie, sondern aus den Bestrebungen der Bauern, der durch den Krieg bedingten Auflösung und der Sehnsucht nach Frieden. Es war insofern eine kommunistische Revolution, als in ihrer Folge die Staatsmacht sich in den Händen der kommunistischen Partei befand, nicht jedoch in dem Sinne, daß sie die marxistischen Schemata bezüglich des Schicksals der kapitalistischen Gesellschaft bestätigt hätte.

3. Die Anfänge der sozialistischen Wirtschaft

In ökonomischer Hinsicht gliedert sich die Geschichte Sowjetrußlands zu Lebzeiten Lenins in zwei Abschnitte: den sogenannten Kriegskommunismus und (vom Frühjahr 1921 ab) die sogenannte Neue Ökonomische Politik. Der Ausdruck »Kriegskommunismus« wurde später geprägt, als man bereits zur NÖP übergegangen war, und er ist irreführend, da er den Eindruck hervorrufen soll, es sei um eine befristete Politik gegangen, die mit dem Bürgerkrieg und der Notwendigkeit zusammenhing, außergewöhnliche Mittel anzuwenden, um in dem ruinierten Land Lebensmittel herbeizuschaffen. So wird die Sache denn auch des öfteren in den Geschichtsbüchern dargestellt. Aus dieser Darstellung soll sich der Eindruck ergeben, die NÖP sei gewissermaßen das von Anfang an geplante Verfahren der wirtschaftlichen Organisation gewesen, habe aber aufgrund der außergewöhnlichen Umstände des Bürgerkriegs nicht früher eingeführt werden können oder, anders gesagt, die NÖP sei nicht ein Rückzug und das Eingeständnis eines Fehlers gewesen, sondern eine Rückkehr zum »normalen« und seit langem geplanten Entwicklungsweg, von dem die Partei, durch die Umstände gezwungen, zeitweilig abweichen mußte.

In Wirklichkeit läßt sowohl der Verlauf der Ereignisse als auch ihre Interpretation durch Lenin keinen Zweifel daran, daß der »Kriegskommunismus« von Anfang an als ein ökonomisches System gedacht war, das bis zum »vollständigen Sieg des Kommunismus« beibehalten werden sollte, und daß die NÖP das Eingeständnis einer Niederlage war. Das entscheidende Problem im ruinierten Rußland war natürlich die Produktion von Lebensmitteln, insbesondere von Getreide. Der sogenannte Kriegskommunismus bestand vor allem in der zwangsweisen Requisition sämtlicher Nahrungsmittelüberschüsse bei den Bauern – oder vielmehr alles dessen, was die örtliche Behörde bzw. die Requisitionskommandos für Überschüsse erklärten. Es war unmöglich, in Millionen von kleinbäuerlichen Wirtschaften Vorräte und »Überschüsse« real auseinanderzuhalten, und so brachte das System der Zwangsablieferung nicht nur die bäuerlichen Massen gegen die Machthaber auf, rief es nicht nur Bestechung und Gewalttätigkeit in gigantischen Ausmaßen hervor, sondern es führte auch unausweichlich zum Ruin der landwirtschaftlichen Produktion und damit zum Ruin des gesamten Machtsystems. Lenin ging jedoch davon aus, daß in einem kleinbäuerlichen Lande der Freihandel mit Getreide – nicht zeitweilig, sondern grundsätzlich – nicht mehr und nicht weniger bedeutet als die Rückkehr zum Kapitalismus, daß also diejenigen, die um der wirtschaftlichen Gesundung des Landes willen den freien Handel befürworten, Bundesgenossen Koltschaks seien. Am 19. 5. 1919 sprach er in einer Rede von einem historischen Augenblick, »da in den Vordergrund der Kampf der unterdrückten werktätigen Klassen für den völligen Sturz des Kapitals, *für die völlige Aufhebung der Warenproduktion* tritt« (Hervorhebung L. K., »Werke«, Bd. 29, S. 340), und erklärte, daß der freie Handel mit Getreide das ökonomische Programm Koltschaks sei. Am 30. Juli dieses Jahres wiederholte er in einer Rede über die Ernährungslage dasselbe noch deutlicher, indem er sagte, daß die Frage des Freihandels im letzten Kampf gegen den Kapitalismus entscheidend sei und daß es auf diesem Gebiet »keine Konzessionen geben kann«, da gerade der freie Handel die ökonomische Basis von Denikin und Koltschak sei. »Wir wissen, wenn man Getreide frei im Lande verkauft, dann ist eben das die Hauptquelle des Kapitalismus, eine Quelle, die bis auf den heutigen Tag die Ursache für den Untergang aller Republiken war. Jetzt ist der entscheidende und letzte Kampf gegen den Kapitalismus und gegen den freien Handel im Gange, für uns ist das jetzt die allerwichtigste Schlacht zwischen Kapitalismus und Sozialismus. Wenn wir in diesem Kampf siegen, dann wird es schon keine Rückkehr zum Kapitalismus und zu der früheren Macht, zu allem dem, was früher war, mehr geben. Diese Rückkehr wird unmöglich sein, Voraussetzung aber ist der Krieg gegen die Bourgeoisie, gegen die Spekulation, gegen die Kleinwirtschaft« (*ebd.*, S. 518). Dasselbe in einem seinerzeit unveröffentlichten Artikel über den freien Getreidehandel: »Freier Getreidehandel bedeutet Rückkehr zum Kapitalismus, zur Allmacht der Gutsbesitzer und Kapitalisten, zum wütenden Kampf der Menschen gegeneinander um Profite, zur ›freien‹ Bereicherung weniger, zum Elend der Massen, zu ihrer ewigen Sklaverei« (*ebd.*, S. 563).

Wenn Lenin sich also nicht auf den unverzüglichen Übergang zur kollektiven oder staatlichen Landwirtschaft einstellte, so bestand dennoch kein Zweifel daran, daß die landwirtschaftliche Produktion sich von Anfang an unter der direkten Kontrolle des Staates befinden sollte und daß ohne den Untergang des Sozialismus von einem freien Warenverkehr nicht die Rede sein konnte. Es war von Anfang an seine Absicht, die Landwirtschaftspolitik auf polizeiliche Zwangsgewalt gegenüber den

Bauern zu stützen und auf die unmittelbare Konfiskation ihrer Erträge in Gestalt von Ablieferungskontingenten, die im (praktisch undurchführbaren) Prinzip so bemessen sein sollten, daß den Bauern Saatgetreide für das nächste Jahr und ein Minimum an Lebensmitteln für sie selbst blieb.

Der Übergang zur NÖP war das Ergebnis der katastrophalen Auswirkungen dieser Politik. Die Menschewiki und Sozialrevolutionäre, die diese Katastrophe voraussagten, wurden dafür gebrandmarkt, ins Gefängnis geworfen und als Agenten der Weißgardisten ermordet.

Auf dem X. Parteitag im März 1921 gab Lenin die Rückzugsparole aus. Die kleinbäuerliche Wirtschaft werde, wie er erklärte, noch lange Jahre bestehen, und »die Losung des freien Handels wird unvermeidlich sein ... sie wird gerade deshalb Verbreitung finden, weil sie den ökonomischen Existenzbedingungen des Kleinproduzenten entspricht« (»Werke«, Bd. 32, S. 186). Er gab zu, daß die Partei im Bereich der Nationalisierung des Handels und der Industrie einen Fehler begangen habe, daß sie weiter gegangen sei, »als es theoretisch und politisch notwendig war«; »wir müssen die Mittelbauernschaft ökonomisch zufriedenstellen und uns mit der Freiheit des Umsatzes abfinden, sonst können wir angesichts der Verzögerung der internationalen Revolution die Macht des Proletariats in Rußland nicht behaupten, ökonomisch nicht behaupten« (*ebd.*, S. 228). Die NÖP war, wie Lenin kurz darauf betonte, »ernsthaft und für lange Zeit« geplant, und sie bestand nicht nur darin, daß die Zwangseintreibung sämtlicher landwirtschaftlichen Überschüsse durch eine einheitliche Naturalsteuer ersetzt wurde, sondern in einer ganzen Reihe weiterer Maßnahmen: zahlreiche Konzessionen für das ausländische Kapital in Rußland, Unterstützung der Genossenschaften, Verpachtung von Staatsbetrieben an Privatpersonen, Erleichterungen für den privaten Handel und Überlassung von staatlichen Produkten zur Distribution an private Händler, Erweiterung der Selbständigkeit und Initiative der staatlichen Großbetriebe hinsichtlich der Verfügung über Finanzmittel und Materialreserven, Einführung von materiellen Anreizen in der Produktion. »An die erste Stelle«, so stellte sich nun heraus, »rückt der Warenaustausch als Haupthebel der Neuen Ökonomischen Politik« (*ebd.*, S. 454). Lenin verschwieg nicht, daß es um die Korrektur eines katastrophalen Fehlers ging. »Wir rechneten darauf – vielleicht wäre es richtiger zu sagen: wir nahmen an, ohne genügend zu rechnen –, daß wir durch unmittelbare Befehle des proletarischen Staates die staatliche Produktion und die staatliche Verteilung der Güter in einem kleinbäuerlichen Land kommunistisch regeln könnten. Das Leben hat unseren Fehler gezeigt. Es bedarf einer Reihe von Übergangsstufen: Staatskapitalismus und Sozialismus, um den Übergang zum Kommunismus *vorzubereiten*, ihn durch die Arbeit einer langen Reihe von Jahren vorzubereiten. Nicht aufgrund des Enthusiasmus unmittelbar, sondern mit Hilfe des aus der großen Revolution geborenen Enthusiasmus, aufgrund des persönlichen Interesses, der persönlichen Interessiertheit, der wirtschaftlichen Rechnungsführung bemüht euch, zuerst feste Stege zu bauen, die in einem kleinbäuerlichen Land über den Staatskapitalismus zum Sozialismus führen« (»Werke«, Bd. 33, S. 38). »An der ökonomischen Front haben wir bei dem Versuch, zum Kommunismus überzugehen, im Frühjahr 1921 eine Niederlage erlitten, die ernster war als irgendeine Niederlage, die uns jemals von Koltschak, Denikin oder Pilsudski beigebracht wurde, eine Niederlage, die viel ernster, viel wesentlicher und gefährlicher war. Sie kam darin zum Ausdruck, daß sich unsere Wirtschaftspolitik oben als losgelöst von unten erwies und nicht den Aufschwung der Kollektivkräfte bewirkte, der im Programm unserer Partei als die grundlegende und unaufschiebbare Aufgabe bezeichnet wird. Die Ablieferungspflicht im Dorf, dieses unmittelbar kommunistische Herangehen an die Aufgaben des Aufbaus in der Stadt, behinderte den Aufschwung der Produktivkräfte und war die Grundursache der tiefgehenden ökonomischen und politischen Krise, in die wir im Frühjahr 1921 hineingerieten« (Rede vom 17. 10. 1921, »Werke«, Bd. 33, S. 44).

Die Neue Ökonomische Politik war nach dem Brester Frieden die zweite bedeutende Maßnahme, an der die ungewöhnliche Fähigkeit Lenins deutlich wurde, doktrinäre Grundsätze aufzugeben, wenn es um die Macht ging. Die NÖP rief zwar in der Partei nicht solche Widerstände hervor wie der Brester Frieden, denn es war allen deutlich, daß sich das Land am Rande des Abgrunds befand. Gleichwohl war sie ein Rückzug in Richtung auf den Kapitalismus (wir treten zurück, um besser springen zu können, wie Lenin das ausdrückte). In den zurückliegenden Jahren hatte Lenin geglaubt, daß sich alle wirtschaftlichen Grundprobleme durch polizeilichen und militärischen Terror lösen lassen. Auch in dieser Hinsicht waren die Jakobiner sein Vorbild, und er stellte sich vor, daß die jakobinische Politik, wirtschaftliche Schwierigkeiten durch Terror zu bewältigen, hervorragende Ergebnisse gebracht habe. Er versuchte, diese Politik zu wiederholen, und befand sich genauso wie sie am Rande der Niederlage, aus der er sich jedoch im letzten Augenblick herauszuwinden verstand. Seine Direktiven zur Wirtschaftspolitik aus der Zeit des »Kriegskommunismus« sind direkt: erschießen, gefangennehmen, einschüchtern. Es stellte sich jedoch heraus – und das entsprach im übrigen der marxistischen Lehre –, daß das Wirtschaftsleben von eigenen Gesetzen regiert wird, die man nicht durch Terror beugen kann; in einer Zeit der allgemeinen Auflösung und der Hungersnot vernichtet man die Spekulation nicht dadurch, daß man die Spekulanten umbringt.

4. Diktatur des Proletariats und Diktatur der Partei

Gleichwohl bewirkte die neue ökonomische Situation Veränderungen, die unvermeidlich auch innerhalb der Partei Widerspruch hervorrufen mußten. Alle Versprechungen aus der Zeit vor der Revolution erwiesen sich sehr schnell als ein Fetzen Papier. Lenin hatte die Abschaffung des stehenden Heeres und der Polizei, die Angleichung des Lohns aller Funktionäre und Spezialisten an die Lohnhöhe von Facharbeitern und die unmittelbare Herrschaft des bewaffneten Volkes versprochen. Einen Tag nach der Revolution und lange vor der NÖP wurde der utopische Charakter dieser Pläne offensichtlich. Unverzüglich mußte eine Armee aufgestellt werden, die sich auf Berufsoffiziere stützte und nach den Prinzipien organisiert war, die in allen Armeen gelten, also nach den Prinzipien der Hierarchie, der Disziplin und der Angst. Trotzki, der führende Organisator der Roten Armee, erwies sich hierin als ein Genie; ihm sind denn auch in erster Linie die Erfolge im Bürgerkrieg zu verdanken. Die bei dieser Organisierung angewandten Mittel waren gewiß brutal – Geiselnahme und Ermordung von Geiseln, Erschießung von Deserteuren und jenen, die Deserteure verbargen, Erschießung wegen mangelnder Disziplin usw. Immerhin war aber, um solche Mittel überhaupt anwenden zu können, eine beträchtliche Streitmacht nötig, auf die man sich verlassen konnte: Um eine Armee durch Angst und Terror zusammenzuhalten, bedarf es einer großen Zahl von Menschen, die bereit sind, diesen Terror in einer Situation anzuwenden, in der der Gegenterror gewaltig ist. Unverzüglich nach der Revolution mußte auch ein Polizeiapparat aufgebaut werden, zu dessen tüchtigem Architekten Felix Dserschinskij wurde. Rasch stellte sich heraus, daß man, um die Produktion zu organisieren, den Spezialisten Privilegien einräumen mußte und daß man sie nicht erfolgreich organisieren konnte, indem man sich allein auf den Terror stützte. In dieser Frage überzeugte Lenin sich sehr rasch davon, daß man, wie er schrieb, sich zu einem Kompromiß durchringen und von den Grundsätzen der Pariser Kommune abrücken mußte (schon in dem Artikel »Die nächsten Aufgaben der Sowjetmacht« vom April 1918). So gab er denn auch von Anfang an die Losung aus, man müsse von der Bourgeoisie lernen. Als Struve einst die gleiche Losung ausgegeben hatte, war das ein Beweis seines Renegatentums. Nunmehr verkündete Lenin dagegen, daß diejenigen, die glaubten, man könne den Sozialismus aufbauen, ohne von der Bourgeoisie zu lernen, die Mentalität von Einwohnern Zentralafrikas hätten (Tagung des Gesamtrussischen Zentralexekutivkomitees, 29. 4. 1918). Immer größeren Raum nahmen in seinen Schriften und Reden Fragen der »Kultur« ein, d. h. Fragen der technischen und administrativen Effizienz, die für die Leitung von Industrie und Staat unerläßlich ist. Mit wachsendem Nachdruck beharrte er darauf, daß die Kommunisten ihre Großmäuligkeit ablegen, ihre Unwissenheit zugeben und sich alle von der Bourgeoisie entwickelten technisch-administrativen Fähigkeiten aneignen müßten (was die Vorzüge der Kommunisten auf anderen Gebieten als denen der Agitation und des politischen Kampfes betraf, so hatte Lenin von ihnen immer die schlechteste Meinung; noch 1913 schrieb er, als er erfuhr, daß Gorki sich unter der Obhut eines bolschewistischen Arztes befinde, unverzüglich einen Brief, in dem er verlangte, daß Gorki sich zu wirklichen Ärzten begebe und daß Gott ihn vor den Genossen-Ärzten behüten möge, denn die seien sämtlich Esel). Schon 1918 tauchte in seinen Gedanken außer der Pariser Kommune noch ein weiteres nachahmenswertes Vorbild auf – Zar Peter I. »Solange in Deutschland die Revolution noch mit ihrer ›Geburt‹ säumt, ist es unsere Aufgabe, vom Staatskapitalismus der Deutschen zu lernen, ihn mit aller Kraft zu übernehmen, keine *diktatorischen* Methoden zu scheuen, um diese Übernahme noch stärker zu beschleunigen, als Peter die Übernahme der westlichen Kultur durch das barbarische Rußland beschleunigte, ohne dabei vor barbarischen Methoden des Kampfes gegen die Barbarei zurückzuschrecken« (»Über ›linke‹ Kinderei und über Kleinbürgerlichkeit«, »Werke«, Bd. 27, S. 333). Bald wurde in der Industrieverwaltung das Prinzip der Alleinherrschaft eingeführt, und alle Träume von einer kollektiven Leitung der Produktionsbetriebe wurden als syndikalistische Abweichung verurteilt.

Es waren folglich zwei Mittel, mit denen die neue Gesellschaft aufgebaut werden sollte: die Verbreitung von technisch-administrativem Wissen sowie Zwang und Einschüchterung. Die NÖP war nicht und sollte auch durchaus nicht eine Auflockerung des politischen und polizeilichen Zwanges sein. Die während des Bürgerkriegs liquidierte nichtbolschewistische Presse wurde nicht wieder zugelassen. Die oppositionellen sozialistischen Parteien – Menschewiki und Sozialrevolutionäre – wurden mit Terror überzogen und liquidiert. Die Autonomie der Universitäten wurde 1921 endgültig beseitigt. Lenin erklärte unzählige Male, daß die »sogenannte Pressefreiheit« genau wie die Versammlungsfreiheit und die Freiheit der Parteien ein bürgerlicher Schwindel sei; im bürgerlichen System sei diese Freiheit eine Fiktion, da das Volk nicht über Druckereien und Versammlungssäle verfüge. Dagegen habe das sowjetische System dem »Volk« all diese Mittel übertragen und es sei selbstverständlich, daß das Volk der Bourgeoisie nicht die Freiheit einräumen könne, es zu betrügen; weil aber die Menschewiki und Sozialrevolutionäre zu bürgerlichen Auffassungen herabgesunken seien, sei es klar, daß die allgemeinen Grundsätze der Diktatur des Proletariats auch für sie gelten. Das Verbot von menschewistischen Zeitungen im Februar 1919 begründete Lenin damit, daß »die Sowjetmacht in der

Zeit des letzten, entscheidenden und erbitterten bewaffneten Kampfes gegen die Truppen der Gutsbesitzer und Kapitalisten nicht Leute bei sich dulden kann, die nicht bereit sind, gemeinsam mit den für ihre gerechte Sache kämpfenden Arbeitern und Bauern die schwersten Entbehrungen zu ertragen« (»Werke«, Bd. 28, S. 460 f.). Auf dem VII. Gesamtrussischen Sowjetkongreß sagte Lenin im Dezember 1919, daß Martow, wenn er behaupte, daß die Bolschewiki die Minderheit der Arbeiterklasse repräsentieren, er damit die Worte der »Bestien des Imperialismus« (Wilsons, Clemenceaus und Lloyd Georges) wiederhole, woraufhin er fortfuhr – und das war die logisch einwandfreie Schlußfolgerung seiner Ausführung –: »man muß auf der Hut sein und wissen, daß es hier ohne Tscheka nicht geht! (Beifall)« (»Werke«, Bd. 30, S. 228).

Die Verdrängung von nicht-bolschewistischen Organisationen und Zeitungen, die Verbannung ins Ausland (damals wandte man noch dieses milde Mittel an) von einigen hundert der hervorragendsten russischen Intellektuellen, die Säuberungen in allen Kulturinstitutionen, die Verbreitung einer Atmosphäre der Angst – das alles mußte bald, nicht aufgrund eines vorgefaßten Plans, sondern aufgrund einer naturwüchsigen gesellschaftlichen Tendenz, dazu führen, daß Konflikte in der Gesellschaft auf die bolschewistische Partei übergriffen und daß damit auch der Stabilisierungsprozeß einer despotischen Herrschaft, welche die Partei gegenüber der übrigen Gesellschaft errichtete, auf die Partei selbst übergriff. Der Bürgerkrieg hatte die Wirtschaft ruiniert und zu einer allgemeinen Erschöpfung und Ermattung geführt; die ausgeblutete Arbeiterklasse reagierte nicht auf ermunternde Appelle, beim friedlichen Aufbau den gleichen Enthusiasmus und die gleiche Opferbereitschaft zu zeigen, die sie an der Front bewiesen hatte. Daß die Bolschewiki die gesamte Arbeiterklasse repräsentieren, war nach 1918 nur noch ein Axiom, dessen Überprüfung unmöglich war, da es dafür keine institutionellen Mittel gab. Dennoch vermochten die Unzufriedenheit und der Unwille des Proletariats sich zu äußern. Sie äußerten sich auf dramatischste Weise im Frühjahr 1921 in dem blutig erstickten Kronstädter Aufstand. Die Matrosen von Kronstadt standen genau wie die überwältigende Mehrheit der Arbeiterklasse auf dem Standpunkt der Sowjetherrschaft, setzten diese aber keineswegs mit dem Despotismus einer herrschenden Partei gleich. Sie wünschten im Gegenteil statt der Herrschaft einer Partei die Herrschaft der Räte. In der Partei selbst äußerte sich die Unzufriedenheit des Proletariats in der starken Strömung der sogenannten Arbeiteropposition, die im Zentralkomitee u. a. von Alexander Schljapnikow und Alexandra Kollontai repräsentiert wurde. Die Opposition forderte, die Leitung der Wirtschaft der umfassenden Organisation der Arbeiter, also den Gewerkschaften zu übertragen; sie verlangte eine Angleichung der Löhne und protestierte gegen die despotischen·Methoden, mit denen die Partei regiert wurde. Kurz, die Arbeiteropposition forderte eine Diktatur des Proletariats in dem Sinne, in dem Lenin vor der Revolution von ihr geschrieben hatte. Sie glaubte, daß man unter Bedingungen, unter denen die Demokratie für die gesamte übrige Bevölkerung aufgehoben worden war, die Demokratie für die Arbeiter und die innerparteiliche Demokratie gewährleisten könne. Lenin und Trotzki teilten diese Illusionen schon nicht mehr. Die Opposition wurde als eine anarcho-syndikalistische Abweichung gebrandmarkt, und ihre Wortführer wurden unter verschiedenen Vorwänden von einer Betätigung in der Partei ferngehalten (aber weder ins Gefängnis geworfen noch ermordet). In diesem Zusammenhang kam es zu einer allgemeinen Diskussion über die Stellung und Funktion der Gewerkschaften im sowjetischen System. Zuvor – im März 1918 – hatte Lenin gegen die Menschewiki gewettert, die der Ansicht waren, daß »die Gewerkschaften im Interesse der Erhaltung und Stärkung der Klassenselbständigkeit des Proletariats keine staatlichen Organisationen werden dürfen«. Doch nach Lenin »war und bleibt diese Ansicht entweder eine bürgerliche Provokation gröbster Machart oder eine große Dummheit ... die Arbeiterklasse wird die herrschende Klasse im Staat und ist dazu geworden. Die Gewerkschaften werden und müssen Staatsorganisationen werden, denen in erster Linie die Verantwortung zufällt für die Reorganisation des gesamten wirtschaftlichen Lebens nach den Grundsätzen des Sozialismus« (»Werke«, Bd. 27, S. 205).

Der Gedanke, die Gewerkschaften zu verstaatlichen, war eine logische Konsequenz aus der ganzen Theorie der Diktatur des Proletariats. Da das Proletariat mit der Staatsmacht identisch war, war der Gedanke, die Arbeiter hätten ihre Interessen gegen den Staat zu verteidigen, offenkundiger Unsinn. Das war auch später die Argumentation Trotzkis. Lenin aber änderte nach und nach in beiden Punkten der soeben zitierten Ausführung seine Meinung. Nachdem er 1920 zu dem Schluß gelangt war, daß der sowjetische Staat an bürokratischer Entartung leidet, griff er Trotzki wegen einer Theorie an, die er selbst kurz zuvor noch vertreten hatte, und verkündete, daß die Gewerkschaften den Arbeiterstaat, zugleich aber die Arbeiter gegen ihren eigenen Staat oder vielmehr gegen dessen Mißbrauch verteidigen müßten. Daß sie aber tatsächlich die Verwaltung der Wirtschaft übernehmen und in dieser Funktion den Staatsapparat ersetzen sollten – diesem Plan widersetzte er sich entschieden.

Gleichzeitig unternahm Lenin Schritte, um für die Zukunft zu verhindern, daß sich innerhalb der Partei Oppositionsgruppen bildeten. Es wurde beschlossen, daß das Zentralkomitee auf dem Parteitag gewählte Mitglieder aus seinen Reihen ausschließen darf. Außerdem wurde ein Verbot beschlossen, innerhalb der Partei Fraktionen zu bilden. Der natürlichen Logik der Dinge entsprechend, griff eine Diktatur, die sich anfangs im Namen der Arbeiterklasse auf die Gesellschaft und dann im Namen der Partei auf die Arbeiterklasse erstreckte, nun auf das Innere der Partei selbst über. Die Grundlagen der Tyrannei eines einzelnen waren geschaffen.

So nimmt denn auch in den letzten Jahren der Aktivität Lenins das Problem jener »bürokratischen Entartung« immer mehr Raum ein. Es häuften sich die Beschwerden, daß der Staatsapparat sich ohne Notwendigkeit unendlich ausdehne, daß dieser Apparat aber gleichzeitig nicht imstande sei, irgend etwas effizient zu erledigen, sondern sich mit den geringfügigsten Fragen an die obersten Parteiinstanzen wende, daß ein allgemeines Chaos und ein sinnloser Papierkrieg herrsche usw. Es scheint nicht, als sei es Lenin jemals in den Sinn gekommen, daß die Ursachen dieses ganzen Unheils in dem System selbst stecken, einem System, in dem, wie er oftmals betonte, die Gewalt und nicht das Recht herrschen sollte; Lenin forderte ständig, Leute wegen Unfähigkeit ins Gefängnis zu sperren, wunderte sich aber, daß der Staatsapparat vor Entscheidungen zurückscheut und sie lieber den Vorgesetzten zuschiebt. Er verlangte eine ständige Kontrolle und allumfassende Rechnungslegung, konnte sich aber gleichzeitig nicht genug darüber wundern, daß der Apparat soviel Zeit für bloßen Papierkram opfert (sehr oft wird Lenins Definition zitiert: »Sozialismus, das ist Räteherrschaft plus Elektrifizierung«; seltener wird eine andere Definition zitiert, die er unmittelbar nach dem Oktoberumsturz erfand: »Sozialismus, das ist vor allen Dingen Rechnungsführung« – Sitzung des Gesamtrussischen Zentralexekutivkomitees, 17. 11. 1917, »Werke«, Bd. 26, S. 283). Er baute ein System auf, in dem jede kritische Äußerung nach dem beliebigen Ermessen einer örtlichen Partei- oder Polizeibehörde zu einer konterrevolutionären Tat erklärt werden und ihrem Urheber Tod oder Gefängnis einbringen konnte, und gleichzeitig verlangte er von den werktätigen Massen kühne Kritik am Apparat. Für das krebsartige Wuchern der Bürokratie hatte Lenin eine einfache Diagnose: Mangel an »Kultur«, d. h. an administrativen Fähigkeiten, Mangel an Bildung und Manieren. Auch seine Heilmittel waren einfach und reduzierten sich auf zwei: erstens wegen Bürokratismus ins Gefängnis stecken, zweitens neue, aus ehrlichen Arbeitern zusammengesetzte Kontrollapparate schaffen. Großes Gewicht maß Lenin der Institution der Arbeiter- und Bauerninspektion bei, die er ermächtigte, alle Stellen des Staatsapparates zu kontrollieren, und die von Stalin geleitet wurde. Nach seiner Ansicht sollte also der erfolgreiche Kampf gegen den Bürokratismus letzten Endes auf der Ehrlichkeit dieses höchsten Kontrollorgans beruhen, das alle anderen Kontrollorgane überwachte. Daß diese Inspektion – abgesehen davon, daß sie durch eine Fülle von unsachgemäßen Anordnungen, die sie verschiedenen Regierungsstellen erteilte, das Chaos noch steigerte und zudem die zahlreichen, schon bestehenden Instrumente der Einschüchterung noch vermehrte – außerdem zur Peitsche in den innerparteilichen Auseinandersetzungen und zur Waffe in der Hand Stalins (seit 1922 Generalsekretär der Partei) werden würde, sah Lenin nicht voraus. Als »letztes Heilmittel« gegen die Bürokratie schuf er ein weiteres Glied in der bürokratischen Kette, die, wie er richtig sah, das Land unwiderruflich umspannte. Lawinenartig wuchs die gewaltige bürokratische Hierarchie an, die mit allen Rechten über Leben und Tod aller Bürger ausgestattet und an der Spitze von gläubigen Kommunisten geleitet wurde, in die aber nach und nach immer mehr Karrieristen, Speichellecker und Sykophanten eindrangen, von denen, auch wenn es sich dabei um einen langjährigen Prozeß handelte, der Herrschaftsstil geprägt wurde.

Die beiden letzten Lebensjahre Lenins stehen bereits im Zeichen des nahenden Todes und der körperlichen Gebrechlichkeit, der er, an schwerer Sklerose leidend, nach mehreren Schlaganfällen ausgeliefert war. Dennoch kämpfte er bis zum Schluß. Sein berühmtes »Testament«, also die Notizen, die er im Dezember 1922 und im Januar 1923 verfaßte, die für den Parteitag bestimmt waren und anschließend 33 Jahre lang vor der sowjetischen Gesellschaft geheimgehalten wurden, spiegelt seine Ratlosigkeit angesichts der Schwierigkeiten des Staates und des sich ausbreitenden Machtkampfes innerhalb der Parteihierarchie wider. Er greift darin vor allem Stalin an, der eine unermeßliche Macht in seinen Händen konzentriert habe, aber ein brutaler, launenhafter und illoyaler Mensch sei und deshalb nicht mehr den Posten des Generalsekretärs bekleiden solle. Er kritisiert die Fehler von Trotzki, Pjatakow, Sinowjew und Kamenew und die nicht-marxistischen Anschauungen Bucharins. Er brandmarkt Ordschonikidse, Stalin und Dserschinskij wegen des großrussischen Nationalismus und der Brutalität, die sie beim Überfall der Roten Armee auf Georgien an den Tag gelegt hätten; er verlangt, die nicht-russischen Nationalitäten vor dem »echtrussischen Derschimorda« (Menschenschinder, Anm. d. Ü.) zu schützen, und sagt voraus, daß unter der Herrschaft des Apparats, den, wie er schreibt, »wir ... vom Zarismus übernommen und nur ganz leicht mit Sowjetöl gesalbt haben«, die Freiheit des Austritts der nationalen Republiken aus der Union sich »als ein wertloser Fetzen Papier herausstellen wird, der völlig ungeeignet ist, die nicht-russischen Einwohner Rußlands vor der Invasion jenes echten Russen zu schützen, des großrussischen Chauvinisten, ja im Grunde Schurken und Gewalttäters, wie es der typische russische Bürokrat ist« (»Werke«, Bd. 36, S. 591).

Diese Appelle, Mahnungen und Rügen hatten keine besonders große Bedeutung. Lenin forderte den Schutz der nationalen Minderheiten und die Respektierung des Selbstbestimmungsrechts, nachdem kurz zuvor die Rote Armee mit seinem Segen in Georgien eingedrungen war, das eine eigene, aus demokratischen Wahlen hervorgegangene sozialistische (menschewistische) Regierung besaß. Fraktionskämpfe wollte er durch eine Erhöhung der Mitgliederzahl des Zentralkomitees verhindern – so als könnte unter Verhältnissen, in denen von der innerparteilichen Demokratie aufgrund seiner eigenen Maßnahmen nur noch Überreste geblieben waren, die bloße Anzahl der Mitglieder des ZK von irgendeiner Bedeutung sein. Er kritisierte sämtliche führenden Mitglieder der Partei und verlangte zugleich einen Wechsel auf dem Posten des Generalsekretärs, wobei nicht klar war, an wen er als Nachfolger dachte: Trotzki, der »ein Übermaß von Selbstbewußtsein« hat, Bucharin, der kein Marxist ist, Sinowjew und Kamenew, deren Verrat im Oktober »kein Zufall war«, oder Pjatakow, auf den man sich in einer ernsten politischen Frage nicht verlassen kann? Ungeachtet der politischen Absichten, die Lenin mit diesem Dokument verfolgte, klingt das »Testament«, wenn man es heute wieder liest, wie ein Aufschrei der Verzweiflung.

Lenin starb am 21. Januar 1924 (für die Vermutung, die Trotzki später äußerte, daß Stalin ihn vergiftet habe, gibt es keinen Anhaltspunkt). Der neue Staat sollte sich nach den Grundsätzen entwickeln, die Lenin ihm einpflanzte. Seine Mumie, die bis heute im Moskauer Mausoleum zu besichtigen ist, wurde zum Symbol einer neuen Ordnung, die, wie er versprach, bald die ganze Menschheit erfassen sollte.

5. Imperialismus- und Revolutionstheorie

Die bolschewistische Imperialismustheorie war das Werk Lenins und Bucharins, wobei der letztere erstmals die Grundlagen der revolutionären Strategie für die neue historische Etappe formulierte. Lenin, der sich, wie schon erwähnt, hauptsächlich auf J. A. Hobsons Werk (»Imperialism«, 1902) und Rudolf Hilferding (»Das Finanzkapital«, 1910) beruft, zählt in seinem »Imperialismus« fünf grundlegende Merkmale auf, durch die sich der Imperialismus vom vor-monopolistischen Kapitalismus unterscheidet: 1. eine Konzentration der Produktion und des Kapitals, die sich in der Herrschaft der großen Monopole innerhalb der Weltwirtschaft äußert; 2. eine Fusion von Bank- und Industriekapital und im Zusammenhang damit die Entstehung von Finanzoligarchien; 3. eine besonders große Bedeutung des Kapitalexports; 4. eine Aufteilung der Welt zwischen den internationalen monopolistischen Verbänden der Kapitalisten; 5. den Abschluß der territorialen Aufteilung der Welt zwischen den imperialistischen Großmächten. Diese Situation mildert keineswegs die Widersprüche des Kapitalismus, sondern verschärft sie bis zum höchsten Grade; der ungleiche Entwicklungsstand innerhalb dieses Systems und der erbitterte Konkurrenzkampf läßt nicht nur die Wahrscheinlichkeit von Kriegen nicht abnehmen, sondern er läßt sie immer unausweichlicher werden. Dieser letzte Punkt ist für Lenin wichtig im Zusammenhang mit seinem Angriff auf Kautsky. Kautsky hatte nämlich die Idee geäußert, man könne den Übergang des gegenwärtigen Weltwirtschaftssystems in eine Phase des »Ultraimperialismus« vorhersehen, in der die staatlichen Großmächte und die großen internationalen Kartelle die Aufteilung der Welt stabilisieren und den Krieg aus ihr eliminieren würden. Das war zwar nur eine unverbindliche Hypothese, die Kautsky keineswegs als den notwendigen Entwicklungsweg hinstellte, doch für Lenin war sie ein Stein des Anstoßes, da aus ihr die Möglichkeit eines Kapitalismus ohne Kriege folgte, also eines Kapitalismus, in dem auch Revolutionen sehr viel weniger wahrscheinlich sind. Nun ist dieses »törichte Märchen« von Kautsky antimarxistisch und enthüllt seinen Opportunismus. Der Imperialismus kann ohne Kriege nicht existieren, denn er besitzt kein anderes Mittel, um die ungleichen Entwicklungsbedingungen innerhalb der Welt zu beseitigen und zu regeln. Die Schlußfolgerung, die Lenin daraus in dem Artikel »Das Militärprogramm der proletarischen Revolution« im Jahre 1916 zieht: Der Sozialismus kann nicht gleichzeitig in allen Ländern siegen; der revolutionäre Prozeß wird in einem oder einigen Ländern beginnen, und dadurch werden weitere Konflikte und Kriege ausgelöst.

Den Zusammenhang zwischen der ungleichmäßigen ökonomischen Entwicklung der Welt, die zugleich zu einem globalen System geworden ist, und den Perspektiven der Revolution erläuterte Bucharin in einer Reihe von Büchern, die er während des Krieges und in den ersten Jahren nach der Revolution verfaßte. Der Imperialismus, so behauptet er, versucht, die Anarchie der Produktion zu überwinden und ein rationales Wirtschaftssystem zu organisieren, und er bedient sich dazu des Staates als einer kontrollierenden und regulierenden Kraft. Er hat allerdings nicht die Möglichkeit, Widersprüche und Konkurrenz und damit imperialistische Kriege auszuschalten. Das kapitalistische System als Ganzes ist bereits reif für die sozialistische Revolution, doch sind solche Revolutionen sehr viel wahrscheinlicher nicht dort, wo die technische Entwicklung das höchste Niveau erreicht hat (und wo zugleich die Bourgeoisie dank ihrer Extraprofite durch hohe Löhne die Arbeiterklasse kaufen und sie von der Revolution ablenken kann), sondern dort, wo die Konzentration der Widersprüche am stärksten ist, also an den Rändern der kapitalistischen Welt, in den rückständigen, kolonialen oder halbkolonialen Ländern. Gerade sie bilden aufgrund der Verbindung von intensivster Ausbeutung mit nationaler Unterdrückung und bäuerlichen Bewegungen das schwächste Glied, wo die Kette des Weltsystems gewaltsam zerrissen werden kann. Die sozialen Bewegungen in den schwach entwickelten Ländern können zwar nicht zur unmittelbaren Errichtung einer sozialistischen Ordnung führen, sie sind jedoch die natürlichen Bundesgenossen des Proletariats der fortgeschrittenen Länder und können gesellschaftliche Übergangsformationen hervorbringen, in denen die Verwirklichung von bürgerlich-demokratischen Forderungen mit einer allmählichen und friedlichen Bewegung zum Sozialismus hin, gestützt auf ein Bündnis der Bauern und Arbeiter, zusammenfällt.

Lenin gelangte in der gleichen Zeit (1916) allerdings zu weiterreichenden Folgerungen. In dem Artikel »Die Ergebnisse der Diskussion über die Selbstbestimmung« schrieb er: »Denn zu glauben, daß die soziale Revolution *denkbar* ist ohne Aufstände kleiner Nationen in den Kolonien und in Europa, ohne revolutionäre Ausbrüche eines Teils des Kleinbürgertums *mit allen seinen Vorurteilen*, ohne die Bewegung unaufgeklärter proletarischer und halbproletarischer Massen gegen das Joch der Gutsbesitzer und der Kirche, gegen die monarchistische, nationale usw. Unterdrückung – das zu glauben heißt der sozialen Revolution entsagen ... wer eine ›reine‹ soziale Revolution erwartet, der wird sie *niemals* erleben ... Die sozialistische Revolution in Europa *kann nichts anderes sein* als ein Ausbruch des Massenkampfes aller und jeglicher Unterdrückten und Unzufriedenen. Teile des Kleinbürgertums und der rückständigen Arbeiter werden unweigerlich an ihr teilnehmen – ohne eine solche Teilnahme ist ein *Massen*kampf *nicht* möglich, ist *überhaupt keine* Revolution möglich –, und ebenso unweigerlich werden sie in die Bewegung ihre Vorurteile, ihre reaktionären Phantastereien, ihre Fehler und Schwächen hineintragen. *Objektiv* aber werden sie das Kapital angreifen« (»Werke«, Bd. 22, S. 363 f.).

Es ist nicht sicher, ob Lenin sich der Konsequenzen dieser Theorie und des Ausmaßes, in dem sie mit der marxistischen Tradition brach, vollkommen bewußt war. Schließlich ging aus ihr ja einwandfrei hervor, daß eine sozialistische Umwälzung *nur* möglich ist unter Verhältnissen, in denen es zahlreiche unerledigte Ansprüche und Bestrebungen gibt, die von den Marxisten der »bürgerlichen« Entwicklungsphase zugerechnet werden, also vor allem bäuerliche und nationale Bestrebungen. Aus ihr folgte mit anderen Worten, daß *in dem Maße, wie der Kapitalismus sich entwickelt*, in dem Maße, wie er sich dem von Marx beschriebenen Modell nähert, also einer Gesellschaft, die nur noch aus Bourgeoisie und Proletariat besteht, *die sozialistische Revolution immer weniger wahrscheinlich ist*. Die Behauptung, daß unbefriedigte bäuerliche oder nationale Forderungen und das Vorhandensein sogenannter Überreste des Feudalismus dem Proletariat die Aufgabe erleichtern könnten, indem sie dessen Kräfte mit der revolutionären Energie von »nichtproletarischen« Forderungen verbinden, stand natürlich nicht im Widerspruch zur Strategie von Marx und Engels. Sie nahmen in diesen Dingen mehrfach einen ähnlichen Standpunkt ein (Hoffnungen auf eine proletarische Revolution in Deutschland im Jahre 1848, auf eine russische Revolution in den siebziger Jahren, auf die nationale Frage in Irland als möglichen Bundesgenossen der englischen Arbeiterklasse), obwohl man schwerlich von einer eindeutig formulierten Theorie solcher Bündnisse sprechen kann und obwohl unklar ist, wie diese Hoffnungen sich theoretisch mit der allgemeinen Theorie der sozialistischen Revolution in Einklang bringen ließen. Die Behauptung aber, daß eine proletarische Revolution ohne diese zusätzlichen Kräfte, die in den »feudalen Überbleibseln« stecken, *überhaupt unmöglich* sei, war auf dem Boden des Marxismus etwas Neues und bedeutete die völlige Aufgabe der traditionellen Theorie.

Lenin hatte sicherlich recht, wenn er den Führern der Zweiten Internationale vorwarf, sie seien Revolutionäre in Worten und Reformisten in ihren Taten. Er war der einzige, der ernsthaft an die Machtergreifung dachte und der, mehr noch, an nichts anderes dachte. Sein Standpunkt war eindeutig: die Macht dort ergreifen, wo das politisch möglich ist. Er stellte deshalb keine theoretischen Überlegungen über die Reife der Produktivkräfte zur sozialistischen Umwälzung an, sondern er berechnete die Kräfte. Er war seinerseits ein Determinist in Worten und ein »Realpolitiker« in Taten. Zuweilen – übrigens selten – wiederholte er den Katechismus des Deterministen (z. B. »alles, was in der Geschichte geschieht, geschieht mit Notwendigkeit. Das ist eine Binsenweisheit«; »Die russischen Südekums«, 1. 2. 1915, »Werke«, Bd. 21, S. 109), doch diente ihm dieser Determinismus lediglich dazu, sich und andere davon zu überzeugen, daß im allgemeinen die Sache des Kommunismus kraft historischer Gesetze siegen müsse, nicht aber zu irgendwelchen konkreten politischen Maßnahmen. Er gab sogar den Gedanken auf, der einst zu den elementarsten Grundsätzen des Marxismus gehört hatte, daß alle Länder das kapitalistische Entwicklungsstadium durchmachen müßten. Auf dem Zweiten Kongreß der Kommunistischen Internationale verkündete er (26. 7. 1920), daß die rückständigen Nationen die kapitalistische »Phase« vermeiden und mit Hilfe des Proletariats der entwickelten Länder und der Sowjetmacht unmittelbar zum Sozialismus übergehen könnten (ohne diese Behauptung war übrigens die sowjetische Herrschaft über Dutzende von primitiven Stämmen und kleinen Nationen, die zum Imperium gehörten, kaum zu legitimieren).

Was Lenin interessierte, war also nicht die »ökonomische Reife«, sondern allein die revolutionäre Situation. Diese Situation kennzeichnete er durch drei Merkmale: 1. es ist nötig, daß nicht nur die »unteren Schichten«, d. h. die unterdrückten Klassen, in der alten Weise »nicht leben wollen«, sondern außerdem, daß die »oberen Schichten«, d. h. die herrschenden Klassen, »nicht« in der alten Weise regieren »können«; anders gesagt, es genügt nicht die Unzufriedenheit des Volkes, nötig ist außerdem der Zerfall des Herrschaftsapparats; 2. es ist nötig, daß die Not und das Elend sich über das gewöhnliche Maß hinaus verschärfen; 3. es ist nötig, daß die Massen aus diesem Grunde eine beträchtliche Aktivität und Selbständigkeit entwickeln. Aber die revolutionäre Situation kann, wie er betonte, tatsächlich nur dann zur Revolution führen, wenn außer diesen Umständen noch der »subjektive Faktor« gegeben ist – die Fähigkeit der revolutionären Klasse zu gewaltigen Massenaktionen (Artikel »Der Zusammenbruch der II. Internationale«, 1915, »Werke«, Bd. 21, S. 206–207).

Nun wird man unschwer bemerken, daß die von Lenin formulierten Bedingungen am ehesten während eines Krieges und vor allem in einer Situation militärischer Niederlagen eintreten. Deshalb reagierte Lenin derart irritiert auf alle Hoffnungen, die sich auf einen Kapitalismus richteten, der ohne Kriege existieren könnte, einen Kapitalismus, in dem die Chancen für die Entstehung von revolutionären Situationen sehr gering sind. Deshalb forderte er, die Revolutionäre sollten im imperialistischen Krieg die Niederlage der eigenen Regierung und in deren Folge die Umgestaltung des imperialistischen Kriegs in den Bürgerkrieg anstreben.

Auch dank der Tatsache, daß Lenin ausschließlich vom Problem der politischen Macht absorbiert war, war er zugleich der einzige unter den sozialdemokratischen Führern, der sich gänzlich der Überreste dessen entledigte, was er »bürgerlichen Pazifismus« nannte. Der bürgerliche Pazifismus bestand angeblich in dem Bestreben, die Kriege ohne revolutionäre Beseitigung des Kapitalismus zu beseitigen, und nach Ausbruch eines Krieges in dem Bemühen, ihn mit völkerrechtlichen Mitteln zu beenden. Ein Sonderfall von bürgerlichem Pazifismus besteht darin, sich der Begriffe Aggression oder Angriff zu bedienen, ohne den Klassencharakter des Krieges zu berücksichtigen. Nun muß der Krieg aber in Klassenkategorien und nicht in staatlichen Kategorien aufgefaßt werden, nicht als Zusammenstoß von zwei politischen Organismen, sondern als Resultat von Klasseninteressen. Die berühmte Äußerung von Clausewitz: »Der Krieg ist nichts als eine Fortsetzung der Politik mit anderen Mitteln«, wurde von Lenin in seinen Schriften vielfach zitiert; dank dieser Äußerung avancierte der preußische General aus der napoleonischen Zeit sogar zum Urheber eines »grundlegenden Leitsatzes der Dialektik in Anwendung auf die Kriege« (»Der Zusammenbruch der II. Internationale«, »Werke«, Bd. 21, S. 212). Es ging darum, daß der Krieg eine Erscheinungsform von Konflikten ist, die aus Klasseninteressen hervorgehen, und der Unterschied zwischen kriegerischen und friedlichen Mitteln, diese Konflikte zu lösen, lediglich technischer Natur und daher politisch unwichtig ist; der Krieg ist »einfach« ein anderes Instrument, um Ziele zu erreichen, die ein anderes Mal ohne ihn erreicht werden, und er besitzt folglich keine besondere, von den Klasseninteressen unabhängige moralische oder politische Qualität. Es ist ohne Bedeutung, wer der Angreifer und wer der Angegriffene ist, es gibt keinen Unterschied zwischen einem Angriffs- und einem Verteidigungskrieg, wichtig ist nur, welche Klasseninteressen hinter den Kriegshandlungen stehen. Die Äußerungen Lenins in dieser Frage sind zahlreich und vollkommen eindeutig (auch wenn sie heute von seinen Anhängern selten zitiert werden): »Es ist . . . unsinnig, die Kriege in Verteidigungs- und Angriffskriege zu scheiden« (Rede vom 14. 10. 1914, »Werke«, Bd. 36, S. 276). »Nicht der Angriffs- oder Verteidigungscharakter des Krieges, sondern die Interessen des Klassenkampfes des Proletariats, oder besser gesagt, die Interessen der internationalen Bewegung des Proletariats (bilden) jenen einzig möglichen Standpunkt, von dem aus die Frage nach der Stellung der Sozialdemokratie zu der einen oder anderen Erscheinung in den internationalen Beziehungen betrachtet und entschieden werden kann« (»Der streitbare Militarismus und die antimilitaristische Taktik«, August 1908, »Werke«, Bd. 15, S. 194). »Als ob das Wesen der Sache darin bestünde, wer zuerst angegriffen hat, und nicht darin, welches die Ursachen des Krieges sind, welche Ziele er hat und welche Klassen ihn führen« (»Offener Brief an Boris Souvarine«, Dezember 1916, »Werke«, Bd. 23, S. 203). »Der Charakter eines Krieges (ob er ein reaktionärer oder ein revolutionärer Krieg ist) hängt nicht davon ab, wer der Angreifer ist und in wessen Land der ›Feind‹ steht, *sondern davon, welche Klasse* den Krieg führt, welche Politik durch diesen Krieg fortgesetzt wird« (»Die proletarische Revolution und der Renegat Kautsky«, 1918, »Werke«, Bd. 28, S. 287).

Daraus folgt nicht nur, daß schon der Begriff der »Aggression« eine bürgerliche, betrügerische Kategorie ist, die der Verschleierung des Klassencharakters der Kriege dient, sondern es folgt daraus auch, daß die zum Staat organisierte Arbeiterklasse jedes Recht hat, einen Angriffskrieg gegen einen kapitalistischen Staat zu führen, da sie grundsätzlich das Interesse der Unterdrückten repräsentiert, also das Recht auf ihrer Seite hat. Lenin scheut vor dieser Schlußfolgerung durchaus nicht zurück. »Würde zum Beispiel der Sozialismus in Amerika oder in Europa im Jahre 1920 *siegen* und sollten *dann*, nehmen wir einmal an, Japan und China – sei es auch zunächst nur auf diplomatischem Wege – ihre Bismarcks gegen uns in Bewegung setzen, so würden wir *für* einen revolutionären Angriffskrieg gegen sie eintreten« (»Der Zusammenbruch der II. Internationale«, »Werke«, Bd. 21, S. 214). In einer Rede vom 6. 12. 1920 sagte Lenin einen baldigen und unvermeidbaren Krieg zwischen Amerika und Japan voraus und meinte, daß der sowjetische

Staat zwar nicht das eine Land gegen das andere »unterstützen« könne, daß er sich jedoch des einen gegen das andere »bedienen« müsse, um den Krieg im eigenen Interesse auszunutzen. Auf dem VII. Parteitag im März 1918 stellte Lenin den folgenden Antrag: »Wir müssen sagen, daß der Parteitag dem ZK der Partei Vollmacht gibt, sowohl alle Friedensverträge zu zerreißen als auch jeder imperialistischen Macht und der ganzen Welt den Krieg zu erklären, sobald das ZK der Partei den Zeitpunkt für geeignet erachtet« (»Werke«, Bd. 27, S. 107). Gewiß wurde dieser Antrag in einer Situation formuliert, die vom Brester Frieden geprägt war, doch ist sein Inhalt allgemein gehalten, und er stimmt völlig mit der Doktrin Lenins überein: Da der proletarische Staat grundsätzlich gegenüber kapitalistischen Staaten »recht« hat und da in der Beurteilung des Krieges die Frage der Aggression keine Bedeutung hat, versteht es sich von selbst, daß dieser Staat das Recht und sogar die Pflicht hat, kapitalistische Staaten im Namen der Interessen der internationalen Revolution anzugreifen, wenn die Gelegenheit sich bietet. Das ist um so mehr gerechtfertigt, als ein friedliches Zusammenleben von Kapitalismus und Sozialismus nach Lenin auf die Dauer unmöglich ist: »Ich sagte . . ., daß wir jetzt vom Krieg zum Frieden übergegangen seien; wir hätten jedoch nicht vergessen, daß der Krieg wiederkehren wird. Solange es den Kapitalismus neben dem Sozialismus gibt, können sie nicht in Frieden leben« (»Werke«, Bd. 31, S. 452).

So wurden also die ideologischen Grundsätze der Außenpolitik des sozialistischen Staates festgelegt. Es waren einfache Grundsätze. Der neue Staat repräsentiert per definitionem die führende geschichtliche Kraft, handelt also, ob er sich verteidigt oder ob er angreift, im Namen des Fortschritts; Völkerrecht, Schiedsgerichte, Abrüstungsverhandlungen, Kampf gegen Kriege »überhaupt« – das alles ist Schwindel, solange es den Kapitalismus gibt, während es später nicht mehr nötig sein wird, denn so unvermeidlich Kriege im Kapitalismus sind, so unmöglich sind sie im Sozialismus.

6. Sozialismus und Diktatur des Proletariats

Sosehr auch die ganze Tätigkeit Lenins dem Kampf um das »Endziel«, also um die Errichtung einer sozialistischen Gesellschaft, untergeordnet war, hat er sich doch bis zum Kriege nicht damit befaßt, den Inhalt dieses Endziels zu erläutern. Ab und an tauchen in seinen Schriften Ausdrücke auf, die zum allgemeinen Bestand sozialistischer Ideologien gehören: Vergesellschaftung des Eigentums, Aufhebung der Lohnarbeit, Aufhebung der Warenwirtschaft, doch werden diese Parolen nicht näher erläutert. Dagegen versäumte es Lenin auch vor der Revolution nicht zu erläutern, was er unter der »Diktatur des Proletariats« versteht, und die Formeln, derer er sich dabei bedient, bleiben während seiner gesamten schriftstellerischen Aktivität unverändert. In der Broschüre »Der Sieg der Kadetten und die Aufgaben der Arbeiterpartei« aus dem Jahre 1906 werden die entsprechenden Erklärungen mehrfach und mit Nachdruck wiederholt: »Diktatur bedeutet . . . eine unbeschränkte, sich auf Gewalt und nicht auf das Gesetz stützende Macht« (»Werke«, Bd. 10, S. 211). »Eine unbeschränkte, außergesetzliche, sich auf Gewalt im direkten Sinne des Wortes stützende Macht – das ist eben eine Diktatur« (ebd., S. 241). So als ob das nicht genügen würde, fügt Lenin noch einmal hinzu: »Der wissenschaftliche Begriff Diktatur bedeutet nichts anderes als eine durch nichts beschränkte, durch keine Gesetze und absolut keine Regeln eingeengte, sich unmittelbar auf Gewalt stützende Macht. *Nichts anderes als das* bedeutet der Begriff ›Diktatur‹ – merken Sie sich das gut, meine Herren Kadetten« (*ebd.*, S. 244).

Lenin zitierte alle soeben angeführten Bestimmungen noch einmal im Jahre 1920, um keinen Zweifel daran zu lassen, daß sich in dieser Hinsicht nichts geändert hatte. Die Diktatur ist also ganz einfach »unmittelbare Gewalt«. Die Diktatur des Proletariats ist Gewalt, die vom Proletariat über die soeben gestürzten Ausbeuter ausgeübt wird. Wie soll man sich aber die Organisation dieser Gewalt vorstellen? Diese Frage beantwortete Lenin in der Broschüre »Staat und Revolution«. Diese Abhandlung war gegen die Führer der Zweiten Internationale gerichtet. In der Erwartung, daß bald eine Kommunistische Internationale entstehen würde (an die er schon seit 1915 dachte), und in der Hoffnung, daß es bald zu einer gesamteuropäischen Revolution kommen würde, hielt Lenin es für notwendig, an die marxistische Staatstheorie und an die Veränderungen zu erinnern, die der Sozialismus in den Funktionen der staatlichen Institutionen bringen würde.

Nach der von Marx und Engels entwickelten Lehre ist der Staat, wie Lenin schreibt, ein Resultat von unversöhnlichen Klassengegensätzen, aber nicht in dem Sinne, daß er ein Organ wäre, das der Abmilderung dieser Gegensätze dient, oder eine über den Klassen stehende Schiedsinstitution. Der Staat als solcher war im Gegenteil in allen bisherigen Erscheinungsformen ein Instrument der Gewalt, welche die besitzenden Klassen gegen die unterdrückten Klassen übten. Seine Institutionen können gegenüber den Klassenkonflikten nicht neutral sein, sondern sind lediglich der rechtliche Ausdruck der ökonomischen Unterdrückung der einen Klasse durch die andere. Da die ganze Funktion des bürgerlichen Staates darauf beruht, die Ausbeutung der Arbeiterklasse zu verewigen, lassen sich die Institutionen des bestehenden Staates und sein Apparat nicht für die Emanzipation der Arbeiterklasse ausnutzen. Das Wahlrecht in den bürgerlichen Staaten ist keineswegs ein Mittel zum

Ausgleich von sozialen Spannungen und noch weniger ein Mittel, mit dessen Hilfe die unterdrückten Klassen die Macht erlangen könnten: es ist lediglich ein Instrument zur Verewigung der Herrschaft der Bourgeoisie. Das Proletariat kann sich deshalb nicht befreien, ohne den Staatsapparat der Bourgeoisie zu zerstören, und das ist denn auch die Hauptaufgabe der Revolution. Außerdem muß man deutlich die Zerstörung des Staates durch die Revolution vom Absterben des Staates unterscheiden, das in der marxistischen Theorie vorhergesagt wird. Der bürgerliche Staat ist zu zerstören, während das Absterben des Staates sich auf den proletarischen Staat nach der Revolution bezieht, also auf die Perspektive einer fernen Zukunft, in der jegliche politische Herrschaft ein für allemal abgeschafft sein wird.

Lenin beruft sich in erster Linie auf Bemerkungen in dem Artikel Marxens über die Pariser Kommune und in der »Kritik des Gothaer Programms«, aber auch auf Abhandlungen und Briefe von Engels. Der Reformismus innerhalb der sozialistischen Bewegung und die Hoffnung auf eine Ausnutzung des bürgerlichen Staates im Interesse des Proletariats stehen, wie er behauptet, im Widerspruch zu den Grundsätzen des Marxismus. Das sind Illusionen oder Täuschungsmanöver von Opportunisten, welche die Revolution aufgegeben haben. Das Proletariat braucht (im Gegensatz zu den Illusionen der Anarchisten) den Staat, aber gerade einen solchen Staat, der seine eigene Zerstörung anstrebt, einen absterbenden Staat. Um den Widerstand der Ausbeuter zu unterdrücken, bedarf es in einer Übergangszeit (deren Dauer sich nicht bestimmen läßt) der Diktatur des Proletariats, die im Unterschied zu allen bisherigen Staatsformen eine Diktatur der gewaltigen Mehrheit der Gesellschaft über die noch verbliebenen besitzenden Klassen sein wird. In dieser Zeit ist bezüglich der Kapitalisten eine Einschränkung der Freiheit unumgänglich, während die volle Demokratie erst nach der vollständigen Abschaffung der Klassen möglich sein wird. Der Staat der Übergangszeit kann seine Funktionen ohne Schwierigkeiten ausüben, da bei der Herrschaft der Mehrheit die Unterdrückung der ausbeutenden Minderheit ungemein leicht ist und keinen besonderen Polizeiapparat erfordert.

Die Erfahrungen der Pariser Kommune lassen die allgemeinen Umrisse der kommunistischen Staatsordnung erkennen. In diesem Staat wird das stehende Heer abgeschafft und statt seiner die allgemeine Bewaffnung des Volkes eingeführt; alle Staatsfunktionäre werden vom werktätigen Volk gewählt und abberufen; die Polizei als eine eigene Macht wird überflüssig, da die Tätigkeit der Polizei wie die des Militärs ebenfalls von allen Werktätigen, die eine Waffe tragen können, ausgeübt werden wird. Außerdem werden in diesem System die organisatorischen Funktionen der Staatsmacht so einfach, daß sie allen, die lesen und schreiben können, zugänglich sein werden. Es wird keiner speziellen Kenntnisse bedürfen, um allgemein-gesellschaftliche Funktionen auszuüben. Deshalb wird es eine besondere Beamtenkaste nicht mehr geben. Statt ihrer werden der Reihe nach alle Bürger einfache Verwaltungs- und Buchhaltungstätigkeiten ausüben, und diese Funktionen werden – worauf Lenin großen Nachdruck legt – in der gleichen Höhe entgolten wie die Tätigkeit der Arbeiter. Schließlich werden alle gleichermaßen staatliche Angestellte sein, mit gleicher Bezahlung und gleicher Arbeitspflicht. Desgleichen werden alle von Zeit zu Zeit Arbeiter- und Beamtenfunktionen erfüllen, damit niemand zum Bürokraten werden kann. Da die administrativen Tätigkeiten überaus einfach werden, die Beamten wählbar und abwählbar und die Löhne einander angeglichen sind, wird eine parasitäre, von der Gesellschaft entfremdete Bürokratenkaste nicht entstehen können. Anfangs wird die Machtausübung notwendig den Charakter von politischem Zwang haben, aber in dem Maße wie der Staat abstirbt, werden alle öffentlichen Funktionen nach und nach ihren politischen Charakter verlieren und zu gewöhnlichen administrativen Maßnahmen werden. Das Herumkommandieren der Menschen von oben her wird verschwinden, das staatliche System wird den unerläßlichen Zentralismus in der Planung mit einer breiten territorialen Selbstverwaltung verbinden (in den »Materialien zur Revision des Parteiprogramms«, die rund drei Monate früher entstanden, sah Lenin u. a. vor: »Übergabe des Volksbildungswesens in die Hände der demokratischen Organe der örtlichen Selbstverwaltung; Verhinderung jeder Einmischung der Zentralgewalt in die Festsetzung der Schulprogramme und in die Auswahl des Lehrpersonals; Wahl der Lehrer unmittelbar durch die Bevölkerung selbst und Recht der Bevölkerung, unerwünschte Lehrer abzuberufen« – »Werke«, Bd. 24, S. 475).

Das Endziel dieses Prozesses ist die völlige Aufhebung des Staates und jeglicher Gewalt; das wird in dem Maße möglich sein, wie die Menschen sich daran gewöhnen werden, die Grundsätze des solidarischen Zusammenlebens freiwillig und ohne Befehle zu beachten. Weil Ausschreitungen und Verbrechen ihre Ursache in der ökonomischen Ausbeutung und der Not haben, werden auch sie nach und nach in der sozialistischen Gesellschaft verschwinden (diese Überzeugung teilte Lenin übrigens mit nahezu allen Sozialisten).

Die Utopie Lenins, inmitten des rasenden Krieges entworfen, wird uns heute, im Lichte der Erfahrungen von über einem halben Jahrhundert sowjetischer Herrschaft, wohl als ein in seiner Naivität unglaublicher Text erscheinen. Sie verhielt sich zu dem Staat, der kurz darauf entstehen sollte, etwa so wie die Phantasien des Thomas Morus zum England Heinrichs VIII. Aber Programme nach einigen Jahrzehnten mit dem zu vergleichen, was aus ihnen gemacht worden ist, nur um auf das groteske

Mißverhältnis hinzuweisen, ist vertane Mühe. Lenins Utopie stimmt im allgemeinen mit der Marxschen Lehre überein, doch weist sie, verglichen mit seinen früher entstandenen Schriften (von den späteren ganz zu schweigen), eine überraschende Lücke auf: Es ist dort überhaupt nicht von der »Partei« die Rede.

Es besteht kein Anlaß, daran zu zweifeln, daß Lenin seine Phantasie in gutem Glauben entwarf; man sollte im übrigen bedenken, daß er, als er sie verfaßte, an die Weltrevolution glaubte, die dann nicht eintrat. Andererseits stand jedoch die von ihm selbst formulierte Revolutions- und Parteidoktrin in offenkundigem Widerspruch zu diesem Bild, was Lenin nicht bemerkte. Denn in Wirklichkeit sollte die »Diktatur der Mehrheit« nicht eine Diktatur der Mehrheit schlechthin sein, sondern eine Diktatur der Mehrheit, *vertreten durch* eine politische Organisation, die über das wissenschaftliche Verständnis der historischen Prozesse verfügte. Diese zusätzliche Annahme machte den Sinn des »proletarischen Übergangsstaates« völlig zunichte, doch wird diese Annahme in dem hier erörterten Werk überhaupt nicht erwähnt. Ganz im Gegenteil: Als Lenin das Buch schrieb, glaubte er eindeutig daran, daß das *gesamte* bewaffnete und befreite Volk unmittelbar alle Funktionen ausüben würde, die mit der Administration, der Wirtschaftsverwaltung, dem Gerichtswesen, dem Militär, der Polizei usw. zusammenhängen. Er glaubte ebenfalls, daß Beschränkungen der Freiheit lediglich Menschen aus den früher privilegierten Klassen betreffen würden, während sowohl die Arbeiter als auch die arbeitenden Bauern sich einer unbeschränkten Freiheit erfreuen würden, deren Grenzen und Bedingungen sie selbst festlegen würden.

Der Charakter des Systems, das sich dann aus der Revolution entwickelte, war jedoch nicht nur ein Ergebnis von zufälligen historischen Umständen, die mit dem Stillstand der revolutionären Bewegung und dem Bürgerkrieg zusammenhingen. Dieses System – mit all seinen despotischen und totalitären (diese Unterscheidung ist wichtig) Merkmalen – war in seinen Grundzügen gewissermaßen in der bolschewistischen Doktrin vorweggenommen worden, die Lenin in langen Jahren entwickelte, obwohl die Konsequenzen dieser Doktrin natürlich nicht deutlich bewußtgemacht oder ausgesprochen wurden.

Der oberste Grundsatz, den Lenin seit 1903 immer wieder in unterschiedlichen Versionen vortrug, lautet, daß alle Verfassungsbegriffe wie Freiheit oder politische Gleichheit keine Werte »an sich«, sondern lediglich Instrumente des Klassenkampfes sind und daß es Unsinn wäre, sie ungeachtet dessen, welchen Klasseninteressen sie dienen, zu vertreten. »In der Praxis kann das Proletariat nur dann seine Selbständigkeit bewahren, wenn es den Kampf für alle demokratischen Forderungen, die Republik nicht ausgenommen, dem revolutionären Kampf für die Niederwerfung der Bourgeoisie unterordnet« (»Die sozialistische Revolution und das Selbstbestimmungsrecht«, April 1916, »Werke«, Bd. 22, S. 151). Der Unterschied zwischen einem demokratischen und einem despotischen Staat ist innerhalb der bürgerlichen Ordnung nur insofern bedeutsam, als die Demokratie den politischen Kampf der Arbeiterklasse erleichtert, doch ist das ein zweitrangiger Unterschied, ein Unterschied in der »Form«. »Das allgemeine Wahlrecht aber, die Konstituierende Versammlung, das Parlament – das ist nur die Form, eine Art Wechsel, der am Wesen der Sache nicht das mindeste ändert« (»Über den Staat«, Vorlesung vom 11. 7. 1919, »Werke«, Bd. 29, S. 476). Das gilt um so mehr für den nachrevolutionären Staat. Sobald das Proletariat an der Macht ist, können abgesehen von der Behauptung dieser Macht andere Erwägungen keine eigenständige Bedeutung haben, sondern alle die Verfassung betreffenden Fragen sind der einen untergeordnet: die Diktatur des Proletariats aufrechtzuerhalten.

Die Diktatur des Proletariats beseitigt für immer und nicht nur vorübergehend das parlamentarische System und das *Prinzip der Gewaltenteilung* in eine gesetzgebende und ausführende Gewalt. Vor allem dadurch soll sich die Räterepublik von der parlamentarischen Republik unterscheiden. Auf dem VII. Parteitag der KPR(B) im März 1918 stellte Lenin diesen Grundsatz in einem neuen Programmentwurf auf: »Beseitigung des Parlamentarismus (als Trennung der legislativen von der exekutiven Tätigkeit); Vereinigung der legislativen und der exekutiven staatlichen Tätigkeit; Verschmelzung von Verwaltung und Gesetzgebung« (»Werke«, Bd. 27, S. 141). Mit anderen Worten: Diejenigen, die regieren, legen gleichfalls die Gesetze fest, nach denen sie regieren, und unterliegen keiner Kontrolle. Doch wer regiert? Lenin hebt in dem genannten Programmentwurf hervor, daß die Freiheiten und die Demokratie nicht für alle gelten sollen, sondern für die werktätigen und ausgebeuteten Massen im Interesse ihrer Befreiung von der Ausbeutung. Lenin rechnete anfangs mit der Unterstützung nicht nur des Proletariats, sondern auch der werktätigen Bauernschaft (im Unterschied zu den Kulaken). Rasch stellte sich heraus, daß die gesamte Bauernschaft zwar die Revolution in ihrem Kampf gegen die Großgrundbesitzer, doch in sehr viel geringerem Maße die weitere Phase der Umwälzung unterstützte. Die Partei hatte sich zunächst darauf eingestellt, daß der Klassenkampf auf dem Dorf entbrennen würde, und versuchte, die arme Bauernschaft und die Landarbeiter gegen die wohlhabenden Bauern zu organisieren. Diese Bemühungen (die sich u. a. in der Schaffung von Komitees der Armut äußerten) brachten jedoch kümmerliche Ergebnisse; es stellte sich heraus, daß die Gemeinsamkeit der Interessen der Bauernschaft insgesamt im allgemeinen stärker war als die Konflikte zwischen der Armut und den Kulaken. Bald begann Lenin, mehr von der »Neutralisierung« der Bauernschaft als ganzer zu sprechen, und im Mai 1921, an der Schwelle der NÖP, äußerte er sich auf der X. Konferenz der KPR(B) unzweideutig: »Wir erklären den Bauern offen und ehrlich, ohne jeden Betrug: Um den Weg zum Sozialismus einzuhalten, machen wir Euch, Genossen Bauern, eine ganze Reihe von Zugeständnissen, aber nur in den Grenzen und in dem und dem Maß, und natürlich werden wir das Maß und die Grenzen selber bestimmen« (»Werke«, Bd. 32, S. 440f.).

Die ursprüngliche »Übergangs«losung – Diktatur des Proletariats und der armen Bauernschaft – war nie mehr als eine Illusion oder eine Propagandaparole. Schließlich gab die Partei eindeutig zu, daß die Diktatur des Proletariats gleichfalls eine Diktatur *über die gesamte Bauernschaft* ist, das heißt, daß die Bauernschaft insgesamt in den Dingen, die sie am meisten betrafen, nichts zu sagen hatte, auch wenn sie natürlich weiterhin ein Hemmnis darstellte, mit dem die herrschende Partei rechnen mußte. Im übrigen war die Sache von Anfang an klar: hätte sich die Bauernschaft 1917 an der Herrschaft beteiligen dürfen, dann wäre Rußland unfehlbar in den Händen der Partei der Sozialrevolutionäre gewesen, und die bolschewistische Minderheit hätte mit der Oppositionsbank vorliebnehmen müssen; das zeigte sich bei den Wahlen vom November.

Das Proletariat sollte also die Diktatur ausüben und die Macht mit niemandem teilen. Um das Problem der »Mehrheit« hat Lenin sich übrigens nie sonderlich gesorgt. Im August 1917 schrieb er (»Über Verfassungsillusionen«, »Werke«, Bd. 25, S. 200f.), daß »es in einer revolutionären Zeit nicht genügt, den ›Willen der Mehrheit‹ kundzutun – nein, man muß sich auch im entscheidenden Moment an der entscheidenden Stelle als der *Stärkere erweisen*, man muß *siegen* . . . wir sehen . . . zahllose Beispiele dafür, wie eine besser organisierte, zielbewußtere und besser bewaffnete Minderheit der Mehrheit ihren Willen aufzwang und diese besiegte.«

Es war allerdings von Anfang an klar, daß die proletarische Minderheit zwar die Macht ausüben soll, doch keineswegs nach den Rezepten von *Staat und Revolution*, sondern nach dem Grundsatz, daß das Proletariat von der Partei »repräsentiert« wird. Lenin schreckte durchaus nicht davor zurück, von der »Diktatur der Partei« zu sprechen (das alles geschah in einer Zeit, da die Partei noch gezwungen war, auf Vorwürfe von Kritikern einzugehen, und dadurch zuweilen in die Enge getrieben wurde). In einer Rede vom 31. 7. 1919 lesen wir: »Wenn man uns die Diktatur *einer* Partei zum Vorwurf macht und uns, wie Sie gehört haben, die sozialistische Einheitsfront vorschlägt, so sagen wir: ›jawohl, Diktatur *einer* Partei! Dabei bleiben wir, und diesen Boden können wir nicht verlassen, weil das die Partei ist, die sich im Laufe von Jahrzehnten die Stellung als Avantgarde des gesamten Industrieproletariats erobert hat‹« (»Werke«, Bd. 29, S. 527). In der Diskussion über die Gewerkschaften erklärte Lenin, auf die unvermeidlichen »Widersprüche« eingehend, die sich aus der Rückständigkeit der Massen ergeben: »Die genannten Widersprüche werden unvermeidlich Konflikte, Mißhelligkeiten, Reibungen usw. erzeugen. Um sie unverzüglich beizulegen, bedarf es einer höheren Instanz, die genügend Autorität besitzt. Solche Instanzen sind die Kommunistische Partei und die internationale Vereinigung der Kommunistischen Parteien aller Länder – die Kommunistische Internationale« (»Werke«, Bd. 33, S. 179).

Theoretisch wurde die Sache in der berühmten Broschüre Lenins »Der ›linke Radikalismus‹, die Kinderkrankheit im Kommunismus« (1920) erläutert. Es stellte sich heraus, daß es ein Problem – Diktatur der Massen, der Partei oder der Führer? – einfach gar nicht gab. »Schon allein die Fragestellung: ›Diktatur der Partei *oder* Diktatur der Klasse? – Diktatur (Partei) der Führer *oder* Diktatur (Partei) der Massen?‹ zeugt von einer ganz unglaublichen und uferlosen Begriffsverwirrung... jedermann weiß, daß die Massen sich in Klassen teilen;... daß die Klassen gewöhnlich und in den meisten Fällen, wenigstens in den modernen zivilisierten Ländern, von politischen Parteien geführt werden; daß die politischen Parteien in der Regel von mehr oder minder stabilen Gruppen der autoritativsten, einflußreichsten, erfahrensten, auf die verantwortungsvollsten Posten gestellten Personen geleitet werden, die man Führer nennt. Das alles sind Binsenwahrheiten. Das alles ist einfach und klar. Wozu bedurfte es statt dessen eines Kauderwelschs, eines neuen Volapüks?« (»Werke«, Bd. 31, S. 26). (Man wird hoffentlich verstehen, warum) »das ganze Gerede, ob ›von oben‹ *oder* ›von unten‹, ob Diktatur der Führer *oder* Diktatur der Massen usw. als lächerlicher, kindischer Unsinn erscheinen muß, als eine Art Streit darüber, ob dem Menschen der linke Fuß oder die rechte Hand nützlicher ist« (*ebd.*, S. 34).

Auf diese Weise wurde das Problem gelöst, indem man es für nichtexistent erklärte. Eine solche Argumentation setzt voraus, daß es im Verhältnis von Partei und Klasse, von Partei und Führern keine Probleme gibt und daß man die Herrschaft einer Handvoll von Oligarchen als die Herrschaft einer bestimmten Klasse bezeichnen darf, zu deren Fürsprecherin sich diese Handvoll von Leuten erklärt hat. (Denn institutionelle Möglichkeiten, um festzustellen, ob die Klasse sich diese Führer als Repräsentanten wünscht, gibt es nicht mehr.) Lenins Argumentation ist von einer derart umwerfenden Primitivität, daß man kaum glauben mag, daß er ernsthaft solche Dinge geäußert hat (der zitierte Passus ist ein Angriff auf die deutschen Spartakisten, die sich im Sinne von Rosa Luxemburgs Kritik geäußert hatten). Der Gedankengang paßt allerdings ausgezeichnet in Lenins Denkweise hinein. Da es »real« nur die Klasseninteressen gibt, ist ein Problem wie die Verselbständigung der Interessen einer Führungsschicht oder des Apparats ein Scheinproblem; die Apparate »repräsentieren« ganz einfach die Klassen, das ist eine »Binsenweisheit«, und alles andere ist »kindischer Unsinn«.

In diesen Dingen war Lenin schon konsequent. Nach »Staat und Revolution« konnte nur ein hoffnungsloser Ignorant oder ein bürgerlicher Schwindler behaupten, daß die Arbeiter nicht imstande seien, als Klasse unmittelbar die Industrie, den Staat und die Verwaltung zu leiten; nach zwei Jahren stellte sich heraus, daß nur ein hoffnungsloser Ignorant oder ein bürgerlicher Schwindler behaupten kann, daß die Arbeiter imstande seien, unmittelbar die Industrie, den Staat und die Verwaltung zu leiten. Es ist schließlich klar, daß die Industrie nicht anders als nach dem Prinzip der Einzelleitung arbeiten kann, und jegliches Geschwätz über »Kollegialität« ist absurd. »Das Gerede über das Kollegialitätsprinzip ist häufig von einem Geist der schlimmsten Unwissenheit, vom Geist der Feindschaft gegen die Spezialisten getragen ... Wir müssen erreichen, daß sie (die Gewerkschaften) diese Aufgabe im Sinne des Kampfes gegen die Überreste des berüchtigten Demokratismus auffassen. All das Geschrei über Ernennungen muß aufhören, dieser ganze alte, schädliche Plunder, den man in den verschiedensten Resolutionen und Gesprächen finden kann, muß hinausgefegt werden« (IX. Parteitag der KPR[B], 29. 3. 1920, »Werke«, Bd. 30, S. 451–52). »Weiß etwa jeder Arbeiter, wie der Staat zu regieren ist? Leute der Praxis wissen, daß das Märchen sind ... wir wissen, wie sich die noch mit den Bauern verbundenen Arbeiter von unproletarischen Losungen beeinflussen lassen. Wer von den Arbeitern hat eine Leitungstätigkeit ausgeübt? Einige Tausend in ganz Rußland, nicht mehr. Wenn wir sagen, daß nicht die Partei die Kandidaturen aufstellt und die Leitung innehat, sondern die Gewerkschaften selbst, so klingt das sehr demokratisch, man kann damit vielleicht Stimmen fangen, obzwar nicht auf lange. Damit richtet man jedoch die Diktatur des Proletariats zugrunde« (Rede auf dem Verbandstag der Bergarbeiter, 23. 1. 1921, »Werke«, Bd. 32, S. 47 f.). »Aber die Diktatur des Proletariats läßt sich nicht verwirklichen durch eine Organisation, die das Proletariat in seiner Gesamtheit erfaßt ... die Diktatur kann nur durch die Avantgarde verwirklicht werden, die die revolutionäre Energie der Klasse in sich aufgenommen hat« (»Über die Gewerkschaften, die gegenwärtige Lage und die Fehler Trotzkis«, 1921, »Werke«, Bd. 32, S. 3).

Demnach müßte also kraft einer eigentümlichen Dialektik die Herrschaft des Proletariats unfehlbar die Diktatur des Proletariats zugrunde richten (was übrigens bei der Bedeutung, die Lenin diesem Ausdruck gab, durchaus überzeugend war). Es stellte sich ebenfalls heraus, daß die »wahre« Demokratie in der Beseitigung aller Institutionen besteht, die bis dahin als Demokratie galten. In dieser letzteren Frage ist Lenin in der Verwendung der Wörter nicht ganz konsequent. Denn zuweilen rühmt er die Sowjetmacht als höchste Form der Demokratie (da das Volk regiert), während er ein andermal die Demokratie als bürgerliche Erfindung verdammt. Das führt zu komischen Widersprüchen, wie etwa in der Rede auf dem III. Sowjetkongreß (25. 1. 1918): »Die Demokratie ist eine der Formen des bürgerlichen Staates, für die sich alle Verräter des wahren Sozialismus einsetzen, die heute an der Spitze des offiziellen Sozialismus stehen und behaupten, die Demokratie stehe im Widerspruch zur Diktatur des Proletariats. Solange die Revolution nicht über den Rahmen der bürgerlichen Ordnung hinausging, waren wir für die Demokratie, aber sobald wir die ersten Anzeichen des Sozialismus im ganzen Ablauf der Revolution wahrnahmen, nahmen wir eine Position ein, die mit aller Entschiedenheit die Diktatur des Proletariats vertritt« (»Werke«, Bd. 26, S. 473). Mit anderen Worten: Die Verräter des Sozialismus behaupten, daß die Demokratie im Widerspruch zur Diktatur steht, während wir die Demokratie aufgegeben und die Diktatur gewählt haben, weil die Demokratie im Widerspruch zur Diktatur steht. Doch hier unterläuft Lenin nur eine Ungeschicklichkeit, die daher rührt, daß er sich über die Entwicklung im klaren ist, die zusehends die Überreste der demokratischen Einrichtungen dahinschwinden läßt, daß er aber doch zuweilen das Wort »Demokratie« mit seiner positiven Aura beibehalten möchte.

Was all die traditionellen demokratischen Freiheiten betrifft, welche die bolschewistische Partei mit größtem Nachdruck forderte, solange sie nicht an der Macht war, so stellte sich gleich nach der Revolution heraus, daß sie sämtlich Instrumente der Bourgeoisie sind. Daß es sich gerade mit der Pressefreiheit so verhält, hat Lenin unzählige Male geschrieben. »Die ›Pressefreiheit‹ der bürgerlichen Gesellschaft besteht in der Freiheit für die *Reichen*, systematisch und unentwegt, tagtäglich in Millionen von Zeitungsexemplaren, die ausgebeuteten und unterdrückten Volksmassen, die Armen, zu betrügen, zu demoralisieren und zum Narren zu halten.« Gleichzeitig heißt es jedoch: »Pressefreiheit bedeutet, daß alle Meinungen *aller* Bürger frei verbreitet werden können« (»Wie wird der Konstituierenden Versammlung der Erfolg gesichert?«, September 1917, »Werke«, Bd. 25, S. 389 u. 391). So hieß es kurz vor der Revolution. Kurz nach der Revolution klang es schon ein wenig anders: »Wir haben auch früher erklärt, daß wir die bürgerlichen Zeitungen verbieten werden, wenn wir die Macht übernehmen. Duldet man das Erscheinen solcher Zeitungen, so heißt das, daß man aufhört, Sozialist zu sein« (17. 11. 1917, »Werke«, Bd. 26, S. 280). Lenin versprach – und er hielt dieses Versprechen –, daß »wir uns durch so schön klingende Losungen wie Freiheit, Gleichheit und Mehrheitswillen nicht irreführen lassen«; »wer in einem Augenblick, wo die Dinge bis zum Sturz der Macht des Kapitals in der ganzen Welt ... gediehen sind, ... mit dem Wort ›Freiheit‹ schlechthin operiert, wer im Namen dieser Freiheit gegen die Diktatur des Proletariats auftritt – der hilft den Ausbeutern und weiter nichts, der ist ihr Anhänger, denn die Freiheit ist, wenn sie nicht den Interessen der Befreiung der Arbeit vom Joch des Kapitals untergeordnet wird, Betrug ...« (Rede vom 19. 5. 1919, »Werke«, Bd. 29, S. 339–340). Auf dem III. Kongreß der Internationale wurde das Ganze in aller Knappheit und Klarheit ausgedrückt: »Solange kein allgemeines, endgültiges Ergebnis vorliegt, wird der Zustand des furchtbaren Krieges fortdauern. Und wir sagen: ›im Kriege handeln wir nach Kriegsbrauch; wir versprechen keinerlei Freiheit und keinerlei Demokratie‹« (5. 7. 1921, »Werke«, Bd. 32, S. 518f.). Das ganze Problem der repräsentativen Institutionen, der Bürgerrechte, der Rechte der Minderheit (aber auch der Mehrheit), der Kontrolle der Macht – alle verfassungsmäßigen Probleme werden also schließlich mit dem Spruch »wenn schon Krieg, dann wie im Krieg« abgefertigt, mit dem Zusatz, daß der Krieg bis zum Sieg des Kommunismus auf der ganzen Welt weitergehen wird. Vor allem – und das ist von entscheidender Bedeutung – ist das ganze Problem des *Rechts* als eines Systems der gesellschaftlichen Vermittlung nicht mehr existent. Wenn das Recht »nichts weiter« ist als ein Instrument zur Unterdrückung der einen Klasse durch die andere, dann gibt es natürlich keinen Unterschied zwischen einer Herrschaft auf der Grundlage des Rechts und einer Herrschaft unmittelbarer Gewalt, weil es lediglich darauf ankommt, »welche Klasse« die Gewalt ausübt. So schrieb Lenin 1922 in einem Brief an D. I. Kurski: »Das Gericht soll den Terror nicht beseitigen ..., sondern ihn prinzipiell, klar, ohne Falsch und ohne Schminke begründen und gesetzlich verankern.« Und er schlug für das Strafgesetzbuch folgenden Paragraphen vor: »Die Propaganda oder Agitation oder die Beteiligung an einer Organisation oder die Förderung von Organisationen, die (Propaganda und Agitation) darauf hinwirken, den Teil der internationalen Bourgeoisie zu unterstützen, der die Gleichberechtigung des den Kapitalismus ablösenden kommunistischen Eigentumssystems nicht anerkennt und, sei es durch Intervention oder Blockade oder Spionage oder Finanzierung der Presse und ähnliche Mittel, seinen gewaltsamen Sturz anstrebt, wird mit dem höchsten Strafmaß geahndet, das bei mildernden Umständen in Freiheitsentzug oder in Ausweisung umgewandelt werden kann« (»Werke«, Bd. 33, S. 344f.). Auf dem XI. Parteitag der KPR(B) verkündete Lenin, daß die Menschewiki und Sozialrevolutionäre, die behaupten, daß die NÖP ein Rückzug zum Kapitalismus hin sei und den bürgerlichen Charakter der Revolution offenbare, für solche Äußerungen erschossen würden.

Folglich legte Lenin die Fundamente einer Gesetzgebung, wie sie für ein totalitäres im Unterschied zu einem lediglich despotischen System eigentümlich ist, einer Gesetzgebung, die sich nicht durch *Strenge*, sondern durch ihren *fiktiven* Charakter auszeichnet. Denn ein Recht, das selbst für geringe Verfehlungen drakonische Strafen vorsieht, muß noch kein spezifisch totalitäres Recht sein. Kennzeichnend für ein totalitäres Recht sind dagegen die Formeln, die Lenin verwendet: Mit dem Tode wird bestraft, wer Ansichten äußert, die »objektiv« der Bourgeoisie »helfen können«. Es ist klar, daß das soviel heißt wie: die Herrschenden können töten, wen sie wollen, nach eigenem Ermessen, das heißt, es gibt kein Recht, das Strafgesetzbuch ist nicht streng, sondern es ist außer dem Namen nach einfach nicht vorhanden.

Es sei jedoch wiederholt: Das alles geschah zu einer Zeit, als die Partei noch nicht die Lage vollkommen in der Hand hatte und sich deshalb zuweilen gegen Vorwürfe verteidigen mußte. Paradoxerweise sind die scharfen, unzweideutigen Äußerungen Lenins, in denen er den Terror fordert und weder Demokratie noch Freiheit verspricht, Ausdruck einer Situation, in der die Freiheit noch nicht restlos begraben war. In der Stalinzeit, als es nicht mehr nötig war, auf Kritik von außerhalb der Partei zu antworten, wurde die »terroristische« Phraseologie durch eine »demokratische« ersetzt: Unter Stalin, insbesondere in der späteren Zeit, ist das sowjetische System nichts anderes mehr als die Verkörperung der höchsten Freiheit, die Heimstatt aller demokratischen Freiheiten und die vollendete Volksherrschaft.

Doch zu Lenins Zeiten mußten die Führer noch auf eine sozialistische Kritik sowohl in Rußland wie in Europa eingehen. Und die Sozialisten widersprachen entschieden dem Grundsatz, daß die Diktatur des Proletariats die Zerstörung der Demokratie bedeute. Nachdem Kautsky 1918 in der Broschüre »Die Diktatur des Proletariats« das sowjetische System angegriffen hatte, antwortete ihm Lenin mit der zornigen Abhandlung »Die proletarische Revolution und der Renegat Kautsky« (1918). Er wiederholt dort all seine Ausfälle gegen die Ignoranten, die unabhängig von ihrem Klasseninhalt von Demokratie reden und dadurch die Tatsache verbergen wollen, daß die bürgerliche Demokratie der Bourgeoisie und die Diktatur des Proletariats dem Proletariat dient. Kautsky hatte darauf hingewiesen, daß nach der Auffassung von Marx die »Diktatur des Proletariats« nicht die Art charakterisieren sollte, in der die Regierung ausgeübt wird, sondern deren Klasseninhalt, und daß demokratische Regierungsformen nicht nur mit der Herrschaft des Proletariats vereinbar, sondern deren Bedingung seien. Für Lenin war das alles Unsinn. Wenn das Proletariat regiert, muß es mit Gewalt regieren, und die Diktatur ist eine Herrschaft der Gewalt und nicht des Rechts.

7. Trotzki über die Diktatur

Auf die nächste Broschüre Kautskys mit dem Titel »Terrorismus und Kommunismus« antwortete dann Trotzki mit einer Broschüre unter dem gleichen Titel (englische Ausgabe: The defense of terrorism, 1921). Es handelt sich dabei um eine überaus charakteristische Abhandlung, die in mancher Hinsicht noch deutlicher wird als die Äußerungen Lenins. Trotzki, der im Jahre 1903 vorausgesagt hatte, daß die Leninsche Parteitheorie zur Tyrannei eines einzelnen führen werde, war im Jahre 1920 vollkommen zu dieser Theorie bekehrt. Diese Broschüre ist äußerst bemerkenswert, denn sie stellt die umfassendste Theorie des Staates der proletarischen Diktatur dar, die Trotzki verfaßte, während er an der Macht war, und sie schildert in vollkommenster Weise ein System, das man seither als totalitär zu bezeichnen pflegt. Trotzki schrieb sie zwar während des Bürgerkriegs und des Kriegs mit Polen (über den er mit unvergleichlicher Naivität sagte: »Wir rechnen mit dem Sieg, denn wir haben alle historischen Anrechte auf ihn«), aber dennoch verfolgt der Text eindeutig allgemein-theoretische Ambitionen; daß die dort verwendeten Formulierungen nicht das Ergebnis einer durch die Umstände bedingten Übertreibung sind, kann man auch daraus entnehmen, daß Trotzki häufig eigene Reden zitiert, die er zuvor bei anderen Gelegenheiten gehalten hatte. Die allgemeinen Grundsätze der Diktatur des Proletariats werden genauso dargestellt wie bei Lenin: die bürgerliche Demokratie ist ein Schwindel; ernsthafte Probleme im Klassenkampf werden niemals durch Abstimmungen, sondern durch Gewalt entschieden; in einer revolutionären Zeit muß man um die Macht kämpfen und nicht sinnlos auf die »Mehrheit« warten; die Anwendung von Terror abzulehnen heißt, den Sozialismus abzulehnen (»wer die Ziele will, kann nicht die Mittel ablehnen«); die parlamentarischen Systeme sind am Ende; sie hatten vor allem die Interessen der Mittelklassen zum Ausdruck gebracht, während jetzt, in der Zeit der Revolution, allein die grundlegenden Klassen – Proletariat und Bourgeoisie – von Bedeutung sind; Phrasen über »Gleichheit vor dem Gesetz«, bürgerliche Freiheiten und dgl. sind heute nichts als betrügerische Metaphysik; es war richtig, die Konstituierende Versammlung in Rußland auseinanderzujagen (abgesehen von anderen Erwägungen kann das System parlamentarischer Wahlen dem raschen Gang der Ereignisse nicht folgen, das Parlament spiegelt nicht den Volkswillen wider); die Erschießung von Geiseln ist richtig (wenn schon Krieg, dann wie im Krieg); es darf keine Freiheit für eine Presse geben, die dem Klassenfeind hilft, und dabei haben sich die Menschewiki und Sozialrevolutionäre mit dem Klassenfeind verbündet; es hat keinen Sinn, über »Wahrheit« und darüber zu reden, wer recht hat, denn wir befinden uns nicht in einer literarischen Diskussion, sondern in einem scharfen Kampf; wir werden uns nicht mit solchen Dummheiten wie den Rechten des einzelnen oder der Heiligkeit des Menschenlebens abgeben (»was uns betrifft, so haben wir uns nie mit kantischem Pfaffengerede und vegetarischem Quäkergeschwätz über die Heiligkeit des Menschenlebens beschäftigt« – »Terrorismus und Kommunismus«, Hamburg 1921, S. 48); die Pariser Kommune hat gerade aufgrund ihrer Unschlüssigkeit verloren, die auf sentimentalem Humanismus beruhte; unter der Diktatur des Proletariats muß die Partei die höchste Instanz sein und in allen wichtigen Dingen das letzte Wort haben; »die revolutionäre Herrschaft des Proletariats hat im Proletariat selbst die politische Herrschaft einer Partei mit klarem Aktionsprogramm und unverletzlicher innerer Disziplin zur Voraussetzung« (S. 87); »die Diktatur der Sowjets (ist) nur möglich geworden ... vermittels der Diktatur der Partei« (S. 88).

Allerdings hat Trotzki Fragen, die Lenin vermied, beantwortet. »›Wo habt ihr aber die Garantie dafür‹ – fragen uns einige weise Leute –, ›daß gerade eure Partei die Interessen der geschichtlichen Entwicklung zum Ausdruck bringt? Indem ihr die anderen Parteien vernichtet oder in den illegalen Zustand versetzt habt, habt ihr dadurch ihren politischen Wetteifer mit euch ausgeschaltet und also auch euch selbst der Möglichkeit beraubt, eure Richtungslinie nachzuprüfen‹.« Trotzki antwortet: »Dieses Argument ist von einer rein liberalen Vorstellung vom Gang der Revolution diktiert. Zu einer Zeit, wo alle Gegensätze einen offenen Charakter annehmen, und der politische Kampf rasch in den Bürgerkrieg übergeht, verfügt die herrschende Partei zur Nachprüfung ihrer Richtung über eine genügende Anzahl materieller Kriterien, auch abgesehen von der eventuellen Verlegung von menschewistischen Blättern. Noske schlägt auf die Kommunisten ein, aber sie wachsen. Wir haben die Menschewiki und Sozialrevolutionäre unterdrückt – und sie sind wesenlos geworden. Dieses Kriterium genügt uns« (S. 89).

Dies ist eine der bezeichnendsten theoretischen Formulierungen des Bolschewismus. Im Grunde, so stellt sich heraus, besteht das Kriterium für die »historische Berechtigung« einer Bewegung oder eines Staates darin, daß die von ihm angewandte Gewalt erfolgreich ist. Noske hat es tatsächlich nicht geschafft, den Kommunismus in Deutschland zu unterdrücken. Doch Hitler hat ihn tatsächlich unterdrückt. Daraus folgt nach Trotzkis Regel (die ja schließlich allgemein gehalten ist), daß Hitler »die Interessen der historischen Entwicklung ausdrückte«. Stalin hat die Trotzkisten in Rußland unterdrückt – und daraufhin sind »sie wesenlos geworden«. Daraus folgt, daß Stalin den historischen Fortschritt gegen Trotzki repräsentierte ...

Aus dem Grundsatz der »Herrschaft der Avantgarde« folgt ganz klar und direkt: »Eine dauernde ›Unabhängigkeit‹ der Gewerkschaftsbewegung im Zeitalter der Revolution des Proletariats ist ebenso unmöglich wie die Blockpolitik. Die Gewerkschaftsverbände werden zu den wichtigsten wirtschaftlichen Organen des sich an der Macht befindlichen Proletariats. Dadurch geraten sie unter die Führung der Kommunistischen Partei. Nicht nur die prinzipiellen Fragen der Gewerkschaftsbewegung, sondern auch die ernsten Organisationskonflikte in ihr werden vom Zentralkomitee unserer Partei entschieden ... als Produktionsorgane des Sowjetstaats ... übernehmen (die Gewerkschaften) die Verantwortung für seine Schicksale, nicht im Gegensatz zu ihm, sondern in Identifizierung mit ihm. Die Gewerkschaften werden zu Vollstreckern der Arbeitsdisziplin. Sie verlangen von den Arbeitern angestrengte Arbeit unter den schwierigsten Verhältnissen« (S. 89f.).

Natürlich, so sagt Trotzki, ist die Organisation des Staates im Interesse der werktätigen Massen; »das schließt jedoch das Element des Zwanges in allen seinen Spielarten, von den mildesten bis zu den härtesten, nicht aus«; nicht nur, daß der Zwang nicht verschwindet: er wird in der neuen Gesellschaft eine herausragende Rolle spielen. Es geht darum, daß »das Prinzip der Arbeitspflicht ... für den Kommunisten vollkommen unstreitig (ist) ... Die einzige, *prinzipiell wie praktisch* (Hervorhebung L. K.) richtige Lösung der wirtschaftlichen Schwierigkeiten besteht darin, die Bevölkerung des ganzen Landes als ein Reservoir der erforderlichen Arbeitskraft ... anzusehen ... das Prinzip der Arbeitspflicht (ersetzt) ebenso *radikal und unwiderbringlich* (Hervorhebung L. K.) das Prinzip der freien Anstellung, wie die Sozialisierung der Produktionsmittel an die Stelle des kapitalistischen Eigentums getreten ist« (S. 111 u. 113). Notwendig ist daher die Militarisierung der Arbeit. Der kapitalistischen Unfreiheit setzt man »die gesellschaftlich normierte Arbeit auf Grund eines Wirtschaftsplans entgegen, der für das ganze Volk verpflichtend und daher für jeden Arbeiter des Landes zwangsmäßig ist ... die Grundlage der Militarisierung der Arbeit wird auf den Formen staatlichen Zwanges gebildet, ohne die die Ersetzung der kapitalistischen Wirtschaft durch die sozialistische für immer nur leerer Schall bleiben wird ... Keine andere gesellschaftliche Organisation mit Ausnahme der Armee hat sich berechtigt gehalten, sich die Bürger in solchem Grade unterzuordnen, sie in solchem Maße von allen Seiten durch ihren Willen zu umfassen, wie dies der Staat der proletarischen Diktatur tut und zu tun sich für berechtigt hält« (S. 116). »Einen anderen Weg zum Sozialismus außer der gebieterischen Verfügung über die Wirtschaftskräfte und -mittel des Landes, außer einer zentralisierten Verteilung der Arbeitskraft in Abhängigkeit vom gesellschaftlichen Plan kann es für uns nicht geben. Der Arbeiterstaat hält sich für berechtigt, jeden Arbeiter auf den Platz zu stellen, wo seine Arbeit notwendig ist« (S. 117f.). »Der im Bau begriffene sozialistische Staat braucht die Gewerkschaften nicht zum

Kampf um bessere Arbeitsbedingungen – das ist die Aufgabe der gesamten gesellschaftlichen und staatlichen Organisation –, sondern die Arbeiterklasse zu Produktionszwecken zu organisieren, zu erziehen, zu disziplinieren, zu verteilen, zu gruppieren, die einzelnen Gruppen und die einzelnen Arbeiter für bestimmte Zeit an ihre Posten festzulegen ...« usw. (S. 118). Kurz, »der Weg zum Sozialismus (führt) über die höchste Anspannung der Staatsorganisation ... So nimmt ... der Staat, bevor er verschwindet, die Form der Diktatur des Proletariats an, d. h. des schonungslosesten Staates, der das Leben der Bürger von allen Seiten gebieterisch erfaßt« (S. 141).

Klarer konnte man sich wahrhaft kaum ausdrücken. Der Staat der proletarischen Diktatur ist den Versprechungen Trotzkis zufolge ein riesiges permanentes Konzentrationslager, in dem die Staatsführung eine unumschränkte Herrschaft über alle Seiten des Lebens der Bürger ausübt und sie insbesondere zur Arbeit zwingt, und zwar dort, in dem Umfange und den Formen, wie es ihr gefällt. Die Menschen sind nichts weiter als Einheiten der Arbeitskraft. Der Zwang ist universal, und jede Form von Organisation, die nicht ein Instrument des Staates ist, müßte naturgemäß ein Feind des Staates, d. h. ein Feind des Proletariats sein. Das alles selbstverständlich im Namen des erträumten Reiches der Freiheit, das Trotzki nach unbestimmten historischen Zeiträumen in Aussicht stellt. Man kann sagen, daß Trotzki das Prinzip des Sozialismus im bolschewistischen Verständnis am vollkommensten ausgedrückt hat. Es muß jedoch angemerkt werden, daß eigentlich nicht klar ist, was – namentlich vom Standpunkt der marxistischen Theorie aus – die freie Verdingung der Arbeitskraft ersetzen sollte (die für Marx ein Symptom der Unfreiheit ist, da sie voraussetzt, daß der Mensch gezwungen ist, seine Arbeitskraft auf dem Markt zu verkaufen, daß er also sich selbst als eine Ware behandeln muß und so von der Gesellschaft behandelt wird). Wenn wir die freie Verdingung ausschließen, bleiben moralische Motivationen (Begeisterung für die Arbeit) und physischer Zwang als einzige Instrumente, welche die Menschen zur Produktion und zur Arbeit bewegen können. Der »Enthusiasmus für die Arbeit« wurde natürlich von Lenin wie von Trotzki in den höchsten Tönen herausgestrichen. Beiden wurde jedoch rasch klar, daß es illusorisch wäre, auf diese Motivation als eine verläßliche und ernst zu nehmende Triebfeder persönlicher Anstrengungen zu setzen. Bleibt also der Zwang, aber nicht der kapitalistische Zwang, der sich aus den Notwendigkeiten des Lebens ergibt, sondern der nackte physische Zwang, die Angst vor dem Tode, der Verstümmelung, dem Gefängnis.

8. Lenin als Ideologe des Totalitarismus

Lenin, der sich in wichtigen praktischen Fragen sehr viel weniger doktrinär verhielt als Trotzki, wich in wenigstens zwei Punkten von seinen Grundsätzen ab: Er erklärte, daß die Gewerkschaften nicht nur die Produktionspläne zu erfüllen, sondern auch die Arbeiter vor dem Staat zu schützen hätten (obwohl er zunächst in Übereinstimmung mit der offenkundigen marxistischen Logik genau wie Trotzki behauptet hatte, daß eine solche Aufgabenstellung der Gewerkschaften gleichbedeutend damit wäre, die Arbeiterklasse vor der Arbeiterklasse zu schützen, also eine lächerliche Absurdität); außerdem erklärte er, daß der Staat an »bürokratischer Entartung« leide, obwohl nicht klar ist, wie eine solche Kategorie in seinen Denkschemata auftauchen konnte (es läge nahe zu fragen: im Interesse welcher Klasse? die kapitalistische Bürokratie – ein Werkzeug der Unterdrückung, die sozialistische Bürokratie – ein Werkzeug der Befreiung). Daß er sich dazu aufraffte, seine Schemata zu durchbrechen, zeugt gewiß von seinem gesunden Menschenverstand, der gegenüber der Doktrin die Oberhand gewann; leider kam es zu diesen Überlegungen erst in einem Augenblick, als nichts mehr zu machen war. Im übrigen standen gegen dieses eine Wort zur Verteidigung von selbständigen Gewerkschaften zehn andere Worte gegen die Gefahr des Syndikalismus, und gegen die Bürokratie gab es kein anderes Mittel als eine Verstärkung der Bürokratie. Nur kurz konnte man die Illusion hegen, daß die Partei selbst eine Enklave der Freiheit des Wortes und der Freiheit der Kritik bleiben werde, die in der Gesellschaft unterdrückt wurden. Lenin selbst hat, wie schon gesagt wurde, in Fraktionen und Parteistreitigkeiten nie eine gesunde Erscheinung gesehen. Im Jahr 1910, als er noch mit den »Otsowisten« kämpfte und die Forderung nach »völliger Freiheit der revolutionären und philosophischen Gedanken« innerhalb der Partei verurteilte, schrieb er: »Diese Losung ist durch und durch opportunistisch. Eine derartige Losung wurde in allen Ländern innerhalb der sozialistischen Parteien nur von Opportunisten aufgestellt und bedeutete in der Tat nichts anderes als die ›Freiheit‹, die Arbeiterklasse durch die bürgerliche Ideologie zu demoralisieren. ›Gedankenfreiheit‹ (lies: Freiheit der Presse, des Wortes, des Gewissens) fordern wir ebenso wie Koalitionsfreiheit vom *Staat* (aber nicht von der Partei)« (»Über die Fraktion der ›Wperiod‹-Leute«, November 1910, »Werke«, Bd. 16, S. 272). Die Rede war natürlich vom »bürgerlichen« Staat. Es war klar, daß von dem Augenblick an, da die Macht im Staat mit der Macht in der Partei eins wurde, die Grundsätze bezüglich der Freiheit der Kritik im Staat und in der Partei rasch miteinander in Einklang gebracht werden mußten. Innerhalb der Partei dauerte dieser Prozeß länger, aber er war ebenso unausweichlich. Mit dem Angriff, den Lenin auf dem X.

Parteitag (März 1921) gegen Fraktionsbildungen und gegen den »Luxus von Diskussionen und Meinungsverschiedenheiten« führte, und mit der Ankündigung: »Diskussionen über Abweichungen werden wir nicht dulden, wir müssen diesbezüglich einen Schlußpunkt setzen« (»Werke«, Bd. 32, S. 177), war die Sache im Grunde entschieden. Noch während einiger Jahre nach Lenins Tod konnte man die offene Bildung von unterschiedlichen »Plattformen« in der Partei (und besonders im Parteiapparat) nicht völlig verhindern, doch begann bald der staatliche Repressionsapparat, über die Frage wirklicher oder vermeintlicher »Abweichungen« zu entscheiden, und das Ideal der Einheit wurde mit polizeilichen Mitteln verwirklicht.

Doch wenn man sagen darf, daß die Leninsche Doktrin und der durch sie eingeführte Denkstil die Grundlagen eines totalitären Herrschaftssystems schufen, dann nicht deshalb, weil sie Grundsätze enthielt, welche die Anwendung von Terror und die Unterdrückung von bürgerlichen Freiheiten rechtfertigten. Wenn ein Bürgerkrieg ausbricht, wird man auf beiden Seiten kaum etwas anderes erwarten können als die extremsten terroristischen Mittel. Die Unterdrückung bürgerlicher Freiheiten im Namen der Aufrechterhaltung und Stärkung der bestehenden Macht ist noch kein totalitäres System, wenn sie nicht mit einem anderen Grundsatz Hand in Hand geht: dem Grundsatz, daß jegliche Tätigkeit der Menschen in allen Bereichen – der Wirtschaft oder der Kultur – ausschließlich den Zielen des Staates untergeordnet sein müsse, daß nicht nur Aktionen, die sich gegen die bestehende Herrschaft richten, absolut verboten sind und bekämpft werden, sondern daß es außerdem überhaupt keinen politisch-neutralen Lebensbereich gibt und daß jedem Bürger nur diejenige Tätigkeit erlaubt ist, die zugleich von den staatlichen Zielen vorgesehen ist, daß jeder einzelne *Eigentum* des Staates ist und als solches vom Staat behandelt wird. Das sowjetische Herrschaftssystem, das diese Grundsätze aus der Tradition des Zarismus übernahm und aufs äußerste vervollkommnete, war auch in dieser Hinsicht das Werk Lenins.

Lenin hat nie auch nur an die Möglichkeit einer »unparteilichen« oder neutralen Haltung geglaubt, und das galt für sämtliche Lebensbereiche einschließlich der Philosophie. Wer sich als unparteilich bezeichnet, versucht nur seine Zugehörigkeit zum feindlichen Lager zu verschleiern. Wer sich für »neutral« erklärt, ist ein Feind. In einer Rede, in der er kurz nach der Revolution (auf dem Kongreß der Sowjets der Bauerndeputierten, 1. 12. 1917) den Eisenbahnerverband angriff, sagte Lenin: »Wenn man in Tagen des revolutionären Kampfes, wo jede Minute kostbar ist, wo Nichtübereinstimmung, Neutralität dem Feind die Möglichkeit gibt, das Wort zu ergreifen und sich Gehör zu verschaffen, nicht dem Volke in seinem Kampfe für seine heiligsten Rechte zu Hilfe eilt, so kann ich eine solche Haltung auf keinen Fall als Neutralität bezeichnen. Das ist nicht Neutralität, ein Revolutionär wird das als Aufwiegelung bezeichnen« (»Werke«, Bd. 26, S. 323f.).

In der Politik gibt es keine »Neutralen«. Aber es gibt sie nirgendwo. Mit welcher Frage auch immer Lenin sich jemals befaßte, es geschah stets nur von einem Standpunkt aus: Ist das gut oder schlecht für die Revolution (später: für die Sowjetmacht)? Charakteristisch in dieser Hinsicht sind seine vier kleinen Artikel über Tolstoi, die er nach dem Tode des Schriftstellers in den Jahren 1910 und 1911 verfaßte und die sämtlich darauf beruhen, im Werk Tolstois »zwei Seiten« zu unterscheiden: die eine ist reaktionär und utopisch (sittliche Vervollkommnung, sich nicht dem Bösen widersetzen, Ideal der umfassenden Liebe), die andere ist »fortschrittlich« und kritisch (Aufzeigen der Unterdrückung und des Elends der Bauern, Verdammung der Heuchelei der höheren Klassen, der Kirche usw.). Die »reaktionäre Seite« von Tolstois Werk wird von den Reaktionären gefördert, wogegen die fortschrittliche Seite »geeignetes Material« für die politische Bewußtwerdung des Volkes sein kann, auch wenn der politische Kampf über den Horizont von Tolstois Kritik schon weit hinausgegangen ist. Lenins berühmter Artikel aus dem Jahre 1905 »Parteiorganisation und Parteiliteratur« wurde jahrzehntelang und wird bis heute als ideologisches Instrument benutzt, mit dem die Unfreiheit des geschriebenen Wortes in Rußland gerechtfertigt wird (man hat argumentiert, der Artikel betreffe nur die politische Literatur, aber das ist nicht richtig, er gilt für jegliche schriftstellerische Tätigkeit). Lenin sagt dort: »Nieder mit den parteilosen Literaten! Nieder mit den literarischen Übermenschen! Die literarische Tätigkeit muß zu einem *Teil* der allgemeinen proletarischen Sache, zu einem ›Rädchen und Schräubchen‹ des einen einheitlichen, großen sozialdemokratischen Mechanismus werden, der von dem ganzen politisch bewußten Vortrupp der ganzen Arbeiterklasse in Bewegung gesetzt wird« (»Werke«, Bd. 10, S. 30f.). Für »hysterische Intellektuelle«, die wegen eines solchen bürokratischen Vorgehens ein Geschrei erheben werden, fügt Lenin hinzu, daß es im Bereich der Literatur keine mechanische Gleichmacherei geben kann, daß es einen Spielraum für die persönliche Initiative, für die Phantasie usw. geben muß; dennoch muß die literarische Tätigkeit ein Element der Parteiarbeit sein und von der Partei kontrolliert werden. Geschrieben wurde das natürlich in der Zeit des Kampfes um die »bürgerliche Demokratie«, also unter der Annahme, daß der weitere Gang der Ereignisse die Freiheit des Wortes in Rußland bringen werde, daß also die Pflicht zur Parteilichkeit sich auf die Literaten beziehen werde, die Mitglieder der Partei sind; ähnlich wie in anderen Fällen mußte sich diese Pflicht auf alle ausweiten, als die Partei über die Mittel des staatlichen Zwangs verfügte.

In der häufig zitierten Rede, die Lenin am 2. 10. 1920 auf dem Komsomol-Kongreß hielt, wird über Fragen der Moral im gleichen Sinne entschieden: »Wir sagen, daß unsere Sittlichkeit völlig den Interessen des proletarischen Klassenkampfes untergeordnet ist.« »Sittlich ist, was der Zerstörung der alten Ausbeutergesellschaft und dem Zusammenschluß aller Werktätigen um das Proletariat dient, das eine neue, die kommunistische Gesellschaft aufbaut.« »Für den Kommunisten besteht die Sittlichkeit ganz und gar in dieser festen, solidarischen Disziplin und in dem bewußten Kampf der Massen gegen die Ausbeuter. An eine ewige Sittlichkeit glauben wir nicht, und wir entlarven den Betrug, der durch alle möglichen Märchen über Sittlichkeit verbreitet wird« (»Werke«, Bd. 31, S. 281, 283 u. 284). Man wird schwerlich beweisen können, daß diese Worte etwas anderes bedeuten als eben dies: Moralisch gut ist all das und nur das, was erfolgreich die Ziele der Partei fördert, unmoralisch dagegen all das und nur das, was diese Ziele behindert. Mit der Übernahme der Macht wird die Behauptung und Festigung der Macht automatisch zum Kriterium der Sittlichkeit – wie im übrigen zum obersten Kriterium überhaupt aller kulturellen Werte. Es gibt nicht nur keine Kriterien, die es verbieten würden, etwas zu tun, was für die Behauptung der Macht vorteilhaft erscheint, es gibt auch keine Werte, die man auf einer anderen Grundlage anerkennen könnte als eben der, daß sie der Macht dienen. Auf diese Weise werden alle Fragen der Kultur zu technischen Fragen und müssen alle nach einem und stets dem gleichen Maßstab entschieden werden; auf diese Weise wird das »Wohl der Gesellschaft« dem Wohl der einzelnen, aus denen diese Gesellschaft sich zusammensetzt, vollkommen entfremdet. Es wäre eine bürgerliche Sentimentalität, z. B. Aggressionen und Annexionen zu verurteilen, wenn man zeigen kann, daß sie wirksam der Festigung der Sowjetmacht dienen; es wäre Heuchelei und Schwindel, die Folter zu verurteilen, wenn man mit ihrer Hilfe einen Vorteil für die Macht erzielen kann, die per definitionem der »Befreiung der werktätigen Massen« dient. Eine Nützlichkeitsmoral und Nützlichkeitskriterien für die Beurteilung von sozialen und kulturellen Erscheinungen verwandeln die ursprünglichen Grundsätze des Sozialismus in ihr Gegenteil; alle Erscheinungen, die moralische Empörung hervorrufen, solange sie im »bürgerlichen System« auftreten, verwandeln sich, als hätte sie der König Midas berührt, in Gold, wenn sie der neuen Macht dienen: Der bewaffnete Überfall auf einen anderen Staat wird zur Befreiung, die Aggression wird zur Verteidigung, die Folter wird zum edlen Zorn des Volkes gegen die Ausbeuter. An den schlimmsten Exzessen aus den schlimmsten Jahren des Stalinismus gibt es absolut nichts, was sich nicht mit den Leninschen Grundsätzen rechtfertigen ließe, wenn man nur zeigen kann, daß die Sowjetmacht dadurch gestärkt wurde. Der eigentliche Unterschied zwischen der »Leninschen Epoche« und der »Stalinschen Epoche« in der Geschichte Sowjetrußlands besteht nicht darin, daß unter Lenin die Freiheit in der Partei und in der Gesellschaft blühte, während sie unter Stalin unterdrückt wurde, sondern darin, daß erst unter Stalin das gesamte geistige Leben der Völker der Sowjetunion von der Flut einer alles umspannenden Lüge überschwemmt wurde. Doch nicht nur die Persönlichkeit Stalins, sondern auch die – wenn man so sagen darf – »natürliche« Entwicklung der Lage führte in diese Richtung. Bei Lenin hieß der Terror noch Terror, die Bürokratie noch Bürokratie, hießen antibolschewistische Bauernaufstände noch antibolschewistische Bauernaufstände. Nach dem Beginn der Stalinschen Diktatur wurde die Partei zwar noch von Feinden angegriffen, aber sie beging nicht einen einzigen Fehler mehr, der sowjetische Staat war ohne Makel und die Liebe des Volkes zu den Herrschenden grenzenlos. Der Wandel war insofern »natürlich«, als in einem Staat, in dem sämtliche, selbst die bescheidensten Instrumente einer institutionellen Kontrolle der Herrschaft durch die Gesellschaft zerstört wurden, die einzige Legitimation der Herrschaft darin besteht, daß sie »prinzipiell« die Interessen und Wünsche des arbeitenden Volkes verkörpert; diese Legitimation hat folglich ideologischen Charakter (im Unterschied zur charismatischen Legitimation im Falle der Erbmonarchie oder zur Legitimation durch Wahlen). Die universale Herrschaft der Lüge erwuchs nicht aus dem schlechten Charakter Stalins, sondern sie wurde errichtet, weil sich eine Herrschaft, die auf den Leninschen Grundsätzen beruhte, allein auf diese Weise legitimieren konnte.

Deshalb war die Parole, die zur Zeit der Stalinschen Diktatur in der Sowjetunion unablässig wiederholt wurde: »Stalin – der Lenin von heute«, vollkommen richtig.

9. Martow über die bolschewistische Ideologie

Martow war in der Zeit unmittelbar nach der Revolution neben Kautsky und Rosa Luxemburg der dritte prominente Kritiker der bolschewistischen Ideologie und Taktik. Sein Buch »Der Weltbolschewismus« (Berlin 1923), das aus Artikeln besteht, die er hauptsächlich in den Jahren 1918–19 verfaßte, ist wohl der bedeutendste Versuch einer Kritik des Leninismus aus der Sicht der Menschewiki, also von einem sozialdemokratischen, Kautsky verwandten Standpunkt aus. Martow sagt, daß die Übernahme der Macht in Rußland durch die Bolschewiki nicht viel gemein hatte mit einer proletarischen Revolution in dem Sinne, den die marxistische Tradition mit diesem Wort verband. Die Erfolge des Bolschewismus seien nicht auf die Reife der Arbeiterklasse zurückzuführen, sondern im Gegenteil auf ihren Zerfall und ihre Demoralisierung durch den Krieg. Die Arbeiterklasse, vor dem Krieg jahre- und zuweilen jahrzehntelang von den Parteien im sozialistischen Geiste erzogen, sei teils durch die vierjährige Teilnahme am Kriegsgemetzel verroht, teils durch den Zustrom des ländlichen Elements verändert worden, und in dieser Hinsicht hätten alle am Krieg beteiligten Länder ähnliche Prozesse durchgemacht. Die früheren geistigen Autoritäten seien gestürzt, die simpelsten, unmittelbaren Konsumforderungen hätten sich ausbreiten können, und in sämtlichen gesellschaftlichen Fragen vertraue man weithin auf die Allmacht der Waffe. Die sozialistische Linke, die in Zimmerwald versucht habe, die Reste der proletarischen Bewegung zu retten, habe eine Niederlage erfahren. Daß der Marxismus während des Krieges in den Sozialpatriotismus einerseits und den bolschewistischen Anarcho-Jakobinismus andererseits zerfiel, sei lediglich eine Bestätigung der marxistischen Theorie, die die Abhängigkeit des Bewußtseins von den gesellschaftlichen Verhältnissen zeige. Die herrschenden Klassen hätten durch das Militär massenhafte Zerstörung, Raub, ein System der Zwangsarbeit usw. betrieben. Aus diesem allgemeinen Rückschritt sei der Weltbolschewismus auf den Trümmern der sozialistischen Bewegung erwachsen. Martow konfrontiert die Versprechungen, die Lenin in dem Buch »Staat und Revolution« abgab, mit der revolutionären Wirklichkeit, meint jedoch, daß allein die Beschränkung der Demokratie nicht den eigentlichen Sinn des Bolschewismus ausmache (die alte Idee Plechanows, daß die Revolution der Bourgeoisie für eine Zeit das Wahlrecht abspricht, wäre anwendbar, wenn es andere institutionelle Formen der Demokratie gäbe). Die eigentliche Ideologie des Bolschewismus beruhe auf dem Grundsatz, daß der wissenschaftliche Sozialismus die Wahrheit ist, daß er also den Volksmassen aufgezwungen werden muß, die unfähig sind, ihr eigenes Interesse zu begreifen, weil sie von der Bourgeoisie verdummt wurden; deshalb müssen das Parlament, die freie Presse und alle Vertretungsinstitutionen zerstört werden. Diese Auffassung stehe im Einklang mit einer bestimmten Strömung in der utopisch-sozialistischen Tradition: die von den Bolschewiki angewandten Mittel seien ähnlich auch in den Utopien der Babouvisten, Weitlings, Cabets und der Blanquisten empfohlen worden. Sie stünden jedoch im Widerspruch zum dialektischen Materialismus. Die Utopisten hätten zwar angenommen, daß die Arbeiterklasse von der Gesellschaft, in der sie lebt, geistig abhängig ist, doch daraus den Schluß gezogen, daß die Umgestaltung der Gesellschaft von einer Handvoll von Verschwörern oder einer aufgeklärten Elite durchgeführt werden muß, während die werktätigen Massen in diesem Prozeß lediglich ein passives Objekt darstellen. Der dialektische Standpunkt (wie er u. a. in der dritten »These über Feuerbach« von Marx zum Ausdruck kommt) unterstelle aber, daß zwischen dem Bewußtsein der Menschen und den Veränderungen der materiellen Verhältnisse eine ständige Wechselwirkung besteht und daß die Arbeiterklasse im Laufe des Kampfes dadurch, daß sie die gesellschaftlichen Verhältnisse verändert, auch sich selbst verändert und sich geistig befreit. Die Diktatur einer Minderheit könne weder die Gesellschaft noch die Diktatoren selbst erziehen. Das Proletariat sei nur dann fähig, die Errungenschaften der bürgerlichen Gesellschaft zu übernehmen, wenn es zu einer Klasse werde, die eine selbständige Initiative entfalten kann, und dazu könne sie unter den Bedingungen des Despotismus, der Bürokratie und des Terrors nicht werden.

Auch beriefen sich die Bolschewiki ohne jeden Grund auf die Äußerungen von Marx über die Diktatur des Proletariats und die Zerstörung der alten Staatsmaschine. Marx habe, als er das Wahlrecht angriff, ein System der allgemeinen Wählbarkeit und der Volkssouveränität im Auge gehabt und nicht die Despotie einer Partei. Er habe die Aufhebung der antidemokratischen Institutionen des demokratischen Staates – der Polizei, der regulären Armee, der zentralisierten Bürokratie – und nicht die Aufhebung der Demokratie als Staatsform überhaupt gefordert; er habe unter der Diktatur des Proletariats nicht eine Herrschaftsform, sondern den gesellschaftlichen Charakter des Systems verstanden. Die Leninisten forderten dagegen die Zerstörung des Staatsapparats und wollten ihn gleichzeitig in den despotischsten Formen wieder aufbauen.

Der Streit Lenins mit Martow endete somit an dem gleichen Punkt, an dem er 1903 begonnen hatte. Martow sprach von der Herrschaft der Arbeiterklasse und meinte das wörtlich; für Lenin kann die Arbeiterklasse aus eigenen Kräften nur eine bürgerliche Ideologie produzieren, und daher kommt die Idee, ihr die reale Herrschaft anzuvertrauen, der Forderung nach einer Restauration des Kapitalismus gleich (im August 1921 schrieb Lenin ganz richtig: »Unter der Losung ›Mehr Vertrauen in die Kraft der Arbeiterklasse‹ wird gegenwärtig *in Wirklichkeit* eine Stärkung der menschewistischen und anarchistischen Einflüsse betrieben: Kronstadt hat das im Frühjahr 1921 mit aller Anschaulichkeit gezeigt und bewiesen« – in dem Artikel »Neue Zeiten, alte Fehler in neuer Gestalt«, »Werke«, Bd. 33, S. 7). Martow dachte an einen Staat, der alle demokratischen Institutionen von früher übernimmt und erweitert, Lenin an einen Staat, dessen kommunistischer Charakter allein von der Tatsache bestimmt wird, daß die Kommunisten in ihm das Machtmonopol haben. Martow glaubte an eine kulturelle Kontinuität, während Lenin unter der »Kultur«, die es von der Bourgeoisie zu übernehmen gilt, technische und administrative Fertigkeiten versteht. Allerdings irrte Martow sich völlig, als er den Bolschewiki vorwarf, sie drückten in ihrer Ideologie den Konsumstandpunkt der demoralisierten Massen aus. Diese Bemerkung beruht auf dem Eindruck der massenhaften Plünderungen, die das erste Stadium der Revolution charakterisierten. Weder Lenin noch sonst einer der bolschewistischen Führer sah jedoch im Raub einen Ausdruck der kommunistischen Doktrin. Lenin sagte im Gegenteil, daß die Überlegenheit der sozialistischen Ordnung von der gesteigerten Arbeitsproduktivität abhänge, und er erhoffte sich den Sozialismus hauptsächlich, wenn nicht ausschließlich vom technischen Fortschritt; er schrieb, wenn man Dutzende von Bezirkskraftwerken bauen würde (was jedoch wenigstens zehn Jahre erfordere), würden die unzivilisiertesten Gebiete Rußlands, alle vermittelnden Kettenglieder überspringend, direkt zum Sozialismus übergehen (»Über die Naturalsteuer«, Mai 1921, »Werke«, Bd. 32, S. 364). Gerade der Bolschewismus verbreitete die Auffassung, daß globale Produktionskennziffern ein grundlegender Beweis für die Erfolge des Sozialismus seien, und er heiligte das – selbstverständlich nie in diesen Worten ausgesprochene – Prinzip der Produktion um der Produktion willen, gleichgültig, ob und inwiefern die Produktion das Leben der Produzenten, d. h. der ganzen werktätigen Gesellschaft, verbessert. Das war jedoch nur ein Aspekt – ein wesentlicher, aber nicht der einzige – des Kultes, der um die staatliche Macht als höchstem Wert getrieben wurde.

10. Lenin als Polemiker. Das Genie Lenins

Weitaus die meisten publizistischen Äußerungen Lenins haben den Charakter von Angriffen und Polemiken. Jedem Leser seiner Schriften muß das geradezu unerhört Ordinäre seines Stils auffallen, das in der ganzen sozialistischen Literatur nicht seinesgleichen hat. Seine Polemiken sind voll von Schmähungen und einem Spott, dem alles Witzige fehlt (die Gabe des Humors besaß er in der Tat nicht). Es gibt in dieser Hinsicht keinen Unterschied, gleichgültig, ob es um die Ökonomisten oder die Menschewiki, um die Kadetten oder um Kautsky, um Trotzki oder um die Arbeiteropposition geht. Wenn ein Gegner nicht schon ein Lakai der Großgrundbesitzer und Bourgeoisie ist, so ist er auf jeden Fall eine Prostituierte, ein Dummkopf, ein Lügner, ein berufsmäßiger Schwindler usw. Lenin verbreitete einen Stil, der später in der gesamten sowjetischen Publizistik zum verpflichtenden Kanon wurde, dem es dann allerdings an jeder persönlichen Leidenschaft gebrach und der zu bürokratischer Monotonie herunterkam. Wenn es zufällig geschieht, daß ein Gegner etwas sagt, mit dem Lenin übereinstimmt, dann war der Gegner »gezwungen«, das und das »zuzugeben«; wenn im Lager der Gegner ein Streit entsteht, dann hat stets jemand die Wahrheit über einen anderen »ausgeplaudert«; wenn jemand in einem kritisierten Artikel oder Buch nicht eine Frage erörtert hat, von der Lenin meint, daß sie erörtert werden müßte, so hat er sie »totgeschwiegen«. Jeder Sozialist, den er gerade als Gegner betrachtet, hat in der Regel »die Anfangsgründe des Marxismus nicht begriffen«, und wenn Lenin seine Meinung ändert, so hat am nächsten Tag derjenige »die Anfangsgründe des Marxismus nicht begriffen«, der das gleiche behauptet, was Lenin am Vortage behauptete. Alle werden ständig der schlimmsten Absichten verdächtigt, alle sind Betrüger oder bestenfalls dumme Kinder, sobald sie, und sei es auch in der nichtigsten Frage, einen entgegengesetzten Standpunkt einnehmen.

Daß es bei diesem ganzen Treiben jedoch ausschließlich um die Wirkung und nicht um persönlichen Haß (oder gar um die Wahrheit) geht, hat Lenin selbst in einem Dokument aus dem Jahre 1907 bestätigt (»ausgeplappert«, wie er selbst gesagt hätte, wenn es um jemand anders gegangen wäre). Am Vortage der Wiedervereinigung mit den Menschewiki klagte das Zentralkomitee der Partei Lenin vor dem Parteigericht an, seine menschewistischen Gegner in unzulässiger Weise angegriffen zu haben (Lenin hatte u. a. geschrieben, daß die Petersburger Menschewiki »mit der Partei der Kadetten in Verhandlungen getreten seien zum Verkauf von Arbeiterstimmen an die Kadetten« und daß sie »mit den Kadetten gefeilscht haben, um mit Hilfe der Kadetten gegen den Willen der Arbeiter einen der ihren in die Duma zu schmuggeln«). Lenin erläuterte vor dem Parteigericht seine Haltung folgendermaßen: »Diese Formulierung (d. h. seine eigene Formulierung, die Gegenstand der Anklage war – L. K.) ist nämlich gleichsam darauf berechnet, beim Leser Haß, Abscheu, Verachtung gegenüber Leuten zu wecken, die solche Taten begehen. Diese Formulierung ist nicht darauf berechnet, zu überzeugen, sondern darauf, Reihen zu zerschlagen; nicht darauf, den Fehler des Gegners zu korrigieren, sondern darauf, seine Organisation zu vernichten, sie vom Erdboden wegzufegen. Tatsächlich ist diese Formulierung derart, daß sie die schlimmsten Gedanken, den schlimmsten Verdacht gegenüber dem Gegner hervorruft und tatsächlich im Gegensatz zu einer Formulierung, die überzeugen und korrigieren will, ›Verwirrung in die Reihen des Proletariats hineinträgt‹« (»Werke«, Bd. 12, S. 127). Dies ist jedoch keineswegs eine Selbstkritik Lenins, im Gegenteil, er meint, daß man gerade so handeln müsse – nicht überzeugen, sondern Haß wecken. Mit einer Einschränkung: man soll das nicht gegenüber Mitgliedern der eigenen Partei, aber gegenüber anderen tun; nun hatten aber die Bolschewiki und die Menschewiki in dem Augenblick, um den es geht, aufgrund der Spaltung aufgehört, eine Partei zu sein. Daraus folgt, daß »das ZK *verschweigt*, daß es eine einige Partei zu der Zeit, da die Broschüre geschrieben wurde, in der Organisation, von der sie (nicht formal, wohl aber dem Wesen der Sache nach) ausging und deren Zielen sie diente, *nicht gab* . . . über Parteigenossen darf man nicht in einer Sprache schreiben, die in den Arbeitermassen systematisch

Haß, Abscheu, Verachtung usw. gegen Andersdenkende sät. Aber man *darf und muß* gerade in der erwähnten Weise schreiben über eine abgespaltene Organisation. Warum muß man das? Weil die Spaltung dazu verpflichtet, die Massen der Führung durch die Abgespaltenen zu entreißen« (*ebd.*, S. 427 f.). »Gibt es Grenzen des zulässigen Kampfes auf dem Boden der Spaltung? Parteimäßig zulässige Grenzen eines solchen Kampfes gibt es nicht und kann es nicht geben, denn eine Spaltung ist das Ende des Bestehens der Partei« (*ebd.*, S. 431).

Wir müssen den Menschewiki dankbar sein, daß sie Lenin zu diesem Geständnis zwangen, das übrigens durch seine ganze Tätigkeit bestätigt wird: Es gibt keine Grenzen des zulässigen Kampfes. Es zählt allein das Erfolgsprinzip.

Deshalb ließ Lenin sich (im Unterschied zu Stalin) auch nie von persönlicher Rachsucht leiten, denn er sah in den Menschen – einschließlich seiner selbst, wie man betonen muß – ausschließlich Instrumente des politischen Handelns, Werkzeuge des historischen Prozesses. Dies ist eines der charakteristischsten Merkmale seiner Persönlichkeit. Dank dessen konnte er jemanden an einem Tage in den Schmutz ziehen und am nächsten Tage ein Bündnis mit ihm schließen, wenn die politische Berechnung das gebot. So bewarf er Plechanow nach 1905 mit Schmutz, stellte aber die Kampagne sofort ein, als sich herausstellte, daß Plechanow sich der Politik der Liquidatoren widersetzt und gegen die Empiriokritiker kämpft, daß er also – mit dem Ansehen, das er genießt – ein willkommener Bundesgenosse ist. Er überschüttete Trotzki bis 1917 mit Verwünschungen, doch als Trotzki der bolschewistischen Partei beitrat und sich als ein ungewöhnlich talentierter Führer und Organisator erwies, war alles vergessen. Er brandmarkte den Verrat Sinowjews und Kamenews, die sich öffentlich gegen den Plan eines bewaffneten Aufstands im Oktober ausgesprochen hatten, doch anschließend hatte er nichts dagegen, daß sie die höchsten Stellungen in der Partei und in der Internationale bekleideten. Desgleichen spielten persönliche Rücksichten keine Rolle, wenn es galt, jemanden anzugreifen. Lenin verstand es, Streitigkeiten beiseitezuschieben, wenn er der Ansicht war, daß man sich in grundlegenden Dingen verständigen könne (wie etwa mit Bogdanow in philosophischen Fragen, solange Bogdanow nicht in der Frage der Beteiligung der Partei an der Dritten Duma einen unterschiedlichen Standpunkt bezog), aber wenn der Streit eine Frage betraf, die er im Augenblick für wichtig hielt, war er unbarmherzig. Über persönliche Loyalitätserwägungen setzte er sich lächelnd hinweg, wenn es um politische Meinungsverschiedenheiten ging. Als die Menschewiki Malinowski, einen der Führer der bolschewistischen Partei, beschuldigten, er sei ein Agent der Ochrana, zog Lenin wutentbrannt gegen diese niederträchtigen Verleumdungen zu Felde. Als dann nach der Februarrevolution ans Licht kam, daß sie recht hatten, fiel Lenin wiederum über den Duma-Vorsitzenden Rodsjanko her; es stellte sich heraus, daß Rodsjanko von der Rolle, die Malinowski spielte, erfahren und diesen dazu bewogen hatte, sein Abgeordnetenmandat niederzulegen, doch setzte er – als Mitglied einer Partei, die von den Bolschewiki tagtäglich mit Kübeln von Schmutz überschüttet wurde – davon die Bolschewiki nicht in Kenntnis, und daß er ihnen nichts sagte, lag an dem witzigen Grund, daß er durch den Innenminister von der Sache unterrichtet worden war unter der Bedingung, daß er ehrenwörtlich verspricht, die Sache nicht weiterzugeben. Lenin tat dann so, als sei er moralisch empört über eine feindliche Partei, weil sie seiner Partei nicht half und sich dabei auf etwas so Lächerliches wie ein Ehrenwort berief.

Charakteristisch für Lenin ist auch, daß er sehr häufig seine Feindschaften in die Vergangenheit zurückverlegte, um zu beweisen, daß ein Gegner schon immer ein Schurke und Verräter gewesen war. Im Jahre 1906 schrieb er, daß Struve bereits 1894 ein Konterrevolutionär gewesen sei (»Der Sieg der Kadetten und die Aufgaben der Arbeiterpartei«, »Werke«, Bd. 10, S. 264), doch anhand seiner Polemik gegen Struve in jener Zeit, als sie noch zusammenarbeiteten, d. h. im Jahre 1895, hätte niemand auf diese Vermutung kommen können. Jahrelang hielt er Kautsky für die höchste theoretische Autorität, aber als Kautsky während des Krieges einen »zentristischen« Standpunkt einnahm, brandmarkte Lenin den Opportunismus, der schon in einer Broschüre Kautskys aus dem Jahre 1902 sichtbar geworden sei (»Staat und Revolution«, »Werke«, Bd. 25, S. 516), und außerdem stellte er fest, daß Kautsky im Jahre 1909 zum letztenmal als Marxist aufgetreten sei (Vorwort zur Broschüre Bucharins von 1915, »Werke«, Bd. 22, S. 104). Während des ganzen Krieges berief Lenin sich im Kampf gegen den Sozialchauvinismus unablässig auf das Basler Manifest der Zweiten Internationale, in dem die Parteien doch eindeutig aufgefordert wurden, eine Beteiligung am imperialistischen Krieg abzulehnen; nach dem endgültigen Bruch mit der Zweiten Internationale stellte sich jedoch heraus, daß das Basler Manifest ein Betrug der Renegaten war (»Notizen eines Publizisten«, 1922, »Werke«, Bd. 33, S. 190). Viele Jahre hindurch betonte Lenin, daß er keine besondere Richtung innerhalb der sozialistischen Bewegung repräsentiere, sondern daß er und die bolschewistische Partei sich allein auf die Grundsätze stützten, die auch in der europäischen, insbesondere der deutschen Sozialdemokratie anerkannt wurden. 1920 kam jedoch – in der »Kinderkrankheit« – ans Licht, daß der Bolschewismus als eine Strömung des politischen Denkens seit 1903 existierte (was ja auch der Fall war). Diese Projektion der Geschichte in die Vergangenheit bei Lenin ist natürlich nichts im Vergleich zu der systematisch betriebenen Geschichtsverfälschung, die in der Stalinzeit einsetzte, als es um jeden

Preis zu beweisen galt, daß sämtliche aktuellen Urteile – über Personen oder politische Bewegungen – sich gleichermaßen auf die gesamte Vergangenheit beziehen. In dieser Hinsicht macht Lenin nur einen sehr bescheidenen Anfang, und häufig bewahrte er sich eine rationale Denkweise: so blieb er etwa bis zum Schluß dabei, daß Plechanow sich um die Verbreitung des Marxismus gewaltige Verdienste erworben habe und daß man seine theoretischen Werke wieder auflegen sollte, obwohl zu dieser Zeit Plechanow ganz auf der Seite der »Sozialchauvinisten« stand.

Weil Lenin sich in seiner schriftstellerischen Tätigkeit ausschließlich an der politischen Wirksamkeit orientierte, sind seine Schriften voll von Wiederholungen. Lenin scheute sich nicht, ein und denselben Gedanken endlos zu wiederholen, denn er hatte nicht den Ehrgeiz, ein guter Schriftsteller zu sein, sondern er wollte ausschließlich die Meinung der Partei beziehungsweise der Arbeiter beeinflussen. Kennzeichnend dabei ist, daß die stilistischen Grobheiten dort am krassesten sind, wo es um den Fraktionskampf geht und wo Lenin sich in erster Linie an die Parteiaktivisten wendet, während sie in Texten, die sich an die Arbeiter wenden, sehr viel abgemilderter sind. Unter den letzteren Schriften finden wir zuweilen wahre Meisterwerke der Propaganda, so z. B. die Broschüre »Die politischen Parteien in Rußland und die Aufgaben des Proletariats« (Mai 1917), welche die Haltung aller politischen Parteien zu allen grundlegenden Fragen des Augenblicks überaus knapp und überaus klar darstellt. Auch in theoretischen Fragen ging es eher darum, den Leser durch eine Flut von Worten und Beschimpfungen zu erdrücken, als um eine detaillierte Analyse der Argumente. Ein hervorragendes Beispiel dieser Kunst ist »Materialismus und Empiriokritizismus«, aber es ließen sich auch viele andere Texte dafür anführen. So veröffentlichte beispielsweise Struve 1913 eine Arbeit mit dem Titel »Wirtschaft und Preis«, in der er u. a. behauptete, daß der Wert im Marxschen Sinne, der vom Preis unabhängig ist, eine metaphysische und nicht-empirische, ökonomisch überflüssige Kategorie sei (ein im übrigen nicht neuer Gedanke, der damals bereits häufig geäußert worden war, angefangen mit Conrad Schmidt). Dazu nun die Argumente Lenins: »Nun, kann man diese äußerst ›radikale‹ Methode anders denn als äußerst oberflächlich bezeichnen? Tausende Jahre hindurch beobachtet die Menschheit eine Gesetzmäßigkeit in der Erscheinung des Austauschs, strengt sie sich an, sie zu verstehen und genauer zu formulieren, überprüft sie ihre Erklärungen an Hand von Millionen und Milliarden tagtäglicher Beobachtungen des Wirtschaftslebens – und plötzlich will so ein in Mode gekommener Vertreter einer in Mode gekommenen Beschäftigung – des Sammelns von Zitaten (fast hätte ich gesagt: des Briefmarken-Sammelns) –, ›das alles annullieren‹: ›Der Wert ist ein Phantom‹.« Anschließend die Erklärung: »Der Preis ist die Form, in der das Wertgesetz in

Erscheinung tritt. Der Wert ist das Gesetz der Preise, d. h. die verallgemeinerte Ausdrucksform der Erscheinung des Preises. Hier von ›Unabhängigkeit‹ sprechen kann nur ein Hohn auf die Wissenschaft sein.« Daraufhin die Bilanz: »Die *Gesetze* aus der Wissenschaft hinauszujagen, bedeutet in Wirklichkeit nur, *die Gesetze der Religion durchschmuggeln zu wollen.*« Und schließlich das Urteil: »Glaubt Herr Struve wirklich, durch so plumpe Methoden seine Hörer anführen und seinen Obskurantismus verbergen zu können?« (»Noch eine Vernichtung des Sozialismus«, März 1914, »Werke«, Bd. 20, S. 196ff.). Dies ist ein typisches Beispiel dafür, wie Lenin sich mit einem Gegner auseinandersetzt. Struve hatte gesagt, daß man den Wert nicht unabhängig vom Preis berechnen könne, und Lenin sagt dann, daß es ein Hohn auf die Wissenschaft sei, von Unabhängigkeit zu sprechen. Sachliche Argumente werden überhaupt nicht erörtert, und alles geht in einer Flut von Phrasen und Flüchen unter.

Es muß aber noch einmal betont werden, daß Lenin dieses rein technische, instrumentelle Verhältnis zu Menschen und Dingen auch auf sich selbst ausdehnte. An persönlichen Vorteilen lag ihm nichts. Er errichtete sich keine Denkmäler und besaß – im Unterschied etwa zu Trotzki – nicht die Spur von Wichtigtuerei und keine Neigung zu theatralischen Gesten. Er betrachtete sich als ein Werkzeug der Revolution und war sich seiner Sache unbeirrbar gewiß, derart gewiß, daß er sich nicht scheute, mit seiner politischen Linie allein oder beinahe allein zu bleiben; er ähnelte Luther in seinem unerschütterlichen Glauben, daß durch ihn die Geschichte (bzw. Gott) spricht. Verächtlich wies er Vorwürfe (etwa von Ledebour in Zimmerwald) zurück, er sitze sicher im Ausland und rufe die Arbeiter in Rußland auf, ihr Blut zu vergießen. Derartige Vorwürfe waren für ihn im Grunde lächerlich, denn die Tatsache, daß er vom Ausland her wirkte, war für die Revolution von Vorteil, und er wußte, daß bei der Lage in Rußland die Revolution auf Emigranten nicht verzichten konnte; im übrigen konnte ihm niemand persönliche Feigheit zum Vorwurf machen. Er konnte die schwerste Verantwortung auf sich nehmen, und er scheute nie davor zurück, in welcher Streitfrage auch immer, einen klaren Standpunkt zu beziehen. Er hatte gewiß recht, wenn er den Führern aller übrigen sozialistischen Richtungen vorwarf, sie fürchteten sich, die Macht zu ergreifen; sie hatten in der Tat Angst und zogen es vor, sich auf die wohltätigen Wirkungen historischer Gesetze zu verlassen. Lenin hatte keine Angst und gewann unter dem größten Risiko.

Warum er gewann? Sicherlich nicht, weil er den Gang der Ereignisse richtig vorherzusehen verstand. In seinen Vorhersagen und Beurteilungen irrte er sich oft und zuweilen drastisch. Nach dem Scheitern der Revolution von 1905 sagte er sehr lange eine baldige Rückkehr der revolutionären Welle voraus. Als er jedoch zu dem Schluß gelangte, daß die »Welle« abgeebbt sei und man sich auf lange Jahre der Arbeit unter den Bedingungen der Reaktion einstellen müsse, zog er unverzüglich alle Konsequenzen aus dieser Situation. Als Wilson 1912 zum Präsidenten der Vereinigten Staaten gewählt worden war, erklärte er, daß das Zweiparteiensystem in Amerika angesichts der Stärke der sozialistischen Bewegung bereits bankrott sei. Im folgenden Jahr erklärte er ebenso kategorisch, daß der Nationalismus in Irland innerhalb der Arbeiterklasse bereits am Ende sei. Er rechnete von einem Tag zum anderen mit der europäischen Revolution, und er hoffte, mit Hilfe des Terrors eine leistungsfähige Wirtschaft in Rußland organisieren zu können. Aber alle seine Irrtümer haben stets die gleiche Tendenz: Lenin rechnete systematisch mit einer stärkeren und rascheren revolutionären Bewegung, als es dann tatsächlich der Fall war. Man kann sagen, daß es aus seiner Sicht glückliche Irrtümer waren, denn nur dank seiner falschen Prognosen entschloß er sich zum bewaffneten Aufstand im Oktober 1917. Dank dieser Irrtümer konnte er auch die revolutionären Möglichkeiten bis zum Ende ausschöpfen, und das war die Bedingung seines Erfolgs. Lenins Genie bestand also weniger in der Gabe der Voraussicht als vielmehr in der Fähigkeit, in jedem Augenblick alle gesellschaftlichen Energien, die sich für die Machtübernahme ausnutzen ließen, zu konzentrieren, und in der absoluten Unterordnung aller Anstrengungen der Partei und seiner selbst unter dieses Anliegen. Es besteht kein Zweifel, daß die bolschewistische Herrschaft ohne die Entschlossenheit Lenins undenkbar wäre. Es steht fest, daß ohne Lenin die Bolschewiki den Boykott der Duma über den kritischen Moment hinaus fortgesetzt hätten; daß sie sich ohne ihn nicht zum bewaffneten Aufstand entschlossen hätten, um die Herrschaft für eine Partei an sich zu reißen; daß sie ohne ihn den Frieden in Brest nicht geschlossen hätten; vielleicht hätten sie es ohne ihn auch nicht geschafft, sich im letzten Augenblick auf die NÖP umzustellen. In kritischen Situationen hat Lenin die Partei geradezu vergewaltigt – und dadurch siegte er. Der Weltkommunismus, wie wir ihn heute kennen, ist wahrhaftig sein Werk.

Weder Lenin noch die Bolschewiki haben die Revolution »gemacht«. Seit dem Ende des Jahrhunderts war erkennbar, daß die russische Selbstherrschaft auf schwankenden Füßen stand und unfehlbar stürzen würde, wenn auch die Formen dieses Sturzes nicht aufgrund »historischer Gesetze« feststanden. Die Februarrevolution entstand aus einem Zusammentreffen vieler Umstände: der Krieg, die Forderungen der Bauern, Erinnerungen an 1905, ein Komplott der Liberalen, die Unterstützung der Entente und die Radikalisierung der Arbeitermassen. Der weitere Verlauf der Revolution stand unter der Parole der Sowjetmacht, und die Unterstützung der Oktoberrevolution war eine Unterstützung für die *Herrschaft der Räte* und nicht für die Herrschaft der bolschewistischen Partei. Die Räteherrschaft war jedoch eine anarchistische Utopie; sie hätte eine Gesellschaft beinhaltet, in der die zum großen Teil ungebildeten und analphabetischen Volksmassen in ständigen Versammlungen über alle ökonomischen, sozialen, militärischen und administrativen Fragen hätten entscheiden müssen. Man kann nicht einmal sagen, daß die Räteherrschaft vernichtet wurde: Obwohl die Forderung »Räte ohne Kommunisten« immer wieder als typische Forderung von antibolschewistischen Volksaufständen auftauchte, war es eine Forderung, die sich unmöglich realisieren ließ. Die bolschewistische Partei wußte das. Sie verstand es, sich *als Herrschaft der Räte* Unterstützung zu sichern, und sie verstand es, die revolutionäre Energie in dem Augenblick zu kanalisieren, als sie die einzige Partei war, die zur Übernahme der ungeteilten Macht bereit war.

Der eigentliche revolutionäre Prozeß war jedoch überwiegend vom Räte-Gedanken und weniger von bolschewistischen Vorstellungen geprägt, und Spuren davon erhielten sich deshalb noch einige Jahre lang in den Gebräuchen und Einstellungen, in der Kultur der neuen Gesellschaft. Einige Jahre lang war noch erkennbar, daß die neue Ordnung aus einer Explosion hervorgegangen war, in der die Bolschewiki zwar die am besten organisierte Kraft waren, aber keineswegs die Mehrheit der Gesellschaft darstellten. Die Revolution war kein »bolschewistischer Staatsstreich«. Sie war eine echte Revolution der bäuerlichen und proletarischen Volksmassen. Die Bolschewiki waren die einzigen, welche die revolutionäre Welle ihrem eigenen Ziel zu unterwerfen verstanden. Ihr Sieg war zugleich die Niederlage der Revolution und eine Niederlage der kommunistischen Ideen auch in ihrer bolschewistischen Version. Lenin erfaßte die Gefahr hervorragend auf dem XI. Parteitag im März 1922 (dem letzten Parteitag, an dem er teilnahm). Er sprach dort von den geringen Kräften der Kommunisten gegenüber der Kultur, die sie vom Zarismus übernommen hatten: »Wenn das Eroberervolk eine höhere Kultur hat als das besiegte Volk, dann zwingt es ihm seine Kultur auf, ist es aber umgekehrt, dann kommt es vor, daß das besiegte Volk seine Kultur dem Eroberer aufzwingt. Ist nicht etwas Ähnliches in der Hauptstadt der RSFSR geschehen, ist hier nicht der Fall eingetreten, daß 4700 Kommunisten (fast eine ganze Division, und allesamt die besten) einer fremden Kultur unterlegen sind? Allerdings könnte hier der falsche Eindruck entstehen, daß die Besiegten eine hohe Kultur besitzen. Nichts dergleichen. Ihre Kultur ist armselig, ist sehr niedrig, aber dennoch steht sie höher als die unsrige« (»Werke«, Bd. 33, S. 275).

Dies ist eine der scharfsinnigsten Bemerkungen Lenins über den neuen Staat. Die Losung »bei der Bourgeoisie lernen« wurde in tragischer und zugleich grotesker Weise Wirklichkeit. Die technischen Errungenschaften der kapitalistischen Welt übernahmen – und übernehmen noch immer – die Bolschewiki mit gewaltiger Mühe und nur mit halbem Erfolg. Die Herrschafts- und Regierungsmethoden, die sie den zaristischen Beamten absahen, machten sie sich dagegen mühelos, rasch und ohne Halbheiten zu eigen und verfeinerten sie beträchtlich. Von den revolutionären Träumen blieben Phrasen übrig, mit denen ein totalitärer Imperialismus sich schmückt.

Anmerkungen

3. Kapitel   S. 77–115

1 Rosa Luxemburg, Gesammelte Werke, Hg. vom Institut für Marxismus-Leninismus beim ZK der SED, Berlin 1970, Bd. 1.1, S. 241
2 ebd., S. 391
3 ebd., Bd. 1.2, S. 377
4 Rosa Luxemburg, Die Russische Revolution, Hamburg 1948, S. 66
5 ebd., S. 60

5. Kapitel   S. 135–162

1 Jean Jaurès, De la réalité du monde sensible, Paris ²1902
2 Jean Jaurès, Wybór pism, Warszawa 1970, S. 361–363
3 ebd., S. 366
4 Zitiert nach: Anthologie de Jean Jaurès, par Louis Lévy, Paris 1946, S. 270
5 ebd., S. 195
6 ebd., S. 239
7 Wybór pism, S. 284f.
8 Œuvres de Jean Jaurès. Études socialistes, vol. I., Paris 1931, S. 139
9 Wybór pism, S. 460f., 466

6. Kapitel   S. 163–171

1 Paul Lafargue, Vom Ursprung der Ideen. Ausgewählte Schriften, Dresden 1970, S. 22
2 ebd., S. 270
3 ebd., S. 274
4 Paul Lafargue, Das Recht auf Faulheit, Frankfurt a. M. 1969, S. 66
5 ebd., S. 19 und 20
6 Vom Ursprung der Ideen, S. 275
7 Das Recht auf Faulheit, S. 22
8 ebd., S. 44
9 ebd., S. 45

7. Kapitel   S. 173–201

1 »La ruine du monde antique« (erstmals Paris 1902 als Buch) wurde 1894 unter dem Titel »La fin du paganisme« in der Zeitschrift »L'Ère Nouvelle« veröffentlicht.
1a Georges Sorel, Les illusions du progrès, Paris ⁵1947, S. 133
2 Georges Sorel, Matériaux d'une théorie du prolétariat, Paris ³1929
3 Georges Sorel, Über die Gewalt, Frankfurt 1969 (= Reflexionen)
4 Les illusions du progrès, S. 135

5 Paris ²1910
6 Über die Gewalt, S. 222
7 ebd., S. 349
8 ebd., S. 351
9 ebd., S. 353

8. Kapitel   S. 203-222

1 Deutsch in: Antonio Labriola, Über den historischen Materialismus. Hrsg. Anneheide Ascheri-Osterlow und Claudio Pozzoli, Frankfurt a. M. 1974 (= Saggi intorno alla concezione materialistica della storia. I. Preambolo. + II.)
2 Deutsch ebd. (= Saggi intorno alla concezione materialistica della storia. III.)
3 Antonio Labriola, Scritti filosofici e politici, Turin 1973, Bd. 2, S. 805
4 Antonio Labriola, Pisma filozoficzne i polityczne (Philosoph. und politische Schriften, polnisch), Warszawa 1963, Tom 2, S. 79
5 Über den historischen Materialismus, S. 267 ff.
6 Scritti filosofici e politici, Bd. 1, S. 66 f.
7 ebd., S. 81 f.
8 Über den historischen Materialismus, S. 396 f.
9 Scritti filosofici e politici, Bd. 1, S. 24 f.
10 Scritti filosofici e politici, Bd. 2, S. 851
11 ebd., S. 824
12 ebd., S. 833
13 ebd., S. 818
14 Über den historischen Materialismus, S. 330
15 ebd., S. 302
16 ebd., S. 339
17 ebd., S. 324
18 ebd., S. 342

10. Kapitel   S. 241-248

1 Kazimierz Krauz, Materyalizm Ekonomiczny, Kraków 1908
2 Zitiert nach: Kelles-Krauz, Pisma Wybrane, tom I, Warszawa 1962, S. 250

11. Kapitel   S. 249-274

1 Stanisław Brzozowski, Idee. Wstęp do filozofii dojrzałości dziejowej, Lwów 1910
2 Stanisław Brzozowski, Listy (Briefe). Opracował M. Sroka, tom I, Kraków 1970, S. 167
3 ebd., tom II, Kraków 1970, S. 620

12. Kapitel   S. 275-342

1 Max Adler, Kausalität und Teleologie im Streite um die Wissenschaft, Wien 1904
2 Max Adler, Die Staatsauffassung des Marxismus, Wien 1922
3 Otto Bauer, Die Nationalitätenfrage und die Sozialdemokratie, Wien 1924
4 Rudolf Hilferding, Das Finanzkapital, Wien 1923

14. *Kapitel* S. 369–395

1 Sotschinenia (Werke, russisch), Bd. 2, Moskau 1923, S. 290
2 J. Plechanow, O Literaturze i Sztuce, Warszawa 1950, S. 39f.
3 ebd., S. 219f.
4 ebd., S. 279
5 ebd., S. 278

15. *Kapitel* S. 397–425

1 Lenin, Werke. Hg. vom Institut für Marxismus-Leninismus beim ZK der SED. 40 Bde., 2 Registerbände, 2 Ergänzungsbände, Berlin 1961 ff.
2 ebd., Bd. 2, S. 336
3 ebd., Bd. 4, S. 237

17. *Kapitel* S. 463–521

1 A. Bogdanow, Empiriomonizm, Stati po filosofii, Kniga I, Moskau ²1905
2 ebd., Kniga III, Moskau 1906
3 Ortodoxs, Filosofskie Otscherki, o. O. 1906
4 Lenin, Werke, Bd. 14
5 ebd., S. 360
6 ebd., S. 345 f.
7 ebd., S. 142
8 ebd., S. 124
9 ebd., S. 231
10 ebd., S. 260
11 ebd., S. 316

Leszek Kolakowski

Die Hauptströmungen des Marxismus

Entstehung. Entwicklung. Zerfall. In 3 Bänden.
Kolakowski: »Wir kennen alle den politischen Hintergrund des zeitgenössischen Interesses am Marxismus. Es ist das Interesse für eine Lehre, die als ideologische Tradition des zeitgenössischen Kommunismus angesehen wird. Sowohl die, die sich selber für Marxisten halten, als auch deren Gegner erwägen für gewöhnlich die Fragen, ist der zeitgenössische Kommunismus, sowohl was die Ideologie als auch was die Institution betrifft, der rechtmäßige Erbe Marxens? ... Die Frage, die sich ein Ideenhistoriker stellt, sollte demnach nicht in der Konfrontation der ›Essenz‹ einer bestimmten Idee und ihrer praktischen ›Existenz‹ in Form der sozialen Bewegungen entstehen. Wir sollten vielmehr fragen, in welcher Weise und infolge welcher Umstände die ursprüngliche Idee fähig war, über so zahlreiche und so unterschiedliche, sich gegenseitig bekämpfende Kräfte das Patronat auszuüben.«

Band 1: Aus dem Polnischen von Eberhard Kozlowski. 1977.
489 Seiten. Leinen.
Band 1 setzt ein mit der Entstehung der Dialektik, behandelt den Linkshegelianismus, den frühen Marx sowie die Hauptthemen- und -schriften der beiden Begründer der marxistischen Lehre, Marx und Engels.

Band 3: Aus dem Polnischen von Friedrich Griese. Etwa 600 Seiten.
Leinen. Erscheint im Herbst 1979.
Band 3 behandelt den Stalinismus und moderne Entwicklungen des Marxismus bis zu Marcuse und Bloch. Der Band 3 enthält Bibliographie und Personenregister für Band 1 bis 3.

Leszek Kolakowski

Die Gegenwärtigkeit des Mythos
Aus dem Polnischen von Peter Lachmann. 2., revidierte Aufl. 11. Tsd. 1974. 169 Seiten. Serie Piper 49. Kartoniert

Gespräche mit dem Teufel
Acht Diskurse über das Böse. Aus dem Polnischen von Janusz von Pilecki. 3. Auf., 12. Tsd. 1977. 133 Seiten. Serie Piper 109. Kartoniert

Der Himmelsschlüssel
Erbauliche Geschichten. Aus dem Polnischen von Wanda Bronska-Pampuch/Mikolaj Dutsch. 3. Aufl. 9. Tsd. 1966. 212 Seiten. Gebunden

Der Mensch ohne Alternative
Von der Möglichkeit und Unmöglichkeit, Marxist zu sein. Aus dem Polnischen von Wanda Bronska-Pampuch/Leonhard Reinisch. Gesamtaufl. 22. Tsd. Neuausgabe 1976. 312 Seiten. Serie Piper 140. Kartoniert

Leben trotz Geschichte
Lesebuch. Ausgewählt und eingeleitet von Leonhard Reinisch. 2. Aufl., 20. Tsd. 1977. 301 Seiten. Gebunden

Die Philosophie des Positivismus
Aus dem Polnischen von Peter Lachmann. 2. Aufl., 10. Tsd. 1977. 259 Seiten. Serie Piper 18. Kartoniert

Traktat über die Sterblichkeit der Vernunft
Philosophische Essays. Aus dem Polnischen von Peter Lachmann. 6. Tsd. 1967. 271 Seiten. piper paperback